व्यास सम्मान

1991-1999

सरस्वती नः
सुभगामयस्करत्

के.के. बिड़ला फाउंडेशन

नई दिल्ली

वाणी प्रकाशन

नई दिल्ली

व्यास सम्मान

1991-1999

संपादक

बिशन टंडन

ISBN : 978-81-7055-756-2

व्यास सम्मान : 1991-1999

के.के. बिड़ला फाउंडेशन
हिन्दुस्तान टाइम्स हाउस, 10वीं मंजिल
18-20 कस्तूरबा गांधी मार्ग
नयी दिल्ली-110001
की ओर से
वाणी प्रकाशन
21-ए, दरियागंज, नयी दिल्ली-110002
द्वारा प्रकाशित

प्रथम संस्करण : 2000

मूल्य : 495.00
आवरण शिल्प : जे.एस. रावत

शुभम ऑफसेट, दिल्ली-110032
में मुद्रित

VYAS SAMMAN : 1991-1999
edited by Bishan Tandon

सरस्वती नः
सुभगामयस्करत्

प्रस्तुति

के.के. बिड़ला फाउंडेशन की स्थापना के साथ ही 1991 में व्यास सम्मान प्रवर्तित किया गया था। तब से (1991-1999) इस सम्मान के लिए नौ कृतियों का चयन हुआ है। ये पुस्तकें और इनके रचनाकार समकालीन हिंदी लेखन के नौ रत्न जैसे हैं। समय-समय पर हमसे सम्मान से संबंधित पूछताछ होती रहती है। बढ़ती जानकारी की संतुष्टि के लिए यह पुस्तक प्रकाशित की जा रही है।

इसमें व्यास सम्मान के परिचय और पिछले पच्चीस वर्ष में हिंदी साहित्य की गतिविधियों, जिनकी पृष्ठभूमि में सम्मान के लिए चयन किया गया है, पर एक लेख के अतिरिक्त प्रत्येक सम्मानित कृति और उसके लेखक पर विशिष्ट विद्वानों द्वारा लिखित अलग-अलग दो आलेख दिए गए हैं। साथ ही इन लेखकों के संपूर्ण कृतित्व की जानकारी भी सम्मिलित है। इन लेखकों के सम्मान में आयोजित सार्वजनिक समारोह में जो अभिभाषण दिए गए वे भी संकलित हैं।

इस पुस्तक के स्वरूप निर्धारण और सुरुचिपूर्ण प्रकाशन में फाउंडेशन के प्रधान श्री कृष्ण कुमार बिरला और श्रीमती शोभना भरतिया का पथप्रदर्शन प्रेरणादायक रहा है। पुस्तक के लिए सामग्री उपलब्ध कराने में अनेक मित्रों ने बड़ी सद्भावना से सहयोग किया है। उनका परिचय पुस्तक में दिया गया है। बिना उनके सहयोग और सहायता के इस पुस्तक का प्रकाशन कठिन होता। उन सबके प्रति फाउंडेशन परिवार का और स्वयं मेरा हार्दिक आभार। फाउंडेशन कार्यालय के सहयोगियों में मुकेश जैन, पूनम श्रीवास्तव व अनुपम भटनागर से विशेष सहायता मिली। उनके प्रति भी मैं कृतज्ञ हूँ। पुस्तक की साज-सज्जा और छपाई के लिए मैं वाणी प्रकाशन के अरुण माहेश्वरी का आभारी हूँ।

मुझे विश्वास है कि साहित्य में रुचि रखने वाले लोगों के लिए यह पुस्तक अच्छी और उपयोगी सिद्ध होगी।

2 नवंबर, 2000
नई दिल्ली

निदेशक
के.के. बिड़ला फाउंडेशन, नई दिल्ली

अनुक्रम

श्री कृष्ण कुमार बिरला

प्रधान

के.के. बिड़ला फाउंडेशन

सरस्वती नः
सुभगामयस्करत्

व्यास सम्मान के नौ वर्ष

कृष्ण कुमार बिरला

लगभग 10 वर्ष पहले के.के. बिड़ला फाउंडेशन की स्थापना मुख्यतः साहित्य, संस्कृति, कला, विज्ञान और शिक्षा के क्षेत्र में सामाजिक और जनहित कार्यों में क्रियात्मक योगदान करने के उद्देश्य से हुई थी। साहित्य के क्षेत्र में फाउंडेशन विशेष रूप से सक्रिय है। फाउंडेशन के पहले सार्वजनिक समारोह में, जिसमें प्रथम 'सरस्वती सम्मान' भेंट किया गया था, मैंने इस सक्रियता का यह कारण दिया था—

> ''वैज्ञानिक और तकनीकी उपलब्धियों ने हमें चाहे जो भी भौतिक सुख-सुविधाएँ प्रदान की हों, यह कठोर सत्य है कि इन्होंने मानव को अपने अस्तित्व के प्रति पूरी तरह भयभीत कर दिया है। यह तो मानव का अदम्य साहस है कि उसका जीवट कभी हार मानने को तैयार नहीं होता और मानवता कभी एक अच्छे कल की आशा नहीं त्यागती। इस निरंतर द्वन्द्व में मानवता का सबसे बड़ा प्रेरणा स्रोत और साथी साहित्य होता है। साहित्य पाशविक प्रवृत्तियों को नष्ट करके शाश्वत मूल्यों को सुदृढ़ करता है और हमारी चेतना को जगाकर उसका अंतर के दैविक आलोक से साक्षात्कार कराकर मनुष्य को आत्मविनाश से बचाता है। साहित्य में ही यह सामर्थ्य है कि वह हमें एक ऐसी अमोध दूरदृष्टि प्रदान करता है जो संघर्ष और कलह के अंधकार में भी मानव और उसकी चरम विजय में हमारी आस्था को डिगने नहीं देती। अतः उत्कृष्ट साहित्य के सम्मान का सामाजिक प्रतिबद्धता से गहरा संबंध है।''

इस पृष्ठभूमि में अन्य साहित्यिक कार्यक्रमों के साथ फाउंडेशन ने चार उच्चस्तरीय पुरस्कार प्रवर्तित किए हैं। 'सरस्वती सम्मान' देश का प्रमुख और अत्यंत प्रतिष्ठित है। प्रतिवर्ष संविधान की आठवीं अनुसूची में सम्मिलित किसी भारतीय भाषा में पिछले 10 वर्षों में प्रकाशित उत्कृष्ट कृति को 'सरस्वती सम्मान' से अलंकृत किया जाता है। सम्मान के लिए हिंदी कृतियों पर भी विचार होता है, पर हिंदी के राष्ट्रीय महत्त्व के कारण फाउंडेशन ने इसके लिए एक पृथक पुरस्कार भी आरंभ करने का निर्णय किया। देश में हिंदी के लिए कई और उच्चस्तरीय पुरस्कार हैं, पर किसी साहित्यिक कृति विशेष को पुरस्कृत करने के लिए 'व्यास सम्मान' ही शायद अकेला पुरस्कार है।

साहित्यिक लेखन का तुलनात्मक आकलन सरल नहीं होता। फिर जब यह आकलन कृति-विशेष के आधार पर करना हो तो कार्य और भी कठिन हो जाता है। यह संतोष की बात है कि 'व्यास सम्मान' की चयन समिति ने अपना उत्तरदायित्व निष्ठापूर्ण ढंग से निभाया है। पिछले नौ वर्षों में चयन समिति और उसकी सहयोगी भाषा समिति ने निष्पक्ष वस्तुपरकता का सराहनीय परिचय दिया है। इसके परिणामस्वरूप 'व्यास सम्मान' के लिए किए गए अब तक के सभी निर्णयों का साहित्यिक क्षेत्रों में अच्छा स्वागत हुआ है। मैं इन समितियों के सदस्यों के अतिरिक्त हिन्दी की विशाल प्रबुद्ध साहित्यिक बिरादरी के प्रति, जिसका इस प्रक्रिया में विशेष योगदान रहता है, आभार व्यक्त करता हूँ।

मुझे आशा है, 'व्यास सम्मान' पर पुस्तक प्रकाशित करने के फाउंडेशन के निर्णय का अच्छा स्वागत होगा। हमारे यहाँ साहित्यिक योजनाओं के बारे में एक जगह पूरी जानकारी उपलब्ध कराने का प्रचलन कुछ कम ही है, यद्यपि इसकी आवश्यकता बहुत है। 'व्यास सम्मान' के बारे में यह कमी इस पुस्तक से काफी सीमा तक पूरी होगी, ऐसा मेरा विश्वास है।

1, अगस्त, 2000
नई दिल्ली

कृष्ण कुमार बिरला

श्रीमती शोभना भरतिया

ट्रस्टी

के.के. बिड़ला फाउंडेशन

सरस्वती नः
सुभगामयस्करत्

संभावना भरे नौ वर्ष

शोभना भरतिया

कुछ वर्षों में ही व्यास सम्मान ने साहित्यिक जगत में अपनी विशिष्ट प्रतिष्ठा बना ली है। यह सम्मान किसी साहित्यकार की उत्कृष्ट कृति को सम्मानित करने की योजना मात्र नहीं है। यह के.के. बिड़ला फाउंडेशन के व्यापक साहित्यिक कार्यक्रम का एक अंग है। साहित्यकारों के सम्मान के साथ-साथ भारतीय साहित्य के अध्ययन को बढ़ावा देने के लिए फैलोशिप, अनुवाद के लिए प्रकाशन अनुदान, विचार साहित्य के प्रोत्साहन के लिए व्याख्यानमाला आदि सब एक ही कड़ी में जुडे हुए हैं। व्यास सम्मान के सफल संचालन का मूल स्रोत निष्पक्षता और पारदर्शिता में है। हमारी विशाल साहित्यिक बिरादरी के पूरे सहयोग से ही यह संभव हो सका है। हिंदी के साहित्यकारों, आचार्यों, विद्वानों और प्रबुद्ध पाठकों के प्रति आभार प्रकट करते हुए मुझे विश्वास है कि भविष्य में उनसे हमारा संबंध और घनिष्ठ होगा। हम सदा इस बात के लिए प्रयत्नशील रहे हैं कि व्यास सम्मान व हमारे अन्य कार्यक्रमों में इस साहित्यिक समाज की भागीदारी बराबर बढ़ती रहे, इसके लिए हम सुझावों का स्वागत करते हैं।

मेरा विश्वास है कि व्यास सम्मान पर इस पुस्तक के प्रकाशन से इस योजना की उपयोगिता और सुदृढ़ होगी।

शोभना भरतिया

5, अगस्त, 2000
नई दिल्ली

शोभना भरतिया

स्वर्गीय प्रो. श्यामाचरण दुबे

प्रथम अध्यक्ष

चयन समिति, व्यास सम्मान

प्रो. भोलाभाई पटेल

अध्यक्ष

चयन समिति, व्यास सम्मान

सरस्वती नः
सुभगामयस्करत्

व्यास सम्मान : नौ वर्ष के निष्पक्ष निर्णय

भोलाभाई पटेल

भारतीय साहित्य और संस्कृति के अभिवर्द्धन के लिए दिल्ली स्थित के. के. बिड़ला फाउंडेशन ने अनेक योजनाएँ बनाई हैं, उनमें से एक है—सरस्वती सम्मान, देश का एक सर्वोच्च साहित्यिक सम्मान। प्रतिवर्ष भारतीय भाषाओं में से किसी भी भाषा में रचित एक उत्कृष्ट कृति के लिए उसके रचयिता को इस सम्मान से अलंकृत किया जाता है। इस सम्मान के साथ ही फाउंडेशन ने प्रतिवर्ष हिंदी के एक श्रेष्ठ साहित्यकार को सम्मानित करने के लिए 1991 से व्यास सम्मान की स्थापना की है।

वाग्देवी सरस्वती की तरह महाभारत, भागवत आदि पुराण ग्रंथों के प्रणेता व्यास के नाम से जुड़े इस सम्मान का हमारे साहित्यकारों के लिए एक विशेष अर्थ भी है। वर्ष 1997 का व्यास सम्मान प्रदान करने के अवसर पर (हमारे देश के प्रधानमंत्री और स्वयं एक संवेदनशील सर्जक) श्री अटलबिहारी वाजवेयी जी ने अपने अध्यक्षीय प्रवचन में उचित ही कहा था कि आधुनिक साहित्यकारों को व्यास के साथ तादात्म्य स्थापित करना अधिक सहज प्रतीत होता है, किंतु हमें यह नहीं भूलना चाहिए कि व्यास के साथ जुड़ने का अर्थ अपनी परंपरा के सम्यक् रूप को भली-भाँति समझकर उसके उदात्त अंशों को ग्रहण करना तथा उसके दुर्बल अंश को त्यागना भी है। इस दृष्टि से व्यास सम्मान से विभूषित साहित्यकार का दायित्व स्वयमेव बढ़ जाता है।

व्यास सम्मान के लिए उत्कृष्ट रचना के चयन हेतु फाउंडेशन ने एक ऐसी नियम संहिता स्थापित की है जिससे उत्कृष्ट रचना का चयन अधिक से अधिक तटस्थतापूर्वक किया जा सके।

सर्वप्रथम देश भर के साहित्यकारों, विद्वानों तथा प्रबुद्ध पाठकों एवं साहित्यिक-शैक्षणिक संस्थाओं से प्रस्ताव आमंत्रित किए जाते हैं। इस तरह अधिक से अधिक व्यक्ति इस चयन में सहभागी बनते हैं। ये सभी प्रस्ताव हिंदी के वरिष्ठ विद्वानों से बनी भाषा समिति के सम्मुख प्रस्तुत किए जाते हैं। भाषा समिति के पास, सम्मान के लिए निर्धारित दस वर्ष की अवधि में प्रकाशित हिंदी ग्रंथों की सूची भी होती है। प्रस्तावों और सूची के आधार पर भाषा समिति पुस्तकों की एक संक्षिप्त सूची विचारार्थ तैयार करती है तथा गंभीर चर्चा-विचारणा के पश्चात् तीन पुस्तकों की संस्तुति चयन समिति के लिए करती है।

चयन समिति के सदस्यों को सम्मान के लिए प्रस्तावित कृतियों के साथ उन पर उपलब्ध समीक्षाएँ तथा अन्य सामग्री भी भेजी जाती है, जिससे उत्कृष्ट कृति का चयन विवेकपूर्वक किया जा सके। चयन समिति भाषा समिति द्वारा संस्तुतित कृतियों के अतिरिक्त किसी अन्य कृति के बारे में भी विचार कर सकती है। इस तरह चयन समिति उत्कृष्ट कृति के संबंध में अंतिम निर्णय करती है। यह अत्यंत आनंद की बात है कि व्यास सम्मान के लिए चुनी गई रचनाओं का हिंदी जगत ने व्यापक स्वागत किया है।

व्यास तथा सरस्वती सम्मानों के बारे में एक विशेष बात यह भी है कि इन सम्मानों के लिए केवल सर्जनात्मक कृतियों के ही नहीं अपितु भाषा-इतिहास, साहित्येतिहास तथा समीक्षा कृतियों को भी योग्य परिगणित किया जाता है। पहला ही व्यास सम्मान डॉ. रामविलास शर्मा को उनके ग्रंथ 'भारत के प्राचीन भाषा परिवार और हिंदी' के लिए प्रदान किया गया था। फिर भी अब तक प्रदत्त पुरस्कारों में कविता और औपन्यासिक कृतियाँ आगे रही हैं।

मेरा सद्‌भाग्य है कि मुझे लगभग आरंभ से ही व्यास सम्मान के लिए कृतियों के चयन की प्रक्रिया के साथ जुड़ने का अवसर मिला, पहले हिंदी भाषा समिति के सदस्य के रूप में तथा बाद में चयन समिति के सदस्य एवम् अध्यक्ष के रूप में। मैंने देखा कि इन दोनों समितियों के सदस्य के रूप में देशभर के विश्वविद्यालयों से हिंदीभाषी विद्वानों के साथ-साथ अहिंदीभाषी हिंदी विद्वानों को भी नामांकित किया जाता रहा है, इस तरह से समग्र देश के हिंदी विद्वानों का प्रतिनिधित्व इनमें रहता है। दूसरी महत्त्वपूर्ण बात यह है कि पूरी चयन-प्रक्रिया में फाउंडेशन का कहीं भी कोई प्रत्यक्ष या परोक्ष हस्तक्षेप नहीं रहता। संभवतः इसी कारण व्यास सम्मान हिंदी जगत में शीर्षस्थ साहित्य-सम्मान के रूप में विश्वसनीय बना हुआ है।

भोलाभाई पटेल

सरस्वती नः
सुभगामयस्करत्

व्यास सम्मान–एक परिचय

व्यास सम्मान फाउंडेशन की स्थापना के साथ ही शुरू हुआ। यह सम्मान हर वर्ष पिछले दस वर्ष की अवधि में प्रकाशित किसी भारतीय नागरिक द्वारा लिखित हिंदी की उत्कृष्ट साहित्यिक कृति को दिया जाता है। 1991 से अब तक विशिष्ट कृतियों के माध्यम से नौ साहित्यकारों को सम्मानित किया जा चुका है।

सम्मान के नियमों के अनुसार कृति साहित्य की किसी भी विधा में हो सकती है। सृजनात्मक साहित्य के अतिरिक्त अन्य विधाओं जैसे—आत्मकथा, ललित निबंध, समीक्षा व आलोचना, साहित्य और भाषा का इतिहास आदि की पुस्तकों पर भी इस सम्मान के लिए विचार किया जाता है। यद्यपि सम्मान कृति विशेष पर दिया जाता है, किंतु तुलनात्मक मूल्यांकन करते समय लेखक के साहित्य में योगदान और समकालीन लेखन पर उसके प्रभाव को भी ध्यान में रखा जाता है। खण्डों में प्रकाशित पुस्तकें और संकलन या संग्रहों पर भी कुछ परिस्थितियों में विचार किया जा सकता है। सम्मान मरणोपरांत नहीं दिया जाता। लेकिन चयन समिति में विचार-विमर्श आरंभ हो जाने के बाद प्रस्तावित कृति के लेखक की मृत्यु होने पर भी कृति पर विचार किया जा सकता है। भविष्य में सम्मानित लेखक की किसी अन्य कृति पर विचार नहीं किया जाता। सम्मान राशि फाउंडेशन द्वारा निर्धारित की जाती है। जब यह सम्मान आरंभ किया गया था (1991) तब सम्मान राशि 1.50 लाख थी, बाद में वर्ष 1996 के पुरस्कार से इसकी राशि 2.50 लाख रुपए कर दी गई है। समिति की राय में यदि किसी वर्ष कोई भी कृति व्यास सम्मान के लिए अपेक्षित स्तर की नहीं हो, तो उस वर्ष पुरस्कार न देने का भी प्रावधान है।

चयन का पूरा उत्तरदायित्व एक चयन समिति का है, जिसका निर्णय हर प्रकार से अंतिम माना जाता है। चयन प्रक्रिया पारदर्शी है और इसमें फाउंडेशन का हस्तक्षेप नहीं है। पूरी प्रक्रिया 'व्यास सम्मान नियम संहिता' से संचालित होती है, जिसे साहित्यकारों से विस्तृत विचार विमर्श के बाद अपनाया गया है। चयन समिति की सहायता तीन सदस्यों वाली एक भाषा समिति करती है। वास्तव में यह वही समिति है, जो सरस्वती सम्मान की चयन प्रक्रिया के अंतर्गत हिंदी के लिए गठित होती है। (सरस्वती सम्मान के लिए सभी भारतीय भाषाओं की कृतियों पर विचार होता है, हिंदी की पुस्तकों पर व्यास-सम्मान के लिए भी विचार होता है। प्रारंभिक स्तर पर हर भाषा की एक समिति होती है जो उसकी पुस्तकों पर विचार करके संस्तुति करती है) चयन समिति में अध्यक्ष के अतिरिक्त 6 सदस्य होते हैं। इनमें से तीन हिंदी के जाने-माने विद्वान, साहित्यकार या प्राध्यापक होते हैं। भाषा समिति का संयोजक पदेन सदस्य होता है। इनके अतिरिक्त फाउंडेशन के प्रधान का एक प्रतिनिधि भी होता है। फाउंडेशन का निदेशक चयन समिति का सदस्य-सचिव होता है। अध्यक्ष की नियुक्ति फाउंडेशन करता है और उसके कार्यकलाप की अवधि चार वर्ष होती है। कोई व्यक्ति दो बार के बाद लगातार अध्यक्ष मनोनीत नहीं किया जा सकता। ऊपर जिन पहले तीन

सदस्यों का उल्लेख है उनके कार्यकाल की अवधि तीन वर्ष होती है और हर वर्ष एक सदस्य के कार्यमुक्त होने पर नया सदस्य मनोनीत किया जाता है। लेकिन कोई व्यक्ति लगातार दूसरी बार मनोनीत नहीं होता। भाषा समिति में भी हिंदी के तीन जाने-माने विद्वान और साहित्यकार होते हैं, उस समिति में हर वर्ष कम-से-कम एक नया सदस्य अवश्य रखा जाता है। सरस्वती सम्मान के लिए हिंदी भाषा समिति सामान्यतः एक पुस्तक की संस्तुति करती है, जिस पर आगे सरस्वती सम्मान नियमावली के अनुसार क्षेत्र समिति व चयन परिषद विचार करती है।

चयन समिति के पहले अध्यक्ष प्रसिद्ध समाजशास्त्री और हिंदी साहित्यकार प्रो. श्यामाचरण दुबे थे। चार वर्ष का कार्यकाल समाप्त होने पर फाउंडेशन ने उन्हें फिर चार वर्ष के लिए अध्यक्ष मनोनीत किया था। पर वर्ष 1996 में उनके दुखद निधन के बाद फाउंडेशन ने प्रसिद्ध गुजराती साहित्यकार और हिंदी आचार्य प्रो.भोलाभाई पटेल को चयन समिति का अध्यक्ष मनोनीत किया। आजकल वे ही इस उत्तरदायित्व का निर्वाह कर रहे हैं। समय-समय पर जो साहित्यकार चयन समिति और भाषा समिति के सदस्य रहे, उनकी सूचियाँ अन्यत्र दी गई हैं। वर्ष 2000 से संबंधित सूचियाँ भी अलग दी गई हैं। इन सूचियों से जैसा पहले कहा गया है, यह स्पष्ट है कि इन समितियों के सदस्य सभी हिंदी के प्रख्यात साहित्यकार या प्राध्यापक हैं। साथ ही ये केवल हिंदी प्रदेश के नहीं हैं वरन् देश के सभी भागों से चुने जाते रहे हैं। गैर-हिंदी भाषी हिंदी विद्वानों और आचार्यों ने भी इन समितियों में भरपूर योगदान किया है। फाउंडेशन इस बारे में विशेष रूप से प्रयत्नशील रहता है।

चयन का आधार जैसा ऊपर कहा गया है, पिछले 10 वर्षों में प्रकाशित कृति होती है। इसको और स्पष्ट इस प्रकार किया जा सकता है कि वर्ष 2000 के व्यास सम्मान के लिए, जो आजकल विचाराधीन है, 1990-99 की अवधि में प्रकाशित पुस्तकों पर ही विचार किया जाएगा। हिंदी में कई उच्चस्तरीय और प्रतिष्ठित पुरस्कार हैं। पर सामान्यतः उनके लिए निर्णय लेखक के संपूर्ण कृतित्व पर विचार करते हुए साहित्य में उसके योगदान के आधार पर किया जाता है। उसकी केवल एक कृति पर ही विचार नहीं होता; उसका समग्र लेखन (या कहीं-कहीं किसी अवधि विशेष का लेखन) विचार की परिधि में आता है। व्यास सम्मान में लेखक के पूरे योगदान को ध्यान में रखा जाता है, पर सम्मान एक कृति विशेष का ही होता है और वह भी ऐसी जो पिछले 10 वर्षों में प्रकाशित हुई हो। इस प्रकार से यह भी सुनिश्चित हो जाता है कि लेखक सम्मान के समय भी सक्रिय है। अभी तक के सभी सम्मानित लेखकों पर इस पुस्तक में काफी सामग्री प्रस्तुत की गई है। इसमें से एक-दो का निधन सम्मान पाने के कुछ समय बाद ही हो गया। पर बाकी सब की रचनाधर्मिता ने उनकी लेखनी को विश्राम नहीं लेने दिया। सम्मान प्राप्ति के बाद रामविलास शर्मा, शिवप्रसाद सिंह, कुंवर नारायण, रामस्वरूप चतुर्वेदी, केदारनाथ सिंह, गोविंद मिश्र और श्रीलाल शुक्ल, सभी की नई कृतियाँ पाठकों के हाथों में आती रही हैं। शायद ही कोई ऐसा उदाहरण हो, जिसमें लेखक की लेखनी सम्मान पाने से काफी पहले थक चुकी हो।

चयन प्रक्रिया का आरंभ चयन समिति के सदस्य सचिव के एक पत्र से होता है, जिसके द्वारा देश के सभी विश्वविद्यालयों, प्रमुख साहित्यिक संस्थानों, विद्वानों और आचार्यों, शिक्षकों, लेखकों और पाठकों से प्रस्ताव आमंत्रित किए जाते हैं। प्राप्त प्रस्ताव भाषा समिति को सौंप दिए जाते हैं। पर समिति के लिए यह बाध्यता नहीं है कि वह केवल इन्हीं पुस्तकों पर विचार करे। भाषा समिति से यह अपेक्षा की जाती है कि पिछले 10 वर्ष की अवधि में प्रकाशित कोई भी अच्छी कृति, चाहे उस पर प्रस्ताव आया हो या नहीं, बिना विचार हुए न रह जाए।

भाषा समिति की विस्तृत रिपोर्ट का स्वरूप नियम संहिता में दिया गया है। यह रिपोर्ट तीन भागों में होती है। पहले भाग में साहित्य के समकालीन परिदृश्य का विवरण, दूसरे में कृति के लेखक का विस्तृत परिचय और उसकी रचनाधर्मिता और सृजनात्मकता का विवेचन के साथ उसकी कृतियों का विश्लेषण और तीसरे भाग में जिन तीन पुस्तकों की संस्तुति की जाती है, उनका गहन मूल्यांकन होता है। इस तीन भागों की रिपोर्ट के साथ भाषा समिति इन

पुस्तकों पर प्रकाशित समीक्षाएँ, आलोचनात्मक टिप्पणियाँ व निबंध और अन्य उपयोगी सामग्री भी संलग्न करती है। सदस्य-सचिव का कार्यालय भी ऐसी जितनी सामग्री और उपलब्ध हो सकती है, उसको एकत्रित करता है। भाषा समिति की रिपोर्ट के साथ यह सब सामग्री चयन समिति को प्रस्तुत की जाती है। पिछले नौ वर्षों के अनुभव के आधार पर यह कहना अनुचित नहीं होगा कि रिपोर्ट व अन्य सामग्री को चयन समिति ने सदा अपने कार्य के लिए अत्यंत संतोषप्रद पाया है। सामग्री देखने पर किसी को भी यह बिल्कुल स्पष्ट हो जाएगा कि सम्मान अवधि में प्रकाशित कृतियों पर सदा पूरा विचार विनिमय किया गया है। इस अवधि की कोई महत्त्वपूर्ण और विचार-योग्य पुस्तक विचार-परिधि में आने से छूटी नहीं है। प्रतिष्ठित लेखकों की नई कृतियों के साथ-साथ उदीयमान लेखकों की कृतियों पर विचार करने के बाद ही भाषा समिति अपनी संस्तुति करती है। वास्तव में यह सामग्री इतनी व्यापक है कि इस पर समकालीन हिंदी साहित्य का अच्छा-सा अध्ययन किया जा सकता है।

जिस प्रकार भाषा समिति प्राप्त प्रस्तावों से बँधी नहीं है, उसी प्रकार चयन समिति भी नियमों के प्रावधान के अंतर्गत किसी भी कृति पर विचार कर सकती है, चाहे उसके लिए कोई प्रस्ताव न आया हो और भाषा समिति ने भी उसकी संस्तुति न की हो। वास्तव में हर वर्ष ही चयन समिति भाषा समिति की संस्तुतियों के अतिरिक्त अन्य महत्त्वपूर्ण और चर्चित कृतियों पर विचार करती रही है। चयन समिति का निर्णय इस गहन और व्यापक विचार-विनिमय के बाद ही होता है।

सामान्यतः व्यास सम्मान एक सार्वजनिक समारोह में दिया जाता है। डॉ. रामविलास शर्मा ने सम्मान स्वीकार करते समय यह स्पष्ट कर दिया था कि न तो वह कोई सम्मान राशि लेते हैं और न ही किसी समारोह में जाते हैं। अतः उनको यह सम्मान फाउंडेशन के प्रधान श्री कृष्ण कुमार बिरला ने चयन समिति के तत्कालीन अध्यक्ष, श्यामाचरण दुबे और भाषा समिति के संयोजक अजित कुमार के साथ उनके निवास स्थान पर जाकर भेंट किया था। गिरिजा कुमार माथुर को सम्मानित करने के लिए कोई सार्वजनिक समारोह नहीं हो सकता था। दुर्भाग्य से पुरस्कार की घोषणा के कुछ समय बाद गिरिजा कुमार जी का निधन हो गया, अतः यह सम्मान फाउंडेशन के प्रधान द्वारा बिड़ला हाउस, नई दिल्ली में उनकी धर्मपत्नी श्रीमती शकुंत माथुर को दिया गया।

सार्वजनिक समारोह बड़े सुरुचिपूर्ण ढंग से आयोजित किया जाता है। समारोह की अध्यक्षता के लिए कोई प्रख्यात राजनेता या साहित्यकार आमंत्रित होता है। सरस्वती वंदना से शुभारंभ होने वाले इस समारोह में फाउंडेशन के प्रधान के स्वागत भाषण के बाद चयन समिति के अध्यक्ष सम्मानित लेखक का औपचारिक परिचय कराते हैं। फिर फाउंडेशन और चयन समिति की ओर से प्रशस्ति-पत्र पढ़ा जाता है, जिसमें बहुत संक्षेप में कृति विशेष को सम्मान देने का आधार स्पष्ट होता है। इस पूरी भूमिका के बाद लेखक को प्रशस्ति पत्र, फाउंडेशन के प्रतीक चिह्न और श्रीफल के साथ सम्मान राशि दी जाती है। तदुपरान्त दुशाला भेंट करके पारंपरिक ढंग से उनका अभिनंदन किया जाता है। सम्मान भेंट की औपचारिकता के बाद लेखक और मुख्य अतिथि के अभिभाषण होते हैं। इस पुस्तक में फाउंडेशन के प्रधान के स्वागत भाषण, लेखकों को भेंट किए गए प्रशस्ति-पत्र, चयन समिति के अध्यक्ष द्वारा दिए गए लेखकों के परिचय और मुख्य अतिथियों के अभिभाषण सभी संकलित हैं।

सरस्वती नः सुभगामयस्करत्

पिछले 25 वर्षों का हिन्दी साहित्य

सत्यप्रकाश मिश्र

स्वतंत्रता के बाद स्वाधीनता की आकांक्षा के सपने पूरे होने के पहले ही प्रेमचंद के उपन्यास 'गबन' के देवीदीन खटिक और 'गोदान' के मिर्जा खुरशेद के प्रश्न नये रूपों-प्रतिरूपों में भारतीय समाज के सामने आने लगे थे। महात्मा गाँधी की हत्या जहाँ एक ओर अप्रतिम मूल्य निष्ठा और स्वाधीनता संग्राम के मूल्यों की हत्या थी, वहीं वह भारतीय जनता के विश्वासों की भी हत्या थी। दूसरी ओर देश का विभाजन भौगोलिक विभाजन मात्र न होकर शताब्दियों में विकसित और बनी हिंदी जाति की संस्कृति और सोच का विभाजन भी था। दोनों त्रासदियाँ आज भी हमारे साहित्य और संस्कृति को अनेक रूपों में मथ रही हैं। फिर भी जनता का विश्वास अभी पूरा नहीं टूटा था। वह अभी भी राम राज्य और समता और न्याय के सपने देखती रहती थी। उसे विश्वास था कि सबको समान अवसर ही नहीं मिलेगा, बल्कि गरीबी और भुखमरी दूर होगी, हम तरक्की करेंगे। परंतु स्वतंत्रता के पहले सात वर्षों में मोह भंग का दौर प्रारंभ होता है; 'अंधा युग' प्रारंभ होता है। मर्यादाएँ सबके द्वारा तोड़ी जाने लगती हैं। धर्मवीर भारती का 'अंधा युग' और फणीश्वरनाथ रेणु का 'मैला आँचल' इस मोह भंग को रेखांकित करने वाली इस दृष्टि से महत्त्वपूर्ण कृतियाँ हैं। पंचवर्षीय योजनाओं और विकास के प्रतिदर्शों के बावजूद 'मैला आँचल' में गाँधीवादी मूल्यों के प्रतीक बावनदास की हत्या हो जाती है और वे चिथरुआ पीर के रूप में मनौती मानने के काम आने वाले या राजघाट के कर्मकांड में तबदील हो जाते हैं। फणीश्वरनाथ रेणु ने 'मैला आँचल' में सभी राजनीतिक दलों के लोगों द्वारा काली, सफेद और लाल टोपियों के संकेतों के रूप में घर धन भेजने और स्वार्थ के लिए समझौते करने का उल्लेख किया। गरीब और भूख की भयावहता बढ़ती जाती है। मोह भंग का यह दौर धीरे-धीरे अनेक प्रकार की बहिर्मुख और अंतर्मुखी शक्लों का रूप लेता है।

इस मोह भंग की परिणति राजनैतिक स्तर पर जयप्रकाश नारायण के नेतृत्व में संपूर्ण क्रांति के आंदोलन और आपातकाल के रूप में होती है, जो लोकतंत्र मात्र पर प्रश्नचिह्न है। इसको अभिव्यक्ति मिलती है धर्मवीर भारती की कविता 'मुनादी,' दुष्यंत कुमार की पुस्तक 'साये में धूप' की ग़ज़लों और बाद में डॉ. बलदेव वंशी द्वारा संपादित संकलन 'काला इतिहास' में। आपातकाल के ठीक बाद देश में पहली बार विरोधी दलों की सरकार बनती है। उस सरकार के कार्यकलाप और आचरण से मोह भंग का दूसरा दौर प्रारंभ होता है, जिसकी सबसे सशक्त अभिव्यक्ति पुनः धर्मवीर भारती की कविता 'मुनादी' और नागार्जुन के 'खिचड़ी विप्लव देखा हमने' में होती है। रघुवीर सहाय का 'हँसो-हँसो जल्दी हँसो' और विजय देवनारायण साही की 'साखी' की अधिकांश कविताई आपातकाल और 'खिचड़ी विप्लव' की कविताएँ हैं। 'फटकार कर सच बोलने' की प्रार्थना मूल्यहीनता की इस स्थिति की पहचान की द्योतक है। दूसरा मोह भंग उस पीढ़ी का था जो स्वतंत्रता के बाद के दशक में संस्कारित हुई थी। उन लोगों के मोह भंग का तो यहाँ

प्रश्न ही नहीं, जिनके लिए वाल्टर बेंजामिन के शब्दों में 'शाश्वत आपातकाल' है। दूसरे प्रकार के मोह भंग में कुछ सपना उनका भी टूटा था, जिन्हें इस शाश्वत आपातकाल के चटखने का भी विश्वास था। यह मोह भंग था उनका, जिनकी किस्मत में सिर्फ पत्थर तोड़ना ही लिखा था। जो फटा सुथन्ना पहने जन गण मन अधिनायक गाता रहा है।

एक तीसरे प्रकार के मोह भंग का दौर शुरू होता है नवें दशक से, जिसमें बचे-खुचे सभी प्रकार के मूल्यों का न केवल मखौल उड़ाया जाने लगता है, बल्कि मूल्यहीनता और मनमानेपन का उत्तर आधुनिक दर्शन भी विकसित हो गया। सोवियत रूस का विघटन, बर्लिन की दीवार का टूटना, बाबरी मस्जिद कांड, विदेशी पूँजी के लिए अनियंत्रित छूट, खुलेपन और पुनर्रचना के नाम पर राष्ट्र की सीमाओं का सिकुड़ना और भू-मंडलीकरण के नाम पर बहुराष्ट्रीय कंपनियों का कसता हुआ शिकंजा और सूचना प्रौद्योगिकी के अनियंत्रित विस्तार के कारण नवमध्यम वर्ग में बढ़ती हुई भोगलिप्सा आदि ने पिछले पच्चीस वर्षों में आचार-विचार विवेक-नैतिकता आदि की न केवल परिभाषाओं को बदल डाला है बल्कि नकार दिया है। दुनिया के स्तर पर विज्ञान और प्रौद्योगिकी के क्षेत्र में हुए परिवर्तनों ने माता-पिता आदि मानवीय रिश्तों पर प्रश्नचिह्न लगा दिया है। उत्तर आधुनिकता के नये दर्शन ने विरचना और विखंडनवाद के तर्क से, मनमाने अर्थ की छूट देकर, सत्य-असत्य, अच्छे-बुरे, गलत-सही सब-कुछ को गड्डमड्ड ही नहीं किया है, गलत को सही सिद्ध करने की तकनीक और शैली भी दी है। सूचना माध्यमों ने अच्छाई के महत्त्व को विस्थापित ही नहीं किया है अनेक संस्थानों को निरर्थक सिद्ध करना भी शुरू कर दिया है। दूर संवेदी माध्यमों से सब-कुछ को नियंत्रित करने का नया तरीका विकसित हो गया है। पी.सी.जोशी ने अपनी सद्यः प्रकाशित पुस्तक 'स्वप्न और यथार्थ' में लिखा है कि—

"शताब्दी के अंत तक यह तथ्य प्रखर रूप से उजागर हो गया है कि आधुनिक से उत्तर आधुनिक मानसिकता में अब दुनिया प्रवेश कर चुकी है, जब वह दो-तीन सदियों के स्थापित मानकों को ही नकार रही है। पश्चिम के उन्नत देशों में आधुनिक औद्योगिक क्रांति के प्रेरक प्यूरिटन मध्यम वर्ग का अंत हो चुका है और उसका स्थान निर्बंध भोगवाद का हिमायती नव मध्यम वर्ग ले चुका है। इस भोगलिप्सु नये मध्यम वर्ग का विस्फोट एक युगान्तरकारी घटना और प्रक्रिया है। इससे दूसरी युगांतरकारी घटना है—पश्चिम के उन्नत देशों में उस किसान की मौत जो अभी तक किसी माने में प्राक्आधुनिक-युग को आधुनिक युग से जोड़ता था और पुरानी और नयी शहरी और ग्रामीण संस्कृति के बीच सेतु बना हुआ था।"

हमारे देश में किसान मरा नहीं है, परंतु प्रकृति मर रही है। पर्यावरण के प्रति सजगता और बढ़ते प्रदूषण के प्रति चिंता समाज में ही नहीं साहित्य में भी बढ़ी है। अनेक प्रकार के प्रदूषण से बचने की चिंता साहित्य और संस्कृति में सकारात्मक भाव पैदा करती है। वर्तमान के प्रति नकारात्मक भाव पुनरुत्थानवादी भी बनाता है। इसके लक्षण प्रकट होने लगे हैं। कविता में पर्यावरण चेतना अवश्य यहाँ बढ़ी है। घर-घर फैले हुए दृश्यश्रव्य माध्यमों, वस्तुओं और आवागमन के साधनों ने गाँवों को आधे शहर बनाना प्रारंभ कर दिया है। पिछले पचास वर्षों में हुए राजनैतिक परिवर्तनों ने सम्प्रदायवाद, जातिवाद, बिरादरीवाद, क्षेत्रीयतावाद आदि को सत्ता प्राप्ति के लिए हथियार के रूप में प्रयुक्त किया है। दलितों, पिछड़ों और स्त्रियों में आत्मसम्मान और सामाजिक गतिशीलता विकसित हुई है, जिसका प्रयोग सामाजिक और राष्ट्रीय पुनर्रचना में भी हो सकता है और विद्वेष तथा विभाजन में भी। फिलहाल आरक्षणवाद दूसरे प्रकार के विषाणु ही विकसित कर रहा है, जो द्विजीकरण के माध्यम से सामाजिक परिवर्तन के लिए स्पीड ब्रेकर बन जाता है। इन खामियों के होते हुए भी पच्चीस वर्षों में अनाज के क्षेत्र में हम आत्मनिर्भर हो गये हैं। पी.एल. 480 के युग से यह समय बिल्कुल भिन्न है। हमने अनेक बीमारियों पर नियंत्रण पाया है। मृत्यु दर घटी है। एड्स जैसी जानलेवा और अतिसंक्रमणशील बीमारियाँ भी इन्हीं वर्षों में पनपी हैं। उद्योग और प्रौद्योगिकी के क्षेत्र में हम काफी आगे बढ़े हैं। नाभिकीय विखंडन के क्षेत्र में हमने सफलता पायी है। गिनाने के लिए धन पक्ष में भी बहुत कुछ है। लेकिन धन पक्ष के साथ-ही-साथ वह दृष्टिकोण

भी विकसित हुआ है कि हम सुखी रहें चाहे तीन-चौथाई से अधिक लोग भूखे और नंगे रहें। अर्थशास्त्र के इस विकास प्रतिदर्श ने मनुष्यता के लिए नया संकट पैदा कर दिया है। मनुष्य के सपने लगभग समाप्त हो गये हैं, जो हैं वे समृद्धि की चकाचौंध के हैं—मानवता के भविष्य के नहीं। प्रकृति का दोहन आज संस्कृति और मनुष्य के दोहन के खतरनाक बिंदु तक जा पहुँचा है।

इस प्रकार के परिवर्तनों से गहरे स्तर पर मनुष्य का विश्वास टूटा है। एक ओर अनियंत्रित लूट तंत्र, भ्रष्टाचार और मनमानापन विकसित हुआ है, तो दूसरी ओर कट्टरतावाद और कठमुल्लापन। पिछले पच्चीस वर्षों का साहित्य इन प्रश्नों का उत्तर देने का प्रयत्न मात्र तो नहीं है, परंतु मानवीय चिंता बढ़ी जरूर है। समय के प्रति इतनी सजगता सन् 1975 के पहले नहीं मिलती है। मैं और मेरा समय तो लगभग विषय ही बन गया है। साहित्य के स्तर पर इन परिवर्तनों से दो प्रकार की प्रवृत्तियाँ विकसित हुई हैं। प्रकृति की स्वीकृति और रिश्तों तथा अतीत के प्रति अनुराग। कविता के क्षेत्र में इस समय को रेखांकित करने के साथ ही साथ मनुष्यता के संकट की गहरी प्रतीति है। कविताओं से विस्थापित प्रकृति पुनः स्थापित हो रही है। परंपरा, अतीत, पूर्वज, माता, बच्चे, नये सिरे से कविताओं में संबंध विकसित करते हैं। प्रकृति इन वर्षों की कविताओं में लोक धुनों, गीतों, वस्तुओं और व्यक्तियों और संबंधों के द्वारा उपस्थित है। अपने समय की क्रूरता और संवेदन-शून्यता को प्रायः प्रकृति या संबंधों के संकेतों से रूपायित किया गया है। क्या साहित्य में यथार्थ के उद्‌घाटन की प्रवृत्ति अधिक है? परंतु मानवीय मूल्यों के ह्रास, संवेदनशून्यता और यांत्रिकता के प्रति गहरी चिंता भी कुछ उपन्यासों और कहानियों में है। कुछ उपन्यासों में 'स्त्री विमर्श' और उत्तर आधुनिकता के लक्षणों का प्रयोग अधिक है। यह यथार्थ का सामान्यीकरण नहीं सरलीकरण है। हिंदी कथा साहित्य सदा एक प्रकार की हीनताग्रंथि का शिकार रहा है—और इस समय भी है। औपनिवेशिकता व्यक्ति में छोटेपन का अहसास पैदा करती है। फलतः यह नये से नये प्रयोगों से अपने कद को बड़ा दिखाने का प्रयास करता है। इस प्रकार की प्रवृत्ति कथा साहित्य में विकसित हुई है। जहाँ कुछ कहानीकार सूक्ष्म मानवीय मूल्यों के चित्रण में अपनी भाषा और शिल्प की उपलब्धि तलाश रहे हैं, वहीं अधिकांशतः यौनमुक्ति और विकृतियों को सामाजिक राजनैतिक परिवर्तन का माध्यम मानकर यथार्थ के निर्वचन का नया लक्षणग्रंथ लिख रहे हैं। पहले जहाँ सामाजिक परिवर्तन की वर्ग संघर्षीय रूढ़ियों या निम्न मध्यमवर्गीय कुंठाओं के अतिरंजित अनुभवों का चित्रण कहानियों में प्रमुख था, वहाँ देह मुक्ति का चित्रण धीरे-धीरे एक रूढ़ि बनता जा रहा है। कहानियों और उपन्यासों में सूचनाओं के विलयन की प्रवृत्ति भी इधर विकसित हुई है। कई कहानियों में यह प्रवृत्ति कामवासना के प्रतीक के रूप में भी प्रयुक्त हुई है। 'वारेन हेस्टिंग्स का सांड' पढ़ते समय मिशेसफूको के कामुकता सिद्धांत की एकाएक याद आती है। यह विचित्र बात है कि हिंदी कविता में जहाँ एक प्रकार का संतुलन और संयम विकसित हुआ है वहीं कथा साहित्य में प्रयोगशीलता और विवरणात्मकता बढ़ी है। परंतु दलितों और स्त्रियों का अपना विमर्श अभी न तो राजनीति में और न साहित्य में ठीक से हो पाया है।

नाटक, संस्मरण और रेखाचित्र आदि विधाओं में उतनी गति नहीं है। नाटकों में राजनीतिक सामाजिक स्थितियों के उद्‌घाटन की प्रवृत्ति अभी भी बलवती है। संस्मरणों और रेखाचित्रों में मानवीयता को उपस्थित या अनुपस्थित दिखाने का प्रयत्न बना हुआ है। संचार माध्यमों ने इस विधाओं के सामने चुनौतियाँ पैदा की हैं। बहुसंकेती रचना विधान की संभावना इन विधाओं में माध्यमों के दबाव के कारण बढ़ी है।

इधर समाज में जहाँ एक ओर क्षेत्रवाद या क्षेत्रीय सजगता बढ़ी है, वहीं अंतरभारतीयता भी विकसित हुई है। ज्ञानपीठ, सरस्वती सम्मान, कालिदास सम्मान, शिखर सम्मान, आदि पुरस्कारों और आवागमन की सुविधाओं और संचार माध्यमों तथा साझा सरकारों के कारण भारतीय भाषाओं की पारस्परिकता विकसित हुई है। अंतरभाषिक अध्ययनों की परंपरा सुदृढ़ हो रही है। रामायण, महाभारत और पुराणों को आधार बनाकर उपन्यास आदि लिखने की परंपरा हिंदी में गुजराती-मराठी से प्रभावित है। भारतीय भाषाएँ पहले की अपेक्षा आज एक-दूसरे को अधिक समृद्ध करने

की ओर चाहे-अनचाहे बढ़ रही हैं। यद्यपि उस स्तर तक लेन-देन नहीं बढ़ा है जितना अँग्रेजी से है, परंतु बढ़ना चाहिए। तुलनात्मक साहित्य के क्षेत्र में ही नहीं भारतीय साहित्य के अध्ययन के क्षेत्र में इससे अधिक संभावनाएँ विकसित हैं और होंगी। भारतीय स्तर पर अंतरभाषिक साहित्यिकता की पहचान कला प्रतिरूपों की तरह पहचानी जाने लगी है। यह हमारे समय का सकारात्मक पक्ष है। साहित्य के क्षेत्र में अखिल भारतीय स्तर पर दिये जाने वाले सम्मानों, साहित्य संस्थानों और अकादमियों की भी इसमें महत्त्वपूर्ण भूमिका है।

प्रत्येक सम्मान अंततः एक प्रकार की रीतियाँ विकसित करता है। ये रीतियाँ बाद में चयनधर्मिता का व्यापक आधार बन जाती हैं जो रचना पर प्रभाव डालती हैं। कृतियों पर दिये जाने वाले सम्मानों का एक परोक्ष योगदान यह होता है कि इससे कृतियों का नवीनतम के संदर्भ में मूल्यांकन होता चलता है। दस वर्ष के प्रारंभ में लिखी गई कृतियाँ अवधि के अंत में लिखी गयी कृतियों से निरंतर मूल्यांकित होती चलती हैं। फलतः रचना ही नहीं कसी जाती रहती है बल्कि पहचान भी कसी जाती रहती है। इस दृष्टि से इस प्रकार के सम्मान चाहे छोटे हों या बड़े, अभिरुचि या अभिरुचियों के निर्माण में मदद करते हैं। प्रकारान्तर से ये सम्मान विशेष प्रकार की अभिरुचियों का पोषण भी करते हैं, जिसके पीछे मूल्य चेतना होती है। मूल्यान्वेषण की जागरूक प्रक्रिया ही इन सम्मानों का प्रमुख गुण होना चाहिए। जब से व्यास सम्मान प्रारंभ हुआ उस समय को ध्यान में रखें, तो कहा जा सकता है कि व्यास सम्मान के लिए विचारार्थ निर्धारित अवधि में प्रकाशित साहित्य द्वारा हिंदी के पिछले 25 वर्षों का एक चयनधर्मी मूल्यांकन किया जा सकता है।

हिंदी साहित्य के पिछले 25 वर्ष की सर्जनात्मक सक्रियता का मूल्यांकन अपने आप में हिंदी क्षेत्र की सर्जनात्मक सम्पन्नता का भी आकलन होगा ही। संयोग ही है कि ठीक 25 वर्ष पहले 'आपातकाल' लागू हुआ था और 'आपातकाल' के बाद देश में राजनीति का एक विशेष दौर प्रारंभ हुआ। पिछले पच्चीस वर्षों में अनेक ऐसी कृतियाँ छपी हैं, जिनका महत्त्व उनके एकत्र संचयन मात्र से है उनके प्रभावी मुहावरों से नहीं। ऐसे लेख, कहानियाँ और कविताएँ जब लिखी गयीं थीं और पत्र-पत्रिकाओं में प्रकाशित होकर अपनी उपस्थिति को प्रमाणित कर रही थीं, उस समय व्यापक महत्त्व था। वे प्रश्न और उत्तर पिछले वर्षों में लगभग बेमानी हो गये हैं, क्योंकि उनसे जुड़े अनेक सामाजिक सांस्कृतिक प्रसंग अब मात्र संदर्भ रह गये हैं। कला कृतित्व या बिखरा हुआ कला कृतित्व ही उन्हें रचनात्मक अर्थवत्ता प्रदान करता है, समकालीनता, सामयिकता और प्रासंगिकता नहीं, क्योंकि ये सब कलाकृतियों पर विचार को रोकती हैं—कलाकृति के स्थान पर अपने को रखती हैं। माध्यम के स्थान पर स्वतः रूपान्तरित होकर एक नये प्रकार के रूपवाद या वस्तुवाद का सृजन करती हैं, जो खतरनाक है। हिंदी में इस प्रवृत्ति को पिछले पच्चीस वर्षों में धक्का लगा हो, ऐसा तो नहीं कहा जा सकता परंतु एक प्रकार का सहज और संतुलनधर्मी विकास अवश्य हुआ है। रीतिबद्धता का स्थान रीतिसिद्धता ने ग्रहण किया। एक नये प्रकार की रीति मुक्तता हिंदी कविता, कहानी और उपन्यासों में विकसित हुई है। इस विचलन के मूल में कोई सोची-समझी सुविचारित वादग्रस्तता नहीं थी और न है, बल्कि ध्रुवान्तों से बचने का सहज प्रयत्न है। इस कौशल का परिणाम औसतपन विकसित करता है। पिछले 25 वर्षों में अन्तर्निहित मध्यमवर्गीयता के कारण बहुत-सा कचरा इकट्ठा हुआ है। परंतु इस जद्दोजहद से नये मुहावरों, युक्तियों और शैलियों से युक्त अनेक नयी मौलिक और सजग रचनाएँ भी आयी हैं। यहाँ मेरा उद्देश्य उन कृतियों और रचनाओं को रेखांकित करना है, जिन्हें पढ़कर यह कहा जा सकता है कि ये कृतियाँ आज के मनुष्य को ही केंद्र में रखकर रची गई हैं। जाहिर है कि ऐसी रचनाएँ रची गई हैं एक विशेष प्रकार के नये अनुभव संश्लेषण को पहुँचाने, और व्यक्त करने के लिए। इसलिए इनके मुहावरे अप्रयुक्त, आयातित, नये और चौंकाने वाले भी हैं। इस प्रकार की रचनाएँ कम हैं, परंतु प्रयत्न कई हैं। इन नये बोधिसत्वों को कुछ बनने में समय लगेगा।

इस विविधवर्णी बहुस्तरीय मोह भंग और मूल्यभ्रंशता ने सामाजिक सांस्कृतिक ढांचे के टूटने से

व्युत्पन्न संभावित खतरों के प्रति चिंता उत्पन्न की है। पाखंड, ढोंग, सड़ांध तथा बदबू के क्रमशः उजागर होते जाने से सार्थक नये की संभावना की आशा ने विविध रूपों में मध्यमवर्ग को प्रभावित किया है। यद्यपि साहित्य सृजन इन 25 वर्षों में मध्यमवर्ग की परिधि से बाहर न केवल ताक-झांक करने लगा है, बल्कि लिखा भी जाने लगा है। इन पच्चीस वर्षों में हुए परिवर्तनों के कारण भाषा के प्रयोग और सामर्थ्य के प्रति नयी सोच ही नहीं विकसित हुई है, बड़े पैमाने पर साहित्यिक मानकीकरण की प्रवृत्ति भी विकसित हुई है, जो वैविध्य को नष्ट करती हुई अंततः साहित्य और संस्कृति को एक वचन में रूपान्तरित होने का दबाव डालती है। हिंदी में भी इस प्रकार के दबाव दिखाई पड़ने लगे हैं, जो रचना के देश के आदर्शीकृत रूप में विकसित होते हैं और विशेष प्रकार के पाठक वर्ग की संवेदना को उद्दीप्त या प्रशमित करते हैं। 'आपातकाल' और 'खिचड़ी विप्लव' के बाद लिखे गये साहित्य की पठनीयता, बौद्धिकता, विमर्शात्मकता, संघर्ष चेतना, सजग कलात्मकता, समय को परिभाषित करने की सटीकता, नये मानव संबंधों को समझने और लक्ष्य के प्रति कटिबद्ध करने की सामर्थ्य, भाषाओं और शिल्प के प्रति चौकन्नेपन आदि के आधार पर यदि चयन किया जाए, तो हर विधा के क्षेत्र में कुछ कृतियों को रेखांकित किया जा सकता है। जरूरी नहीं कि ये चयनित कृतियाँ कृतिकारों की पहले लिखी गई कृतियों से अधिक मूल्यवान या समृद्ध हों और यह भी जरूरी नहीं कि अब तक उपलब्ध सृजनात्मक उपलब्धियों में नया कुछ जोड़ती हों, परंतु रचना मात्र के तर्क से वे अपनी सीमाओं के परे जाकर अर्थों का निर्वचन अवश्य करती हैं। अपनी भौतिक सीमाओं का बार-बार उल्लंघन रचना की विशिष्टता और नवीनता का प्रमाण होता है बशर्ते कि वह उल्लंघन के लिए, या चौंकाने के लिए न हो। हर रचना अपना प्रकाशवृत्त बनाती है जिससे उसको पहचाना जा सकता है।

कविताओं का प्रकाशवृत्त अधिक व्यापक है। हिंदी कविता अन्य विधाओं की तुलना में पिछले पच्चीस वर्षों में काफी समृद्ध हुई है। धूमिल का संग्रह 'संसद से सड़क तक' अनेक काव्य आन्दोलनों के दौर में से कविता के नये मुहावरे की खोज का भी प्रमाण है और उस गहरे मोह भंग का भी, जो सत्ताओं के, वे चाहे जिस प्रकार की हों, विरोध और नकार से पैदा होता है। अशोक वाजपेयी ने सही ही लिखा है कि 'धूमिल एक तरह से किसानी के बातूनीपन के कवि हैं, वहीं विनोद कुमार शुक्ल एक तरह की बाबूगिरी की अल्पभाषिता के कवि हैं।' 'भूरी-भूरी खाक' —संकलन इसी अवधि में छपा था, जो उनकी गहरी समझ, मानवीय चिंता, बिम्बधर्मिता तथा आस्था को ही नहीं हिंदी कविता की समृद्ध दूसरी परंपरा को प्रमाणित करता था। आपातकाल के ठीक बाद रघुबीर सहाय के 'हँसो हँसो जल्दी हँसो,' 'लोग भूल गये हैं,' 'कुछ पते कुछ चिट्ठियाँ' आदि का प्रकाशन हुआ। रघुवीर सहाय हिंदी कविता में तद्‌भव और त्याज्य की प्रतिष्ठा के अद्वितीय कवि हैं। अपने समय और अपनी भाषा के प्रति इतना गहरा लगाव और इससे भी अधिक आत्मपरक वस्तुपरकता के साथ वर्णन करने की सामर्थ्य बिरले ही कवियों में है। मनुष्य की साँसत और उसकी शक्ति को एक ही मुहावरे में रेखांकित करने की सहज-से-सहज कला रघुवीर सहाय में है। विसंगति और विडम्बना रोजमर्रा की भाषा में साक्षात्कार करना रघुवीर सहाय की शक्ति है। श्रीकांत वर्मा का 'मगध' और 'गरुड़ देखा किसने', शमशेर बहादुर सिंह का 'काल तुझसे होड़ है मेरी', गिरिजा कुमार माथुर का 'मैं वक्त के हूँ सामने', धर्मवीर भारती का 'सपना अभी भी', विजयदेव नारायण साही का 'साखी', केशवचन्द्र वर्मा का 'उज्ज्वल रस', नरेश मेहता का 'उत्सवा' तथा 'पिछले दिनों नंगे पैरों', केदारनाथ सिंह का 'अकाल में सारस' तथा 'उत्तर कबीर तथा अन्य कविताएँ', त्रिलोचन का 'अमोला' तथा 'इस जनपद का कवि हूँ', या 'तुम्हें सौंपता हूँ,' और केदारनाथ अग्रवाल का 'अनियारी हरियाली' या 'वसंत में प्रसन्न हुई पृथ्वी', शिवमंगल सिंह सुमन का 'कटे अँगूठे की वंदनवारें,' सर्वेश्वरदयाल सक्सेना का 'खूंटियों पर टंगे लोग,' कुंवर नारायण का 'कोई दूसरा नहीं', नागार्जुन का 'खिचड़ी विप्लव देखा हमने', 'रत्नगर्भा', 'इस गुब्बारे की छाया में' तथा 'पका है कटहल', अशोक वाजपेयी का 'कहीं नहीं वहीं', 'तत्पुरुष' और 'तिनका-तिनका', मंगलेश डबराल का 'घर का रास्ता', अरुण कमल का 'सबूत' और 'नए

इलाके में', राजेश जोशी का 'नेपथ्य में हँसी', जगदीश गुप्त का 'जयंत' और 'शान्ता', विनोद कुमार शुक्ल का 'फिर भी सब-कुछ होना बचा रहेगा,' रमेशचन्द्र शाह का 'नदी भागती आई', विश्वनाथ प्रसाद तिवारी का 'आखर अनंत', आलोक धन्वा का 'दुनिया रोज बनती है', गोरख पांडे का 'जागते रहो', कुमार विकल का 'एक छोटी सी लड़ाई' और 'दीवार पर खून से', चन्द्रकांत देवताले के काव्य संकलनों आदि की व्यास सम्मान के लिए लेखकों, अध्यापकों, संस्थाओं द्वारा की गयी संस्तुतियों से हिंदी कविताओं की वैविध्यपूर्ण समृद्धि का पता चलता है। अनेक ऐसे भी काव्य संकलन निश्चय ही इस दौर में और प्रकाशित हुए हैं, जो नये कवियों के हैं, भले ही उनके नामों का प्रस्ताव युवा या युवतर समझ कर न किया गया हो, परंतु वे हिंदी कविता में परिवर्तन की दृष्टि से ही नहीं नये मुहावरे की खोज की दृष्टि से भी काफी महत्त्वपूर्ण हैं। जैसे 'प्रार्थना के शिल्प में नहीं'—देवी प्रसाद; 'सिर्फ कवि नहीं'—बोधिसत्व; 'किवाड़'—कुमार अम्बुज; 'इस घर की किसी खिड़की से'—राजीव सम्भरवाल; 'वर्णमाला से बाहर'—विनोद दास, 'पद कुपद'—अष्टभुजा प्रसाद शुक्ल; 'सच सुने हुए बहुत दिन हुए'—बद्री नारायण।

'हँसो-हँसो जल्दी हँसो', 'मगध', 'गरुड़ देखा किसने', 'साखी', 'लोग भूल गये हैं' और 'खूंटियों पर टंगे लोग' आपातकाल की प्रलम्बित छाया में प्रकाशित हुए हैं। इन संकलनों में गहरी राजनीतिक और मानवीय चिंता का आभ्यंतरित बाह्य है। संकट के समय में सत की परीक्षा और मगध के चरित्र और विचार-धाराओं की साहसहीन निरावरणता ने इन संकलनों के देश और काल को व्यापकता प्रदान की है। ज्ञानात्मक संवेदनों के कारण इन संकलनों में हिंदी भाषा की जीनियस का पता चलता है। शमशेर बहादुर सिंह हिंदी के उन कवियों में हैं, जिनकी कविताएँ कलाकृतियाँ भी हैं। शब्दों का ऐसा चयन और संयोजन कि वे गहन और संश्लिष्ट संवेदनों को भी आकार दें अन्यत्र कठिन है। उनसे सीखा जा सकता है। आज जब कविता लिखना नित्यकर्म जैसा हो गया है, तो अज्ञेय, शमशेर और रघुवीर सहाय की याद स्वाभाविक है। गिरिजा कुमार माथुर और धर्मवीर भारती हिंदी के प्रयोक्ता कवि रहे हैं। गिरिजा कुमार माथुर और भारती दोनों के ही मुहावरे अन्य कवियों से भिन्न रहे हैं। गिरिजा कुमार माथुर प्रारंभ से ही प्रेम और सौंदर्य के कवि रहे हैं। एक अर्थ में यह उनका स्थायी भाव है। मालवा और विंध्याटवी की प्रकृति का औदात्य गिरिजा कुमार माथुर की रचनाओं में मानवीकृत होकर प्रायः प्रयुक्त है। मानवीकरण की दुहरी प्रक्रिया मनोज्ञा और आकर्षक और साथ-ही-साथ मूल्यानुप्राणित भी है। 'मैं वक्त के हूँ सामने' में वर्तमान से फैलता संवेदना वृत्त आधुनिक मानव की अनेक विकृतियों, प्रदूषित आकांक्षाओं, सांस्कृतिक उत्पादों, अराजक मूल्य विहीन विद्रोहों, मनुष्य के आखेटों के प्रति सघन चौकन्नेपन के साथ मानव नियति को संवारने और सुधारने की अदम्य सदिच्छा संकलन को मूल्यवान बनाता है। 'काल के कगार से' के लेखक के त्रासद अनुभवों के रचनात्मक मोड़ और विज्ञान की मानवीय अर्थवत्ता इस संकलन में भी है। इस संग्रह में गहरा पीड़ित विवेक है और राजनैतिक सामाजिक मीमांसा भी है और है इस मीमांसा से विकसित चेतना का रागदीप्त बिम्बमय वर्णन। यह जाने हुए को पहचान कर रेखांकित करने का अद्‌भुत प्रयत्न है। भारती का काव्य संग्रह 'सपना अभी भी' जिस पर व्यास सम्मान प्राप्त हुआ है, स्मृतियों की निर्मिति की निर्मिति है। 'अंधायुग' और 'कनुप्रिया' जैसी अद्‌भुत कृतियों के रचयिता भारती के इस संकलन में 1959 से लेकर 1993 तक की कविताएँ हैं। इलाहाबाद की स्मृतियों के माध्यम से लेकर वर्तमान को मार्मिकता के साथ परिभाषित करता है। बदलती जीवन-दृष्टि, मानव संबंधों के विखरावों को धमवीर भारती गहरी वेदना के साथ प्रस्तुत करते हैं।

इतिहास और मिथक के प्रयोगों से सम्बद्ध कविताओं में यद्यपि वह परिपक्वता और संघटन क्षमता कुछ शिथिल है, परंतु एक प्रकार की मोहभंगी कातरता है जो 'सम्पाती', 'बलराम', 'पुराना किला' जैसी कविताओं से वर्तमान को व्याख्यायित भी करती है, और अतीत को आविष्कृत भी। आपातकाल की पृष्ठभूमि पर लिखी कविता 'मुनादी' में भी तात्कालिकता का विलयन है इसी अर्थ में यह अधिक अर्थ-गर्भ भी है इस संकलन में 'सपना टूटा नहीं है यद्यपि अभी'

के माध्यम से समय को परिभाषित किया गया है परंतु उस अभी से ही सपना जुड़ा भी है।

नरेश मेहता, केशवचन्द्र वर्मा और लक्ष्मीकांत वर्मा के इधर प्रकाशित संकलनों में विष्णु तत्त्व का भावयोग है। नरेश मेहता के 'उत्सवा', 'अरण्या' आदि संग्रहों में 'लीलाभाव' की प्रतीति मिलती है। वर्तमान और अतीत सभी इस महाभाव से रूपांतरित लगते हैं। 'उज्ज्वल रस' और 'समर्था रति' में भी इसी राधा भाव की प्रतीति है। केशव कालीधर के ये दोनों संग्रह कविता की परंपरा से हटकर नहीं, बल्कि परंपरा में विद्यमान मध्ययुगीन मुहावरे से अपने काल की आध्यात्मिक प्रतीति को व्यक्त करते हैं। लक्ष्मीकांत वर्मा के 'दीप देहरी द्वार' में नरेश मेहता और केशव चन्द्र वर्मा की तुलना में अधिक समकालीन तल्लीनता और हार्दिकता है। वर्तमान को परिभाषित करने का एक नया मुहावरा भी है जिसे कम से कम लक्ष्मीकांत वर्मा ने पहले नहीं प्रयुक्त किया था। परंतु इन सभी संकलनों की प्रमुख समस्या समय के विलयन की है। कवि अपने समय का साक्षात्कार साक्षात्कृत अनुभव से मुक्ति में चाहता है। रचना के स्तर पर राग और विराग की उपस्थिति और अनुपस्थिति दोनों ही महत्त्वपूर्ण है। ये कृतियाँ हमें कालबद्धता के दायरे से मुक्त करके अपनी ओर खींचती जरूर हैं। प्रश्न यह है कि क्या इनमें वह गहरी निष्कवच आत्मस्थ तल्लीनता है? लक्ष्मीकांत ने अध्यात्म को अपने समय को पारिभाषित करने में प्रयुक्त करके महत्त्वपूर्ण प्रयोग किया है। इसके ठीक विपरीत दूसरी ओर केदारनाथ अग्रवाल और त्रिलोचन जैसे कवि हैं, जो वर्षों से एक ही मुहावरे में अपने-अपने समय को पारिभाषित कर रहे हैं। केदारनाथ अग्रवाल के इधर के संकलनों में ऐसा कुछ नया नहीं जो इस बड़े कवि ने पहले न लिखा हो। 'अनियारी हरियाली' और 'वसंत में प्रसन्न हुई पृथ्वी' में सृष्टि को नापता और तौलता हुआ कवि अभी भी हल्के-हल्के मुस्कुराता तथा गद्‌गद दिखाई पड़ता है। त्रिलोचन का 'अमोला' तो अवधी के बरवै छन्द में लिखा हुआ अपूर्व संकलन है। 'इस जनपद का कवि हूँ' और 'तुम्हें सौंपता हूँ' संकलनों के अलावा उनके और भी संकलन इसी बीच छपे हैं।

इन सभी संकलनों में यथार्थ को नियोजित करके समय के मर्म को परिपक्व मुहावरे में पकड़ने की अद्‌भुत सहजता है। त्रिलोचन के पास शब्दों और वस्तुओं का अपरिमित संसार है। और रचनाओं में वह संसार व्यक्त भी है। उन्हें केवल सपाट बयानी का कवि कहना कठिन है। उनकी कविताओं में जीवंत बिम्ब हैं। वाक्यों के प्रयोग की दृष्टि से वह मूलतः जायसी की परंपरा के कवि लगते हैं। चमत्कृत विन्यास और संकेतात्मक अर्थ परंपरा उनमें उस रूप में नहीं है जैसी शमशेर में, और न ही वह प्रदीप्त बिम्बमयता जो मुक्तिबोध में। शिवमंगल सिंह सुमन का संकलन 'कटे अँगूठे की वंदनवारें' आज के समय के एक सत्य की ओर संकेत ही करता है परंतु अनेक सत्यों को छोड़ देता है। यह संकलन सुमन जी के रचनात्मक कसाव का नहीं ढीलेपन का प्रमाण है। इसमें मोहभंग की भावुक प्रतिक्रिया अधिक है, बनते-बिगड़ते मनुष्य की पहचान कम है। डॉ. जगदीश गुप्त की 'शान्ता' और 'जयन्त' 'शम्बूक' से अच्छी रचना नहीं है और न ही आज के जटिल प्रश्नों का उत्तर ही, जो मनुष्य की नियति को परिभाषित करता हो। जगदीश जी की अद्‌भुत बिम्ब क्षमता भी इन खण्ड काव्यों में नहीं है। पुराने को नये ढंग से व्याख्यायित करने का प्रयत्न और संगठन अवश्य महत्त्वपूर्ण है। अशोक वाजपेयी का संकलन 'तिनका-तिनका' नाम से ही अर्थगामी है। यह अशोक वाजपेयी के अब तक प्रकाशित संकलनों का संकलन है। इस महत्त्वपूर्ण संकलन में मृत्यु, रति, वैराग्य, पितर, देवता आदि सब मिलकर जिस लोक परलोक का निर्माण करते हैं उसमें रागदीप्तता और शून्यता की एक साथ उपस्थिति है। अशोक की कविताएँ आवेगमयता से उतरती हैं और सम पर समाप्त होती हैं। निखिल ब्रह्माण्ड को अपनी गागर में समोने की कला में अशोक सिद्धहस्त हैं। 'तिनका-तिनका' की अनेक कविताएँ इसकी प्रमाण हैं। कवि का निर्बाधगमन ही महत्त्वपूर्ण नहीं होता है, बल्कि सब-कुछ को अपने पास बुला लेने की कवि की शक्ति कम महत्त्वपूर्ण नहीं है। एक अर्थ में अशोक कविता में एक व्यापक जनतंत्र निर्मित करते हैं, जिसमें बहुवचन एकवचन होता है और एकवचन बहुवचन होता है।

कुंवर नारायण की कविताओं में जहाँ

आश्चर्यजनक आत्मसंयम दिखता है वहाँ अनेक शैलियों और छंदों के चौकस प्रयोग मिलते हैं। 'तीसरा सप्तक' की कविताओं से लेकर 'कोई दूसरा नहीं' तक में यह प्रवृत्ति मिलती है। आत्मबोध और जगतबोध के बीच ज्ञानियों ने चाहे जितनी गहरी चौड़ी खाई खोदी हो, कुंवर नारायण की कविताओं का काव्य बोध इस खाई को पाटने के आत्मिक प्रयत्न से विकसित होता है। मुक्तिबोध ने एक स्थान पर उनकी तकनीक को जनतांत्रिक मानते हुए लिखा है कि कवि की पीड़ित अन्तर्रात्मा और कथित विवेक चेतना की अभिव्यक्ति के लिए ऐसी ही शिल्प व्यवस्था की जरूरत है। 'कोई दूसरा नहीं' में अपने समय की संपूर्ण सच्चाई और बेहतर इंसान बनाने या बनाये रख सकने के संकेत हैं। बढ़ती हुई महंगाई में आदमी की लगातार घट रही कीमत उनके इस संकलन की प्रमुख चिंता है। संकलन में चिंता दाएँ या बाएँ रास्तों, राजनैतिक परिवर्तनों या निर्णयों की नहीं बल्कि इस बात की है कि कैसे हमने जाति, धर्म, नगर, गाँव, क्षेत्र, धन्धों आदि के कैदखानों में पूरी जिंदगी गुजार दी, कैसे हम गुनाह करने के काबिल भी नहीं रहे, सिवाय इसके कि रोजमर्रा अपनी ही हत्या करें। 'कोई दूसरा नहीं' न केवल कुंवर नारायण के सभी संकलनों की काव्योपलब्धि का समुच्चय कहा जा सकता है, अपितु अन्य रचनाकारों की काव्योपलब्धि से सीखने की कोशिश भी इसमें है। श्रीकांत वर्मा के 'मगध', नरेश मेहता के 'पिछले दिनों नंगे पैरों' की शैली में वर्तमान से इतिहास पर पड़ने वाली रोशनी की अभिव्यक्तियाँ भी इस संग्रह के 'नालन्दा,' 'बख्तियार' और 'विजय नगर' में देखी जा सकती हैं। इसमें संकलित प्रेम, सौंदर्य और प्रकृति की कविताओं में आश्चर्यजनक असंगता और बौद्धिक सघनता है। 'वह जो हैं', 'नदी बूढ़ी नहीं होती' दाम्पत्य सुख के साथ अन्य अर्थों के संकेत के कारण इस संकलन की उपलब्धियाँ हैं। हिंदी में पत्नी को लेकर लिखी गई केदारनाथ अग्रवाल की 'हे मेरी तुम,' विजेन्द्र की 'चैत की लाल टहनी', नरेश मेहता के 'उत्सवा' की कुछ कविताएँ 'दाम्पत्य सुख' को स्वतंत्र भाव के रूप में प्रेषित करने वाली मूल्यवान कविताएँ हैं, जो आदमी को सामाजिक प्राणी के रूप में अर्थगर्भ बनाती हैं। अशोक वाजपेयी की माँ, पौत्र और बेटी पर लिखी कविताएँ भी हमें वात्सल्य भाव की प्रतीति कराती हैं। इस दृष्टि से उदयन की 'कुछ वाक्य' और विश्वनाथ तिवारी की 'आखर अनंत' में 'माँ' संबंधी कविताएँ ध्यान देने योग्य हैं।

तीसरा सप्तक से लेकर अब तक केदारनाथ सिंह की कविताओं में रागात्मक ऐश्वर्य के बावजूद प्रगतिशीलता और उच्चतर मानवीय मूल्यों में गहरा विश्वास विद्यमान है यद्यपि रूप के प्रति आग्रह बढ़ता गया है, जिसका प्रमाण 'बाघ' संग्रह की कविताओं की प्रतीकात्मकता है। प्रकृति जिसमें कि मनुष्य भी शामिल है, के प्रति गहरा आकर्षण 'नास्तेल्जिया' की सीमा तक उनमें मिलता है। नये-से-नये अनुभव को स्मृतियों की भाषा से भाषित करके पकाने का प्रारंभिक कौशल 'अकाल में सारस' में भी है। परंतु 'अकाल में सारस' और 'उत्तर कबीर तथा अन्य कविताएँ' में आत्मिक और भौतिक संघर्ष को देश और काल के संदर्भ में रखकर देखने, परखने की एक अजीब प्रकार की निष्कवच चिंतनशीलता केदारनाथ सिंह में बढ़ी है। 'अकाल में सारस' में संकलित छोटी-छोटी कविताओं में पाई जाने वाली कथात्मकता और भाषा के सिद्ध परंतु सहज प्रयोग ने उनकी कविताओं में ग्रहणशीलता का ऐसा आयाम विकसित किया है, जो आसानी से नहीं मिलता। इस आयाम का विकास 'उत्तर कबीर तथा अन्य कविताएँ' और 'बाघ' में भी पाया जाता है। 'अकाल में सारस' की कविताओं में पाई जाने वाली लयात्मकता कविता के मुहावरे का अंग बन जाती है। 'उत्तर कबीर तथा अन्य कविताएँ' को पढ़ते समय एक बार ऐसा लगता है कि अगली कविता संकसित पिछली कविता के लिए वांछित समय को अपने लिए माँगना चाहती है। इस संग्रह की कविताएँ आपसे अवकाश माँगती हैं। गहरी आत्मस्थ चिंतनशीलता से उपजी अधिकतर कविताएँ काव्य समयों और प्रचलित मुहावरों से हटकर अपने अड़ोस-पड़ोस, अगल-बगल और आमने-सामने को अनावृत्त संकेत के रूप में प्रस्तुत करती हैं। संग्रह में शब्द और अर्थ, बाहर और भीतर; अतीत और वर्तमान को एक-दूसरे के आमने-सामने रखने से बनने वाली प्रतिच्छायाएँ संप्रेषण को प्रतीति पर्यवसायी बनाती हैं। अनेक कविताओं की नींदहराम बेचैनी, चिंतन और भावना के पिघलाव से पैदा हुई

है। निश्चय ही यह मूल्यवान संग्रह है। इस दृष्टि से विपिन कुमार अग्रवाल का 'आदि ही अनंत यात्रा' भी काफी महत्त्वपूर्ण संकलन है। विपिन के इस संग्रह 'एण्ट्रापी' का दायरा कविता के शिल्प में परिव्याप्त है। एक ओर अनंत ब्रह्माण्ड और दूसरी ओर 'छूटे न गाड़ी', 'चल कलकत्ता' जैसे प्रयोग विरुद्धों के सहचार का ऐसा विन्यास निर्मित करते हैं, जो रचना को आकृति और अनुभूति दोनों से विशिष्ट बनाता है। विपिन जैसे प्रयोगधर्मा कवि आखिर कितने हैं?

मंगलेश डबराल, चन्द्रकांत देवताले, विष्णु खरे, लीलाधर जगूड़ी, राजेश जोशी, रमेशचन्द्र शाह के काव्य संग्रहों में हिंदी कविता को नया मुहावरा देने का ही प्रयत्न नहीं किया गया, बल्कि मानवीय और सामाजिक स्थितियों, बिडम्बनाओं और प्रश्नों को नये रूप में प्रस्तुत किया गया है। इन कवियों की कविताओं का वस्तुबोध केदारनाथ सिंह और रघुवीर सहाय से भिन्न है। प्रकृति, विकृति और संस्कृति के नये बिम्ब जो छठे और सातवें दशक में नहीं मिलते हैं इन रचनाकारों के काव्य संकलनों में हैं। सर्वत्र व्याप्त अत्याचार, अन्याय के उद्‌घाटन और विभावन के साथ उसके प्रतिरोध की मूल्य दृष्टि इन कवियों की कविताओं में मुखर और सांकेतिक रूपों में विद्यमान है। अनेक नये कवि कविता को महज कला, शोषितों, पीड़ितों और दलितों का इस्तगासा मानते हैं। परंतु कविताओं में वकालत नहीं गहरी संवेदना, सात्विक क्रोध और विवश बेचैनी भी है। युवतर कवियों में बोधिसत्व, देवी प्रसाद, बद्री नारायण, एकांत श्रीवास्तव, हेमंत कुकरेती ने इतिहास, लोक और प्रत्यक्ष को मिलाकर नया परंतु गंभीर मुहावरा विकसित किया है। लोकगीतों, लोककथाओं, जातक कथाओं, चर्चा गीतों की शैलियों, पदों, भजनों और दोहों के मुहावरों एवं छन्दों में अधिक सहजता और आन्तरिकता के साथ अपने समय के दबावों, अत्याचारों और संवेदनों को पाठक तक पहुँचाने में अनेक नये कवियों ने सफल और मार्मिक प्रयोग किए हैं। सपाटबयानी से ये प्रयोग अधिक अर्थगर्भ, मारक और ग्रहणशील हैं। कविता के अर्थविस्तार के साथ-ही-साथ पठनीयता का विस्तार भी चुनौती है।

इस दृष्टि से गीति विधा में किये जा रहे नये प्रयोग कम महत्त्वपूर्ण नहीं हैं। 'गीत' में प्रयोग मैथिलीशरण गुप्त से लेकर प्रसाद, पंत, निराला, महादेवी, बच्चन, नरेन्द्र शर्मा, धर्मवीर भारती, केदारनाथ सिंह, शम्भुनाथ सिंह ने किये हैं। पिछले पच्चीस वर्षों में गीत विधा में तद्‌भव शब्दावली और राजनैतिक उद्‌घाटन प्रमुख तत्त्व के रूप में विकसित हुआ है। रमानाथ अवस्थी, नीरज, कन्हैयालाल नंदन, सूर्यभानु गुप्त, भारत भूषण, किशन सरोज, कैलाश गौतम, देवेन्द्र कुमार, यश मालवीय के संग्रहों में अप्रस्तुत विधानों का प्रयोग किया गया है। हिंदी गीत में भीड़ के बावजूद नयापन है। देवेन्द्र कुमार की कविता में गीत वौद्धिकता से भावित है इस अर्थ में सशक्त कवि हैं। इन कवियों की कविताओं का बिम्बविधान सामान्य जनता के परिवेश और अनुभव के क्षेत्र का होता है और भाषा बोलचाल की होती है। एक प्रकार से ये गीत बातचीत के लयात्मक प्रयोग नहीं हैं बल्कि आज के मनुष्य की मर्मव्यथाएँ हैं, जो व्यंग्य और विद्रूप के स्वर में और कभी उद्‌घाटन प्रवृत्ति के रूप में व्यक्त हुआ है। दुष्यंत कुमार के 'ग़ज़ल' रचनात्मक क्षमता की दृष्टि से कम महत्त्वपूर्ण नहीं हैं। इन पच्चीस वर्षों में हिंदी 'ग़ज़ल' में—जो उर्दू ग़ज़ल से काफी भिन्न है—विडम्बना, आक्रोश और मानवीय संकट को जिस रूप में रूपायित किया गया है वह समकालीन रचनात्मक का सजग प्रमाण है।

उपन्यास जीवन के व्यापक परिदृश्य और परिवेश को आख्यायित और व्याख्यायित करने के लिए सर्वाधिक उपयुक्त माध्यम है। कथा तत्त्व के फलक को विस्तार प्रदान करने की प्रभूत संभावनाएँ रहती हैं। हिंदी में विगत पच्चीस वर्षों में अनेक महत्त्वपूर्ण रचनाएँ प्रकाशित हुई हैं। ये रचनाएँ अपने भौतिक परिवेश, देश-काल की सीमाओं में निबद्ध रहकर भी इनके परे जाकर अर्थ का निर्वचन अवश्य करती हैं। रचना का अपनी भौतिक सीमाओं का बार-बार उल्लंघन उसकी विशिष्टता का प्रमाण होता है। इस प्रकार कहा जा सकता है कि रचनाओं द्वारा निर्मित प्रकाशवृत्त ही उनकी सृजनशीलता को प्रमाणित करता है। फिलहाल उपन्यास के क्षेत्र में चयनित कृतियाँ मेरी राय में निम्नलिखित हो सकती हैं।

जिंदगीनामा, रात का रिपोर्टर, मय्यादास की

माड़ी, कुंतो, उत्तरकथा, अनुत्तरयोगी, धीर समीरे, लेकिन दरवाजा, मुठभेड़, नीला चाँद, शैलूष, डूब, कसप, पाहीघर, परिशिष्ट, सूखा बरगद, दिलो दानिश, कालाजल, ढाईघर, पहला पड़ाव, तत्सम, उस चिड़िया का नाम, सुंदर पांडे की पतोहू, पूर्वापर, अर्धनारीश्वर, सात आसमान, जोगी मत जा, धार, मुझे चाँद चाहिए, पहला गिरमिटिया, कलि कथा वाया बाईपास, पीली आँधी, बेघर, खुदा सही सलामत है, अनारो, पीताम्बरा, हमजाद, दीवार में एक खिड़की रहती थी, विश्रामपुर का संत, पाँच आँगनों वाला घर, मुखड़ा क्या देखे, अग्निबीज, इदन्नमम् झीली झीनी बीनी चदरिया, जूठन, छप्पर टोला।

निश्चय ही इनमें से कई कृतियाँ अपने समय के मानवीय संकट को रेखांकित करती हैं। कुछ बहुत गहराई और मार्मिक बौद्धिकता के साथ मनुष्य की विवशता, पीड़ा और आवश्यकताओं को भी रेखांकित करती हैं। कुछ कृतियाँ हैं जो व्यक्ति की व्यथा के साथ-साथ वर्तमान के बिंदु से अतीत और भविष्य में मनुष्य की अवस्थिति को शिद्दत के साथ उपन्यासों में इस प्रकार रचती हैं कि उपन्यास एक कलाकृति की तरह इतिहास, मिथक, यथार्थ सबको घोल कर अपने समय और देश के यथार्थ का ही नहीं बल्कि सनातन यथार्थ पीड़ा और वेदना का भी उद्‌घाटन करने लगता है। 'उस चिड़िया का नाम', 'उत्तर कथा', पाँच आँगनों वाला घर,' ऐसी ही कृतियाँ कही जा सकती हैं। इस प्रकार के उपन्यास निश्चय ही कम हैं, परंतु इन पच्चीस वर्षों में ऐसी कृतियाँ अवश्य लिखी गई हैं। इतिहास और वर्तमान को अद्‌भुत कौशल से मिलाकर लिखा गया 'नीला चाँद' रोचकता, गहरे अव्यक्त प्रेम, निजी प्रेम से बड़ी सामाजिक कल्याण कामना और समानता के आधार पर आकांक्षित मनुष्यता को रेखांकित करता है।

महाभारत, रामायण और पुराणों की कथाओं पर उपन्यास लिखने की परंपरा का सशक्त विकास हुआ है। 'महासमर' या 'तोड़ो कारा तोड़ो', 'दीक्षा', 'अवसर' आदि में यह प्रयत्न वर्तमान यथार्थ की छाया में किया गया है। परंतु मिथकों से निर्मित जगत के स्थान पर वह प्रतिजगत बन नहीं पाया है, जो वर्तमान मनुष्य के प्रकाश में मिथकों को और मिथकों के प्रकाश में वर्तमान को परिभाषित करता, जैसा कि मराठी-गुजराती आदि भाषाओं में उपन्यासकारों ने किया है। प्रश्नों के दिये गये उत्तरों की व्याख्या का विस्तार नयी रचना नहीं है। दूसरे इस प्रकार की कृतियों में कथा का ढाँचा बना-बनाया है। यथार्थ को परिभाषित करने के लिए कथा के स्तर पर नये चरित्र नहीं हैं। इस अर्थ में क्रांतिकारी परिवर्तनों के बाद भी इस प्रकार की कृतियाँ एक प्रकार की अतीत की औचित्यपरकता का या तो विस्तार लगती हैं या वैज्ञानिकता और राजनैतिक सांस्कृतिक परिभाषाओं का आरोपण लगती हैं, परंतु रूपक वही रहता है। ऐतिहासिक उपन्यासों की भी यही सीमा होती है कि वह अंततः इतिहास से मुक्ति का कारण नहीं बन पाता। उपन्यास का गल्प होना उसकी शक्ति है, वह तथ्य के विरूपण या अतिविस्तार से ही संभव है। 'पीताम्बरा' या 'पवनपुत्र' बिरादरी के उपन्यास तो भक्ति भाव से एक विशेष प्रकार के पाठक वर्ग के लिए लिखे गये हैं। इस प्रकार की रचनाओं में भी कथा के स्थापित तत्त्व का विस्तार ही है। इन्हें व्यापक अर्थ में पुराणों की टीकाएँ कहा जा सकता है। वस्तुतः प्रदत्तभाषिक और शैल्पिक उपलब्धियों को सहेजना-बरतना एक बात है और कभी-कभी बहुत जरूरी भी, परंतु सन्तानों की चरितार्थता तो अपनी कमाई से उसमें कुछ जोड़ने में है। मूल्यांकन करते समय या किसी भी सम्मान पर विचार करते समय कृतियों में इसकी खोज आवश्यक है। किसी लेखक या कृति का भाषा, परंपरा, मनुष्य और समय के साथ सलूक कैसा है इसकी जाँच-पड़ताल किए बगैर कोई निर्णय संभव नहीं है। यह सही है कि हर मूल्यांकन अधूरा होता है खास कर सर्जनात्मक कृतियों का, लेकिन यह भी सही है कि मूल्याकंन का एक स्तर होता है, जिसे आधारभूत स्तर कहते हैं। आवश्यक साहित्यकता या सृजनशीलता के बगैर किसी कृति को रचना भी कैसे कहा जाए।

पिछले पच्चीस वर्षों में हिंदी में अनेक महत्त्वपूर्ण 'उपन्यास', 'काव्य-संकलन', 'निबंध संग्रह', 'नाटक' और आलोचनात्मक वैचारिक ग्रंथ प्रकाशित हुए हैं। परंतु यह निर्णय करते समय कि कौन-सी कृतियाँ हैं, जिनमें अपने समय को पारिभाषित करने का गहरा संकल्प, मनुष्य के राग विराग, सुख-दुःख, आशा-निराशा

और भीतरी और बाहरी दुनिया के अनुभवों को व्यक्ति, परिवार, समाज, मानव प्राणि-मात्र और सृष्टिमात्र के वृहत्तर संदर्भों में सोच सकने की कलात्मक सामर्थ्य का गहरा राग विमर्श और मूल्य विमर्श है—श्रम और प्रतिभा साध्य। जितनी सीमा तक यह सामर्थ्य मिलती है, उतनी सीमा तक रचनाएँ महत्त्वपूर्ण मानी जा सकती हैं। इस प्रकार के अनेक प्रश्नों, प्रति प्रश्नों और उनके सूझने वाले उत्तरों को ध्यान में रखते हुए अपने समय के तनावों, मूल्य-विभ्रमों और अवमूल्यनों को कुछ कृतियों ने न केवल रेखांकित किया है, बल्कि उस संकट के प्रति चौकन्ना बनाया है, जो हमारे समाज में धीरे-धीरे बढ़ रहा है। इन कृतियों की एक सामान्य विशेषता जो इन्हें अन्य रचनाओं से अलग करती है, वह है, वस्तुपरक आत्म-परकता, जिससे रचनाएँ प्रभावित ही नहीं लगती हैं, जैसा इस अवधि में प्रकाशित कुछ अच्छी कृतियों में है, बल्कि रचित लगती हैं। कुछ कृतियों में यह चिंतनशीलता भाषा प्रयोग के कारण अवरुद्ध हो गई है, जैसे कृष्णा सोबती का 'दिलोदानिश' और कुछ में कलात्मक मोह या स्थापत्य के कारण घुटती हुई। भाषा में वह गहरी अर्थवत्ता जो रचना के बाहरी और भीतरी हिस्सों को चौखट पर रखे दीपक की तरह रोशन करती है, नहीं है। 'राग-दरबारी' के लेखक के उपन्यास 'पहला पड़ाव' में आज के समाज के नेता, ठेकेदार, नौकरशाही आदि के संबंधों का उद्घाटन रचना के स्तर पर सरलीकरण ही लगता है। परंतु 'बिस्रामपुर का संत,' वैद्य जी हैं और रहेंगे के तर्क के निष्कर्ष से मुक्त एक महत्त्वपूर्ण रचना है, जिसमें श्रीलाल का नजरिया ही नहीं बदला है, यथार्थ को अर्थवान बनाने का कौशल भी बदला है। बदलते हुए चरित्र अंततः मनुष्य में आस्था उत्पन्न करते हैं। इस अर्थ में उद्घाटन के साथ-ही-साथ एक प्रकार की अंतर्निहित मूल्यनिष्ठा अवश्य है, जो उनके अब तक के उपन्यासों में व्याप्त निराशा और चिंता को कुछ आशा में बदलती है। बिस्रामपुर का संत, श्रीलाल के अब तक के उपन्यासों की परिणतियों की तुलना में मूल्यपरक है। वर्ततान व्यवस्था के दुष्चक्र और मनुष्य की कमजोरियों के अलावा इस उपन्यास में मनुष्य के जाने हुए को पहचानने योग्य ही नहीं बनाया गया है बल्कि बुरे होने के साथ-ही-साथ अच्छे के रहने की संभावना को द्वन्द्वात्मक दृष्टि से उपन्यास की वस्तु में अनूदित किया गया है।

विष्णु प्रभाकर का 'अर्द्धनारीश्वर' कई दृष्टियों से परिपाटीबद्ध ही है। न तो इसमें हिंदी भाषा की वह विकसित सामर्थ्य है और न सामान्यीकरण से बचने का प्रयत्न, जो कई उपन्यासों की कलात्मक दक्षता और सम्प्रेषण क्षमता से तुलनीय हो सके। स्थितियों, पात्रों और उनके संबंधों से उत्पन्न तनावों के अभाव से यह उपन्यास इन्हीं लेखों की रचनात्मक उपलब्धियों से आगे नहीं जा सके हैं। नरेन्द्र कोहली का उपन्यास 'तोड़ो कारा तोड़ो' परंपरागत कथा को नये संदर्भ में प्रस्तुत अवश्य करता है, परंतु अपनी बनावट और बुनावट में आज की पारिवारिकता और वैयक्तितता का वह स्वरूप प्रस्तुत नहीं कर पाता, जो परंपरागत कथा को मानव के शाश्वत प्रश्नों और सामयिक चिंताओं का वाहक बना सके। फलतः एक प्रकार का अधूरा वर्णनात्मक कौशल मात्र रह जाता है, जो मध्यमवर्ग को दोहरा संतोष प्रदान करता है लेकिन किसी प्रकार से संपन्न या विपन्न नहीं बनाता। 'रात का रिपोर्टर' इन सबके विपरीत जिस स्थिति से संबद्ध है, वह मनुष्य के बाहर-भीतर के अर्थ को ही नहीं बदल देती है, बल्कि मनुष्य को स्वयं अपने प्रति सशंक और संशयालु बना देती है। उसे लगने लगता है कि चिरंतन सत्य कुछ भी नहीं है ? सिवाय प्रेम और यातना और दुःख के भीतर कौंधती हुई एक स्मृति या प्रतीति के। मनुष्य का स्वयं अपने शरीर और आत्मा तक से भागने या बचने का यह प्रयत्न ही स्थिति की भयावहता और मानवता के लिए अत्यंत खतरनाक अवस्थिति को रेखांकित करता है। इस प्रकार की रचनाओं में एक प्रकार का आत्मवाचीपन होता है, जो जीवन संग्राम के वृहत्तर संदर्भ को अपने अनुभवों के प्रकाश में ही देखता है, फलतः दुनिया का बड़ा अँधेरा परिदृश्य से बाहर छूट जाता है। पच्चीस वर्षों में परंपरागत ढंग पर काल क्रमिक दृष्टि से अनेक उपन्यास लिखे गये हैं, परन्तु गल्प का इतिहास भावित प्रयोग जैसा शिव प्रसाद जी ने 'शवसाधना' या मृतकोपासना के बावजूद 'नीलाचाँद' आदि में किया है, वह उसे महत्त्वपूर्ण कृति बनाता है। इतिहास को गल्प में रूपांतरित करना एक जटिल कार्य है।

शिवप्रसादजी ने इस चुनौती को बनारस के प्रसंग में मूर्तित करके मनुष्य के राग द्वेष और मंगल कामनाओं को प्रतिष्ठत किया है। 'अर्धनारीश्वर' विष्णु प्रभाकर, चाक-मैत्रेयी पुष्पा, आवाँ-चित्रा मुद्गल आदि में एक प्रकार का सरलीकरण है जिससे रचनात्मक ठोसपन कम होता है। मंजूर एहतेशाम का 'सूखा बरगद' महत्त्वपूर्ण प्रयत्न है, संकेतपरक क्षमता इसे मूल्यवान बनाती है।

'सात आसमान' और 'मुखड़ा क्या देखे' उपन्यासों में 'सात आसमान' में मनुष्य के बदलने का इतिहास है। पिछले 400 वर्षों में विकासमान संस्कृति कैसे लड़खड़ाई है—'सात आसमान' इसका इतिहास ही नहीं है बल्कि समूचा आदमी अपनी कमियों, अच्छाइयों के साथ कैसे पहुँचा है, वहाँ जहाँ उसे सब खोना पड़ सकता है, जिसे उसने किसी तरह सुरक्षित रखा है, का इतिहास भी है। रिश्तों के टूटने और बनने के साथ-साथ मनुष्य की परिभाषाओं और पहचानों का क्रमशः खत्म होते जाना—उपन्यास में संरचित है। इसमें सामंती तंत्र क्रमशः अप्रासंगिक होते जाने का ही नहीं बल्कि आने वाले के प्रति चौकन्नेपन का भी भाव है। 'मुखड़ा क्या देखे' में गंगा जमुनी संस्कृति के बीच बावरी मस्जिद के ढहाये जाने से कैसे दरार पड़ती है और कैसे वह दरार चौड़ी होती जाती है इसका वर्णन है। उपन्यास कुछ अधिक बड़बोलेपन का शिकार है। गठन ढीला है। उत्तर आधुनिकता के लक्षणवादी प्रभाव में भी कृतियाँ रची गयी हैं। जैसे मनोहर श्याम जोशी का 'हरिया हरक्युलिस की हैरानी;' 'हमजाद' मनुष्य के धीरे-धीरे मरते जाने को ही प्रतिपादित करते हैं। इस प्रकार के उपन्यास नैतिकता मात्र पर प्रश्नचिह्न लगाते हैं और पूँजी-केंद्रित संस्कृति को उद्घाटित करते हैं। 'पाँच आँगनों वाला घर' में मनुष्य के क्रमशः अकेले पड़ते जाने का दर्द ही नहीं है, बल्कि लाभ केंद्रित इस व्यवस्था में मानवीय बने रहने के संघर्ष की गहरी पीड़ा भी है। भौतिक दृष्टि से जो एक परिवार का विघटन है, प्रतीकात्मक दृष्टि से वह उन मूल्यों का है, जो इस प्रकार के स्वायत्त संस्थानों से जुड़े थे। मूल्यों के भ्रंश का साक्षात्कार और उसकी पीड़ा की प्रतीति इसे मार्मिक रचना बनाती है।

यह उपन्यास 'परिवार' केंद्रित भारतीय समाज में केन्द्र-विच्युति का उपन्यास मात्र नहीं है बल्कि एक रचना के रूप में उन मानवीय संवेदनाओं के क्रमशः अपमर्दित होने का उपन्यास है, जिसे कोई भी संस्कृति किसी देश की मज्जा में रूपांतरित करती है। व्यापक अर्थ में यह उपन्यास हमारे धर्म पतित होने की त्रासद कथा है। त्रासद इस अर्थ में कि राजन इससे बचने के प्रयत्न में और अधिक उलझता हुआ एक व्यक्ति के रूप में भी नहीं बच पाता है। आधुनिक शब्दावली में इन्हें मूल्यभ्रंशता कहा जा सकता है। भारतीय जीवन की पवित्रता, उल्लास और प्रकाश का उल्लेख लेखक ने जिस सधी हुई लाक्षणिकता से उपन्यास के प्रारंभ में किया है, उतने ही सधे हुए रचना विधान से उसका अंत भी प्रस्तुत किया है, जो पाठक के समक्ष आने वाले भविष्य की उस 'अंधी गली' का संकेत करता है जिसमें अंधकार ही अंधकार है।

'पाँच आँगनों वाला घर' जो 3 खंडों—क्षेत्र 1940 से 1950, दीवारें 1960 से 1975, और अंधी गली 1980 से 1990 में विभाजित है, इसका अर्थ संकेत उत्तर दक्षिण पूरब पश्चिम और मध्य क्षेत्र वाले भारत देश में भी रूपांतरित होता चलता है। इतिहास की घटनाएँ या वर्ष उपन्यास में परिपार्श्व में आते हैं और रचना के अर्थ को लाक्षणिक बनाते हुए रघुवीर सहाय की कविताओं में आने वाले नामों की तरह नहीं बल्कि वास्तविक कर्णधारों को ध्यान में रखकर टिप्पणी की तरह प्रयुक्त हैं। सन्नी का घर से पलायन और आत्मा की बेचैनी को दूर करने के अनेक प्रयत्न और उपन्यास के भीतर की सारी जद्दोजहद राजन और उसकी पत्नी की हवस को या उसके ससुर के अनुशासित संतुष्ट जीवन को निरर्थक सिद्ध करते हैं। यह बेचैनी मनुष्य की गहरी आध्यात्मिक बेचैनी को ही स्थापित करती है जो मनुष्य को संपूर्ण बनाती है। ईश्वर की खोज नहीं है, आत्मा की भूख है, जिसकी तृप्ति के लिए सन्नी सब बंधनों को छोड़ता हुआ भटकता है, और मोहन से मिलने पर गृहस्थी के तप से निकले सत्य को कम महत्त्वपूर्ण नहीं मानता है। इस प्रकार बाहर से इकहरा दिखने वाला उपन्यास अपनी बनावट में बहुत सजग रूप से बुना हुआ है।

पंकज बिष्ट का उपन्यास 'उस चिड़िया का नाम' सांत्वना का उपन्यास नहीं, प्रश्नाकुलता, जिज्ञासा

और आत्ममंथन का उपन्यास है। यह उपन्यास पहाड़ के यथार्थ को ही चित्रित नहीं करता है—उनके हेतुओं को भी रेखांकित करता है। पहाड़ के विश्वासों, मान्यताओं, लोककथाओं, लोकगीतों, कर्मकाण्डों और इतिहास पुराणों के द्वारा इस उपन्यास में जहाँ पहाड़ी जीवन को समग्रता में पूरी छविमयता के साथ प्रस्तुत किया गया है, वहीं इन्हीं पहाड़ों द्वारा पहाड़ के रुदन, बेबसी और गरीबी को भी मार्मिकता के साथ लक्षित किया गया है। उपन्यास की बनावट में लोक कथाओं की बुनावट के द्वारा लेखक ने नारी वेदना के अनेक चित्र बनाए हैं। आंचलिकता और आंचलिकता से अतिक्रमण के प्रयत्न उपन्यास को और महत्त्वपूर्ण बना देते हैं। पहाड़ में प्रयुक्त मुहावरे, संबोधन, वाक्यों के प्रयोग जैसे 'बल' शब्द रचना में एक प्रकार की छविमयता पैदा करते हैं। अँग्रेजी और हिंग्रेजी के शब्द या वाक्य एक विशेष प्रकार के वातावरण का निर्माण करके एक दूसरे प्रकार की छविमयता निर्मित करते हैं, जो पार्वती, दायी, सुरेन्द्र और खिमानंद से उन्हें अलग करती है। इस प्रकार के प्रयोग हरीश और रमा की बातचीत में ही हुए हैं—गोपनीयता के लिए भी और भारतीय यथार्थ में महानगरीय जीवन की झलक के लिए भी। इस अर्थ में यह उपन्यास अपनी बनावट में संवादपरक भी है और आख्यानात्मक भी है। संवादों और आख्यानों के द्वारा शाश्वत प्रश्नों के समकालीन उत्तरों की खोज की गहरी आकांक्षा और समकालीन समस्याओं और प्रश्नों के शाश्वत समाधान की आकांक्षा ने उपन्यास को बौद्धिकता प्रदान की है। लौकिकता, सरलता और निश्छलता जहाँ तक बौद्धिकता से भावित हैं वहाँ तक उपन्यास काफी महत्त्वपूर्ण है, परंतु जैसे ही उसमें सूचनाओं या जानकारियों का दबाव पड़ता है, संघटना में कुछ चरमराहट प्रतीत होती है। यद्यपि उपन्यास पढ़ते हुए लेखक का ही नहीं एक कुशल संपादक का भी पता चलता रहता है। क्योंकि ऐसा प्रायः लगता है कि यह रचा गया है, सँवारा गया है, संपादित किया गया है। यह केवल भावना का उन्मुक्त प्रवाह या भावावेग का उच्छल प्रवाह नहीं है।

कृष्णा सोबती की कृति 'ऐ लड़की' उपन्यास के रूप में प्रकाशित है, परंतु मूलतः वह 'कहानी' ही है। रवीन्द्र कालिया ने 'वर्तमान' के कहानी विशेषांक में उसे छापा था। कहानी के रूप में अद्वितीय है। कृष्णा जी का 'जिंदगीनामा' जो इसी अवधि के आसपास छपा था, बयान और बखान के अद्भुत तालमेल के कारण 'मैला आँचल' की टक्कर का उपन्यास है।

भीष्म साहनी का उपन्यास 'मय्यादास की माड़ी' 'कुंतो' से बेहतर है। इस उपन्यास में भारतीय समाज के विकास के संदर्भ, भारतीय चेतना के परिवर्तन, मूल्यों की टकराहट, शोषण और अत्याचार के लिए अँग्रेजों से समझौता और इन सबके साथ ही साथ क्रांति और परिवर्तन की अंतरविकसित चेतना का अद्भुत मिश्रण है। मिथकों और विश्वासों का उपन्यास की बुनावट में किया गया प्रयोग चकित करने वाला है। निर्लोभ और असंगता से भयानक स्थिति का सामना ही नहीं मुक्ति भी संभव है—इसे इसमें अनेक रूपों में प्रमाणित किया गया है। अन्य पुरुष माध्यमों के द्वारा उपन्यास में तथ्यपरक ऐतिहासिक विवरणों को अँग्रेजों के शोषण के संदर्भ में प्रस्तुत करते हुए लेखक ने औपनिवेशिकता की खतरनाक चारित्रिक स्थिति को ही उद्घाटित किया है। 'मय्यादास की माड़ी' की माड़ी को देश के व्यापक अर्थ में भी प्रस्तुत किया गया है। शानी का 'कालाजल' प्रतीक भी है और यथार्थ भी। यह महत्त्वपूर्ण उपन्यास भारतीय समाज के एक पक्ष की समस्याओं, ठहरावों और आन्तरिक बेचैनी तथा बेचारगी को अद्भुत शिल्प और भाषा में प्रस्तुत करता है। चित्रात्मकता और नाटकीयता को उपन्यास में जिस रूप में प्रयुक्त किया गया है, उससे उपन्यास एक समाज के जीवंत यथार्थ के वर्णन के बावजूद भारतीय संदर्भ ग्रहण करता है। क्योंकि 'कालाजल' उस सड़ाँध का प्रतीक है, जो स्थिरता, एकरसता, रीतिपरकता, कर्मकाण्ड, प्रगति विमुखता और भय से पैदा होती है। गिरिराज किशोर का 'पहला गिरमिटिया' गाँधी जी को चरित्र बनाकर लिखा गया पहला भारतीय उपन्यास है। इतने विशाल उपन्यास में लेखक ने तथ्य और कल्पना के घोल के द्वारा चुनौती भरी कथासृष्टि की है। 'ढाईघर' में भी बदलते हुए मूल्यों, संवेदनाओं और विश्वासों का मार्मिक वर्णन था। गाँधी जी प्रसंगतः उसमें भी थे। 'जुगलबंदी' में भी गाँधी का प्रभाव और आंदोलन का यथार्थ है। परंतु इस उपन्यास में गाँधी ही नायक हैं। इस अर्थ में वह एक उपलब्धि है। 'पीली

आँधी'—प्रभा खेतान और 'कलि कथा वाया बाईपास'—अलका सरावगी एक साथ पढ़ने की कृतियाँ हैं। दोनों ही उपन्यासों में 'कलिकथा' या 'कलकत्ता-कथा' मारवाड़ियों के बसाव, विकास, समृद्धि और चेतना के परिवर्तन से जुड़ी है। सरावगी ने शिल्पीय प्रयोगों द्वारा अतीत और वर्तमान को एक साथ प्रस्तुत करने का दुःसाध्य प्रयत्न किया है, परंतु कथा प्रवाह का जीवित तत्त्व मारवाड़ी समाज का सत्व परिवर्तन है। इस अर्थ में इतिहास के प्रयोग के बावजूद मारवाड़ियों के अतिरिक्त कलकत्ता और कलिकथा की सारी प्रतीकात्मकता, समाजवादी संकेतात्मकता, ज्योतिबसु आदि के नामों की अर्थगर्भता, सत्य को पीछे छिपाने का भी काम करती है। इस दृष्टि से 'पीली आँधी' अधिक सफल और महत्त्वपूर्ण है।

हिंदी में एक विशेष वर्ग, क्षेत्र और पेशे को लेकर उपन्यास कम लिखे गये हैं वर्गीय रूढ़ियों को लेकर अधिक परंतु कोयला खदानों की पृष्ठभूमि में लिखे संजीव के उपन्यास 'धार' और 'सावधान नीचे आग है' तथा कूड़ा बीनने वालों को लेकर लिखा गया सतीश जमाली का 'छप्पर टोला', बर्तन मांजने वालों को लेकर लिखा गया मंजुल भगत का अनारो, बंधुआ मजदूर को लेकर लिखा गया नीलकांत का 'बंधुआ रामदास' उपन्यास क्षेत्र के परिवर्तनों की विशिष्टता ही नहीं रचना की अर्थगर्भता और सामाजिक अर्थवत्ता भी प्रमाणित करते हैं। रचनात्मक क्षमता की दृष्टि से भी इन कृतियों का महत्त्व है। अमरकांत का 'सुन्नर पांडे की पतोहू' एक स्त्री के साहस, विश्वास और निष्ठा पर लिखा गया अच्छा उपन्यास है। स्त्री विमर्श की दृष्टि से भी यह कुछ सीमा तक विवेच्य हो सकता है।

कहानियों की दृष्टि से हिंदी साहित्य पिछले वर्षों में समृद्ध हुआ है, पर उतना नहीं जितना सातवें दशक में झन्नाटे के साथ हुआ था। सातवें दशक के अनेक कहानीकार सन् 75 के बाद भी कहानियाँ लिखते रहे। दूधनाथ सिंह, काशीनाथ सिंह, रवीन्द्र कालिया, शैलेश मटियानी, गोविंद मिश्र, गिरिराज किशोर, निर्मल वर्मा आदि की 'काशी नरेश से पूछो,' धर्मक्षेत्रे, कुरुक्षेत्रे, 'अपना रास्ता लो बाबा,' 'सदी का सबसे बड़ा आदमी', 'बोगेन बेलिया', अहिंसा', 'अर्द्धांगिनी', 'वरणांजलि', 'कौव्वे तथा कालापानी', 'सूखा' आदि प्रसिद्ध कहानियों ने आठवें दशक की संवेदना को मार्मिक बनाया है। इन कहानियों में भाषा और संवेदना का अद्‌भुत रिश्ता भी है और सघन मार्मिकता की पहचान भी। प्रेम, वेदना, आन्तरिकता, तनाव, सौंदर्य, पाखण्ड और अपने समय के मनुष्य में बाहरी-भीतरी दबावों के बीच पिसती 'नीच ट्रेजडी' को पहचानने और छीजती हुई मानवीयता की गहरी वेदना को रेखांकित करती हुई ये कहानियाँ महत्त्वपूर्ण हैं। आठवें और नवें दशक के रचनाकारों ने कहानी साहित्य को समृद्ध किया है। यद्यपि बड़े पैमाने पर अधिकांश कहानीकारों ने 'कथा समयों' और 'वर्णन रूढ़ियों' का प्रयोग किया है पर कुछ कहानीकारों ने इन कथासमयों को तोड़ने का अद्‌भुत सहज-सा दिखने या लगने वाला प्रयत्न भी किया है जैसे—अवाबील की उड़ान-सार राय, मेंढक-गंभीरसिंह पालनी, चिट्ठी—अखिलेश, त्रिशूल-शिवमूर्ति।

इस पच्चीस वर्षों से मनुष्य के जिंदा रहने की शर्तें जहाँ पहले की अपेक्षा जटिल होती गई हैं, वहीं चेतना और सजगता का राजनैतिक सामाजिक स्तर पर विस्फोट भी हुआ है। निम्नवर्गों और निम्न जातियों की सजगता से शासक वर्गों में उत्पन्न चौकन्नेपन ने स्थितियों को अधिक उजागर किया है। बाहरी और भीतरी यथार्थ का उद्‌घाटन तो प्रेमचन्द के समय से ही प्रारंभ हो गया था, परंतु आठवें दशक में वह 'वर्जित स्पर्श' के निषेध को तोड़कर अधिक सार्थक हो गया। अनेक सामाजिक राजनैतिक दबावों के कारण भी कहानियों के चरित्र पर असर पड़ा है। दलित चेतना, स्त्री विमर्श, आरक्षण आदि सामयिक विचार समयों का प्रभाव नवें दशक से द्रुततर हुआ है और लक्षण के उदाहरण के रूप में इन विचारों के कहानियों में रूपान्तरण भी हुए हैं। सूचना विस्फोट का प्रभाव भी हिंदी कथा साहित्य पर पड़ा है। कुछ कहानीकार सूचनाओं के विस्फोट को कहानी की संरचना का हिस्सा बनाकर प्रस्तुत करते हैं। शिल्प के रूप में कहानी उत्तर आधुनिक भी बन जाती है और बहुसंकेती भी, परंतु इससे अंततः कहानी विधा कमजोर हो जाती है। क्योंकि सूचना कहानी को मारती है। इस प्रकार के प्रयोगों से हिंदी कहानी भाषा और शिल्प की दृष्टि से समृद्ध ही हुई है जैसे 'पालगोमरा का स्कूटर' या

'वारेन हेस्टिंग्स का सांड'। विवरणात्मकता के पुराने ढर्रे पर अभी भी अधिकांश कहानियाँ अन्य पुरुष शैली में लिखी जा रही हैं। इस पुराने ढाँचे में अभी भी कितनी संभावनाएँ हैं, इसे 'छप्पन तोले का करघन', 'अवाबील की उड़ान', 'सहपाठी', 'मेंढक' आदि कहानियों में देखा जा सकता है और यह भी महसूस किया जा सकता है कि विधाओं में संरचना पुरानी नहीं पड़ती है, महत्त्वपूर्ण उसका संरचन होता है। 'यहाँ तक'—'राजेन्द्र यादव', 'अहिंसा तथा अन्य कहानियाँ'—शैलेश मटियानी, 'अजगर और बूढ़ा बढ़ई'—नीलकांत, 'शामिलबाजा'—शशांक, 'कौव्वे तथा कालापानी'—निर्मल वर्मा, 'सूखा तथा अन्य कहानियाँ'—निर्मल वर्मा 'अवाबली की उड़ान'—सारा राय, 'तूफान'—अमरकांत, 'शापग्रस्त'—अखिलेश, 'केसर कस्तूरी'—शिवमूर्ति, 'माई का शोक गीत'—दूधनाथ सिंह, 'आदमीनामा'—काशीनाथ सिंह, 'सहपाठी तथा अन्य कहानियाँ'—सतीश जमाली, 'विस्फोट'—विजयेन्द्र अनिल, कॉमरेड का कोट—सृंजय, 'एक बनियार का आत्मनिवेदन'—सुकुमार कांटक, 'विद्रोह'—अमृत राय के संकलन इन वर्षों में प्रकाशित हुए हैं।

इन काहनी संकलनों में जहाँ तक अच्छी कहानियों के चयन का प्रश्न है शैलेश मटियानी, निर्मल वर्मा, अखिलेश, सृंजय, सुकुमार कांटक और सारा राय के संकलन महत्त्वपूर्ण हैं। अनेक महत्त्वपूर्ण कहानीकारों की अच्छी और सधी हुई कहानियाँ इन संकलनों में नहीं हैं। महान रचनाकारों की कुछ चुनी हुई कहानियाँ ऐसी होती हैं, जो अपने समय को किसी उपन्यास की तुलना में अधिक क्षमता के साथ रेखांकित करती हैं जैसे चेखव की 'वार्ड नं. सिक्स' या प्रेमचंद की 'कफन', अज्ञेय की 'रोज', भीष्म साहनी की 'अमृतसर आ गया है', राकेश की 'मलवे का मालिक', रवीन्द्र कालिया का 'काला रजिस्टर', राजेन्द्र यादव की 'जहाँ लक्ष्मी कैद है,' अमरकांत की 'डिप्टी कलेकटरी' या 'दोपहर का भोजन', ज्ञानरंजन की 'घंटा' आदि। ऐसी कहानियाँ इस दौर में कम नहीं हैं। नये रचनाकारों में अखिलेश के 'शापग्रस्त' संकलन की कहानियाँ विशेषकर 'चिट्ठी' विश्वविद्यालय में पढ़ने वाले नवयुवकों की मनोदशा और स्थिति के माध्यम से अपने समय के महत्त्वपूर्ण यथार्थ का जैसा सटीक और मार्मिक रूप प्रस्तुत करती है वैसा बहुत कम है। अखिलेश ने इस कहानी के माध्यम से आठवें दशक की कहानी की भाषा की खोज की है। मुहावरे का अन्वेषण अखिलेश की विशेषता है। अखिलेश निम्न मध्यवर्गीय पात्रों के द्वारा शिद्धत के साथ कथा रूढ़ियों से बचकर आज के मनुष्य के मानसिक और भौतिक संकट को प्रस्तुत करते हैं। चिट्ठी इस अर्थ में प्रस्थान बिंदु है। 'एक बनियार का आत्म निवेदन' में दलितों की अपनी संगठित शक्ति से उत्पन्न वह सृजनात्मक आत्मबोध भी है जो चौधरी लोगों को समझौता करने पर बाध्य करता है। परिवर्तन के इस रेखांकन में रूढ़ियों का प्रयोग नहीं है परंतु कथा समय तो है ही। सृंजय का 'कामरेड का कोट' संकलन यद्यपि सूचना के बोझ से झुका हुआ है फिर भी 'कामरेड का कोट' एक जटिल यथार्थ, जिसका कि राष्ट्र और मनुष्य की नियति से गहरा रिश्ता है, का उद्घाटन जिस रूप में करता है वह कहानी को अत्यन्त महत्त्वपूर्ण बनाता है, शिवमूर्ति के इधर प्रकाशित संकलन में मूल्य नैतिकता और यथार्थ के दबाव की टहराहट का अद्भुत वर्णन है। 'केसर कस्तूरी' इस दृष्टि से जिस संसार को हमारे सामने उद्घाटित करता है वह उनके पहले इस रूप में होते हुए भी अनुद्घटित ही था। इंदिरा गाँधी की हत्या के बाद 1984 में सिखों के साथ हुई घटनाओं पर स्वयं प्रकाश और नीलकांत ने कहानियाँ लिखी हैं। दोनों कहानियाँ कथा समयों के बावजूद सत्ता के आतंक और मनुष्यता की मृत्यु का उद्घाटन करती हैं। नीलकांत की कहानी अधिक बेहतर है। वस्तुतः संकलनों के रूप में संग्रह बहुत मार्मिक नहीं बन पाता है।

किसी भी भाषा और समय में नाटक सबसे अधिक सामाजिक जागरूक और सभी विधाओं को समाहित तथा समृद्ध करने वाली विधा है। हिंदी में इस विधा में प्रकाश स्तम्भ के रूप में कुछ कृतियाँ जरूर हैं, परंतु हिंदी भाषा-भाषी समाज में रंगमंच प्रियता के अभाव और सुसंगठित प्रयत्नों की कमी के कारण सुसम्पन्न नाट्य आंदोलन नहीं है। खेले जाने वाले नाटक अब या तो अधिकांशतः 'आधे अधूरे', 'अंधायुग', 'शुतुरमुर्ग', 'चारपाई', 'आगरा बाजार,' 'नायक, खलनायक विदूषक' जैसे नाटक कम हैं।

आयनेस्को या भरत के नाट्यशास्त्र की ओर देखने वाले समीक्षक और नाटककार वर्तमान से निकट संवाद नहीं कर पाते हैं। मोहन राकेश, लक्ष्मीनारायण लाल, विपिन अग्रवाल, सुरेन्द्र वर्मा के अलावा महत्त्वपूर्ण नाटककार प्रायः नहीं हैं। सुरेन्द्र वर्मा के नाटकों में सामाजिक प्रश्न कम वैयक्तिक, मनोवैज्ञानिक प्रश्न अधिक हैं। नाटकों में कथातत्व की प्रधानता है, अभिनय का अवकाश कम। 'आधे अधूरे' और 'तीन अपाहिज' को मानक मानने पर तो 'आठवाँ सर्ग' 'सूर्य की अंतिम किरण से सूर्य की पहली किरण तक' एक प्रकार से कथा के नाट्य रूपान्तरण लगते हैं। भीष्म साहनी के इधर प्रकाशित 'मुआवजे' और सुरेन्द्र वर्मा के 'कैद-ए-हयात' में भी कथा ही प्रमुख है। शब्द के स्थान पर हरकत की संभावना ही नाटक को सशक्त विधा बनाती है। दूधनाथ सिंह का इधर प्रकाशित और भानु भारती निर्देशित 'यमगाथा' नये प्रश्नों और उत्तरों की दृष्टि से अच्छा नाटक है परंतु संवादों या भाषणों के लंबे होने से अभिनय का अवकाश वहाँ भी कम है। यह नाटक पाठ्य भी है और दृश्य भी। मृणाल पाण्डे, स्वदेश दीपक और मन्नू भंडारी के नाटक कथाओं के नाट्य रूपान्तरण हैं। रामेश्वर प्रेम ने रंगमंचीय दृष्टि से इधर नाटक लिखे और खेले भी हैं। उनका 'चारपाई' निश्चय ही अच्छा नाटक है, परंतु साहित्य की अन्य विधाओं की तुलना में विकसित और चुनौती भरा नहीं है। हिंदी क्षेत्र में रंग आंदोलन के अभाव ने इस प्रकार का संकट खड़ा किया है। विभिन्न सम्मानों के लिए जो संस्तुतियाँ आती हैं, उनमें हिंदी के नाटक लगभग नहीं होते।

पिछले वर्षों में चिंतनपरक गंभीर वैचारिक साहित्य, आलोचनात्मक लेख, पुस्तकें और ललित निबंध काफी प्रकाशित हुए हैं। गोविन्दचन्द पांडे, यशदेव शल्य, निर्मल वर्मा, विद्यानिवास मिश्र, नेमिचंद जैन, रामविलास शर्मा, नामवर सिंह, साही, अशोक बाजपेयी, रमेशचंद्र शाह, परमानंद श्रीवास्तव, रामस्वरूप चतुर्वेदी, मैनेजर पांडे, नंदकिशोर आचार्य, शैलेश मटियानी, कुबेरनाथ राय, ब्रह्मदत्त चतुर्वेदी, विवेकी राय के लेखों-निबंधों के संग्रह और चिंतनपरक ग्रंथ इन पच्चीस वर्षों में प्रकाशित हुए हैं। इनमें से कई लेखकों की दो-तीन से अधिक पुस्तकें भी हैं। गोविंदचंद पांडे की पुस्तक 'भारतीय परंपरा के मूल स्वर' तथा 'संस्कृति साहित्य और सौंदर्य', यशदेव शल्य का 'साहित्य का प्रयोजन' पुस्तकों में साहित्य और संस्कृति का गंभीर मूल्यांकन किया गया है। इस प्रकार का वैदुष्यपरक विवेचन प्रायः दुर्लभ है। ये ग्रंथ हिंदी भाषा की सामर्थ्य को प्रमाणित करते हैं। नेमिचन्द जैन की पुस्तक 'दृश्य अदृश्य' नाटक और रंगमंच से संबंधित उनके महत्त्वपूर्ण लेखों का संकलन है। रामविलास शर्मा की अनेक महत्त्वपूर्ण पुस्तकें इन्हीं पच्चीस वर्षों में छपी हैं। हिंदी भाषा, हिंदी जाति और हिंदी नवजागरण, से संबद्ध पुस्तकों के अलावा भारतीय समाज, इतिहास दर्शन, मार्क्सवाद, विषयों पर भी उनकी पुस्तकें हैं। कुछ पुस्तकें जैसे 'परंपरा का मूल्यांकन', 'नयी कविता और अस्तित्ववाद;' लेखों के संकलन हैं। 'महावीर प्रसाद द्विवेदी और हिंदी नवजागरण', 'हिंदी जाति का इतिहास,' 'भारत के प्राचीन भाषा परिवार और हिंदी' (तीन खण्ड), 'भारतीय साहित्य की भूमिका' और 'भारतीय संस्कृति और हिंदी प्रदेश' (दो खंड) पुस्तकाकार प्रकाशित अत्यंत मूल्यवान ग्रंथ हैं। रामविलास शर्मा ऐतिहासिक आलोचना के मूर्धन्य आलोचक ही नहीं ऐतिहासिक आलोचक भी हैं। हिंदी नवजागरण ही नहीं भारतीय नवजागरण को वे निरंतर अवष्कृित करते आ रहे हैं। 'हिंदी जाति' का एक प्रकार से उन्होंने पहली बार व्यवस्थित इतिहास लिखकर बंगाल के पुनर्जागरण के समकक्ष प्रतिष्ठित किया है। अनेक नयी स्थापनाओं और व्याख्याओं द्वारा उन्होंने यह सिद्ध किया है कि भारतीय पुनर्जागरण और स्वतः सम्पन्न आर्थिक विकास की गति को जो योरोप से कई अर्थों में विकसित थी, अंग्रेजों ने नष्ट किया। 'भारत के प्राचीन भाषा परिवार और हिंदी' जिस पर व्यास सम्मान प्रदान किया गया है ऐतिहासिक भाषा विज्ञान का अप्रतिम ग्रंथ है। गण समाजों के संबंधों की नयी व्याख्या के आधार पर इस ग्रंथ में यूरोप और एशिया की भाषाओं पर भारतीय प्रभाव को ही नहीं रेखांकित किया गया है, बल्कि अनेक ध्वनियों के आधार पर इन गण समाजों के पारस्परिक संबंधों को भी रेखांकित किया गया है। भारत के प्राचीन भाषा परिवारों का इतना सुसंबद्ध अध्ययन विशेषकर हिंदी को केंद्र में रखकर अभी तक नहीं हुआ है। कोशली,

ब्रज आदि काव्य भाषाओं और आधारभूत शब्दावलियों पर इतने विस्तार और वस्तुपरक विश्वनीयता की दृष्टि से मेरी जानकारी में काम नहीं हुआ है।

विजय देव नारायण साही के लेखों का अत्यंत महत्त्वपूर्ण संकलन 'छठवाँ दशक' इसी अवधि में छपा है। हिंदी में प्रायः लेख अधिक हैं कृतियों और कृतिकारों पर स्वतंत्र आलोचनात्मक पुस्तकें कम। साही लिखित 'जायसी' हिंदी आलोचना की मानक कृति है। इसमें जायसी की सजग [illegible] और संस्कृति दृष्टि का विवेचन ही नहीं है कवि के रूप में तुलसी और कबीर से उन्हें अधिक महत्त्वपूर्ण माना गया है। लोक और अलोक के द्वन्द्व तथा 'प्रतिच्छाया' अलंकार के आधार पर साही ने पद्मावत के प्रसरणशील तथा अर्थवृत्त का विश्लेषण किया है। निर्मल वर्मा के निबंधों में मुख्यतः 'भाषा सुख' प्राप्त होता है। साहित्यालोचन में सटीकता की जो आवश्यकता होती है, उससे कम लेखों में नहीं होती। 'भारत और यूरोप : प्रतिश्रुति के क्षेत्र' में भारत यूरोप के मानस की सांस्कृतिक बनावट को समझने के साथ ही साथ उस संकट का भी संकेत है, जो ऊँची नकल और मूर्खतापूर्ण दुराग्रह से हमारे समाज में पैदा हुई है। निर्मल के निबंधों में मानव नियति के महत्त्वपूर्ण प्रश्नों को समझने और रेखांकित करने की अप्रतिम सामर्थ्य और उसके चुनौतीपूर्ण उत्तर भी हैं। विद्यानिवास मिश्र के लेखों और निबंधों के इधर अनेक संकलन आये हैं। 'महाभारत का काव्यार्थ', 'साहित्य का प्रयोजन,' 'लागौ रंग हरी' महत्त्वपूर्ण संकलन हैं। ललित निबंध की विधा की दृष्टि से विद्यानिवास मिश्र के निबंध गहरी सांस्कृतिक अर्थवत्ता के साथ वर्तमान के संकट की ओर भी संकेत करते हैं। बल्कि वर्तमान के संकट से मुक्ति के लिए नहीं, उसके उत्तर के लिए वे भक्ति, महाभारत, .लोक जीवन आदि की व्याख्या करते हैं। 'लागौ रंग हरी' में भक्ति की स्वायत्त स्थिति और साहित्य में प्रयुक्त भक्ति के अंतर को स्पष्ट करते हुए उसके मार्मिक और मानवीय पक्ष का उद्घाटन है। मीरा की पंक्ति के नाम पर संग्रह में शीर्षक भी 'संकेत' है।

कुबेरनाथ राय के ललित निबंध भी इन वर्षों में प्रकाशित हुए हैं। 'चिन्मय भारत' एक महत्त्वपूर्ण ग्रंथ है, जो एक सुधी सर्जक के द्वारा आज और कल का महत्त्वपूर्ण व्याख्यान है। कुबेरनाथ राय के संग्रह 'मराल' के निबंधों में बौद्धिक सरसता मिलती है। भावना और चिंतन की पारंपरिकता उनके निबंधों की विशेषता रही है। विवेकी राय के 'जंगल मंगल' में ग्रामीण सहजता और लौकिकता के साथ एक प्रकार की आंचलिकता है, जो उसे निजता प्रदान करती है।

साहित्यिकता की पहचान और मूल्यांकन की दृष्टि से रामस्वरूप चतुर्वेदी की कई पुस्तकें छपी हैं। वैदुष्य और आलोचना की ऐसी घुलनशीलता कठिन है। 'सर्जन और भाषिक संरचना', 'कविता का पक्ष,' 'साहित्य के नये दायित्व' तथा 'हिंदी साहित्य और संवेदना का विकास' उनकी महत्त्वपूर्ण पुस्तकें हैं। साहित्य के मूल्य परक प्रश्नों से संस्कृति और संचार के गहन दबावों और संबंधों पर भी इन पुस्तकों में विचार किया गया है। 'हिंदी साहित्य और संवेदना का विकास' रामचन्द्र शुक्ल के 'हिंदी साहित्य का इतिहास' के बाद हिंदी साहित्य के इतिहास पर दूसरी महत्त्वपूर्ण पुस्तक है, जिसमें वस्तुपरक आत्मपरकता के कारण एक सूचनात्मक अर्थ भी ध्वनित होता है और संवेदना के विकास के साथ रचनाओं के रिश्ते का मूल्यांकन भी होता चलता है। साहित्य के इतिहास का दायित्व इतिहास के कायाकल्प की पहचान कराते चलना है। इतिहास और समाज के सारतत्व भाषा द्वारा ही यह संभव है। डॉ. चतुर्वेदी ने इस आधार पर भाषा और संवेदना के विविध अर्थ छायाओं और रूपान्तरणों को केन्द्र में रखकर इतिहास को एक उपलब्धि के रूप में परिभाषित किया है। रीतिकाल, पुनर्जागरण और स्वच्छंदतावाद के संदर्भ में उनके संकेत उस साहित्य की समझ के साथ ही पड़ोसियों को समझने में हमारी मदद करते हैं। भारतीय कौटुम्बिक धारणा का इतिहास में रूपान्तरण साहित्य समाज और संस्कृति को एक अवयव के रूप में अर्थप्रभ बनाता है। यह इतिहास भी व्यास सम्मान से सम्मानित है।

डॉ. प्रेमशंकर, अशोक वाजपेयी, धनंजय वर्मा, भोलाभाई पटेल, चन्द्रकांत वांदिवडेकर की आलोचनात्मक पुस्तकें हिंदी आलोचना की प्रौढ़ता का प्रमाण हैं। अशोक वाजपेयी की पुस्तक 'कविता का गल्प' में कविता के देशकाल को परिभाषित करने के साथ ही

साथ आलोचना की रीतिपरक और उबाऊ परंपरा से हटकर विचार किया गया है। यह पुस्तक 'कुछ पूर्वग्रह' के टिप्पणियों और वक्तव्यों से भिन्न है। कविताओं की प्रमाण के साथ कविता में देश काल आदि का गंभीर विवेचन किया गया है। अकादमिक दृष्टि से विश्वनाथ त्रिपाठी की पुस्तक 'लोकवादी तुलसीदास', मैनेजर पांडे की 'साहित्य और इतिहास दृष्टि', कमला प्रसाद पांडे की 'रचना और आलोचना,' 'वैदुष्य और समकालीनता की पारस्परिकता' से विकसित चेतना का प्रमाण है। परमानंद श्रीवास्तव की कृति 'शब्द और मनुष्य' समकालीन साहित्य के मर्म तक पहुँचने में हमारी मदद करती है, हालांकि 'जैनेन्द्र के उपन्यास' अधिक मूल्यवान है, क्योंकि वह एक कृतिकार का गंभीर मूल्यांकन करती है। रमेशचंद्र शाह ने अपनी व्यापक दृष्टि से हिंदी आलोचना को विधा के रूप में मूल्यवान बनाया है। कृति के अर्थ विस्तार की दृष्टि से ही नहीं व्यापक सांस्कृतिक समझ की दृष्टि से शाह की समीक्षा समग्रतावादी है। 'सबद निरंतर' और 'आलोचना का पक्ष' पढ़ते समय रचनात्मक संवाद का सुख मिलता है। कमोबेश यही स्थिति नन्दकिशोर आचार्य के 'रचना का सच' और 'अनुभव का भव' की भी है। एक प्रकार से इन्हें 'सभ्यता समीक्षक' कहा जा सकता है। 'औरों के बहाने' तथा 'उपन्यास स्थिति और संभावना' राजेन्द्र यादव के विस्फोटक लेखों के संकलन हैं। एक संस्मरणात्मक निबंध संग्रह है और दूसरा चिंतनपरक आलोचनात्मक लेखों का संकलन। हिंदी में कथा समीक्षा का वह विकास नहीं हुआ, जो कविता का हुआ है। राजेन्द्र की यह पुस्तक मूलतः कथा समीक्षा का प्रतिमान है। जिन्होंने चंद्रकांता की राजेन्द्र लिखित भूमिका पढ़ी है वे इसे समझ सकते हैं।

'दूसरी परंपरा की खोज' और संपादकीयों, भाषणों तथा लेखों-टिप्पणियों का संकलन, 'वाद-विवाद संवाद' इन्हीं वर्षों में प्रकाशित हुआ है। 'दूसरी परंपरा की खोज' हजारी प्रसाद द्विवेदी का मूल्यांकन भी है और प्रतिमानों का समाजशास्त्रीय (शुक्ल जी के शब्दों में ऐतिहासिक) अध्ययन भी। मुझे यह पुस्तक नामवर जी की सर्वोत्तम पुस्तक लगती है। पांडित्य, विश्लेषण, और संश्लेषण की अपूर्व क्षमता के कारण। शास्त्रानुमोदित सवर्ण परंपरा के बरक्स 'आँखिन देखी' की असवर्ण परंपरा के अतीत और वर्तमान का द्विवेदी जी को प्रमाणरूप में प्रस्तुत करते हुए किया गया मूल्यांकन धीरे-धीरे एक प्रकार से दूसरी परंपरा के अर्थ में मानमूल्य बन गया है। 'वाद-विवाद संवाद' में साहित्यिक मूल्यांकनों के अलावा सामाजिक, राजनैतिक प्रश्नों के उत्तर अधिक हैं। आलोचना के जनतंत्र का यह ग्रंथ प्रमाण है। इसमें लेखक प्रत्युत्तर आधुनिक लगता है। हिंदी के समकालीन साहित्य पर नामवर जी के विवादों-संवादों का गहरा प्रभाव है चाहे वह रीझ कर हो या खीझ कर।

'आधुनिकता के पहलू' के लेखक विपिन कुमार अग्रवाल के 'सृजन परिवेश' के लेखों का उल्लेख न करना हिंदी की तेजस्वी परंपरा का निषेध है। साहित्य के संबंध में भाषा, एण्ट्रापी आदि का सरलतम भाषा में सर्वमान्य उदाहरणों के द्वारा प्रमाणित विवेचन विपिन के ही लेखों में है। कविता और नाटक पर लिखे विपिन के लेख सहज और सरल, परंतु सघन बौद्धिकता से युक्त लगते हैं। 'आज और कल' शीर्षक से प्रकाशित कुंवर नारायण के लेखों का संग्रह रघुवीर सहाय की अर्थात में संकलित टिप्पणियों की भाँति उन्मीलक है। मलयज की टिप्पणियाँ चाहे रामचन्द्र शुक्ल पर हों और चाहे लेखों में समकालीन साहित्य पर, लीक से हटकर ही नहीं गहरी विवेचना और समझ का परिणाम लगती हैं।

गद्य की अन्य विधाओं में भी महत्त्वपूर्ण नूतन लेखन हुआ है। हरिवंश राय बच्चन की चार खण्डों में प्रकाशित सरस्वती सम्मान प्राप्त 'आत्मकथा' हिंदी की एक उपलब्धि है। आत्मकथा में लेखक अपने को विषय बनाकर अपने समय को रचता है। जो नहीं रच पाते वह आत्मकथा न लिखकर तथ्य प्रस्तुत करते हैं। आत्मकथा विधा व्यक्तिपरक समाज की शुरुआत का प्रमाण है। परिपक्व जीवन दृष्टि, आत्मान्वेषण की तीखी प्रक्रिया और मानस की सशक्त अभिव्यक्ति की तथा प्रयुक्त भाषा की दृष्टि से इस आत्मकथा को सरस्वती सम्मान के योग्य माना गया था। बच्चन जी की आत्मकथा एक अर्थ में अपने समय, समाज और संस्कृति का विश्लेषण भी है और एक व्यक्ति का बाह्याभ्यांतरण और आभ्यांतरित बाह्य भी। रामदरश

मिश्र का 'सहचर है समय' दूसरी महत्त्वपूर्ण आत्मकथा है, जिसमें गहरा संस्कृतिबोध और निर्मल तटस्थता है। राकेश गुप्त की 'देखे मैंने सत्तर बसंत' में वह तटस्थ संघर्ष चेतना नहीं है, जो अपने प्रति भी निर्मम हो। जीवनियों में विष्णुचन्द्र शर्मा की 'मुक्तिबोध की आत्मकथा' चुनौतीभरी महत्त्वपूर्ण कृति है। लेखक ने सर्जक व्यक्तित्व के साथ उसके समय को परिभाषित करने का सधा प्रयत्न किया है। जीवन चयनधर्मी होता है। चयनधर्मिता जीवनीकार की मूल्यपरक दृष्टि और वस्तुपरक मूल्यवत्ता से संबद्ध होती है। रामकमल राय द्वारा लिखित 'शिखर से सागर तक' एकमात्र ऐसी जीवनी है, जो रचनाकार के जीवन काल में प्रकाशित हुई। इस जीवनी में व्यक्तित्व को रचने के भाव के साथ ही साथ लेखक की निजता और रचनाशीलता की एक वाक्यता निर्धारित करने का भाव था। अज्ञेय की फिलहाल एकमात्र प्रमाणित जीवनी यही है। आत्मवाची लेखन में से वस्तुपरक अंशों का चयन साहित्य की गहरी समझदारी की माँग करता है। रामकमल जी ने यह जोखिम उठाया। कमलेश्वर की आधार-शिलाएँ संस्मरणात्मक कथा है, परंतु वह वस्तुपरक आत्मपरकता नहीं है, जो इसे सृजनात्मक अर्थ दे सके।

संस्मरणों की दृष्टि से अज्ञेय की 'स्मृति लेखा' अमृत राय की 'जिनकी याद हमेशा हरी है' और रवीन्द्र कालिया की 'सृजन के सहयात्री' महत्त्वपूर्ण संस्मरण हैं। 'स्मृति लेखा' में जिनके बारे में संस्मरण हैं उनके व्यक्तित्व की अच्छाई की पेशबंदी है। लेखक अपने व्यक्तित्व को उनकी महानता या विशिष्टता के प्रकाश में रखता है न कि उनके संस्मरणों की भाँति अपने वैशिष्ट्य को ऊपर रखकर। अमृत राय के संस्मरण में सत्यजीत राय, मकबूल फिदा हुसैन आदि के महत्त्वपूर्ण संस्मरण हैं, जो रचनात्मक चरित्र पर प्रकाश डालते हैं। कृष्णा सोबती के 'हम हशमत' (दो भाग) को 'स्मृति लेखा' से कम महत्त्वपूर्ण संकलन नहीं माना जा सकता, बल्कि उससे बीस ही है। आयु में छोटे लेखकों के बारे में इतनी तटस्थ आत्मीयता से शायद ही किसी ने लिखा हो, इसमें मैत्रीभाव और खुलापन अधिक है। रवीन्द्र कालिया का संस्मरण काफी जीवंत और मानवीय है। लेखक मित्रों की विशिष्टता के साथ सामान्यता और कमियों का भी उल्लेख है, जो एक प्रकार से मूर्तिकरण का निषेध है। रामविलास शर्मा लिखित 'बड़े भाई साहब' अत्यंत महत्त्वपूर्ण पारिवारिक कृति है। एक अर्थ में यह सभी मध्यमवर्गीय भारतीय परिवारों का संस्मरण है। दूधनाथ का 'लौट आ ओ धार' को विधाओं के साँचे में संस्थित करना बड़ा कठिन है, परंतु इसे 'संस्मरणात्मक गल्प' कहा जा सकता है। यह पुस्तक भाषिक सामर्थ्य और बनावट की दृष्टि से काफी महत्त्वपूर्ण है विशेषकर शमशेर आदि के प्रसंगों में। सृजनात्मक क्षमता का रचनाकार कैसे इस्तेमाल कर सकता है, इसका यह एक प्रमाण है। 'याद हो कि न याद हो' काशीनाथ सिंह और 'इस कबाड़ खाने में' ज्ञानरंजन के उद्घाटन प्रधान संस्मरण हैं। काशीनाथ सिंह के संस्मरणों में मानवीय सहजता और बदमाशी के साथ पाखंड का उद्घाटन भी है। ज्ञानरंजन की पुस्तक आत्मकथात्मक है।

25 वर्षों में जितना कुछ लिखा गया है उसको इतने कम पृष्ठों में समेटना संभव नहीं है। हर चयन की सीमा होती है इसकी भी है। परंतु इससे सृजनात्मक क्रियाशीलता की एक शक्ल उभरती है। लिखा जा रहा है इसलिए यह कहा जा सकता है कि इसमें से अधिकांश कृतियाँ इस अवधि में विवेच्य भी रही हैं। मैं मानता हूँ कि प्रत्येक चयन आत्मपरक ही होता है यहाँ तक कि वस्तुपरकता भी चयनकर्ता की विचार दृष्टि और अभिरुचि पर निर्भर करती है, फिर भी मनुष्य की ही सामर्थ्य है कि वह अपनी रुचियों का अतिक्रमण कर सकता है, करता है। यह मात्र सर्वेक्षण न रह जाए, मूल्यांकन भी हो यह प्रयत्न किया गया है।

सरस्वती नः सुभगामयस्करत्

व्यास सम्मान 1991

भारत के प्राचीन भाषा परिवार और हिन्दी

(तीन खण्ड)

रामविलास शर्मा

व्यास सम्मान 1991 की घोषणा 27 जनवरी, 1992 को हुई। डॉ. रामविलास शर्मा को व्यास सम्मान भेंट करने के लिए कोई सार्वजनिक समारोह नहीं हुआ था। सम्मान उनके निवास स्थान (सी-358, विकासपुरी, नई दिल्ली) पर 14 मार्च, 1992 को फाउंडेशन के प्रधान श्री कृष्ण कुमार बिरला और चयन समिति के अध्यक्ष प्रो. श्यामाचरण दुबे ने भेंट किया था।

रामविलास शर्मा

डॉ. रामविलास शर्मा को पहला व्यास सम्मान भेंट करते हुए के.के. बिड़ला फाउंडेशन के प्रधान श्री कृष्ण कुमार बिरला।

सरस्वती नः
सुभगामयस्करत्

प्रशस्ति

के.के. बिड़ला फाउंडेशन 'व्यास सम्मान नियम संहिता' के अंतर्गत, चयन समिति के निर्णय के आधार पर, डॉ. रामविलास शर्मा को उनके तीन खंडीय वृहद्ध ग्रंथ 'भारत के प्राचीन भाषा परिवार और हिंदी' के लिए, 1991 का व्यास सम्मान समर्पित करता है और उनके सुदीर्घ साहित्य चिंतन की मंगलकामना करता है।

10 अक्तूबर, 1912 को जनमे डॉ. शर्मा की जो लेखनी 1934 में 'चाँद' में प्रकाशित निराला पर आलोचनात्मक लेख के लिए उठी, वह आज भी अबाध गति से चल रही है। वे हिंदी के पहले चिंतक हैं जिन्होंने हमारे सामाजिक और सांस्कृतिक विकास की समस्याओं को स्वाधीनता संघर्ष और पुनर्जागरण आंदोलन से जोड़कर देखा। आचार्य रामचन्द्र शुक्ल की नवजागरण की राष्ट्रवादी दृष्टि अपनाकर डॉ. शर्मा ने इतिहास लेखन वहीं से शुरू किया जहाँ आचार्यजी ने छोड़ा था। साथ ही नवजागरण और मार्क्सवादी जीवन मूल्यों की परस्परता स्पष्ट करते हुए उन्होंने मार्क्सवाद को एक भारतीय संस्कार दिया। 'भारत के प्राचीन भाषा परिवार और हिंदी' में, जिसका तृतीय खंड 1981 में प्रकाशित हुआ, डॉ. शर्मा ने सप्रमाण बताया है कि हिंदी यकायक नहीं उपजी, उसकी एक समृद्ध गौरवमयी परंपरा है और वह खड़ी बोली का अचानक अपनाया गया स्वरूप नहीं है। हिंदी के विराट भौगोलिक इतिहास की विवेचना करके उन्होंने इस भाषा को कृत्रिम कहने या इसे 19वीं सदी की उत्पत्ति माननेवालों के भ्रम का निवारण किया है।

डॉ. रामविलास शर्मा हिंदी के गौरव और धीरज के शलाका पुरुष हैं। उन्होंने हिंदी जाति को एक अस्मिता, एक इतिहास बोध, एक नया गद्य और अभिव्यक्ति दी और दी है स्वयं को देखने की एक इतिहास दृष्टि।

बिशन टंडन सदस्य-सचिव	श्यामाचरण दुबे अध्यक्ष	कृष्ण कुमार बिरला प्रधान
चयन समिति		के.के. बिड़ला फाउंडेशन

14 मार्च, 1992 : नई दिल्ली

रामविलास शर्मा

सत्यप्रकाश मिश्र

10 अक्टूबर 1912 ई. में ऊँचगाँव सानी जिला उन्नाव में जनमे डॉ. रामविलास शर्मा ने 'आत्मकथा', जीवनी', 'संस्मरण', 'कविता', 'आलोचना', 'भाषाविज्ञान', 'भाषा चिंतन', 'इतिहास' के क्षेत्रों में निष्ठा और तन्मयता के साथ कार्य ही नहीं किया बल्कि कार्य करने की संभावना विकसित की। 'तारसप्तक' और 'सदियों के सोये जाग उठे' की कविताओं से लेकर 'भारतीय संस्कृति और हिंदी प्रदेश' तक बौद्धिक बेचैनी और अप्रतिम सक्रियता उनमें निरंतर मिलती है। मार्क्स की तरह वे भी लिखते हुए ही मरे। प्रगतिशील जीवन दृष्टि, लोकजागरण, हिंदी जाति की स्थिति, विशेषता, स्वभाव; केंद्रीयता और चेतना; देश की सम्प्रभुता; स्वदेशी भावना; राष्ट्रीय चरित्र का विकास; अखण्डता; बहुजातीयता और जातियों की पारस्परिकता के पक्ष तथा सामंती और साम्राज्यवादी शक्तियों के गठजोड़ से विकसित सम्प्रदायवाद; भ्रष्टाचार; असमानता; स्वदेशी तकनीक का क्रमिक विनाश और अँग्रेजी के फैलते विनाशकारी प्रभुत्व आदि के खिलाफ वे लगातार सोचते और लिखते रहे हैं। अंतर्जातीय तत्वों की खोज और जातीयता विरोधी तत्वों की पहचान अंत तक उनका प्रिय विषय रहा। सुब्रह्मण्यम भारती, रवीन्द्र नाथ टैगोर, सूर्यकांत त्रिपाठी निराला और राम मोहन राय की रचनाओं में जातीय चेतना के विकास और प्रतिस्थापना पर कविताएँ और लम्बे लेख लिखे। हिंदी जाति की चेतना के विखण्डन को वे सम्प्रदायवाद और विदेशी पूँजी और अपसंस्कृति के प्रसार का प्रमुख आधार मानते हैं।

रामविलास जी ने बहुत वर्षों तक कविताएँ लिखीं, उनके अनुसार ''शुरू की पाँच कविताएँ ('बुद्ध वैराग्य तथा प्रारम्भिक कविताएँ' में संकलित) 'हम गोरे हैं', 'प्रश्नोत्तर', 'समरगान', 'नवयुवक शक्ति' और 'मेरा झाँसी देएँगा नहीं'—झाँसी में लिखी गईं। उस समय मैं इण्टरमीडिएट के दूसरे वर्ष का छात्र था। चन्द्रशेखर आजाद के कुछ साथी मेरे मित्र थे, उनमें वैशम्पायन मेरे सहपाठी थे। मुझ पर उन लोगों के राजनीतिक विचारों का काफी प्रभाव था। हम गोरे हैं मेरी पहली राजनीतिक कविता है और वह व्यंग्य कविता भी है। बहुत दिन तक मैंने ऐसी कविताएँ नहीं लिखीं, फिर 45-46 में 'अगिया वैताल' के नाम से बहुत सी व्यंग्य कविताएँ लिखीं। वे 'सदियों के सोये जाग उठे' में संकलित हैं।'' इन कविताओं में सशस्त्र क्रांति की विचारधारा, विवेकानंद, निराला, शिवमंगल सिंह सुमन, कालिदास आदि का प्रभाव स्पष्ट है। निराला का प्रभाव इन कविताओं के भाव, शैली और विचारों पर तो स्पष्ट है ही स्वयं रामविलास जी के व्यक्तित्व की निर्मिति में भी उसकी भूमिका महत्त्वपूर्ण हैं। 'रूमानी स्वप्नशीलता' और संस्कृत बहुल हिंदी का प्रयोग ऐसे गलत प्रभाव हैं जो रामविलास जी के अनुसार उन्होंने निराला से ग्रहण किये। 45-46 के आस-पास लिखी कविताएँ जो 'सदियों के सोये जाग उठे' में संकलित हैं, में अगिया वैताल, निरंजन और भजनदास के नाम से छपी, उद्‌बोधनात्मक, राजनैतिक कविताएँ हैं। इस संकलन के अधिकांश गीत मजदूरों, किसानों को प्रेरित करने के लिए लिखे गए हैं। इनका

उद्देश्य जनता को राजनीतिक रूप से प्रभावित करना था। ''सदियों के सोये जाग उठे' की भूमिका में उन्होंने लिखा है कि ''निरंजन, अगिया वैताल और भजनदास की रचनाओं में प्रयास यह था कि अनपढ़ किसान मजदूर भी उन्हें सुनकर समझ लें। 'मजूदर सभा का आल्हा' का कुछ अंश कानपुर के मजदूरों की एक बैठक में पढ़कर सुनाया भी था। वास्तविक नाम के साथ जो कविताएँ छपीं, वे पढ़े-लिखे लोगों के लिए थीं—मध्यवर्ग में तथा मजदूर और किसानों में पढ़े-लिखे लोगों के लिए।'' 'वैरगिया नाला जुलुम जोर', 'महाराज कठपुतली सिंह का स्वप्न', 'फूट के टेसू,' 'कप्यूर के किसान के पुत्रों की शहादत', 'नई जिंदगी की किरण फूटती है', 'लाठी पुराण', 'सर पदमपत का तराना' कविताओं में लोक—जीवन में रचे-बसे छंदों और भारतेन्दुयुगीन प्रयोगों की लयात्मक आवृत्तियाँ बरबस हमारा ध्यान खींचती हैं। यही प्रयोगात्मकता 'तार सप्तक' की कविताओं में भी है। पहले संकलन की कविताओं की तुलना में इस संकलन की कविताओं की भाषा तत्समता और सामासिकता के दबाव से मुक्त बोलचाल की भाषा है।

'रूपतरंग' की कविताओं में तार सप्तक की कविताएँ भी संकलित हैं। इन कविताओं की प्रकृति अधिक व्यापक, संवेदनयुक्त और सर्जनात्मक है। 'कतकी', 'शारदीया', 'सिलहार', 'हड्डियों का ताप', 'परिणति' आदि कविताएँ तो चर्चित और प्रसिद्ध ही हैं। प्रकृति और मानवीय चिंता का इतना प्रगाढ़ भाषिक विधान कम मिलता है। 'मुक्ति का कमल एक दिन काले जल तल पर खिलेगा नव आसमान नव अरुणाभा में, नव सतयुग के प्रकाश में' यह आकांक्षा और विश्वास कवि रामविलास शर्मा का ही नहीं आलोचक रामविलास शर्मा का भी प्रमुख आधार रहा है। रूढ़ियों, बंधनों और हर प्रकार के शोषणों से मुक्ति चाहे वे मानसिक हों या भौतिक, जीवनपर्यन्त उनके प्रमुख आलोचना ग्रंथों का विषय रही है। रामविलास जी ने इस संकलन को अपनी गद्य रचनाओं और विचारों का बीज रूप स्वीकार करते हुए लिखा है कि ''रूपतरंग को मेरे सारे गद्य लेखन की भूमिका समझकर पढ़ें तो और भी अच्छा। मेरे समस्त विवेचनात्मक गद्य के भावस्रोत यहीं हैं। जो लोग पूछते हैं कविता लिखना क्यों छोड़ दिया, उन्हें मैं कह सकता हूँ—अपनी कविता की व्याख्या ही तो करता रहा हूँ। इसमें समय लगता है। निराला पर तो कविता लिखने में कम समय लगा, उन्हें समझने में, जो समझा उसे लिखने में बहुत समय लगा। ऐसे ही जाति और देश के भाषायी और सांस्कृतिक इतिहास को समझ लें।'' (रूपतरंग और प्रगतिशील कविता की वैचारिक पृष्ठभूमि पृ. 304)

रामविलास शर्मा की समस्त रचनाएँ प्रारंभिक विचार बीजों की विकासमात्र हैं, ऐसा मानना संभव नहीं है, परंतु साम्यवादी विचारधारा की गहरी मानवीय दृष्टि और साम्राज्यवाद विरोधी चेतना परिचालक भाव के रूप में सर्वत्र विद्यमान है। उनके उपन्यास 'चार दिन' जिसमें निराला जी के कई सुझावों का समावेश है, में वर्ण की दृष्टि से नहीं, वर्ग की दृष्टि से सामान्य दलितों को रेखांकित करने का सजग प्रयास स्पष्ट है। इस लघु उपन्यास में पतनशील सामंती संस्कृति के रूप का उद्‌घाटन और उसके माध्यम से हिंदू-मुसलमान तथा ब्राह्मण-शूद्र के भेदों की ओर संकेत, उस मूल चेतना का विस्तार ही है, जो उन्हें वर्ण चेतन के बजाय वर्ग चेतन बनाए रखती रही है और जिसके कारण वे निर्भय स्पष्टता के साथ बिरादरीवाद और सम्प्रदायवाद के गठबंधन को रेखांकित कर सके हैं। 'सदियों के सोये जाग उठे' और 'भारतीय साहित्य की भूमिका' में उन्होंने इसीलिए हर प्रकार के आरक्षण को समाप्त करने की बात कही है। विवेक सम्मत निष्कर्षों की लोकप्रियता को दाँव पर लगाकर कहने वाले लोग आज कम रह गए हैं। उन्होंने यहाँ तक कहा कि ''वर्ण, सम्प्रदाय, क्षेत्रीयता आदि को लेकर जो विघटनकारी आंदोलन चलाए जाते हैं, उनका सीधा संबंध तीसरे महायुद्ध की तैयारियों से है।'' (सदियों के सोये जाग उठे पृ. 24) व्यापक अध्ययन, धरती के प्रति इस अकम्प निष्ठा और अडिग आस्था का आधार उनके परिवार में है। 'बड़े भाई साहब', 'घर की बात', 'जहाज और तूफान' पुस्तकें और 'सचेतक' पत्र पारिवारिक साहित्यिक अभिरुचि के प्रमाण तो हैं ही, उस सुसंस्कार और शिक्षा के भी प्रमाण हैं, जो उनके परिवार की विशेषता है। रामविलास जी पारिवारिकता और मित्रता को आजीवन एक मूल्य मानते रहे। इसलिए संस्कृतियों के युद्ध कौशल के इस दौर में भारतीय संस्कृति और

इतिहास की औपनिवेशिक, सामंतवादी और साम्राज्यवादी कालिख को मांजने का लगातार प्रयत्न करते रहे हैं।

कवि व्यक्तित्व की तरह उनका आलोचक व्यक्तित्व भी निराला के आलोक में विकसित हुआ। 'निराला जी की कविता' 1934 ई. में 'चाँद' में प्रकाशित उनका पहला लेख है और 'सालिगराम परसू के मिसिर' पहला रेखाचित्र। उनके अनुसार अंतिम प्रकाशित लेख 'भारतीय परिवार और नारी' है, जो 1983 में प्रकाशित हुआ। निराला पर लिखा गया उनका लेख ज्योतिप्रसाद निर्मल द्वारा निराला पर लिखे लेख की प्रतिक्रिया में लिखा गया है जिसमें निराला की कविता में दुरूहता, नीरसता और अर्थहीनता जैसे आरोपों का सतर्क और सटीक निराकरण किया गया है। इसमें रामविलास जी ने लिखा कि निराला की कविता नए युग की आँखों से यौवन को देखती है। यौवन और सौंदर्य के अनेक रूपों को जिस प्रकार रेखांकित किया गया है, वह संभावनाशील सशक्त आलोचक की पहचान के लिए काफी है। 'विराम चिह्न' में प्रारंभ के उनके लेख, निबंध और रेखाचित्र संकलित हैं। 'लक्ष्मीपूजा', 'नामकरण', 'छोटी बहू', 'धूल' और 'अतिथि' ललित निबंध हैं और भारतेन्दु युगीन वैयक्तिकता की याद दिलाते हैं। परंतु इसके अतिरिक्त प्रायः उन्होंने लेख ही लिखे जिनमें 'आत्मपरक वस्तुपरकता है।' यही भाषा, समाज और संस्कृति पर लिखे लेखों में भी है। 'भाषा और समाज', 'भारत की भाषा समस्या' और 'मार्क्सवाद और अँग्रेजी राज' जैसी पुस्तकों में भी यह आत्मपरकता है। इनमें एक प्रकार की गहरी संसक्ति है जो सारे मूल्यांकन को आत्मपरकता से भावित करती है, यह तत्व आचार्य रामचंद्र शुक्ल में है। 'विराम चिह्न' में निराला पर 10 लेख हैं जो निराला को लगातार समझते रहने के प्रमाण हैं। इन लेखों में वह गहरी मूल्यांकन क्षमता नहीं है जो बाद में 'निराला की साहित्य साधना' में मिलती है। परंतु सन् 34 से एक व्यक्ति को एक लेखक कितना प्रभावित करता है, उसके व्यक्तित्व को संवारता और बदलता है, इसका प्रमाण तो है ही। 'भावुकता' और 'भावों की सभ्यता' को बतौर एक प्रतिमान रामविलास जी ने प्रयुक्त किया है, हालाँकि स्वयं निराला जी 'भावोच्छ्वास कविता नहीं है, लिख चुके हैं। परंतु भावों को सभ्य बनाना चाहिए यह आलोचना का महत्त्वपूर्ण प्रतिमान तो है ही। बड़ा कवि अभिरुचि का विकास करता है, रामविलास जी ने अपने प्रारंभिक लेख में इस पर बल दिया है और एक आलोचक के रूप में उन्होंने यथासंभव स्वयं यह कार्य किया है। 'सालिगराम परसू के मिसिर', 'चतुरी चमार' की तरह का रेखाचित्र है जो अपनी सांकेतिकता में सहजता और सरसता को एक मूल्य के रूप में प्रतिष्ठित करता है।

निराला पर लिखे लेख के 3 साल बाद 'छायावादी कवियों की कहानियाँ' शीर्षक से 1937 में प्रकाशित लेख रामविलास जी की पैनी दृष्टि और आलोचनात्मक क्षमता का प्रमाण है। पंत की कहानियों का इतना वस्तुपरक विश्लेषण अपवाद ही है। इस काल में लिखी गई अधिकांश आलोचनाओं के निष्कर्ष बाद में बदले हैं परंतु ब्यौरे में, निष्कर्ष में नहीं। पंत की 'पानवाला' और निराला की 'देवी' के अंत में 'अविश्वास की हँसी' को रेखांकित करते हुए रामविलास जी ने लिखा कि 'पानवाला' कहानी में पीताम्बर एक संकेत है, जिससे लेखक व्यक्ति और समाज के प्रति अपने विचार प्रकट करता है, यह अनुमान करना कठिन है कि पीताम्बर ही इन विचारों के लिए एकमात्र कारण होना चाहिए। यही दोष निराला की 'देवी' में दिखाई पड़ता है। एक पगली को देखकर निराला जी, एक पानवाले को देखकर पंत जी जैसे सोते से जाग पड़ते हैं। समाज की दशा का उन्हें सहसा ज्ञान हो जाता है जो उन्हें पहले न रहा हो।

कहानी और नाटकों पर उन्होंने कम लिखा है। यद्यपि एक नाटक लिखा था 'पाप के पुजारी' शीर्षक से, जो खेला भी गया था और कहानियाँ भी नहीं लिखीं। उपन्यासों, काव्य-संग्रहों पर उनकी समीक्षाएँ और लेख 'विराम चिह्न' में संकलित हैं, जिनसे उनकी शीत युद्धकालीन दौर की धारणाओं का ही नहीं, उनकी सामाजिक एवं राजनैतिक मान्यताओं का भी पता चलता है, जिनसे उनकी समीक्षाएँ और लेख भावित हैं। वे कृतियों की समीक्षा अपनी राजनीतिक और सामाजिक स्थापनाओं के प्रकाश में ही करते हैं। साम्यवाद का जो भारतीय संस्करण रामविलास जी ने खोजा और प्रकाशित किया उसमें बहुत कुछ ऐसा है जो साम्यवादियों और भारतीयतावादियों को नापसंद

है। यशपाल और राहुल जी की कृतियों में चित्रित उन्मुक्त प्रेम के वर्णनों को उन्होंने न केवल पूँजीवाद के मात्र सिद्धांत के आधार पर बल्कि भारतीय समाज के पारिवारिक मूल्य के आधार पर अस्वीकार किया है। सामाजिक मूल्य या समाजवादी मूल्य रामविलास जी के आलोचना कर्म की प्रमुख कसौटी हैं परंतु यह कसौटी हिंदी जाति की सांस्कृतिक चेतना के निष्कर्ष पर आधारित है। अपने अंतिम लेख 'भारतीय परिवार और नारी' में लिखते हैं कि "समाजवादी मूल्य क्या हैं? समाजवादी मूल्य सहयोग के हैं। स्त्री-पुरुष एक दूसरे के साथ रहकर, श्रम के सहयोग के आधार पर, एक टिकाऊ यौन संबंध के आधार पर आपस में प्रेम करें और उस प्रेम के सामाजिक पक्ष को न भूलें कि उससे परिवार बनता है, उससे संतान पैदा होती है, उस संतान को मनुष्य बनाने का दायित्व हमारा होता है और इस तरह से हम अपने समाज से, देश से, दुनिया से, पूरी मनुष्यता से जुड़ते हैं। आज ब्याह किया कल तलाक दे दिया, यह समाजवाद नहीं, पूँजीवाद का तरीका है। स्त्री-पुरुष का संबंध एक टिकाऊ परिवार की समस्या है। एक ऐसा टिकाऊ परिवार जिसमें स्त्री-पुरुष का दर्जा समानता का है।" (विराम चिह्न पृ. 290) इस व्यापक मूल्य चेतना के आधार पर ही उन्होंने अजनबीपन, अकेलापन, यौनकुण्ठा, भूखी पीढ़ी, श्मशानी पीढ़ी, विद्रोही पीढ़ी, धुरीहीनता, फ्री-सेक्स आदि के केंद्र में विद्यमान व्यक्तिमूल्य या मूल्यहीनता की अवधारणाओं को पश्चिमी पूँजीवादी-साम्राज्यवाद की देन कहा है।

रामविलास जी ने रीतिकालीन कविता के उदात्त और लौकिक पक्ष की जहाँ प्रशंसा की है वहीं उसकी जड़ और शृंगारिक नायिका भेद प्रधान भोगवादी सामंती अभिरुचि की निंदा की है। रीतिवाद के विरोध को छायावाद का सकारात्मक पक्ष बताते हुए उसकी इस भूमिका को उन्होंने क्रांतिकारी माना है। शृंगार के उदात्त मानवीय पक्ष की रामविलास जी ने न केवल प्रशंसा की है बल्कि उसे एक प्रतिमान भी माना है। उनकी पैनी दृष्टि, तीव्र पर्यवेक्षण शक्ति और आलोचनात्मक क्षमता के प्रमाण के रूप में ही नहीं बल्कि हिंदी आलोचना की उपलब्धि की दृष्टि से दो उद्धरण पर्याप्त हैं।

(1) यह बात सही है कि महादेवी जी के काव्य में कहीं-कहीं अतिशय करुणा है जो मेरे स्वभाव के प्रतिकूल होने से मुझे प्रभावित नहीं करता, प्रसाद जी के काव्य में मुझे वांछित ओजगुण नहीं मिलता, निराला जी के दार्शनिक विचारों से मैं सर्वत्र सहमत नहीं हूँ और पंत जी के काव्य में पल्लव ग्राम्या के अतिरिक्त कला और चिंतन की अनेक कमजोरियाँ मालूम होती हैं। यह कहना अनावश्यक है कि अन्य अनेक आधुनिक कवियों में कमजोरियाँ प्रमुख छायावादी कवियों से ज्यादा हैं। मैं यह भी स्वीकार करता हूँ कि कविता को जिस स्तर पर प्रसाद-निराला-पंत-महादेवी ने विकसित किया उसे देखते हुए परवर्ती काव्य का प्रसार-भावगरिमा, विचार-गाम्भीर्य और कलात्मक सौंदर्य की दृष्टि से निम्न स्तर पर ही हुआ है, यद्यपि इस परवर्ती काव्य की उपलब्धि महत्त्वपूर्ण है और उसका स्तर छायावाद काव्य की सर्वश्रेष्ठ उपलब्धियों की तुलना में ही निम्न है। (विराम चिह्न पृ. 226)

(2) कवि दिनकर सौंदर्य प्रेमी, शृंगारी कवि भी थे। उनका उर्वशी काव्य दार्शनिक दृष्टि से सुदृढ़ भले ही न हो, शृंगार भावना के विचार से अपने समय की अन्यतम कृति है, यह शृंगार रवीन्द्रनाथ के उर्वशी से भिन्न स्तर का है, इसमें जीवन की ऐसी उदात्त आकांक्षा है और शृंगार के साथ ओजगुण का ऐसा सम्मिश्रण है जैसा निराला की रचनाओं को छोड़कर अन्यत्र दुर्लभ है। (विराम चिह्न पृ. 228)

रामविलास जी की महत्त्वपूर्ण साहित्यिक स्थापनाओं में 'तार सप्तक' संबंधी विवरण और स्थापनाएँ कम महत्त्वपूर्ण नहीं हैं। 'रूप तरंग' की लंबी भूमिका 'प्रगतिशील कविता की वैचारिक पृष्ठभूमि' में, जो रामविलास जी की आलोचनात्मक मान्यताओं और मानसिक बुनावट को समझने की दृष्टि से अत्यंत महत्त्वपूर्ण लेख है, स्वाधीनता आंदोलन, पूँजीवाद, साम्यवाद, छायावाद, प्रगतिवाद, तारसप्तक और प्रयोगवाद के द्वन्द्वात्मक रिश्तों पर अत्यंत महत्त्वपूर्ण टिप्पणियाँ हैं। उन्होंने 'हंस', 'रूपाभ' और 'नया साहित्य' पत्रिकाओं को प्रगतिवाद के विकास की दृष्टि से अत्यंत महत्त्वपूर्ण माना है। तार सप्तक के कवियों की रचनाओं में 'राम की शक्ति पूजा' के छंद की सर्वाधिक गूँजों को रेखांकित किया है। उन्होंने लिखा

कि 'तार सप्तक के कवि समग्र छायावाद का तिरस्कार न कर रहे थे, वे उसके उदात्त रूप से सीख रहे थे। उसके कलात्मक उत्कर्ष को आत्मसात कर रहे थे।' छायावाद की अतीतोन्मुखता को पुनर्जागरण की आवश्यकता से जोड़ते हुए उस आलोचनात्मक प्रवृत्ति की निन्दा की जो भारतीय संस्कृति की उपलब्धियों को नकार कर अँग्रेजों को परिवर्तन का प्रमुख सूत्रधार मानती है। यह प्रवृत्ति वामपंथियों में भी है।

'भारतीय साहित्य की भूमिका' जो अंतरजातीयता की पहचान का प्रामाणिक ग्रंथ है, में 'जातीय संस्कृति और साम्राज्यवाद' शीर्षक अध्याय उनकी चिंता और बेचैनी का बौद्धिक प्रस्तुतीकरण ही नहीं है बल्कि अपने काल और समय का विश्लेषण भी है। उनके अनुसार 'विदेशी पूँजी, जातीय चेतना का ह्रास और साम्प्रदायिकता की वृद्धि में समानुपातिक रिश्ता है।' 'भारतीय साहित्य की भूमिका' के अंत के चालीस सूत्री प्रस्तावों में स्वदेशी उत्पादन और स्वदेशी भाषा पर अतिरिक्त बल है। उनके निबंधों और पुस्तकों में इतिहास और समकालीनता की अद्‌भुत बुनावट है। देश में समानता, पारस्परिकता, सम्पन्नता और सुख कैसे बढ़े और शोषण, भ्रष्टाचार का अंत कैसे हो?—यह रामविलास जी की प्रमुख चिंता है, जिसके कारण वह हिंदी जाति और सामान्यजन के संकट के कारणों का इतिहास रचते हैं। भाषा विज्ञान की पुस्तकों में उन्होंने जहाँ हिंदी और उसकी बोलियों के आधार पर परिवारों की भाषा-संस्कृति और मानव समुदायों के संबंधों और विद्रोहों को परिभाषित किया है वहीं भाषाओं के अध्ययन के माध्यम से वस्तु संबंधों और संस्कृतियों को भी परिभाषित किया है। यह अवश्य है कि इस प्रकार की जाँच पड़ताल या उधेड़बुन में बहुत कुछ अतिरंजित और अतिकल्पित भी है लेकिन मूल दृष्टि यूरोपियन विमर्श या प्राच्य विद्या संस्थानिक चेतना के उद्‌घाटन और विखण्डन की रही है। वे मानते हैं कि भारतीय समाज की गहरी समझ और लोक मानस की जानकारी के बगैर सामाजिक राजनैतिक परिवर्तन नहीं हो सकते हैं। हालाँकि यह एक प्रकार का सरलीकरण ही होगा फिर भी यह कहा जा सकता है कि रामविलास जी की आलोचना पद्धति के विकास में प्रगतिशील आंदोलन की बहसें और उस समय के परिवेश में उठाए गए प्रश्नों का विशेष महत्त्व है। 'प्रगतिशील साहित्यिक आंदोलन मार्क्सवाद और मेरी किताबें' लेख में इसका उन्होंने स्वयं विस्तार से उल्लेख किया है, जो उनकी ईमानदारी और अपने को भी कसौटी पर कसते रहने की आवश्यक रचनात्मक जिम्मेदारी का प्रमाण भी है।

1942 ई. से 1953 ई. के कार्यकाल में शोध और वैदुष्य के मिशनरी उपयोग के द्वारा उन्होंने एक ऐसी ऐतिहासिक दृष्टि का विकास किया जो रामचंद्र शुक्ल की भाँति मर्मभेदी और उदार तो नहीं है, परंतु व्यापक अर्थों में मानवीय और समाजशास्त्रीय है। प्रगतिशील आंदोलन की बैठकों में 'जनपदीय आंदोलन' के अंतर्गत हिंदी जाति के विकास पर महत्त्वपूर्ण चिंतन हुआ है। संयुक्त प्रान्त के प्रगतिशील लेखक संघ की कौंसिल में 5 नवम्बर, 1944 को पेश की गई रिपोर्ट में शिवदान सिंह चौहान ने जनपदीय भाषाओं के प्रश्न पर वासुदेवशरण अग्रवाल (पृथ्वी कल्प) के मत से सहमति व्यक्त करते हुए बनारसीदास चतुर्वेदी, हिंदी साहित्य सम्मेलन, राहुल सांस्कृत्यायन, संपूर्णानंद आदि के द्वारा की जा रही बहसों का लंबा ब्यौरा प्रस्तुत किया है, जिनका काफी कुछ संकेत रामविलास शर्मा के द्वारा प्रगतिशील लेखक संघ में प्रस्तुत प्रारूप 'भाषा और समाज' और 'राष्ट्र भाषा की समस्याएँ' में भी है। 'जातीय जागृति' को इसमें प्रमुख आधार माना गया है। हिंदी साहित्य की भूमिका के 'भारतीय चिंताधारा का स्वाभाविक विकास' अध्याय में हजारी प्रसाद द्विवेदी ने भी इस सवाल को नए रूप में प्रस्तुत किया है। 1942 ई. से पहले रामविलास जी द्विवेदी जी से काफी प्रभावित लगते हैं। उन्होंने 'साहित्य और भौतिकवाद' तथा 'कवि निराला' में उनका मत प्रमाण के रूप में उद्धृत किया है। शिवदान सिंह चौहान ने जातियों के आत्मनिर्णय के लेनिन के सिद्धांत को मानकर 'सांस्कृतिक स्वाधीनता का सिद्धांत' और 'प्रगतिशील सिद्धांत' को सांस्कृतिक आंदोलन के लिए सिद्धांतत्रय के रूप में प्रस्तावित किया। रामविलास शर्मा 1942 ई. के पहले इस व्यापक प्रश्न पर भिन्न तरीके से सोच रहे थे।

इन सभी बहसों में आचार्य शुक्ल के मूल वाक्य को आधार बनाकर रामविलास ने हिंदी जाति का जो महत्त्वपूर्ण सिद्धांत विकसित किया वह 'लोक जागरण',

'जन संस्कृति' और 'जनवादी संस्कृति' के विधान के अंतर्गत है और काफी महत्त्वपूर्ण है। 'हिंदू और मुसलमानों के बीच साधुता' के समान आदर्श की प्रतिष्ठा की चर्चा शुक्ल जी ने जायसी ग्रंथावली की भूमिका में की है। इतिहास में खड़ी बोली के संबंध में शुक्ल जी लिख चुके थे कि 'देश के भिन्न भागों में मुसलमानों के फैलने तथा दिल्ली की दरबारी शिष्टता के प्रचार के साथ ही दिल्ली की खड़ी बोली शिष्ट समुदाय के परस्पर व्यवहार की भाषा हो चली थी, मुगल साम्राज्य के ध्वंस से भी खड़ी बोली के फैलने में सहायता पहुँची।' शुक्लजी के अनुसार 'खड़ी बोली का एक सामान्य देशी रूप था और दूसरा दरबारी जो मुसलमानों ने उसे दिया था और उर्दू कहलाने लगा था।' मुसलमानों के दिए हुए कृत्रिम रूप से स्वतंत्र खड़ी बोली का स्वाभाविक देशी रूप भी देश के भिन्न-भिन्न भागों में पछाँह के व्यापारियों आदि के साथ पनप रहा था। रामविलास शर्मा ने हिंदी जाति के विकास के साथ-साथ 'विवेक परंपरा' और 'वैज्ञानिकता' के विकास का 'महावीर प्रसाद द्विवेदी और हिंदी नवजागरण' में जो अध्ययन किया है वह अप्रतिम है। यह अध्ययन तार्किक विधान की दृष्टि से उन्हें भाषा-विज्ञान के क्षेत्र में भी ले जाता है जहाँ वे एंगेल्स के 'परिवार व्यक्तिगत सम्पत्ति और राजसत्ता की उत्पत्ति', लेनिन के जाति और राष्ट्र और भाषा संबंधी मतों और स्टालिन के भाषा विज्ञान संबंधी लेखों के घोल से अपनी भाषा संबंधी स्थापनाओं का स्थापत्य निर्मित करते हैं। दूसरी ओर 'भारतेन्दु हरिश्चन्द्र और हिंदी भाषा की विकास परंपरा' तथा 'महावरी प्रसाद द्विवेदी और हिंदी नवजागरण' जैसी महत्त्वपूर्ण पुस्तकों के लेखन के क्षेत्र में ले जाते हैं जहाँ वे 'बंगला' और अँग्रेजी नव जागरण के दबावों से मुक्त होकर हिंदी नवजागरण के अध्ययन की ठोस जमीन निर्मित करते हैं। भाषा विज्ञान की उनकी स्थापनाएँ 'द्वन्द्ववाद' के सिद्धांत पर उसी तरह आधारित हैं जिस प्रकार गणों, जातियों और राष्ट्रों का सिद्धांत। 'एक साथ काम करते हुए लोग प्रकृति को बदलने के साथ खुद भी बदलते हैं।' भाषा और जाति के इन सिद्धांतों के विकास में उन्होंने औपनिवेशिक दिमाग का विश्लेषण फ्रान्ज फेनान (देखिए. रेचेड ऑफ दि अर्थ) की तरह से स्वाधीन जाति के स्वाभिमान की आवश्यकता के आधार पर किया है। किशोरीदास बाजपेयी, राहुल सांस्कृत्यायन और रामचन्द्र शुक्ल से उन्हें मदद भी मिली है। भाषा विज्ञान, हिंदी जाति और काव्य-भाषा का विकास आदि प्रश्नों के साथ नवजागरण के चारों चरणों का अध्ययन कई वर्षों के शोध और आत्मशोध का फल है। हिंदी जाति के नवजागरण को अन्य जातियों के नवजागरण से भिन्न रूप में रेखांकित करके निश्चय ही उन्होंने हिंदी साहित्य की प्रकृति को समझने में मदद की है। विजयदेव नारायण साही ने भी 'मनोभूमि की बनावट' में हिंदी के संसारत्त्व और विद्रोह तथा पुरवैया और पछुवा का उल्लेख करते हुए उस मनोभूमि की बनावट का उल्लेख किया है जो कविता आदि को प्रभावित करती है। अनुभूतियों के इस इतिहास को रामस्वरूप चतुर्वेदी भाषा और संवेदना के विकास के माध्यम से साहित्य के इतिहास के संदर्भ में लागू करते हुए बिम्बों के प्रयोग का इतिहास भी प्रस्तुत करते हैं और उसके आधार पर महत्त्वपूर्ण निष्कर्ष भी निकालते हैं।

'हिंदी जाति का इतिहास' तथा 'लोकजागरण और तुलसीदास' पुस्तक मूल रूप में खण्डन-मण्डन की पुस्तकें हैं। इन पुस्तकों में व्यक्त विचार अधिक व्यवस्थित रूप से उनके महत्त्वपूर्ण ग्रंथों में आ चुके हैं। 'हिंदी जाति का विकास' और 'लोकजागरण और तुलसीदास' में प्रकाशित 'संस्कृति और जातीयता' 'रामचन्द्र शुक्ल और हिंदी आलोचना' में प्रकाशित 'इतिहास, जातीयता और संस्कृति के रूप', 'भारतेन्दु हरिश्चन्द्र और हिंदी भाषा की विकास परंपरा' और 'भारतेन्दु युग', 'महावीर प्रसाद द्विवेदी और हिंदी नवजागरण', 'भारत की भाषा समस्या' तथा 'भारत के प्राचीन भाषा परिवार और हिंदी भाषा-2' का एक साथ अध्ययन करना चाहिए। 1951 में रामविलास जी ने प्रगतिशील लेखक संघ में हिंदी भाषा के जातीय स्वरूप पर बहस के लिए एक मसौदा प्रस्तुत किया था, जो मूलरूप से सुधी प्रधान की पुस्तक ('कम्युनिस्ट कल्चरल डाक्युमेंट्स' तीन भाग में सारी बहसों के साथ संकलित है) को पढ़ने से स्पष्ट होता है कि इस बीच वे निरंतर इस विषय पर सोचते रहे हैं। खड़ी बोली हिंदी के स्वाभाविक विकास का जो अध्ययन उन्होंने अवधी और

ब्रज काव्य भाषा के विकास के संदर्भ में किया है वह रामचन्द्र शुक्ल के काव्य भाषा संबंधी अध्ययन से अधिक महत्त्वपूर्ण और सारगर्भित है। हिंदी के परिवेश की विशेषताओं के साथ जातीय तत्वों की यह पहचान द्विवेदी जी से भिन्न है। द्विवेदी जी आर्यों के बाहर से आगमन के औपनिवेशिक विकासवादी सिद्धांत को मानते हैं। रामविलास जी इसके विपरीत मानते हैं कि भारतीय आर्यों की मध्य एशिया में बस्तियाँ थीं और वे भारत से बाहर गए थे।

समकालीन साहित्य के मूल्यांकन से प्रायः आलोचक बचते हैं। रामविलास जी अपने समय के काव्य साहित्य का प्रायः साक्षात्कार करते हैं परंतु उतना ही जो उस समय के मार्क्सवाद बनाम गैर मार्क्सवाद के घेरे में था। समकालीन कहानी, उपन्यास, नाटक और निबंध आदि विधाओं पर विस्तार से नहीं लिखा है। भारतेन्दु युग और द्विवेदी युग की सामाजिक राजनैतिक सजगता तथा नवजागरण संबंधी नवीनता का उद्‌घाटन करने के लिए अधिकांश निबंध उदाहरण के रूप में जरूर आए हैं। इस युग के बाद के निबंधकारों का विश्लेषण मूल्यांकन उन्होंने नहीं किया है। उपन्यासों पर लिखे लेखों में आधार प्रायः बदलते रहे हैं। अमृत लाल नागर की तुलना में यशपाल की वे कटु आलोचना करते रहे। रामविलास जी प्रारंभ से ही पश्चिमीकरण के नाम पर विकसित आधुनिकता के खिलाफ रहे। यौन कुंठा और यौन शोषण आदि के अनियंत्रित वर्णन उन्हें पसंद नहीं थे। निराला की तुलना में तुलसीदास उनकी आलोचनात्मक मर्यादा को नियंत्रित करते थे।

रोमांटिक कविता के गहन अध्ययन और हिंदी प्रदेश के संस्कार ने रामविलास जी को साहित्य को परखने और अपने समय को परिभाषित करने का विशिष्ट मुहावरा प्रदान किया। इस मुहावरे में लोक शैलियों, लोकछन्दों और धुनों के साथ ही साथ लोकजीवन की जीवंतता मस्ती और अक्खड़पन भी विद्यमान है। भारतीय काव्यशास्त्रियों और मीमांसकों की तरह चीजों को विखंडित करके भेदोपभेदों में बाँटकर देखने, विश्लेषित करने और एक ही बटखरे से सब कुछ तौलने का आग्रह भी उनमें है। इसके कारण इतिहास, संस्कृति और भाषा विज्ञान के क्षेत्रों में अपना मत स्थापित करने में सुविधा हुई है। परंतु साहित्य में असुविधा उत्पन्न हुई है। 'निराला की साहित्य साधना' भाग-2 में, संवाद, स्वगत, 'वक्तृत्व कला', 'स्थापत्य', 'कवित्वपूर्ण शब्दावली', 'संघोष', अल्प प्राण', 'स्वरसाधना', 'नियमभंग' के अंतर्गत किया गया विश्लेषण कविता के आस्वाद में सहायक न होकर बाधक ही है। इसे आलोचनात्मक चमत्कारवाद कहा जा सकता है मूल्यांकन नहीं। इस प्रकार के विश्लेषण से कविता में चमत्कृति का पता चलता है न कि वक्रोक्ति या स्वाभावोक्ति का। परंतु किसी साहित्य के सांस्कृतिक, वैचारिक और सामाजिक संदर्भों की समझ की दृष्टि से यह अत्यंत सार्थक भी है। इस अर्थ में रामविलास जी कविता में बहुकेन्द्रीयता को एक केन्द्रीयता में अंतरित करते हैं। उनकी आलोचना में केंद्र बदलता नहीं बल्कि केंद्र और परिधि का रिश्ता बनता है। वे राजनैतिक सामाजिक स्थितियों के दबावों और साहित्य के संदर्भों की खोज में अप्रतिम हैं। इंद्रियबोध, भावबोध के क्रमिक स्तरों का कला से क्या रिश्ता बनता है, भाषा का माध्यम कैसे टूटता है और कैसे नियंत्रित करता है—इसकी गहरी जानकारी उन्हें है। वे इन्हें कभी-कभी विखंडित करके देखते हैं। सिद्धांत की सिद्धि प्रमुख हो जाती है कला और काव्य विश्लेषण गौण। परंतु इस सोच में बाद में काफी उदारता आई है। 1857 के जिस आंदोलन को उन्होंने एक समय 'जनक्रांति नहीं था' लिखा वही बाद में 'स्वतंत्रता संग्राम' हो गया। मुगल शासन जिसे उन्होंने मुगल साम्राज्यवाद कहा था 'व्यापारिक पूँजीवाद का केंद्र' बन जाता है। 1943 में शिवमंगल सिंह सुमन और नरेन्द्र शर्मा जनगीतों की परंपरा के श्रेष्ठ कवि हैं। परंतु बाद में लगता है कि नारेबाजी और भोंड़ी तुकबंदी कविता नहीं प्रचार है।

शुक्ल जी भी मूलतः विषयोन्मुखी आलोचक हैं परंतु वे द्वन्द्ववादी न होते हुए भी विषय की कलात्मक अभिव्यक्ति को पहचान लेते हैं। क्या कारण है कि जहाँ वे साहित्य को प्रेरित करने वाली ऐतिहासिक सामाजिक शक्तियों का विश्लेषण करते हैं चाहे वह जातीयता का प्रश्न हो या गणों या जनपदों के टूटने का, वहाँ अप्रतिम हैं और मेरी राय में कुछ अर्थों में कई अँग्रेजी मार्क्सवादी विचारकों से ज्यादा समर्थ हैं। समाज और साहित्य के ऐतिहासिक विकास क्रम में

साहित्य का मूल्यांकन रामविलास जी बेहतर करते हैं परंतु इन विकास-क्रमों में संवेदनात्मक अभिव्यक्ति के स्वरूप की कलात्मकता उनके हाथ से कभी-कभी फिसल जाती है।

उनके अनुसार 'तार सप्तक के पहले और बाद में प्रगतिशील कविता का जो विकास हुआ, उसमें अनेक कमजोरियाँ थीं। उन दिनों रूस में लाल फौज की वीरता से प्रायः सभी लेखक प्रभावित थे। अनेक प्रगतिशील कवियों ने लाल फौज पर कविताएँ लिखीं जिनमें अक्सर भोंडी तुकबंदी और निरर्थक शब्दजाल के दर्शन होते हैं।' (नई कविता और अस्तित्ववाद पृ. 19) प्रचारात्मकता और राजनीति का घना रिश्ता है। रामविलास जी जिन्हें राजनैतिक कविताएँ कहते हैं, वे आंदोलनोन्मुखी हैं। केदारनाथ अग्रवाल के संबंध में लिखते हुए वे कहते हैं कि 'केदार की काफी राजनीतिक कविताएँ ऐसी हैं जो प्रचारात्मक हैं, उनका संबंध जन आंदोलन से है और वे आंदोलन के लिए लिखी गई हैं। आंदोलन चल रहा है तो ठीक, नहीं चल रहा है तो चलना चाहिए, इस दृष्टि से ऐसी कविताएँ सफल राजनैतिक पत्रकारिता के अंतर्गत हैं। पत्रकारिता कलापूर्ण हो सकती है और नीरस भी। कविता में सरस, कलापूर्ण राजनीतिक पत्रकारिता के नमूने या तो केदार ने दिए हैं या फिर नागार्जुन ने।' (प्रगतिशील काव्यधारा और केदारनाथ अग्रवाल, पृ. 47)

'अपनी धरती अपने लोग' रामविलास जी की वह शृंखला है, जिसे आत्मकथा, संस्मरण और रेखाचित्रों की शृंखला कहा जा सकता है। अपने घर, परिवार, गाँव-सिवान, पेड़-पौधों से गहरा लगाव जितना मानवीय बनाता है उतना ही रचनात्मक भी। 'अपनी धरती अपने लोग' अन्य आत्मकथाओं से इस अर्थ में भिन्न है कि इसमें कहीं न कहीं लेखक के मन में वृहत्तर भारतीय संदर्भ और यथार्थ भी अन्तर्व्याप्त है। 3 खंडों में लिखी हुई आत्मकथा एक आत्मकथा नहीं है बल्कि एक अर्थ में समग्र काल खंड और हिंदी प्रदेश का वृत्तांत भी है। 'निराला की साहित्य साधना' शोध, आलोचना और सृजनशीलता की दृष्टि से जहाँ एक ओर 'जीवनी' विधा का आदर्श प्रस्तुत करती है वहीं यह पुस्तक आत्मकथा का आदर्श बनती है। रामविलास जी के जीवन मूल्य, आदर्श और निष्कलुष व्यक्तित्व के साथ ही साथ इस आत्मकथा में सृजनात्मक तटस्थता तथा पारदर्शिता है, जो विश्वसनीयता के साथ ही साथ आत्मीयता का संचार करती है। रामविलास जी के भावबोध और मूल्यबोध के प्रमाण हैं वे लोग जो इस आत्मकथा में इंसान के रूप में भरे पड़े हैं। निजी प्रसंगों में भी दूसरे के व्यक्तित्व के निश्चयात्मक पहलुओं को मानवीयता की कसौटी पर कस कर ही रामविलास जी ने इन पुस्तकों में उजागर किया है। सुधी पाठकों को उनके व्यापक अध्ययन की झलक इन पुस्तकों में भी दिखाई पड़ेगी। भाषा, समाज और इतिहास की धूल से धूसरित हुए बिना हिंदुस्तान को समझना कठिन है। सब कुछ दान करने की असंगता अंततः अनवरत तपस्या और साधना से ही आती है। रामविलास जी जिस प्रकार अपना सर्वस्व लेखकों, बालकों, शिक्षालयों और साहित्य के अध्येताओं, शोधकर्ताओं तथा संघर्षरत समाज को बदलने का सपना देखने वालों को अंतिम सांस तक देते रहे वह लाभकेंद्रित इस युग में असाधारणता की ही पहचान है।

हिंदी प्रदेश के मार्क्सवादी लेखकों में एकमात्र वे ऐसे लेखक हैं जिन्होंने मार्क्सवादी दृष्टि से भारत का सांस्कृतिक इतिहास लिखने का प्रयत्न किया और दूसरों के लिखे हुए को एक स्वाभिमानी भारतीय की दृष्टि से बिना किसी प्रकार की हीनभावना या श्रेष्ठताबोध का शिकार हुए विच्छेदित किया। मार्क्स की पुस्तक 'कैपिटल' के सबसे कठिन माने जाने वाले खंड का उन्होंने अनुवाद ही नहीं किया 'भारत में अँग्रेजी राज और मार्क्सवाद' (दो-खंड) तथा 'मार्क्स और पिछड़े हुए समाज' पुस्तकों में सामंतों और साम्राज्यवादियों की मिलीभगत को उद्घाटित भी किया। अँग्रेजी राज के बारे में मार्क्स की टिप्पणियों और स्थापनाओं का उल्लेख करते हुए, जितने विस्तार के साथ उन्होंने अँग्रेजों के षडयंत्रों का, पूँजीवादी चरित्र की विशेषता के रूप में मार्क्स की स्थापनाओं से सम्पुष्ट करते हुए प्रस्तुत किया है उतने गहन अध्ययन के साथ अनेक दस्तावेजों को ध्यान में रखकर हिंदी प्रदेशों में 'हिंदी प्रदेश' के इतिहास का अध्ययन नहीं किया गया है। 'गदर की परंपरा' और 'हिंदी प्रदेश में समाजवादी

चेतना का प्रसार', शीर्षकों में रामविलास जी ने 1857 के स्वतंत्रता संग्राम की भूमिका और गदरपार्टी के संबंधों के साथ ही साथ, हिंदी प्रदेशों में 'मर्यादा', 'सरस्वती', 'प्रताप' आदि पत्रों की समाजवादी क्रांतिकारी चेतना के प्रसार में भूमिका को पहली बार रेखांकित किया है। अँग्रेजों ने भारत में आधुनिक जातियों के विकास में किस प्रकार बाधा डाली इसका उल्लेख तो अनेक पुस्तकों में है परंतु 'भारत में अँग्रेजी राज और मार्क्सवाद' में विस्तार से है। 'मार्क्स और पिछड़े हुए समाज' अपेक्षाकृत अधिक व्यापक है। इसमें भारत समेत अनेक एशियाई पिछड़े समाजों का मार्क्स के अध्ययनों के परिप्रेक्ष्य में मूल्यांकन किया गया है और मार्क्स की स्थापनाओं को आज के संदर्भ में मूल्यवान और सम्पुष्ट प्रमाणित किया गया है। यह सब इस तथ्य का प्रमाण है कि जहाँ अन्य लोगों के लिए मार्क्स महज एक प्रकार के मुखौटा थे वहाँ रामविलास जी के लिए वह एक आदर्श थे। किस प्रकार तथ्यों का संकलन करना चाहिए और कैसे निष्कर्षों को मानवहित के संदर्भ में विश्लेषित करना चाहिए इसमें मार्क्स से उन्होंने सीखा। ध्यान से देखने पर लगता है कि लिखने की शैली पर मार्क्स का प्रभाव है। 1955 तक यह प्रभाव कम आभ्यंतरीकृत है। 'नयी कविता और अस्तित्ववाद' में यह प्रभाव स्पष्ट प्रमाणित होता है, जहाँ वह एक प्रकार के अवरोधक का भी कार्य करने लगता है। यद्यपि नई कविता पर पड़े हुए पाश्चात्य प्रभावों का रेखांकन तीखा भले हो परंतु सत्य से परे तो नहीं ही है। कविता को भारतीय समाज के यथार्थ और प्रभाव के संदर्भ में ही नहीं मनुष्य की परिभाषा, विम्बविधान और संवेदना के परिप्रेक्ष्य में भी उन्होंने 'परिभाषित' करने का आश्चर्यजनक प्रयत्न किया है बिना यह चिंता किए कि कोई क्या कहेगा। उनको जो सुविचारित और अनुभूत लगा वही लिखा।

रामविलास शर्मा ने अपने व्यापक अध्ययन मनन और विश्लेषणात्मक बौद्धिक क्षमता से संस्कृति, भाषा, इतिहास और साहित्य के क्षेत्र में जो महत्त्वपूर्ण कार्य किया है वह उनकी साम्यवादी विचार पद्धति से भावित है। उनकी प्रारंभिक रचनाओं, विशेषकर लेखों में अतिवादिता दिखाई पड़ती है। वे कभी-कभी अपनी स्थापनाओं की पुष्टि और मान्यताओं की स्वीकृति पर बल देते हैं जो वकील के लिए भले आवश्यक हों—आलोचक के लिए अवांछनीय ही हैं। 'भारतेन्दु' और महावीर प्रसाद द्विवेदी पर लिखी पुस्तकों में भी तथ्यपरक कमियों और एकोन्मुखता दिखाई जा सकती है। परंतु उनका सकारात्मक पक्ष महत्त्वपूर्ण है। उन्होंने परवर्ती पुस्तकों में अपने लेखों की स्थापनाओं और उक्तियों को बदला भी है। जिस विद्वता और आत्मपरक वस्तुपरकता के साथ उन्होंने संस्कृति और इतिहास के प्रश्नों पर विचार किया है वह द्वंद्वात्मक दृष्टि से ही संभव था। 'बड़े भाई साहब', 'घर की बात' और 'जहाज और तूफान' पुस्तकों से उनके व्यक्तित्व के जिस पक्ष पर प्रकाश पड़ता है वह एक सद्गृहस्थ किसान का है। जिस निस्पृहता और निष्ठा के साथ उन्होंने अपनी स्थापनाओं को रूपायित किया है, वह मूल्य निर्माता कार्य है। सत्य को समझना, प्रमाण पुष्ट बनाना और लोगों तक पहुँचाना बिना इस बात की चिंता किए कि इसका प्रयोग कौन कब किस रूप में करेगा, बौद्धिकता और सृजनात्मक दोनों की शर्त है।

रामविलास शर्मा इस अर्थ में न केवल उच्च कोटि के बौद्धिक हैं बल्कि सर्जक भी हैं। इन निष्काम सेवाओं के कारण उन्हें 'व्यास', 'साहित्य अकादमी', 'भारत भारती' और 'सहस्राब्दि' सम्मानों से सम्मानित किया गया है। उन्होंने इन धनराशियों को भी बाल साहित्य और लेखकों के हित में उपयोग करने के लिए लौटा दिया। यह निस्पृहता और कल्याण भावना कार्य के प्रति निष्ठा और मूल्यों पर विश्वास से पैदा होती है। 31 मई 2000 ई. को वे दिवंगत हो गये, रह गया ज्योति के पत्र पर लिखित राम विलास का अपराजेय समर।

भारत के प्राचीन भाषा परिवार और हिन्दी

सत्यप्रकाश मिश्र

हिंदी भाषा, हिंदी जाति और समाज के रिश्तों की छानबीन, रामविलास जी का प्रारंभ से ही प्रमुख अभिनिवेश रहा है। द्वन्द्ववाद के आधार पर उन्होंने गणों और जनपदों के पुराने रिश्तों के टूटने और नये रिश्तों के बनने की प्रक्रिया का भाषा और समाज दोनों ही क्षेत्रों में न केवल गहन अध्ययन किया है, बल्कि ऐसी स्थापनाएँ की हैं जो अनेक स्थापनाओं को नकारती हैं। मध्यदेश को वे सामान्य लक्षणों वाली गण भाषाओं के सामुदायिक विकास का क्षेत्र मानते हैं और लिखते हैं कि ''हिंदी विकास की समझ के लिए भारतीय संस्कृति ही नहीं योरोपीय स्लाव और द्रविण परिवार की भाषाओं की समझ भी आवश्यक है।'' भारत को एक भाषिक क्षेत्र मानने का वे सशक्त भाषिक आधार प्रस्तुत करते हैं, 'भारत के प्राचीन भाषा परिवार और हिंदी' का मुख्य आधार ही यही है कि ''हिंदी का विकास समझने के लिए आदि इंडोयोरोपीय भाषा से चलकर इंडो ईरानी शाखा तक पहुँचने के बदले यदि आर्य भाषा क्षेत्र में ईरान होते हुए एक ओर यूनान और दूसरी ओर स्लाव प्रदेश की ओर बढ़ें तो विदित होगा कि प्राचीनतम अभिलेखों में कहीं भी भारत के बाहर सघोष महाप्राण ध्वनियों का व्यवहार नहीं होता है। इंडोयूरोपियन परिवार के विकास की जो गाथा रची गई है, उससे न योरोप की भाषाओं का विकास समझ में आ सकता है, न संस्कृत का, तब हिंदी का विकास क्या समझ में आएगा। किंतु मध्यदेशीय भाषा समुदाय पर ध्यान केंद्रित करने से विशेष रूप से सघोष महाप्राण ध्वनियों के सूत्र के सहारे, संस्कृत समेत इंडो यूरोपियन भाषाओं का विकास समझ में आने लगता है। इसके साथ ही आर्यों तक इंडो यूरोपियन भाषाओं तथा द्रविण भाषाओं के तुलनात्मक विवेचन से प्राचीन आर्य भाषाओं के अनेक गुप्त लुप्त भाषातत्व प्रकाश में आते हैं।'' कई इतिहासकार इसके विवेचन से आँखें चुराते हैं और कई प्रगतिशीलता के तर्क से इसका विवेचन नहीं करना चाहते हैं। वस्तुतः यह एक प्रकार से औपनिवेशिकता का दबाव है जो अभी भी अपने अतीत को सही परिप्रेक्ष्य में परखने से रोकता है। रामविलास जी ने इस पुस्तक में साम्राज्यवादी सोच के विरोध के कारण ऐसा नहीं किया है, बल्कि पाश्चात्य विचारकों और भाषा शास्त्रियों के ही साक्ष्यों को नये सिरे से संयोजित करके नये निष्कर्ष प्रस्तुत किये। एक अर्थ में यह भी भारत की खोज ही है।

'भारत के प्राचीन भाषा परिवार और हिंदी' 1282 पृष्ठों और तीन खंडों में प्रकाशित है। इसमें 'भाषा और समाज' तथा 'आर्य और द्रविण भाषाओं का तुलनात्मक अध्ययन' पुस्तक की स्थापनाएँ और निष्कर्ष भी समाहित माने जा सकते हैं। यह भाषा विज्ञान, समाजशास्त्र, संस्कृति, इतिहास, नृविज्ञान और प्रतीक विज्ञान की भी पुस्तक है। पुस्तक में मुख्य आधार, ध्वनि, शब्द और वाक्य विन्यास को माना गया है परंतु इनके माध्यम से ही लेखक ने भारत और यूरोप की अनेक जातियों के प्रजनन, विकास और बसाव का संकेत किया है। इस पुस्तक की स्थापनाएँ कई क्षेत्रों को प्रदीप्त करती हैं।

इस पुस्तक की प्रमुख विशेषता यही है कि यह अनेक क्षेत्रों में विकसित और स्थापित मान्यताओं का खंडन करती है और मानव संबंधों के यथार्थपरक, अनुभूत, प्रमाणीकृत, द्वन्द्वपरक स्वरूप को ही आवश्यक और विवेच्य मानती है। ऐतिहासिक भाषा विज्ञान के ध्वनि परिवर्तन के अटल नियमों को चुनौती देते हुए रामविलास जी लिखते हैं कि ''ऐतिहासिक भाषा विज्ञान प्राप्त भाषाओं के सामान्य तत्वों से अप्राप्त भाषा की जो ध्वनि व्यवस्था रचता है, वह निराधार और काल्पनिक है।'' उनकी मान्यता है कि विभिन्न ध्वनियों के अलग-अलग विकास केंद्रों और गण समाजों के मिलने-जुलने से भारतीय ध्वनि व्यवस्था निर्मित हुई। घोषीकरण, अघोषीकरण, मूर्धन्यीकरण और तालव्यीकरण की प्रवृत्तियों का गहन विश्लेषण करके उन्होंने आर्य व द्रविण भाषाओं के संबंधों अतः इन भाषा-भाषियों के संबंधों के विकास की व्याख्या की है और इस व्याख्या से निकले निष्कर्षों के आधार पर भारतीय मनुष्य, संस्कृति तथा साहित्य के एकरूप को खोजने और समझने का भी प्रयत्न किया है। शब्दों के मूल रूपों और ध्वनियों के शोध के क्रम में शर्मा जी इतिहास की कुछ प्रमुख गुत्थियों को भी सुलझाने का प्रयास करते हैं। नयी पुराण कथाओं के सामाजिक आर्थिक कारणों का संकेत करते हुए भारत में उपलब्ध पुराण कथाओं से तुलना करके पुरानी पुराण कथाओं को सारगर्भित बताते हों। वस्तुतः वस्तुबोध, भाषाबोध से अभिन्न है। भाषा और पुराण कथाओं तथा मिथकों का भी एक-दूसरे के विकास से जुड़ाव है। शर्मा जी इन सबका विश्लेषण करते हुए क्षेत्रीय और आंचलिक प्रवृत्तियों के विमर्श को भी चुनौती देते हैं। उनके इसी तर्क से श्रेष्ठता, रक्तशुद्धता, वर्णाश्रम श्रेष्ठता आदि के सोपनात्मकता पर आधारित सिद्धांत भी निरस्त हो जाते हैं, जो इस पुस्तक का प्रभावकारी पक्ष है। पिशाच, किरात, दस्यु, राक्षस, गंधार, आदि के शब्दों के विकासक्रम के अध्ययन द्वारा भारत के वर्गीय आधारों और संघर्षों का भी पता चलता है। सामान्यजन और लोक में प्रचलित शब्दों की प्रक्रियाओं, रूपों और समान प्रयोगों के आधार पर निकाले गये निष्कर्षों में अतिवाद हो सकता है। परंतु शोध और आलोचना की दिशा का संकेत वे अवश्य करते हैं। उनकी स्थापनाओं से अनेक भाषा वैज्ञानिक भले सहमत न हों परंतु उन्होंने शास्त्र की रूढ़ियों और पाश्चात्य स्थापनाओं के जाले को साफ कर देखने की शक्ति तो दी है।

इस महत्त्वपूर्ण पुस्तक में वृहत्तर भारत और 'अखंड भारत' की अनुगूंजें भी हैं। इससे भारतीय मानस की औपनिवेशिकता और सामाजिक बुनावट को समझा जा सकता है। 1857 ई. का स्वाधीनता संग्राम, जिसे वे हिंदी प्रदेश की विशिष्टता मानते हैं और जिसके बारे में स्वतंत्र रूप से लिखा भी है, मूलतः उनके भाषिक चिंतन के निष्कर्षों से संबद्ध है। यह पुस्तक भारतीय मानस और मनुष्य के अध्ययन का आकार ग्रंथ भले न हो, परंतु हिंदी प्रदेश के अध्ययन का आकार ग्रंथ अवश्य है। ध्वनियों के परिवर्तन और उच्चारण प्रवृत्तियों के आधार पर निकाले गये उनके निष्कर्ष, मसलन क् त् प् और ध् घ् भ् ध्वनियों के क्षेत्र और प्रभाव के पक्ष अतिवादी लग सकते हैं परंतु प्रभाव दूरगामी हैं। इस प्रकार की अनेक संभावनाओं को वे पहली बार व्यवस्थित ढंग से उजागर ही नहीं करते हैं भारतीय मानस में मूलबद्ध औपनिवेशिक और सामंती धारणा को भी विखण्डित करते हैं जो गोरी चमड़ी को अभी भी प्रमाण मानती है। और उनकी स्थापनाओं को अंतिम। विच्छेदनावाद के इस युग में उनका परिश्रम अप्रतिम ही नहीं, भाषाओं के इस सिद्धांत के आधार पर राष्ट्रीयतावादी भी है। देश को छोटे-छोटे टुकड़ों में बाँटने और जातियों, उपजातियों को लड़ाने के तर्क के भी खिलाफ है। 'भारतीय संस्कृति और हिंदी प्रदेश' में उन्होंने इस विषय पर विस्तार से लिखा भी है। उनकी स्थापनाएँ 'नृभाषिकी' के क्षेत्र की भी हैं। हिंदी में इस पर काम हुआ ही नहीं है, शायद अन्य भाषाओं में भी स्थिति यही है। 'भाषा और समाज' से इस पुस्तक में आगे बढ़कर वे भाषा और संस्कृति के दायरे में प्रवेश करते हैं। 'नस्लवाद' और परिवारवाद के सिद्धांत का विरोध करके वे पारस्परिकता, घुलनशीलता और आदान-प्रदान को महत्त्व देते हैं। उनकी यह पुस्तक एक अर्थ में हिंदी प्रदेश के भौगोलिक, ऐतिहासिक, सांस्कृतिक, सामाजिक और बौद्धिक विकास का कोष है। अंततः ध्वनियों, शब्द, वाक्य और वाक्यों के पारस्परिक संबंध और विन्यास मानव संबंधों और वस्तु संबंधों से निर्धारित होते हैं और उसे निर्धारित करते हैं।

इन दृष्टियों से यह अप्रतिम ग्रंथ है। शोध तथा विचार के क्षेत्र में अनेक संभावनाओं की ओर संकेत करता है यह ग्रंथ।

इस ग्रंथ की अद्वितीयता यह है कि यह गोरी चमड़ी के ज्ञान की धोंस से मुक्त होकर भारतीय भाषाओं की ध्वनियों, शब्दों, वाक्यों और अर्थ प्रसार की प्रकृति और परिवर्तनों के आधार पर संसार की भाषाओं विशेषकर यूरोप, रूस और ईरान आदि की भाषाओं का विश्लेषण करता है। रामविलास जी प्रारंभ में ऐतिहासिक भाषा विज्ञान की मूल अवधारणा को ही औपनिवेशिक सिद्ध करते हैं, क्योंकि यह वंश वृक्ष पर आधारित है। इस ग्रंथ के पहले खंड की भूमिका में उन्होंने लिखा है कि ''ऐतिहासिक भाषा विज्ञान की सबसे बड़ी उपलब्धि यह मानी जाती है कि उसने ध्वनि परिवर्तन के अटल नियम निश्चित किये हैं। इन नियमों के अनुसार एक भाषा के शब्द दूसरी भाषा में अपना ध्वनि रूप बदलते हैं। इन्हीं नियमों के सहारे हम उस अप्राप्त आदि भाषा की ध्वनि व्यवस्था पहचानते हैं, जिससे प्राप्त भाषाओं की ध्वनि शाखाएँ फूटी हैं। वास्तव में ऐतिहासिक भाषा विज्ञान प्राप्त भाषाओं के सामान्य तत्वों से अप्राप्त भाषा की जो ध्वनि व्यवस्था रचता है वह निराधार और काल्पनिक है। जो ध्वनियाँ एक विकास प्रक्रिया के अंत में किसी भाषा के तंत्र में व्यवस्थित हुई हैं। उन्हें यह विकास प्रक्रिया के प्रारंभ में ही विकसित और किसी भाषा तंत्र में व्यवस्थित मान लेता है।'' आगे चलकर उन्होंने यह भी स्थापित किया कि ध्वनि परिवर्तन के नियम हैं ही नहीं। एक ध्वनि दूसरी ध्वनि में बदलती नहीं है बल्कि भाषा की उच्चारण प्रकृति के अनुसार बोली जाती है। उनकी इस स्थापना से तुलनात्मक भाषा विज्ञान के प्रसिद्ध ग्रिम और बर्नर नियम संशय के विषय बन जाते हैं। इस प्रकार के नियमों को वे 'भाषा और समाज' में पहले भी चुनौती दे चुके हैं।

उनका मानना है कि भाषाएँ सम्पर्क और अड़ोस पड़ोस से प्रभावित होती हैं। विनियम के कारण उनमें एक रिश्ता बनता है। प्रभाव मित्र और शत्रु दोनों कारणों से होता है। गण समाजों के समय में भाषाओं ने अपना स्वरूप ग्रहण किया है। उन्होंने सैकड़ों उदाहरणों से पुस्तक के पहले खण्ड में निर्भ्रान्त रूप से यह स्थापित किया है कि आर्य भाषा परिवार के निर्माण में कोसल, ब्रज, कुरू और मगध गणभाषा समुदायों की महत्त्वपूर्ण भूमिका रही है। आधुनिक आर्य भाषाओं की समझ के लिए ये इसे आवश्यक मानते हैं। इसी प्रकार भारत के नाग, कोल और द्रविण भाषा परिवारों की समझ के लिए आर्य भाषा परिवार की गहरी समझ आवश्यक है नहीं तो द्रविण परिवार की मूर्धन्यीकरण की प्रवृत्ति को समझना संभव नहीं हो पायेगा। जैसे आर्य भाषा परिवार में महाप्राण स्पर्ध ध्वनियाँ हैं और द्रविण परिवार में इन ध्वनियों का अभाव है। आर्य भाषा परिवार में सघोष ध्वनियाँ हैं द्रविण में इनका प्रयोग सीमित है। महाप्राणता और सघोषता का लक्षण आर्य परिवार से द्रविण परिवार में पहुँचा है। इस तर्क का विकास करते हुए वे घोष, अघोष, अल्पप्राण और महाप्राण को आधार मानकर जर्मन स्लाव आदि भाषाओं की ध्वनि व्यवस्था का विश्लेषण करते हुए यह स्थापना करते हैं कि इंडो यूरोपियन परिवार की भाषाओं पर भारतीय आर्य भाषा परिवार और आर्यतर भाषा परिवारों का प्रभाव है। उनके अनुसार भारतीय आर्य भाषाओं ने निर्यात नहीं किया है आयात ही अधिक किया है।

रामविलास जी की यह महत्त्वपूर्ण स्थापना है कि प्राचीन ग्रीक आदि भाषाओं में जब शब्द निर्माण हो रहा था, उसके पहले भारत में मूर्धन्य ध्वनियों का विकास हो चुका था और मूर्धन्य ध्वनियों का विकास केंद्र भारत ही था। आधुनिक भारतीय आर्य भाषाओं में हिंदी, कश्मीरी, सिंधी, पंजाबी भाषाओं में ध्वनियाँ बड़े पैमाने पर मिलती हैं 'ट', 'ड' आदि से शब्दों का प्रारंभ हिंदी में है। संस्कृत में मूल रूप में मूर्धन्य ध्वनियाँ नहीं थीं। इसलिए उनका अनुमान है पूर्व में असम और पश्चिम में सौराष्ट्र ऐसे केंद्र हैं जहाँ कोई अज्ञातनाम भाषा केंद्र था, जिसने आर्य और द्रविड़ दोनों परिवारों को मूर्धन्य ध्वनियाँ दीं। पश्चिम की अनेक भाषाओं की मूर्धन्य ध्वनियों का विकास भारतीय भाषाओं के प्रभाव से हुआ। स्वयं भारतीय भाषाओं के बारे में उनकी स्थापनाएँ आश्चर्यजनक और लीक से हटकर हैं—जैसे संस्कृत में सकार ध्वनि की बहुलता। उनका मानना है कि तालव्य 'श्' बाद में संस्कृत में आया। इसी प्रकार घ्, ध्, भ् ध्वनियाँ

अलग-अलग केंद्रों में थीं बाद में आपसी संपर्क से सामान्य ध्वनितंत्र का अंग बनीं। इसी प्रकार क् त् प् भी अलग-अलग ध्वनि केंद्र थे जो सामान्य ध्वनितंत्र का अंग बने। वस्तुतः घ् ध् भ् ध्वनियाँ इन्डो यूरोपियन परिवार में भारतीय आर्य भाषाओं की भूमिका पहचानने के लिए आवश्यक हैं। किसी इन्डो यूरोपियन परिवार में ये सघोष महाप्राण ध्वनियाँ प्रारंभ में नहीं हैं। उनका यह भी मानना है कि क् ग् घ् के समान ही च् ज् झ के स्वतंत्र केन्द्र थे जिन्होंने संस्कृत के ध्वनिकेंद्रों को प्रभावित किया। इन स्थापनाओं के लिए उन्होंने सैकड़ों शब्दों के उदाहरण दिये हैं। स्थापनाओं का राजनैतिक और सामाजिक महत्त्व है। ये मान्यताएँ यह स्थापित करती हैं कि भारत एक देश या देशों का समूह नहीं जैसा कि अनेक पश्चिमी विद्वान और उनके अनुचर भारतीय विद्वान मानते हैं, बल्कि दीर्घकाल से विकसित राष्ट्र है। भाषाओं की यह पारस्परिकता भारतीयों की अध्ययन प्रक्रिया पर भी प्रकाश डालती है जो मनोभाषिकी का अध्ययन क्षेत्र है। इस पुस्तक की विशेषता यही है कि यह भाषाओं के अध्ययन के माध्यम से सामान्यताओं और विशिष्टताओं का रेखांकन करते हुए भारत में सक्रिय विघटनकारी शक्तियों का सांस्कृतिक उत्तर भी देती है। प्रत्ययन की यह समरूपता भारत को अंततः एक रखती रही है और एक रखेगी। इन आधारों पर उन्होंने 'भारतीय संस्कृति और हिंदी प्रदेश' तथा 'भारतीय साहित्य की भूमिका' में कई सामान्य निष्कर्ष निकाले हैं। भूमिका में उन्होंने लिखा भी है कि ''भारत में ऐतिहासिक भाषा विज्ञान की समस्याएँ, इतिहास की पुरानी पड़ चुकी, वर्तमान युग से असम्बद्ध, समस्याएँ नहीं हैं। वर्तमान भारत की अनेक राजनीतिक, सामाजिक, सांस्कृतिक समस्याओं की जड़ में ऐसी मान्यताएँ हैं जिनका संबंध यहाँ की भाषाओं के विकास से है—यहाँ के भाषा समुदायों के आपसी संबंधों से है। ये मान्यताएँ मुख्यतः उन्नीसवीं शताब्दी के ऐतिहासिक भाषा विज्ञान द्वारा अंशतः रूढ़िवादी भारतीय पुरोहित वर्ग द्वारा स्थिर की गई है।''

डा. शर्मा जनपदीय आदान-प्रदान पर बल देते हैं और मानते हैं कि तद्भवीकरण का अध्ययन करते समय संस्कृत प्राकृत अपभ्रंश परंपरा के साथ ही साथ जनपदीय आदान प्रदान पर भी ध्यान देना चाहिए। उनके अनुसार कुरू और कोसल जनपदों के बीच में स्थित होने के कारण ब्रजभाषा में दोनों भाषाओं के तत्व मिलते हैं और अपनी मध्यस्थता के कारण उसने भी दोनों भाषाओं को प्रभावित किया। इस संबंध में उनकी स्थापना है कि ''हिंदी प्रदेश की जनपदीय भाषाओं को एक दूसरे के निकट लाने में अवधी के बाद, ब्रजभाषा की महत्त्वपूर्ण भूमिका रही है और इन दोनों के सहयोग से 'बांगरू' ने आधुनिक हिंदी के रूप में एक व्यापक जातीय भाषा की भूमिका निबाही है। वास्तविक या कल्पित अपभ्रंशों से बृज या भोजपुरी का संबंध जोड़कर हिंदी प्रदेश के भाषायी विकास की व्याख्या नहीं की जा सकती है। उसके लिए जनपदीय भाषाओं के विकासमान पारस्परिक संबंधों को ध्यान में रखना होगा।'' हिंदी क्षेत्र के इस जनपदीय प्रभाव के कारण मुख्यतः सांस्कृतिक हैं, उसके बाद आर्थिक राजनीतिक। ग्रंथ के पहले खंड में ग्रियर्सन और सुनीति कुमार चार्टुज्या की स्थापनाओं का विश्लेषण करते हुए 'आर्य भाषा केंद्र और हिंदी जनपद' में उन्होंने मध्यदेशीय भाषा की केंद्रीयता के सिद्धांत पर बल दिया है। इस सिद्धांत का समप्रसारण रामविलास जी संस्कृति और राजनीति के क्षेत्र में भी करते हैं।

'शब्द तंत्र' के विवेचन के क्रम में रामविलास जी ने अर्थ प्रसार का व्यापक अध्ययन किया है। एक ही मूल धातु से अनेक शब्दों का विकास होता है। अनेक भाषाओं में इस मूल धातु से ही शब्द विकसित होते हैं। एक उद्धरण से उनके तुलनात्मक अध्ययन का स्वरूप भी स्पष्ट हो जाएगा और मानवीय प्रत्ययन की समझ भी विकसित होगी। जैसे ''संस्कृत में हाथ के लिए एक दूसरा शब्द है पाणि। इसे पण क्रिया से सिद्ध किया जाता है जिसका अर्थ खरीदना बेचना, विनियम करना और मोलभाव करना है। शब्द का मूल अर्थ यह नहीं है। मूल अर्थ है काम करना और यह अर्थ द्रविण भाषाओं में सुरक्षित है : तमिल में पण (कर्म), पणि (क्रिया), पणदि (कौशल, अलंकार), पणिदि (निर्मिति), पणिक्कन् (उस्ताद, बढ़ई), पणिनट् (सेवक), पण्णु (बनाना, अलंकृत करना), मलयालम में पणि (श्रम), पणिक्कन (कारीगर), पणियुग (निर्माण करना), कन्नड़, तेलुगू, तोद, तुल आदि भाषाओं में

इस शृंखला के शब्दमूल का व्यापक व्यवहार होता है।'' पण्य और वणिज जैसे शब्द भी इसी से बने हैं। इससे आर्य और द्रविण भाषाओं की शब्द निर्माण की समान प्रक्रिया का ही नहीं प्रत्ययन की प्रक्रिया का भी पता चलता है। पुस्तक के तीसरे खण्ड में उन्होंने लिखा है कि ''यह मानने का पर्याप्त आधार है कि आर्य द्रविण भाषाओं का प्राचीनतम विकास एक से सांस्कृतिक वातावरण में हुआ है। 'जल' और 'प्रकाश' से संबद्ध जो शब्द शृंखलाएँ बनती हैं, उनमें अर्थ विस्तार की जो सामान्य प्रक्रिया दिखाई देती है, उससे यही प्रमाणित होता है। संरचना के विचार से शब्द निर्माण में अनेक आर्य द्रविण प्रत्यय सामान्य हैं। उत्तरी आर्य भाषाएँ कृदंत रचना पर विशेष बल देती रही हैं, द्रविण भाषाओं में कृदंतों की भूमिका महत्त्वपूर्ण है। क्रिया में सर्वनाम चित्र जोड़ने की पद्धति अनेक आर्य भाषाओं के समान द्रविण भाषाओं में है। पुनः आर्य भाषाओं के समान द्रविण भाषाओं के पुराने क्रियामुख वाक्यतंत्र पर कर्त्तामुख वाक्यतंत्र का प्रभाव पड़ा है। (दे. 'भारत के प्राचीन भाषा परिवार और हिंदी' भाग-3, पृष्ठ 242) अर्थ प्रसार की प्रक्रिया का यह सिद्धांत सामान्य द्रविण-इन्डो यूरोपियन भाषा परिवारों की अचल सीमा रेखा भंग करके उनके प्राचीन संबंधों को प्रमाणित करता है।

तुलनात्मक और ऐतिहासिक भाषा विज्ञान के कारण संस्कृति संबंधी अनेक निष्कर्ष प्रभावित होते हैं। रामविलास जी ने 'भारतीय संस्कृति और हिंदी प्रदेश,' 'भारतीय साहित्य की भूमिका' और 'पश्चिम एशिया में ऋग्वेद' जैसी पुस्तकों में अपने इस भाषा वैज्ञानिक पुरातत्व का उपयोग किया है। मिस्री, सुमेरी, अक्कादी आदि प्राचीन सभ्यताओं से भारतीय संस्कृति के संबंधों और भारतीय पौराणिक कथाओं की व्याख्या में पुस्तक का तीसरा खण्ड एक दृष्टि से संस्कृतिभाषिकी का खण्ड है। इस खण्ड में 'भारत के प्राचीन भाषा परिवार और हिंदी' के अंतर्गत प्रायः इस प्रकार का विवेचन किया गया है। 'प्राचीन संसार का सांस्कृतिक और भाषाई भूगोल', 'पुरातत्व, सिंधु घाटी, पुराणकथा' और 'संस्कृति और भाषाई विकास तथा गतिरोध' शीर्षकों के अंतर्गत अनेक दूरगामी और बहु संकेती स्थापनाएँ की गई हैं। जैसे अग्निपूजा भारत से ईरान में पहुँची या भारत से बाहर जाकर बसे हुए भाषा समुदायों के अनेक प्रभावों की हिंदी, सुमेरी आदि सभ्यताओं में खोज, आदि अनेक तथ्य हैं जो उनके बाद के ग्रंथों में दिखाई पड़ते हैं। रामविलास जी का मानना है कि कम से कम एक भाषा समुदाय भारत में ऐसा था जो 8000 वर्ष पुराना है।

कुछ भाषा वैज्ञानिकों को यह भ्रम है कि रामविलास जी भाषा विज्ञान के आधुनिकतम सिद्धांतों से परिचित नहीं हैं, इसलिए इस प्रकार का निष्कर्ष निकालते हैं। मैं यह दावे के साथ कह सकता हूँ कि वह न केवल ऐतिहासिक तुलनात्मक भाषा विज्ञान से भली भाँति परिचित हैं, बल्कि भाषा विज्ञान की अनेक शाखाओं मसलन--स्वन विज्ञान, मनोभाषिकी, समाजभाषिकी, नृभाषिकी, संरचनात्मक नृतत्वशास्त्र, प्रतीकशास्त्र, संरचनात्मक भाषिकी, पदविज्ञान, वाक्य विज्ञान के अधुनातन तरीकों और पद्धतियों का प्रयोग करने की सामर्थ्य रखते हैं। इस पुस्तक का महत्त्व इन सबके एकल प्रयोग का भी है। उन्होंने पाणिनीय पद्धति का प्रयोग अपने विश्लेषण में अधिक किया है। किशोरीदास वाजपेयी जो भारतीय भाषा विज्ञान परंपरा के प्रसिद्ध विद्वान हैं, के अतिरिक्त युधिष्ठिर मीमांसक जैसे प्रसिद्ध वैयाकरणों और विचारकों के मतों का भी उन्होंने उपयोग किया है। इन्डोयूरोपीय भाषाओं और उप भाषाओं में किये गये कार्यों से भी वे पूर्णतः अवगत हैं। किस बोली पर कार्य हुआ और किस पर नहीं इसका प्रायः उल्लेख है। इस समस्त ज्ञान का उपयोग उन्होंने भ्रांति निवारण के लिए नहीं बल्कि भारतीय उप महाद्वीप की सामाजिक, राजनैतिक स्थिति को व्याख्यायित करने के लिए किया है। प्रभुताबोध और हीनताबोध का कारण और उन कारणों का निदान इस पुस्तक में पाया जाता है। इसलिए इस पुस्तक का महत्त्व भाषाओं के आदान-प्रदान, आयात-निर्यात, संबंध-संस्कार और विकास-परिवर्तन का अध्ययन मात्र करना नहीं रहा और न मात्र यही रहा कि हिंदी प्रदेश विशेष कर मध्यदेश की केन्द्रीयता स्थापित करना बल्कि उक्त दासवृत्ति को समाप्त करना भी रहा है, जो अभी भी अनेक भारतीय बौद्धिकों को शारीरिक और मानसिक रूप से गोरी चमड़ी के सामने घुटने टेकने को बाध्य करती है।

उन्होंने पुस्तक की मुख्य भूमिका में लिखा है कि ''मैं भाषाओं की समानता, उनका व्यवहार करने वाले मानव समुदायों की समानता के सिद्धांत में विश्वास करता हूँ। साथ ही यह मानता हूँ कि यह समानता कभी पूर्ण और निरपेक्ष नहीं होती है। विश्व के पूँजीवादी विकास में इंग्लैंड की भूमिका सर्वाधिक महत्त्वपूर्ण है। इस ऐतिहासिक तथ्य के प्रतिपादन में राष्ट्रों की समानता का सिद्धांत खण्डित नहीं हो जाता। विश्व के समाजवादी विकास में सोवियत संघ की भूमिका प्रमुख है और सोवियत संघ में रूसी जाति की भूमिका सर्वाधिक महत्त्वपूर्ण है। इस ऐतिहासिक तथ्य की घोषणा में जातीय समानता के सिद्धांत का उल्लंघन नहीं होता। इस प्रकार एशिया और यूरोप के भाषाई विकास में भारत की भूमिका प्रमुख है और स्वयं भारत के भाषाई विकास में हिंदी प्रदेश की भूमिका सर्वाधिक महत्त्वपूर्ण है। यह कहने से भाषाओं की समानता के सिद्धांत का खंडन नहीं हो जाता।''

'शब्द निर्माण' और 'अर्थ प्रसार' पुस्तक का आधारभूत और निश्चय ही अधिक विवादास्पद अंश है। इसका प्रयोग उन्होंने सभी खंडों में एक पद्धति की तरह किया है। वस्तुतः इसका संबंध मनुष्य के प्रत्ययन मात्र से ही नहीं है, परिवेश के साथ उसके रिश्ते और उसके परिवर्तन की प्रक्रिया से भी है। जैसे वे गति और ठहराव को मनुष्य के विकास का प्रमुख आधार मानते हैं और फिर उसे संबद्ध शब्दों का अर्थ प्रसार की दृष्टि से विवेचन करते हैं। इस प्रकार से एक ही मूल धातु से कैसे अनेक प्रकार के शब्दों का विकास हुआ केवल यही इसका विषय नहीं रहता बल्कि सस्यूर के सिद्धांत का प्रयोग करके कहा जा सकता है कि 'कथ्य' और अभिव्यक्ति का संबंध बन जाता है जो न केवल भाषिक प्रतीक व्यवस्था का बल्कि अन्य प्रतीक व्यवस्थाओं के अध्ययन के क्षेत्र का भी आधार बन जाता है। बल्कि इतने वर्षों पहले लिखी गई पुस्तक में भाषाओं के अनेक केंद्रों और केंद्रों के खिसकने का प्रायः उल्लेख है। इस दृष्टि से यह प्रत्युत्तर आधुनिक पुस्तक है।

रामविलास जी के अध्ययन की यह पद्धति पाणिनीय पद्धति है। पाणिनीय शब्द रचना सिद्धांत अर्थ प्रसार को विवेचन का आधार बनाता है। पाणिनि पर काम करने वाले प्रसिद्ध भाषा वैज्ञानिक रमानाथ शर्मा का कथन है कि 'पाणिनि की कारक कोटियाँ वाक्यग्रामिक हैं पर उसके निर्धारण में वे अर्थग्रामिक संदर्भों का भी उपयोग करते हैं। इसी अर्थ में चॉमस्की फिलमोर की तुलना में चॉमस्की विशिष्ट हो जाते हैं (दे. 'भाषा शास्त्र के सूत्रधार' में पाणिनि और उनकी अष्टाध्यायी)। इस प्रकार के विचारों में निश्चय ही कल्पना की प्रधानता अधिक है परंतु महत्त्वपूर्ण कम नहीं है। एक ही शब्द के कई अर्थ प्रयोग उनकी इस स्थापना को सिद्ध भी करते हैं। उनके अनुसार ''मनुष्य के गतिबोध से उसकी भाषा के विकास, उसकी सभ्यता के विकास का गहरा संबंध है। अपने परिवेश की निकटतम प्राकृतिक वस्तुओं, पानी और हवा, अनेक प्रकार के लिए वहाँ जिन शब्दों का व्यवहार करता है वे मूलतः गतिसूचक हैं। यहाँ संसार के सभी मानव समाजों की बात नहीं है, वरन् वृहत्तर भारत के उन मानव समाजों की बात है जो घ् ध् भ् इन सघोष महाप्राण ध्वनियों का व्यवहार करते थे। प्रवाह की चक्रगति से ऋतु और काल संबंधी धारणाएँ जुड़ी हैं, इससे सभ्यता के भौतिक उपकरण जैसे पहिया, गाड़ी और चरखा जुड़े हैं।''

इस प्रकार के कई शब्द रूपों मसलन नहाना, तैरना, भरना, पानी, पान, पात्र, प्रकाश वर्ण, उष्मा,; प्रकाश, दर्शन, ज्ञान, अग्नि, आह्वान, वाणी,; जैसे शब्द शृंखलाओं में शब्द निर्माण और अर्थ प्रसार की प्रक्रिया के अध्ययन से उन्होंने यह महत्त्वपूर्ण निष्कर्ष निकाला कि ''किसी समय घ् ध् भ् ध्वनियाँ स्वच्छंद संचरण की स्थिति में रही हैं। यदि 'घर्' शब्द का अर्थ बहना है तो घर और भर शब्दों का अर्थ भी यही है। ये तीनों ध्वनियाँ तीन भिन्न केंद्रों में विकसित हुईं साथ ही ये केंद्र एक-दूसरे के इतना निकट रहे कि घर्, धर् भर् आदि शब्दों की निर्माण प्रक्रिया, अर्थ विस्तार की प्रक्रिया एक सी है।''

निश्चय ही इस प्रकार के निष्कर्ष सहजविश्वासी नहीं हैं परंतु भारोपीय परिवार के पूर्व और आदि भारोपीय परिवार के शब्दों की कल्पना फिर क्यों सहजविश्वासी हो गई। मूलतः इन स्थापनाओं और निष्कर्षों से हम गहरे स्तर पर मनुष्य को ही समझने का प्रयत्न करते हैं। पुस्तक इन्हीं अर्थों में अद्वितीय है। इतिहास, संस्कृति और मानव मन की समझ का इस दृष्टि से यह आधार ग्रंथ है।

डॉ. रामविलास शर्मा की कृतियाँ

1. प्रेमचंद 1941
2. भारतेन्दु-युग और हिंदी भाषा की विकास परंपरा 1975
3. तार सप्तक में कविताएँ (संपादक : अज्ञेय) 1943
4. निराला 1947
5. प्रेमचंद्र और उनका युग 1952
6. भारतेन्दु हरिश्चंद ('भारतेन्दु हरिश्चंद 1953 और नवजागरण की समस्याएँ' शीर्षक से तीसरा संस्करण) 1984
7. रामचंद्र शुक्ल और हिंदी आलोचना 1953
8. प्रगतिशील साहित्य की समस्याएँ (लेख संकलन) 1953
9. मानव सभ्यता का विकास 1956
10. आस्था और सौंदर्य (लेख संकलन) 1958
11. भाषा और समाज 1960
12. निराला की साहित्य साधना (तीन खंड) 1969
13. महावीर प्रसाद द्विवेदी और हिंदी नवजागरण 1976
14. नयी कविता और अस्तित्ववाद 1978
15. भारत के प्राचीन भाषा परिवार और हिंदी (तीन खंड) 1981
16. भारत में अँग्रेजी राज और मार्क्सवाद (दूसरा संस्करण) 1981
17. भाषा, युगबोध और कविता (लेख संकलन) 1981
18. परंपरा का मूल्यांकन 1981
19. कथा विवेचना और गद्यशिल्प (लेख संकलन) 1982
20. घर की बात 1983
21. मार्क्सवाद और प्रगतिशील साहित्य (लेख संकलन) 1984
22. विराम चिह्न (दूसरा संस्करण) 1985
23. बड़े भाई 1986
24. भारतीय साहित्य की भूमिका 1986
25. हिंदी जाति का साहित्य 1987
26. सदियों के सोए जाग उठे (दूसरा संस्करण) 1990
27. सन् सत्तावन की राज्यक्रांति और मार्क्सवाद 1990
28. रूपतरंग और प्रगतिशील कविता की वैचारिक पृष्ठभूमि 1990
29. चार दिन (उपन्यास) 1994
30. पाप के पुजारी (नाटक) 1994
31. बुद्ध वैराग्य और प्रारंभिक कविताएँ 1997
32. पंचरत्न (ललित गद्य लेखन) 1980
33. अपनी धरती अपने लोग (आत्मकथा) 1996
34. भारतीय साहित्य के इतिहास की समस्याएँ 1986
35. इतिहास दर्शन 1995
36. भारत की भाषा समस्या 1978

37. आर्य और द्रविड़ भाषा परिवारों के संबंध 1979
38. मार्क्स और पिछड़े हुए समाज 1986
39. मार्क्स त्रोत्स्की और एशियाई समाज 1986
40. गाँधी, आम्बेडकर, लोहिया और भारतीय इतिहास की समस्याएँ 2000

संपादित

41. मित्र संवाद (केदारनाथ अग्रवाल और रामविलास शर्मा के पत्र)
42. तीन महारथियों के पत्र (रा. वि. शर्मा के नाम, वृंदावन लाल वर्मा, बनारसी दास चतुर्वेदी और किशोरीदास वाजपेयी के पत्र)
43. लोक जागरण और हिंदी साहित्य 1985 (रामचंद्र शुक्ल के गद्यलेखन के अंश)
44. मेरे साक्षात्कार 1994
45. आज की दुनिया और लेनिन 1992
46. राग विराग (निराला की कविताएँ) 1974
47. प्रगतिशील काव्यधारा और केदारनाथ अग्रवाल 1986
48. जहाज और तूफान 1996
49. कवियों के पत्र 2000

दिल्ली विश्वविद्यालय के विशेष कार्यक्रम के अंतर्गत भारतीय इतिहास पर चार ग्रंथ

50. भारतीय इतिहास और ऐतिहासिक भौतिकवाद
51. स्वाधीनता संग्राम : बदलते परिप्रेक्ष्य 1992
52. भारतीय नवजागरण और यूरोप 1996
53. पश्चिमी एशिया और ऋग्वेद 1994

अंग्रेजी में

54. नाइन्टीन्थ सेंचुरी इंग्लिश पोयट्स 1967
55. एसेज ऑन शेक्सपीरियन ट्रेजेडी 1965 (हिंदी भूमिका सहित द्वि.सं. 1998)

सरस्वती नः सुभगामयस्करत्

व्यास सम्मान 1992

नीला चाँद

शिवप्रसाद सिंह

व्यास सम्मान 1992 की घोषणा 15 जनवरी, 1993 को हुई। सम्मान समारोह 12 मई, 1993 को इंडिया इंटरनेशनल सेंटर, नई दिल्ली में सम्पन्न हुआ।

शिवप्रसाद सिंह

डॉ शिवप्रसाद सिंह को व्यास सम्मान भेंट करते हुए श्री शिवराज जी. पाटिल।
साथ में हैं बिड़ला फाउंडेशन के प्रधान श्री कृष्ण कुमार बिरला (बाएं)।

सरस्वती नः
सुभगामयस्करत्

प्रशस्ति

के.के बिड़ला फाउंडेशन, डॉ. शिवप्रसाद सिंह को उनके उपन्यास 'नीला चाँद' के लिए, 1992 का व्यास सम्मान समर्पित करता है। 19 अगस्त, 1928 को जलालपुर, जमानिया, वाराणसी में जनमे डॉ. सिंह की साहित्य-साधना स्वातन्त्र्योत्तर हिंदी साहित्य में अबाध गति से सक्रिय रही है और अपनी सृजन-शक्ति और चिंतन-दृष्टि की मौलिकता के कारण निरंतर बहुचर्चित उनकी प्रतिभा सर्वतोन्मुखी है। वे मूलतः विचारक व कथाकार हैं। आचार्य रामचन्द्र शुक्ल और अपने गुरुवर आचार्य हजारी प्रसाद द्विवेदी की आलोचना-अनुसंधान की परंपरा को उन्होंने मौलिकता और प्रखर बौद्धिकता से आगे बढ़ाया है। प्रेमचन्द की परंपरा में सांस्कृतिक और सामाजिक समस्याओं को लोक-जागरण से मिलाकर उन्होंने कथा साहित्य को नया परिदृश्य दिया है। ठेठ गंवई संवेदना ने उनके कथाकार की मानसिकता के अंतःसूत्र निर्मित किए हैं। 'नीला चाँद' एक महाकाव्यात्मक उपन्यास है। इसमें इतिहास और संस्कृति को समेटे एक ऐसे अद्भुत किस्सागोई का प्रयोग है, जिसमें ग्यारहवीं सदी के काशी के सत्ता-संघर्ष, जय-पराजय की राजनीति और शक्ति के तूफानों का विस्फोट और वेग है। इसमें वे सभी तत्व हैं जो एक जीवंत सभ्यता-संस्कृति के समग्र चरित्र को निर्मित करते हैं।

डॉ. शिवप्रसाद सिंह आधुनिक हिंदी के ऐसे गौरव और शलाका पुरुष हैं, जिन्होंने भारतीय साहित्य की सांस्कृतिक, ऐतिहासिक और सामाजिक संवेदना भूमि को नवीन मूल्य चेतना की अभिव्यक्ति दी है। फाउंडेशन की मंगलकामना कि डॉ. सिंह दीर्घायु हों और उनकी साहित्य साधना प्रगाढ़ सृजनात्मकता से निरंतर संपन्न होती रहे।

बिशन टंडन	श्यामाचरण दुबे	कृष्ण कुमार बिरला
सदस्य-सचिव	अध्यक्ष	अध्यक्ष
चयन समिति		के.के. बिड़ला फाउंडेशन

---

12 जनवरी, 1993 : नई दिल्ली

सरस्वती नः
सुभगामयस्करत्

श्री कृष्ण कुमार बिरला का स्वागत भाषण

व्यास सम्मान समारोह में आप सबका हार्दिक स्वागत है। माननीय पाटिल जी, आपके हम विशेष रूप से आभारी हैं। संसद-सत्र के समय अत्यधिक व्यस्त होते हुए भी आपने हमारा निमंत्रण सहर्ष स्वीकार किया। मैं इसके लिए आपका बहुत कृतज्ञ हूँ।

यह फाउंडेशन एक नई संस्था है। लगभग दो वर्ष पहले हमने कार्य आरंभ किया। साहित्य, संस्कृति, कला, विज्ञान और शिक्षा के क्षेत्र में सामाजिक व जनहित कार्य में सक्रिय योगदान करना इस फाउंडेशन का मुख्य उद्देश्य है। साहित्य में हम विशेष रूप से सक्रिय हैं। इस क्षेत्र में हमारे कार्यक्रम का शुभारंभ तीन पुरस्कारों से हुआ—सरस्वती सम्मान, व्यास सम्मान और बिहारी पुरस्कार। इनमें सबसे प्रमुख तीन लाख रुपए की राशि का सरस्वती सम्मान है जिसकी परिधि में हमारे संविधान की आठवीं अनुसूची में सम्मिलित सभी भाषाएँ आती हैं। व्यास सम्मान केवल हिंदी कृति के लिए है और बिहारी पुरस्कार राजस्थान के हिंदी लेखकों के लिए। पिछले वर्ष संस्कृत विद्वानों और लेखकों के अनुरोध पर फाउंडेशन ने वाचस्पति पुरस्कार के नाम से संस्कृत के लिए एक अलग पुरस्कार प्रवर्तित किया। संस्कृत इस देश की आदि भाषा ही नहीं, हमारी संस्कृति की आधारशिला है, परंतु इसके लिए अभी तक कोई उच्चस्तरीय पुरस्कार नहीं था। हमें आशा है कि हमारी यह विनम्र पहल एक जानी-मानी कमी को पूरा करने में सहायक होगी।

साहित्येतर क्षेत्र में भी हमने कई कार्यक्रम आरंभ किए हैं। पिछले वर्ष ही हमने भारतीय दर्शन, संस्कृति और कला की अच्छी हिंदी कृतियों को पुरस्कृत करने के लिए उच्चस्तरीय 'शंकर पुरस्कार' की भी स्थापना की। हमारा विचार है कि धीरे-धीरे हम इस पुरस्कार की परिधि में अन्य भारतीय भाषाओं को सम्मिलित कर लेंगे। हमारी दो अन्य महत्त्वपूर्ण योजनाएँ शोधवृत्ति और विज्ञान के क्षेत्र में हैं। प्रतिभाशाली पत्रकारों की अध्ययन प्रवृत्ति को प्रोत्साहित करने के लिए हम प्रतिवर्ष तीन शोधवृत्तियां देते हैं—एक हिंदी के लिए, दूसरी अन्य भारतीय भाषाओं के लिए व तीसरी अँग्रेजी के लिए। विज्ञान के क्षेत्र में 'घनश्याम दास बिड़ला पुरस्कार' 50 वर्ष से कम आयु के देश में कार्यरत भारतीय वैज्ञानिकों के विशिष्ट वैज्ञानिक शोध को प्रोत्साहित करने का प्रयास है। इनके अतिरिक्त प्रतिवर्ष खेल-कूद के लिए कुछ उच्चस्तरीय पुरस्कार, मौलिक विचार साहित्य के प्रकाशन के लिए अनुदान, साहित्यिक संस्थानों और लेखकों की सहायता, पुस्तकालयों को निःशुल्क पुस्तकें प्रदान करना आदि हमारी योजनाएँ हैं।

व्यास सम्मान हर वर्ष पिछले 10 वर्षों की अवधि में प्रकाशित किसी भारतीय नागरिक की उत्कृष्ट हिंदी कृति को दिया जाता है, इसकी सम्मान राशि 1.50 लाख रुपए है। इसके चयन का उत्तरदायित्व एक चयन समिति का है जिसके अध्यक्ष प्रख्यात समाजशास्त्री और साहित्यकार प्रो. श्यामाचरण दुबे हैं। पिछले कई महीनों से अस्वस्थ रहते हुए भी उन्होंने आज यहाँ आने का कष्ट किया है। उनका स्वागत करते हुए मैं उनके प्रति फाउंडेशन का और अपना आभार व्यक्त करना चाहूँगा। जिस योग्यता और निष्ठापूर्ण ढंग से चयन समिति ने यह कार्य आरंभ किया है उससे हमारी

योजना को प्रतिष्ठा और गरिमा प्राप्त हुई है।

आज माननीय लोकसभा अध्यक्ष द्वितीय सम्मान समर्पित करेंगे। लेकिन सार्वजनिक समारोह यह पहला ही है। प्रथम व्यास सम्मान के लिए हिंदी के प्रसिद्ध साहित्य मनीषी डॉ. रामविलास शर्मा का बृहद् ग्रंथ 'भारत के प्राचीन भाषा परिवार और हिंदी' चुना गया था। रामविलास जी के सार्वजनिक समारोह के प्रति अनिच्छा व्यक्त करने पर गत वर्ष 14 मार्च को फाउंडेशन की ओर से मैंने और प्रो. दुबे ने उनके निवास स्थान पर उनका अभिनंदन करते हुए यह सम्मान भेंट किया था। रामविलास जी ने सम्मान राशि स्वीकार नहीं की। उनकी इच्छानुसार फाउंडेशन ने उस राशि में कुछ धन और मिलाकर इसे हिंदी क्षेत्र में साक्षरता के प्रसार के लिए उपयोगी पुस्तकों के प्रकाशन के लिए नेशनल बुक ट्रस्ट को सौंप दिया। मुझे बड़ी प्रसन्नता है कि नेशनल बुक ट्रस्ट ने इस कार्यक्रम के अंतर्गत दो बड़ी पुस्तकें प्रकाशित की हैं : प्रेमचन्द की कहानी पर आधारित 'सवा सेर गेहूँ' और रामवृक्ष बेनीपुरी की 'बैजू मामा'। मुझे आशा है कि आगे चलकर इस कार्य को और विस्तार मिलेगा व साक्षरता प्रसार और बाल साहित्य को जनप्रिय बनाने में इस प्रकार की पुस्तकें उपयोगी सिद्ध होंगी। मैं नेशनल बुक ट्रस्ट के सहयोग के लिए कृतज्ञ हूँ।

आज का यह समारोह, जैसा कि आप सब जानते हैं, डॉ. शिवप्रसाद सिंह के अभिनंदन के लिए आयोजित हुआ है। डॉ. सिंह के कृतित्व से परिचय चयन समिति के अध्यक्ष प्रो. दुबे कराएंगे। इस उत्सव में उनका स्वागत और अभिनंदन करते हुए मेरे लिए इतना कहना पर्याप्त होगा कि हमारे साहित्यिक धरातल पर वह एक सुपरिचित, सम्मानित एवं प्रतिष्ठित व्यक्ति हैं। पिछले 40 वर्षों में उन्होंने साहित्य की अनेक विधाओं को समृद्ध किया है। उनकी मेधा में एक ठेठ देशीपन है। गंवई संवेदना की पैनी धार ने उनकी रचना-धर्मिता को निखार कर संवारा है। तभी वे 'आधुनिक परिवेश और अस्तित्ववाद' और 'आधुनिक परिवेश और नवलेखन' जैसी वैचारिक पुस्तकें तथा 'मानसी ग्राम' और 'किस-किस को नमन करूं' में संकलित व्यक्ति-व्यंजक निबंध साहित्य को दे सके।

लेकिन सामान्य पाठक के लिए डॉ. शिवप्रसाद सिंह एक समर्थ कथाकार हैं और रहेंगे। उनकी कहानियों ने शुरू से ही साहित्य के विद्वानों का ध्यान आकृष्ट किया। 'पापजीवी', 'कर्मनाशा की हार', 'बिंदा महाराज', 'सुबह के बादल', 'दादी माँ' आदि कहानियाँ अपनी संवेदना और परिवेश के लिए निरंतर चर्चित रही हैं।

अरविंद पर उनकी पुस्तक 'उत्तर योगी' भारतीय जीवनी साहित्य की एक अमूल्य कृति है। इससे भी अधिक महत्त्वपूर्ण योगदान उनका उपन्यास की विधा में है। पच्चीस वर्ष पहले 'अलग-अलग वैतरणी' उपन्यास के छपते ही वह पाठकों की आँखों में चढ़ गए। फिर एक के बाद एक उनके कई सुंदर उपन्यास आए जिनमें प्रेमचंद, जयशंकर प्रसाद और आचार्य हजारी प्रसाद द्विवेदी की परंपराओं को एक साथ विस्तार मिला।

साहित्य प्रेमियों का कहना है कि डॉ. शिवप्रसाद सिंह के व्यक्तित्व में घनी बनारसी मस्ती और फक्कड़पन है। शायद इसी से काशी पर आधारित उनके उपन्यासों में उनकी मेधा की बड़ी अनूठी अभिव्यक्ति हुई है।

लगभग 12 वर्ष पहले काशी की आज की पृष्ठिभूमि पर आधारित उनका उपन्यास 'गली आगे मुड़ती है' और पांच साल पहले काशी की मध्यकालीन पृष्ठभूमि पर उनका महाकाव्यात्मक उपन्यास 'नीला चाँद' प्रकाशित हुआ। इसी उपन्यास को चयन समिति ने व्यास सम्मान के लिए चुना है। काशी की प्राचीन संस्कृति और इतिहास की पृष्ठभूमि में वह एक तीसरा उपन्यास 'वैश्वानर' लिख रहे हैं। व्यास सम्मान की घोषणा के बाद उनको बधाई देते हुए मैंने जो पत्र लिखा था उसमें यह आशा व्यक्त की थी कि इस उपन्यास-त्रयी की अगली कड़ी शीघ्र ही पाठकों को प्राप्त होगी। सबसे बड़ी प्रसन्नता की बात तो यह है कि डॉ. साहब की लेखनी आज भी अबाध गति से चल रही है। हाल ही में उनके उपन्यास 'हनोज दिल्ली दूर अस्त' का पहला खण्ड 'कुहरे में युद्ध' प्रकाशित हुआ है।

फाउंडेशन की और स्वयं मेरी मंगलकामना है कि डॉ. साहब दीर्घायु हों और माँ सरस्वती की सेवा करते रहें।

सरस्वती नः
सुभगामयस्करत्.

चयन समिति के अध्यक्ष प्रो. श्यामाचरण दुबे का अभिभाषण

आज के सृजन विरोधी पर्यावरण में जब अपसंस्कृति का उत्कर्ष साहित्य के शाश्वत मूल्यों के लिए चुनौती बन गया है, एक समर्थ साहित्यकार का सार्वजनिक अभिनंदन और उनकी एक विशिष्ट उपलब्धि का सम्मान निःसंदेह बड़ा सुखद अवसर है। सुख और संतोष की यह अनुभूति उस समय और भी घनी हो जाती है जब हम मंच पर केंद्रीय व्यक्तित्व के रूप में ऐसे कृतिकार को पाते हैं जो साहित्य की राजनीति से दूर, प्रायोजित चर्चाओं और विवादों से अलग, मान-सम्मान की आकांक्षा से प्रायः तटस्थ रहकर अपनी दीर्घ साधना से साहित्य के इतिहास में अपने लिए विशेष और स्थायी स्थान बना लेता है। व्यास सम्मान की चयन समिति ने एक मत से, बिना किसी उलझन के, गुणवत्ता के आधार पर, डॉ. शिवप्रसाद सिंह के प्रभावशाली उपन्यास 'नीला चाँद' को पुरस्कृत करने की अनुशंसा की। हमें प्रसन्नता है कि इस निर्णय की व्यापक सराहना हुई; विशेषकर साहित्येतर क्षेत्रों के बौद्धिक और सुधी पाठकों ने इस चयन की प्रशंसा की।

अक्षर विश्व के प्रजातंत्र में अभिव्यक्ति और असहमति की पूरी आजादी है। बड़ी पुरस्कार राशि वाले सम्मानों के कुछ आलोचक भी हैं। उनका विरोध तीन मुख्य बिंदुओं पर केंद्रित है। एक, पुरस्कारों की बढ़ती संख्या और उनके लिए होने वाले चयन-मूल्यांकन के मानकों के संबंध में संभ्रम उत्पन्न करते हैं। दो, इन सम्मानों में सीमित संसाधनों का अपव्यय होता है; इन राशियों का उपयोग नई प्रतिभाओं को प्रस्फुटित होने के लिए उचित माध्यम विकसित करने के लिए किया जाना चाहिए और तीन, ये सम्मान सामान्यतः ढलती आयु के ऐसे साहित्यकारों को दिये जाते हैं जिनकी प्रेरणा के स्रोत सूख गये होते हैं और जिनकी सृजन क्षमता प्रायः समाप्त हो जाती है।

साहित्यिक दृष्टि और मूल्यांकन के क्षेत्रों में बहुवाद आवश्यक है, क्योंकि उसके कारण विभिन्न मानकों से अच्छी कृतियों की परख हो जाती है और अंततः उन्हें स्वीकृति और सम्मान प्राप्त हो जाते हैं।

संसाधनों के अपव्यय संबंधी तर्क में भी अधिक बल नहीं है। ज्ञानपीठ पुरस्कार और सरस्वती सम्मान की राशियाँ यदि मिला भी दी जाएँ तो पाँच लाख की पूँजी भारत की अनेक भाषाओं के युवा लेखकों के लिए किसी सार्थक योजना के क्रियान्वयन के लिए अपर्याप्त होगी। इन सम्मानों से 'भारतीय साहित्य' के विकास के लिए स्वर्गीय प्रेमचंद और कन्हैयालाल माणिकलाल मुंशी ने जो आरंभिक प्रयत्न किये थे उन्हें बल मिला है; अपनी उपलब्धियों को हम एक विराट राष्ट्रीय फलक पर देख सकने में समर्थ होने लगे हैं।

दीर्घकालीन साधना की उपेक्षा नहीं की जा सकती; वैसे चयन समितियाँ पिछले दशक में लेखक की सक्रियता को भी ध्यान में रखती हैं। कुछ क्षेत्रों में अच्छे साहित्य के प्रकाशन और प्रसार के लिए वित्तीय सहायता का प्रावधान भी बिड़ला फाउंडेशन ने किया है, पर इस प्रश्न पर विचार और योजनाएँ तो हमारी राष्ट्रीय सांस्कृतिक नीति का अंग होना चाहिए। महत्त्वपूर्ण रचनाओं का सम्मान स्वयं अपने

आप में अच्छे लेखन के लिए प्रत्यक्ष और अप्रत्यक्ष प्रेरणा का स्रोत है।

डॉ. शिवप्रसाद सिंह बहुमुखी प्रतिभा के धनी हैं। आजीविका के लिए वे काशी हिंदू विश्वविद्यालय में हिंदी के अध्यापक बने और अवकाश प्राप्ति तक उसी संस्था से जुड़े रहे। अध्यापकीय जीवन की एक अनिवार्यता है स्तरीय शोध पर आधारित विद्वतापूर्ण लेखन। डॉ. सिंह का शोध प्रबंध 'सूर पूर्व ब्रजभाषा और उसका साहित्य' विषय पर था। 'कीर्तिलता और अवहट्ठ भाषा' भी उनका शोध ग्रंथ है। इनके अतिरिक्त 'रसरतन' का पाठ सम्पादन भी उन्होंने किया है।

उनके लेखन का दूसरा पक्ष है उनका विचार साहित्य—योगिराज अरविंद पर केंद्रित 'उत्तर योगी' और आधुनिकता के दर्शन को स्पर्श करती दो रचनाएँ 'आधुनिक परिवेश और अस्तित्ववाद' तथा 'आधुनिक परिवेश और नवलेखन'।

आज के आयोजन के संदर्भ में उनके लेखन का तीसरा पक्ष—कहानी और उपन्यास लेखन—अधिक प्रासंगिक है, किंतु उनके सृजन में तीन धाराओं का यह संगम प्रभावित अवश्य करता है।

डॉ. शिवप्रसाद सिंह के कथा-शिल्प पर आलोचकों के कई अभिमत आ चुके हैं; उन पर बहुत कुछ और लिखा जाना है, जो लिखा भी जाएगा। मुझे विश्वास है कि साहित्यिक गुण-दोष की परख के अतिरिक्त उन्हें भारतीय जीवन की गहरी पकड़, सामाजिक सरोकार और प्रतिबद्धता और देश के इतिहास के विशिष्ट कालखंडों की सशक्त पुनर्रचना के लिए स्मरण किया जाएगा। उनकी रचनाओं में गाँव की मिट्टी की गंध है, समाज के तिरस्कृत और उपेक्षित वर्ग के दर्द की समझ है, और संवाद के छोटे-छोटे वाक्यांशों में ग्रामीण जीवन दर्शन की अभिव्यक्ति की अद्भुत क्षमता है। शिवप्रसाद जी की प्रतिबद्धता आक्रामक तेवर नहीं अपनाती, उसे नारों की बैसाखी की ज़रूरत नहीं पड़ती; परंतु सामाजिक अन्याय, शोषण, धर्मान्धता, साम्प्रदायिकता की विकृतियाँ उनकी पैनी नज़र से नहीं बचती हैं। 'पापजीवी' के मुसहर और 'अलग-अलग वैतरणी' के व्यापक ग्रामीण परिदृश्य में साम्प्रदायिकता का विष उनके सामाजिक सरोकार को स्वर देते हैं। काशी पर उनकी बृहत उपन्यास-त्रयी के दो खण्ड—'गली आगे मुड़ती है' और 'नीला चाँद' प्रकाशित हो चुके हैं, तीसरा खण्ड 'वैश्वानर' अभी लिखा जा रहा है। यह उनकी विराट उपलब्धि है, अतीत के एक कालखंड की सजीव और सशक्त पुनर्रचना। इन उपन्यासों में इतिहास बोलता है, उनमें जो बीत गया है उसकी कहानी के साथ भविष्य के दिशा संकेत भी हैं।

न लिखने के कारणों पर पिछले वर्षों में काफी चर्चा हुई है। जिन कारणों से कुछ लेखनियाँ अवरुद्ध हो जाती हैं, उन्हीं कारणों से दूसरे लेखकों को अप्रत्यक्ष सृजन प्रेरणा मिलती है। डॉ. शिवप्रसाद सिंह ने बहुत कुछ सहा है—लंबी बीमारी, मौत की छाया में बिताये वर्ष, समर्थ समकालीनों की उपेक्षा। दर्द के घेरों ने काफी समय तक उन्हें मौन रखा, पर बाद में जैसे एक सृजनात्मक विस्फोट हुआ। 'नीला चाँद' इसी काल की रचना है।

'हनोज दिल्ली दूर अस्त' का पहला खंड 'कुहरे में युद्ध' अभी-अभी प्रकाशित हुआ है; उसके दूसरे खंड की प्रतीक्षा है। विश्वविद्यालय से अवकाश प्राप्ति के बाद भी शिवप्रसाद जी थके, चुके और हारे लेखक नहीं हैं। वे लिखें, हम प्रतीक्षा करेंगे। वे अपने भीतर के आँगन और तुलसी चौरे का अनुभव करें, अपने छोटे आकाश के नीले जगमगाते चाँद को देखें और अपनी अमोघ इच्छाशक्ति से सृजन पथ पर निरंतर आगे बढ़ें।

डॉ. शिवप्रसाद सिंह

'नीला चाँद' के समादृत होने के अवसर पर लेखक की हैसियत से यह मेरा तीसरा बयान है, पर यह कार्य पहले की अपेक्षा अब अधिक कठिन है। जीवन आदमी जीता है और जीवन आदमी को जीना सिखाता है। मेरे जीवन में एक ऐसा भी दशक था जिसने दिन में सूर्य के प्रकाश को भी तमिस्रा में बदल दिया था। मैं एक जमा हुआ ग्लेशियर मात्र रह गया था। गुरुवर आचार्य द्विवेदी का अभूतपूर्व स्नेह ही संबल था और यदि मैं पानिओं के प्राचीर को तोड़कर बाहर आ सका तो निश्चय ही सारा श्रेय उन्हीं को जाता है। मुझे पता नहीं क्यों आज योग वासिष्ठ का स्थिति प्रकरण याद आ रहा है। मुनि वसिष्ठ जैसे ज्ञानी ने राम से एक नगर का परिचय जानना चाहा। उन्होंने बताया कि नगर जो आज सामने खड़ा है पहले से ऐसा नहीं था। कुछ ही घर थे। फिर वह पनपने लगा। नाना भव्य अट्टालिकाओं की कतारें खड़ी होती गईं। नगर बढ़ता गया। उसमें चौराहे, सड़कें, वीथियाँ और शृंगाटक बनते गये। सारा नगर एक शरीर था। सारे तन्तु जाल में बहने वाला खून शिरा-शिरा में दौड़ रहा था। पर इस विस्तार, व्यापकता, सीमातीत समृद्धि के बावजूद नगर उदास होने लगा। उसकी नींद टूटी और उसे लगा कि शरीर के रेशे-रेशे में मरोड़ है, पीड़ा है। पर इसे दूर करने का किसी के पास कोई उपाय नहीं था। कुछ लोग ऐसी स्थितियों से घबरा कर इस नगर का उत्स खोजने के लिए चल पड़े। वह बीज सभी ढूँढ़ रहे थे जिससे अद्भुत विस्तार वाला पाषाणी समृद्धि में ऊँघता नगर जन्मा था। पर जब वे उत्स पर पहुँचे तो वे आश्चर्यचकित थे। उत्स का सौंदर्य सीमातीत था, उसकी शिवता अभिव्यक्ति के परे थी और उसकी सच्चाई तो कहीं से भी संदिग्ध लगी नहीं। इसी त्रिक् में लुब्ध होकर वे उत्स के ही हो रहे। कभी लौटे नहीं। नगर के लोग उनके लौटने की प्रतीक्षा कर रहे थे, पर प्रतीक्षा निष्फल रही। इस नगरोपाख्यान से मर्यादा पुरुषोत्तम ने क्या निष्कर्ष निकाला, यह तो पता नहीं, पर इतना पता अवश्य है कि नगर के इस मायाजाल को उन्होंने ध्वस्त किया और सोने की बनी लंका नगरी राख में बदल गयी। उत्स विहीन लंका नगर की और परिणति होती भी क्या! राम ने उसे अपनी नहीं माना। जिनकी थी उन्हें सौंप कर लौट आये।

पर मेरी काशी तो शिव के त्रिशूल पर स्थित है जहाँ उत्स भी है और उसका विस्तार भी। वहां शिवता भी है, और अमंगलों का भंडार भी। वहाँ सुंदरता भी है और कलौंस भरी भीमकाय विरूपता भी। मैंने उसे बाँधने का संकल्प लिया। इसी अम्बेदकर मन्वन्तर में मैंने उसे देखा। हर तरह से समझने की कोशिश की। शोध कार्यों के जंगलों से गुजरा। पुरातात्त्विक उत्खनन की रिपोर्ट देखी। स्वयं खुदाई स्थान पर उपस्थित होकर त्राटक साधना करता रहा और तब बोध जगा कि काशी पर वर्तमानकालिक उपन्यास 'गली आगे मुड़ती है' लिखना आसान था। मध्यकालीन काशी एक चुनौती है। एक अनाहत पुकार है जो कहती है कि आओ मेरे भीतर का रहस्य देखना जानते हो, तो आओ। सत्य कहने में हिचकते नहीं, तो आओ, स्वार्थ के कारण दिग्भ्रमित नहीं होते हो,

तो आओ, निर्दोष दृष्टि रखते हो, तो आओ। पर यह आवाहन बड़ा त्रासद था। मध्यकालीन काशी अर्थात् संपूर्ण भारत का नखदर्पण ऐसा है जिसमें कैलास से कन्याकुमारी तक, गोकुल से दक्षिण के गुरुवायूर तक, कश्मीर से केरल तक को जोड़ने वाली तांत्रिक और समयाचारी साधनाएँ झिलमिलाती हैं। इन्हें पकड़ सको तो पकड़ो, व्यक्त कर सको तो अभिव्यक्ति दो। पर यह जान लो, विश्व के वैज्ञानिक पुरावेत्ता राजघाट के नौ स्तरों की मिट्टी लेकर जाँच कर चुके हैं और उनका निष्कर्ष है कि ईसा पूर्व 800 से लेकर ईस्वी 800 वर्षों तक काशी यहीं-की-यहीं रही। इस दृष्टि से वह विश्व का सर्वाधिक प्राचीन ही नहीं, जीवित नगर तो है ही। यह सम्मान केवल काशी को ही प्राप्त हुआ। सारा प्रामाणिक लेखा-जोखा आपको वैदिक काशी पर आधृत 'वैश्वानर' में मिलेगा। लोग आश्चर्य से पूछते हैं कि यह उल्टी यात्रा क्यों? पहले खंड तीन, फिर खंड दो, और अब प्रथम। केवल इसलिए कि मैं जहाँ हूँ वहीं से तो उत्स को ढूँढ़ने चल सकता हूँ।

काशी का भौतिक कलेवर जान लेना आसान है, उत्स पर बीज को ढूंढ़ पाना बहुत मुश्किल है जिसके अभाव में सारी समृद्धि उदास लगती है। संपूर्ण ज्ञान थोथा लगता है। संपूर्ण जानकारियाँ झूठी लगती हैं! वह बीज है क्या? वह बीज है महाचैतन्य का साकार होकर गंगा घाटों के रूप में राजघाट से अस्सी घाट तक फैलना। उसको निरंतर थपकियाँ देती गंगा की लहरें और काशी नगरी की आधिष्ठात्री देवी अन्नपूर्णा जिनका दान-पात्र कभी रिक्त नहीं होता। वे तो काशी को अपने कटिदेश में भरी गगरी की तरह उठाए शिव भक्तों को चना-चबेना और गंगाजल से निरंतर पालती-पोसती रहती हैं।

पर क्या योग वासिष्ठ का नगरोपाख्यान किसी अज्ञात नगर की कथामात्र है? नई-नई तकनीकों की मदद से सौ-सौ मंजिली इमारतें, लाखों-लाख कार्यालय, उद्योग-धन्धे, अगणित श्रमिक और बुद्धिकर्मी, सड़कों पर घुटन पैदा करता कार्बन भरा धुंआ यही सबका प्राप्य है। लास ऐंजल्स में होता दंगा काशी का दंगा लगता है। रोटी की समस्या से जूझती मानवता, बच्चों के ओठों की पपड़ियाँ, कई-कई हफ्तों से भूखे ठठरीमात्र अवशिष्ट हृदय की डूबती धड़कनों में खोये, ऐंठ कर भीगे गमछों की तरह निचुड़ते बच्चों की आंखों में उत्स विहीन नगर का विस्तार देखा जा सकता है। एक ऐसी यातना और वेदना जिसे हमने अकालग्रस्त रोडेशिया में देखा, जहाँ भूखे लोग अन्न को छीनने में अपने ही रक्त संबंधी से मरणांतक संघर्ष करते देखे गए। चारों ओर विश्व जल रहा है। राजनीति के मुहावरे अर्थ खो चुके हैं। हमारे महानगर हिंदुस्तान में तो संविधान में प्रयुक्त शब्द मर चुके हैं, कौन सही है कौन गलत है, इसका निर्णय न संसदें कर सकती हैं न शासन पद्धतियाँ। इतिहास में कभी कभार ऐसे वर्ष आते हैं जो अंधकार युग कहकर टाल दिये जाते हैं, पर सच मानिये उदास और निराश होकर जिसे आप-हम टाल रहे हैं, फेंक रहे हैं, शायद रोग की औषधि उसी में छिपी हो। अंधकार के गर्भ में अगर प्रकाश का बीज न होता तो आज की सारी मानव-सभ्यता अंधकार में महाकाल के अश्वत्थामिक क्रूर हाथों से नष्ट हो गयी होती।

कालकूट पीने वाले शिव के भीतर जीवन के इतने बीज हैं कि वह प्रलय, के कलिल (सलिल का रूप) से संयुक्त होकर नई सृष्टि कर लेता है। फिर जलचर, मच्छ, कच्छ, वाराह, नृसिंह, वामन, परशुराम, राम, कृष्ण, बुद्ध तक की मंजिलें मानवता प्राप्त करती हैं, शांति से नहीं, संघर्ष से। प्रेम और ममता से नहीं; ईर्ष्या, स्पर्धा और भौतिक द्वंद्व से। इस विराट नगर का जन्म होता है जिसे हम आप पृथ्वी कहते हैं या फिर उसके आकाशीय रूप को जिसे देखकर विश्व नाम दे देते हैं। किंतु यह विश्व कोई शून्य में झूलने वाला उपग्रह नहीं है। इसे पावक कहना सही है, पर इस ज्वाला को विश्वजित तो वही बनाता है जो अध्यात्म विद् है। सही रूप से विश्व को समझने के लिए उसके उस रूप को जानना चाहिए जो हमारी बुद्धि को अतिक्रांत करते हुए बुद्धि से परे जाने का मार्ग दिखाए। महाभारत का एक श्लोक है—

> यस्तु विश्वस्य जगतो बुद्धिक्राम्य तिष्ठति
> तं प्राहुरध्यात्मक विदो विश्वजिन्नाम पावकः
> (3.218:16)

मैं आपको किसी गहन विचार विमर्श के क्षेत्र में ले जाना नहीं चाहता, पर इतना अवश्य कहना चाहता

हूँ कि कोई भी समझदार व्यक्ति आज की भौतिक समृद्धि की अनदेखी नहीं कर सकता। हजारों हजार तकनीकें जन्मती हैं तो जन्मती रहें। आदमी की सुख-सुविधा को, सामान्य जीवन की आवश्यकता को पूरा करने के लिए विराट मानव समुद्रों में हमें निरंतर अन्न का हवन करना है। अंधनंगे या पूर्ण नंगे शरीरों को ढकने के लिए कपास और लूम का चक्र अबाध गति से चलते रहना है, हम चाहें भी तो शांति के नाम पर विकास की सुई को विपरीत दिशा में मोड़ नहीं सकते, चाहे हम अणु शक्ति या उससे भी सूक्ष्म शक्ति पा लें—पृथ्वी जन्मा कोई भी महामानव ऋत् को मोड़ नहीं सकता, वह मात्र शुभ नहीं, अशुभ भी है, वह मात्र शिव नहीं, अशिव है; यह सिर्फ प्रकाश नहीं, अंध तमस् भी है।

इस महानगरीकरण की त्रासदी को गहरे उतरकर समझना कठिन है। सच तो यह है कि मानव क्षमता से अधिक भारी है यह त्रासदी। इसे कुहेलिका में ढूँढ़ना व्यर्थ का क्रिया-व्यापार है। इसे न तो नई से नई तकनीकों से बने अंतरिक्षयान या उपग्रह थाह सकते हैं, न तो विश्व के संपूर्ण वैचारिक दर्शनों की कतार यहाँ तक उठने में मदद दे सकती हैं। रोग जब स्वयं के भीतर है तो दवा की खोज एक विडंबना बन जाती है। हम रोज-ब-रोज अविश्वसनीय से धक्के खाते हैं, अश्रुत पूर्व को सुनकर कानों में उँगली डाल लेते हैं, जहरीली लपटों की ज्वाला के सामने आँखें बंद हो जाती हैं, इसका खुरदरापन इतना गड़ता है कि स्पर्श का बोध मर जाता है, इसकी सड़ाँध से कलुषित जल का स्वाद किसे बताया जाये—इसीलिए इस नगर का उत्स ढूँढ़ना जरूरी है। यह कहना अप्रासंगिक नहीं माना जाएगा कि आज की विश्वव्यापी महानगरी मशीनी जिंदगी को यदि कोई नगर रंचमात्र ही सही, संजीवनी दे सकता है तो वह काशी ही है। काशी ही वह नगर है जो अपने नाम में बीजाक्षर समेटे हुए है। काशी एक नगर ही नहीं, जीने की एक पद्धति है। वरुणा-असी को इड़ा पिंगला और मत्स्योदरी को सुषुम्ना कहा जाता है। कबीर की चदरिया में इन्हीं तीनों नाड़ियों का वर्णन है। इसलिए प्रकाश की नगरी काशी को कहीं बाहर नहीं, मन के भीतर ढूँढ़ना चाहिए। जिसने फक्कड़ों के इस नगर के सहज जीवन को साध लिया, वही कह सकता है—सा काशिकाऽम् निजबोधरूपा।

कोई लाख शक्तिशाली हो, समय की अग्रधाविका सुई को उलटा घुमाने में समर्थ नहीं हो सकता। हमें तकनीकों को असंग भाव से शिवत्व की प्राप्ति में विनियोजित करना होगा, क्योंकि तकनीक जिस ऋत् कॉस्मिक आर्डर की एक किरण मात्र है, वह ऋत् किसी के आधीन नहीं है, कोई कर भी नहीं सकता। इस ऋत् में उज्ज्वलता है तो अंधकार भी है, अमृत है तो विष भी है, शीतलता है तो दाह भी है—और ऐसा रहना ही ऋत् का लक्षण है। हम सिर्फ ऋत् के शुभ को, शिवम् को अपने से जोड़कर अंधतमस् के विरुद्ध जारी युद्ध में हिस्सा ले सकते हैं। यही एक मात्र मिशन हो सकता है साहित्यकार का, रचनाकार का, चित्रकार, शिल्पी और संगीतकार का। इसी सम स्वर (हारमोनियस) स्थिति का एक दर्शन है नीला चाँद, एक प्रवंचना भरी स्वार्थ लोलुपता के विरुद्ध गरीब आदिवासियों और सामान्य रूप से अन्त्यज कहे जाने वाले लोगों की मुक्ति का संदेश है, नीला चाँद। यही है काशी का उत्स, काशी का बीजाक्षर, ऋत् में भागीदारी का अर्थ कफन खसोटी नहीं है। स्व की अय्याशी की पूर्ति भी नहीं है। वह तो शिवता के प्रति समर्पण है। यही अहंविसर्जन मानवता की अगली मंजिल है। नीला चाँद उस उत्स की ओर अंगुलि निर्देश भर है। मैं जानता हूँ कि उच्छ्वास में सदा सत्य नहीं बंधता, पर मौन में भी अनुभूत सत्य खो जाता है। इसलिए मौन को मुखर होना होगा। चाहे उसका साम्प्रतिक प्रभाव नहीं के बराबर दिखे। मैं के.के. बिड़ला फाउंडेशन के प्रति कृतज्ञ हूँ कि उनके द्वारा निर्धारित विशेषज्ञ निर्णायक समितियों ने इस उपन्यास को व्यास सम्मान के योग्य समझा।

सबको प्रणाम !

सरस्वती नः
सुभगामयस्करत्

पुरस्कार समारोह के अध्यक्ष श्री शिवराज जी. पाटिल का भाषण

मैं सबसे पहले बिरला जी को धन्यवाद देना चाहता हूँ। उन्होंने मुझे यहाँ आने का अवसर दिया और भारत के एक महान साहित्यकार को जो यहाँ सम्मान दिया जा रहा है, उसमें शरीक होने का मौका दिया है।

असल में इस सम्मान समारोह में आने का अवसर देकर आपने मुझे जो गौरव प्रदान किया है, मैं उसके योग्य नहीं हूँ। मैं साहित्यकार नहीं हूँ और मेरे स्पीकर होने में भी मेरा योगदान नहीं है। बिरला जी ने यहाँ आने के लिए कहा। वे जहाँ हमारे सहयोगी हैं, वहीं भारत के एक अति सम्मानित उद्योगपति हैं, किंतु इसलिए उनका निमंत्रण मैंने नहीं स्वीकारा अपितु वे बुजुर्ग हैं, उन्हें छोटे लोगों को आशीर्वाद देने का अधिकार है और उनमें भी एक प्रकार की सृजन शक्ति है, इसलिए उन्होंने जो आमंत्रण दिया, उसको मैंने स्वीकारा।

अब यहाँ पर बिरला फाउंडेशन के संबंध में बिरला जी ने हम लोगों को बताया कि फाउंडेशन की ओर से साहित्यकारों को सम्मानित किया जाता है, वैज्ञानिकों को सम्मानित किया जाता है, कलाकारों को सम्मानित किया जाता है और खेल-कूद के मैदान में जो ऊँचे स्तर पर पहुँचे हैं और उसमें भी एक प्रकार की सामर्थ्य का प्रदर्शन करते हैं, उनको भी सम्मानित किया जाता है—यह बहुत ही अच्छी बात है। ऐसे काम हमारे देश में जितने ज्यादा प्रारंभ हों, वह परमावश्यक है।

डॉ. शिवप्रसाद सिंह के संबंध में, प्रो. श्यामा चरण दुबे जी ने साहित्यिक भाषा में बड़े ही अच्छे ढंग से हमारा परिचय करवाया है और नीला चाँद के संबंध में परिचय जो कुछ युसुफ मोहम्मद ने हमको दिया, इसके पश्चात मुझे मेरे पास और कोई ज्यादा काम नहीं होगा इस समारोह में जिन-जिन विषयों पर बोलना जरूरी है, उन सारे विषयों पर विचार करेंगे।

मुझे ऐसा लगता है कि सरस्वती और लक्ष्मी का संबंध प्रेजेंट के लिए, बहबूदी के लिए आवश्यक है और यहाँ पर भी वह होता लग रहा है और यह किसी व्यक्ति के नहीं, मगर साहित्य के लिए बहुत ही महत्वपूर्ण है। हिंदी भाषा में तो बहुत साहित्य है। भले ही साहित्य की तो कोई कमी नहीं है और इतना साहित्य है कि कोई भी व्यक्ति अपने जीवन में वह पढ़ नहीं सकता, पर मुझे ऐसा लगता है कि लोगों की साहित्य में इतनी रुचि नहीं है जितनी होनी चाहिए।

मगर कभी-कभी मुझे ऐसा लगता है कि जिस प्रकार के साहित्य का संस्कृत भाषा में निर्माण हुआ, क्या उस प्रकार के साहित्य का हिंदी भाषा में निर्माण हुआ? संस्कृत भाषा में अध्यात्म पर जो साहित्य है, जो उपलब्ध है, वैसे साहित्य का शायद अभी हिंदी भाषा में निर्माण हो रहा है।

वेद और उपनिषद, पुराण जिस प्रकार के ग्रंथ यहाँ हैं, जो ज्ञान के भंडार हैं, उस प्रकार के साहित्य का शायद अभी भी हिंदी भाषा में निर्माण हुआ है। अँग्रेजी भाषा एक संसार की भाषा मानी जाती है और उसका उपयोग संसार के अलग-अलग हिस्सों में किया जा रहा है। उसमें ललित साहित्य की कोई कमी नहीं है। उसमें भी ललित साहित्य का भंडार बहुत है, मगर

शायद अँग्रेजी भाषा में भी इस प्रकार का वांग्मय नहीं है, जिस प्रकार का वांग्मय संस्कृत भाषा में है। वेद और उपनिषद की बराबरी करने वाले वांग्मय की निर्मिति अभी भी अँग्रेजी भाषा में हुई नहीं, मगर मुझे ऐसा लगता है कि अँग्रेजी भाषा ने एक दूसरे क्षेत्र में जो कि चार्म हायर है, वह शायद हिंदी भाषा में नहीं है। विज्ञान और तंत्र विज्ञान के क्षेत्र में और न हमारे मैनेजमेंट के क्षेत्र में या अणु के क्षेत्र में जो साहित्य अँग्रेजी भाषा में है, वह शायद किसी दूसरी भाषा में हमें नहीं मिलता। अब एक ओर संस्कृत में अध्यात्म पर और अँग्रेजी में विज्ञान और भू-विज्ञान पर जो साहित्य है और ललित साहित्य, इस सारे साहित्य को अगर एक जगह पर लाएं तो शायद उसी से ही सत्यम्, शिवम्, सुंदरम् की प्रतिमा निकलेगी। उसमें सुंदर है, उसमें सत्य है और उसमें उपकार की भावना है। हिंदी साहित्य में सौंदर्य की कमी नहीं है, शिवम् की भी प्रतिमा हमें नजर आती है, सत्य की भी प्रतिमा नजर आती है, मगर इस कुरुक्षेत्र में हमें और बहुत कुछ आगे बढ़ना होगा और आगे काम करना होगा।

मुझे ऐसा लगता है कभी-कभी कि अँग्रेजी भाषा में ओरिजन ऑफ स्पेसीज जो डारविन की किताब है, वह केवल एक साइंस पर लिखा हुआ थीसिज ही नहीं, उसमें एक नया तत्त्व ज्ञान भी सामने रखा गया है। उस प्रकार के साहित्य की निर्मिति, जब तक हमारी भाषाओं में नहीं होती, हमारा साहित्य पूर्णत्व को पहुँच सकेगा ऐसा नहीं है। सत्यं, शिवं, सुंदरम् का पूर्ण रूप उसमें प्रकट हुआ है, ऐसा नहीं है।

और इस प्रकार के साहित्य की निर्मिति केवल साहित्य के क्षेत्र में काम करने वाले ही कर सकते हैं, ऐसा नहीं। विज्ञान के क्षेत्र में, अध्यात्म के क्षेत्र में, व्यापार के क्षेत्र में, उद्योग के क्षेत्र में काम करने वाले भी कर सकते हैं और यह जब होगा तब हिंदी भाषा की गरिमा बहुत बढ़ेगी और ऐसा होना जरूरी है।

मुझे ऐसा लगता है कि जिस प्रकार का काम इस फाउंडेशन की ओर से हो रहा है, उसमें से इस प्रकार की प्रगति को, उन्होंने बहुत मदद की योजना भी बनाई है। यह होना बहुत ही आवश्यक है।

मैं डॉ. शिवप्रसाद सिंह जी को हृदय से बधाई देता हूँ और यह हमारी शुभ कामना रहेगी कि उनकी लंबी आयु हो और उनकी कलम से नहीं, मगर उनके हृदय से एक नये प्रकार के साहित्य की निर्मिति हो और वह हम सब लोगों के सामने उपस्थित हो, हम ऐसी प्रार्थना और कामना करते हैं। हम इतना ही निवेदन करते हैं।

और दुबे जी साहब का भी हम अभिनंदन करते हैं, उनको धन्यवाद देते हैं कि एक ऐसे ग्रंथ का उन्होंने चयन किया, जिसके बारे में हम सब लोगों को गर्व हो सकता है।

सत्य के मर्म में शिवत्व की साधना का अविराम पथिक...

सत्यदेव त्रिपाठी

"जब शिवत्व तिरस्कृत होता है, व्यक्ति के हक छीने जाते हैं, सत्य और न्याय अवहेलित होते हैं, तब जन-जन के आँसुओं की धारा वैतरणी में बदल जाती है..."

...यह कथन है शिवप्रसाद सिंह का 'अलग-अलग वैतरणी' की भूमिका 'तटचर्चा' में उसका उत्स बताता हुआ। परंतु वस्तुतः यही उत्स उनके समग्र साहित्य का है। समाज के शिवत्व के लिए उनका सारा साहित्य जन-जन के आँसुओं की यही वैतरणी है। क्योंकि आज पग-पग पर शिवत्व तिरस्कृत हो रहा है, सत्य अवहेलित हो रहा है, न्याय बाधित हो रहा है, मनुष्य लांच्छित हो रहा है। यही कुछ आज के युग-सत्य का मर्म है। और इसी में से फूटा है शिव साहित्य...

सत्य के मर्म में शिवत्व की साधना-यात्रा के अविराम पथिक श्री शिवप्रसाद सिंह के साहित्य में इस प्रतीक का पूर्ण परिपाक हुआ है उनके नाटक–'सत्य की लाश : शिव के कंधे' में। कथा तो पुराण की बहुश्रुत है। परंतु इसका प्रतीकार्थ आज के संदर्भ में बहुत तेज है। वैसे तो यह चीन युद्ध के विशेष संदर्भ में लिखा और व्याख्यायित हुआ है, लेकिन इसकी प्रतीकात्मकता अपनी सामान्यता में बहुआयामी है। अभिमानी दक्ष चीन का प्रतीक तो है ही, पर वह आज के समय में सर्वत्र भी फैला है। ऐसे दक्षों से भरी है दुनिया। कदम-कदम पर 'सत्या' (सती) की लाशें बिछाते हैं ये दक्ष और तब उन लाशों को ढोने के लिए सामने आते हैं शिव (प्रसाद) रूपी ऐसे साहित्यकार, जो सत्य के शवों को शिवत्व की साधना से प्रसादीय रूप देने की कोशिश में अपना पूरा जीवन सरफा कर देते हैं।

शिवप्रसाद सिंह ने कविता के अलावा और प्रायः सभी विधाओं में लेखन किया है। किंतु उनके करीब रहने वाले (हम) लोग जानते हैं कि उनके अंदर एक कवि हमेशा मौजूद रहा। वह प्रकट हुआ है इस नाटक में और दक्ष की पहचान कराता हुआ कहता है–

स्वार्थ लोलुप दक्ष के
जो नहीं है नाम केवल व्यक्ति का
जो निरंकुश, मधुरभाषी, पीठ पीछे घात करते
नाम लेते यज्ञ का समता-प्रगति की बात करते
किंतु जिनकी आत्मा में सदा आदमखोर
काला अज़दहा फुफकारता है....

'समता-प्रगति की बात' में चीन के सैद्धांतिक मतवाद की तरफ इशारा तो है ही, परंतु उस मतवाद वाले साहित्यिक तथा कथनी (साहित्य) एवं करनी के बीच पाखंड करने वालों की तरफ के संकेत भी स्पष्ट हैं। 'दक्ष, नहीं है नाम केवल व्यक्ति का' यह तो प्रवृत्ति है। और ऐसी हर प्रवृत्ति तथा इसके अनुयायियों के समक्ष शिवप्रसाद सिंह का समग्र लेखन चुनौती देता खड़ा है। उनकी स्वयं की करनी एवं कथनी (लेखन) में ऐसा ढोंग कभी नहीं रहा। जीवन में किसी भी कारण से वे कभी विवाद में नहीं फँसे। न ही किसी विभागीय घपले में, न ही सरकारी फंड्स के लेन-देन, बाँट-बखरे

में, न ही किसी नियुक्ति या डिग्री के चक्कर में। शिक्षा के क्षेत्र में बी.एच.यू. जैसी युनिवर्सिटी के हिंदी जैसे बड़े विभाग में रहकर भी इतना पाक दामन बने रहना सत्य की प्रतिष्ठा एवं शिवत्व की साधना में रत शिवप्रसाद जी के ही बस का रहा।

इसी तरह डॉ. साहब कभी किसी गुट एवं संघ में भी शामिल-शरीक नहीं हुए इस कारण प्रायोजित चर्चाओं से आनन-फानन में कभी न उन्हें सरनामी मिली, न ही उन्होंने कभी ऐसा चाहा। यही वजह है कि उन्हें उनका 'प्राप्त या तो मिला नहीं, या बड़ी देर से मिला।' किंतु इस मोह में सत्य से डिगे नहीं, शिवत्व के साधना-पथ से बिलगे नहीं। जिन मूल्यों में विश्वास नहीं था, उसे अपनी प्रगति-प्राप्ति के लिए स्वीकारा नहीं। 'नयी कहानी' के सशक्त हस्ताक्षर हैं, परंतु उस दौर में गुटबाजी का बोलबाला काफी था। सो इनका नाम प्रायः अनुल्लिखित रह गया—या हुआ तो बरायनाम। इतना भी होता तो ठीक, परंतु जिस दौर में नयी कहानी पर विस्तृत चर्चाएँ हो रही थीं, वह मुख्यधारा में थी, शिवप्रसादजी को 'आंचलिक कहानीकार' के खाते में डाल दिया जाता रहा। इसकी पीड़ा भी 'अलग-अलग वैतरणी' की 'तटचर्चा' में है—इस निवेदन के साथ कि कृति को समझने की दृष्टि आंचलिक न हो। लेकिन उसके साथ भी बहुत दिनों तक वही सलूक होता रहा।

अब इन रचनाओं को उनका प्राप्य मिल रहा है, परंतु तब उस कालावधि में हुए बर्ताव के समक्ष भी चुनौती देता हुआ शिवप्रसाद जी का आलोचना कर्म प्रकट हुआ, वरना वे कथासृजन में ही लगे रहते—लगे रहे भी। असल में समीक्षा के क्षेत्र में शोधकार्य के दौरान ही डॉ. सिंह बहुत सार्थक दखल दे चुके थे। 'सूरपूर्व-ब्रजभाषा' में शुक्ल जी के उस कयास को सोदाहरण सिद्ध कर चुके थे जिसमें 'सूरसागर' उन्हें किसी चली आती हुई गीत-काव्य परंपरा का—चाहे वह मौखिक ही रही हो—पूर्ण विकास-सा प्रतीत हुआ था। ऐसे जहीन आलोचनात्मक अवदानों के बाद उनके कहानी-लेखन को देखकर लोग यह भी पूछते सुने गए थे कि अरे वही 'सूरपूर्व ब्रजभाषा' वाले या 'कीर्तिलता एवं अवहट्ठ भाषा' वाले शिवप्रसाद सिंह ! लेकिन जब उस क्षेत्र को छोड़ कर वे कथालेखन की ओर उन्मुख हुए, तो उन्हें अपनी उस प्रकृति व क्षमता पर अगाध विश्वास ही रहा होगा, जो आगे चलकर सत्य सिद्ध ही नहीं हुआ, कथालेखन का वह जादू सबके सर चढ़कर बोला भी और अब उसके स्वर अधिकाधिक अनुगूँज पैदा करते जा रहे हैं। ऐसे कथाकार को जब आंचलिक कहकर उसके महत्त्वपूर्ण रचनाकर्म को सीमित करने का माहौल चाहे-अनचाहे बनने लगा—बन गया, और उनका वह आलोचक जागा, तो नयी कहानी की प्रवृत्ति एवं प्रकृति तथा परिमिति की बड़ी संगत एवं सहमतिदायक बातें स्पष्ट होकर सामने आईं थी। आंचलिकता, ग्रामकथा, स्थानीय रंगत आदि के विशद विवेचन से ढेर सारे भ्रम दूर हुए। समय-समय पर ऐसे और भी आलोचनात्मक लेख डॉ. सिंह की प्रखर कलम से निकले। खासतौर पर उल्लेख्य है 'कल्पना' के नवलेखन विशेषांकद्वय के वृहत् संपादकीय लेख—'आधुनिक परिवेश और नवलेखन' के दो भाग। तत्कालीन नवलेखन की ऐसी समग्र जानकारी और वैसे साफ-सतर्क विश्लेषण गहन समीक्षा-चेतना के प्रमाण हैं। ये सारे आलेख 'आधुनिक परिवेश और नवलेखन' में संग्रहीत हैं। इस विवेचन ने सिद्ध कर दिया कि सच्ची प्रतिभा को गुट एवं संघ की दरकार नहीं होती। वह अक्खड़ व फक्खड़ भी होती है। तभी शिवप्रसाद जी ने कभी परवाह भी न की। और अपने कथालेखन में संजीदगी से लगे रहे। मुक्त मूड्स में निबंध व संस्मरण एवं समय-समय पर नाटक, रिपोर्ताज, यात्रावर्णन जैसे विविध रूपों व विधाओं में सृजन करते रहे।

यह सृजन-यात्रा अविराम चलती रही-अक्टूबर, 1951, जब उनकी पहली कहानी 'दादी माँ' 'प्रतीक' में छपी थी, से लेकर अक्टूबर, 1998 में इस धुरंधर मेधावी के पार्थिव अवसान तक...और इस बीच यह अप्रतिम प्रतिभा ढेरों-ढेर सामयिक एवं चिरंतन मुद्दों से टकराती रही...पाँच अक्टूबर को मृत्यु के साथ आखिरी भेंट के पहले जीवन और सृजन में भी उससे कई मुठभेड़ें हो चुकी थीं—"उन्हीं ने मौत की आँखों में आँखें डालकर देखा, ये बेबाकी नजर की, ये मुहब्बत की ढिठाई है"... और जिंदगी से मुहब्बत की इसी ढिठाई के बल पर बेटी मंजुश्री के साथ मौत से मुठभेड़ में वे उसे सालों तक की धता बता चुके थे। लेकिन

उसे हमेशा के लिए तो रोका नहीं जा सकता—'बिन जाए न रहे' की सच्चाई सृष्टि की नियति है। जब साठ साल पूरे करने के अवसर पर मैं उनसे मिला था, वे मंजु के अवसान के गहन अवसाद से बाहर आ चुके थे। जीवन में दो संतानों के जाने के दुख को पहले भी भोग चुके थे। और सृजन में 'मंजिल और मौत' तथा 'मुरदा सराय' जैसी कहानियों में मृत्यु पर जीवन की जीत दर्ज़ कर चुके थे—छठे दशक में ही। इस बार मंजु के अवसाद से बाहर निकलकर और निकलने की कोशिश में 'नीला चाँद' पर काम कर रहे थे। वहीं उन्हें 'अमोघ इच्छाशक्ति' का प्रतीक 'नीला चाँद' मिला था। मंजु की बीमारी से लड़ने के संकल्प व संघर्ष में अपनी उस बीमारी से बिना इलाज मुक्ति पाई थी, जो ढेरों इलाज से भी ठीक न हो रही थी और जिसके कारण लेखन में पड़े व्यवधान को देखकर लोगों ने शिवप्रसाद सिंह के लेखक की मृत्यु की घोषणा कर दी थी। डॉक्टर उस बीमारी को 'साइटिका' कहते हैं, पर शिवप्रवाद जी के गुरु आचार्य हजारी प्रसाद द्विवेदी उसे 'साहित्यिका' कहा करते थे।

इन दोनों से उबर पाने के बाद एक लम्बे अरसे से सुप्त सृजन की प्यास जग उठी थी और उन्होंने साठ साल पूरे होने के उस अवसर पर जो इंटर्व्यू दिया था मुझे, उसका शीर्षक ही बना था—'प्यासा हूँ मैं अब तक प्यासा...' धर्मयुग में छपा था। उस प्यास ने ही 'नीला चाँद' के बाद काशीत्रयी के तीसरे उपन्यास 'वैश्वानर' की निश्चित योजना के बीच 'शैलूष', 'मंजुशिमा', 'औरत' एवं 'कुहरे में युद्ध' तथा 'दिल्ली दूर है' जैसा विविध एवं विपुल लेखन करा लिया। फिर 'वैश्वानर' के लेखन-काल में ही 'अनहद गरजे' की अनुगूँज मन में बस गई थी। और जब 'वैश्वानर' छपने चला गया था, उस वक़्फ़े में मैं उनसे मिला (वही आखिरी मुलाकात होगी, किसे पता था) तो 'अनहद गरजे' के कबीर के जीवन के बाद कवि विद्यापति के जीवन पर उपन्यास लिखने की योजना के पर उनके मन में फैलने लगे थे...याने वह प्यास, बुझाने के धारासार सृजन के साथ, वह दर्द बन गई थी कि जो 'बढ़ता गया, ज्यों-ज्यों दवा की' और जिस दर्द को 'मिन्नतकशेदवा' होना कभी मंजूर नहीं होता। इसीलिए मैं विश्वास के साथ कह सकता हूँ कि इस बार, जब 5 अक्टूबर, 1998 को दुनियावी अर्थों में मौत जीत गई, की आखिरी लड़ाई में भी बहुत दिनों तक शिवजी ने उसे धता बताई होगी—डॉक्टरों ने बीमारी को दीर्घकालीन प्रकोप बताया था। 'वैश्वानर' की आँच से भयभीत मौत दूर दुबकती रही होगी। और जब आयी भी, तो जीतकर हार ही तो गई क्योंकि आरपार की लड़ाई तो मंजु के साथ हो गई थी। मंजु और शिवप्रसाद पर वह भले जीत गई, परंतु 'मंजुशिमा' में मौत जीतकर भी बुरी तरह हार गई—हमेशा के लिए। उसमें मंजु नहीं, मौत मरी है। यह कृति 'मंजिल और मौत' तथा 'मुरदा सराय' कहानियों की थीम का पूर्ण परिपाक है। अस्तित्ववादी चिंतन से जूझते और अपनी तथा भारतीय जीवनदृष्टि के परिप्रेक्ष्य में उसका अतिक्रमण करते हुए भी उन कहानियों में चिंतन का पुट दिखता है, क्योंकि वह उसी काल का लेखन है, जब डॉ. सिंह अस्तित्ववादी चिंतकों पर 'धर्मयुग' में लेखमाला लिख रहे थे। परंतु मंजुशिमा में वह जीवनमय हो चुका है। पूरी तरह जीवनोद्भूत जो है। इसमें वह सिद्धांत पहले जीवन में उतर चुका था। इलाज के संकल्प तथा इलाज के दौरान।

जिस प्रकार मृत्यु विषयक चिंतन को 'मंजिल और मौत' से लेकर 'मुरदा सराय' से होते हुए 'मंजुशिमा' तक में उत्तरोत्तर विकासमान होते हुए एक आयाम मिला है, उसी प्रकार जीवन एवं जगत के कई-कई मुद्दे लेखक की मेधा से टकराते रहे और निरंतर तराशे जाते तथा तदनुसार सृजन में उतरते रहे। ऐसे सभी मुद्दों से गुजरते हुए हम पाते हैं कि इन से निर्मित शिवप्रसाद जी का भाव-आलोक एवं विचारविश्व कितना महनीय एवं व्यापक है। "इसमें अनुभूतियों की छवियाँ हैं, उनकी संवेदन-रश्मियों की ऊष्मा है। अनुभवांशों के तीखे मीठे, पर गहरे निशानात हैं। इन्हें सजग एवं गहन अध्यवसाय से समृद्ध करते रहने का निरंतर प्रयत्न है। शोध एवं चिंतन की विवेकपूर्ण साधना से ऊर्ध्वमुखी सोपानों की तरफ बढ़ती यात्रा है।" इस सबके बीच युग जीवन के यथार्थ के साथ विविधरूपी ट्रीटमेंट है, उससे टकराहट है। उसका उद्घाटन है। विश्लेषण है। उसके क्रूर एवं वीभत्स रूप का दमन है। सत्य एवं शिव रूप की प्रतिष्ठा है। इस प्रकार शिवप्रसादजी के रचना संसार में सत्य एवं न्याय

का राज्य है। यहाँ व्यक्ति के हक सुरक्षित हैं। उसकी गरिमा उसके मनुष्य होने में है। शिव-साहित्य में मनुष्य एवं मनुष्यता से बड़ा कुछ नहीं है। यही उनका प्रतिसंसार है, जिसमें प्रत्यक्ष संसार का अतिक्रमण है। जो हर बड़े रचनाकार का होता है। इसी प्रतिसंसार का निर्माण ही शिवप्रसादजी का स्वप्न है। उनका सारा भाव-आलोक एवं विचारविश्व इसी स्वप्न को पाने, प्रत्यक्ष करने की तरफ उन्मुख तथा गतिशील है।

जहाँ-जहाँ जीवन में यह प्रतिसंसार बाधित होता है, (वहीं...सत्य और न्याय अवहेलित होते हैं) शिवप्रसाद सिंह की कलम उठती है। कभी असहाय-मनुष्यता के लिए अपना संचित त्यागने वाली 'दादी माँ' के रूप में, तो कभी अत्याचार के विरुद्ध लड़ने को तत्पर 'गुलाबो' (उपहार) के रूप में, कभी अन्याय के समक्ष तनकर खड़े भैरों पाण्डे (कर्मनाशा की हार) बनकर तो कभी हर जोर-जुल्म के खिलाफ महाभारत मचा देने को तैयार जग्गन मिसिर बनकर ये सब सत्य व न्याय के मूल्यों को पाने-स्थापित करने के विभिन्न रूप हैं। इसमें कभी प्रतिकार दिखता है, तो कभी पलायन...जग्गन मिसिर प्रतिकार के लिए सन्नद्ध हैं। यही हाल है शिवमंगल बाबू एवं रामानंद का। 'गली आगे मुड़ती है' में। लगता है रामानंद भी पलायन कर रहा है। मैंने कभी शिवप्रसाद जी से पूछा था कि आखिर ये दोनों–विपिन और रामानंद–कहाँ जा रहे हैं। विपिन तो शहर जाता दिखता है, पर वहाँ भी तो रामानंद टिक नहीं पाता ...याने शिवप्रसादीय चेतना की राहें किधर जाती हैं ...ये मंजिलें कहाँ हैं। तो उन्होंने जबाब दिया था–दोनों को अपनी राहें मिल जाएँगी। देखते जाइए। (संदर्भ : शिवप्रसाद सिंह का कथा साहित्य–परिशिष्ट) तब इनके परवर्ती उपन्यास–'नीला चाँद' के बाद के–नहीं आए थे। जब वे आ गए, तो स्पष्ट हुआ कि उनकी मंजिलें उस मुकाम पर स्थित हैं, जहाँ पहुँचने के लिए 'आर पार की माला' बाँधने की नहीं आर पार की लड़ाई लड़ने की जरूरत है। और परवर्ती कथासृजन में यह लड़ाई जमकर लड़ी गई है। प्रतिसंसार निर्मित भी हुआ है। तब लगता है कि यह लड़ाई शिवप्रसाद सिंह हमेशा लड़ते रहे। कभी बाहर, तो कभी अंदर...जिसे हम विपिन व रामानंद में पलायन समझ रहे थे, वह यथार्थ की खोज थी ...अंदर की लड़ाई वहाँ भी लड़ी जा रही थी। शायद बाहर की लड़ाई से बचने का विकल्प खोजा जा रहा था। हर दर खटखटाया जा रहा था–कृष्ण की तरह। परंतु उन्हीं की तरह जब पाया गया कि हर दर बंद है और जग्गन के महाभारत के बिना दूसरा रास्ता नहीं बचा है– अपनी मंजिल पर पहुँचने व अपने प्रतिसंसार को पाने का, तो फिर कीरत, शिवेन्द्र, अनंत, वाशेक, जुड़ावन आदि सभी अपने-अपने ढंग से अपनी-अपनी क्षमता से भिन्न-भिन्न परिवेश व रूप में अपने-अपने हक-न्याय सत्य को हासिल करने की आर-पार की लड़ाई में कूद पड़ते हैं। ये सभी उन प्रतिरोधी शक्तियों पर विजय हासिल करते हैं, जो लेखकीय प्रतिसंसार के निर्माण को रोककर खड़े थे ...बस सत्य व न्याय को पाने की यह यात्रा युगजीवन के अतिक्रमण के साथ यथार्थ का भी अतिक्रमण कर जाती है। कहीं ये लड़ाइयाँ याने लेखकीय राहें यथार्थ को झुठलाकर-स्टंट सी हो गई हैं। इससे प्रतिसंसार तो रामराज्य की तरह यूटोपिया नहीं बनता, पर लेखकीय मंशा अपने ट्रीटमेंट में परिवेश पर हावी अवश्य हो जाती है। तब लगता है कि पूर्ववर्ती लेखन की वे अंदरूनी लड़ाइयाँ ही रचनात्मकता के लिहाज से बेहतर थीं। संकेतमात्र में ही प्रतिसंसार सही वह सहमतिदायक होता है। उसका 'प्रत्यक्ष निर्माण अपवाली बन जाता है। परंतु साहित्य के समाजशास्त्रीय अध्ययन में यदि भावी समाज के स्वप्न शामिल हैं, तो शिवप्रसाद सिंह ने 'शैलूष' में इसकी पूरी संभावना के सारे सरंजाम जुटा दिए हैं। स्पष्ट हो गया है कि आज स्थितियाँ इतनी अच्छी अवश्य हैं कि यदि पत्रकारिता व प्रशासन तनिक भी सकारात्मक हो जाए, तो जुड़ावन परिवार जैसे जुझारू लोग कारगर परिवर्तन ला सकते हैं। यह 'शैलूष' की आज के युग को एक बड़ी देन है। किंतु शिवप्रसादजी 'औरत' में इसे फिर बरकरार नहीं रख पाते और समूचे संभावित को एक पात्र शिवेन्द्र में भरकर अविश्वसनीयता की हद का उदाहरण प्रस्तुत कर देते हैं।

ऐसा ही असंतुलन किंचित् हुआ है इतिहास के साथ भी। परंतु वह लेखकीय अपवाली नहीं, इतिहास के यथार्थ की माँग रही है। 'नीला चाँद' में इतिहास के सफल प्रयोग से उत्साहित डॉ. सिंह ने दिल्ली सीरीज़ के अंतर्गत प्रायः उसी दौर के इतिहास पर दो बड़ी

रचनाएँ और लिखीं—'कुहरे में युद्ध' और 'दिल्ली दूर है', इनके माध्यम से वे आज की सांप्रदायिकता को एक सौमनस्य का आयाम देना चाहते थे। हिंदू सहनशीलता को जीवंत रूप में प्रस्तुत करना चाहते थे। परंतु इस बार शिवप्रसादीय संस्पर्श तत्कालीन ऐतिहासिक सचाई के समक्ष कारगर न हो पाया और मुस्लिम नृशंसता का इतिहास खुलता चला गया। डॉ. सिंह इस सांप्रदायिक संदर्भ की मौज़ूँ व असरकारक बातें 1960 के दशक में 'किसकी पाँखें' के अशरफ एवं 'अलग-अलग वैतरणी' के ख़लील खाँ के माध्यम से कह चुके हैं। उसमें गाँवों के जीवन में दोनों कौमों की समरसता के बदलते परिवेश की सही शिनाख़्त कसक बनकर उभर सकी है। लेकिन वर्तमान के लिए मध्यकालीन इतिहास का चुनाव ही ग़लत पड़ गया। वैसे डॉ. शिवप्रसाद सिंह की मान्यता है कि ''लीजेंड इतिहास को लांघते हैं, पर यह भी सत्य है कि इतिहास का एक सच्चा बीज होता है, जो लीजेंड के वृक्ष उगाता है।'' यह सच साबित हुआ है – 'नीला चाँद' में, जहाँ इतिहास लीजेंड के बीज उगाने में समर्थ बना है और 'वैश्वावर' में, जहाँ इतिहास और लीजेंड सहयात्री बन गए हैं। 'सुनो परीक्षित सुनो' जैसी कहानियाँ लीजेंड को इतिहासमय करके उसे वर्तमान के सच की अभिव्यक्ति का माध्यम बनाने में बहुत दूर तक का रास्ता तय करती हैं।

जिन दो मुद्दों ने शिवप्रसादजी की चेतना को सर्वाधिक झकझोरा, वे हैं—नारी और पिछड़े लोग। तब पिछड़े लोगों को दलित या उन पर लिखे साहित्य को दलित साहित्य नहीं कहते थे। अब तो नारी को भी दलित के अंतर्गत रखने का एक विचार बहुत जोर से सामने आया है। इस लिहाज से शिवप्रसादजी के रचनाकार की संजीदगी एवं जागृति को समझा जा सकता है। मराठी में आज बड़ा समृद्ध एवं बहुचर्चित दलित साहित्य है। परंतु शिवप्रसाद जी ने दलित-जीवन पर सार्थक लेखन तब किया, जब यह मराठी में भी शुरू नहीं हुआ था। आज तो हिंदी में भी इसका काफी बोलबाला चल रहा है। 'हंस' की कृपा-हेला से सृजन कम, चर्चा उससे अधिक हो रही है। यह मुद्दा आज दलित बनाम सवर्ण में उलझता जा रहा है, इस प्रकार यह वर्णगत बनता जा रहा है। डॉ. सिंह ने इसे वर्गगत आधार भी दिया। इनकी कहानियों में नट, मुसहर, सँपेरे, चमार, धरिकार जैसी दलित जातियों की सामाजिक एवं रोजगारपरक वेदना उभरी, तो प्रजा कहे जाने वाले कुम्हार लोहार-नाई धोबी भी अपना आर्थिक दुख लेकर वर्गगत शोषण को उजागर करते उठ खड़े हो गए। इस जमात में देवी सिंह, फेरूसिंह एवं दयाल पंडित भी आए, जो पिछड़ी जातियों जैसा ही वंचित जीवन जीने पर विवश हैं। उन्हें समाज में मान्यता मिली है, पर उसके सामाजिक-सांस्कृतिक निर्वाह के साधन सुलभ न होने से वह मर्यादा भी गले की फाँस ही बन गई है। इस प्रकार जाति के ऊपर इसे वर्गगत आधार पर चित्रित करके डॉ. सिंह ने बड़ा स्वस्थ एवं संवेदनशील प्रश्न उठाया था। तब यह विवाद नहीं, चिंता का सबब बन सका था। इसीलिए विकास की संभावनाएँ थीं, परंतु अब तो विवाद एवं फसाद में फँसकर विकास के बदले विनाश की संभावनाएँ दिख रही हैं।

लेखन की शुरुआत में ही 'उपहार' की गुलाबो (चमार) उठी थी विद्रोह करती हुई। यह शृंखला मटरू-मँगरा-दुक्खन से होती हुई 'नीला चाँद' में भरत डोम तक पहुँची, जो दसवीं शती के इतिहास को नज़रअंदाज करते हुए मृत जानवर न उठाने की हड़ताल पर उतर आई। सफल भी हुई। परंतु समकालीन जीवन में 'आदमखोर पैंथर' का विद्रोह राजनीतिक एवं प्रशासनिक स्तर पर एकजुट होकर धाँधली करती सवर्ण एकता के समक्ष क्षत-विक्षत होकर बिखर जाता है। सत्तरोत्तर यथार्थ के कई-कई आयाम दिखा देती है कहानी। इसी का पूर्ण पर प्रायोजित-सा मारधाड़मय परिपाक होता है 'शैलूष' में। नट-कबीले को तीस एकड़ जमीन मिलती है, जो उनकी विजय का इतिहास बनाती है, पर समुचित (एवं सुलभ) परिपार्श्व एवं प्रक्रिया के अभाव में यह कृति की कमजोरी का सिला बन जाता है। इसी चेतना ने 'बिन्दा महाराज' नामक हिजड़े की व्यथाकथा को भी सुंदर कहानी में ढाला, जो फिल्मों एवं कथा-कृतियों में अब आज व्यक्त हो रही है। नाम भी पा रही है। इन सबकी मानवीय त्रासदी को शिवप्रसाद जी ने तभी उठाया और उन्हें मनुष्य का दर्जा देने का ऐतिहासिक कार्य किया, परंतु इस ज़हीन प्रयत्न को तब अपेक्षित तवज्जो न मिल सकी।

इसी प्रकार नारी को भी मनुष्य की अनिवार्य गरिमा के साथ प्रतिष्ठित करने का महत्त्वपूर्ण कार्य शिव-साहित्य में हुआ है। इस प्रयत्न में स्त्री के प्रायः सभी रूप अपने-अपने दुखमय संभार के साथ यहाँ सहज सुलभ हैं। पतिव्रताएँ भी हैं और पतिताएँ भी। कुलनारियाँ भी, वेश्याएँ भी। गुलाम भी हुक्मरान भी। वंचिताएँ भी, रक्षिताएँ भी। नतजानु भी विद्रोहिणी भी, परंतु हर रूप में नारी जाति की हर्षित व्यथा की जीती-जागती तस्वीर-सच्ची तस्वीर, नुमायाँ होती है। अपने प्रिय पुरुष को पहले किए धोखे के कारण ठुकराकर स्वावलंबी एवं स्वतंत्र होती 'नन्हो' बड़ी मशहूर भी हुई, पर विधवा होने के बाद अपने हक के लिए परिवार से लड़ती-जीतती, पर लहू लुहान होती नैना (धरातल) उतनी लोकप्रिय न हो सकी। हत्या और आत्महत्या के बीच झूलती तथा पत्नी और प्रेमिका के खंडित रूपों को साधती, कुलमर्यादा के नाम पर ढेरों ग़लीज ढोती, फ़र्ज़ व प्रेम के द्वंद्व में फँसी छटपटाती दर्जनों नारियाँ शिवप्रसाद सिंह के कथासाहित्य की अमूल्य निधियाँ हैं, जो उनकी उस प्रतिज्ञा को हरचंद सार्थक करती हैं कि "जहाँ व्यक्ति के हक छीने जाते हैं, सत्य व न्याय अवहेलित होते..."

नारी जीवन पर आधारित प्रभूत कथालेखन में प्रेम व नारी-पुरुष संबंधों के भी विविध रूप एवं विभिन्न दृष्टियाँ संदर्भ एवं प्रकृति के अनुसार विवेचित व प्रतिष्ठित हुई हैं। पति-पत्नी के संबंधों का शिवप्रसादीय यदि कीरत-गोमती (नीला चाँद) में व्यक्त हुआ है, तो प्रेम की महनीय इयत्ता शीलभद्रा एवं विद्याधरदेव के माध्यम से प्रकट हुई है। प्रेम में शरीर संबंध को लेकर डॉ. सिंह की अपनी मर्यादा एवं अपने पुख्ता विचार हैं। वे शरीर की प्रवृत्तिगत महत्ता को समझते-स्वीकारते हैं, पर विवाहेत्तर संबंधों के रूप में इसे कदापि तरजीह नहीं देते। इस दृष्टि में सामाजिक सरोकार तथा वैयक्तिकता को लेकर शास्त्रार्थ की अनंत संभावनाएँ हैं, पर सामाजिक मर्यादा का उनका पक्ष सर्वविदित है। इसके बीच पलते प्रेम को वे जीवन का सबसे बड़ा श्रेय भी मानते हैं। उनका कथन है "जीवन में केवल एक तत्व है, जिसे किसी भी मूल्य पर पाना चाहिए। और वह है प्रेम।" इसे माँ शीलभद्रा ने पाया, 'अमृता' ने पाया, 'कर्मनाशा की हार' की फुलमत ने पाया, जिसे थापा उसके भसुर भैरों पाण्डे ने...इसके बीच वे जाति-पाँति, विधवा-वेश्या जैसे बंधनों को नहीं मानते। उनकी आधुनिकता दृष्टि बड़ी सही व निश्चित है। वह प्रेम पर टिकी सामाजिक दृष्टि में निहित है। तभी तो ब्राह्मण कन्या सावित्री जब एक नट को चाहती है, तो उसका पत्नीत्व स्वीकार लेती है। नपुंसक पति के बावजूद 'वैतरणी' की पटनहिया भाभी विपिन-शशिकांत-देवनाथ से आकर्षित होकर भी मर्यादा को तोड़ती नहीं। यह जज़्बा कहीं-कहीं अनुत्तरित प्रश्न भी छोड़ता है—सावित्री-जुड़ावन का शादी के बाद भी संबंधों से दूर रहना...कारण दिया है, पर बहुत लचर है। रामानंद जयंती को एक कंबल में सुलाकर यौनपावित्र्य को बनाए रखना...ये विचार्य भी है और विवाद्य भी।

इस कामचेतना को कथासाहित्य में एकाधिक जगहों पर लेखक ने नकारा-स्वीकारा, पर इसकी शक्ति की खुलकर एवं जमकर चर्चा की निबंधों में। 'मानसी गंगा' में उन्होंने लिखा है : "संसार का सर्वोत्तम संगीत, काव्य चित्र, मूर्ति, वास्तुशिल्प इसी कामशक्ति की प्रेरणा की देन है। यही शिव का ताण्डव है, पार्वती का लास्य है, वेद की ऋचा है। साम है। यही मंदिरों के गर्भगृह में स्थापित मूर्ति है...उन्मुक्त मैथुन की लीला से धरती आच्छादित दिखाई देती है...मनोजगत में वासना और आनंद का मिथुन है। आध्यात्मिक लोक में आत्मा की परमात्मा के प्रति सदम्य युगमेक्षा ... यह महाशक्ति है...कामशक्ति निम्न उद्देश्य से प्रेरित होकर वासना बनती है। ऋचाएँ अश्लील साहित्य बनती हैं। सोम सुरा बन जाता है। मंदिर चकले तथा वेश्यालय का रूप धारण कर लेते हैं ... इसकी प्रक्रिया में उल्लास नहीं भय होता है। राग नहीं रोग होता है। मुक्ति नहीं, बंधन होता है..." इस तरह खुलकर सोदाहरण कामशक्ति एवं लीला के विलास का विमर्श एवं स्थापन होता है। बात लगभग वहीं पहुँचती है, जहाँ कथा साहित्य में थी। वहाँ विधागत प्रवृत्ति के तहत चरित्रों व उनके कर्मों में दिखाई जाती है, पर विवेचित नहीं होती। विवेचन का दायित्व व स्कोप पाठकों के लिए खुला रहता है। कभी इतने स्पष्ट व्यंज्य नहीं भी उभरते कथात्मक संयोजनों में। यह व्यक्ति की भी सीमा हो सकती है और विधा की भी। इसीलिए

कहा जाता है कि यदि किसी रचनाकार की मूल दृष्टि को समग्रता में पकड़ना हो, तो उसके समग्र रचनासंसार को छानना होता है। कहीं का छिपा, कहीं प्रकट होता है। तो कहीं का प्रकट कहीं विश्लेषित होता है। रचनाकर्म की यही फितरत है—'भीतर-बाहर जीभ छिपाए'।

और इस तुला पर यदि शिवप्रसाद सिंह को समग्रता में समझना है, तो उनके संपूर्ण लेखन से गुज़रने के दौरान निबंधों पर विशेष ध्यान देना होगा। जिस प्रकार बच्चनजी की कविताओं के कई मर्म उनकी आत्मकथा के प्रसंगों में खुलते हैं, गोकि कहीं छिपते भी हैं, उसी प्रकार डॉ. सिंह के मर्म उनके निबंधों में खुलते हैं। कई कथ्यों के पूर्वापर उसमें निहित हैं, ऊपर उदाहरण दिया गया—काम व प्रेम को लेकर। इसी प्रकार शिव के प्रतीक व सीधे वर्ण्य इनके रचनासंसार में बहुत बार बहुत रूप में बहुत तरह से आते हैं। खुलासा देखिए—"सारे शरीर में चंदन नहीं, चिता की भस्म वाले शिव मुझे बहुत ललचाते हैं। मैं उन पर इतना आसक्त हूँ कि शेष जीवन उनको वाणी में बाँधने में गुजारूँगा।" इस प्रकार उनके साहित्य की कई 'मास्टर कीज़' उनके निबंधों में छिपी हैं। कहीं न कहीं विधा की प्रकृति इसमें क्रियाशील है। कविता-नाटक के मुकाबले कथासाहित्य अधिक उन्मुक्त है, पर कथासंयोजन के बीच ही कथ्य का आयोजन उसमें भी करना होता है। चाहे उपन्यास जैसा वृहदाकार आयोजन हो, या कहानी जैसा लघु आकारी। परंतु आयोजन का एक फॉर्म तो है जिसमें फिट होना—करना पड़ता है। इस लिहाज से निबंध में पूर्ण उन्मुक्तता है। मूड्स व क्षणों तथा विचारों को फुटकर रूप में व्यक्त करने की खुली छूट है। इसलिए संयोजनपरक विधाओं में आने से रह गई बातें इनमें आती हैं। शिवप्रसादजी ने कहानियों से अधिक निबंध लिखे हैं। परंतु कहानियों से हुई शुरुआत एवं उपन्यास में उसके प्रतिफलन के सायुज्य व उसकी शक्तिमत्ता के चलते इनको कथाकार के रूप में ही मान्यता मिली। लेकिन निबंधों की इयत्ता इससे कम नहीं होगी। समय उसे धीरे-धीरे भास्वर करेगा। किसी ने ठीक ही लिखा है कि "शिवप्रसादीय स्पर्श से युक्त ये निबंध शिवप्रसाद जी के विचारों के बीज कोश हैं। उनके समस्त उपन्यासों का प्रतिपाद्य यदि हम बीज रूप में तलाशना चाहें, तो निबंध संग्रह हमारे सहायक हैं।"

निबंधकार शिवप्रसादजी का मुख्य आधार उनका ज्ञान व अध्ययन है। शैली की उन्मुक्तता उन्हें ललित की तरफ ले जाती है, तो वस्तु वैचारिकता की ओर। उदाहरणों से रोचकता बढ़ती है, तो उद्धरणों से प्रामाणिकता। सब मिलाकर ये चमत्कृत भी करते हैं और समृद्ध भी। ज्ञानबोझल भी लगते हैं और ज्ञानवर्धक भी। हल्की-सी संवादमयता एक अनौपचारिक निकटता भी लाती है, तो विषय के फैलाव संकुलता भी पैदा करते हैं। व्यक्तियों पर लिखे निबंध भी अध्ययन व विचार से ही निकले हैं—ज्ञानात्मक संवेदन वाली प्रक्रिया है—परंतु निबंध संसार में विविधता एवं समग्रता सी साथ-साथ बनी रहती है। पढ़ते हुए द्विवेदी जी की याद आती है। परंतु वैसी संपृक्ति व वैसा लालित्य नहीं आ पाता। विद्यानिवास मिश्र जैसा भी कुछ अहसास होता है, पर वैसी संस्कृतिमयता नहीं मिलती। तात्पर्य यह कि सबके बीच, सबके जैसा होते-लगते वह शिवप्रसादीय बन जाता है। यही इसका अंतरिम वैशिष्ट्य है।

निबंध एवं समीक्षा-शोध के बीच की चीज-सा मजा देती हैं डॉ. सिंह की पुस्तकों की भूमिकाएँ। इन्हें उनकी आत्मसमीक्षा कह सकते हैं। पूर्ववर्ती लेखन में ये भूमिकाएँ बड़ी सधी-संक्षिप्त व कारगर होती थीं। परवर्ती लेखन में उनमें काफी बदलाव आया। आत्मसमीक्षा में आत्मज्ञापन एवं छोटी-मोटी बातों पर तवज्जो से एक हल्कापन आया। अपने पर लिखी समीक्षाओं के जबाब देने से कुछ आत्मस्थापन भी आया। लेकिन पहले वाली भूमिकाएँ शिवप्रसाद सिंह के साहित्य को समझने की सबसे उर्वर स्रोत हैं। यह कार्य उनके साक्षात्कार भी करते हैं। साक्षात्कारों को वे बड़ी गंभीरता से लेते थे और उनसे मालूम पड़ता है कि देश-विदेश की हर प्रमुख समस्या पर उनकी नजर ही नहीं, अपना नजरिया भी होता था। उसे वे निर्भीकतापूर्वक स्पष्ट कहते भी थे। मृत्यु के कुछ दिनों पहले के एक साक्षात्कार में उन्होंने भ्रष्टाचार के अनावरण को पूरे विश्व के लिए इस शताब्दी की उपलब्धि बताया। वैचारिक दृष्टि की स्पष्टता एवं गहराई की समझ ने ही अभिव्यक्ति की राह तलाशने

की प्रक्रिया में शिवप्रसाद सिंह से संपादकी भी करायी—कम से कम 'सरोकार' (त्रैमासिक) की तो अवश्य, जिसे वे खुद ही निकालते थे। इसके अलावा 'वीक्षा' के भी संपादक रहे।. उनका सरोकार जीवन से और युग के प्रति रहा। वैचारिकता इसी से जुड़ी है। परंतु विभिन्न दर्शनों के गहरे अध्ययन का असर उसमें अवश्य है। अस्तित्ववाद, मार्क्सवाद, अध्यात्मदर्शन एवं अरविंद दर्शन के अलावा भी विभिन्न दर्शनों के गहन अध्येता शिवप्रसाद जी की खासियत यह थी कि उनका सृजनात्मक लेखन इससे सीधे प्रभावित कभी नहीं हुआ। उनके असर होने से इनकार नहीं किया जा सकता, पर युगजीवन के प्रति दृष्टि के खाद्यरूप में ही। उसे अपनी दृष्टि में पचाते हुए और उसका अतिक्रमण करते हुए उसकी प्रयुक्ति रचना में आई। लोहियाजी के असर को उन्होंने साक्षात्कारों में स्वीकारा है। अपने को लोहियावादी तक कहा है। परंतु सृजन में वह भी सीधे नहीं आया। उनकी यह निजता अद्‌भुत है।

'अंतरिक्ष के मेहमान' नाम से उनका रिपोर्ताज संग्रह भी है—एक और विधा। 'वैज्ञानिक रिपोर्ताज' के हिंदी में वे जनक भी कहे गए हैं। कहे तो गए हैं उस जमाने में 'नई कहानी' के जनक भी, पर वह मुद्दा बहुविवेचित व बहुविवादित हो चुका है। इधर डॉक्टर साहब ने यात्रा-संस्मरण भी लिखे पाण्डिचेरी, कोची, भुवनेश्वर, बंगलोर की यात्राओं के, जो मूर्त-जीवंत तो हैं ही, सरस और खूब रोचक भी हैं। संस्मरणात्मकता उनके समूचे लेखन में व्याप्त है। ग्रामीण जीवन के लेखक के रूप में जब उनकी ख्याति शुरू-शुरू में फैली, तब वे शहर (काशी) में बस चुके थे। गाँव यादों में जीवंत होता रहा। सो, संस्मरण ही सृजन प्रक्रिया बना, जो प्रस्तुति में द्रष्टव्य है। दादी माँ, देऊदादा, उपधाइन मइया जैसी कहानियाँ स्पष्टतः संस्मरण के बहुत करीब हैं। चरित्र ही उनके लेखन के मेरूदण्ड रहे, जो संस्मरण के प्रमुख आधार हैं। उनका सारा लेखन व्यक्तित्व-आधारित रहा है। चरित्र ही मन में पहले उठते थे। ऐसा कहा भी है। गाँव के जीवन का अतीत अभिव्यक्ति की अकुलाहट था। उसमें 'मैं' दृष्टाभोक्ता-वक्ता बनकर आता—संस्मरण का जरिया। प्रक्रिया व विधि की इसी माँग से कथा साहित्य में ढेरों फ्लैशबैक आए। इसकी गहनता-तीव्रता ने चेतना प्रवाह भी पैदा किया। इस तरह संस्मरणशीलता डॉ. सिंह के लेखन की प्रमुख प्रवृत्ति है। यह 'मैं' व संस्मरणात्मकता रिपोर्ताजों व निबंधों में भी है। चरित्रों के आधार ही व्यक्ति-आधारित निबंधलेखन का रूप धरकर आए। इसका पूर्ण परिपाक 'उत्तरयोगी' में हुआ। दार्शनिक अरविंद पर लिखे इस ग्रंथ में कथात्मकता भी है। इतिहासाधारित कथालेखन में भी इतिहास में जाना उसी अतीत-आकलन की प्रक्रिया का अंतरिम विस्तार है—संस्मरणात्मकता याद से अध्ययन बन गई है।

इस प्रकार विधि व प्रक्रिया की एक गहन संकुलता डॉ. सिंह की रचनाशीलता का एक बड़ा वैशिष्ट्य है, जिसका अंतस्सूत्र रचना के उत्स व प्रवाह में संस्मरणीयता से जुड़ा है। ऐसी ही संकुलता प्रस्तुतिविधाओं के चयन व स्वरूप में भी है। कई कहानियाँ उपन्यास की हत्या करके लिखी गई हैं। ऐसा स्वयं लेखक ने कहा है। और कई कहानियों को मिलाकर 'अलग-अलग 'वैतरणी' उपन्यास बना है, यह हम स्पष्टतः देख सकते हैं। वे अध्याय के रूप में इतनी स्वतंत्र भी हैं कि बिना पूर्वापर के भी पढ़ने का मजा व पूर्णता का संतोष मिलता है। निबंधों में कथात्मकता वैसे ही व्याप्त है, जैसे कथा में स्मरणीयता। 'कुहरे में युद्ध' पूरा उपन्यास आनंद वाशेक की यादों में लिखा गया है, तो चरित्राधारित सारे निबंध कहानीपन से भरपूर हैं। इस प्रकार विधाओं की संकुलता भी खूब है। नाटकों में काव्य की चर्चा हुई। वैसे काव्यत्व किसी भी विधा में साहित्य-सृजन की अंतर्धारा बनता ही है। विधाओं व विधियों की यह संकुलता लेखक की तीव्र अकुलाहट का ही परिणाम व प्रमाण है। 'मंजुशिमा' इन सभी रूपों की मानक रचना है। संस्मरण, जीवनी, आत्मकथा, कविता, संवाद तो उसमें है ही, पर उसे उपन्यास याने कथा कहा गया। विधागत अनिर्णय को आज विद्वान लोग उत्तर आधुनिकता मानते हैं। मैं शिवप्रसाद सिंह की इस विधागत संकुलता को 'विधाविमुक्ति' के रूप में देखता हूँ, जो हर रचनाकार की निर्बंधता का, वैयक्तिकता का प्रमाण है। गरज यह कि ये सब प्रस्तुति विधियाँ एवं विधाएँ शिवप्रसादजी के लेखन में बड़ी रोचक हैं। ये पढ़ने के लिए लुभाती

हैं, समझने के लिए ललकारती हैं। ये दृश्यगत जटिलता में रचनाप्रकृति की सहजता लिए हुए हैं। इनका अलग से अध्ययन—शोधकार्य भी—एक अच्छा काम होगा।

जिस प्रकार रचनावस्तु व रचनाप्रक्रिया एवं विधा की स्थिति ऐसी है कि जो शुरू में उभरी, वह विकसित होती-बदलती हुई अंत तक बनी रही, वही स्थिति शिवप्रसाद जी के रचनाकौशल में भाषा की भी है। यदि 'दादी माँ' सबसे पहले उभरीं और अपने त्याग व ममता के गुणों से अविस्मरणीय बनीं तो वही उत्तरोत्तर कनिया, शीलभद्रा आदि रूपों में परिष्कृत-परिवर्तित होकर अवतरित होती रहीं। यही स्थिति कई-कई चरित्रों की भी है। जैपाल का व्यक्तित्वांतरण विद्याधर में और बुझारथ का कीरत के बड़े भाई में अवतार ही है। ऐसा ही सिला संस्मरण-पात्रत्व व कथात्व का भी देखा हमने। सूक्ष्मता से देखने पर यही भाव भाषा का भी स्वभाव बना है। यह गुण डॉ. सिंह के रचनाकार की संसक्ति का है। शुरू में शोध और सृजन के बीच जो भाषा बनी, उसका मूलरूप अंत तक बना रहा। परंतु दादी माँ से शीलभद्रा माँ के बीच के जैसा परिष्कार व अंतर बनता आता रहा। यह परिवर्तन व संस्कारिता विषय व चरित्र के कारण आती है। अपेक्षित व अनिवार्य है। इसके सोपान भी हैं। जिस गाँव से उठकर डॉ. सिंह जिस शहर गए, उसमें आना-जाना जीवन की सांसारिक फितरत रही। यह गमन व्यावहारिक जगत में भी रहा और है। वे चरित्र भी वैसे ही कहानियों व 'वैतरणी' से निकलकर 'गली आगे मुड़ती है' में प्रकट हो गए, जैसे दुनिया में करैता से काशी में होते रहे। उनकी भाषा भी साथ आई और भोजपुरी स्पर्श काशिका रूप में बदलता गया। संश्लिष्ट क्षणों में संस्कृतमयता, सरलउच्छल क्षणों में लोक भाषायुक्तता तथा नफासती प्रयोग में उर्दूपुटता से बना है भाषा का मूल स्वरूप, इसे 'भेड़िए' संग्रह से शुरू होकर 'शैलूष' जैसी रचनाओं में आक्रामकता व सकारात्मकता के नाम पर बदले जाने का उपक्रम दिखाया-बताया गया। 'भाषा के जादूगर' को 'भाषा का शैलूष' बनना पड़ा, ऐसा प्रचारित भी हुआ और कार्यान्वित भी, इसे युगीन बदलाव के रूप में आंका गया। जरूरी व प्रासंगिक सिद्ध किया गया। हुआ भी परंतु यह बदलाव कुछ बनावट बने बिना न रह सका, क्योंकि मूलस्वरूप की बुनावट को छेड़ने की कोशिश हुई। ऐसे स्थल सहज लक्ष्य हो जाते हैं। अच्छा यह हुआ कि इस बदलाव का जितना जिक्र हुआ, जितनी कुछ कोशिश हुई, उतना परिणामित नहीं हुआ। 'अमृता' संग्रह में 'आदमखोर पैंथर' एवं 'अमृता' तथा 'शरीफ लोग' एवं 'मरना एक पेड़ का' की भाषा में दोनों रूप देखे जा सकते हैं। 'भेड़िए' संग्रह में 'भेड़िए' व 'आदिम हथियार' जैसी कहानियों के समक्ष 'कलंकी अवतार' को देखें तो बदलाव का स्वरूप भी समझा जा सकेगा व उपादेयता में आया फर्क भी। इस बदलाव के इन दो छोरों के मध्य स्थित है 'धरातल' की भाषा। फिर तो जब विपुल लेखन इतिहास में उतरता गया, तो भाषा को ऐतिहासिकता का वातावरण तैयार करने के लिए आभिजात्य से संस्कारित किया गया। 'नीला चाँद' इस रूप की श्रेष्ठ कृति है। यह संस्कारिता और पुराने काल में पहुँचकर 'वैश्वानर' में कुछ और परिधान ओढ़ने पर विवश हुई, जिसमें जीवनबोध के समानांतर उतनी ही दुर्भेध होने से बच न सकी। अर्थ यह कि भाषा की भावगत साधना व सिद्धि के कई-कई आयाम शिवप्रसादजी ने अपनाए-बनाए व साधे हैं। इसके विश्लेषण का स्कोप भी ज़हीन शोधकार्य की उर्वरता से भरपूर है।

कहा जा सकता है कि शिवप्रसाद सिंह की रचनाधर्मिता के आयाम इतनें विविध एवं विपुल हैं कि ढेरों विवेचनों-मूल्यांकनों में निरंतर आते रहने के बावजूद नित्यप्रति नयी-नयी चुनौतियाँ व अध्ययन के नए-नए क्षेत्र खुलते जा रहे हैं। उनके कथाकार का दबदबा ऐसा है कि अन्य रूप दब गए हैं। उन्हें अलग से व्याख्यायित करके ही उनके महत्त्व को आँका व प्रतिष्ठित किया जा सकता है। शुभ यह है कि ऐसे कार्यों के लिए स्रोत भी खुल रहे हैं और साधन भी सुलभ हो रहे हैं। इससे विश्वास बनता है कि आने वाला समय शिवप्रसाद सिंह के सृजन संसार का विभिन्न कोणों से ज्यादा सही एवं बेहतर मूल्यांकन कर सकेगा, जो समीक्षा का दायित्व भी है और जिसे पूरा करना उसकी सार्थकता होगी।

अंतस् के आलोक की महागाथा

डॉ. सत्यदेव त्रिपाठी

शिवप्रसाद सिंह के औपन्यासिक कथा-कौशल के दो शीर्ष हैं—पहला 'अलग-अलग वैतरणी' और दूसरा 'नीला चाँद'। दोनों में 'को बड़ छोट कहत अपराधू' की पक्की स्थिति है। वैसे यहाँ तुलना करना न आवश्यक है, न इष्ट, परंतु डॉ. सिंह की औपन्यासिक रचनाशीलता के संदर्भ में, उसके विकास व श्रेयक्रम में इतना जरूर कहना होगा कि अलग-अलग वैतरणी ने जिस उपन्यासकार को जन्म दिया, उसकी थाप रखने का कार्य 'नीला चाँद' ने ही किया। यूँ तो उसके बाद शिवप्रसाद जी ने आठ उपन्यास लिखे, पर दूसरा शीर्ष बना है 'नीला चाँद' ही। इसका प्रमाण है—उस पर हुई, होती चर्चाएँ। और हाँ, पुरस्कार भी। वरना डॉ. सिंह जैसे दुनियादारी से प्रायः निरपेक्ष व्यक्ति के पास पुरस्कार शायद ही आते। बात यह भी है कि जो पुरस्कार 'नीला चाँद' को मिले, 'वैतरणी' को ही मिल जाने थे।

परंतु जिस तरह इन दोनों शीर्ष रचनाओं के अलग स्वभाव और अलग मजे हैं, उसी तरह दोनों को अलग तरह के श्रेय भी मिले। लेखक भी पूर्व के अनुभवों को लेकर 'नीला चाँद' में उतरा है। 'वैतरणी' में अनुभव व भोगे को कहने की बेचैनी है। इससे स्वतःस्फूर्त प्रवाह की सहजता है। जबकि 'नीला चाँद' अभ्यास व लेखन की अनुभव संपदा की दीप्ति से दीपित है। उनके कारण हुए परिष्कार से निखरा है। यह एक साधना है। सृजनकर्म का पैमाना है। अध्ययन व ज्ञान का खजाना है। इतिहास का विश्लेषण है। वर्तमान का पर्यवेक्षण है। और इन सबको उपन्यास कला के माध्यम से साधा गया है।

'नीला चाँद' काशी पर लिखे डॉ. सिंह की उपन्यासत्रयी (काशीत्रयी) का दूसरा उपन्यास है और लेखक ने इस त्रयी का साथ में समग्र मूल्यांकन करने का संकेत भी किया है, किंतु उस दृष्टि से उतना कुछ हाथ नहीं लगता, जितना अकेले इसे पढ़ने से। खेद है कि प्राचीनकाल, मध्यकाल एवं आधुनिक काल के समयों का प्रतिनिधित्व करने के अलावा काशीत्रयी के पूर्वापर एवं विकास में और कोई खास दृष्टि या किसी प्रकार की अर्गला नहीं दिखाई देती। स्वतंत्र रचना के रूप में 'नीला चाँद' अधिक आलोड़ित करता है। बोधित करता है। रंजित एवं पुलकित करता है।

असल में 'नीला चाँद' ही वह रचना है, जिसमें शिवप्रसादजी अच्छी तरह अंतर्मुख होते हैं। बाह्य जीवन के अनुभवों एवं स्थितियों पर गहनता से मनन करते हैं। सोच-विचार तो सारी ही रचनाओं में है, पर 'नीला चाँद' के पहले बाह्य का ग्रहण व अनुभवों का यथार्थ अधिक मुखर है—गोकि दृष्टि से संतुलित-संवलित है। लेकिन 'नीला चाँद' में ग्रहण का अवगाहन है। अनुभवों का अनुभूतियों में विगलन है। और सबकुछ का अंतस् से पचकर-छनकर सत्व के रूप में बाहर आना हुआ है। इसमें शिवप्रसाद सिंह की निजता उनकी पूर्व की व्यक्तिपरक शैली से अधिक अंतरंगता से प्रवाहित हुई है—रसधार बनकर। इस अंतर्मुखता के दो वाजिब संदर्भ स्पष्टतः समझे जा सकते हैं। जन्मभूमि के संस्कारों-अनुभवों को लेखक 'अलग-अलग वैतरणी' में अभिव्यक्ति दे चुका था। कर्मभूमि के संघर्षों एवं

जीवनवास्तवों को 'गली आगे मुड़ती है' में व्यक्त कर चुका था। निकटता से देखे व गहनता से भोगे इन असधारों के बाद अब उसे अंतर्मुख होना ही था, जो कि विपुल अध्ययन एवं जीवनानुभव के बाद स्वाभाविक भी था और अनिवार्य भी। इसे माध्यम मिला काशी के इतिहास व उसके साक्ष्यों की सुलभता और संभाव्यता में, यह करैता में संभव न था।

लेकिन अंतर्मुखता का दूसरा कारण युगीन बोध से बावस्ता है। इसीलिए वह अधिक उपादेय है। हुआ यह है कि आज का युग बाह्य का उपासक बन गया है। भौतिक प्राप्तियों के पीछे आसक्त है। यह असर चाहे भौतिकवादी चिंतनों का हो, या आधुनिक जीवन में आयी वैयक्तिक निर्बंधता, एक्सपोज़र एवं बढ़ती साधन-समृद्धि तथा उसके उपभोग की खुली छूट का, परंतु यह सत्य है कि इन बाह्य सांसारिक मोहबंध में आज के मनुष्य का अंतरतर अपनी उपयोगहीनता में निष्क्रिय होकर सुसुप्त होता जा रहा है। और आज की ढेर सारी गड़बड़ियों का एक बड़ा प्रमुख कारण यही है। इसीलिए 'नीला चाँद' में लेखक ने अंतर्मुख होकर व्यक्ति की अंतश्चेतना को सक्रिय करने का सोद्देश्य प्रयत्न किया है। सभी प्रमुख पात्रों की आंतरिक चेतना जाग्रंत और क्रियाशील है। वे उसी के भरोसे अपनी सार्थकता स्थापित करते हैं। सफल होते हैं।

उपन्यास में बाह्य के संधानी, भौतिकता के उपासकों की एक पूरी जमात है। ये संधानी अपने भोगविलास की प्राप्ति के लिए किसी भी हद तक अनाचार कर सकते हैं, करते हैं। वे साधन संपन्न हैं। सत्तासीन हैं। परंतु इनकी अंतश्चेतना सुप्त है। बार-बार कहने पर भी, चेताने पर भी वह हिलती नहीं। यही वर्ग आज के जमाने के यथार्थ का प्रतिनिधित्व करता है। और इसके समक्ष अंतश्चेतना संपन्न पात्रों का सृजन इस मौजूदा यथार्थ का लेखकीय विकल्प है। यही 'नीला चाँद' की चेतना की केंद्रीय दृष्टि है।

लेखक ने ढेरोंढेर प्रसंगों-स्थलों-वक्तव्यों के माध्यम से इसे खूब-खूब जाहिर भी किया है। यही है वह अंतस् का आलोक, जो लेखक का है। पात्रों में प्रकट होकर युगजीवन में ऐसे आलोक की महती आवश्यकता की सिद्धि एवं पूर्ति करता है। अंतस् का यह आलोक अदम्य इच्छाशक्ति को उद्भूत-प्रेरित एवं संचालित करता है तथा स्वयं भी उससे परिचालित एवं प्रदीप्त होता है। इन दोनों का मणिकांचन संयोग ही 'नीला चाँद' का प्रमुख स्वर है। इसके समक्ष समस्त बाह्य तत्व फेल हो जाते हैं—भौतिक एवं अधिकार सत्ता के ही नहीं, आरोपित धर्म-आचारों एवं तथाकथित सिद्धियों-साधनों यहाँ तक कि ईश्वर एवं भगवान की सत्ता के भी...। अंतस् के आलोक एवं अमोघ इच्छा शक्ति की इस महागाथा के सबसे प्रबल एवं सफल प्रयोक्ता कीर्त्ति वर्मा का कथन है... ''मैंने सत्ताइस वर्ष की इस लंबी आयु में बार-बार देखा है कि संकट में न भगवान का नाम जप काम आता है, न ग्रहविरोधी अँगूठियों से कुछ सिद्ध होता है...न तंत्र-मंत्र कुछ बदल पाते हैं...बस, सहायक केवल एक वस्तु है, वह है—इच्छा शक्ति की दृढ़ता। यह अंधकार में विद्युत की तरह कौंधती है। खड्ग में अनमनीयता बनकर टूटती है। अश्व में चपलता बनकर टूटती है...मैं उसी शक्ति का उपासक हूँ, जो बाहर नहीं, मेरे भीतर है।''

भीतर की इस शक्ति को नायक कीर्त्ति वर्मा ने जगाया है—समस्त कौशल एवं आंतरिक साधना से। इससे वह बड़े-बड़े कार्य कर पाता है, जिसका ज्वलंत साक्षी है—'नीला चाँद', परंतु अंतस् का यह आलोक वस्तुतः है तो इस महागाथा के रचयिता डॉ. सिंह का ही। उन्होंने भी इसे जीवन के साठ सालों में साधा है। इतने अनुभवों एवं चालीस सालों के कथा लेखन-कौशल से यह महान रचनाकर्म सधा है। इसमें लगभग चौदह सालों का वह मौन भी शामिल है, जो बाह्य से अपने को काटकर अंतस् के मनन में बीता है। तब इस लंबे अंतराल के बाद आ सका यह 'नीला चाँद' जो कृति में अमोघ इच्छाशक्ति का प्रतीक बना है।

इसे थोड़ा-सा बदलकर सुरेन्द्र वर्मा ने 'मुझे चाँद चाहिए' में भी 'असंभव को साधने की ललक' के रूप में प्रयुक्त किया और यह 'कालिगुला' में इसी अर्थ में आ चुका था। ध्यातव्य है कि अल्वेयर कामू को शिवप्रसाद जी ने भी खूब पढ़ा था। लेकिन इस प्रतीक एवं प्रत्यय का व्यावहारिक सत्य डॉ. सिंह के जीवन में भी घटा, जो इस समस्त अभिव्यक्ति-संभार का कारक बना। इसका उल्लेख डॉ. सिंह ने स्वयं किया है।

साहित्य अकादमी-पुरस्कार-ग्रहण के अवसर पर उन्होंने कहा था कि अपने 'विल पॉवर' के बल पर ही बेटी मंजू की आसन्न मौत को रोकने की ठानी थी। चार वर्ष रोक दिया था। ''यही 'नीला चाँद' की सबको प्राप्त ज्योतिकिरण है।'' फिर इस अंतश्चेतना को डॉ. सिंह ने विश्वचेतना से जोड़ने की बात भी की। इसे अन्याय के विरुद्ध जूझने के उत्साह की प्रेरक बताया। और कहा कि इसी को समझाने की एक कोशिश का नाम है—'नीला चाँद'।

जिस तरह बाह्य के मोहाकर्षण के समक्ष अंतस् के आलोक को मूल्य के रूप में प्रतिष्ठित किया गया है, इसी प्रकार 'काशीत्रयी' की योजना के अंतर्गत जो मध्यकालीन काशी इस कृति में चित्रित हुई है, उसमें दृश्यगत रूप से तत्कालीन राजनीति, समाज, संस्कृति, दर्शन, प्रशासन, भूगोल, इतिहास धर्म आदि सभी कुछ विस्तार के साथ अत्यंत विश्वसनीय रूप में प्रस्तुत है, परंतु इन सबके बावजूद यह उस काल के जन-जन के अंतस् की काशी भी है, जो पुनः लेखक के अंतस् का कल्पनालोक ही है—उसकी दृष्टिरूपा कल्पना का आलोक बाह्य काशी को देखने वाले भौतिक अभीप्सा के लोलुप वही लोग हैं, जिनको फटकारते हुए योगी राजकुमार भरथरी कहता है, ''काशी को तू जानता ही नहीं कर्ण ! काशी के बाह्य रूप—मंदिरों, प्रासादों, राजपथों, अट्टालिकाओं, निषद्याओं—को तू काशी समझता है। इसी मूर्खताओं के कारण तू अपने को काशीनरेश कहता है। तूने आंतरकाशी देखी ही नहीं, जो प्रत्येक व्यक्ति की अंतरात्मा में सोयी रहती है।'' सो, श्री शिवप्रसाद जी ने काशी के रूप में भी उसके इसी अंतस् को जगाया है।

अंतस् के आलोक की महागाथा में इस आलोक के कई रूप एवं आयाम हैं। कीरत नायक में यह पौरुष और शक्ति बनकर ज्वलंत होता है, तो श्री माँ में अध्यात्म को आलोकित करता है। बलदेव औझा, विनायक भट्ट, बंधुजीवा एवं रत्नेश शर्मा तथा कृष्ण मिश्र में बौद्धिक जागृति के रूप में जगता है, तो विद्याधर देव में सबका समाहित रूप भासित होता है—देशकालातीत। इन सबके सुकर्म इसी अंतश्चेतना के प्रतिफल बनकर कृति में आए प्रतिपक्ष का शमन कर पाते हैं। इस प्रकार 'नीला चाँद' अंतश्चेतना के आलोक की विजयगाथा है। सबके अंत में इसका समाहार करते हुए 'नीला चाँद' का कथन है—''जैसे हर व्यक्ति के अंदर एक आँगन है, एक तुलसीचौरा है, वैसे ही सबके छोटे-छोटे आकाश में एक 'नीला चाँद' भी होता है...तू खुद कालिमा में डूबकर अपने मन के आँगन में जगमगाता नीला चाँद देख लेगा।''

अब प्रस्तुत महाकाव्यात्मक कृति में जो कुछ भी होता है इसी मन के आँगन याने अंतस् के आलोक का ही प्रताप है। इसके समक्ष इतिहास का प्रयोग मात्र इस आलोक के दीपाधार का कार्य करता है—गोकि शोध-समीक्षा के लिए इस विषयक विवेचन का स्कोप प्रभूत मात्रा में उपलब्ध होगा। तत्कालीन परिवेश व जीवनपद्धति को साकार करने के लिए लेखक ने पर्याप्ताधिक सरंजाम जुटाए हैं, जो विभिन्न दृष्टियों व रूपों के लिहाज से संगत भी हैं और जरूरी भी थे।

लेकिन प्रस्तुति के दौरान जिस प्रकार पूरी कृति 'मंच' शीर्षक के अंतर्गत चलती है और वह सारा काशी में घटित होता है, उससे सिद्ध भी हो जाता है कि मध्यकालीन काशी का इतिहास मात्र मंच याने आधार ही है। भूमिका में लेखक ने मध्यकाल की वह काशी देखने की बात की है, जो विदेशी आक्रांताओं के पहले थी। परंतु उन आक्रांताओं की भीति पूरे उपन्यास में व्याप्त है। यह विद्याधरदेव की अंतश्चेतना से उत्पन्न भविष्यदृष्टि एवं पराक्रम ही था कि वे महमूद को रोक-लौटा सके थे।

यह भीति विदेशी आक्रांताओं के आधिपत्य की ही नहीं थी, विद्याधरदेव की चिंता यह भी थी कि ''क्या हिंदूधर्म, संस्कृति, कला, स्थापत्य, मंदिर-मूर्त्तियाँ यानी सबकुछ जिसे हमारे पूर्वजों ने सहस्त्रों वर्षों से निर्मित किया है, हाथ से निकल जाएगा, अग्नि की लपटों में झुलस जाएगा।'' यह चिंता तब जिन आक्रांताओं के आने के पहले की थी, वह आज विदेशियों के जाने के बाद भी क्या उससे अधिक भयावह नहीं है? ऐसे में आज क्या वैसी ही अंतश्चेतना के आलोक की जरूरत नहीं है? यूँ तो डॉ. सिंह ने 'काशीत्रयी' को 'संस्कृति-आचार-व्यवहार तथा सच्चे वातावरण में डूबकर लिखने' का उल्लेख किया और राजनीति तथा प्रशासन आदि का नाम वहाँ नहीं लिया है परंतु 'नीला

चाँद' के अंतस् के आलोक की सर्वाधिक रोशनी इसी पर पड़ी है। और इतिहास के 'मंच' से चाहे राजनीति की बात होती हो या संस्कृति की, पर बकौल लेखक, इसमें "आपको अनेक सूत्र मिलेंगे, जो आज के आजत्व से जुड़े हैं।" उन्हें समझने के लिए वैसी ही अंतश्चेतना तथा उसका वैसा ही आलोक पाठक में भी दरकार है।

ध्यान देने की बात यह है कि 'नीला चाँद' में ये खतरे अवश्य विदेशी आक्रांताओं से हैं, पर प्रत्यक्ष में वहाँ यह सब करने वाला देसी राजा कर्ण कलचुरी ही है। याने खतरा अंदर का ही है। 'आज का आजत्व' इसी आलोक में समझा जा सकता है। जिस दौड़ में मुब्तिला है आज का समाज, उसमें खतरे अपने लोगों और अपने आप से ही हैं। अस्तु, दरकार है वही आंतरिक चैतन्यता...वही पुरुषार्थ एवं वैसी ही एकता, वरना 'पूर्वजों का सहस्त्रों वर्षों का निर्मित सब कुछ हाथ से निकल जाएगा।'

कीरत ने एक जगह अपने बड़े भाई देववर्मा के अवसान का कारण बताते हुए कहा है : "मेरे भाई देववर्मा की हत्या इसलिए हुई क्योंकि वे दस वर्षों से प्रजा से कटे रहे...विद्याधरदेव अगर भारत पर छा गए, तो कारण वही प्रजा थी, जो जानती थी कि राजा उनका पारिवारिक सदस्य है।" इन प्रसंगों से यह समझ पाना बहुत आसान एवं स्पष्ट है कि हमारे व्यवस्थापकों एवं शासकों और आम आदमी के बीच दूरियाँ जिस प्रकार बढ़ी हैं, जुलूसों, सभाओं के अलावा जनसंपर्क के नाम पर महज वोट पाने के लिए अपनी छवि बनाने की स्वार्थान्धता छा गई है, वही आज की अव्यवस्थाओं व समस्याओं की एक प्रमुख जड़ है।

शिवप्रसादजी ऐसे लोगों से स्पष्ट पूछते हैं, "अपनी अंतरात्मा से पूछिए कि विदेशी तंत्र को स्वीकार करके, बल्कि उनके हाथों में अपने को बेचकर आधुनिकता का राग अलापने वाले महान होते हैं या अपनी धरती के साथ जुड़े हुए, प्रजा और साधारण जन के जीवन में रचे-बसे उनके सुख-दुख और संघर्ष में हिस्सा लेने वाले?" विदेशी तंत्र को स्वीकारने एवं उनके हाथों बिकने की आज की स्थिति कितनी विडम्बनापूर्ण एवं चिंताजनक है 'नीला चाँद' की यह गुहार उन लोगों की अंतरात्मा से है। इसके सिवा रचनाकार के बस में है भी क्या? ऐसे में 'कीरत की विजय व लोकप्रियता का राज़' उसके 'प्रजा का सेवक व सहभागी' होने में निहित है, जो आज का सर्वाधिक काम्य पक्ष है। इसी प्रकार 'धर्मसंस्थान बनाम शासन' का पक्ष भी है, जो स्वर्णमंदिर पर सरकारी कार्रवाई का जबाब बन गया है। इस प्रसंग पर पक्ष-विपक्ष में शास्त्रार्थ की अनंत संभावनाएँ हैं, परंतु इससे अधिक महत्त्वपूर्ण है इस तथ्य का रेखांकन कि इन प्रसंगों को लेखक की अंतश्चेतना ने अपने निश्चित मतसम्मत के लिए पिरोया—फिर चाहे ये इतिहास से चुने गए हो, या अपनी मेघा से रचे गए हो। इस रूप में भी हो गया न, मध्यकालीन परिवेश मात्र मंच भर।

उस परिवेश की सीमाओं का अतिक्रमण करके लेखक ने भरत डोम का पूरा लम्बा प्रकरण रचा है। मृत जानवरों को उठाने वाली नीची जाति (डोम) के प्रति लेखकीय अंतश्चेतना की प्रगतिशीलता ने उनकी अस्पृश्यता एवं काम के बदले उचित मजदूरी का प्रश्न उठाया है। बात बड़ी जरूरी है। मौजूँ है। शिवप्रसाद जी की चेतना में काफी पहले से यह मुद्दा मौजूद रहा है। व्यक्त भी होता रहा है। आज का यथार्थ अब बदल गया है। वह जाति अब यह काम लगभग छोड़ चुकी है। परंतु इतिहास के नाते यह प्रसंग अनुचित नहीं लगता। बड़ा असरकारक भी बन पड़ा है। मराठी के दलित लेखन का प्रभाव शिवप्रसादजी में नहीं है, वरना वे इस मुद्दे के कुछ अत्यंत गंभीर व अधुनातन प्रश्न भी उठाते। हाँ, अपनी दृष्टि व सोच के सम्यक् आकलन से वे उस जाति की आर्थिक उन्नति एवं सामाजिक समता के लिए गाँधी व मार्क्स के सम्मिलित रूप की आवश्यकता की एक झलक दिखा सके हैं। यदि इसमें अम्बेडकर का भी समावेश होता, तो और गहराई आती।

इस समस्या को वर्गगत आधार का विस्तृत परिप्रेक्ष्य देना हो, तो डॉ. सिंह की कतिपय पूर्ववर्ती कहानियों को जोड़ना पड़ेगा, वरना यह प्रसंग एक विशिष्ट जाति तक सिमट कर रह गया है। तंतुवायी की समस्या का आधुनिक पक्ष अवश्य नुमायाँ हुआ है, जो आर्थिक शोषण का ज्वलंत रूप प्रकट करता है। प्रजा कहे जाने वाले इस ओ.बी.सी. श्रेणी की चिंता भी शिवप्रसाद जी की मेधा का पुराना विषय रहा है।

'झीनी-झीनी बीनी चदरिया' के बावजूद 'नीला चाँद' के इस प्रसंग का अपना विशिष्ट महत्त्व है।

बाह्य की आसक्ति में डूबे आज के समाज को जिस तरह अंतरतर में गोता लगाने का विकल्प देना 'नीला चाँद' का प्रमुख स्वर है, उसी तरह प्रेम संबंधों में देह तक सीमित रह जाने की आज की प्रवृति के समक्ष भी लेखक ने एक सोच व मूल्य स्थापित करने का सुंदर प्रयत्न किया है। यह भी शिवप्रसाद जी की चेतना की एक प्रखर धारा रही है। वे शुरू से प्रेम को शरीर संबंधों के अनैतिक स्वरूप से दूर रखकर सामाजिक मर्यादा को निभाते रहे हैं। उनके लिए प्रेम शरीरेतर नहीं रहा, पर शरीर मात्र में आसक्त भी न रहा। वह मन के गहन गह्वर का आलोक रहा है। इसीलिए जब भी माँ ने विद्याधर देव के प्रति अपने प्रेम की स्वीकृति सरेआम की, तो जैसे आज के पूरे युग को ही संबोधित किया हो— "मैं उनसे और वे मुझसे प्रेम करते थे। तू नहीं समझ पाएगा यह, क्योंकि तेरे पास जो स्थूल यष्टि तुला है, उस पर पदार्थ तोला जा सकता है। स्थूल नापा जा सकता है। पर प्रेम के माधुर्य को नैतिकता अनैतिकता के बटखरों से तोलने वाले प्रायः मूर्ख होते हैं। क्या तू जानता है कि अतिक्रमण का अर्थ क्या है। प्रेम जब शरीर-मन-आत्मा का अतिक्रमण कर जाता है, तब वह ईश्वरीय राज्य के आशीर्वादों से चरितार्थ हो जाता है।" कहना होगा कि इसमें कुछ अतीन्द्रियता एवं आदर्शवादिता अवश्य है, परंतु आज जब प्रेम व नारीदेह को क्रय-विक्रय का साधन एवं उपभोग की वस्तु बनाकर बाजार में परिणत किया जा रहा है, तो ऐसी ढहती मर्यादाओं के समक्ष यह एक सशक्त उदाहरण बनकर इस प्रवाह को एक और दिशा का संकेत अवश्य देता है। गोमती एवं कीरत के संबंध भी ऐसा ही उदाहरण प्रस्तुत करते हैं।

अंतर्मुखता की तरह ही नायकों की सकारात्मक गतिशीलता की शुरुआत भी शिवप्रसाद जी ने 'नीला चाँद' से ही की है। मौन के लम्बे अंतराल के मनन का एक विकास यह भी है। इसके पहले के नायक विपिन एवं रामानंद प्रायः पलायन के रहबर बनते रहे। डॉ. सिंह ने एक साक्षात्कार में कहा था कि ये दोनों ही अपना रास्ता पा लेंगे। शायद कीरत के रूप में उनका ही यह कायापलट हुआ है। पलायन के अंत अब 'नीला चाँद' से लड़ाइयों की शुरुआत बनकर जो आने शुरू हुए, तो आगे के सभी उपन्यासों में आर-पार की लड़ाइयाँ लड़ते और जीतते नायकों को हम देख सकते हैं, इस कारगर परिवर्तन का श्रेय भी इस रचना को ही जाता है। यह रचनाकार की चेतना का बदला आलोक है।

चरित्र बहुलता शिवप्रसाद जी की औपन्यासिकता की फितरत रही है। वह 'नीला चाँद' में अपने चरम पर है। असल में इस फितरत का राज़ लेखकीय चुनाव में है। शिवप्रसाद जी प्रायः ग्राम या शहर का प्रतिनिधित्व करने की निहित चेतना से उपन्यास में उतरते रहे हैं। अतः उस पूरे संभार को साकार करने के लिए बहुतों की जरूरत स्वाभाविकता का तकाज़ा बन जाती है। यहाँ तो वे एक शहर (काशी) के नाम पर मध्यकालीन उत्तरभारत को ही साकार करने की सोद्देश्यता लेकर चले हैं। और उसका एक खास एवं बड़ा भाग साकार हुआ भी है। फिर इसमें एक देश के साथ एक विशिष्ट काल का भी प्रतिनिधित्व हुआ है। इतिहास के साक्ष्य भी इस प्रतिनिधित्व में शामिल हैं। अतः कुल मिलाकर इतने अधिक चरित्र आने ही थे। परंतु सबकी पहचान बना पाने में अद्भुत रूप में लेखक सफल हुआ है। उसके अंतस् के आलोक से कोई छिपा नहीं रह जाता।

सबको याद रख पाना पाठक की सीमा हो सकती है, पर यह गुर उपन्यास की तो उपलब्धि है। चरित्रों की घटकबद्धता पहले की ही तरह यहाँ भी बरकरार है। वह इनकी छबि गढ़ने व पहचान कायम रखने में अनपेक्षित रूप से बहुत कारगर हुई है। मनुष्य-स्वभाव के विपरीत की यह प्रयुक्ति रचना के लिए बहुत माफिक बन पड़ी है। एक दूसरे के बारे में और खासकर लेखक के प्रिय व प्रमुख पात्रों के बारे में बहुत बोलने की चरित्र-चित्रण प्रक्रिया यहाँ ज़रा ज़्यादा ही अपनायी गई है। इससे कीरत जैसे पात्र भी दैवी गुणों वाले होते चले गए हैं—शीलभद्रा तो हैं ही दैवी शक्ति संपन्न।

पात्रों की अदाएँ व कर्म, उनके पराक्रम गुण कई बार औपन्यासिकता के यथार्थ को बेतरह तोड़कर बेहद अविश्वसनीयता की ज़द में पहुँच जाते हैं। ऐसी

बातें 'नीला चाँद' को लेकर कही जा चुकी हैं। इनके जवाब के लिए लेखक ने पुस्तक के दूसरे संस्करण में 'अहम् उवाच' नामक एक और वक्तव्य जोड़ा—'सिर्फ एक मिनट' की पहली भूमिका के अलावा और उसके पहले। साढ़े छह सौ पृष्ठ के उपन्यास में जितना कुछ, जिस सफाई से कह दिया गया है, उसके बाद अब ऐसे जवाबों की कोई ज़रूरत न थी। उसमें महाभारत व ऐसी ही अन्य रचनाओं-घटनाओं के उल्लेख से डॉ. सिंह ने अपनी बात कही है, पर काल व विधा की संगति प्रायः बाधित हुई है। परंतु यह भी लेखक की प्रकृति का नियमित आलोक है, जो आए बिना कैसे रह पाता।

'नीला चाँद' के पूर्व शिवप्रसाद जी की भाषा का प्रमुख स्वरूप लोक जीवनपरक रहा। उनके लेखन का अधिकांश लोकजीवन से संबद्ध रहने के कारण यह उचित व सहज था। ऐसे में 'नीला चाँद' की भाषा को देखकर ऐसा कह देना आसान होगा कि इसमें उनकी लेखकीय चेतना ने भाषा का नया आलोक सिरजा है। परंतु तत्सम शब्दावली से भरी संस्कृतनिष्ठ भाषा का यह आभिजात्य यदि बाद कर दिया जाए, तो इस भाषा प्रकृति का मूल रूप 'गली आगे मुड़ती है' से ही बनने लगा था। संस्कृत के विशुद्ध शब्दों को बाद कर देने पर जो स्वरूप बचेगा, वह 'गली आगे मुड़ती है' की भाषा का हू-ब-हू रूप ही होगा। यहाँ संस्कृत शब्द एवं तत्समनिष्ठ शब्दावली ने उपन्यास के कई-कई आयामों को साधने में अपनी सार्थकता सिद्ध की है। इससे अध्यात्म एवं दर्शन से लेकर यथार्थ तक को बखूबी व्यक्त किया जा सका है। भाषा में इससे जो आभिजात्य आया है, उससे कथा में एक दिव्यता का अहसास फैलता है, तत्कालीन परिवेश को जीवंत करने में यह तत्समता अद्भुत रूप से कारगर सिद्ध हो गई है। जो कि सोद्देश्य है।

असल में यह आलोक भी विषयानुरूप भाषिक चुनाव की लेखकीय अंतश्चेतना का ही है। संस्कृतमयता में सहजता लाने का प्रयत्न भी एक हद तक सफल हुआ है। अभिजात वर्ग की खास भाषा भी यहाँ वर्ग भेद को निभाती हुई प्रयुक्त हुई है, जो लेखक का उल्लेख वैशिष्ट्य है। इसमें किचिंत् अनवधानता आई है, कहीं भारी भारी शब्द कुछ खटकते भी हैं, पर इतने बड़े रचना कौशल में इतना-सा कुछ सहज अपेक्षित भी है और निवार्य भी। भाषा के तत्सम रूप को यदि वाक्य रचना में ढाला गया होता, तो यह भी न होता—'दिव्या' एवं 'वैशाली की नगर-वधू' आदि की तरह। परंतु उसका प्रयोग ज्यादा शब्दाधारित हो जाने से यह हुआ है, जो तत्कालीनता के प्रति लेखक की अतिरिक्त सजगता का परिणाम है। यह रूप कुछ जगहों पर कतिपय प्रसंगों एवं कुछेक पात्रों में भाषाप्रगल्भता तक भी पहुँचा है। परंतु इस संस्कृतनिष्ठता के साथ लोकतत्वों-गीतों-शब्दों-मुहावरों-लहज़ों-के सुंदर समन्वय ने भाषा को बड़ी जीवंतता दी है—जीवनमय बनाया है।

प्रस्तुति के आलोक प्रायः वही हैं, जो पहले से ही डॉ. सिंह के लेखन में आलोकित होते रहे हैं। परंतु नाट्यतत्वों का मुखर स्वरूप भी इस बार किंचित् उभरा है। 'मंत्रवारिणी', 'मंच', 'नेपथ्य' जैसे विधान इसके प्रमाण हैं। शीर्षक की नयी पद्धति भी 'नीला चाँद' में चमकी है, जो पहले अनाम अध्याय-परिवर्तन हुआ करता था। इससे काशी ज्यादा साकार हुई है। गुण रूप के साथ नाम (संज्ञा) में भी उपन्यास की पूरी कालावधि भी स्पष्टतः समझी जा सकी है।

'नीला चाँद' को लेकर अंतिम, पर आखिरी नहीं, बात कि यह एक क्लासिक उपन्यास है—महाकाव्यात्मक तो है ही, हिंदी साहित्य में इससे अच्छे क्लासिक उपन्यास भी हो सकते हैं, पर ऐसा क्लासिक उपन्यास दूसरा नहीं है। इस सचाई को आने वाला समय और अधिक स्पष्ट रूप से सिद्ध करता जाएगा।

डॉ. शिवप्रसाद सिंह की कृतियाँ

सृजन कार्य–शोध समीक्षा

1. विद्यापति 1954
2. कीर्तिलता और अवहट्‌ठ भाषा 1955
3. सूरपूर्व ब्रजभाषा और उसका साहित्य 1957
4. रसरतन 1967
5. आधुनिक परिवेश और नवलेखन 1970
6. उत्तर योगी (अरविंद की जीवनी) 1972
7. आधुनिक परिवेश और अस्तित्ववाद 1973
8. शांति निकेतन से शिवालिक 1978

कहानी-संग्रह

1. आरपार की माला 1955
2. कर्मनाशा की हार 1958
3. इन्हें भी इंतजार है 1961
4. मुरदा सराय 1966
5. अँधेरा हँसता है 1975
6. भेड़िये 1977
7. मेरी प्रिय कहानियाँ 1978
8. अंधकूप 1978
9. एक यात्रा सतह के नीचे 1979
10. सुनो परीक्षित सुनो 1991
11. अमृता 1991

नाटक

1. घाटियाँ गूँजती हैं 1963
2. अश्मक का फूल

उपन्यास

1. अलग-अलग वैतरणी 1967
2. गली आगे मुड़ती है 1974
3. नीला चाँद 1988
4. शैलूष 1989
5. मंजुशिमा 1990
6. औरत 1991
7. कुहरे में युद्ध 1993
8. दिल्ली दूर है 1993
9. वैश्वानर 1995

ललित निबंध

1. शिखरों का सेतु 1962
2. कस्तूरी मृग 1972
3. चतुर्दिक 1972
4. मानसी गंगा 1986
5. किस-किसको नमन करूँ 1987
6. क्या कहूँ कुछ कहा न जाए 1996
7. खालिस मौज में 1998

रिपोर्ताज

1. अंतरिक्ष के मेहमान 1965
   (प्रथम अंतरिक्ष यात्री गगारिन को समर्पित)
2. मेरे साक्षात्कार 1996

सरस्वती नः सुभगामयस्करत्

व्यास सम्मान 1993

मैं वक्त के हूँ सामने

गिरिजाकुमार माथुर

व्यास सम्मान 1993 की घोषणा 17 दिसम्बर, 1993 को हुई। दुर्भाग्य से कुछ ही समय बाद श्री गिरिजाकुमार माथुर का देहावसान 10 जनवरी, 1994 को हो गया। अतः कोई सार्वजनिक सम्मान आयोजित नहीं किया गया। बिरला हाऊस, नई दिल्ली में श्रीमती शकुन्त माथुर (श्री माथुर की पत्नी) को उनके परिवार के अन्य सदस्यों और कुछ विशिष्ट अतिथियों की उपस्थिति में 2 अप्रैल, 1994 को सम्मान भेंट किया गया।

गिरिजाकुमार माथुर

श्री गिरिजाकुमार माथुर के लिए घोषित व्यास सम्मान स्वर्गीय माथुर की धर्मपत्नी श्रीमती शकुंत माथुर को भेंट करते हुए फाउंडेशन के प्रधान श्री कृष्णकुमार बिरला। साथ में हैं चयन समिति के अध्यक्ष प्रो. श्यामाचरण दुबे।

सरस्वती नः
सुभगामयस्करत्

प्रशस्ति

वर्ष 1993 के व्यास सम्मान के लिए श्री गिरिजाकुमार माथुर के काव्य संग्रह 'मैं वक्त के हूँ सामने' का नियमानुसार चयन 17 अगस्त, 1993 को हुआ। के.के. बिड़ला फाउंडेशन द्वारा इसकी सार्वजनिक घोषणा 17 दिसंबर, 1993 को की गई, पर दुर्भाग्यवश सम्मान समर्पण से पहले ही 10 जनवरी, 1994 को, श्री माथुर का निधन हो गया, जो हिंदी ही नहीं भारतीय साहित्य के लिए बहुत बड़ा आघात है।

22 अगस्त, 1918 को जनमे श्री माथुर मूलतः कवि रहे और प्रशासन तंत्र में जकड़े रहने पर भी उनकी काव्य प्रतिभा पर तनिक भी आँच नहीं आई। पाँच दशकों की लंबी अवधि में वह निरंतर साहित्य सृजन में सक्रिय रहे। सन् 1990 में प्रकाशित 'मैं वक्त के हूँ सामने' उनकी लंबी रचना साधना की प्रौढ़ उपलब्धि है। यह ऐसी कविताओं का संग्रह है जिनमें सर्जनात्मक स्तर पर चिंतन की आग का काव्यात्मक विस्फोट हुआ है। इन कविताओं ने अपने तेवर से काव्य की परती ज़मीन तोड़ी-गोड़ी है और काव्य प्रयोग के बीजों को विचार जल से सींचकर उगाया व बड़ा किया है। भारतीय प्रकृति दर्शन की मूल जड़ों से जुड़कर ये कविताएँ पाठकों को परंपरा की आधुनिकता और सर्जनात्मकता का अहसास कराती हैं। इन कविताओं में राजनीतिक व सामाजिक सच्चाइयाँ ताज़ा संवेदना में ढलकर सामने आती हैं। वेद, उपनिषद् और हिंदी के मध्यकालीन संतों की क्रांतिकारी परंपरा का खमीर इस संग्रह की बहुत-सी कविताओं में उठा है और हिंदी की लंबी काव्य परंपरा का तेजस्वी बिम्ब इस सृजन में झिलमिलाता मिलता है।

श्री गिरिजाकुमार माथुर की सृजनात्मकता भारतीय साहित्य में सदा स्मरणीय रहेगी।

बिशन टंडन सदस्य-सचिव	श्यामाचरण दुबे अध्यक्ष	कृष्ण कुमार बिरला अध्यक्ष के.के. बिड़ला फाउंडेशन

चयन समिति

नई दिल्ली : 2 अप्रैल, 1994

श्री कृष्णकुमार बिरला का अभिभाषण

यह हम सबके लिए ही बड़े खेद की बात है कि आज हम व्यास सम्मान भेंट करने की केवल औपचारिकता निभा रहे हैं। श्री गिरिजा कुमार माथुर का निधन हिंदी के लिए ही नहीं भारतीय साहित्य के लिए भी बड़ी दुःखद घटना है। मैं इस अवसर पर अपनी और आप सबकी ओर से श्रीमती माथुर व उनके परिवार के सभी सदस्यों के प्रति हार्दिक संवेदना प्रकट करता हूँ।

गिरिजा कुमार जी हिंदी के प्रख्यात व वरिष्ठ कवियों में थे। पचास वर्ष से भी कुछ अधिक समय पहले उनका पहला कविता संग्रह 'मंजीर' प्रकाशित हुआ था। उन्हें उसी समय निराला जी का आशीर्वाद प्राप्त हुआ। उसके बाद उनकी लंबी साहित्य-यात्रा में कई कविता संग्रह व अन्य रचनाएँ प्रकाशित हुईं। इस यात्रा के विभिन्न मोड़ों पर हिंदी के बड़े साहित्यकारों और आलोचकों ने उन पर हमेशा ध्यान दिया। बच्चन जी, डॉ. रामविलास शर्मा, डॉ. नगेन्द्र, डा. नामवर सिंह आदि सभी ने उनको आधुनिक हिंदी का प्रमुख कवि मानते हुए उनके योगदान के विभिन्न पक्षों की समय-समय पर काफी सराहना की है। यह सम्मान श्री गिरिजा कुमार माथुर को उनके कविता संग्रह 'मैं वक्त के हूँ सामने' के लिए समर्पित किया जा रहा है।

एक सामान्य पाठक को गिरिजा कुमार जी की कविता में जो बात सबसे अधिक अच्छी लगती है वह है उनका अपनी धरती, मिट्टी से पूरी तरह जुड़े होना। उनके लिए यह 'साँवली-सलोनी मिट्टी, मामूली मिट्टी नहीं, केसर है।' साथ ही उनकी कविता में हमारा प्रकृति-दर्शन पूरी तरह रचा-बसा है। क्वार की दोपहर, शरद की पूरनमासी, चैत की शाम, खेत, खलिहान, मोर, हिरन आदि से यह कविता भरपूर है। हमारे वातावरण के विनाश से वह बहुत अधिक चिंतित थे। मानव-मूल्यों में उनकी अटूट आस्था थी।

आज इस अवसर पर मैं उनकी स्मृति को अपनी श्रद्धांजलि अर्पित करता हूँ। उनकी काव्य-साधना भारतीय साहित्य में सदा गौरव के साथ स्मरण की जायेगी।

अंत में मैं श्रीमती शकुंत माथुर, उनके परिवार के सदस्यों तथा आप सभी का आभार प्रकट करता हूँ कि आपने इस आयोजन में सम्मिलित होने का कष्ट किया।

गिरिजाकुमार माथुर का रचना संसार

सदानन्द प्रसाद गुप्त

आधुनिक हिंदी कविता के इतिहास में प्रयोगवाद और नयी कविता आंदोलन के कवि माने जाने वाले गिरिजा कुमार माथुर छायावादोत्तर कविता के एक महत्त्वपूर्ण हस्ताक्षर हैं। गिरिजाकुमार माथुर की काव्ययात्रा 'मंजीर' (1941) से आरंभ होती है और 'नाका और निर्माण' (1946), 'धूप के धान' (1955), 'शिलापंख चमकीले' (1961) 'जो बँध नहीं सका' (1966), 'भीतरी नदी की यात्रा' (1975), 'छाया मत छूना मन' (1978), 'साक्षी रहे वर्तमान' (1979), 'कल्पांतर' (1983), 'मैं वक्त के हूँ सामने' (1990) और 1937 से 1990 तक की श्रेष्ठ कविताओं के संकलन 'मुझे और अभी कहना है' (1991) तक चलती रहती है।

यद्यपि गिरिजाकुमार माथुर की रचनात्मक प्रतिभा का सर्वोत्तम प्रकटीकरण काव्य के क्षेत्र में हुआ है, किंतु अन्य विधाओं में भी इन्होंने अपनी क्षमता का परिचय दिया है। जनम कैद (नाटक), पृथ्वीकल्प (काव्य नाटक) तथा नयी कविता : सीमाएँ और संभावनाएँ (आलोचना) अन्य विधाओं में उनकी क्षमता की परिचायक हैं। श्री माथुर ने भारतीय सांस्कृतिक संबंध परिषद् की अंतर्राष्ट्रीय त्रैमासिक पत्रिका 'गगनांचल' के सम्पादक के रूप में भी अपना योगदान दिया है। पर इनका मुख्य क्षेत्र कविता ही रहा है।

एक लंबी काव्ययात्रा में गिरिजाकुमार माथुर आलोचकों के मूल्यांकन की विविधता के शिकार रहे हैं। रामस्वरूप चतुर्वेदी और बच्चन सिंह इन्हें मूलतः रस और रोमांस का कवि मानते हैं। डॉ. चतुर्वेदी का यह भी मानना है कि छंद, लय और शब्द तराश में उनकी विशेष रुचि रही। डॉ. बच्चन सिंह कहते हैं कि 'मंजीर' में कैशोर्य भावुकता की अभिव्यक्ति है; 'धूप के धान', 'शिलापंख चमकीले', 'भीतरी नदी की यात्रा' में उनकी प्रणयानुभूति कम नहीं होती। डॉ. नामवर सिंह ने गिरिजाकुमार माथुर पर विचारधारा की अस्पष्टता का आरोप लगाया है। वे माथुर के शिल्प विधान को छायावाद की नकल कहते हुए उनमें सूक्ष्म मनोभावों वाली शब्दावली का अभाव देखते हैं। डॉ. नामवर सिंह कुछ आगे जाकर तल्ख टिप्पणी करते हैं कि माथुर की कविताएँ थकान और रुग्ण रूमानियत की कविताएँ हैं। डॉ. रामविलास शर्मा ने नयी कविता के कवियों पर अस्तित्ववाद के प्रभाव की चर्चा करते हुए गिरिजाकुमार माथुर पर भी अस्तित्ववाद की छाया देखी है। वे भी माथुर को देह रस वाला कवि कहते हैं—''गिरिजाकुमार ने जो राग साधा है, वह देह रस वाला राग है। उनका किशोर मन न वयस्क होता है न प्रौढ़, वार्धक्य तो दूर की बात है।''

हिंदी के कुछ महत्त्वपूर्ण आलोचक ऐसे भी हैं, जिन्होंने माथुर के काव्य के संबंध में सकारात्मक टिप्पणियाँ की हैं। डॉ. नगेन्द्र की दृष्टि में माथुर में एक ओर छायावाद की अतीन्द्रिय शृंगार भावना का अभाव है और दूसरी ओर प्रगतिवाद की अनगढ़ स्थूलता भी नहीं है। रूप और रस के मांसल स्पर्श परिष्कृत कल्पना के संसर्ग से अत्यंत रमणीय बन गए हैं। यह शृंगार न तो भूखे तन और मन का आहार है और न किसी अदृश्य आलम्बन के साथ कल्पना बिहार है। डॉ. नगेन्द्र उन्हें केवल प्रेम और व्यक्तिगत

अनुभूतियों का कवि नहीं कहते बल्कि सामाजिक जीवन की अनुभूतियों और यथार्थ चेतना के कवि के रूप में उनका मूल्यांकन करते हैं। डॉ. नगेन्द्र इस बात पर भी बल देते हैं कि माथुर के यहाँ प्रयोग बौद्धिक भंगिमा या फैशन के वशीभूत होकर नहीं आया है; वह उनकी अनुभूतियों और संवेदनाओं के सूक्ष्म कोणों, रंगों और प्रभावों को व्यक्त करने की आकुलता से जुड़ा हुआ है। डॉ. लक्ष्मी सागर वार्ष्णेय की महत्त्वपूर्ण टिप्पणी है कि जीवन के प्रति आस्था जितनी दृढ़ रूप में गिरिजाकुमार माथुर में दिखाई देती है, उतनी कम सामयिक कवियों में है। अन्य आलोचकों ने भी इनके काव्य में व्यक्त आशावादी स्वर की पहचान की है और रोमैंटिक निराशा से आशा की ओर अग्रसर होना इनका प्रमुख काव्य स्वर माना है। उन्हें एक ऐसे इतिहास बोध और इतिहास रस का रचनाकार बताया गया है, जो अतीतजीवी नहीं है और न अतीत से मोह पालता है अपितु वर्तमान जीवी है और जो अतीत तथा भविष्य को वर्तमान के दो छोर मानता है। अपनी लम्बी काव्ययात्रा और उस यात्रा के दौरान आलोचकों के मूल्यांकन के अलग-अलग स्वरों को गिरिजाकुमार माथुर ने सुना है और अपने अंतिम संकलन 'मुझे और अभी कहना है' की लंबी भूमिका में उत्तर देने का प्रयास भी किया है। हालाँकि वे रचनाकार के लिए अलग से वक्तव्य देने की आवश्यकता नहीं समझते।

माथुर ने 'मुझे और अभी कहना है' की भूमिका में काव्य के सिद्धांत पक्ष की चर्चा की है और अपने काव्य संस्कार के बनने की पृष्ठभूमि को भी स्पष्ट किया है तथा आलोचकों द्वारा लगाए गए आक्षेपों का जवाब भी दिया है—"काव्य साधना के इन पिछले 50 वर्षों में अपने समय के तमाम आंदोलनों के बीच से गुजरा हूँ। प्रगतिवाद, तार सप्तक की प्रयोगधर्मी सामाजिकता, नई कविता, अस्तित्ववादी कविता, विक्षुब्ध पीढ़ी की विद्रोही तेवर वाली कविता, विडम्बना और विकृति की निषेधवादी कविता और इधर जनवादी कविता जैसे सभी आंदोलन इन्हीं दशकों में हुए। प्रगतिशील धारा, प्रयोगधर्मिता और नई कविता में अपना योगदान देते हुए भी मैं जिंदगी से जुड़ी अपनी 'अलग' जमीन पर खड़ा रहा। मुझे लगता है कि आलोचकों ने मेरे इस पक्ष को लक्षित नहीं किया है।"

माथुर को आलोचकों से यह भी शिकायत है कि समय-समय पर प्रकाशित हुए संग्रहों की कविताओं का मूल्यांकन ठीक प्रकार से नहीं किया गया। उनका कहना है कि 'जो बँध नहीं सका' संकलन की कविताओं को अस्तित्ववादी कहा गया, जो उपयुक्त नहीं था। माथुर इस बात को विशेष रूप से रेखांकित करना चाहते हैं कि अस्तित्ववाद का निषेधात्मक दृष्टिकोण तथा समाज से कटे हुए व्यक्ति के उच्छृंखल, अराजक और स्वेच्छाचारी मूल्यों को उन्होंने कभी स्वीकार नहीं किया। उन्होंने इस बात का भी खंडन किया कि 'साक्षी रहे वर्तमान' की वास्तविकता केवल बाहर की देखी हुई है। वे स्पष्ट करते हैं कि वे रचनाएँ प्रशासन तंत्र और नौकरशाही से निरंतर टकराहट की रचनाएँ हैं। उन्होंने इस तथ्य को दृढ़ता पूर्वक रखा कि वे केवल प्रेम, माधुर्य और सौंदर्य या रोमांस और देह इसके कवि नहीं हैं, उन्हें संघर्ष और यथार्थ की पहचान समान रूप से रही है। उन्होंने अपनी प्रेम संबंधी कविताओं पर की जा रही इस टिप्पणी का भी प्रत्याख्यान किया कि उनमें रीतिकालीन श्रृंगारिकता, या विलासिता है। उनका कहना है कि प्रेम और सौंदर्य संबंधी कविताओं में रीतिकालीन श्रृंगारिकता, रूप रसकुलता, वासना, रुग्ण विलासिता या मात्र देह रस नहीं है। उनमें पारिवारिक प्रेम, प्रणय, ममता, और स्वस्थ ऊष्मा ही व्यक्त हुई है, जो मनुष्य को शक्ति और सामर्थ्य देती है।

प्रत्येक रचनाकार की अपनी रचना दृष्टि होती है, उसके साहित्य संबंधी सिद्धांत होते हैं, जिन्हें वह अपनी रचनाओं या वक्तव्यों के माध्यम से व्यक्त करता है। गिरिजाकुमार माथुर ने भी अपने संकलन की भूमिका में काव्य के स्वरूप आदि पर अपना दृष्टिकोण स्पष्ट किया है जिनसे एक ओर उनकी रचना दृष्टि का पता चलता है साथ ही उनके कविता संसार को भी पहचानने में मदद मिलती है। माथुर साहित्य को वृहत्तर जीवन से जोड़ने की प्रक्रिया मानते हैं—कविता सामाजिक, वस्तुगत और व्यक्तिगत जीवन के अनुभवों को फिर से जीने, पहचानने, और वृहत्तर जीवन से जोड़ने की प्रक्रिया होती है। उस बिंदु पर पहुँचकर कवि के स्थूल व्यक्तित्व का विसर्जन हो जाता है। माथुर कविता को सिर्फ आत्माभिव्यक्ति नहीं मानते

न ही आत्मनिष्ठ कल्पना विलास। उनके अनुसार कविता का सरोकार एक वृहत्तर दुनिया से, एक पूरे जीवन ब्रह्माण्ड है।

प्रगतिवादी कविता और बाद के दौर में जनवादी कविताधारा में कविता और राजनीति के संबंधों की चर्चा हुई है। माथुर कविता को राजनीतिक लक्ष्यों की साधना नहीं बनाना चाहते। वे कविता को मानवीय संवेदना का कलात्मक दस्तावेज मानते हैं।

इस प्रकार विभिन्न आलोचकों के मूल्यांकन और माथुर के वक्तव्यों के बाद यदि उनके संपूर्ण काव्य-संसार का विवेचन किया जाए तो उनकी कविता की कुछ प्रमुख प्रवृत्तियाँ साफ तौर पर उभर कर सामने आती हैं। उनके लिए यह कहना कि वे मूलतः रंग, रस, रोमांस और प्रेम तथा मांसल सौंदर्य के कवि हैं, एक सीमा तक सही है। उनकी कविताओं में प्रेम और सौंदर्य के चित्र अधिक हैं; प्रेम व्यापार के रोमानियत भरे उत्कृष्ट चित्र उनकी कविताओं में मिलते हैं, पर उनकी रोमानी अदा छायावादी रोमानी अर्थ ध्वनियों से भिन्न है। 'चूड़ी का टुकड़ा' कविता में कपड़ों के बीच से 'गिरा रेशमी चूड़ी का छोटा-सा टुकड़ा' कवि के रोमानी प्रेम को सघन ऐन्द्रियता में व्यक्त करता है—

गिरा रेशमी चूड़ी का
छोटा-सा टुकड़ा
उन गोरी कलाइयों में जो तुम पहने थीं,
रंग भरी उस मिलन रात में
पड़ती थी जो एक दूसरे में मिल गुँथकर,
सूनी सी उस आधी रात।

रांगेय राघव की इस संदर्भ में की गई टिप्पणी अर्थपूर्ण है— गिरिजाकुमार माथुर सजीली सुषमा का कवि जो कभी-कभी बहुत मीठी कल्पना करता है प्रिया के प्रति अनुरक्त रहता है, उसकी प्रिया कविप्रिया है।

माथुर की प्रणय संबंधी कविताओं में पारिवारिक ममता, ऊष्मा, प्रणय, प्रेम, मूर्त और मांसल अनुभवों की जो निःसंकोच अभिव्यक्ति हुई है उसमें दुराव, छिपाव, कुंठा या वर्जना जैसी कोई अपराध भावना नहीं है। इनमें रोमांटिक कवियों की पलायनवादी वैयक्तिकता नहीं है, जीवन का उल्लास है, विश्वास है, वसंत की सुषमा है, केसर का रंग है, पूनम की चाँदनी है और जीवन में लौटी मिठास है—

आज हैं केसर रंग रंगे वन,
गृह, द्वार, नगर, वन,
जिनके विभिन्न रंगों में है रंग गई
पूनो की चाँदनी।
जीवन में फिर लौटी मिठास है,
गीत की आखिरी मीठी लकीर सी,
प्यार भी डूबेगा गोरी-सी बाँहों में,
ओठों में आँखों में
फूलों में डूबें ज्यों—
फूल की रेशमी रेशमी छाँहें।

('मुझे और अभी कहना है' पृष्ठ 62)

गिरिजाकुमार माथुर को मांसल प्रेम का कवि कहा गया है। जीवन के सुंदर, मधुर, मांसल, ऊष्म, कमवीय तथा प्रगाढ़ ऐन्द्रिय अनुभवों को व्यक्त करने के लिए उन्होंने अपनी कविता में समूचे संवेदनात्मक व्यक्तित्व को मुक्त रूप से उड़ेल दिया है। उन्होंने इन कविताओं के माध्यम से जीवन की आसक्ति और जीवन का आनंद, उल्लास पूरा व्यक्त किया है। 'रेडियम की छाया' कविता में प्रेम की मांसलता चित्रित है—

उन्हीं रेडियम के अंकों की लघु छाया पर,
दो छाँहों का वह चुपचाप मिलन था,
उसी रेडियम की हल्की छाया में
चुपके का वह रुका हुआ चुंबन अंकित था—
कमरे की सारी छाँहों के हल्के स्वर सा,

गिरिजाकुमार माथुर की कविताओं में शरद, हेमंत, वसंत, चाँदनी, पूर्णिमा का चाँद, फागुन, सर्दियों की धूप के संदर्भ बहुत आए हैं, जो उनकी तरल एवं मधुर अनुभूति के परिचायक हैं। प्रकृति संबंधी कविताओं में मिलन के चित्र हैं। वसंत की धूप मिली हवा, छत पर बैठी ललनाओं के सोंधे तनगंध भरे आँचल को गोरे कंधे से उड़ा देती है (शाम की धूप), हेमंत की रात कामिनी के समान लिपट कर सो जाती है (रात हेमंत की), सर्दियों की धूप धुले मुख सी गृहिणी के समान दीखती है। इन्हीं कविताओं को रामविलासजी ने छायावादी किस्म की वे रचनाएँ कहा, जिनका संबंध दैहिक सौंदर्य, रूप लावण्य के संसार, चंदन गंध और रेशमी स्पर्श से है।

पर कुछ ऐसी भी प्रणय संबंधी कविताएँ हैं, जिनमें पारिवारिक प्रेम, ममता और स्वस्थ ऊष्मा व्यक्त हुई है, जो मनुष्य को शक्ति देती है—

छतों पर ऊँचे टीन के पाइप
और उन घर की चिमनियों में से
उठ रहा है वह ताजा हल्का धुआँ
लिए हल्दी की, प्याज की खुराक
ताजी तरकारियों के छुकने की
उस धुएँ में ही मिल के आती है
उन चपल चूड़ियों की भी आवाज
साँवले-गोरे गोल हाथों में
बज रही हैं जो तेज चलने से।

('मुझे और अभी कहना है' पृष्ठ 85-86)

माथुर की आरंभिक कविताओं में वेदना और विषाद की गहरी छाया दिखाई देती है। इनमें स्वयं कवि के अनुसार 'व्यक्तिगत जीवन के विफल मोह की वास्तविकता से उपजा संताप का स्वर' है। 'याद यह आई मुझको पुरानी', 'मिटी दूर की आशा भी सब', 'तुमने प्यार नहीं पहचाना', 'यह नहीं पथ है', 'मैं कैसे आनंद मनाऊँ', 'प्यार बड़ा निष्ठुर था मेरा', 'जी में पीर कहाँ है', 'तुमने झूठे चित्र बनाए', 'थकी दुपहरी में पीपल पर' आदि वे कविताएँ हैं जिनमें विषाद और वेदना के मीठे स्वर हैं। 'विषाद के मीठे रूमानी गीत गाने के अलावा गिरिजा कुमार माथुर ने व्यथा की गहराइयों की भी थाह ली' (रामविलास शर्मा) और नए उपमानों, प्रतीकों से इसे व्यक्त किया—

बीते वर्षों के कुहरे में से निकल रहे,
ये सुधियों के साँवले प्रेत,
जिनकी अशेष छायाओं से
भारी जीवन की रात हुई।

('मुझे और अभी कहना है' पृष्ठ-30)

आगे चलकर माथुर वेदना और विषाद के घेरे से बाहर निकलते हैं और जीवन यथार्थ का सामना करते हैं। अधिकांश प्रयोगवादी कवि मध्यम वर्ग के हैं, इसलिए इस वर्ग की अनुभूतियों का मार्मिक चित्रण इनकी रचनाओं में हुआ है। जीवन की एकरसता, अभाव ग्रस्तता और दफ्तरी जिंदगी की तल्ख अनुभूति निम्नांकित कविता में हुई है—

दिनभर थककर दफ्तर ही में सूरज डूबा,
अल्मारियों दराजों में खोया उजयाला,
गोधूलि हो गई धूल से ढकी फाइलों के पत्रों पर

('मुझे और अभी कहना है' पृष्ठ 49)

शाम के समय ऑफिस से निकला व्यक्ति जब घर की ओर रुख करता है, तो दृश्य उभरता है, उसका चित्रण मार्मिक है—

घण्टियाँ बज रही हैं रिक्शों की
बीसियों साइकिलों की पातें—
कैरियर, टोकरी या हैण्डिल में
कुछ के खाली कटोरदान बँधे
कुछ में हैं फाइलें हर दिन भूखी
जो न कभी खत्म हुई दफ्तर में।

('मुझे और अभी कहना है' 86)

यांत्रिक दुनिया भयावह एवं अमानवीय है। कवि को लगता है वह जीवन का अमृत ही सोख लेती है—

इस स्पंजी दानव ने
जीवन का अमृत सोख लिया

('नाश और निर्माण' पृष्ठ 23)

'तार सप्तक' में भी यंत्रों की भयावहता की ओर कवि संकेत करता है—

यंत्र दैत्य चिंघाड़ रहे हैं
नभ की छाती फाड़ रहे हैं
अणु का वैश्वानर जलता है
धुआँ नागफन बन उठता है।

('तार सप्तक' पृष्ठ 175)

इन रचनाओं को देखकर यह निष्कर्ष निकालना गलत है कि कवि मनुष्य की भौतिक प्रगति का विरोधी है और बैलगाड़ी युग का समर्थन करता है। यह कहना भी गलत है कि इन कवियों ने मानव जगत् के लघु जीवों की ओर उतना ध्यान नहीं दिया जितना प्रकृति और यंत्र जगत् की लघु वस्तुओं की ओर। या केवल जीवन के एक पक्ष की वास्तविकता की ओर संकेत कर रहे हैं।

गिरिजाकुमार माथुर मध्यवर्गीय जीवन के सीमित यथार्थ से बाहर निकलकर वृहत्तर जीवन यथार्थ से भी जुड़ते हैं। डॉ. रामविलास शर्मा का कहना है– 'तारसप्तक' की अधिकांश रचनाओं में रेशमी सपने देखने के बाद गिरिजाकुमार विंध्य के ऊँचे नीचे टीलों, झाड़-झंखाड़ के बीच अपना गाँव, गैस की रोशनी में तंबाकू पीते किसानों को देख रहे थे और पनचक्की का स्वर सुनते थे। गिरिजाकुमार का यथार्थ बोध विंध्य के टीलों पठारों से संबद्ध था। इसके साथ अब उनकी राजनीतिक चेतना में निखार आया था। अंग्रेजी राज में भारत की पराधीनता से व्यथित होकर लिखा था–

मेरी छाती पर रखा हुआ
साम्राज्यवाद का रक्त कलश,
मेरी छाती पर फैला है
मन्वन्तर बनकर मृत्यु दिवस

('मुझे और अभी कहना है' पृष्ठ 71)

नयी कविता स्वातंत्र्योत्तर भारत में हुए परिवर्तन का सूक्ष्मता से अंकन करती है। स्वतंत्रता प्राप्ति के बाद जीवन की जिन बुनियादी आवश्यकताओं पर ध्यान देना चाहिए था, वह ठीक प्रकार से नहीं किया गया–

आज दुनिया के करोड़ों आदमी
सह रहे हैं धूप सर्दी औ' नमी
जिंदगी का एक भी साधन नहीं
उम्र तपती धूप है, सावन नहीं

('मुझे और अभी कहना है' पृष्ठ 124)

स्वतंत्रता को लेकर युवा मन का जो उत्साह था, वह स्वतंत्रता प्राप्ति के बाद टूट जाता है। इसीलिए नई कविता को मोह भंग की भी कविता कहा गया है। इस मोहभंग की स्थिति का चित्रण मुक्तिबोध, नागार्जुन, रघुवीर सहाय और धूमिल आदि सभी कवियों ने किया है। राजनीतिक आपाधापी, स्वार्थपरता, शासक और जनता के बीच बढ़ती दूरी को इन कवियों ने तीखेपन के साथ व्यक्त किया है। नागार्जुन का 'मास्टर' अपने मंत्री बने साथी के बदले चरित्र से हतप्रभ है, रघुवीर सहाय के 'हर चरना' और धूमिल के 'मोचीराम' के लिए आजादी व्यर्थ है। गिरिजाकुमार माथुर के रामभरोसे के लिए भी गाँव और शहर में कहीं भी जगह नहीं है–

राम भरोसे। चले गाँव से।
शहर भटकते। काम ढूँढ़ते
रोजी धंधे वहाँ न अब तक।
सरक रहे देहात शहर तक

('मुझे और अभी कहना है' पृष्ठ 295)

कवि को यह तीखा एहसास है कि सारी सुख सुविधा मुट्ठी भर लोगों तक सिमट गई है–

राम भरोसे। सब घर गलियाँ
कस्बे, शहर, गाँव झोपड़ियाँ
इंतजाम। सारी सुख सुविधा।
सिमट गई है। बड़े मजे में।
कुछ मुट्ठी भर चमचम घेरे।
बाकी सब कुछ। राम भरोसे

('मुझे और अभी कहना है' पृष्ठ 296)

रामविलास जी ने नयी कविता पर अस्तित्ववादी दर्शन के प्रभाव की चर्चा करते हुए माथुर पर भी इस दर्शन की छाया देखी है और इस संबंध में 'अंतिम आत्महत्या' और 'सत्य का अपराध : एक स्वप्न' का उदाहरण दिया है। पर यह कहना गलत है कि निषेधवादी दृष्टिकोण का प्रतिपादन माथुर की कविता में है। माथुर संघर्ष के कवि हैं और लोकतंत्र में उनकी पूरी आस्था है। 'इतिहास की कालहीन कसौटी' आपातकाल के विरुद्ध एक तीखी टिप्पणी है, इसमें किसी भी तानाशाही व्यवस्था का विरोध है–

बंद होगा अगर मन
आग बन जाएगा।
रोका हुआ हर शब्द
चिराग बन जाएगा।

('मुझे और अभी कहना है' पृष्ठ 252)

रचनाकार हर उस व्यवस्था का विरोध करता है, जिसमें जनता की आवाज दवाई जाती है–

सोचता हूँ–
कैसा भयानक होगा वह समाज
आदमी जहाँ सोच नहीं पाता हो

('मुझे और अभी कहना है' पृष्ठ 300)

वह आश्वस्त है कि इमरजेंसी की छाया हट गई है, लोकतंत्र फिर से बहाल हुआ है—

शुक्र है। किसी लौह ढक्कन से बंद नहीं,
खुला है मेरा आकाश
शुक्र है। मेरा शब्द अब भी है मेरे पास
('मुझे और अभी कहना है' पृष्ठ 301)

गिरिजाकुमार माथुर आस्था, विश्वास, उत्साह और संघर्ष के कवि हैं—

केवल मिथ्या आदर्शों से नहीं।
न ही कोरी रंगीन कल्पनाओं से
किंतु जिंदगी की मिठास का रस लेने को
हमने कटुता से खुलकर संघर्ष किया है।
('मुझे और अभी कहना है' पृष्ठ 83)

माथुर की रचना व्यक्ति के भीतर संघर्ष की क्षमता पैदा करती है।

उस समय तक आग को बुझने न देंगे
आएगा जब तक न मिट्टी से उजाला
सर्दियों की धूप का मृदु ऊन
फैलेगा न घर घर
('मुझे और अभी कहना है' पृष्ठ 106)

कवि की यह कामना है कि जीवन भविष्य और मनुष्यता में उसका विश्वास कभी कम न हो—

मन के विश्वास का यह सोनचक्र रुके नहीं
जीवन की पियरी केसर कभी झुके नहीं
('मुझे और अभी कहना है' पृष्ठ 155)

कवि भविष्य के प्रति आशावान है, उसे विश्वास है कि ढाक के वन फिर खिलेंगे—

लाल पत्थर, लाल मिट्टी,
लाल कंकड़, लाल बजरी
फिर खिलेंगे ढाक के वन
फिर उठेगी फाग कजरी
('मुझे और अभी कहना है' पृष्ठ 133)

माथुर में अँग्रेजी कवि ब्राउनिंग की तरह प्रखर आशावादी स्वर विद्यमान है—

होंगे कामयाब
होंगे कामयाब
हम होंगे कामयाब एक दिन
('मुझे और अभी कहना है' पृष्ठ 381)

कवि का लक्ष्य विश्व मानवतावाद है—

अलग-अलग कुछ भी नहीं
सब कुछ एक दूजे से बँधा है
जीवन डोर एक है पृथ्वी सिर्फ एक है।
('मुझे और अभी कहना है' पृष्ठ 283)

'कल्पांतर' एक ऐसा प्रतीक काव्य है जिसमें युद्ध और शांति की विश्व समस्या को मानवीय संदर्भ में प्रस्तुत करने का प्रयत्न किया गया है।

गिरिजाकुमार माथुर की एक विशेषता की ओर आलोचकों का ध्यान नहीं गया है—वह है उनकी भारतीय संस्कृति के प्रति अविचल निष्ठा। विजयादशमी के अवसर पर लिखी गई अपनी कविता में वे स्मरण करते हैं कि विश्व की अनेक संस्कृतियाँ मिट गईं किंतु भारतीय संस्कृति का अविच्छिन्न प्रवाह अनवरुद्ध है। राम के उज्ज्वल चरित्र का प्रभाव अमिट है—

महाकाल के भारी पांवों से न मिट सके
चित्रकूट, किष्किंधा, नीलगिरि के जंगल
पंचवटी की गुथी हुईं अलसाई छाँहें
वाल्मीकि के मृत्युंजय स्वर ले अपने पर
सरयू, गोदावरी, नील कृष्णा की धारा
('मुझे और अभी कहना है' पृष्ठ 57)

वे ऐसे रचनाकार नहीं हैं, जिनमें अपनी प्राचीन संस्कृति को लेकर हीनता की ग्रंथि हो, वे अपनी परंपरा के महत्त्व को समझते हैं। उनके भीतर इसका भी गौरवबोध है कि भारतीय संस्कृति ने विश्व संस्कृति में अपना योगदान दिया है—

मेरे अंतर में मान जगा
अपनी विराट संस्कृतियों का
जागी विभूति सम्राटों की
तप जागा कर्मठ यतियों का
जब विश्व सभ्यता नव शिशु थी

तब तेरे दर्जन चाँद खिले
आदर्श महान् मनुजता के
ब्रह्मांड सृष्टि के भेद खुले

('मुझे और अभी कहना है' पृष्ठ 72)

इस प्रकार यह स्पष्ट है कि अंतर्वस्तु के स्तर पर गिरिजाकुमार माथुर की कविता एकांगी नहीं है। उसमें जीवन की पूरी स्वीकृति है, संघर्ष है, उल्लास है, आशा का स्वर है, प्रकृति से लगाव है, जमीन से रिश्ता है और एक व्यापक विजन है। जहाँ तक टेकनीक का प्रश्न है—माथुर की कविताओं में नए प्रयोग मिलते हैं। शिल्प के संबंध में तार सप्तक में प्रकाशित उनके वक्तव्य की खूब चर्चा हुई है—"विषय की मौलिकता का पक्षपाती होते हुए भी मेरा विश्वास है कि टेकनीक के अभाव में कविता अधूरी रह जाती है।" पर इसका तात्पर्य यह नहीं है कि वे शिल्प के सायास प्रयोग के समर्थक हैं—"शैली, शिल्प, विधा आदि का ध्यान रखकर कविता नहीं लिखी जाती, न उसमें प्रयासपूर्वक प्रयोग किए जाते हैं। कविता को अनुभव की गहराई मार्मिकता देती है, संवेग से ताप मिलता है, विचार से कथ्य को दिशा दृष्टि मिलती है, जो कथ्य को धारदार बनाती है तथा भाषा, शैली, बिंब आदि उसी को परिपूर्णता प्रदान करते हैं।"

भाषा के क्षेत्र में नयी कविता ने युगान्तकारी परिवर्तन किया है। आधुनिक भावबोध और युगीन परिवेश के कारण विषय वस्तु में तीव्र परिवर्तन आया है। काव्य की इस नवीन विषय वस्तु के संप्रेषण के लिए न केवल नयी भाषा की खोज की गई अथवा नए शब्दों के निर्माण का संकल्प किया गया वरन् पुराने शब्दों का नया संस्कार करने, उनमें प्रचलित अर्थों से अधिक नया अर्थ भरने का भी प्रयत्न किया गया।

भाषा में शब्द विधान का महत्त्व होता है। शब्द विधान की दृष्टि से माथुर की कविताओं में वैविध्य है। उसमें गाँव, जनपद, तद्भव, देशज, हिंदी, उर्दू, अँग्रेजी की बोलचाल की भाषा के शब्दों को लेकर गली, मुहल्ले, बाजार और सड़कों की भाषा की जीवंतता एक साथ मिलकर संवेदना का मर्म ग्रहण करती है। भाषा के क्षेत्र में गिरिजाकुमार माथुर ने नयी कविता को सरलता-सादगी और विशिष्टता प्रदान की है। विषयानुकूल भाषा प्रयोग माथुर के काव्य की विशेषता है। उन्होंने रोमानी कविताओं में श्रुतिमधुर कोमल शब्दों का प्रयोग किया है और क्लासिक कविताओं में गंभीर ध्वनि वाले शब्दों का। माथुर की स्वीकारोक्ति है कि उन्होंने शब्द और अर्थ के मधुर सामंजस्य का प्रयत्न किया है। वे यह भी कहते हैं कि शब्द की ऐसी साधना का प्रयास उनका रहा है, जहाँ शब्द चित्र ही नहीं फेंकने लगे, बल्कि गंध, स्पर्श, गति और समूचा अनुभव पूरा आलोकित होकर सामने आ जाए।

आलोचकों ने गिरिजाकुमार माथुर को बिंबों का कवि कहा है। पर उनके विम्ब सायास नहीं हैं, उन्होंने विचार या काव्य का स्थान नहीं लिया है, बिम्ब से काव्य को तीव्रता मिली है। बिम्ब मनुष्य के विभिन्न ऐन्द्रिय संवेदनों पर आधारित हैं। माथुर के बिम्वों में स्पर्श चेतना, और गंध चेतना परस्पर मिल गए हैं—

ये हवा धूपमिली
लहर सी आ के लिपट जाती है
कभी हल्के से उड़ा देती बाल

दृश्य बिम्बों का भी कुशल प्रयोग इनकी कविताओं में मिलता है—

बड़ा काजल आँजा है आज
भरी आँखों में हल्की लाज
तुम्हारे ही महलों में प्राण
जला क्या दीपक सारी रात।

('मुझे और अभी कहना है' पृष्ठ 3)

माथुर ने जीवन यथार्थ के बिम्ब भी कुशलता से रूपायित किए हैं। 'शाम की धूप' कविता में चिन्ताग्रस्त अभावमय मध्यवर्गीय लिपिक के जीवन का मार्मिक चित्रण है। पारम्परिक बिम्बों के अतिरिक्त 'न्यूयार्क में फॉल' कविता में बरसात के पश्चात् फाल के मौसम की मनोरम छवि प्रस्तुत की गई है। खुले मौसम के लिए 'नायलेन सा पारझीना' बिम्ब सर्वथा नवीन है। 'चाँदनी गरबा' में ऋतु की शीतलता के लिए यह प्रयोग भी नवीनता लिए है—

खुली ओस में बिछी दूधिया सेज सी
पानी-सी ठंडी है ऋतु मन भावनी।

('मुझे और अभी कहना है' पृष्ठ 117)

मनःबिम्बों का प्रयोग भी कवि ने कुशलता के साथ किया है। इसमें प्रकृति के संध्या दृश्य द्वारा विषद की स्थिति का मार्मिक चित्रण है—

ढल गई
अब रात साँवली सूनी-सूनी उठ आई
दीपक की लौ पर काजल की ज्यों रेखाएँ।

('नाश ओर निर्माण' पृष्ठ 104)

कहीं-कहीं परिवेश को जीवंत बनाने के लिए अत्यंत आत्मीय बिम्बों का चयन किया गया है। क्वार मास की सूनी दुपहरी के लिए उपस्थित किया गया बिम्ब नवीन संवेदना का वाहक है—

श्वते गरमीले रुँए से बादलों में
तेज सूरज निकलता फिर डूब जाता
घरों में सुनसान आलस ऊँघता है
थकी राहें ठहरकर विश्राम करतीं

('मुझे और अभी कहना है' पृष्ठ 47)

उपमान योजना की दृष्टि से भी गिरिजाकुमार माथुर के काव्य में पर्याप्त नवीनता है। परंपरागत अप्रस्तुत विधान नयी कविता में अप्रासंगिक हो गए हैं। 'देह पड़ी रह जाती खोखले लिफाफे-सी, (शिलापंख), 'गालों की गोलाई जैसा यह पतझर का मौसम' (धूप के धान), 'जीवन का एकाकीपन गरमी के सुनसान दिनों सा' (नाश और निर्माण), 'दर्द और उदासी वह सूने प्लेटफार्म-सी' (शिलापंख चमकीले), 'स्लीवलेस ब्लाउज पहने वह छरहरी चाँदनी' आदि नए उपमान विधान के उदाहरण हैं। कहीं-कहीं आधुनिकता के कारण अप्रस्तुत विधान में कोरा चमत्कार आ गया है—

चाँद पूरा साफ
आर्ट पेपर क्यों करा गोल

('मुझे और अभी कहना है' पृष्ठ 127)

नयी कविता का प्रतीक विधान भी उल्लेखनीय है। माथुर जी ने भी अपनी रचनाओं में प्रतीकों का नए रूपों में प्रयोग किया है—

फिर धरा-सीता सताई जा रही
फिर असुर संस्कृति समाई जा रही

('धूप के धान' पृष्ठ 92)

सीता मानवता का और असुर संहारक शक्तियों के प्रतीक हैं। माथुर ने पौराणिक, ऐतिहासिक, सांस्कृतिक, धार्मिक और विदेशी प्रतीकों का प्रयोग किया है। इसके अतिरिक्त यौन प्रतीकों का भी प्रयोग माथुर ने किया है। 'रेडियम की छाया', 'चूड़ी का टुकड़ा' आदि कविताओं में यौन प्रतीकों का प्रयोग किया है।

गिरिजाकुमार अपनी रचनाओं में नाद सौंदर्य को भी महत्त्व देते हैं। 'मंजीर' से लेकर 'मैं वक्त के हूँ सामने', 'कल्पांतर' तथा 'पृथ्वी कल्प' संग्रहों की लम्बी और तमाम छोटी कविताओं में अर्थ-सौंदर्य और नाद-सौंदर्य के एक-दूसरे में रचे-घुले सामंजस्य मौजूद हैं। रंग योजना में भी माथुर ने विशेष सतर्कता दिखाई है। रंगों के सही प्रयोग द्वारा चित्र को अधिक स्वाभाविक बनाने का प्रयास किया है। रंग योजना के संबंध में माथुर का अपना दृष्टिकोण है—'वातावरण चित्रण के डिटेल में रंगों का आधार विशेष रूप से रस है, किंतु मैं चित्र को सदा हल्के रंगों की छाहों के आवरण में लिपटा पसंद करता हूँ।' (तार सप्तक, वक्तव्य) 'रात हेमंत की', 'वसंत की रात', 'आज केसर रंग रंगे वन', 'सावन के बादल' आदि कविताओं में हल्के शेड्स द्वारा चित्र को प्रभावशाली बनाने की चेष्टा की गई है।

छंद के क्षेत्र में भी माथुर ने अनेक प्रयोग किए हैं। छंदों की नवीनता के साथ उन्होंने संगीतात्मकता पर भी विशेष बल दिया है। डॉ. शिवकुमार मिश्र के अनुसार ''माथुरजी अपने विविध प्रयोगों के बल पर न केवल अपने मुक्त छंद को अधिक सुथरा बनाने में सफल हुए हैं अपितु उन्होंने उसे एक सहज संगीतात्मकता भी प्रदान की है। उनका मुक्त छंद चाहे वह कवित्त का आधार लिए हो, चाहे सवैये का, चाहे गजल अथवा बहर की लय पर आधारित हो, चाहे वह किसी अन्य लोक प्रचलित माध्यम पर, सबमें लय का समावेश पूरे आकर्षण के साथ विद्यमान मिलेगा।''

इस प्रकार संचेतना, भावानुभूति और शिल्प की दृष्टि से गिरिजाकुमार माथुर का काव्य-संसार मौलिक एवं वैविध्यपूर्ण है। नूतन भावबोध, नूतन बिम्ब विधान, अप्रस्तुत योजना, विशेषणों के प्रयोग, छंद योजना अर्थात् वस्तु और शिल्प दोनों का सामंजस्य गिरिजा कुमार माथुर की अपनी उपलब्धि है। उन्होंने अपनी अलग राह बनाई है जो उन्हें विशिष्ट बनाती है।

मैं वक्त के हूँ सामने

सदानन्द प्रसाद गुप्त

'मैं वक्त के हूँ सामने' गिरिजाकुमार माथुर का अंतिम काव्य संकलन है, जिसमें उनकी सन् 80 के बाद की कविताएँ संग्रहीत हैं। केवल दो लंबी कविताएँ 'इतिहास का पूर्वाभास' (3 जून 1947) और 'विक्षिप्तों का जुलूस' (4 सितम्बर 1966) पहले की हैं।

गिरिजाकुमार माथुर स्वातंत्र्योत्तर हिंदी साहित्य के उन कवियों में से हैं, जिन्होंने अपनी अलग जमीन की तलाश की। उन्होंने अपने समय का साक्षात्कार किया और उसे अपनी रचनाओं में प्रखर अभिव्यक्ति दी। उन्होंने वर्तमान के रथ को मोड़कर अपने इच्छानुकूल संचालित करने का दावा कभी नहीं किया। वे एक ऐसे कवि हैं, जिन्होंने किसी विशेष चश्मे से दुनिया को देखने का प्रयत्न भी नहीं किया और न ही किसी एक मोड़ पर खड़े होकर फतवा देकर अपने को महिमामंडित करने की कोशिश की। उन्होंने चीजों को अपने स्वतंत्रय नजरिए से देखा और उसका विश्लेषण किया। स्वतंत्रता प्राप्ति के बाद हिंदी साहित्य का यह दुर्भाग्य रहा कि इसमें गुटबाजी प्रधान हो गई और एक विशेष विचारधारा का पोषण करने वाले प्रमुख हो गए तथा अपने हिसाब से निर्णय देने लगे। यही कारण है कि स्वतंत्र ढंग से रचनायात्रा में लगे लोग या तो उनकी दृष्टि से ओझल रहे या फिर गलत मूल्यांकन के शिकार हुए। गिरिजाकुमार का मूल्यांकन भी प्रयोगवादी, गीतकार, रोमानी कवि या नई कविता के कवि, टेकनीक के कवि के रूप में हुआ। यह इसलिए हुआ क्योंकि उन्होंने वाद या खेमेबंदी से अपने को दूर रखा।

'मैं वक्त के हूँ सामने' संग्रह की कविताएँ उनके रोमानी कवि के मिथ को तोड़ती हैं। अपने समय के बीच से गुजरती हुई इन कविताओं में वर्तमान राजनीति एवं समाज की गहरी पड़ताल है। डॉ. रामविलास शर्मा ने भी पहले की उनकी कविताओं में विद्यमान राजनीतिक चेतना की शक्ति को पहचाना था—''गिरिजाकुमार माथुर ने बड़ी समर्थ राजनीतिक कविताएँ लिखी थीं जो अपनी चित्रमयता में अद्वितीय थीं।''

'मैं वक्त के हूँ सामने' संग्रह की अधिकांश कविताओं का स्वर राजनीतिक है, पर यहाँ राजनीति केवल विचार के स्तर पर नहीं, संवेदना के स्तर पर समाविष्ट है। माथुर ने वक्त के साथ जो यात्रा की है, संवाद किया है, उसकी अभिव्यक्ति इस संग्रह की कविताओं में हुई है। यह संग्रह इस अर्थ में अन्य संग्रहों से भिन्न है कि 'इसमें रचनात्मक अनुभव की सर्वथा नई जमीन उद्घाटित हुई है।' इन कविताओं की मूल प्रेरणा अपने समय का कठिन यथार्थ है। इस यथार्थ के साथ टकराहट कवि को झकझोरती है, उसमें मानवीय प्रश्न उभरते हैं और उन प्रश्नों पर विचार कर वह समाधान ढूँढने का प्रयत्न करता है। इन कविताओं में अन्याय, शोषण, भय, दमन, अभाव के अंधकार में रोशनी की तलाश की कोशिश है। यह तलाश ही मनुष्य के भीतर आत्मीयता, आस्था और विश्वास जगाती है। इस दृष्टि से ये कविताएँ 'लोक मंगल की साधनावस्था' की कविताएँ हैं, सिद्धावस्था की नहीं। इस संग्रह की अधिकांश कविताओं का मुख्य

सरोकार वर्तमान समाज, राजनीति और उसकी व्यवस्था और भविष्य की संभावनाएँ हैं। स्वयं माथुर का इस पुस्तक की भूमिका में कहना है – "भविष्य की संभावनाएँ मुझे हमेशा आकृष्ट करती रही हैं चाहे वे मानवीय इतिहास और यथार्थ के संदर्भ से जुड़ी हुई हों या सृष्टि की नयी वैचारिक अवधारणाओं से। मेरी समझ से वर्तमान की तीखी पहचान से ही अतीत और भविष्य को समझा जा सकता है, क्योंकि वर्तमान ही अतीत और भविष्य को जोड़नेवाली कड़ी होता है। अतीत वर्तमान से जुड़े और उसे तीखी पहचान दे सके और मानवीय हित में भविष्य के परिवर्तन के लिए बेचैन भी कर सके वही रचना अच्छी होती है।"

अतीत में रमनेवाला मोहग्रस्त होता है, अतीत को छोड़कर केवल वर्तमान में जीनेवाला परंपराविच्छिन्न होकर सूख जाता है और तब भविष्य की ओर दृष्टि जाने का प्रश्न नहीं रहता। माथुर की कविताएँ अतीत, वर्तमान और भविष्य का संगम हैं। माथुर वर्तमान को अतीत की नजरों से नहीं देखते अपितु वे अतीत और भविष्य को वर्तमान के दो छोर मानते हैं। वे इतिहास को आधुनिकता के वातायन से और आधुनिकता को इतिहास के वातायन से देखने वाले कवि हैं। वे वर्तमान का वस्तुपरक आकलन करते हैं और भविष्य के लिए संभावनाओं की तलाश करते हैं। इस संघर्ष में कवि को लगता है कि वह अकेला है, लोग उससे बहुत आगे निकल गए हैं और 'इस शापित व्यवस्था पर रोम रोम फैल गए हैं' 'वक्त की गहरी उदासीनता में अकेला हो जाने का अहसास भारी है, पर कवि का युद्ध जारी' है।

कवि के लिए सबसे अधिक चिंता का विषय यह है कि वर्तमान सामाजिक राजनीतिक व्यवस्था एवं जीवन में शब्द और कर्म में दूरी अधिक हुई है। हालाँकि महाभारतकार व्यास, गोरखनाथ (कहणि सुहेली रहणि दुहेली), कबीरदास (कथनी मीठी खाँड़-सी करनी विष की लोइ), तुलसीदास (झूठइ लेना झूठइ देना झूठइ भोजन झूठ चबेना) के समय भी यह समस्या रही है और ये कवि भी उससे संघर्ष कर रहे थे। माथुर के पास भी अपने शब्दों के अस्त्र हैं जिनका सावधानी से इस्तेमाल चालाक शब्दों को बेनकाब करने के लिए करना चाहते हैं–

मेरे पास सिर्फ शब्द हैं
जो समय के अस्त्र हैं
इन अस्त्रों की धार बचा चमकदार रखना है
क्योंकि चारों तरफ आज बड़े चालाक शब्द हैं
जो भीतर से जंग लगे
बाहर से चुस्त हैं
उन शब्दों को बेनकाब करना है।

(पृष्ठ 2)

माथुर इस संघर्ष में अपनी क्षमता एवं सीमा को पहचानते हैं। वे अपने शब्दों के दर्पण के सामने खड़े होकर स्वयं को पहचानने का प्रयत्न करते हैं–

मैं वक्त के हूँ सामने
शब्द दर्पण के सामने
पूरा अपने ही पास हूँ।
यह अकेलापन
एक नए तरह की चुनौती है
जो आदमी को सही नाम देने की
पहिचान मुझे देती है।

(पृष्ठ 3)

पर यह अकेलापन रचनाकार को निराशा के अँधेरे में नहीं धकेलता; उसे शक्ति प्रदान करता है। 'महावृक्ष की पुकार' में आजादी के बाद आई गिरावट और कथनी और करनी के बीच बढ़ते फासले पर गंभीर चिंता प्रकट की गई है। राजनीति में एक बौनापन निरंतर आता जा रहा है, कवि की जिज्ञासा है–

ऐसा क्यों होता है
हर बार वक्त नया आसन बिछाता है
हर तरु के नीचे आ
हर बार
बीड़ा उठाने वाला बौना हो जाता है।

(पृष्ठ 9)

माथुर की सजग दृष्टि समाज में व्याप्त अविश्वसनीयता के वातावरण को देखती है, पहचानती है; उसे लगता है लोगों ने विश्वास का गला घोंटा है–

विश्वसनीय शायद अब सिर्फ घास है
रुंधकर भी जिंदा है।

(पृष्ठ 13)

रचनाकार व्यंग्यात्मक ढंग से समाज में व्याप्त पाखण्ड का पर्दाफाश भी करता है–

हम बिल्कुल अनासक्त हैं
चाहे कितने ही लिप्त हैं
क्योंकि यह तो संसार है
कितना शुद्ध यह विचार है
जो कहे और करे और
वही समझदार है।

भारतीय संस्कृति में शब्द साधना ब्रह्म साधना से कम महत्त्वपूर्ण नहीं रही है। शब्द के प्रति प्रतिबद्धता यहाँ सबसे अधिक दिखाई गई है। किंतु विडंबना यह है कि स्वतंत्रता प्राप्ति के बाद सबसे अधिक अवमूल्यन शब्दों का हुआ है। राष्ट्र के कर्णधारों ने शब्दों के साथ जितना अत्याचार किया है उतना किसी और से नहीं। शब्दों के प्रति निष्ठा के अभाव का परिणाम ही है कि राजनीति के नियामकों के लिए लोकतंत्र, समाजवाद महज शब्द बन गए हैं—

राजनीति शब्द है
लोकतंत्र शब्द है
समाजवाद शब्द है
अफसर और बाबू के बीच
घपले में पड़ा शब्द है
बीच में टपक पड़ा जातिवाद
नए भाड़ भूना।
लट्ठ-मार्का गिरोहवाद
पुल्टिस से पकाया हुआ जहरवाद

(पृष्ठ 17)

यहाँ केदारनाथ सिंह की कविता याद आती है जिसमें शब्दों के अवमूल्यन पर गहरा आक्रोश है—

जहाँ लिखा 'प्यार'
वहाँ लिख दो 'सड़क'
फर्क नहीं पड़ता

आधुनिक युग का मुहावरा है 'फर्क नहीं पड़ता' कवि की पीड़ा यह है कि इस देश के लोगों ने इतिहास से कोई सबक नहीं लिया है। 'इतिहास का पूर्वाभास' भारत विभाजन पर लिखी गई माथुर की एक लम्बी कविता है, जिसमें इतिहास का मूल्यांकन, वर्तमान की भयानक त्रासदी की पीड़ा और भविष्य के प्रति चिंता प्रकट की गई है। यह कविता आज भी उतनी ही प्रासंगिक है क्योंकि जो स्थितियाँ बटवारे का सबब बनीं वे न्यूनाधिक रूप में आज भी विद्यमान हैं। निम्नांकित पंक्तियों में बँटवारे की मार्मिक पीड़ा का साक्षात्कार है—

मंद पड़ गई तेज चाँदनी
आधा चाँद स्याह पड़ कर हो गया अधूरा
इस धरती पर
चन्द्रग्रहण लग गया साँवला।

(पृष्ठ 44)

पर सब कुछ के बावजूद कवि का विश्वास बना हुआ है, वह नई पीढ़ी में संभावना देखता है—

क्योंकि आज मैं देख रहा हूँ
इस भीषण जन मंथन में से
मिट्टी से उठकर नवीन इंसान आ रहा।

(पृष्ठ 46)

'विक्षिप्तों' का जुलूस' भी एक महत्त्वपूर्ण लंबी कविता है, जिसकी पृष्ठभूमि वियतनाम के युद्ध में हुआ भयंकर विनाश और नगरीय गुरिल्ला उग्रवाद, एवं अंतर्राष्ट्रीय आतंकवाद है। इन सबने मनुष्यता के समक्ष आज भी प्रश्नचिह्न खड़े कर दिए हैं, जनतंत्र और मानवाधिकार जैसे मूल्यों के लिए आतंकवाद एक चुनौती है।

कवि को ये सवाल बेचैन करते हैं कि क्या ये ही वे आदर्श थे जिसके लिए इतिहास में इतने संघर्ष किए गए ? बलिदान दिए गए ?

क्या यही वह दुनिया है,
जिसे रचने हम आए थे
वह सत्य है कहाँ
जिसे दफना हम आए थे ?

(पृष्ठ 31)

अमानवीय पूँजीवादी या साम्यवादी तंत्र में यदि किसी की सबसे अधिक उपेक्षा हुई है तो वह है जन साधारण। एक ने उसकी स्वतंत्रता छीन ली तो दूसरे ने उसे अकेला छोड़ दिया। 'राम भरोसे' और 'रामबहादुर' जैसे लोग हमेशा पिसते रहे और पिसते रहेंगे और कुछ लोग उनकी मेहनत पर अपना महल खड़ा कर लेंगे—

राम भरोसे
अब घर गलियाँ
कस्बे, शहर गाँव झोपड़ियाँ
इंतजाम
सारी सुख सुविधा
सिमट गई है

बड़े मजे में
कुछ मुट्ठी भर
चमचम घेरे
बाकी सब कुछ
राम भरोसे।

(पृष्ठ 113)

माथुर स्वयं अपने को जन साधारण के पक्ष का सिपाही मानते हैं, पर वे यह भी जानते हैं कि आम आदमी की स्थिति उस घायल सिपाही की तरह है जो रहता सबसे आगे है, पर गिरता भी वही सबसे आगे है और पहला तथा आखिरी बार भी उस पर ही होता है—

हर रामबहादुर के साथ
हमेशा यही होता है
अन्याय के खिलाफ
इंसानी हक माँगने
हर हरावल दस्ते के साथ
सबसे आगे वही चलता है
सबसे पहले गिरता है।
पहला और आखिरी बार
उस पर ही होता है।

(पृष्ठ 120)

वर्तमान पर पैनी नजर रखकर माथुर सभी प्रकार की विसंगतियों की पड़ताल करते हैं और यथार्थ की गहरी पहचान का परिचय देते हैं, पर इसका यह तात्पर्य नहीं है कि वे यथास्थितिवाद के चितेरे हैं, या वे वास्तविकता के केवल ऊपरी स्तर का ही स्पर्श करते हैं या जीवन-संघर्ष से पलायन की प्रवृत्ति जगाते हैं। इसके विपरीत माथुर बराबर भविष्य पर दृष्टि रखते हैं, उन्हें अपने ऊपर, कवि कर्म की ईमानदारी पर विश्वास है। उन्हें लगता है, आज नहीं तो कल उनके शब्द का असर होगा ही—

नहीं सुने जाएं आज/नहीं सही!
ये मेरे काल-शब्द/नब्जों में बजती
तमाम पीड़ाओं के साथ हैं
साथ चले जाएंगे/कम से कम
खाद तो बनेंगे ही
उस निष्पक्ष अ-भेद शोधी हुई दुनिया की
उनकी/जो मेरे बाद आश्वस्त आएंगे—

(पृष्ठ 47)

माथुर ने कभी शिविरबद्ध साहित्य की वकालत नहीं की; इसलिए शिविरबद्ध आलोचना ने उनकी उपेक्षा की, पर उन्होंने कभी इसकी चिंता नहीं की और अपने पथ पर चलते रहे—

ये अक्षर वैश्वांनर/
लिखेंगे अनागत के
निर्मल आकाश पर/
जो बात आज
शिविरबंद शोर में/
अधूरी अनसुनी रही

(पृष्ठ 50)

1984 में इंदिरा गाँधी की हत्या के बाद उत्पन्न भीषण दंगे की पृष्ठभूमि में लिखी गई कविता में कवि इस बात के लिए दुःख और क्षोभ व्यक्त करता है कि कुछ लोग समाज को पुनः मध्ययुगीन मानसिकता में ले जाना चाहते हैं, पर कवि के मन में अंततोगत्वा भविष्य की उम्मीद बची है—

अब भी है अहसास
मौसम फिर बदलेंगे
बच्चे फिर खेलेंगे
एक नयी गुलाबी आलोकित दुनिया में
लौटेंगे दिन फिर
ममता, विश्वास के!

(पृष्ठ 76)

गिरिजाकुमार माथुर के लिए हर अंधेरे की यात्रा रोशनी की तलाश है—

और कब तक रोकोगे धूप
वह किसी भी मोखे से
संद्र से, दरार से, झरोखे से
झरकर कहीं से भी भीतर आ जाएगी।

(पृष्ठ 95)

इसी संग्रह में 'वसंत' नाम से तीन कविताएँ हैं— गाँव में फागुन, घासवालियों का वसंत, और शहर में वसंत। गाँव में वसंत किसान की रोटी से जुड़ा है, घासवालियों के लिए उसके परिश्रम का पुरस्कार है और शहर वालों के लिए वसंत महज फैशन या तमाशा है। यहाँ भी कवि यथार्थ की जमीन नहीं छोड़ता। इस संकलन की 'काल के कगार से' शीर्षक वाली पाँच कविताओं का अपना अलग महत्त्व है। स्वयं माथुर

के अनुसार इन कविताओं में जीवन और मृत्यु के बीच झूलते आसन्न मृत्यु के अनुभवों की अनुभूति व्यक्त हुई है। 1984 में माथुर गंभीर रूप से बीमार हुए थे और उनकी बीमारी को असाध्य बता दिया गया था। उन्हीं दिनों लिखी गई पाँच कविताओं को पढ़ना एक अलग किस्म का अनुभव है। ये कविताएँ एक प्रकार से मृत्यु से साक्षात्कार की कविताएँ हैं। इस प्रकार मृत्यु की अनुभूति सार्वजनीन अनुभूति में बदल जाती है। कवि के भीतर मृत्यु का भास है, उसे मृत्यु की 'हिमानी ठंड' (icy hands) का बोध होता है–

आँखों में मेरे ठंडे सफेद कुहरे हैं
हवा ने मारा है हिमवाण/छाती पर
अब मेरे जीने की ज्यादा उम्मीद नहीं

(पृष्ठ 79)

पर कवि मृत्यु को एक चुनौती के रूप में लेता है और उसका भारतीय मन जो संस्कारवश पुनर्जन्म में भी विश्वास करता है, अवसाद से बाहर आने का प्रयत्न करता है–

मृत्यु नहीं है नींद आखिरी
बूँद भर धड़कता आलोकित अंतराल है
जीवन का
वह एक चुनौती है
इस सारे मोहक सपने के बीच
खुद को समझने की।

(पृष्ठ 78)

इस संग्रह की कुछ कविताएँ ऐसी हैं, जो प्रकृति की रोशनी में लिखी गई हैं। 'ये मिट्टी केसर हैं', 'अनाम लहर का गीत', 'चाँदनी रात है', 'मेघिमा', 'निथरी हुई बूँद', 'रजनीगंधा कुम्हलाई' कविताएँ कवि के प्रकृति प्रेम को व्यक्त करती हैं–

आयी रितु
भरती गंध गुच्छे शिरीष में
भीने हो गए
सभी कोने आकाश के

(पृष्ठ 73)

संग्रह की दो कविताओं की चर्चा के बिना बात अधूरी रह जाएगी–इनमें से एक कविता है–स्त्री। कवि के लिए स्त्री केवल कोमलांगी नहीं है, वह कठोर है तथा सब प्रकार से सक्षम एवं निर्णय लेने में स्वतंत्र, इसलिए कवि उसे वे सारी नियामतें सौंप देना चाहता है, जिनसे वह वंचित है, जिससे यह दुनिया जीने लायक बन जाए–

लोहे की धार
पंखुरी में बदल जाए

(पृष्ठ 107)

यहाँ पुरुष समाज का दाता भाव लक्षित किया जा सकता है, पर कवि की मंशा एकदम पवित्र है। दूसरी कविता है– पुस्किन स्मृति और पीले चौक की सुर्ख शाम। यह अत्यंत महत्त्वपूर्ण कविता है, जिसमें कवि का लोकतंत्र की उदार व्यवस्था में आस्था रखने वाला मन सोवियत संघ की कम्युनिष्ट तानाशाही व्यवस्था की समाप्ति पर राहत महसूस करता है, वह क्रेमलिन के लौह दरवाजे के टूटने पर प्रसन्न है, आश्वस्ति के अनुभव से भरा है, यह किसी भी बंद व्यवस्था के खिलाफ नापसंदगी का इजहार है–

डेढ़ सदी बाद
तुम्हारा घर ताजी हवाओं से साफ हुआ
खुली सारी आजाद खिड़कियाँ
उखड़े आततायी लौह दरवाजे

(पृष्ठ 109)

रचनाकार की खुली हवा की यह कामना शेष बंद व्यवस्था के लिए भी है, वह किसी भी प्रकार की तानाशाही व्यवस्था की समाप्ति का स्वप्न देखता है–

सपना मेरा जारी है
बाकी दुनिया के लिए

(पृष्ठ 109)

जिस समय यह कविता लिखी गई है, चीन के थ्येन मन स्क्वायर पर दस हजार लोकतंत्रकामी छात्रों को टैंकों तले रौंदा जा चुका है। कवि क्षुब्ध है इस घटना से, वह आहत है इस क्रांति से, ऐसी व्यवस्था से, जिसमें शांति और अनुशासन के नाम पर, क्रांति निरोधी चरित्र को दबाने के नाम पर, ऐसा जघन्य कृत्य किया गया–

पट गया है रातों रात
ताजी जवान मुक्तिकामी लाशों से
दस हजार खून लिथड़े बेकसूर शांत लोग
मरते हुए लिखते हैं
सुर्ख शब्द लोकतंत्र आजादी

(पृष्ठ 109)

कवि को लगता है 'क्रांति अपनी ही संतानों को खा जाती है', यह उक्ति चरितार्थ हो गई–

एक बूढ़ी बिल्ली
अपने ही बच्चों को खा गई

(पृष्ठ 110)

कवि भविष्य में किसी ऐसी व्यवस्था की कामना करता है, जिसमें इस प्रकार का मानवता के लिए अभिशाप फिर घटित न हो–

उसे खोजनी होगी
कोई और नयी भाषा
कोई और नया सामूहिक इंसाफ
फिर न कहीं दुहराया जा सके
ऐसा जघन्य पाप।

(पृष्ठ 110)

इस प्रकार यह कहना बिल्कुल सटीक है कि अपने समय के बीच से गुजरती हुई ये कविताएँ एक बहुत बड़े काल-फलक को समेटकर आगे बढ़ती हैं। इसका मूल प्रेरणा स्रोत सामाजिकता और कठिन वर्तमान यथार्थ है, जिनके तमाम विविध आयामों में प्रवेश कर कवि ने उन मार्मिक जीवन मूल्यों की तलाश की है, जो इन सबको एक बड़े मानवीय संवेग सूत्र में निबद्ध कर देती हैं।

जहाँ तक इस संग्रह के शिल्प का प्रश्न है, माथुर ने अपनी कविताओं के लिए ऐसी भाषा चुनी है, जो कथ्य के सर्वथा अनुरूप है। जहाँ तक उनकी विचार प्रधान कविताओं का संबंध है, भाषा प्रखर तत्सम प्रधान और व्यंग्य के तीखे तेवर से सम्पन्न है। प्रकृति चित्रण वाली कविताओं में नए अप्रस्तुत विधानों का प्रयोग मार्मिक है। आसमान के लिए 'ऊँचे आसन पर विराजे किसी खास आदमी' का बिम्ब मौलिक और मौजूँ तथा कथ्य को वर्तमान संदर्भ में प्रस्तुत करता है–

आसमान
ऊँचे आसन पर विराजे
किसी खास आदमी सा
कभी पास लगता है
कभी दूर हो जाता है।

(पृष्ठ 11)

'तपी हुई सुनहरी शाम सी वामा' भी एक नया उपमान है, को कवि की मौलिकता का परिचायक है। माथुर के भीतर ग्रामीण परिवेश जीवित है, वे महानगरीय वातावरण में भले ही रहे, पर उनके भीतर अपने प्रदेश का प्राकृतिक वैभव पूर्ण रूप में विद्यमान है, जिसकी झलक उनके प्रयोगों में मिलती है– 'बिन जताई मोहक उजास' (पृ.86), 'कुछ और भी गमकती है महक' (पृ. 86), 'देह को आम्र बौरों सा खिला देना' (107)।

लोक जीवन से लिए गए शब्द केवल प्रदर्शन के लिए नहीं हैं बल्कि उनके लोक जीवन के गहरे संस्कार को प्रतिबिम्वित करते हैं–

और कब तक रोकोगे धूप
वह किसी भी मोखे से
संद्र से, दरार से, झरोखे से
झरकर कहीं से भी
भीतर आ जाएगी

(पृ. 95)

अक्सर उन्हें
बाँसों के झुरमुट
पनघट, चोली, चुनरी
कंगना, बिंदिया, कजरा
छमक छल्लो मौसम
यही ध्यान आता है

(पृ.104)

वस्तुतः माथुर ने अपनी रचनाओं के लिए ऐसी भाषा विकसित की है, जिसमें गाँव, जनपद, तद्भव, देशज, उर्दू, अंग्रेजी की बोलचाल की भाषा के शब्दों से लेकर गली, मुहल्ले, बाजार और सड़कों की भाषा की जीवंतता एक साथ मिलकर संवेदना का मर्म ग्रहण करती है।

इस प्रकार कुल मिलाकर इस संग्रह की कविताएँ हमें माथुर की गहरी जिजीविषा, वर्तमान के प्रति चिंता एवं सजगता तथा भविष्य के प्रति आशावाद की याद दिलाती हैं। ये कविताएँ समाज एवं राजनीति में बदलाव लाने की उनकी तीव्र आकांक्षा को प्रकट करती हैं। ये कविताएँ कवि के अन्य संकलनों की कविताओं से काफी अलग हैं और अंतर्वस्तु तथा शिल्प दोनों दृष्टियों से अपनी ही पिछली सीमाओं को तोड़कर आगे बढ़ जाती हैं।

गिरिजाकुमार माथुर की कृतियाँ

कविता संग्रह

1.	मंजीर	1941
2.	तारसप्तक (सात प्रमुख प्रयोगशील कवियों का ऐतिहासिक संकलन)	1943
3.	नाश और निर्माण	1946
4.	धूप के धान	1955
5.	शिलापंख चमकीले	1961
6.	जो बंध नहीं सका	1966
7.	भीतरी नदी की यात्रा	1975
8.	छाया मत छूना मन	1978
9.	साक्षी रहे वर्तमान	1979
10.	कल्पांतर	1983
11.	मैं वक्त के हूँ सामने	1990
12.	मुझे और अभी कहना है	1991
13.	पृथ्वीकल्प	1994

नाटक

1. जनम कैद 1957

आलोचना

1. नयी कविता : सीमाएँ और सम्भावनाएँ 1966

संपादन

1. The Veiled Moon: डा. अमरनाथ झा द्वारा बिहारी के दोहों के अँग्रेजी अनुवाद का संपादन
2. आधुनिक हिंदी कविता पर अँग्रेजी में विस्तृत और मानक लेखन

सरस्वती नः सुभगामयस्करत्

व्यास सम्मान 1994 और 1995

सपना अभी भी

धर्मवीर भारती

कोई दूसरा नहीं

कुंवर नारायण

व्यास सम्मान 1994 की घोषणा 30 नवम्बर, 1994 को हुई। व्यास सम्मान 1995 की घोषणा 19 नवम्बर, 1995 को हुई। दोनों के लिए सम्मान समारोह 30 नवम्बर, 1995 को इंडिया इंटरनेशनल सेंटर, नई दिल्ली में सम्पन्न हुआ।

धर्मवीर भारती

डॉ. धर्मवीर भारती को व्यास सम्मान भेंट करते हुए श्री बृस्की। साथ में हैं फाउंडेशन के प्रधान श्री कृष्णकुमार बिरला (बीच में)।

कुंवर नारायण

श्री कुंवर नारायण को व्यास सम्मान भेंट करत हुए श्रा बृस्का। मंच पर उपस्थित हैं फाउंडेशन की ट्रस्टी सुश्री शोभना भरतिया, चयन समिति के अध्यक्ष प्रो. श्यामाचरण दुबे (बाएं) और फाउंडेशन के प्रधान श्री कृष्ण कुमार बिरला (दाएं)।

सरस्वती नः
सुभगामयस्करत्

प्रशस्ति

के.के. बिड़ला फाउंडेशन, डॉ. धर्मवीर भारती को, उनके कविता-संग्रह 'सपना अभी भी' के लिए 1994 का व्यास सम्मान भेंट करता है।

25 दिसम्बर, 1926 को जनमे डॉ. भारती को साहित्यिक संस्कार प्रयाग की धरती से मिले। वहीं विद्यार्थी जीवन में उनकी सृजनात्मकता मुखरित हुई। तब से सभी विधाओं में लीक तोड़कर लिखते आ रहे डॉ. भारती का मन कविता में अत्यधिक रमता है। डॉ. भारती ने सृजन-कर्म की सामाजिक, सांस्कृतिक प्रक्रिया को समझते हुए नए काव्य प्रयोगों को रोमांटिक और क्लासिक भाव-बोध के परिप्रेक्ष्य में देखा। भारतेन्दु से निराला तक की लोक जागरणवादी परंपरा को डॉ. भारती ने इतिहास-दृष्टि से जोड़कर आगे बढ़ाया। 'अंधायुग' में काव्य और नाटक के तत्त्वों को सहेजकर युगसत्य को महाभारतकालीन कथा के माध्यम से उन्होंने आधारभूत मूल्यों और प्रश्नों को नए दृष्टिकोण से प्रस्तुत किया। 'अंधायुग' 'कनुप्रिया' 'सूरज का सातवाँ घोड़ा' और 'गुलकी बन्नो' जैसी कालजयी कृतियाँ किसी भी साहित्य को गौरव प्रदान करेंगी।

'सपना अभी भी' की कविताओं में आधुनिकता और परंपरा, अतीत और वर्तमान, स्मृति और सातत्य, इतिहास-पुराण और मिथक के गतिशील द्वन्द्व संबंध से नवीन रचनात्मकता को विशिष्ट सौंदर्य-बोध मिला है। भारती की कविता में ऐसे नए बिम्बों और प्रतीकों का अक्षय भंडार है जो रचनात्मकता को पुष्प गंध से भर देता है। भारती आज की जिंदगी के दुःखते-कसकते अनुभवों और संवेदनाओं को कलात्मक तराश के साथ काव्यानुभूतियों में अभिव्यक्ति देते हैं जो तोड़ने वाले क्षणों में भी विश्वास, आस्था और दृढ़ता देती है।

फाउंडेशन की मंगलकामना है कि डॉ. भारती दीर्घायु हों और उनकी साहित्य-साधना जनकल्याण को निरंतर बल देती रहे।

बिशन टंडन सदस्य-सचिव	श्यामाचरण दुबे अध्यक्ष	कृष्ण कुमार बिरला प्रधान
चयन समिति		के.के. बिड़ला फाउंडेशन

30 नवम्बर, 1995 : नई दिल्ली

सरस्वती नः
सुभगामयस्करत्

प्रशस्ति

के.के. बिड़ला फाउंडेशन, श्री कुंवर नारायण को, उनके कविता-संग्रह 'कोई दूसरा नहीं' के लिए, 1995 का व्यास सम्मान भेंट करता है।

19 सितम्बर, 1927 को फैजाबाद में जनमे कुंवर नारायण ने, 20 वर्ष की आयु में अंग्रेजी में, लिखना आरंभ किया, पर शीघ्र ही हिंदी की ओर प्रवृत्त हो गए और अपने कविता-संग्रह 'चक्रव्यूह' से साहित्य जगत् में प्रवेश किया। इसकी उधेड़-बुनपरक चिंतन में लिपटी प्रश्नानुकूलता की प्रवृत्ति उनमें आज तक विद्यमान है। इसके बाद प्रकाशित हुए 'परिवेश : हम तुम' और 'अपने सामने' जिनमें गहरी मानवीय चिंता पनपी। फिर 'आत्मजयी' में नचिकेता की कथा के आधार पर कुंवर नारायण ने कुछ मूलभूत प्रश्नों के उत्तर की खोज में मनुष्य के पतन से लेकर उसकी दिव्यता अथवा आत्मिकशक्ति को गहन तीव्रता के साथ अभिव्यक्त किया। उनका काव्य-चिंतन सर्जनात्मकता और युग-संघर्ष की जटिलताओं से जूझकर, नवीन वैज्ञानिक रचनादृष्टि का निर्माण करते हुए, सच्चे अर्थों में, जीवन की खरी पहचान देता है। उनकी काव्यानुभूति, भावुकता की हाय-हाय न होकर, यथार्थ के प्रति एक विवेक वयस्क मार्मिक प्रतिक्रिया है।

'कोई दूसरा नहीं' काव्य-संग्रह की कविताओं में, बृहत्तर मानवीय सरोकारों, चिंताओं की, कबीर-जायसी परंपरा का अर्थविस्तार है। इनमें भारतीय चिंतन परंपरा की तार्किक तेजस्वी धारा को आधुनिक संदर्भों में अर्थसंपन्न किया गया है। विचार को मथकर काव्यात्मकता में घोल लेने की क्लासिकल कला में कुंवर नारायण माहिर हैं। उनका रचनाकार व्यंग्य-वक्रोक्ति और विरोधाभासी जटिलताओं के भीतर से नए काव्य-मुहावरों का आविष्कार करता है।

फाउंडेशन की मंगलकामना है कि श्री कुंवर नारायण दीर्घायु हों और उनकी साहित्य-साधना जनकल्याण को निरंतर बल देती रहे।

बिशन टंडन	श्यामाचरण दुबे	कृष्ण कुमार बिरला
सदस्य-सचिव	अध्यक्ष	प्रधान
चयन समिति		के.के. बिड़ला फाउंडेशन

30 नवम्बर, 1995 : नई दिल्ली

सरस्वती नः
सुभगामयस्करत्

श्री कृष्णकुमार बिरला का स्वागत भाषण

व्यास सम्मान समारोह में आप सबका हार्दिक स्वागत है। आज के इस समारोह में दो वर्षों के व्यास सम्मान भेंट किए जा रहे हैं। कुछ अपरिहार्य कारणों से पिछले वर्ष यह समारोह आयोजित नहीं किया जा सका और जब इसके लिए कोई तिथि तय हुई तब तक इस वर्ष के व्यास सम्मान का निर्णय भी हो गया था। इस प्रकार हमें हिंदी के दो अग्रणी साहित्यकारों का सम्मान करने का अवसर मिल रहा है।

मुझे इस बात की विशेष प्रसन्नता है कि इस समारोह की अध्यक्षता हमारे देश में पोलैंड के राजदूत प्रो. बृस्की कर रहे हैं। महामहिम जी, हम आपके अत्यंत आभारी हैं कि आपने राजनयिक व्यस्तता होते हुए भी हमारे लिए समय निकाला। यह आपका हमारे देश की संस्कृति, साहित्य और विशेषकर हिंदी के प्रति प्रेम का परिचायक है। आपने पिछले 30 वर्षों में इन विषयों का गहन अध्ययन किया है और आज भी राजनयिक सेवा में होते हुए वारसा विश्वविद्यालय में इन विषयों के आचार्य हैं। आप जैसे साहित्य मनीषी द्वारा हिन्दी के दो शीर्षस्थ कवियों का सम्मान सदा स्मरणीय रहेगा।

हमारे इस फाउंडेशन को कार्य आरंभ किये चार वर्ष का समय हुआ। साहित्य, संस्कृति, विज्ञान, शिक्षा जैसे विषयों, जिनमें आपकी विशेष रुचि है, आदि के प्रसार के लिए सार्वजनिक हित के कार्यों में सक्रिय योगदान करना हमारा उद्देश्य है। इस देश के कई विशिष्ट साहित्यिक और सांस्कृतिक सम्मानों व पुरस्कारों के संचालन, साहित्य व अन्य विषयों के अध्ययन और अच्छे प्रकाशन को प्रोत्साहन देने के अतिरिक्त हम जनसाधारण में शिक्षा प्रसार के कार्य में भी योगदान कर रहे हैं।

हमारे फाउंडेशन द्वारा सरस्वती सम्मान देश का प्रमुख साहित्यिक पुरस्कार है। यह सम्मान प्रतिवर्ष संविधान की आठवीं अनुसूची में सम्मिलित किसी भी भाषा में पिछले 10 वर्षों में प्रकाशित उत्कृष्ट कृति को दिया जाता है। हिंदी कृतियों पर भी इस सम्मान के लिए विचार होता है पर फाउंडेशन ने हिंदी के राष्ट्रीय महत्त्व को देखते हुए इसके लिए एक पृथक पुरस्कार भी स्थापित किया है। हमें इस बात की विशेष प्रसन्नता है कि इसके लिए प्रस्ताव देश के अहिंदी भाषी क्षेत्रों से भी आते हैं। हिंदी का विस्तार और विकास इसी प्रेम और सौहार्द से ही संभव है। हिंदी के लिए इस देश में कई उच्चस्तरीय पुरस्कार हैं पर किसी कृति के माध्यम से उसके लेखक को सम्मानित करने के लिए व्यास सम्मान शायद अकेला ही पुरस्कार है। व्यास सम्मान इस अर्थ में विशिष्ट योजना है। साहित्यिक लेखन का तुलनात्मक आकलन कठिन होता है लेकिन यह कठिनाई और भी बढ़ जाती है जब इसका आधार कृति विशेष हो, लेखकों के संपूर्ण कृतित्व को ध्यान में रखते हुए राय बनाना उतना कठिन नहीं होता।

फाउंडेशन का यह सौभाग्य है कि इस कठिन कार्य का उत्तरदायित्व प्रख्यात समाजशास्त्री और साहित्यकार प्रो. श्यामाचरण दुबे की अध्यक्षता में गठित एक चयन समिति ने सँभाल रखा है। प्रो. दुबे

और उनके सहयोगियों ने यह उत्तरदायित्व अत्यंत निष्ठापूर्ण ढंग और निष्पक्ष वस्तुपरकता से निभाया है। यही कारण है अब तक के व्यास सम्मान के पाँचों निर्णयों का साहित्यिक क्षेत्रों में स्वागत हुआ है। इस सबके प्रति मैं अपना आभार व्यक्त करता हूँ।

मैं प्रो. श्यामाचरण दुबे का विशेष रूप से कृतज्ञ हूँ कि उन्होंने अगले चार वर्ष भी चयन समिति को नेतृत्व प्रदान करने का हमारा अनुरोध स्वीकार कर लिया है। साथ ही मैं यह भी नहीं भूल सकता कि हिंदी की विशााल साहित्यिक बिरादरी के बिना यह कठिन कार्य संभव नहीं है। उसके प्रति भी मैं आभार प्रकट करता हूँ।

आज की संध्या के दो विशिष्ट अतिथि डॉ. धर्मवीर भारती और श्री कुंवर नारायण हैं जिनके निमित्त यह समारोह आयोजित हुआ है। डॉ. भारती की कृति 'सपना अभी भी' को पिछले वर्ष व्यास सम्मान के लिए चुना गया था। पर जैसा मैंने पहले कहा सम्मान समारोह उस वर्ष नहीं हो सका। श्री कुंवर नारायण के कविता संकलन 'कोई दूसरा नहीं' को इए वर्ष का व्यास सम्मान देने की घोषणा अभी हाल ही में हुई है।

इस सभा में डॉ. भारती व कुंवर नारायण जी किसी को भी परिचय की आवश्यकता नहीं है। इस उत्सव में उनका स्वागत और अभिनंदन करते हुए मेरे लिए इतना ही कहना काफी होगा कि आज के साहित्य के ये गौरव पुरुष हैं। छियालीस वर्ष पहले रातों-रात लोकप्रिय हुए उपन्यास 'गुनाहों का देवता' से डॉ. भारती ने साहित्य जगत में प्रवेश किया। यह उपन्यास आज भी उतना ही लोकप्रिय है। अगले 10 वर्षों में एक के बाद एक उनकी कई कृतियाँ पाठकों को मिलीं। उन्होंने प्रायः सभी विधाओं में लिखा। 'अंधायुग' और 'कनुप्रिया' जैसे काव्य नाटक, 'सूरज का सातवाँ घोड़ा' जैसा अनूठा उपन्यास और 'बंद गली का आखिरी मकान' की कहानियाँ किसी भी साहित्य को गौरव प्रदान करने के लिए पर्याप्त हैं।

साहित्य के साथ ही डॉ. धर्मवीर भारती ने आज की हिंदी पत्रकारिता के स्तर को ऊँचा करने में अभूतपूर्व योगदान किया है। मेरी पीढ़ी के लोगों ने 'सरस्वती' और 'विशाल भारत' से पढ़ना-लिखना शुरू किया। 'सरस्वती' की उस समय इतनी धूम थी कि उस काल को उसके संपादक महावीर प्रसाद द्विवेदी के नाम पर द्विवेदी युग की संज्ञा दे दी गयी। उसके बाद यदि हिन्दी पत्रकारिता में किसी ने नया कीर्तिमान स्थापित किया है तो डॉ. भारती ने। धर्मयुग के संपादक के रूप में अपने 27 वर्ष के कार्यकाल में उन्होंने हिंदी पत्रकारिता को नये आयाम दिये—एक सशक्त साहित्यिक भाषा दी। साहित्यिक क्षेत्रों में तो यह भी कहा जाता है कि डॉ. भारती के संपादक ने उनके साहित्यकार को खा डाला। खैर, किसी भी रूप में लें हिंदी की उन्होंने अनन्य सेवा की है।

'सपना अभी भी' जिस पर व्यास सम्मान दिया गया है उनका नवीनतम कविता संग्रह है। इसमें 1959 से लेकर 1993 तक की कविताएँ संगृहीत हैं। इसका विस्तृत परिचय चयन समिति के अध्यक्ष देंगे। मैं केवल इतना कहूँगा कि इन कविताओं में सृजनात्मक प्रतिभा का वही अबाध विस्फोट है जो 'ठंडा लोहा' और 'सात गीत वर्ष' की कविताओं में। भारती जी, सच्चे अर्थों में, कविता 'लिखते' नहीं हैं, कविता 'रचते' हैं।

श्री कुंवर नारायण ने भी कई विधाओं में साहित्य रचना की है पर भारती जी की तरह वे भी मूलतः कवि हैं। 'चक्रव्यूह' से 'कोई दूसरा नहीं' तक काव्यात्मक सृजन की एक लंबी गौरव गाथा है। 'चक्रव्यूह' में आरंभ हुई उनकी आत्ममंथन की प्रवृत्ति आज तक बनी हुई है। 'आत्मजयी' उनकी एक अनूठी कृति है जिसमें नचिकेता की कथा के आधार पर मानव से जुड़े मूलभूत प्रश्नों का उत्तर खोजने का प्रयत्न है। 'कोई दूसरा नहीं' की कविताओं में आज के आदमी की नियति का ही नहीं सनातन नियति के साक्षात्कार का प्रयत्न है। इन कविताओं में मनुष्य की सनातन चिंता के साथ ही साथ वर्तमान समय की भयावह और दारुण स्थितियों को समझने-बूझने और उनके प्रति सावधान रहने की चेतावनी भी है।

फाउंडेशन की ओर से तथा स्वयं मेरी मंगलकामना है कि डॉ. भारती और कुंवर नारायण जी दीर्घायु हों तथा माँ सरस्वती की सेवा कर हमारे साहित्यिक-सांस्कृतिक भंडार की श्रीवृद्धि करते रहें।

सरस्वती नः
सुभगामयस्करत्

चयन समिति के अध्यक्ष
प्रो. श्यामाचरण दुबे का अभिभाषण

सृजन के उच्च शिखरों का स्पर्श करने वाली कृतियों का तुलनात्मक विश्लेषण और सम्मान के लिए उनमें से एक का चुनाव एक अत्यंत दुरूह और दुष्कर प्रक्रिया हो सकती है, किंतु यह भी अनुभव है कि पूर्वाग्रह मुक्त और वाद-हीन संवाद में ऐसी रचनाएँ अपने आप उभरती हैं जो शुद्ध गुणवत्ता के आधार पर अपना निर्वाचन स्वयं करा लेती हैं। धर्मवीर भारती और कुंवर नारायण की रचनाएँ इसी श्रेणी की हैं। उनमें परंपरा है और प्रयोग भी, उनमें अनोखी शब्द-योजना और बिम्ब विधान है और उनमें गहरी मानवीय संवेदना और सामाजिक सरोकार हैं। वे समय से साक्षात्कार तो करती ही हैं, उनमें अतीत और वर्तमान का संवाद भी है। उनका चिंतन शुष्क दार्शनिकता से मुक्त है, उसमें संदेश तो है पर प्रवचनकार की उपदेशात्मक मुद्रा नहीं। ये दोनों कवि निर्विवाद रूप से हिंदी सर्जना के कीर्तिस्तंभ कहे जा सकते हैं।

भारती की प्रतिभा बहुमुखी और बहु-आयामी है, अपने लेखन से उन्होंने अनेक विधाओं को समृद्ध किया है। उनका उपन्यास 'सूरज का सातवाँ घोड़ा' कलेवर में भले ही छोटा हो, अपने कथ्य और तंत्र में अद्वितीय है। प्रकाशन के कई दशकों बाद आज भी उसकी ताज़गी जैसी की तैसी है। 'गुलकी बन्नो' को इस कहानी के पाठक आज भी नहीं भुला पाये हैं। भारती के निबंधों का अपना आकर्षण है। हिंदी में साहित्यिक-सांस्कृतिक पत्रकारिता को उनका योगदान भी अविस्मरणीय है। भारती मूलतः कवि हैं, एक समर्थ कवि, उनका 'अंधायुग' अपनी काव्यात्मकता और गहरे सोच के कारण एक कालजयी कृति बन गया है। इतिहास के कुछ पृष्ठ और चरित्र इसमें अपनी पूरी अस्मिता के साथ उभरते हैं और वर्तमान को संबोधित करते हैं। इस संवाद की अर्थवत्ता प्रामाणिक है। राधा पर आधारित 'कनुप्रिया' में तन्मयता की अनुभूति है। ये रचनाएँ विराट उपलब्धियाँ हैं पर वे भारती की छोटी कविताओं का महत्त्व कम नहीं करतीं जिनमें उनकी स्मृतियाँ, अनुभव और कल्पनाशीलता सँजाये गये हैं। इन कविताओं में भी कुछ में मिथक और इतिहास आये हैं। भारती की ऐन्द्रिक कविताओं में अजीब सम्मोहन है, अपनी तमाम मांसलता के बावजूद उनका मूलभाव और प्रभाव निर्मल रहता है। इन कविताओं के माध्यम से भारती अपने हजारों अपरिचित पाठकों की कम से कम दो पीढ़ियों के आत्मीय बने हैं।

'सपना अभी भी' की कविताओं में चौंतीस वर्षों का अन्तराल है। भारती ने अपनी छोटी और प्यारी सी भूमिका में संशय व्यक्त किया है—"इन दो-दो वनवासों की समवेत अवधि के बाद भी घर लौट पाया हूँ या नहीं—पता नहीं।" 1994 का व्यास सम्मान उनके संशय का आंशिक उत्तर है। वे घर ही लौटे हैं जहाँ उनकी प्रतीक्षा थी और जहाँ उनका सम्मानजनक स्थान सुरक्षित रहेगा।

कुंवर नारायण ने कविता और अपनी काव्य दृष्टि की व्याख्या अपनी एक रचना की कुछ पंक्तियों में की है :

कविता वक्तव्य नहीं गवाह हैं

× × ×

कोई चाहे भी तो रोक नहीं सकता
भाषा में उसका बयान
जिसका पूरा मतलब है सचाई
जिसकी पूरी कोशिश है बेहतर इंसान

उनकी कविता यात्रा अँग्रेजी कविता से आरंभ हुई। हिंदी का सौभाग्य था कि वे उस भाषा के मोहपाश से शीघ्र ही मुक्त होकर अपने सृजन की स्वाभाविक भाषा हिंदी की ओर लौट आये। 'चक्रव्यूह', 'परिवेश : हम-तुम', 'आत्मजयी', 'अपने सामने' और 'कोई दूसरा नहीं' जैसे संग्रहों ने कुंवर नारायण को हिंदी कविता के शक्तिशाली हस्ताक्षर के रूप में स्थापित कर दिया है। उन्होंने विदेशी कविताओं के अनुवाद किये हैं, कहानियाँ लिखी हैं, और अनेक विचारपूर्ण निबंध भी प्रकाशित किये हैं। इन रचनाओं में भी उनका काव्य अनिवार्य रूप से उपस्थित रहा है। उनकी प्रश्नाकुलता, विचारशीलता, आत्ममंथन तथा आत्मपक्ष और बाह्य पक्ष के प्रति समान सजगता कुंवर नारायण की कविता को एक विशेष धरातल देती है। वादों और विवादों से मुक्त उनकी कविता सहज संवाद की कविता है—अतीत को वर्तमान से जोड़ती कविता, मानव की नियति को विश्लेषित करती कविता और मनुष्यता की ओर बढ़ती आस्था की कविता।

भारती और कुंवर नारायण कभी सम्मानों और पुरस्कारों के प्रत्याशी नहीं रहे। उनका सम्मान जातीय प्रतिभा का सम्मान है, हिंदी की सृजनधर्मिता का सम्मान है।

डॉ. धर्मवीर भारती

मैं बड़े असमंजस में हूँ। क्या बोलूँ ? कविता, अगर वह सच्ची संपूर्ण कविता है, तो वह अपने में संपूर्ण कथ्य होती है। जो कुछ जितना कुछ कहना हो, वह सारा का सारा कह देती है। उसके बाद कहने को बचता क्या है। संपूर्ण की रचना कर चुकने के बाद शब्द शेष कहाँ रहते ! जो कुछ कहना था कविताओं में कहा जा चुका। अब और क्या कहे कवि ?

लेकिन कुछ तो कहना ही है, इस 'पूर्ण सृजन' की आड़ लेकर मैं बच कर निकल नहीं सकता क्योंकि पूर्ण की जो व्याख्या श्रुतियों में है वह तो यह कहती है कि

पूर्णमदः पूर्णमिदं पूर्णात्पूर्णमुदच्यते।
पूर्णस्य पूर्णमादाय पूर्णमेवावशिष्यते।।

यानी "पूर्ण में पूर्ण प्रदान कर चुकने के बाद भी पूर्ण ज्यों का त्यों पूर्ण बच जाता है।" शून्य नहीं होता, निःशेष नहीं होता।

इस संकटपूर्ण स्थिति में मेरे पास और कोई रास्ता नहीं बचता कि मैं फिर अपनी ही कविता के पास लौटूँ। जिसे मैंने रचा है, वही शायद अब मेरे लिए कोई राह रचे।

मेरे इस काव्य संकलन 'सपना अभी भी' की शीर्ष कविता की आखिरी पंक्तियाँ हैं :

इसलिए तलवार टूटी अश्व घायल
कोहरे डूबी दिशाएँ
कौन दुश्मन कौन अपने लोग
सब कुछ धुंध-धूमिल
किंतु कायम युद्ध का संकल्प है
अपना अभी भी
क्योंकि है सपना अभी भी।

यह कौन सपना है जिसके लिए कवि न केवल युद्धरत है बल्कि इस प्रकार समर्पित है कि सब कुछ धुँध-धूमिल हो जाने के बाद भी, पक्ष-विपक्ष की पहचानें खो जाने के बाद भी, युद्ध करते रहने के लिए संकल्पशील है?

और यह युद्ध कैसा है? किसके खिलाफ है? कौन से व्यूह हैं इस युद्ध के? इसका शस्त्रागार कहाँ है? कहाँ से मिलती है इसमें लड़ते ही रहने की शक्ति? उसकी कविता का सरोकार क्या है? कविता इस युद्ध में क्या है? रण क्षेत्र है? शस्त्रागार है, हथियार है? विजय की उपलब्धि है? या पराजय का अर्थ है?

यह युद्ध, मानवमात्र में दिनोंदिन कम होती जाती, लुप्त होती हुई मानवीयता को बचाने का युद्ध। मानवीयता को उसकी पूर्णता में, विस्तार में, गहराई में, पुनः प्रतिष्ठित करने के लिए लड़ा जाने वाला युद्ध। आज अंधी लालसा की चूहा-दौड़, भौतिक समृद्धि को ही अंतिम ध्येय मान लेने का छद्म परितोष, इंद्रिय सुख और अधिकार सुख, सच्चे आंतरिक आनंद का पर्याय मान लेने का आत्म छल, मानवीय रिश्तों में पारस्परिक सद्भाव, स्नेह, करुणा और मैत्री के बजाय एक-दूसरे को पराभूत कर उनका शोषण करने की राक्षसी वृत्ति। कुल मिलाकर मनुष्य की सारी बाहरी और अंदरूनी जिंदगी में मनुष्य को खत्म कर डालने

का व्यापक षड्यंत्र।

इस अभूतपूर्व संकट से कविता नहीं लड़ेगी तो और कौन लड़ेगा ? मानवीयता को मुक्त कराने के जो सपने उन्नीसवीं शताब्दी और बीसवीं शताब्दी के आरंभ में देखे गए—चाहे वह राजनीतिक ताकतों ने हिंसक राज्य क्रांतियों के रूप में देखे हों, या आर्थिक चिंतकों ने वर्ग संघर्ष के रूप में देखे हों, या आध्यात्मिक आचार्यों ने महामानव या सुपर मैन के अवतरण के रूप में देखे हों, उन सबने थोड़ा हौसला दिया, पर धीरे-धीरे उन्हीं की कमजोरियाँ उजागर होने लगीं—पर हम फरेब खाते गए, और नतीजा यह हुआ कि बीसवीं शताब्दी के इस अंतिम दशक में हम एक ऐसे अतल गह्वर की दहलीज पर आ खड़े हैं कि उसमें डूबे कि फिर हमारा निस्तार नहीं।

अगर हम बच सकते हैं तो अब कविता के हस्तक्षेप से बच सकते हैं। हमारे पास रोबोट हों, अणु अस्त्र हों, सुपर कम्प्यूटर हों पर अंदर की, आत्मा की 'गली तो चारों दिशाओं में बंद हुई।' बचती है सिर्फ कविता जो बचाने की शक्ति रखती है। कविता ही वह संजीवनी है जो सुकुमार संवेदनाएँ जगा कर अन्तर्जगत को आलोकित कर मूर्छित मानव मूल्यों को फिर से प्रतिष्ठित कर सकती है। लक्ष्यहीन भटकन और आत्मविनाश के पथ से हटा कर मनुष्य के सहज स्वाभाविक विकास को सार्थक सौद्देश्य दिशा प्रदान कर सकती है और संकटों-विडम्बनाओं के बावजूद उसे सही दिशा में अग्रसर होने का साहस और संकल्प दे सकती है। समूह में गठित सारे मानव समाज को भी, और पीछे छूट गए अलग-थलग पड़े निराश व्यक्ति को भी। इस आलोकहीन क्षण में कवि ही कह सकता है :

> पंथ होने दो अपरिचित प्राण रहने दो अकेला
> अन्य होंगे चरण हारे
> और हैं जो लौटते, दे शूल को संकल्प सारे
> दुख व्रती निर्माण उन्मद
> ये अमरता नापते पद
> बाँध देंगे अंक संसृति से तिमिर में स्वर्ण वेला

आज के घनघोर अंधकार में, सूर्य के संपूर्ण राहुग्रस्त हो जाने के क्षण में भी तिमिर में स्वर्ण वेला बाँधने का ओजस्वी आश्वासन और कौन दे सकता है सिवा कवि के, सिवा निर्माण उन्मद साहित्य सर्जक के।

आप पूछ सकते हैं कि क्या यह कवि का केवल बड़बोलापन नहीं—अतिरंजित आत्मश्लाघापूर्ण झूठमूठ का दावा ? जिसके पास न राजनेता की शक्ति है न सत्ता, न सेनाओं के अस्त्रशस्त्र न काले कुबेरों की अतुल धनराशि, वह किस मुँह से इतना बड़ा दावा कर रहा है ?

आपका सवाल अपनी जगह असंगत नहीं, वर्तमान स्थितियों को देखते हुए यह शंका स्वाभाविक है। पर एक बात, सिर्फ एक बात का जवाब दीजिए। जिसके नाम से आज का यह सम्मान सम्पृक्त है—'व्यास सम्मान' उस व्यास के पास काव्य-सम्वेदना, जीवन दृष्टि और शब्दशक्ति के अलावा और क्या था ? कोई राजसिंहासन था ? कोई सेनाएँ थीं? कोई ब्रह्मास्त्र था ? कोई कुबेर का स्वर्ण भण्डार था? नहीं—उनके पास केवल कविता थी—जीवन की सुंदर से सुंदर और कुरूप से कुरूप हर स्थिति को स्वीकारने की क्षमता, उसकी अतल गहराइयों में डूब कर केवल दृश्यमात्र यथार्थ नहीं, बल्कि अन्तर्निहित सत्य को अवगाहने की क्षमता, और अपनी अनुभूतियों को ऐसे सार्थक शब्द देने की क्षमता कि वे हजारों-हजारों साल बाद भी हमारे मर्म को स्पर्श ही नहीं करते, आलोकित करते हैं, हममें स्वधर्म को पहचानने की शक्ति देते हैं, और सारे संकटों के बीच भी हममें मानव-भविष्य के प्रति आस्था जगाते हैं। उस भविष्य के निर्माण के लिए अपना सब-कुछ होम कर देने का साहस और आस्था जगाते हैं।

महाभारत में उन्होंने बताया कि सारे जीवन मूल्य ध्वस्त हो चुके थे, अंतिम परिभुक्ति कृष्ण द्वारा स्वेच्छा मरण का वरण। उनके अवसान के क्षण में ही द्वापर समाप्त होता और कलियुग का अवतरण होता है। तथाकथित कलियुग में हजारों साल तक महाभारत के विविध प्रसंग और विशेषतः गीता जो प्रेरणा देती रही उस पुराने इतिहास को हम छोड़ भी दें—तो भी हम कैसे भूल सकते हैं कि निकट अतीत में 'स्वराज्य हमारा जन्मसिद्ध अधिकार है' की सिंहगर्जना करने वाले लोकमान्य तिलक की प्राण-पुस्तक थी गीता और

ब्रिटिश कारागारों में 'गीता रहस्य' ही लिख कर अपने साहस को प्रदीप्त रख सके।

हम कैसे भूल सकते हैं बंगाल के उन वीर क्रांतिकारी युवकों को जिन्होंने हाथ में गीता लेकर हँसते-हँसते फाँसी का फन्दा अपने गले में डाल लिया था। हम कैसे भूल सकते है कि राष्ट्रीय संग्राम के एक चरम निराशाजनक दौर में गाँधी जी सब छोड़-छाड़ कर हिमालय की एक बहुत शांत सुंदरघाटी कौसानी में जाकर चुपचाप गीता पढ़ते रहे। उन्हीं दिनों उन्होंने 'गीता माता' और 'अनासक्ति योग' नामक ग्रंथ लिखे। वहाँ से अतुल आत्मबल लेकर लौटे। और सत्याग्रह का, अपराजेय अहिंसात्मक संग्राम का ऐसा पांचजन्य फूँका कि जिस ब्रिटिश साम्राज्य में कभी सूर्यास्त नहीं होता था, उससे निहत्थे लड़ते रहे, लड़ते रहे, अन्त में पूरे भारत में आत्मबल जाग उठा, देश की नियति बदल गई और अपार शक्ति वाला उपनिवेशवाद त्राहि-त्राहि कर उठा। देश की नियति बदल दी, सारे अफ्रीका और एशिया का इतिहास ही नहीं भूगोल भी बदल दिया।

और कैसे भूल सकते हैं विनोबा को। वर्षों के गीता-अवगाहन के बाद गीताई या गीता प्रवचन का सम्बल लेकर अकेले निकल पड़े, पैदल, सारे देश की पद यात्रा पर। धरती के असमान वितरण को दूर कर धरती माता को धरती-पुत्रों से जोड़ने का अखंड व्रत लेकर।

सच तो यह है कि यह देश जिसमें हम पैदा हुए—उसकी सीमाएँ राजवंशों ने नहीं बाँधीं, एक कवि ने ही बाँधीं—जिसका नाम था—व्यास।

यह बात मैं ही नहीं कह रहा हूँ। मलयालम के महाकवि स्वर्गीय जी. शंकर कुरुप ने अपने प्रथम ज्ञानपीठ पुरस्कार भाषण में कहा था : "भारत के नाद थे—वाल्मीकि, व्यास और कालिदास। आज वह नाद कहाँ है? कुछ लोगों को यह कहते हुए सुनता हूँ कि अँग्रेजी साम्राज्य के शक्तिशाली हाथों ने ही भारत को एक राष्ट्र बना डाला। मैं इससे सहमत नहीं हो सकता। असल में भारत की प्रवृत्ति को, भूगोल, विज्ञान को, इतिहास और जीवन दर्शन को, लोक कथाओं और दन्त कथाओं को सम्मिलित कर समग्रता और एकाग्रता के साथ महाभारत की रचना करने वाले व्यास देव ने ही अखंड भारत को प्राण रूप और चेतना प्रदान की थी। कहाँ हैं वे नाद आज ?"

सो मित्रो, यह देश तो अनूठा है मंत्रदृष्टा ऋषिवत कवि का निर्माण—

अरुण यह मधुमय देश हमारा
जहाँ पहुँच अनजान क्षितिज को
मिलता एक सहारा

अब अनजान क्षितिजों में खोते हुए इस देश का पुनर्निर्माण, इसकी पुनः प्रतिष्ठा भी व्यास के उत्तराधिकारियों का दायित्व है। हम उस उत्तराधिकार का निर्वाह कर सकें, कविता की अस्मिता को फिर से युग निर्माण की क्षमता दे सकें तभी सार्थकता है सम्मानों की, अलंकरणों की, पुरस्कारों की। मैं तो बहुत छोटा हूँ—व्यास तो दूर, महादेवी, पंत, प्रसाद और निराला के पाँवों की धूल भी नहीं, पर इतना जरूर है कि उनके ऋण को चुकाने के लिए जिस धरती ने जन्म दिया, जिस संस्कृति ने दृष्टि और संस्कार दिए उनके प्रति पूर्ण समर्पण व्यक्त करने के लिए मेरे पास शब्द ही हैं—कविता के शब्द। उन शब्दों का खरापन बना रहे, वे अंतरात्मा के संकेतों पर संयोजित हों, कोई निंदा मुझे विचलित न करे, कोई सम्मान मुझमें मिथ्या अहंकार न जगाए, अंत तक सच की खोज करता रहूँ, पाए हुए सत् को आप तक सही-सही संप्रेषित करता रह सकूँ, इसी का आशीर्वाद ईश्वर से माँगता हूँ और अन्य सबका जो इस समारोह में शरीक हुए, जिन्होंने व्यास के नाम पर यह पुरस्कार संस्थापित किया, जिन अधिकारियों ने अथक परिश्रम से इसको यह रूप दिया, सबको धन्यवाद देते हुए अंत में संपूर्ण श्रद्धा सहित हाथ जोड़ कर व्यास को प्रणाम करता हूँ। वे सदा असत्य से विरत कर सत्य की ओर मुझे लेते चलें—

असतो मा सद्गमय
तमसो मा ज्योतिर्गमय
मृत्योर्मा अमृतं गमय।

पुरस्कृत रचनाकार का आत्मवक्तव्य

श्री कुंवर नारायण

एक कृति को केंद्र में रखकर दिये जानेवाले किसी भी सम्मान में निहित इस नीति का सबसे पहले स्वागत किया जाना चाहिए कि किसी सम्मान की असली सार्थकता साहित्यकार से अधिक उत्कृष्ट साहित्य को आलोकित कर सकने में है। एक साहित्यकार के लिए शायद इससे ज्यादा बड़े संतोष की बात दूसरी नहीं हो सकती कि उसका लेखन अधिक-से-अधिक लोगों द्वारा पढ़ा, समझा और पसंद किया जाय। ऐसे समय में जब कि कविता के पाठकों और समझने वालों की संख्या बराबर कम होती जा रही है, किसी काव्य-कृति का सम्मानित होना हमारे जीवन में कविता की ज़रूरत और महत्त्व को रेखांकित करने का साहस भी माना जा सकता है! यह सवाल इधर तेज़ी से, और कई तरह से, उठता रहा है कि प्रचार-प्रसार माध्यमों के विकास के साथ जिस प्रकार की मनोरंजन-सामग्री इन दिनों घर-घर पहुँच रही है उसके सामने गंभीर साहित्य तो क्या शायद किसी भी प्रकार की गंभीर कला के लिए बहुत कम जगह बचती है। इस धारणा में अतिशयोक्ति है—पर काफी सच्चाई भी। फिर भी, यह मान कर चलने में कम कुंठा है कि श्रेष्ठ के चाहनेवाले किसी भी समय में और किसी भी क्षेत्र में, बहुत कम और गिने-चुने लोग ही होते हैं। फिर, साहित्य तो वैसे भी पारखियों की सबसे मुश्किल, यद्यपि सबसे उपजाऊ, ज़मीन रही है। अच्छे साहित्य के चुनाव में एक पुरस्कार या सम्मान की निर्णायक भूमिका न भी हो तो अनुशंसात्मक भूमिका तो रहती ही है।

इस अवसर पर 'के.के. बिड़ला फाउंडेशन' के संस्थापक तथा चयन-समिति के सदस्यों के प्रति अपना हार्दिक धन्यवाद व्यक्त करना चाहता हूँ कि उन्होंने मेरे काव्य-संग्रह 'कोई दूसरा नहीं' को व्यास-सम्मान से समादृत किया। मैं इसे अपने से अधिक हिंदी साहित्य का सम्मान समझता हूँ।

दो शब्द अब मैं कविता के बारे में—और 'कोई दूसरा नहीं' पर भी—कहना चाहूँगा।

जीवन और भाषा में कविता की उपस्थिति को अगर एक मानवीय और नैतिक दृष्टि के हस्तक्षेप के रूप में देखा जाय तो उसकी उपयोगिता को आसानी से आत्मसात् किया जा सकता है। 'आत्मसात्' शब्द का यहाँ मैं साग्रह इस्तेमाल कर रहा हूँ, क्योंकि कविता को मैं उन चेष्टाओं में से मानता हूँ जो केवल सतही ढंग से प्रभावित नहीं करतीं बल्कि आत्मिक ढंग से हमारी उन संवेदनाओं को आंदोलित करती, और उनका हिस्सा बन जाती हैं, जिनमें दूर तक हमारी नैतिक चेतना और सौन्दर्यबोध को ऊर्जा प्रदान करने की शक्ति होती है।

बढ़ती हुई यांत्रिकता, व्यावसायिकता और उपभोक्तावाद के दबाव में एक कवि की यह चिंता भी शायद बेमानी नहीं कि मनुष्य के स्वभाव में मौजूद उस सुंदरता और भाव-जगत की संपदा का अवमूल्यन और विनाश न हो जो हमारे जीने को मात्र स्थूल आवश्यकताओं की पूर्ति से परे भी एक अर्थ और आयाम देते हैं। इस कोशिश में कविता एक ऐसे कोण से जीवन को देखने, समझने और शब्द देने की कला है जो भाषा के माध्यम से हमें यथार्थ और उदात्त से

एक साथ जोड़ती है। कबीर के शब्दों में कहें तो वह 'हद' भी है और 'बेहद' भी।

रचना-दृष्टि जीवन-यथार्थ को उसकी समग्रता और जटिलता में देखती है। वह जीवन का सरलीकृत चित्रण नहीं करती : ऐसा करते ही वह स्वयं विघटित और सपाट हो जाती है। रचने की प्रक्रिया, जीने की प्रक्रिया की ही तरह, लगभग जैविक और संवेगात्मक है। इस उत्स से कविता का जन्म होता है। उसके लिए यथार्थ संश्लिष्ट है, और इसीलिए जटिल और समस्या-मूलक भी। वह सामाजिक, राजनीतिक, आर्थिक, पारिवारिक, मनोवैज्ञानिक आदि यथार्थों में विभाजित नहीं क्योंकि जीवन पर उन सबका इकट्ठा प्रभाव पड़ता है। भले ही हम एक कला-कृति को जाँचने-समझने के लिए उसके विभिन्न पक्षों और हिस्सों का विश्लेषण करते हैं। इस पद्धति से एक रचना पर विचार विमर्श, उसके गुण दोष का विवेचन तो हो सकता है—पर रचना नहीं हो सकती। इसीलिए कभी-कभी रचनात्मक चेतना पर समीक्षा के सिद्धांतों और पक्षों का अतिरिक्त दबाव उसे कुंठित भी कर दे सकता है, जैसा कभी वैयाकरणों के आतंक से संस्कृत रचनात्मक साहित्य के साथ हुआ। हमारे समय में भी इस तरह के अतिवाद के उदाहरण आसानी से देखे जा सकते हैं।

ऐसा नहीं कि आलोचना से कुछ सीखा नहीं जा सकता। इस माने में अपने आलोचकों का हर प्रकार से ऋणी हूँ। काव्य-संवेदना का बहिर्मुखी होना भी उतना ही आवश्यक है जितना उसका अन्तर्मुखी होना। यह बात सामाजिक यथार्थ के पक्ष में चाहे जितने भी एकतरफ़ा और मोटे ढंग से उठाई गयी हो पर इस आग्रह ने कविता के मानवीय सरोकारों को विस्तार और ठोस आधार देने में महत्त्वपूर्ण भूमिका अदा की है। लेकिन, लिखने की जो एक भीतरी बाध्यता होती है उसमें अगर दृढ़ता और सच्चाई न हो तो लेखन आसानी से निर्जीव या दिग्भ्रमित हो जा सकता है। समीक्षाएँ, प्रशंसाएँ, पुरस्कार आदि एक सीमा तक ही प्रोत्साहित कर सकते हैं, लेकिन नई स्फूर्ति का स्रोत तो अंततः हमें जीवन और साहित्य को लेकर अपनी उसी बुनियादी प्रतिबद्धता में खोजना पड़ेगा जिसका कोई आसान विकल्प नहीं। अच्छे लेखन के पीछे अकेला लेखक ही नहीं होता : कई परोक्ष कारण भी होते हैं—उसका परिवार, उसका समाज, उसके मित्र, उसका समय। मेरा मतलब केवल सुविधाओं से नहीं, उन मुश्किलों से भी है जिनका सामना करते हुए एक रचनाकार कभी-कभी अपने अंदर के अनुद्घाटित शक्ति-स्रोतों को खोज पाता है। इस प्रक्रिया की कोई बहुत तर्क-संगत व्याख्या नहीं हो पाती—हम केवल किसी रहस्यमय सच्चाई के सामने कृतज्ञ अनुभव करते हैं।

'कोई दूसरा नहीं' में जीवन के ज़्यादा-से-ज़्यादा बड़े अनुभव-क्षेत्र के स्पर्श की कोशिश है। खुले मन से अपने भीतर और अपने चारों ओर देखा है, और वह जो मुझे मूल्यवान लगा उसे कविता में बचाना चाहा है। कहाँ तक सफल हुआ हूँ नहीं कह सकता, पर इतना जानता हूँ कि जीवन में ऐसा कुछ नहीं जहाँ कविता न हो : जहाँ वह नहीं होती वहाँ भी अगर उसके न होने की तक़लीफ़ को महसूस कराया जा सके तो शायद जब तक हम में इस तक़लीफ़ का एहसास ज़िंदा है, कविता भी ज़िंदा है—हमारी भाषा में, हमारे रहने-सहने में, हमारी चेतना में, इस विश्वास के साथ 'कोई दूसरा नहीं' की एक कविता से इस वक्तव्य को समाप्त करना चाहूँगा :—

कविता वक्तव्य नहीं गवाह है।
    कभी हमारे सामने
    कभी हम से पहले
    कभी हमारे बाद

कोई चाहे भी तो रोक नहीं सकता
    भाषा में उसका बयान
    जिसका पूरा मतलब है सच्चाई
    जिसकी पूरी कोशिश है बेहतर इंसान

उसे कोई हड़बड़ी नहीं
    कि वह इश्तहारों की तरह चिपके
    जुलूसों की तरह निकले
    नारों की तरह लगे
    और चुनावों की तरह जीते

वह आदमी की भाषा में
किसी तरह ज़िंदा रहे, बस।

पुरस्कार समारोह के अध्यक्ष डॉ. मारिया क्षिश्तोफ् बृस्की का भाषण

हे राम, जीवन एक कटु यथार्थ है
और तुम एक महाकाव्य।

(अयोध्या 1992)

क्या और कोई ऐसा देश हो सकता है, क्या और कोई ऐसी संस्कृति हो सकती है जहाँ कवि अपने ईश्वर को महाकाव्य कहता हो।

मित्रो, मुझ परदेसी पर आप लोगों ने एक महान बोझ लाद दिया है, अतीत और आज के कवियों के बीच में मुझे खड़ा करके। व्यास-सम्मान हिंदी वाणी के पुजारीद्वय को देने के लिए मेरे पास बलवाते दो हाथ तो हैं, लेकिन इसके लिए हाथों की नहीं—शब्दों, अलफाजों की जरूरत है, जो ऐसे गूँजें जैसे बैकुण्ठ के आईनों में टकराते हुई मोतियों, या गंगा में स्नान करती हुई अप्सराओं की हँसी लहरों से प्रतिध्वनित।

काश ! एक परदेसी की हाय ! लँगड़ाती हुई भाषा ! पराई जुबान के स्पर्श से सुन्न उच्चारण और शब्दकोष से खींचे हुए कागजी शब्द ! क्या कह सकता है उस व्यास के नाम से आज के व्यास को एक परदेसी? वाणी संस्कार है जो जन्म से दी हुई, माँ के दूध से पी हुई है। क्या उसको पक्की उम्र में अपनाया जा सकता है? लीजिए मेरा भार! इसको जरा हल्का करने के लिए सुन तो ले सरस्वती अपने परदेसी भक्त की प्रार्थना को :

यदं अक्षरं पदं भ्रष्टं मातृहीनं च यद्भवेत्।
तत् सर्वं क्षम्यतां देवी प्रसीद परमेश्वरी।।

अस्तु। कई साल बीत गये। दिल्ली में एक मित्र मुझसे मिलने आया था कानपुर से। उसको थोड़ा घुमाना चाहता था। सोचा कि इसी संग्रहालय में लाकर इधर इकट्ठी की हुई पुरानी कलाकृतियों को दिखाऊँगा। इस प्रस्ताव पर जवाब मिल गया अनोखा : यह तो तुम जैसे परदेसियों के लिए बना है। तुम्हें मालूम है कि हम इस देश में टूटी खंडित मूर्तियों को नदियों में डुबो देते हैं और उनकी जगह नयी बनाते हैं। ये शब्द जैसे श्रुति की वाणी मेरे लिए बन गये उस भवभूति के श्लोक के अनुसार जहाँ वे कहते हैं कि वेदवाणी में लौकिक वाणी के विपरीत पहले शब्द आता है और तब फिर अर्थ का बोध होता है। काफी समय बाद अतिसूक्ष्म और गंभीर अर्थ का बोध हुआ कि वास्तव में अस्मिता पत्थरों में नहीं वाङ्मय में निहित है। खंडित देवी की मूर्ति नदी की गहराइयों में लेट जाएगी, लेकिन उसके स्तुति गीत गूँजते रहेंगे और नये पत्थरों में देवी प्राणों को डालती रहेगी। आखिर भगवान खुद महाकाव्य है। तो इसमें क्या नया है कि भारत भारती का देश है—व्यास से लेकर हमारे कविद्वय तक, श्रुति से लेकर आज के लोकगीतों तक। अगर कोई भारत से या किसी भी मुल्क से उसके वाङ्मय को छीन लेगा तो बचेगा ही क्या? पत्थर ही पत्थर, मौन, नीरस, बेप्राण। शायद इसीलिए कई परंपराओं में यह सोच है कि शब्द ही आदि है। जैसे संत योहन के सुसमाचार के शुरू में या जैसे वाङ्मयमहाब्राह्मण में वाच् जो आदिकाल से सब कुछ अभिव्यक्त करती है। कहते हैं कुंवर जी :

''पहला शब्द एक घटना थी। और पृथ्वी थी
जिस पर अमिट कुछ लिखने के लिए
समय की स्याही थी।''

(कागज, कलम और स्याही)

और गाते हैं धर्मवीर जी :
''शब्द तुमने रचे
जैसे मेंहदी रची
जैसे बेंदी रची
शब्द तुमने रचे

शब्द तुमने रचे
जैसे प्रलयंकर लहरों पर
अक्षयवट का एक
पत्ता बचे
शब्द तुमने रचे।''

(शब्द तुमने रचे)

जिस तरह प्राचीन खंडहर व्यास, वाल्मीकि, कालिदास के शब्दों से बोलते हैं वैसे ही धर्मवीर जी और कुंवर जी के शब्दों से आज के शहरों की इमारतों की ईटें, सड़कों की सीमेंट की पट्टियाँ, कस्बों की कच्ची दीवारें और अयोध्या के पत्थर बोलते हैं। और यद्यपि कुंवर जी के अनुसार ''अबके जंगल वो जंगल नहीं, जिनमें घूमा करते थे वाल्मीकि'' तो भी हो सकता है आखिरी साँस भरते हुए शम्बूक ने यही सोचा होगा उस जमाने के जंगलों के बारे में। दोनों, धर्मवीर जी और कुंवर जी की कविताओं को पढ़कर ऐसा लगा जैसे न केवल पत्थर बल्कि नदियाँ, तालाब और मुँह-अँधेरे बौर की महक और आँगन में जाड़े की बतियाती दोपहरें भी बोलने लगीं। सिर्फ उस किताब को खोलना चाहिए जिसको धर्मवीर जी ने बन्द कर दिया अपनी आखिरी कविता में। तब ''याद उस शहर की'' आती जो हर पाठक के लिए अलग होती है अपने शहर की, इलाहाबाद की, बनारस की, दिल्ली की। एक बार अपने कवियों द्वारा संस्कृति बोलने लगती है, तुरंत पता चलता है कि कुछ ऐसे दृश्य हैं, कुछ ऐसी कल्पनाएँ हैं जो सदा के लिए वाङ्मय में बस गये। इधर धर्मवीर जी कहते हैं :

''वही आत्मीय अंधा धृतराष्ट्र है
जो पलट कर तुम्हें अपनी बाँहों में कस कर
लोहे के भीम की तरह
पीस कर रख देगा''

(क्या फायदा)

तो उधर कुंवर जी लिखते हैं :

धृतराष्ट्र अंधे।
विदुर-नीति हुई फेल।
धर्मराज धूर्तराज दोनों जुआड़ी :
पाँसे खनखनाते हुए
राजनीति में शकुनी का प्रवेश।''

(महाभारत)

तो बुलवाया आप लोगों ने मेरे लिए और लाखों के लिए इस देश के घर, किले, धरती, पेड़, जानवर, हवा, गगन और उन करोड़ों मूक लोगों को जो आपके बिना कुछ भी बोलने में असमर्थ हैं। कभी पुरातन कवियों का सहारा लेकर तो कभी वर्तमान कोलाहल को छाँट करके। आप दोनों के कारण और आपके अन्य कविमित्रों के कारण आज भी यह संस्कृति बोलती है, जैसे बोलती थी व्यास और वाल्मीकि की वाणी से। और हो सकता है कि आनेवाली पीढ़ियाँ आपको व्यास से ज्यादा समझेंगी क्योंकि आपने नीचे, पोखर पर ध्यान दिया जो

''रहा ज्यों का त्यों कीचड़ भर
व्यास को जो दिखा नहीं
सूर ने जो लिखा नहीं''

(कदम-पोखर)

तब स्वीकार कीजिए यह व्यास सम्मान एक परदेसी गवाह के हाथों से जो कि चालीस वर्षों से भारतीय संस्कृति का आश्चर्यचकित साक्षी है। इस सम्मान को इसलिए भी स्वीकार कीजिए क्योंकि :

बहुत कुछ दे सकती है कविता
क्योंकि बहुत कुछ हो सकती है कविता
जिंदगी में
अगर हम जगह दें उसे
जैसे फूलों को जगह देते पेड़
जैसे तारों को जगह देती है रात
हम बचाये रख सकते हैं उसके लिए
अपने अंदर कहीं
ऐसा एक कोना
जहाँ जमीन और आसमान
जहाँ आदमी और भगवान के बीच दूरी
कम से कम हो।

(कविता की जरूरत)

धर्मवीर भारती : स्वप्न, संघर्ष और उपलब्धियाँ

प्रभाकर श्रोत्रिय

भारती एक संक्रांति काल की उपज थे, जहाँ टकराहटें थीं, अंतर्विरोध थे और चौतरफा विघटन के बीच मानवीय अस्तित्व के सम्मुख गंभीर चुनौतियाँ थीं। भारती ने अपनी विचार-पुस्तक 'मानव मूल्य और साहित्य' में लिखा है—'एक भयानक विघटन उपस्थित है, शब्द और अर्थ के बीच विघटन है, आचरण और धारणा के बीच खाई है, भाषा अशुद्ध और अक्षम है, अनुभूति के धरातल विक्षुब्ध हो गए हैं और मिथ्या को प्रश्रय देने लगे हैं और परिणाम यह है कि भारतीय गौरव कभी प्रजातंत्रवाद और कभी अध्यात्मवाद और कभी स्वातंत्र्य, कभी दायित्व और कभी अलौकिकता के नाम पर प्रतिक्षण आहत और पददलित किया जा रहा है।' भारती के लेखक, और उनकी राय में लेखक मात्र के सामने यह संकट उपस्थित था, परंतु क्या सभी इसे महसूस कर रहे थे? लेखकों ने अपने-अपने दल और पक्ष तय कर लिए थे। किशोर मानस 'रेड गार्ड' बन गया था, दूसरी ओर 'बीटनिक्स' थे, 'पाखंड का एक अदना प्रवक्ता मार्क्सवाद का झंडा हाथ में लेकर मारिजुआना की तिजारत और मानसिक अय्याशी की वकालत करता नज़र आता था।' उधर 'मानवता पूँजीवाद के आश्वासनों पर अपना विश्वास खो बैठी थी, उसका दम पूँजीवादी शिकंजे में घुट रहा था, लेकिन वह विद्रोह कर पाने में सर्वथा असमर्थ थी।' वह सिर्फ एक 'नपुंसक गुस्सा', 'खीज', 'कटुता' ही प्रकट कर सकती थी। जाहिर है भारती चीज़ों के कई पहलू देख रहे थे और यही उनके उत्पीड़न का कारण था जिसने क्रमशः रचनाकार का मानस और उसका संघर्ष रचा था। इसीलिए भारती ढली-ढलाई राह पर नहीं चले और यही उस समय का सबसे बड़ा जोखिम था। वैसे भी स्वयं अपने मार्ग का उत्खनन करना, अपने लक्ष्य की खोज में भटकना और तरह-तरह की मुठभेड़ें करना, अपने आपको पहचानने की कोशिश और अपनी दुर्बलता को सीमा न बनने देने का संघर्ष जटिल और जोखिमभरा रास्ता तो है ही। लेकिन अन्वेषणधर्मी रचनाकार को खतरे उठाने ही होते हैं और कई अंतर्विरोधों से भी गुजरना होता है। विभिन्न रचनाओं में दिए भारती के वक्तव्य और भूमिकाओं को जब हम उनकी रचना के बरक्स देखते हैं तो कई जगह हमें सोचने और रचने की दरारों के बीच छटपटाती आत्मा की झलक मिलती है। 'दूसरा सप्तक' के अपने वक्तव्य में वे दो बातें लिखते हैं :

1. 'भारती की सबसे प्रिय कविताएँ वे हैं जो गटर में पड़े शराबियों, हथौड़ा चलाते लोहारों और धूल में खेलते बच्चों की भोली आँखों में झलकती हैं, लेकिन जिसे न अभी तक किसी ने लिखा और न किसी ने छापा।' (तो क्या भारती ने भी इसे लिखा?)

2. 'भारती ने सबसे पहले लिखे सरलतम भाषा में रंग-बिरंगी चित्रात्मकता से समन्वित साहसपूर्ण उन्मुक्त रूपोपासना और उद्दाम यौवन के मांसल गीत, जो न तो मन की प्यास जुठलाएँ और न उसके प्रति कोई कुंठा प्रकट करें — जो सीधे ढंग से पूरी ताकत से अपनी बात आगे रखें।'

यह भारती की रचना का आरंभिक काल था। भले ही इन्हें कथनी और करनी के फासले न मानें,

परंतु भारती को जो कविता पसंद थी और भारती ने इस वक्त जो कविता लिखी—इनके बीच क्या समानताएँ हैं? हम पूछ सकते हैं कि क्या 'किशोर रेड गार्ड' या 'बीटनिक्स' का विकल्प किशोर रूमानियत होती है?

क्योंकि भारती स्वभावतः रोमानी रचनाकार हैं, हालांकि यह बात उनके अंतर्द्वन्द्व के कारण अंततः उनके विपक्ष में नहीं जाती। फिर रोमानियत एक मुक्त आत्मा का भी सृजन करती है, उसकी अनेक प्रियताएं भी हैं, परंतु उसके आग्रह सबसे पहले उसे तर्क और बौद्धिकता से विलग करते हैं। जबकि भारती की समकालीन नई कविता तर्क-बुद्धि की आग्रही थी और उसकी पहली मुठभेड़ ही रूमानियत से थो। न सिर्फ कविता की बल्कि सम्पूर्ण रचनाशीलता की। भारती की प्रतिभा और चेतना उन्हें नव्यतम के पास ले जाती है, पर नव्यतम उनसे दूर था। बौद्धिकता और यथार्थ दोनों उनसे मांग करते थे कि वे अपनी मूल प्रकृति से हटें जबकि तब तक संभवतः वे इसके लिए तैयार नहीं थे। क्योंकि वाक्स्फीति और वाग्मिता की जगह वाक् संयम; भाषा की पूरी संकेत क्षमता और अर्थसत्ता की तलाश, बौद्धिक विवेकवाद और कठोर यथार्थ की अपेक्षाएँ भारती की प्रारंभिक रचनाएँ पूरी नहीं करतीं। उद्दाम रोमांस और लुब्धक सौंदर्य उन्हें रीति कवियों से नहीं, लेकिन छायावाद और छायावादोत्तर कवियों से अवश्य जोड़ते थे। सुसंस्कृत लीला भाषा को लोक भाषा में गूंथ कर राग-सृष्टि ने भले ही भारती को लोकप्रियता दी, परंतु वह नई सृजन-चेतना की केंद्र भूमि नहीं थी। क्या भारती इससे अपरिचित या इस ओर से निश्चिंत थे? उनका रचना विकास दिखाता है कि वे नई चेतना की अभिव्यक्ति के लिए संघर्ष कर रहे थे। तभी वे 'सप्तक', 'सात गीत वर्ष' से चलकर 'अंधायुग' और उधर 'गुनाहों का देवता' से चलकर 'सूरज का सातवाँ घोड़ा' और 'बंद गली का आखिरी मकान' तक पहुँचे। उनकी वैचारिक कृतियाँ भी बाद की हैं और 'गुनाहों का देवता' की अपरिपक्वता का स्वीकार भी। इसीलिए अन्यत्र मैंने कहा था कि भारती ने नई कविता या नई रचनाशीलता की परिधि से यात्रा प्रारंभ की थी, परंतु वह केन्द्रगामी थी। परिधि से केंद्र तक पहुँचना अत्यंत दूभर होता है, परंतु इसी ने रचनाकार का व्यास बड़ा बनाया है और उसे एकांगी नहीं रहने दिया। इसे देखने के लिए भारती के विकास को देखना रोचक होगा।

इसमें शक नहीं कि *'सप्तक'*, *'ठंडा लोहा'* और *'सात गीत वर्ष'* ने भारती को एक अनुभूतिप्रवण कवि के रूप में पहचान दी, जिसके भीतर एक लयात्मक रागिनी में आशा, निराशा, अनुराग, आवेग की सम-विषम अनुगूँजें सक्रिय हैं। यहाँ भाषा की सुकुमार दक्षता, अनुभूति की तीव्रता और सपना देखती आँखें हैं, जो एक रूमानी अतीत को मानो अधिक परिष्कृत, प्रांजल और आधुनिक शिल्प में अवतरित करना चाहती हैं। लेकिन इस बीच विभिन्न भाव स्थितियों, यथार्थ के संकटों और बौद्धिक जटिलताओं से भी उसका परिचय हो रहा है और धीरे-धीरे प्रेम में से कई नोकें उभर रही हैं। वहाँ झुंझलाहट, उदग्रता, चुनौती, हताशा भी झांक रही है। इससे भारती के भीतर चल रहे आंदोलनों का कुछ अनुमान लगाया जा सकता है। परंतु रागावेश की प्रबलता ने यहाँ भी उनके मूल्य-बोध को धुंधला बनाया है, यहाँ तक कि अपने आसपास की दुनिया और यथार्थ को भी धुंध से घेर दिया है। इसलिए भारती का कवि, जब गाँव की तरफ घूमता भी है तो जीवन के त्रास और शोषण के बजाय राग-स्मृतियाँ ही उसका पीछा करती हैं। व्यक्तियों से आकृष्ट होता है, तो वे स्वप्न के जाल में उलझ जाते हैं। 'सुभाष की मृत्यु' पर लिखी कविता किसी अदम्य पीड़ा और उत्सर्ग की व्याकुलता नहीं, स्वर्ग में सुभाष की काल्पनिक उपस्थिति से पुराणों-जैसा मिथक रचती है। कलम जब यथार्थ लिखना चाहती है तो मन की रंगीनी भाषा में छलककर उसे रोमानी बना देती है। इसलिए यह कहना अत्युक्ति नहीं होगी कि 'दूसरा सप्तक' में समय के दबाव को सबसे कम महसूस करने वाले कवियों में भारती अग्रगण्य हैं। आविष्ट पवित्रता झलकाता-सा समर्पण, समय के प्रश्नों और तनावों से निर्लिप्त है। मानो मंगल-कलश, बाँसुरी और चंपई छाँह भर मिल जाए, तो जरूरत क्या है कोई और ज़िल्लत उठाने की।

लेकिन, यहाँ रुककर कहना आवश्यक है कि युग की तमाम बौद्धिक, यथार्थवादी और विसंगत स्थितियों के चलते हुए भी न तो प्रेम अप्रासंगिक हो

जाता है और न प्रेम कविताएँ या कथाएँ लिखने से ही कोई स्रष्टा कवियों या लेखकों की पंक्ति से खारिज करने लायक है। लेकिन हर प्रकार की रचना की तरह प्रेम कृति से भी उसकी प्रासंगिकता का सवाल पूछा जा सकता है। एक चिरंतन अनुभव को हर युग में लिखने के लिए ज़रूरी होता है उस बदलती प्रक्रिया, रुझान और चेतना के स्वभाव को पहचानना, जिसमें चीज़ों के अर्थ बदल जाते हैं। यथार्थ के साथ एक सुविधा है, वह प्रमुखतः बाह्याश्रित होता है, इसलिए हमेशा तरोताजा रहता है, और विचार के साथ यह कि वह यथार्थाश्रित तार्किकता और जटिलता में भी कोई नई अद्‌भुतता रच सकता है। लेकिन आत्मपरक अनुभूति के लिए बहुत आसान नहीं होता कि सिर्फ अनुभूति की वजह से ही उसे ताज़गी माना जाए। अगर वह चिरंतनता की एक कड़ी है तो उसे जवाब देना होगा कि अनुभूति और व्यंजना के स्तर पर पिछली सर्जना से वह क्यों आगे है, और नए आयामों की सृष्टि कर समय के किस विज़न को साधने की क्षमता रखता है? जहाँ तक भारती की प्रेम-रचना का सवाल है हम पूछ सकते हैं कि क्या भारती के राग में सांकेतिक सूक्ष्मता, संवर्द्धना और बौद्धिक तटस्थता है—जैसी शमशेर में है? प्रासंगिक अर्थ में उदात्तता और पारलौकिकता है—जैसी वीरेन्द्र कुमार जैन में है? खुलापन है—जैसा भवानी प्रसाद मिश्र में है? सामाजिकता है—जैसी निराला की 'प्रेयसी' जैसी कविताओं में है? प्रासंगिकता, पारदर्शिता, संयम या आधुनिकता के कौन से लक्षण हैं? और अगर वह इन सबसे परे है तो क्या उसके अनुभव और काव्य की ऊँचाई आधुनिकता का कोई नया शिखर रचती है? निश्चय ही भारती के आरंभिक संग्रहों में कुछ युगबोधी कविताओं के होने पर भी वे इन प्रश्नों का कोई विश्वसनीय उत्तर नहीं दे पाते हैं। वे उपर्युक्त कवियों में किसी एक की तरह हों यह हमारा आशय नहीं है, वे अपनी निजता किस परिपक्वता और नवीनता से स्थापित करते हैं—प्रश्न यह है।

क्योंकि प्रेम स्वयं ऐसा मनोवेग है जिसे चाहें तो छिछला और हल्का बना लें या चाहें तो इस हद तक उदात्त और गंभीर कि वह साहित्य में अनुभूतिमूलक आवेग बन जाए जिससे हर भाव संप्रेषणीय, क्षिप्र और तरल बनता है। वह साहित्य में पदार्थ को ऊर्जा या वॉल्टेज को विद्युत में बदलने वाली शक्ति बन सकता है, जो तरह-तरह की क्रियाओं में रूपायित हो सकती है। मैं तो यहाँ तक कहूँगा कि भारती का प्रेम ही 'अंधायुग' में विक्षोभ है और सामाजिक यथार्थ की रचनाओं में आहत संवेदना। इसलिए किसी कृति में प्रेम को देखकर मुग्ध या क्षुब्ध होने की बजाए यह पूछना चाहिए कि प्रेमावेग वहाँ गुणात्मक रूप में कितना घनीभूत, विकसित या विकीर्ण है? क्या वह बुद्धि, विवेक, यथार्थ और चिंतन का आच्छादन है या उसे उद्‌भासित करने वाली ऊर्जा?

भारती में इसकी सबसे मार्मिक परीक्षण-स्थली कनुप्रिया है जिसका प्रेम इतना विस्फोटक है कि अधकचरी रूमानियत और ओढ़े हुए आदर्श की चिंदी-चिंदी उड़ा देता है, लेकिन प्रेम का ऐसा मधुर स्रोत भी खोल देता है जिससे विचार की, औदात्य की और गांभीर्य की स्रोतस्विनी बहकर दिक्‌काल के ओर-छोर मिला देती है, अपने समय को हमारे समय से जोड़ देती है। कनुप्रिया के प्रश्न नारी मात्र के चिरंतन प्रश्न बन जाते हैं। उदात्तीकरण की पराकाष्ठा यह है कि स्त्री-पुरुष का प्रेम चराचर और परात्पर के प्रेम में ढल जाता है। ऐसी शुचिता, ऐसा माधुर्य और ऐसी प्रगाढ़ता—कि लगता है कनुप्रिया बेहद संवेदनशील उँगली से छुई हुई वीणा है, जिसमें कलाकार ने अपने प्राण उँडेल दिए और छायावाद और पिछली रोमानियत से भिन्न एक महीन और खनकती, गंधमयी भाषा; सौष्ठव और पारदर्शिता के साथ गर्वीली प्रेयसी की तरह झुकी हुई भी है और तनी भी रहती है। प्रेम के सनातन प्रतीकों की उर्वरता, अकुंठ रचना-स्रोत के सहारे शिल्प सहित ऊपर उठ जाती है और सिद्ध करती है कि एक निश्चित ऊँचाई पर पहुँचकर रोमेंटिक ही क्लासिकल हो जाता है। यह भाव गांभीर्य और रागात्मक मूल्य की पराकाष्ठा है। फर्ज कीजिए कि आरोपों से घबराकर यदि भारती अपनी स्वाभाविक राग-भूमि छोड़ देते तो उनके सिवाय कौन लिखता 'कनुप्रिया'—क्या अज्ञेय? क्या शमशेर? क्या मुक्तिबोध?

'कनुप्रिया' तमाम गुनाहों, चुंबनों, रसिकता और लम्पटता की चाहों को बहुत पीछे छोड़कर विराट कालमापी आयामों को अपने लबालब राग से आसंगित

किए है। वह न केवल भारती की शीर्षस्थ कृति है, आधुनिक प्रेम-काव्यों में भी अद्वितीय है। प्रेम के जिस शिखर की बात मैंने ऊपर कही है, लगता है, यहाँ उसे भारती ने पा लिया है। उनके काव्य में दिखाई पड़ने वाले समूचे लक्षण यहाँ भी हैं, मगर इस विराट केन्वास में वे गुँथ गए हैं। वे अहि और गज के सिर की मणि नहीं रहे—नारी के अलंकरण हो गए। काव्यानुभूति और अभिव्यंजना की दरारें पट गई हैं और भाषा, सर्जना पर निछावर हो गई है। ऐसी समग्रता भारती की किसी कृति में नहीं है— 'अंधायुग' में भी नहीं, क्योंकि 'कनुप्रिया' कवि के मौलिक स्वभाव का उत्कर्ष है और 'अंधायुग' अपने को तोड़कर दूसरे ढंग से रचने की कोशिश। 'कनुप्रिया' कच्चे प्रेम की कोई किशोर कथा नहीं; चिंतन की, राग-विस्तार और राग-गांभीर्य की ऐसी रचना है—जहाँ से प्रेम प्रश्न की तरह फूटता है और चुनौती की तरह अतीत के साथ हमारे समय को घेर लेता है। नए उपालंभ, आग्रह और प्रश्नों का यह सिलसिला भारती को पीछे नहीं खींचता, आगे ले जाता है। यहाँ प्रेम; कौतुक और विगलन-भर नहीं रहा; वयस्क चैतन्य, विराट आयामों, विलक्षण रचना-कौशल और समग्रता का विधान बन गया है। रूप के संभार से गर्वीली-झुकी हुई शिल्प सृष्टि-राग की सच्ची भूमि बन जाती है। प्रगाढ़ राग, उद्दीप्त राग, प्रखर राग, गतिशील राग, सचेत राग, अदम्य राग, विराट राग और चुनौती देता राग—कितने आयाम नहीं छुए हैं इस कृति के राग ने! भक्ति, रीति, रोमान और अभिमान—इसकी व्यापकता में घुलते हुए एक नए जीवन की कविता बन गए हैं। रचनाकार के संपूर्ण व्यक्तित्व का रूपायन ऐसा ही हो सकता है।

भाव-विह्वल कनुप्रिया अल्हड़ मगर भोली है, लेकिन भीतर से अनेकार्थ भरी, जो उसे 'असाध्य वीणा' (अज्ञेय) बना देती है। 'कनुप्रिया' के प्रश्न जिज्ञासा नहीं हैं, पारदर्शी अनुभव हैं। क्या वह एकालाप है? क्या वह एकांत प्रेमानुभव है, जो देह से शुरू होकर रीतते-रीतते महज़ 'प्रेम' रह जाता हो? समर्पण और प्रश्न की हमजोली कमान का झुकाव और तीर की प्रखरता के रिश्ते की तरह है।

बेशक 'कनुप्रिया' भारती की सम्पूर्णता है, लेकिन 'अंधायुग' प्रतिरोधी युगचेतना है—एक लड़ाई है जो अतीत में नहीं, वर्तमान में और खास कर लेखक के भीतर लड़ी जा रही है। अतीत उसकी अलगनी है। 'कनुप्रिया' का कृष्ण 'भागवत' है तो 'अंधायुग' का 'महाभारत'। अर्थपूर्ण इतिहास बोध ने वहाँ समुद्र में आँखें खोली थीं, यहाँ खुले आकाश में जमीन पर।

'अंधायुग' का रचनाकाल वह समय था जब द्वितीय विश्वयुद्ध, उतरी हुई बाढ़ जैसे विनाश के चिह्न छोड़ गया था। किसी वक्त व्यंग्य में जिसे राजेन्द्र यादव ने 'शैली का राजकुमार' कहा था, वह इस वक्त दो-दो प्रलयंकारी युद्धों का साक्षी था—एक तरह से अभिशप्त इतिहास का पुनर्मंचन! इसके नियामक भी धृतराष्ट्र ही होते हैं क्योंकि कोई भी युद्ध करते वक्त उसके भीतर छिपे अदृश्य विनाश को देख नहीं पाता, फिर चाहे उसकी परिणति 'प्रभु की हत्या' में हो या 'गाँधी की हत्या' में :

उस दिन जो अंधा युग अवतरित हुआ जग पर
बीतता नहीं, रह-रहकर दोहराता है
हर क्षण होती है प्रभु की मृत्यु कहीं न कहीं
हर क्षण अँधियारा गहरा होता जाता है।

क्या अब भी हम कहना चाहेंगे कि प्रेम के भावावेग में स्थित होने के मानी यथार्थ में अनुपस्थित होना होता है—जबकि यहाँ तो कवि अत्यंत तीव्रता से समयोत्तर उपस्थिति भी दर्ज करा रहा है। क्या उक्त पंक्तियों को हम कल जैसी आज भी महसूस नहीं करते? रागावेग और संवेदन अधोगामी होकर यदि हताशा और अनास्था में पर्यवतित होता है तो वही ऊपर उठकर आस्था को मरने नहीं देता, वरना 'अंधों के माध्यम से' कोई 'ज्योति की कथा' कह सकता है !

इसमें कोई शक नहीं कि जब चौतरफा संकट युद्ध मुद्रा में खड़ा हो तब यदि रचनाकार अपने राग-लिप्त मन को झटककर समय का सामना न कर पाता, तो इस विपरीत भूमिका में वह बुरी तरह लड़खड़ा जाता। यह उसकी अग्नि-परीक्षा का क्षण था। जिसमें भारती का कवि दूर तक खरा साबित हुआ है। यहीं साफ होता है कि पिछले विरोधाभास और द्वैत, सर्जनात्मकता के भीतर जारी हलचलें—सार्थक चिंता की बुनियादें थीं। संसार की कई श्रेष्ठ कृतियाँ ऐसी ही कश्मकश में से जन्मी हैं। जो लेखक द्वन्द्वहीन सपाट अनुकर्ता और लीकपंथी होता है—वह जिंदगी-भर ऐसा

कुछ नहीं लिख पाता जो इतिहास में, मन में दर्ज हो। आत्म-भंजन की क्रूरता और अपूर्णता का अनुभव लेखक को सर्जक बनाता है। यह दौर विचलन और अंतर्विरोधों का भी होता है, जो अंधायुग' में भी उसकी तमाम खूबियों के बाद भी है।

'अंधायुग' महाभारत के अंतिम दिनों और युद्धोत्तर परिणामों का काव्य नाटक है। मूल घटना को आधुनिक युद्धों के लिए दस्तावेज की तरह इस्तेमाल किया गया है। गाँधी की पुकार और असहायता के भीतर कृष्ण की पुकार और असहायता का दर्शन अंधायुग को भारत-विभाजन और भयावह कत्लेआम से भी जोड़ता है। क्या 'प्रभु की मृत्यु' 'कायर हत्या' की ओर इशारा नहीं करती है? दोनों परिणतियाँ अंततः उस अंधेपन को ही सघन बनाती हैं जो अविवेक और नासमझी की खालिस परंपरा रही है।

यद्यपि मिथक या पुराकथा को आधुनिक यथार्थ में हू-ब-हू घटित कर पाना संभव नहीं हो पाता क्योंकि चरित्र परिवेश और प्रक्रियाओं के अंतःसंबंध काफी हद तक बदले हुए होते हैं। इसके अतिरिक्त पुराकथाएँ एक खास किस्म के लोक-विश्वास और रहस्य का आवरण चढ़ाए रहती हैं, जो उनका अविभाज्य अंग हो जाता है, जिसे हटाने की कोशिश कई बार कथा को ही विकृत कर देती है और क्योंकि रचनाकार भी इन विश्वासों और आस्थाओं से पारंपरिक रूप में जुड़ा होता है, इसलिए वह स्वयं भी उन्हें पूरी तरह नकार नहीं पाता, नतीजे में अधूरेपन की विसंगतियों से घिर जाता है। महाभारत का बौद्धिक विश्लेषण करने और उसके चरित्रों को अपने ढंग से इस्तेमाल करने की कोशिश में बहुत से भारतीय लेखक उलझ गए हैं—इसका मूल कारण कृष्ण-चरित्र के विरोधाभास और ईश्वरत्व है, जिससे भारतीय लेखक आक्रांत हुए बिना नहीं रह पाता। लक्ष्मीनारायण मिश्र ने 'अपराजित' में चाहा था कि महाभारत के श्रेष्ठ चरित्रों को निकृष्ट और निकृष्ट चरित्रों को श्रेष्ठ साबित कर सकें, लेकिन 'लीला-पुरुष की लीला' के चक्कर में पड़कर सब कुछ निरर्थक हो गया। 'अंधायुग' में भी अगर कृष्ण ही बार-बार मरते हैं, अश्वत्थामा के घाव और पीप खुद में समो लेते हैं, खुद के भीतर सारा नाटक खेलते हैं या सारे नाटक के भीतर खुद खेलते हैं, अतीत और भविष्य दोनों उनकी मुट्ठी में कैद हैं, तो शेष चरित्र तो सिर्फ कठपुतली ही बने रह सकते थे, फिर सच-झूठ, न्याय-अन्याय, युद्ध-शांति सब औपचारिकता भर रह जाते। भारती ने इस खतरे को पहचानने की भरसक कोशिश की है। विद्रोहिणी गांधारी कृष्ण पर से देवत्व का मुलम्मा हटा देती है :

विदुर—'प्रभु थे वे'
गांधरी—'कभी नहीं'

फिर भी जाने क्यों, अंत में वह कृष्ण-मोह में बँध जाती है : *कोई नहीं मैं अपने*
सौ पुत्रों के लिए
लेकिन कृष्ण, तुम पर
मेरी ममता अगाध है
कर देते शाप यह मेरा तुम अस्वीकार
तो क्या मुझे दुःख होता
मैं थी निराश, मैं कटु थी
पुत्रहीन थी।

क्या यह वही गांधारी नहीं रही है जिसने कहा था, विदुर से : *माता मत कहो मुझे*
तुम जिसे कहते हो प्रभु
वह भी मुझे माता ही कहता है—

फिर गांधारी को क्या हो गया कि वह कृष्ण को शाप देकर अपने को ही अपराधिनी मान रही है। वह स्वीकार करती है कि असंतुलित मनःस्थिति में उसने एक भयानक गलती कर दी है। 'अंधायुग' में केवल गांधारी का चरित्र ही तो ऐसा था जिसने एक प्रभावपूर्ण प्रतिरोध खड़ा किया था। रचनाकार की प्रतिभा का जो कुछ सर्वश्रेष्ठ था, उसका सबसे बड़ा हिस्सा भी उसे ही मिला था। लेकिन ठीक ऐसे वक्त जबकि उसका प्रतिरोध चरम सीमा पर था, वह विगलित हो गई। ज़ाहिर है कि महाभारत को तर्क की कसौटी पर कसते हुए एक भारतीय लेखक कृष्ण के दिव्य प्रभा-मंडल से मुक्त नहीं हो पाता और उसकी सशक्त निर्मितियाँ आहत हो जाती हैं। 'अंधायुग' में कृष्ण कहीं भी स्वयं उपस्थित नहीं हैं—वे कहीं संवाद में हैं, कहीं कथा में, कहीं छाया तो कहीं ध्वनि में हैं। यानी वे परोक्ष रूप में सभी जगह हैं—क्या यह दृष्टि उसी रहस्य को नहीं पोसती जो 'सर्व खल्विदं ब्रह्म' में है! ऐसी स्थिति में कृष्ण मानवीय चरित्र रह

ही कैसे सकते थे! वे संपूर्ण घटनाचक्रों के बावजूद परात्पर, लीलापुरुष बने हुए हैं :

बोले अवसान के क्षणों में प्रभु—
'मरण नहीं है ओ व्याध!
मात्र रूपांतरण है वह...'

धर्मवीर भारती ने भले ही महाभारत की त्रासदी को यथार्थ और अस्तित्वीय चिंतन में ढालने की कोशिश की हो, लेकिन वे उसके नैतिक और आध्यात्मिक स्वरूप को तरह न दे सके। आध्यात्मिकता ने महाभारत की नैतिकता को एक खास अंदाज दे दिया है। क्योंकि वहाँ नैतिकता का अर्थ है 'कृष्ण का पक्ष'—'यत्र योगेश्वरः कृष्णो यत्र पार्थो धनुर्धरः। तत्र श्रीर्विजयो भूतिर्ध्रुवा नीतिर्मतिर्मम।।' इसलिए यथार्थ दृष्टि से महाभारत की पुर्नरचना बिना आध्यात्मिकता को उससे छीलकर अलग किए असंभव है। भारती ने भी दूर तक यह किया है, पर उसे चरम परिणति पर पहुँचाना उनके लिए कठिन हो गया।

यह बेहिचक स्वीकार किया जाना चाहिए कि बिना एक सुनियोजित घटना और चरित्र विधान के पारंपरिक चरित्रों के आशय नहीं बदले जा सकते, फिर महाभारत तो संबंधों का अथाह नरक है। वहाँ पात्रों के चरित्र और संबंध कई जगह बड़े दूभर, कई जगह अतार्किक और अविश्वसनीय हैं। यह ग्रंथ एक प्रकार के दैवीय प्रभाव से मढ़ा हुआ है। ऐसी स्थिति में यथार्थ या अस्तित्ववाद को उसके माध्यम से पूरी तरह साध पाना कठिन है। क्योंकि दोनों निर्ममता की अपेक्षा करते हैं। फिर दोनों की तर्कसंगत अन्विति तो और भी कठिन है। गाँधी की हत्या और कृष्ण की हत्या में तात्विक अंतर है—फिर भी इसे अंधत्व की अंतिम परिणति के रूप में समन्वित किया जा सकता था। लेकिन गाँधी का यह कहना, 'कोई मेरी सुनता नहीं' और कृष्ण के इस कथन 'क्या कोई सुनेगा?' में मौलिक अंतर है। स्वयं ही युद्ध के लिए अर्जुन को तैयार करने और उसके परिणामों से अपने को अलग करने में जो विसंगति है, वह गाँधी की अनासक्ति और नैतिक पीड़ा से मेल नहीं खाती। कृष्ण का दौत्य और गाँधी की मध्यस्थता में भी बड़ा अंतर है। कृष्ण युद्ध का एक पक्ष थे और उन्होंने ऐसा भी कुछ किया था, जिसे अध्यात्म हटा देने पर नैतिक नहीं कहा जा सकता है। इसलिए दोनों के अकेले छूट जाने के अर्थ अलग-अलग हैं। गहरे विश्लेषण और रचनात्मक धैर्य की कमी या रागात्मक दुर्बलता के चलते भारती इस प्रासंगिक फ्लैश का अपेक्षित इस्तेमाल न कर सके। अगर भारती ने गांधारी जैसे विद्रोही चरित्र को रचा था, तो उन्हें समझ लेना था कि यह कृष्ण के उत्कर्ष की कीमत पर ही संभव होगा। परंतु महाभारत के विराट मिथक ने कवि द्वारा निर्मित चरित्रों की आंतरिक संरचना में कई जगह हस्तक्षेप किया है। गांधारी के अलावा 'युधिष्ठिर' को ही लें। 'विजय : एक क्रमिक आत्महत्या' में युधिष्ठिर की ग्लानि और पीड़ा उतनी व्यक्त न हो सकी, जितना उनका बड़बोलापन। अश्वत्थामा जैसे आलोचक की सृष्टि करके युधिष्ठिर की महत्ता कैसे कायम रखी जा सकती थी?

युद्ध के प्रति तीव्र घृणा और युद्धविहीन विश्व की परिकल्पना की अपेक्षा युद्धों के बाद नव-निर्माण का दर्शन अंधायुग की परिणति में प्रमुख हो गया है। कृष्ण की वाणी में जैसे लेखक कहता है कि 'मानव का भविष्य वही बचाएगा जो अंधा नहीं है, विकृत नहीं है।' 'कृष्ण' का एक अंश मनुष्यों के 'मन के वृत्त' में रहेगा, जिससे वह सभी परिस्थितियों का अतिक्रमण करते हुए विध्वंसों पर नव निर्माण करेगा। यह ठीक है कि मनुष्य बार-बार ध्वंस पर नव-निर्माण की जिजीविषा और क्षमता को रेखांकित करता रहा है, लेकिन क्या यह कारण और कार्य की संगति के बिना ही निष्पन्न हो जाएगा? युद्ध के प्रति घृणा उभारना जिस कृति का लक्ष्य हो, वही अगर नाश और निर्माण की नित्यता स्वीकार कर ले तो क्या युद्ध एक स्वाभाविक और अवश्यंभावी नियति की तरह सरलीकृत नहीं हो जाता? तब युद्ध से क्यों घृणा की जाए और युद्धविहीन विश्व की कल्पना क्यों की जाए? असल में यह कवि के बस में नहीं रहा कि वह कृष्ण की मृत्यु को केवल विनाश की चरम परिणति मानकर नाटक को समाप्त कर दे। उनकी 'मृत्यु' तो 'रूपांतरण' है, जो नव-निर्माण का एक पूरा दर्शन अपने पीछे छोड़ जाती है। एक यथार्थदर्शी लेखक जानता है कि दर्शन और रहस्य की सूक्ष्मताएँ वस्तु को निराकार बना देती हैं। यह ठीक है कि अंतिभ अंश में कृष्ण का लीलाभाव बहुत ट्रैजिक हो गया है और एक करुण रागिनी की

तरह बज उठा है, लेकिन अपनी 'लीलाओं' के प्रति एक गहरी वितृष्णा तब भी उनमें नहीं है। युद्ध के प्रति निराकार निषेध भी तब तक कोई विशेष अर्थ नहीं रखता, जब तक कि युद्ध के कारणों की खोजबीन और उन्हें समाप्त करने के उपायों का सार्थक विश्लेषण न हो। कारणों के रहते हुए, युद्धविहीन विश्व की परिकल्पना एक युटोपिया है। अगर एक पक्ष 'अंधा' और 'विरक्त' न भी हुआ तब भी युद्ध उस पर थोपा जा सकता है। कोई कम अंधा है या कोई ज्यादा अंधा—यह विश्लेषण खुद संजय का है जो निर्णय के उत्तरदायी क्षणों में भटक गया है।

प्रयोग और परंपरा को लेकर 'अंधायुग' पर बहसें हो चुकी हैं। पिछले दो दशकों में हिंदी में इतने काव्य-नाट्य-प्रयोग देखने में आए हैं कि अब बहस का यह मुद्दा नहीं रहा है। मेरे खयाल में 'अंधायुग' की मूल समस्या 'कविता में नाटक' या 'नाटक में कविता' से संबंधित है। क्योंकि 'नाटक' नामकरण के बावजूद 'अंधायुग' की अवधारणा काव्यात्मक है। अंकों के शीर्षकों से लेकर उसके दृश्य-विधान, भाषा और संवादों तक में काव्यात्मक रुझान प्रबल है। कई जगह अभिव्यक्तियाँ बिम्बात्मक हैं, जबकि नाट्य-संवादों से दृश्यपरक होने की अपेक्षा रहती है।

फिर भी यह नहीं माना जा सकता कि 'अंधायुग' प्रबंध-काव्य की आवश्यकता ही पूरी करता है और उसमें नाट्य-स्थितियाँ नहीं हैं। जिन लेखकों ने नाट्य-शिल्प की दृष्टि से 'अंधायुग' की आलोचना की है, वे भूल गए हैं कि इस कृति ने कविता की नाट्य-संभावनाओं का भरपूर इस्तेमाल करते हुए नाटक को बहुआयामी समृद्धता भी दी है। मसलन कुछ आलोचनाओं ने महसूस किया है कि 'अंधायुग' के प्रहरी नाटकीय पात्र नहीं हैं। वे तटस्थ हैं। जबकि प्रहरी तटस्थ दृश्यानुभव को ही प्रतीकीकृत करने के लिए यहाँ हैं—इनके नाटकीय पात्र बनने की शर्त ही यह है कि ये नाटक में जय-पराजय से अलग केवल तटस्थ साक्षी बने रहें। इनकी पूर्ति कथा-गायक नहीं कर सकता क्योंकि वह स्थितियों का भोक्ता नहीं है। प्रहरियों की नाटकीयता उनके विवश और यांत्रिक अनुभवों और चेष्टाओं में ही है और वे वास्तविक प्रभाव पैदा करते हैं। कविता का बेहतर इस्तेमाल भारती ने पात्रों के प्रतीकीकरण में किया है। संजय, संजय भी हैं और कवि का प्रतीक भी। वृद्ध जो नाटक में बार-बार आता है, वह कहीं 'भविष्य' है, कहीं 'प्रेत' तो कहीं 'जरा' (हालांकि एक जगह उसे भविष्य-वक्ता शायद भूल से कह दिया गया है।) इस बात पर गौर किया जाना चाहिए कि जब कोई लेखक काव्य-नाटक लिखता है तो अवश्य ही उसका यह इरादा भी होता है कि वह कविता की ऐसी संभावनाओं को नाटक के पक्ष में इस्तेमाल करे जिससे नाटक अधिक सम्पन्न और विशिष्ट हो। यह धारणा मूल में ही गलत है कि कविता की उपस्थिति से नाटक नाटक नहीं रहता। काव्य-नाटक से प्रश्न यह पूछा जाना चाहिए कि कविता नाटक को कौन-से आयाम देती है—या अपनी उपस्थिति से नाटक को नष्ट तो नहीं करती?

अगर मोटे तौर पर देखें तो महाभारत के अंतिम दिनों की कथा को युधिष्ठिर के राज्यारोहण और कृष्ण के निधन तक खींचने के कारण 'अंधायुग' की अवधि बहुत लंबी हो गई है। पात्रों में एक तरह से पूरा महाभारत आवृत होता है। कई घटनाओं को कहने का मोह भी नहीं टाला जा सका। चौथे अंक में तो तमाम भीड़ इकट्ठी हो गई है जिसने नाटक की रंग-धर्मिता को जटिल फैंटेसी में बदल दिया है। मुझे लगता है कि अगर भारती घटनाओं में इतना न पड़ते और फ़कत अपने केंद्रीय विचार के आस-पास संबद्ध घटनाओं का नाटक रचते, तो शायद वस्तु भी अन्वित होती और विचार भी। गद्य-नाटकों में भी ऐसे विस्तार हुए हैं; प्रसाद के कई नाटकों में यह हुआ है; परंतु यहाँ कवि की कल्पना ने नाटक को विस्फारित कर दिया है।

नागरिक रंगमंच में लोक-नाट्य-शैली का प्रयोग करके भारती ने नाटक में कविता के लिए एक उपयुक्त मंच की खोज की है। एक तरह से यह शैली वैचारिक नाटक में 'रिलीफ' का काम भी देती है। आधुनिक नाटकों में लोक-शैली के प्रयोग अक्सर हो रहे हैं और इससे अभिजात नाट्य-शिल्प समृद्ध हुआ है। एक तरह से कविता-नाट्य में इसकी नींव रखने का श्रेय 'अंधायुग' को दिया जा सकता है। 'अंधायुग' यों भी हिंदी का अपूर्व काव्य-नाटक है। छंद और मुक्त छंद की रंगधर्मिता की पहली प्रतीति अंधायुग में ही हुई।

संवेदन, व्यंग्य, चिंता और यातना ही नहीं, विचार, समस्या और प्रश्नों के लिए भी भाषा की क्षमता का परीक्षण-मंच 'अंधायुग' साबित हुआ है। काव्यात्मक संवाद-गुण, जो नाटक को संवेदना, कल्पना और मूर्तिमत्ता देते हैं, गद्य-नाटकों से भिन्न काव्य-नाटकों की विशिष्टता और महत्त्व सिद्ध करते हैं। भारती के बाद काव्य-नाटकों का एक सिलसिला ज़ाहिर करता है कि इस प्रयोग ने युवा रचना-मानस को बहुत प्रभावित किया। इस दिशा में 'एक कंठ विषपायी' जैसा उल्लेखनीय काव्य-नाटक भी लिखा गया, तब भी 'अंधायुग' अपनी ऊँचाई में अद्वितीय है।

'अंधायुग' के कथ्य, विचार और शिल्प पर इससे भी अधिक विस्तृत चर्चा संभवतः इसीलिए की जा सकती है कि यह हिंदी में मील का पत्थर है और ऐसी कृति को ठोक-बजाकर देखना जरूरी है जो अगली पीढ़ियों को प्रेरणा देती है। इसीलिए उसकी आलोचना कृति तक सीमित न होकर संभावनाओं तक जाती है।

भारती के संपूर्ण काव्य और काव्य-नाटक के विवेचन से यह स्पष्ट है कि उन्होंने उत्तरोत्तर अपनी ज़मीन पहचानी और बौद्धिकता से आक्रांत युग में भी रागात्मकता का स्वीकार साहसपूर्वक किया, उसे तराशते हुए नए आयाम खोजे और आधुनिकता को एक भावात्मक, सांवेगिक तरलता से सम्प्रेषित किया।

यदि हम भारती के गद्य लेखन की और आयें तो भी देखते हैं कि एक विकासमूलक अन्वेषण-प्रक्रिया यहाँ भी है। अन्यथा भारती वहीं स्थिर हो जाते जहाँ 'गुनाहों का देवता' खड़ा है। क्योंकि वे जानते थे कि जिस युग-परिवेश में वे थे, उसकी कुछ दूसरी अपेक्षाएं भी थीं और स्वयं गद्य की भी अपनी मांग थी, जिसकी उपेक्षा उन जैसा सजग रचनाकार नहीं कर सकता था। उन्होंने चाहा होगा कि उनकी सर्जना में युग की जटिल संवेदना आकार भी ले और बौद्धिकता भी अनुपस्थित न रहे, शायद इसी द्वंद्व से जन्मी कृति है 'गुनाहों का देवता', अन्यथा उसे तो भारती के हिसाब से ताजे-ताजे तारुण्य की कोई मधुर प्रेम-कथा होना था, लेकिन नहीं हुआ, और जो अतिरिक्त उसने साधना चाहा वह भी नहीं सधा—अन्यथा आत्मिक प्रेम की कोई कथा क्या इतनी हिंस्र और तानाशाह हो सकती है कि प्रेमिका की ही जान ले ले? चरित्रों में अशरीरी प्रेम की बुनावट और कथित त्याग के भीतर सामाजिक अंतर्बाधा का विधान अत्यंत सूक्ष्मता और परिपक्वता की माँग करता है, जिसके लिए भारती तब काफी तरुण थे। यदि भावुकता और सौंदर्य गुणों के कारण तत्कालीन किशोर मानसिकता को इस रचना ने सम्मोहित किया और कदाचित् दिग्भ्रमित भी, तो इससे उत्पन्न लोकप्रियता के कारण वह कृति, इतने संस्करण निकलने पर भी श्रेष्ठ नहीं कही जा सकी, परंतु केवल इस कारण से भी उसे उपेक्षित नहीं किया जा सकता कि समय की कच्ची, संक्रमणशील प्रवृत्ति की अनुगूँज उसमें है। क्योंकि लेखक का मानस अपने समय के भीतर जारी संक्रमणों और भ्रमों से अछूता नहीं रहता, बल्कि अपने प्रारंभिक दौर में उनसे अधिक ही घिरा रहता है। ऐसे समय यह देखना आवश्यक होता है कि वह उन संक्रमणों और भ्रमों से मुक्त होने के लिए कैसा और किस स्तर का संघर्ष कर रहा है। क्योंकि यह संघर्ष ही एक बनते हुए लेखक के भीतर जन्मा सकारात्मक संकेत होता है। जैसा पहले भी कहा गया है कि उस लेखक को जो ढले ढलाए रास्ते का साहित्य और विचार के प्रचलनों का पीछा करता है ये संघर्ष प्रायः नहीं झेलने पड़ते, लेकिन जो धारा के विपरीत अन्वेषी होता है, यह उसकी अनिवार्यता है।

'गुनाहों का देवता' के अगले संस्करण में भारती द्वारा इसकी 'कलात्मक अपरिपक्वता' का स्वीकार महत्त्वपूर्ण है। इसमें चरित्रांकन और कथ्य निरूपण जैसी अनेक अपरिपक्वताओं को लेकर लेखक के आत्मान्वेषण का आभास होता है। भारती अपनी कृति की लोकप्रियता से आत्म-मुग्ध हो जाते तो शायद उनके विकास की उपलब्धियों से पाठक वंचित रह जाते।

यह रेखांकित किया जाना चाहिए कि गुनाहों का देवता 1949 में प्रकाशित हुआ। तब भारती 23 वर्ष के भी नहीं हुए थे। उपन्यास लेखन की दृष्टि से इसे कच्ची उम्र ही कहा जाएगा। इसलिए कृति में लेखक की मूल रोमानी प्रवृत्ति का अधिक आवेगशील होना स्वाभाविक है। परंतु यहाँ भी कवित्वमय सौंदर्य और भाव निधान की अत्यंत सरस भाषा और बिम्ब योजना के साथ कथा-रस भी साध ले जाना एक उपलब्धि ही कहा जाएगा। इसके साथ ही लेखक में नई चेतना और नए चरित्रों से जूझने

की उत्कटता की चर्चा के बिना इस कृति के समकालीन महत्त्व और ऐसी अन्य कृतियों से विरल होने को भी पहचाना नहीं जा सकता। भारती इस कृति में प्रेम और विवाह, अप्रेम और विवाह तथा प्रेम और अविवाह जैसे प्रश्नों को उठाते हैं। भले ही वे इन्हें एक बौद्धिक और तार्किक परिणति न दे सके हों, परंतु ऐसे प्रश्नों को उठाना ही उनके नवोन्मेष को सूचित करता है। इसी संदर्भ में एक अनिवार्य लेखकीय चिंता और प्रयत्न को भी नज़र अंदाज नहीं किया जाना चाहिए, क्योंकि यह भारती के रचनाकार की ऐसी चिंता है जो उसे एक लोकप्रिय लेखक भी बनाती है और एक सफल संपादक भी। भारती के पूर्व और समकालीन कथा-संसार को देखें तो पता चलता है कि पाठक इस कृति की ओर सहसा आकृष्ट क्यों हुए? क्योंकि यह कृति उन्हें ऐसे समय मिली, जबकि उपन्यास या तो जटिलता या निरुद्वेगी यथार्थ से बोझिल हो रहे थे। वहाँ विचारों की कश्मकश थी, बहसें थीं, प्रयोग थे, लेकिन कथा-रस की ओर ध्यान नहीं दिया जा रहा था जो कथा-कृति का एक महत्त्वपूर्ण सम्प्रेषण पक्ष है। प्रेमचंद के बाद पाठक के साहित्य से कटने और टूटने का सिलसिला जारी था। भारती के अवचेतन में इसकी प्रतिक्रिया अवश्य रही होगी और वे ऐसी कृति देना चाह रहे होंगे जो रचना से पाठक को जोड़े। अपने भीतर के सहज रूमानी आवेग को वे एक समकालीन चिंता से जोड़कर उसे दिशा भी देना चाहते थे और पाठक के सामने स्त्री-पुरुष संबंधों की नई व्याख्या भी रखना चाहते थे। इसीलिए उन्होंने संबंधों को नए कोण से देखने की कोशिश तो की ही, साथ ही उसे रूमानी उपन्यास न बनाकर संबंधों की रूमानी त्रासदी का रूप दिया। विवाह संस्था के प्रश्न को भी रूखी बहस न बनाकर चरित्रों के परिप्रेक्ष्य में उद्घाटित किया। जिस भोले और आसक्त रोमांच से उसने सुधा और विनती का सौंदर्य तथा लुभावनी चंचलता रची, उसी स्निग्धता से प्रकृति को संश्लिष्ट किया और घटनापरक मोड़ों से भावनात्मक प्रश्नाकुल पाठक-मन को सहेजा। लेखक ने परंपरा और आधुनिकता के प्रश्नों को छुआ, पुरुष की निष्करुण दयार्द्रता और स्खलन से उसने जिस तरह नारी के चिरंतन आदर्शवादी प्रेमिका-रूप को रेखांकित किया और स्त्री की आत्माहुति की पराकाष्ठा से नई विसंगतियों को उभारा—वह सब रोमांचकारी है और उसमें विचार-बिंदु भी हैं। जिस प्रेमी (चंदर) के कहने पर नितांत असहमत होते हुए भी सुधा ने दूसरे पुरुष से विवाह किया, यदि वही पुरुष (जो उसके आदर्श और निष्ठा का केंद्र है) दूसरी स्त्री से संभोग-रत होकर उसके ही नहीं समस्त स्त्री जाति के प्रेम को प्रवंचित और लांछित करे तो परम प्रेममयी, परम विश्वासमयी, परम श्रद्धामयी सुधा विक्षिप्त होकर आत्महत्या की राह क्यों न पकड़े? ऐसी कश्मकश पाठक को हिला देने वाली सिद्ध हुई हो तो इस कृति की लोकप्रियता के रहस्य को सिर्फ रूमान में कैसे देखा जा सकता है? इसमें शक नहीं है कि यह कृति सोच के स्तर पर कहीं अविश्वसनीय अतिवाद का आश्रय भी लेती है और ऐसे स्त्री-पुरुष रचती है जिनमें युगों के फासले हैं। चिरंतन समर्पणशील स्त्री की अवधारणा 'सुधा' में पिरो कर भारती ने मध्यकालीन अचेत स्त्री-मानस की सृष्टि की है। चंदर को जिस सहानुभूतिपूर्ण गंभीरता से लेखक ने रचा है वह एक मायावी और यथार्थवादी कामुक में रूपांतरित होकर लेखक की रचना प्रक्रिया को ही अविश्वसनीय रूप देने का काम करता है। यानी चंदर का सहानुभूतिपूर्ण अंकन लेखक के आंतरिक तर्क की मर्यादा को लांघता है। पाठक मुँह बाए खड़ा रहता है कि पूर्वार्द्ध में उसने जो देखा और विश्वास किया था, क्या वह एक भ्रम, एक धोखा था? तब लेखक ने उसे ऐसी सहानुभूति और विश्वास क्यों दिया? ऐसे कच्चेपन को शायद भारती बाद में स्वयं पहचान गए थे। लेकिन उपन्यास से पाठक को जोड़ने की महत्त्वपूर्ण भूमिका निभाने, विवाह संस्था के संबंध में प्रश्न उठाने, नए संबंधों के इकहरे रूप के प्रति संदेह जगाने और कलात्मक सौंदर्य की अवधारणा को औपन्यासिक शिल्प में ढालने की दृष्टि से निश्चय ही यह एक उल्लेखनीय कृति है।

'गुनाहों का देवता' के तीन वर्ष बाद (1952 में) 'सूरज का सातवां घोड़ा' प्रकाशित हुआ, यह भारती के कथाकार की गतिशीलता का दूसरा पड़ाव था। यहाँ भारती का रूमानी स्वर अधिक कारुणिक और विद्रोहपरक है। इस कृति में वे यथार्थ और विचार की दुनिया से एक प्रयोगात्मक शैली में मुठभेड़ करते हैं,

और पहली बार भाव की बजाए विचार को आधार बनाते हैं। इस कृति में निहित विचार को हम उनकी पुस्तक 'मानव मूल्य और साहित्य' के उस कथन में पहचान सकते हैं जहाँ वे विभिन्न वादों, स्वातंत्र्य, अलौकिकता आदि के नाम पर मनुष्य को आहत किए जाने का उल्लेख करते हैं। निदान देश में जारी विभिन्न प्रकार के मतवाद, पाखंड, संकीर्णता आदि के विरोध में 'सूरज का सातवाँ घोड़ा' की रचना हुई है। निश्चय ही इस पर द्वितीय विश्युद्धोत्तर स्थितियों और पाँच साल पहले मिली आज़ादी के बाद की हताशा और मोह भंग की छाया है। लेखक अनुभव करता है कि तरह-तरह के विचारों और दिशाओं के बावजूद मानवता का रथ इस अंधेरे-विषण्ण समय से निकल नहीं पा रहा है। बल्कि उसके अश्व क्षत-विक्षत और जर्जर हो गए हैं। ऐसी स्थिति में भारती का कथाकार या तो एक हताश नकारात्मकता में कृति का अंत कर सकता था या किसी काल्पनिक विश्वासवाद में। भारती दूसरा मार्ग चुनते हैं। इसे उनका रूमानी आशावाद ही कह सकते हैं कि इस अंधकार भरे बीहड़ रास्ते से वे एक पुष्ट, सक्रिय, अक्षत और तेजस्वी अश्व बचा लेते हैं। फिर भी सवाल यह पैदा होता है कि जिस रास्ते पर छः तेजस्वी, प्रबल अश्व ध्वस्त हो जाते हैं, उन्हीं के साथ, उसी पथ पर दौड़ता एक अश्व कैसे अक्षत और यथावत तेजस्वी बना रह सकता है? प्रतीक की रक्षा तो हो जाती है कि एक संभावनाशील दृप्त भविष्य सामने है अक्षुण्ण; लेकिन विश्वसनीयता की रक्षा कहाँ हुई? फिर भी, यह कृति का संरचनात्मक पक्ष है, जो यदि अधिक तर्कसंगत हो पाता तो लेखक के कथ्य और आस्था को अधिक बल पहुँचता। क्योंकि वह भारती का एक मूल्यवान रचनात्मक पक्ष और उनकी अनवरत चिंता है। 'सात गीत वर्ष' की भूमिका में भी उन्होंने कहा था—'अपनी चरम निजी अनुभूति और व्यापक संसार, क्षण और निरवधि काल के बीच अँधेरी राह पर कहीं एक भूमि है जहाँ शून्य को पराजित कर हम रचते हैं स्थायित्व देने के लिए और सार्थकता पाने के लिए।' यह सदाशयता और विश्वास 'सूरज का सातवां घोड़ा' में भी है। यह भी सच है कि अगर एक सर्जक स्वप्न नहीं देखे और मनुष्यता को दुष्काल में भविष्य के प्रति आश्वस्त नहीं करे तो कौन करे? कहा सिर्फ यही गया है कि इस स्वप्न को रचना के स्तर पर विश्वस्त बनाने वाले तर्क रचना में ही होने चाहिए वरना उनके वायवीय होने का खतरा रहता है।

'सूरज का सातवाँ घोड़ा' कथा के क्षेत्र में एक प्रयोग है। पुराने शिल्प को किस्सागोई की हल्की-फुल्की रीति से चलाते हुए लेखक ने समय की विसंगतियों और त्रासों को भीतरी स्तर पर रचा है। निम्न मध्यवर्ग को जितने स्तरों पर छीला और कुरेदा गया है उससे विसंगतियों को यथार्थमूलक आधार मिला है। कथावाचक से नायक को एकाकार कर लेखक ने एक अद्भुत रचना-दक्षता का परिचय दिया है। यदि समकालीन समस्याओं का विश्लेषण करते हुए भविष्य की संभावनाएँ उन्हीं में से उभारी जातीं तो शायद और बड़ा काम होता।

भारती के चार कहानी संग्रह प्रकाशित हुए—'मुरदों का गाँव', 'स्वर्ग और पृथ्वी' 'चाँद और टूटे हुए लोग' और 'बंद गली का आखिरी मकान'। प्रथम तीन संग्रहों में अपेक्षाकृत उनकी पहले लिखी कहानियाँ हैं। 'चाँद और टूटे हुए लोग' में 'पूजा' एक महत्त्वपूर्ण कहानी है जिसे डॉ. अमरनाथ झा ने परिमल की गोष्ठी में विश्व स्तर की कहानी बताया था जिसका उल्लेख श्री बिशन टंडन ने 'संगम से सागर तक' पुस्तक में संकलित अपने आलेख 'भारती की सृजन यात्रा' में किया है। परंतु भारती को कथाकार के रूप में 'बंद गली का आखिरी मकान' से ही ख्याति मिली। यह भी संभव है कि कवि, उपन्यासकार और नाटककार ने उनके कहानीकार रूप को थोड़ा दबा दिया हो। खैर 'बंद गली का आखिरी मकान' भारती का ही नहीं, नई कहानी का भी महत्त्वपूर्ण पड़ाव साबित हुआ।

इस संग्रह में चार कहानियाँ हैं—'गुलकी बन्नो', 'सावित्री नम्बर दो', 'यह मेरे लिए नहीं है' और 'बंद गली का आखिरी मकान'। चारों ट्रैजिक कहानियाँ हैं और चारों ही मध्यम वर्ग से जुड़ी हैं। 'गुलकी बन्नो' की गुलकी एक कुबड़ी और कुरूप स्त्री है, जिसे उसका पति छोड़ देता है, वह माता-पिता के घर आ जाती है, वहाँ भी वह उपेक्षित और अपमानित जीवन बिताती है, परंतु कहानी की त्रासदी वहां चरम सीमा पर पहुँचती है, जहाँ घर से ले जाने आए पति के साथ उसे सपरिजन उत्सव सहित बिदा किया जाता है, यह जानते हुए भी

कि वह उसे अपनी दूसरी पत्नी की सेवा-टहल के लिए ले जा रहा है, यानी अधिक अपमानित और जघन्य जीवन जीने के लिए। सावित्री नंबर दो एक लगातार बीमार रहने वाली स्त्री है, वह अपने जीवन के लिए ही नहीं स्वत्व के लिए भी संघर्षरत है। इस दौर में वह अपनी बहन को जान-बूझकर लांछित करती है और स्वीकारती है कि यह उसने अपनी क्षति-पूर्ति के लिए किया है। इसे यदि रचना-प्रक्रिया से स्वयं ही उभरने दिया जाता तो बेहतर था। परंतु उसकी व्यथा, अकेलापन और संघर्ष दूर तक छूता है। 'यह मेरे लिए नहीं है' का दीनू अपनी छोटी-छोटी इच्छाओं से लड़ता-झगड़ता अंत में निर्वासित स्थिति में पहुँच जाता है और अधिक ट्रैजिक यह है कि उसके आसपास का समाज इस संघर्ष को उस स्तर पर न लेकर दीनू को और अकेला कर देता है। 'बंद गली का आखिरी मकान' एक बूढ़े मुंशी की कथा है जिसके लिए जीवन के सारे रास्ते बंद हैं। उनके बीच वह अकेला घिरा हुआ है, लेकिन मृत्यु के क्षणों में वह आसमान के नीचे है, छत के नीचे नहीं। इसमें शक नहीं कि ये कहानियाँ अत्यंत मार्मिक हैं।

भारती के निबंधों में विघटन और मूल्यहीनता की जो चिंता है, वह यहाँ भी है। ये चारों कहानियाँ समाज की अंतरंग पहचानें हैं जहाँ व्यक्ति जूझता हुआ, टूटता हुआ, छला जाता हुआ अंततः अकेला रह जाता है—एक भरे-पूरे समाज के बावजूद। दुःख की अतिशयता और चरम हताशा इन कहानियों में भी एक किस्म का आवेग रचती है। परंतु 'सूरज का सातवाँ घोड़ा' की एक आस्थामूलक सर्जनात्मा जैसे इन कहानियों में आहत हो गई है; जैसे प्रेमचंद अपने पूरे आदर्श और आशावाद के बावजूद अपनी अंतिम कृति 'गोदान' में सामाजिक विद्रूप को एक विकल अंत ही दे पाते हैं वैसे ही भारती की इन कहानियों में यथार्थ की टकराहटें बहुत साफ हैं मानो स्वयं वे अपनी आस्थाओं से टकरा रहे हों। चिर-दुःखिनी सावित्री, कुबड़ी बन्नो, बदकिस्मत तन्नो भीतर से टीस रही है तो दीनू और मुंशी जूझते हुए अकेले छूट जाते हैं। जीवनार्थ पाने के लिए लेखक का संघर्ष और आत्म-संघर्ष और कैसा होता है!

भारती की इस संपूर्ण साहित्य-यात्रा के आरोह-अवरोह, संघर्ष और समय को चित्रित करने और उसे अर्थ देने के प्रयत्न को यदि गंभीरता से देखा जाए तो उनके भीतरी महाभारत का अनुमान लगाया जा सकता है। इसी संदर्भ में उनके विचलनों और अन्वेषणों को भी देखा जाना चाहिए। परंतु लेखक की इस कश्मकश को कम करके आँकने वालों ने भारती को फतवों में निपटाने की कोशिश की है। एक वरिष्ठ रचनाकार ने उनकी एक कृति पर बात करते हुए कहा कि 'वे ऐसे लेखक सरीखे हैं जिसे प्रेमचंद भी अच्छा लगता है और प्रसाद भी। जो प्रेमचंद और प्रसाद दोनों का अनुकरण करना चाहते हैं।' कुछ ऐसी ही बातें एक दूसरे लेखक ने अन्य कृति के बारे में जरा फूहड़ ढंग से कहीं कि 'उनके उपकरण प्रगतिवादी हैं और दृष्टि निर्गुणवादी।' व्यक्तियों और वादों का नाम लेने में एक सुविधा तो होती ही है कि आप हर चीज को गलत जगह रख सकते हैं, किसी को किसी से भी जोड़ सकते हैं और उनमें आखिर ऐसा कुछ साम्य तो होता ही है कि कोई आपको गलत भी नहीं कह सकता। वहीं आप रचना की अंतड़ियाँ खोलने से भी साफ बच जाते हैं। ऐसी तुलनाओं से एक साथ कई चीजों का गलत मूल्यांकन हो जाता है।

वास्तव में वैविध्य को आत्मसात करना और उसे अन्वेषित करना एक स्वाधीनचेता लेखक की अपनी माँग होती है। साथ ही यह कहना भी उचित होगा कि शिल्प और वस्तु के संबंध इतने तकनीकी और पूर्व निर्धारित नहीं होते हैं कि उनकी विभिन्न विचारों और स्तरों पर आवाजाही नहीं हो सकती। मुक्तिबोध ने जिस फैंटेसी शिल्प में रचनाएँ कीं, क्या वह प्रगतिवादी है? क्योंकि शिल्प का प्रयोग, उसका विधान ही उसकी नियति तय करता है स्वयं शिल्प नहीं। दूसरी बात यह है कि विचार और वस्तु भिन्न-भिन्न लेखकों में भिन्न-भिन्न अर्थ देती है। क्या कबीर का रहस्यवाद अपने पूरे संदर्भ में वही अर्थ देता है जो जायसी का रहस्यवाद? मैं समझता हूँ कि उक्त आक्षेपों के लिए ये संकेत पर्याप्त हैं। सिद्धांतों के सामान्यीकरण रचना के संदर्भ में प्रायः उतने कारगर नहीं होते जितने वे स्वयं सिद्धांतों के बारे में होते हैं। यह सोच की विकलांगता और संकीर्णता कही जाएगी कि जो लेखक अपनी लड़ाई अपने बूते पर लड़ना

चाहता है उसे अकारण इधर-उधर बाँध कर हम उसके संघर्ष को अनदेखा ही नहीं करते उसे अपमानित भी करते हैं। हिंदी के एक दौर में यही हुआ। जब किसी पर वायवीय रूमानियत चिपकानी हुई, 'धड़' से कोई छायावाद चिपका दिया गया और किसी पर आयतन और आकृति में बँधे प्रगतिवाद को फेंक कर मार दिया गया, किसी पर अस्तित्ववाद और निर्गुणवाद का लेबल चिपका दिया गया। इस दौर में हर जगह लेबल ही लेबल चिपके मिलेंगे, आप देख ही नहीं पाएँगे कि भीतर द्रव पदार्थ है या ठोस? दुर्भाग्य से विचारों के ऐसे ढाँचे जिन्हें लोगों ने अपनी समझ से भी गढ़ लिया था, किसी भी लेखक के प्रकृत मूल्यांकन में बाधक रहे हैं, इसके चलते हमने बहुत-सी कालजयी कृतियों का अवमूल्यन और अपमूल्यन किया है।

यद्यपि सर्जक की अंतःप्रेरणा का कोई नैसर्गिक केंद्र होता है, फिर भी वह अपने में बद्ध नहीं होता, अनेक प्रकार की अवधारणाओं और स्थितियों के घात-प्रतिघात से उसका रचना-मानस व्यापक बनता है, जो अनवरत साधना से सँवरता, विकसित होता—और यहाँ तक कि परिवर्तित भी होता रहता है। क्या कभी यह सोचा गया कि कोई लेखक विचारों को अपनी रचना में सृजित करने के बावजूद विचारधारा या दर्शन-प्रणाली में बँधने से इंकार क्यों करता है? इसलिए कि यह उसकी आत्म-चेतस सर्जना की अनिवार्य माँग है, जो अनेक दिशाओं से प्राणशक्ति ग्रहण करने के लिए अपने को मुक्त रखना चाहती है। उसे बाड़े में घेरने की इतनी जिद कि अगर भारती 'बंद गली का आखिरी मकान' या 'सूरज का सातवाँ घोड़ा' में निम्न मध्यम वर्ग की खोखल, विघटन, दारुण यातना और नर्क की रचना करें तो 'बीमार मानसिकता' और कोई दूसरे किस्म का लेखक करे तो 'यथार्थ का गहरा मार्मिक चित्रण!' ऐसा नहीं है कि भारती की इन रचनाओं में कोई झोल या दरारें न हों लेकिन इसका अर्थ क्या बीमार मानसिकता होता है? भारती के विकास-क्रम के साथ उनका संपूर्ण कृतित्व हमारे सामने है और हम जानते हैं कि रचनाएँ स्वयं ही पारस्परिक प्रतिबिंबन और क्षति-पूर्ति द्वारा अपनी नई व्याख्या देती हैं—मसलन भारती के लघु नाटकों का संग्रह 'नदी प्यासी है' कहीं तो प्रारंभिक रचनाओं के अधूरे कथ्य को पूरा करता है तो कहीं पूर्व धारणाओं के विपरीत विचार प्रकट करता है।

धर्मवीर भारती के रचनाकार से असहमति के अनेक बिंदु हो सकते हैं—और हैं, लेकिन इससे किसी लेखक का संपूर्ण अवदान छोटा नहीं हो जाता। निस्संदेह भारती हमारी भाषा के उच्चकोटि के सर्जकों में हैं। उनका उठान सूचित करता है कि यदि वे संपादन कर्म में अपनी आहुति न देते, तो शायद सरस्वती ने उन्हें उससे ज्यादा दिया था, जो उन्होंने अपने समाज और भाषा को लौटाया है। फिर भी निर्विवाद रूप से कहा जा सकता है कि तीन दशकों तक 'धर्मयुग' के यशस्वी संपादन द्वारा भारती ने भाषा और साहित्य की स्मरणीय सेवा की है। उन्होंने 'धर्मयुग' को साहित्य का ऐसा पुल बना दिया था जिस पर चढ़कर सहृदय गहरे साहित्य के किनारे उतर सकता है। भरसक उन्होंने साहित्य को व्यावसायिकता का माध्यम नहीं बनने दिया। यह बात इस समय बहुत पीड़ा से याद करने की है, क्योंकि धीरे-धीरे साहित्यिक पत्रिकाओं को उपभोक्ता संस्कृति का भस्मासुर निगलता चला जा रहा है। आज न केवल साहित्य, वरन भाषा की अस्मिता भी एक खूँखार तरीके से जिबह की जा रही है। आश्चर्य नहीं होना चाहिए यदि कुछ दिनों बाद व्यापक पहुँच की ऐसी पत्र-पत्रिकाएँ अपवाद रह जाएँ जिनका 'शीर्ष' गुलाम मानसिकता के पैरों में न झुका हो। (मेरा संकेत हिंदी पत्र-पत्रिकाओं के अँग्रेजी नामों की ओर भी है) सोचता हूँ कि आज, इन संदर्भों के बीच भारती अगर सक्रिय होते तो क्या करते ? शायद कुछ तो करते ही, जो और लोग नहीं कर पाए।

अपने दिक्काल की पहचान के लिए बेचैन लेखक का संघर्ष, संकट, सीमाएँ, उत्कर्ष और अपकर्ष रचनाओं में लिखा जाता है, वह उस अकेले का नहीं होता उसके समय का भी होता है, इसलिए रचना, समय को पहचानने में भी सहायक होती है। एक बड़े लेखक की त्रुटियाँ और सीमाएँ आगामी पीढ़ियों को दिशा देती हैं, इसलिए उन्हें भी नज़रअंदाज़ नहीं किया जा सकता, अलबत्ता वे लेखक का मानदंड नहीं होतीं, उसका मानदंड वे उत्कृष्टताएँ होती हैं जो वह रचता है और जो एक गतिशील प्रणाली में अगले युग में रूपांतरित होती हैं।

सपना अभी भी

प्रभाकर श्रोत्रिय

धर्मवीर भारती के अंतिम कविता-संग्रह 'सपना अभी भी' में दो प्रकार की कविताएँ हैं : एक वे जो निजी राग, आघात, हताशा, यात्रानुभूतियों और संबंधों के दारुण अनुभवों से जुड़ी हैं; दूसरी वे जो समय के विराट सामूहिक संकटों और संत्रासों से जन्मी हैं। संकलित रचनाएँ 1959 से 1980 के बीच यदा-कदा, धर्मयुग के संपादन काल की व्यस्तताओं के चलते, किसी आंतरिक अनिवार्यता से लिखी गई हैं। संग्रह की अंतिम कविता इसका एकमात्र अपवाद है, जो 1993 की है।

आत्मपरक कविताओं में कहीं रागात्मक उल्लास, कहीं गहरी हताशा, कहीं उदासी, कहीं यात्रा-बिम्ब, कहीं तुलनात्मक समय बोध, कहीं स्मृतियां, कहीं महानगर के बरक्स गाँव के जीवन की हसरत भरी यादें हैं, कहीं स्वजनों और मित्रों द्वारा किए अपघात की टीसें हैं, एक कविता—'अंतरात्मा : एक खाली शाम की बातचीत' — ऐसी भी है जो अतीत का लंबा स्मरण है, जिसमें भारती अपने पर लगाए आरोपों और फैलाए अपवादों की सफाई देते प्रतीत होते हैं, वे इस तरह के दुष्कृत्य पर यहाँ आघात भी करते हैं। इन सभी कविताओं को आत्मानुभूति के अंतर्गत इसलिए मानना चाहिए कि इनके स्रोत निजी हैं और वे ही कविता का संचालन करते हैं। यदि ये कविताएँ पाठकों को अपने में शामिल कर सकी हैं तो इसलिए कि कलाकार की अंतर्क्रिया में सामन्यीकरण की ऐसी क्षमता होती है जो 'आत्म' को 'लोक' में पर्यवसित कर देती है।

दूसरे प्रकार की रचनाएँ समाज और देश के सामयिक प्रश्नों, संकटों और स्थितियों से संबंधित हैं और मुख्यतः राजनीतिक परिदृश्य से चीनी आक्रमण में देश की पराजय के पीछे कवि नेहरू युग की विफलता, सत्तालोलुपता और व्यक्ति केंद्रित राजनीति की फलश्रुति देखता है, जो नेहरू के मरणासन्न होने पर निर्वस्त्र हो जाती है। 'आपातकाल' भारती जैसे स्वाधीन चेता सर्जक और पत्रकार के लिए तीव्र 'आघातकाल' रहा है। यह मित्रों को लिखे तब के पत्रों में भी प्रकट होता है। संग्रह में इस प्रसंग को लेकर सर्वाधिक चार यादगार कविताएँ हैं। इनमें भारती की विख्यात कविता 'मुनादी' भी है।

'सपना अभी भी' की कविताओं में भारती एक तरह से अपने सारांश में हैं। अर्थात् उनकी कविता की सभी प्रवृत्तियाँ यहाँ मौजूद हैं। परंतु इन कविताओं पर विचार करते हुए यह तथ्य नज़रअंदाज़ नहीं किया जाना चाहिए कि ये भारती ने तब लिखी हैं जब वे संपादन जैसे निव्यरूण और अत्यंत उत्तरदायी कर्म को अपना सर्जनात्मक जीवन लगभग सौंप चुके थे।

संभवतः इसीलिए यहाँ उनकी निजी अनुभूतियाँ कलात्मक दक्षता के लिए पूरा अवकाश नहीं पा सकीं। राग-कविताओं में भी सामयिकता चिह्नित हुई है और वेदना, हताशा आदि की व्यक्तिगत खरौंच मिटाई नहीं जा सकी है। कहीं यदि कोशिश की भी गई तो कविताएँ अबूझ-सी हो गईं, जैसे-'आखिरकार', 'क्या फायदा' आदि कविताएँ। प्रेमाभिव्यंजना में भी पत्रकार जैसी मानसिकता ने हस्तक्षेप किया, जैसे—'ट्रेन में,' 'अलस्सुबह का प्यार', 'प्यार-पकी उम्र का ख़लिश' आदि में ऐसी

कविताओं में आत्मानुभूति से अधिक समय और उम्र का निरूपण रेखांकित हो गया है। इसी से कहीं-कहीं कविताएँ भीतरी लय से छिटक गई-सी लगती हैं। ये बातें बहुत गौर करने पर ही दिखाई पड़ती हैं, क्योंकि चाहे जिन दूभर और व्यस्त क्षणों में ये लिखी गई हों, परंतु लिखी तो अंततः एक समर्थ कवि के द्वारा ही गई हैं। बाहरी संदर्भ वहाँ अवश्य ही सटीक और काव्यात्मक बन पड़े हैं जहाँ पत्रकार के भीतर रचनाकार ने सकारात्मक यात्राएँ की हैं। उदाहरण के लिए 'सोमारू के नाम' कविता में। क्योंकि यहाँ मारीशस के एक बूढ़े की झुर्रियों के सहारे कवि युगांतर में उतर जाता है और दुःख अथवा यातना का पूरा इतिहास खींच लाता है; फलस्वरूप यहाँ पाठक सिर्फ प्रेक्षक नहीं रहता, बल्कि रचना में शामिल हो जाता है।

'सपना अभी भी' पर ज़रा विस्तार से बात करने से पहले दो-एक तकनीकी चर्चाएँ निपटा ली जाएँ।

भारती हमेशा से प्रेम की मांसलता और आवेग को पवित्रता के माध्यम से औचित्यपूर्ण बनाते रहे हैं, जब कि वे 'वासना को पाप' नहीं मानते। उनकी प्रेमाभिव्यक्तियों में बांसुरी, भागवत जैसे प्रतीकों द्वारा माँसलता को पावनता और सांस्कृतिक लीलाभाव में बदलने की कोशिशें रही हैं, जो समकालीन पाठकों को लुभावनी लगी हैं। परंतु प्रस्तुत कृति में प्रेम अधिक परिपक्व है, यानी वह एक अधेड़ उम्र का प्रेम है, इस काल में स्वभावतः मांसलता का रूपांतरण प्रांजलता में हो जाता है। इसलिए यहाँ पावनता के प्रतीक-बिम्ब कुछ और ज़रूरी कैफियत देने जैसे लगते हैं, जो स्वयं कवि द्वारा की गई आवृत्तियों से घिस भी गए हैं। संभव है रचनात्मक चुनौतियों से बचकर आत्माभिव्यक्ति की एक संतोषजनक और सुगम, पहचानी राह पर चलना कवि को श्रम परिहरण जैसा प्रतीत हुआ हो/या शायद इसी के सहारे भारती तत्कालीन लोकोन्मुखी संपादन कर्म के हाथों अपनी व्यक्तिगत सर्जनात्मकता के चरम विसर्जन को बचा सके हों। जो हो, इससे कविता का थोड़ा-बहुत क्षरण तो हुआ ही है।

दो प्रकार की संदर्भ यात्रा का उल्लेख भी इस कृति के लिए आवश्यक है। ये संदर्भ महाभारत और मध्यकालीन मुगल साम्राज्य के हैं। महाभारत (जिसमें कृष्ण, राधा, बाँसुरी, कदम्ब को भी शामिल कर लिया जाए) के संदर्भ या प्रतीक-बिम्ब भारती के भीतर खूब रचे-बसे हैं। मध्यकालीन अधिनायकवादी तामझाम और आतंक के उपादान भारती के लिए नए या कम प्रयुक्त हैं और समकालीन स्थितियों के भीतर काव्यार्थ भरने के लिए उपार्जित किए गए हैं। इसलिए ऐसी कविताओं में अधिक शक्ति और गति है। इससे एक तथ्य स्पष्ट उभरता है कि वस्तु के साथ शिल्प का सतत संधान सर्जक की आंतरिक उत्कटता का प्रतिफलन होता है और रचना को अधिक सामर्थ्यवान भी बनाता है। आपात काल और नेहरू युग के अंतिम प्रहर की कविताएँ इसीलिए संग्रह की सर्वाधिक प्रभावशाली रचनाएँ बन पड़ी हैं। इन कविताओं को भारती की पत्रकारिता की उपलब्धियों का स्पर्श भी मिला है, इसलिए एक नया आयाम भी जुड़ गया है।

भारती के सृजन का यह भी उल्लेखनीय पक्ष है कि अपनी सारी घुटन, हताशा, टूटन, आक्रोश और व्यग्रता के बावजूद वे अंततः आस्था और आशा के कवि हैं। 'अंधायुग' का अंत उन्होंने कृष्ण के एक अंश की रक्षा के रूप में भविष्य की आशा में किया है और 'सूरज का सातवां घोड़ा' का यह पक्ष तो स्पष्ट है ही। 'सात गीत वर्ष' में भारती ने 'कविता की मौत' का प्रतिकार करते हुए सृजन की निरंतरता के द्वारा मनुष्य के लिए अनवरत संघर्ष का विश्वास दिलाया है :

> क्या हुआ दुनिया अगर मरघट बनी
> अभी मेरी आख़िरी आवाज़ बाकी है
> हो चुकी इंसानियत की इंतहा
> आदमीयत का मगर आगाज़ बाकी है
> लो तुम्हें मैं फिर नया विश्वास देती हूँ
> नया इतिहास देती हूँ
> कौन कहता है कि कविता मर गई?

कविता कैसे मर सकती है क्योंकि वह सृष्टि-स्वप्न है और स्वप्न कभी मरता नहीं है। 'सपना अभी भी' में भी तमाम विपरीत और विघटनकारी स्थितियाँ होने पर भी कवि के भीतर का सपना जीवित है; न ढहा है, न टूटा है।

परंतु यह 'सपना' सिर्फ आशा के सहारे टिका हुआ नहीं है, वह वास्तव में संघर्ष का संकल्प है, अर्थात्

जो कामना है उसे पाने का संकल्प भी है और उसके लिए किए जाने वाले युद्ध या आत्माहुति की अडिगता का भी :

कोहरे डूबी दिशाएँ
कौन दुश्मन कौन अपने लोग
सब कुछ धुंध धूमिल
किंतु कायम युद्ध का संकल्प है
अपना अभी भी
क्योंकि है सपना अभी भी।

(पृ.98)

'आहुति' का उल्लेख ऊपर इसीलिए किया गया है कि चौतरफा धुंध और अविश्वसनीय स्थितियों के बीच किसी भी सर्जनात्मक स्वप्न को जीवित रखना अत्यंत कठिन होता है। परंतु एक रचनाकार उस अंतिम अस्तित्व को अपनी पूरी ताकत लगाकर भी बचा लेना चाहता है, जो भविष्य के लिए आशा का चिह्न है :

शब्द तुमने रचे
जैसे प्रलयंकर लहरों पर
अक्षय वट का एक
पत्ता बचे।

(पृ. 19)

नष्ट होने से जो कुछ बचा है—जीवन, जीवन का सौंदर्य, कोमलता, सच, विश्वास...उसे बचा लेने को आज की सर्जना कितनी व्याकुल है। लेकिन जीवन में जो कुछ नष्ट हो रहा है और हुआ है, वह यथार्थ है और इस संग्रह की अधिकांश कविताएँ उसी की अभिव्यक्ति है। परंतु जैसे कोहरे या अँधेरे में दीपक की छोटी-सी लौ अपनी हैसियत के लिए जूझती है, वैसे ही यह 'सपना' यथार्थ के विशाल नकार के बीच अपने होने के लिए जूझ रहा है।

आधुनिक हिंदी-सर्जना में भारती ने जो भूमिका निभाई है, वह एक ऐसे कथाकार और कवि की है जो पाठक पर अपनी बौद्धिकता का दबाव नहीं डालता, न आतंकित करता है, बल्कि उसकी अंतरात्मा से सीधी मुलाकात करता है। इसके लिए उसने कई बार अनाधुनिक कहे जाने का जोखिम भी उठाया है। नई कविता-युग में लोक से सीधा सामंजस्य स्थापित करने वाले तीन कवि इस पूरे काव्य-परिदृश्य में उल्लेखनीय हैं—भवानीप्रसाद मिश्र, सर्वेश्वरदयाल सक्सेना और धर्मवीर भारती। भारती ने अपनी सहज, लयात्मक काव्यात्मकता, भाव प्रवणता, लोक-जीवन और अनुप्रवेश तथा पारंपरिक चरित्रों, कथाओं, संदर्भों, रूपकों के समावेश के माध्यम से समकालीन समस्याओं, प्रश्नों और द्वन्द्वों से जूझते हुए जिस सर्जनात्मकता का विकास किया है, वह उन्हें विशिष्ट भी बनाती है और लोकप्रिय भी। कई जगह उनकी अभिव्यक्ति में आवेगमय प्रवाह है और सत्य की खोजबीन करने वाली व्याकुलता है। यह सब पाठक को बहुत अपना-सा-मानवीय और खरा लगता है। परिणामस्वरूप वह कवि से जुड़कर स्वयं भी एक सर्जना-यात्रा पर निकल पड़ता है। भारती की कविता को भले ही कहीं हाशिए में डाल दिया गया हो, भले ही उसकी अपनी कमजोरियाँ हों, परंतु पाठक की लेखक के साथ दूर घाटी-पहाड़, भंवर और लहर में सहयात्रा उसे रचना की सार्थकता का आश्वासन देती है। वह पाठक को अपनी राह खोजने का बल और भरोसा देती है।

पहले हम भारती की उन कविताओं को लेते हैं, जो उनके समय का साक्ष्य हैं। ये कविताएँ आज़ादी के मोहभंग की नहीं, बल्कि आज़ादी को व्यर्थ कर देने वाली मूर्त घटनाओं से उपजी थीं। कहीं भारत की 'तटस्थता' भारती के विचार से ऐसी नीति थी जिसने उसे दुनिया से अलग-थलग कर दिया था। इस पर भारती रुक्मी की सेना, सम्पाती और बलराम के माध्यम से प्रतीकात्मक व्यंग्य करते हैं। कौरव-पांडवों के द्वारा सहायता न लेने के कारण रुक्मी की सेना महाभारत के अठारह दिनों तक युद्ध भूमि के पास दर्शक की तरह खड़ी रही, क्योंकि वह दोनों को अस्वीकार थी। 'सम्पाती' सूर्य तक उड़ने के दंभ में पंख झुलसाए पड़ा था और अपनी गुफा में आए वानरों का आहार करता था और 'बलराम' जो कौरवों के पक्ष में था, लेकिन पाण्डवों से लड़ना नहीं चाहता था, युद्ध काल में कंधे पर हल धरे इधर-उधर भटक रहा था। दोनों तरफ से अस्वीकृत या अपना अस्वीकार ओढ़े जहाँ रुक्मी की सेना अकर्मण्य थी, वहीं बलराम भी अपौरुषेय अकर्मण्यता से लदे थे। सम्पाती अपने

ही अभिमान में मारा गया। तटस्थता की ये तीन प्रक्रियाएँ भारतीय राजनीति पर पुरा-कथाओं के माध्यम से कवि की सटीक और मार्मिक टिप्पणियाँ थी। एक तरह से देखा जाए तो भारत की भावी नियति की निर्णायक। परंतु भारती को चीनी आक्रमण और देश की पराजय से गहरा आघात लगा। जैसे मुलम्मा छूट जाने पर भद्दा और मवादभरा चेहरा उघड़ आता है, वे इसके लिए नेहरू की उदार, आत्म मुग्ध नीति को उत्तरदायी मानते हैं, जिसने एक ओर देश को पराजय के गर्त में धकेला और दूसरी ओर अपनी सामंती प्रवृत्ति से गुलामों की नस्ल पैदा की जो 'उनके बाद कौन?' जैसे सवाल किसी आशंका से नहीं, लालच के कारण पूछ रहे थे। ये नेहरू की ऐसी चापलूसी कर रहे थे मानो यह प्रजातंत्र का कोई चुना हुआ पद न हो कर उत्तराधिकार में मिलने वाला पद हो। भारती इसके लिए मुगलकाल के विलासी और भयावह उपकरणों को चुनते हैं और उनका प्रतीकात्मक उपयोग करते हैं; साथ ही उन आशंकाओं का भी, जो अधिनायकवादी के मन में होती हैं :

खबरदार!
हिलो मत!
सजदे में झुकने वाला हर धड़ दुआ माँगते हुए
सिर से अलग कर दिया जाएगा
शाहंशाह को भरोसा नहीं कि कौन दुआ माँगने वाला
अपने लबादे में खंजर छुपा कर लाया हो !
किले के बाहर रौंदी हुई फसलें, बिछी हुई लाशें,
जले हुए गाँव, भुखमरे लोग
क्या तुम्हारी दुआ
उन्हें लगी
जो शाहंशाह को लगेगी?
....
खा मो श
कौन है जो अँधेरे में मुट्ठियाँ कसे
होंठ भींचे एक शब्द के लिए छटपटाता है...

(पुराना किला, पृ. 27)

इस पूरी कविता में अद्भुत पीड़ा, प्रवाह और आक्रोश है और निश्चय ही तत्कालीन लोक निरपेक्ष कुचक्री राजनीति और अहंग्रस्त उदारता की असलियत उघाड़ती है।

दूसरा भारी धक्का भारती को आपात काल से लगा। वे प्रारंभ में इंदिरा गाँधी के प्रशंसक थे और उन्होंने बंगलादेश युद्ध में उनकी सामरिक और राजनीतिक विजय को खूब सराहा था। परंतु एक स्वतंत्र देश में नागरिकों को आपातकाल जैसी पराधीनता की खूंखार बेड़ी पहनाना उन्हें असह्य था। तभी उन्होंने 'प्रार्थना' कविता में लिखा था :

अभी भी सच है
चोंच में तिनका उठाए चहचहाती एक चिड़िया
धूप झरती जालियों से—
हवा में हिलती हुई टहनी—
ओस से नम घास पर पग चिह्न—
अभी भी सच है!

(पृ. 70)

इस विस्मय सूचक चिह्न (!) से ही अतीत का वह दृश्य उभरता है, जिसमें कवि ने जिसे सच माना था, वह आज मिथ्या हो गया। एक वक्त की चिड़िया आपातकाल में खूँखार तानाशाह की तरह उभरी। भारती ने 'मुनादी' कविता में वे ही उपकरण, वे ही प्रतीक-बिम्ब लिए हैं जिनका प्रयोग उन्होंने 'पुराना किला' कविता में किया था और यह समानता स्वयं एक प्रतीकार्थ दे रही थी :

खलक खुदा का, मुलुक बाश्शा का
हुकुम शहर कोतवाल का...
हर खासोआम को आगाह किया जाता है
कि खबरदार रहें
और अपने अपने किवाड़ों को अंदर से
कुण्डी चढ़ाकर बंद कर लें
गिरा ले खिड़कियों के परदे
और बच्चों को बाहर सड़क पर न भेजें
क्योंकि
एक बहत्तर बरस का बूढ़ा आदमी अपनी काँपती आवाज़ में
सड़कों पर सच बोलता हुआ निकल पड़ा है!

(मुनादी, पृ. 72)

इस कविता में आपातकाल के सारे हथकंडे, भयानकताएँ, कूटताएँ और देश की दुर्दशा पर पर्दा डालने, आतंक की वारदातें, तर्क-वितर्क (जो एकतरफा थे) बहुत ही तीखी सचाई में प्रकट हुए हैं। अपनी शक्ति, शिल्प, प्रवाह और खरेपन में यह कविता आपातकाल पर लिखी सबसे मार्मिक कविता है। भारती के कवित्व की संवेदना और नैतिक पीड़ा-बेचैनी दिखाती है कि कवि व्यक्ति नहीं, समाज या मनुष्य होता है और उसकी के पक्ष में खड़ा होता है। इसी के साथ यह कविता भी निरीहता पर व्यंग्यात्मक टिप्पणी के लिए पहचानी जाएगी जो इस काल में भारती ने लिखी थी—प्रभु के लिए वर्षों बाद एक कविता :

'तुम्हारे दिए नक्शे ने मुझे छला,

कौन-सा हिमालय है जिस पर मैं मरण-राही
अर्जुन की तरह नहीं गला'
(पृ. 78)

इस कविता में आस्था से आस्था भंग का एक सांकेतिक इतिहास है।

कवि ने यहाँ जैसे अधिनायकवादी आतंक, चापलूसी और बिलास के लिए मध्यकालीन साम्राज्यवादी परिवेश, भाषा और संबोधनों का प्रयोग किया है, वहीं आहत, क्षत-विक्षत स्थिति और मानसिकता, धुंध, विघटन, छल-छद्मव्यर्थता आदि की अभिव्यक्ति के लिए महाभारत के पात्रों, उपकरणों आदि का उपयोग किया है। इनमें अभिव्यक्ति के तेवर भी बदले हुए हैं।

ऊपर मेरे तट पर
बजता रहा बंशी स्वर
करता रहा सुर-नर-मुनि, जड़-चेतन पर टोना
नीचे मैं पोखर
रहा ज्यों का त्यों कीचड़ भर
व्यास जी को जो दिखा नहीं
सूर ने जो लिखा नहीं
सारी लीला में प्रभु! बिल्कुल निरर्थक रहा मेरा
कदम के तले होना
(कदम पोखर, पृ. 89)

'कल्पना के राजकुमार' भारती इस काल में यथार्थ सत्यों से टकराते हैं। मधुर कल्पनाएँ उन्हें वर्तमान की धूल धूसरित भूमि पर लोटती दिखती हैं। 'रवीन्द्र से' कविता इस दृष्टि से एक महत्त्वपूर्ण कविता है, जिसे भारती उनकी 'सोनारतटी' पढ़कर प्रतिक्रिया के रूप में लिखते हैं। वे पूछते हैं कहा है सोने की नाव, कहा भी वह कभी भी :

नहीं कभी कहीं नहीं थी, कोई नौका सोने की!
सिर्फ दूर तक थी बालू, सिर्फ दूर तक अँधियारा
वह थी क्या अपनी ही प्यास, कहा था जिसे
जलधारा?
नहीं दिखा कोई भी पाल, नहीं उठी कोई पतवार
नहीं तट लगी कोई नाव, हमने हर शाम पुकारा
अर्थहीन निकला वह गीत
शब्दों में हम हुए व्यतीत
हमने भी क्या कीमत दी यों विश्वासी होने की !
(पृ. 12)

इसे भारती का आत्मालोचन मानने से कौन इंकार करेगा! यह समय से ही नहीं अपने सृजन-स्वप्न से भी कवि का मोह भंग है। 'सागर पर सूर्यास्त', 'शेषा' जैसी कविताओं में भी ऐसी ही हताशा और विफलता है, जो समय-सत्य के संदर्भ में आत्मालोचन से उपजी है और यह भारती के कवि का ही आत्म-संताप नहीं, आम विश्वासी मनुष्य का भी आत्म-संताप और आत्म-प्रताड़ना है। 1968 के गणतंत्र दिवस पर राष्ट्रीय कवि सम्मेलन में भारती ने रेडियो पर जो कविता 'दरबार में नवागंतुक : गणतंत्र दिवस, 68' पढ़ी थी, उसमें साहसपूर्ण व्यंग्य था। उन्होंने सारे उत्सव की धज्जियाँ उड़ा दी थीं क्योंकि उसके नीचे की चीखें, आर्तनाद और कुटिल विद्रूपताएँ वे देख रहे थे :

फूलों के रथ—घोड़ों की टापें—नाचते वनवासी
मुग्ध जन साधारण, विद्वन्मण्डल विभोर
यही भाव सभी ओर—

'जनता कितनी खुश है जनता अब राजा है
क्या शान शौकत है क्या बैंडबाजा है
मुबारक

हजार
सदहजारबार
ये जश्न, ये जुलूस, झण्डियाँ बंदनवार
दिग-दिगंत जय-जयकार।'

(पृ.44-45)

अगर इस तामझाम के नीचे कोई कुचला हुआ है तो वह साधारण जन और कवि—'दुखिया दास कबीर है जागे अरू रौवे' लोकोन्मुखी आत्म-पीड़न इस कविता को ऐतिहासिक और यथार्थमूलक चेतना से दृप्त कर देता है।

भारती की ये कविताएँ समय का दस्तावेज़ हैं। वे अपने समय के प्रमुख त्रासद और पाखण्ड केंद्रों को छूती हैं और एक सांकेतिक समग्रता में प्रस्तुत करती हैं। यहाँ क्रिया और प्रतिक्रिया, अनुभव और प्रति-अनुभव अपनी कुटिल-सहज भंगिमाओं में एकत्र हैं।

भारती की निजी रूमानी अनुभूतियाँ, ग्राम मोह आदि भी यहाँ संग्रहीत रचनाओं में हैं। यह उनकी सिद्धभूमि है। इस संग्रह में अगर इनमें कोई विशेषता है तो यह कि प्रेम एक प्रौढ़वय का है उसमें प्रवाह की बजाए एक ठहराव है, भावना की अपेक्षा उत्तरदायित्व है। शायद इसी की स्थापना के लिए संग्रह के कालक्रम से हटी 1993 में लिखी एक कविता है और वह सीधे पत्नी पर लिखी गई है। हम जानते हैं कि इस बीच भारती मौत के मुँह से बाहर आए थे और मर्मस्थल की तरह उनकी साल-सम्हाल पुष्पा जी ने की थी। इस आंतरिक कृतज्ञता को कवि कविता में ही प्रकट कर सकता था :

एक पूरी उम्र के बाद
इस पूजावेला में उन पाँवों को अंजुरी भर-भर कर
तुम्हारे जल से धोना चाहता हूँ।
इतने लंबे सफर में इतनी दृढ़ता से अनवरत चले
उन पाँवों पर बैठ गई होगी
सफर की धूल, राह की थकान,
कसक और कभी-कभी भटकन—

(गंगालहरी, पृ. 102)

भारती ने जीवन की अंतिम कविता भी पत्नी के जन्मदिन पर उपहार के रूप में लिखकर भेंट की थी, वह पुष्पाजी से मुझे 'वागर्थ' के लिए सौजन्य पर मिली थी। यहाँ उसे उद्धृत करना शायद उक्त कविता की पूर्णाहुति जैसा होगा जो इस संग्रह में छपने से रह गई। कविता है 'सफरनामा'—

मैंने घर छोड़ा ओढ़ा देश निकाला
जाने किसकी तलाश में अलख जगाया
वीराने छाने जंगल जंगल भटका
पागलपन मुझपर बीहड़ राहों का था
इस पागलपन के जाने क्या थे माने
सब समझे मैं हूँ नए गगन का पाखी
सब समझे मैं कुछ नया ढूँढ कर लाया
सच तो यह है मैं आज बता दूँ सबको
मैं पंख पसार उड़ा जितनी दूरी तक
वह सारा क्षितिज तुम्हारी बाहों का था
इन होठों से जितना जो कुछ रस पाया
उसको ही अपना गीत बनाकर गाया
अब शाम उतर आई है पथ धुंधलाया
धीरे-धीरे उदास अंधियारा छाया
राहें पगडंडी सब होती जाती गुम
अब मेरे और करीब और करीब चलो तुम
जिस मन की मधुराई तन की उजराई
मुझे सम्हाल कर इस मुकाम तक लाई
वह कदम-कदम करती उजियार चलेगी
यह यात्रा जनम-जनम के पार चलेगी...

(वागर्थ 37, अप्रैल 1998)

इस संग्रह में मारीशस यात्रा की दो-एक कविताएँ और महानगर में आ जाने के बाद गाँव की यादें और दो जीवनों, दो परिवेशों के अंतराल की कविताएँ भी भारती की मनःस्थिति और अनुभूति के आयामों को प्रकट करती हैं।

'सपना अभी भी' भारती के बारे में बनी साहित्यिक धारणा को किसी हद तक निरस्त करता है और उन्हें एक सामाजिक चिंता के संवेदनशील कवि के रूप में स्थापित करता है। इतना ही नहीं, यह संग्रह समय का अक्स और हिंदी की महत्त्वपूर्ण कृति है।

डॉ. धर्मवीर भारती की कृतियाँ

कहानी संग्रह

1. मुर्दों के गाँव — 1946
2. स्वर्ग और पृथ्वी — 1949
3. चाँद और टूटे लोग — 1955
4. बंद गली का आखिरी मकान — 1969

कविता-संग्रह

1. ठंडा लोहा — 1952
2. अंधायुग — 1954
3. सात गीत वर्ष — 1959
4. कनुप्रिया — 1959
5. सपना अभी भी — 1993
6. कुछ लम्बी कविताएँ — 1998
7. आद्यन्त — 1999

उपन्यास

1. गुनाहों का देवता — 1949
2. सूरज का सातवाँ घोड़ा — 1952
3. ग्यारह सपनों का देश (प्रारंभ और समापन) — 1960

निबंध

1. ठेले पर हिमालय — 1958
2. पश्यन्ती — 1969
3. कहनी अनकहनी — 1970
4. कुछ चेहरे : कुछ चिंतन — 1995
5. शब्दिता — 1997

पत्र संकलन

1. अक्षर-अक्षर यज्ञ — 1999

आलोचना

1. प्रगतिवाद : एक समीक्षा — 1949
2. मानव मूल्य और साहित्य — 1960

एकांकी

1. नदी प्यासी थी — 1954

शोध

1. सिद्ध साहित्य — 1968

अनुवाद

1. ऑस्कर वाइल्ड की कहानियाँ — 1946
2. देशान्तर (21 देशों की 161 आधुनिक कविताएँ) — 1960

रिपोर्टिंग

1. युद्ध यात्रा — 1972
2. मुक्त क्षेत्रे युद्ध क्षेत्रे — 1973

यात्रा वर्णन

1. यात्रा-चक्र — 1994

साक्षात्कार

1. धर्मवीर भारती से साक्षात्कार — 1998

प्रश्नाकुलता के कवि कुंवर नारायण

विजय किशोर मानव

एक कवि जिसके रंगों की गहराई में उसके ख्यालों की लकीरें खो नहीं जातीं। एक कवि जो नचिकेता के माध्यम से, साधारण और बिना सोचे जीवन जिए जाने के बजाय, अनेक मूलभूत प्रश्न खड़े करता है और फिर प्रश्नों के उत्तरों की गहन खोज करता है। एक कवि जो मिथकों को अचानक छूकर बात को व्यापकता देता है। कवि जो मुहावरों से बचता चलता है, निरंग रूपक गढ़ता है और 'मैं' की शक्ल में ऐसे-ऐसे उदात्त और बड़े सपने देखने की कोशिश करता है जो 'हम' को यानी हम सबको आनंद भरा कल दे सकें। इस कवि के पास अछूत प्रश्न हैं और फिर आत्ममंथन के बाद सधी हुई निष्पत्तियाँ। कविता में ऐसे घने और सार्थक रूपकों की उपलब्धि कुंवर नारायण के अतिरिक्त कम ही लोगों के पास मिलती है।

इतनी सारी विशेषताओं वाले हिंदी के अग्रणी कवि और रचनाकार कुंवर नारायण के पाँचों कविता संग्रहों ने पड़ाव बनकर उन्हें एक नया और लंबा रास्ता दिया है।

उनके पहले काव्य संग्रह 'चक्रव्यूह' में लेखक के पास एक उधेड़बुन भरी आरम्भिक प्रश्नाकुलता है। शुरू-शुरू का आत्ममंथन है और छंदों की परंपरा से आई कविता के शिल्प की सत्ता भी मौजूद है। कई कविताएँ तो गीत के 'डिक्शन' में हैं। प्रतीक और बिंब भी उसी ढंग के हैं। आजादी के बाद के दौर को उस समय का एक युवा कवि ऐसी दृष्टि से देखता है और उसे ऐसा 'ट्रीटमेंट' देता है जो उसे तभी से अपने समकालीन रचनाकारों से अलग खड़ा करने की नींव बनता है। उस दौर में परंपरा से जो कविता आई और छाई हुई थी और नये आग्रह के जो स्वर उभर रहे थे कुंवर नारायण ने उनमें अपने ढंग से सामंजस्य बैठाया और नये को अपने सोच-समझ के हिसाब से ही अपनाया। उनकी काव्य संवेदना उस संक्रमण के दौर में भी निर्बंध रही जब संभलना कठिन था।

कुंवर नारायण ने अपनी काव्य परंपरा और कवि स्वभाव को अस्वीकारा कभी नहीं। इसी दृढ़ता ने, जो उनके काव्य सर्जक का भी स्वभाव बनी, उनकी कविता में चित्र और बिंब रूपकों की भावुकता भरी भरमार नहीं होने दी। कुंवर नारायण के, तहों में छिपे अर्थ बिखेरते शब्दों के रूपक, गंभीर पाठकों को मुग्ध करते चलते हैं। उनकी सबसे बड़ी खूबी है कि वह समाज का तिरस्कार करते नहीं चलते। उसके घटियापन का, कुरीतियों का और उसके निकृष्ट से निकृष्ट मनुष्य से जुड़ी जहाँ और जितनी तकलीफ वह महसूस करते हैं, उसे व्यंजना में और उतनी ही तेजी से कहते हैं। इसके लिए फैंटेसी बुनते हैं, रूपक गढ़ते हैं। वह 'मैं' को उन तमाम दोषों से मुक्त, बल्कि यों कहें कि अच्छाइयों से युक्त मनुष्य बनाने की इच्छा और कोशिश करते मिलते हैं और यहीं सब कुछ कह भी लेते हैं। यह कुंवर नारायण का सबसे बड़ा गुण है जिसे न के बराबर रेखांकित किया गया है। उनकी कविता प्रेम रोग की कुछ पंक्तियाँ...

एक अजीब सी मुश्किल में हूँ इन दिनों
मेरी भरपूर नफरत कर सकने की ताकत
दिनोंदिन क्षीण पड़ती जा रही।
अँग्रेजों से नफरत करना चाहता था
(जिन्होंने दो सदी हम पर राज किया)
तो शेक्सपियर आड़े आ जाते
जिनके मुझ पर न जाने कितने एहसान हैं।
- - - - - -
- - - - - -
और वह प्रेमिका
जिससे मुझे पहला धोखा हुआ था
मिल जाए तो उसका खून कर दूँ
मिलती भी है मगर
कभी मित्र
कभी माँ
कभी बहन की तरह
तो प्यार का घूंट पीकर रह जाता

मुक्त छंद कविता के अनेक शीर्षस्थ कवियों ने बार-बार गीत की वापसी की बात की है लेकिन कुंवर नारायण तो अपनी पूरी कविता-यात्रा करके शिखर पर पहुँचने तक निरंतर गीति तत्व से जुड़े रहे हैं। यह प्रवृत्ति कथ्य और शिल्प दोनों स्तरों पर उनके पहले संग्रह 'चक्रव्यूह' में भले ही बहुतायत में मौजूद है और बाद में कम दीखती है लेकिन असल में उनकी अद्यतन काव्य रचनाओं में भी वह बहुत सूक्ष्म किंतु स्पष्ट रूप में मौजूद है। कविता के शिल्प की दृष्टि से यह उनकी बड़ी ताकत है जिसमें परंपरा का लोहा भर है, धार तो कुंवर नारायण ने अपनी रखी है।

उनकी एक और विशेषता है—रूपक गढ़ने और उसके जरिए अपनी बात कहने की। कुंवर नारायण की कविताओं में इधर की काफी ऐसी कविताएँ हैं जिनमें बड़े-बड़े रूपक हैं। वह सिर्फ बिंबों से बात नहीं कहते बल्कि उनके रूपकों में एक या अनेक बिंब समाविष्ट रहते हैं जिससे कविता में अर्थ की तहें जमती हैं। ऐसे में जब सुधी पाठक शब्द रूपकों में डूबता है तो कवि के सूक्ष्मतर संकेत उसके पढ़ने और मनन करने के आनंद को और बढ़ा देते हैं।

कुंवर नारायण उत्तर प्रदेश के फैज़ाबाद जिले के संभ्रांत परिवार में जन्मे। अक्सर ऐसे परिवारों में कविता या साहित्य लेखन को, खास महत्त्व का और अच्छा काम नहीं माना जाता। स्वाभाविक है कि उन्हें भी अपने लेखन कर्म के लिए प्रतिरोध ही सहना पड़ा। कुंवर नारायण खुद बताते हैं कि उनकी रुचि शुरू से ही लिखने-पढ़ने की थी। लेकिन, उन्होंने सोचा भी नहीं था कि वह कभी साहित्यकार बनेंगे क्योंकि घर में प्रोत्साहन की जगह विरोध का सा ही वातावरण था। उन्हें मदद मिली तो आचार्य नरेन्द्रदेव और कृपलानी जी जैसे लोगों से जिनका उनके घर काफी आना-जाना था। नरेन्द्रदेव जी के ही कहने पर उन्होंने अप्टन सिंक्लेयर के 'वर्ल्ड एण्ड' शृंखला के उपन्यास पढ़े जो उन्हें बहुत पसंद आए। इंटर के बाद वह अस्वस्थता के कारण पढ़ाई छोड़कर नरेन्द्रदेव जी के साथ एक वर्ष रहे। इस दौरान उन्होंने बहुत कुछ सीखा। उनसे बौद्ध दर्शन और मार्क्सवाद की बातें सुनते रहे। कुंवर नारायण के लिए यह एक दृष्टिकोण देने वाला अनुभव था और शिक्षा भी। अँग्रेजी में एम.ए. करने का यह लाभ मिला कि अंग्रेजी का समृद्ध साहित्य पढ़ा, लखनऊ में रहकर बड़े होने की वजह से उर्दू की परंपराओं से वाबस्ता रहे। कुंवर नारायण और रघुवीर सहाय एम.ए. में साथ पढ़ते थे। अज्ञेय का संग्रह 'हरी घास पर क्षण भर' तभी आया था। उसकी कुछ कविताएँ पढ़ीं-सुनीं और तभी कुंवर नारायण को लगा कि उनकी रुचि इस ओर हो सकती है। वैसे उसके पहले वह अँग्रेजी में कुछ कविताएँ लिख चुके थे।

उनकी कविताओं में देशज पृष्ठभूमि से लेकर वैश्विक दर्शन तक का प्रसार मिलता है। मूल में उनकी विविध आयामी साधना और तैयारी रही है। स्पष्ट दृष्टि और पक्षधरता के संदर्भ में कुंवर नारायण की एक कविता की पंक्तियाँ देखें। कविता व्यापक फलक पर मनुष्यता के हितों की तरफदारी और व्यवस्था में सुधार की कितनी सधी हुई कोशिश करती है :

मैं जिंदगी से भागना नहीं
उससे जुड़ना चाहता हूँ
उसे झकझोरना चाहता हूँ
उसके काल्पनिक अक्ष पर
ठीक उस जगह जहाँ वह
सबसे अधिक वेध्य हो कविता द्वारा

उस आच्छादित शक्ति स्रोत को
सधे हुए प्रहारों द्वारा
पहले तो विचलित कर
फिर उसे कीलित कर जाना चाहता हूँ
नियतिबद्ध परिक्रमा से मोड़कर
पराक्रम की धुरी पर
एक प्रगति बिंदु
यांत्रिकता की अपेक्षा
मनुष्यता की ओर ज्यादा सरका हुआ।

कुंवर नारायण की यह कविता उनकी इधर की रचनाओं में से है। यह स्पष्ट करती है कि उनकी सोच क्या है। कुंवर नारायण में कितना सतर्क और सावधान रचनाकार बैठा है यह बात उनकी कविताओं में तो झलकती ही है साथ ही उनके निबंधों, आलोचनाओं और टिप्पणियों में भी स्पष्ट रूप में नज़र आती है। एक विचारधारा के रूप में मार्क्सवाद के कई पक्ष उन्हें आकर्षित करते हैं और उनके चिंतन-मनन का विषय बनते हैं लेकिन राजनीति में मार्क्सवाद का अनुवाद उन्हें न सुहाता है और न आश्वस्त करता है। वह कहते हैं– मार्क्सवादी दर्शन को देश की राजनीति से अलग करके सोचना जरूरी है। कोई देश (रूस या चीन या कोई और देश) किस तरह अपने यहाँ मार्क्सवाद लाता है। उन तरीकों का अध्ययन मार्क्सवाद के अध्ययन से अलग बात है। वैसे एक विचारधारा के रूप में मार्क्सवाद ने लगभग सभी देशों पर गहरा असर डाला है। एक विचारधारा से बंधे हुए कवि का सबसे कमजोर पक्ष क्या होता है और उससे कैसे बचना चाहिए इससे कुंवर नारायण पूरी तरह वाकिफ और सावधान हैं। अपने चिंतन और सोच का वैश्लेषिक अभ्यास उन्होंने छायावाद के चार प्रमुख कवियों को केन्द्र में रखकर, अपने रचनाकाल के लगभग प्रारंभ में ही किया था। अँग्रेजी में लिखे गए ये चारों अध्ययन छपे भी थे।

कुंवर नारायण को अपने पहले संग्रह की कुछ असाधारण कविताओं के लिए तो कुछ छंदों में बंधी रागपगी भावुक कविताओं के लिए सराहना मिली। तीसरे सप्तक के कवि के रूप में भी वह रेखांकित हुए। लेकिन, यदि इसके बाद उनकी वैचारिक प्रौढ़ता की कृति 'आत्मजयी' न आती तो कुंवर नारायण की पुरानी कृतियाँ उनके आज के समृद्ध रचनालोक को साध नहीं पातीं। उनमें एक विलक्षण वैशिष्ट्य है कि वह अपनी हर कृति को हर नयी कृति आने के बाद पीछे छोड़ देते हैं। एक अंतर्सूत्र रचना के रूप में ही उनके रचना कर्म की निरंतरता देखी जा सकती है। वह निराला की तरह शिल्प-शैली से और कथ्य से खुद को बदलते चलते हैं। लेकिन, 'आत्मजयी' इसका अपवाद है। प्रबंध काव्यों की परंपरा में डॉ. धर्मवीर भारती के 'अंधायुग' और 'कनुप्रिया' से 'आत्मजयी' कई मायनों में विशिष्ट है। आत्मजयी का मूल कथासूत्र भले ही कठोपनिषद् में नचिकेता के प्रसंग पर आधारित है लेकिन कुंवर नारायण ने उसे आज के मनुष्य के जटिल जीवन और उससे उपजे प्रश्नों से न केवल जोड़ा है बल्कि उनके उत्तर तलाशने का प्रयत्न किया है। असल में कवि की खूबी यह है कि वह नचिकेता के प्रश्नों में स्वयं को रखता है। उन प्रश्नों को आकाश जैसा विस्तार भी खुद ही देता है। उनके उत्तर भी उसके खुद के ही हैं। लेकिन नचिकेता के माध्यम से सोचा और सुलझाया हुआ सब कुछ समष्टि पर घटित होता और सबका लगता है। पूरी कृति पढ़ते हुए नचिकेता पुत्र और वाजश्रवा पिता नहीं लगते। लगता है जैसे सर्वहारा प्रजा का प्रतिनिधि नचिकेता सिंहासन पर दर्प से बैठे, सनकों पर फैसले करने वाले राजा से प्रश्न कर रहा है। बार-बार ये प्रश्न कम वर्तमान विश्व की पूरी व्यवस्था को ठीक करने के कारगर सुझाव अधिक लगते हैं। इस संग्रह की कविताएँ पढ़ते हुए कुंवर नारायण स्वयं द्रष्टा लगते हैं। एक कविता में नचिकेता की ओर से कुछ पंक्तियाँ–

असहमति को अवसर दो,
सहिष्णुता को आचरण दो
कि बुद्धि सिर ऊँचा रख सके
उसे हताश मत करो काइयां स्वार्थों से हरा हराकर।
अविनय को स्थापित मत करो
उपेक्षा से खिन्न न हो जाए कहीं
मनुष्य की साहसिकता
अमूल थाती है यह सबकी
इसे स्वर्ग के लालच में छीन लेने का
किसी को अधिकार नहीं

कुंवर नारायण का उपनिषदों को पढ़ना, मार्क्सवाद

की विचारधारा का मनन करना और सर्जना करना फिर विश्लेषणात्मक टिप्पणियाँ करना अपने चिन्तन के पूरे अनुवाद की चेष्टा की तरह लगता है। उपनिषद के एक कथासूत्र को उठाकर रचनाकार ने उसे आत्मसात किया और फिर उसे अपने युग के लिए रचा। कुंवर नारायण ने अपने अध्ययन और चिंतन को इस कृति में पूरी सावधानी से नई भाषा और बिंबों-रूपकों के माध्यम से आकार दिया। यह आज के उस विचारशील व्यक्ति की समस्या है जो सिर्फ सुख से जी लेने भर से संतुष्ट नहीं है, मृत्यु के बाद भी जीना चाहता है। सार्थक जीना उसके लिए सुखी जीने से कहीं जरूरी है। असल में कवि ने कई युगीन प्रश्न इस प्रबंध काव्य के माध्यम से उठाए हैं। वाजश्रवा और नचिकेता दो पीढ़ियाँ हैं जिनके सोच अलग हैं। ये दोनों दो जीवन-दर्शनों का प्रतिनिधित्व भी करते हैं। वाजश्रवा भोगवादी और वस्तुवादी है तो नचिकेता उपनिषद कालीन आत्मपक्ष का प्रतिनिधि। नचिकेता का विद्रोह मौत से हार जाने वाली भौतिकता के ही कारण पैदा हुआ है। आत्मजयी में कुंवर नारायण ने इस कथा-सूत्र के दार्शनिक पक्ष का लाभ उठाकर उसे सदियों पर छा जाने वाला विस्तार दिया है। भौतिकता के पीछे भागते मनुष्य के हितों की दृष्टि से यह बहुत बड़ी कृति बन पड़ी है। इस प्रसंग का पटाक्षेप एक कवितांश से करना उचित लग रहा है—

> दूर कोहरे से
> उड़ती हुई पृथ्वी को पूजता-सा एक दिन
> प्रतिदिन निकट, निकटतर
> जाते हुए अस्पष्ट चेहरों का विराट-स्वागत समूह
> जिसमें मैं डूब जाता हूँ।
> कहीं आते हुए चरणों का कोलाहल,
> एक-दूसरे को टटोलते हाथों का दीन-स्पर्श,
> शोर में तैरती बातें,
> बच्चों की चिल्लाहटें...
> मुझे हाथ चाहिए—वत्सल
> नेत्र ममता से छलछल
> आत्मीयता जिसकी छाँह में चल सकूँ।
> सुरक्षा जिसकी बाँह में पल सकूँ।
> अमरत्व जो इन विध्वंस-यात्राओं का साक्षी हो
> इस रचना के लिए उत्तरदायी एक ईश्वर दो

इस कृति की व्यापक सराहना और इसका इतालवी में अनुवाद शायद इसीलिए हुआ क्योंकि कुंवर नारायण ने इस भारतीय कथा को मनुष्य मात्र के वृहत्तर हितों में और समय की सीमाओं से पार चले जाने के स्तर पर, स्थापित किया।

स्वाभाविक है कि 'आत्मजयी' लिखने के बाद एक स्खलन के दौर से किसी भी सर्जक को गुजरना ही पड़ेगा। लेकिन, कुंवर नारायण का स्वभाव है अपने ही चले रास्ते के, ढंग को तोड़ना और उसे नया करते रहना। उनकी नजर में कविता की सार्थकता इसमें है कि वह कितने उदार और कितने सच्चे अर्थों में हमें आदमी बनाने की ताकत रखती है। उनका मानना है कि जो कुछ समाज में हो रहा है कविता उसका प्रतिबिंब भर नहीं है बल्कि जीवन का सबसे आत्मीय प्रसंग है। वह और सब कुछ के साथ-साथ खुद को भी सामने रखकर देखती है। अनेक जगहों पर कुंवर नारायण सिर्फ ऐसी पंक्तियाँ एकत्र करते से लगते हैं जो सीधे-सादे 'नैरेशन' की श्रेणी की दिखती हैं। लेकिन. यह उनके शिल्प का ही कमाल है कि वे पंक्तियाँ कविता खत्म होते-होते एक सार्थक व्यंजना की ताकत पा लेती हैं।

कुंवर नारायण कविताई भाषा के ऐसे महारथी हैं कि वह विषय के अनुरूप भाषा जब जैसे चाहते हैं अपनी कविताओं में ले आते हैं। और उन्हीं कविताओं में कहीं सिर्फ एक शब्द मिथक से या परंपरा से, इतिहास से या दर्शन से चला आता है। इस शब्द की शक्ल उतनी अभिजात्य, उतनी विजातीय नहीं लगती जितना बड़ा अंतर वह कविता के अर्थ विस्तार में डाल जाता है। गहन प्रसंगों में उनकी भाषा ऐसी होती है कि उसके अर्थ दो-तीन या इससे भी अधिक तहों में खुलते हैं। कविता की भाषा को लेकर इस तरह की सफल चेष्टा निराला के बाद कुंवर नारायण ही करते हैं।

उनके संग्रह 'अपने सामने' की कविताएँ अधिकतर आज के जीवन से ही नहीं दिनचर्या से भी उठाई गई हैं। छोटी-छोटी घटनाओं में, बड़े-बड़े हादसों में, आदमी और समाज की बदलती फितरतों में झाँकता है कवि। उनका चिंतक मामूली प्रसंगों को कैसे बड़ा करता है इसका एक उदाहरण यहाँ प्रस्तुत है—

> कितना स्पष्ट होता आगे बढ़ते जाने का मतलब
> अगर दसों दिशाएँ हमारे सामने होतीं

हमारे चारों ओर नहीं।
कितना आसान होता चलते चले जाना
यदि केवल हम चलते होते
बाकी सब रुका होता।
मैंने अक्सर इस ऊल जलूल दुनिया को
दस सिरों से सोचने और बीस हाथों से पाने
की कोशिश में
अपने लिए बेहद मुश्किल बना लिया है।
....

कुंवर नारायण कविता में बौद्धिकता और भावुकता में कोई विभाजन नहीं करते। उन्हें एक-दूसरे में विलीन मानते हैं। भावना भी कोई छोटा-मोटा विषय नहीं। हाँ, कवि को यह पता होना चाहिए कि वह कविता में उसका प्रयोग कैसे और कहाँ कर रहा है। कविता में बौद्धिकता के वह विरोधी नहीं हैं। यदि कवि के व्यक्तित्व में बौद्धिकता है तो वह कविता में भी आएगी ही। कुंवर नारायण की कई कविताएँ जटिल लगती हैं और उनकी अंतिम तह छूना संभव नहीं होता। इसी तरह कई कविताएँ ऐसी भी हैं जिनका कोई अंत नहीं होता वे एक खूबसूरत या जरूरी रास्ते से गुजरने का अहसास भर होती हैं। पर यह अनायास नहीं होता बल्कि सोचा-समझा ट्रीटमेंट होता है। कुंवर नारायण मानते हैं कि उनमें उनके रचे जाने की सार्थकता होती है। 'अपने सामने' में ऐसी अनेक कविताएँ बड़ी ही प्रभावी हैं।

बाहर से तमाम चीजें आकर
घर में भर गईं।
चलने-फिरने वाली चीजों के रास्ते से अलग
कुर्सियाँ बैठ गईं/पर्दे पड़ गए/तस्वीरें लग गईं
किताबें सोचने लगीं
कितना बड़ा मकान है/कितना इत्मीनान है...
इतने में वहाँ एक आदमी
भुन्नाता हुआ आया
और लगा कि हर चीज ने उसे
किसी मुसीबत की तरह उठाया

कुंवर नारायण के इस संग्रह की एक बहुत जरूरी कविता है जिसे मैंने वर्षों नहीं दशकों पहले कहीं पढ़ा था और सैकड़ों लोगों को अपने शब्दों में गढ़कर सुना चुका हूँ। पूरे युग को अपने में समेटने वाली इस कविता में तमाम तरह के चरित्र और परंपरा बन चुकी उनकी शोषण की प्रवृत्तियाँ, कैसे चुपचाप जिए जा रहे हैं। इसमें कहीं कुछ गैरकानूनी या अनैतिक नहीं दिखता लेकिन कुंवर नारायण को कहाँ-कहाँ तक दिखाई पड़ता है—

सबसे डरती गाय।
घास चरती गाय।
दूध देती गाय।
दूध पीता बच्चा
दूध पीती बिल्ली
दूध पीता सांप
माँ मुझको डर लगता :
मेरा घर
कैसे-कैसे जीवों का घर लगता

कुंवर नारायण के कविता संग्रहों के जरिये हम उनके नितांत व्यक्तिगत क्षणों से अंतरंग विचारों तक से मिलते हैं। फिर जीवन के दैनन्दिन प्रसंगों पर उनके सधे हुए आक्रोश से मिलना, अत्यंत सहज लगता है। वहीं मूल्यों की स्थापना तथा उनके परिपालन के लिए कविता का दर्शन के स्तर तक विस्तार करते कवि में एक प्रौढ़ और सिद्ध रचनाकार देखकर पाठक चमत्कृत होता है।

हाल ही में छपे उनके साक्षात्कारों और टिप्पणियों के संग्रह को पढ़ते हुए लगा कि उनका गद्य सिर्फ कविता पर आलोचनात्मक टिप्पणियों में समाने वाला नहीं है। वह कहते हैं—दुनिया के तानाशाहों के शासन काल में मरगिल्ली सी दिखने वाली कविता—साहित्य सहित सभी कलाएँ असल में बहुत जीवित होती हैं जिसका पता बहुत बाद में चलता है। कुंवर नारायण की इस टिप्पणी के साथ जुड़ी एक और टिप्पणी इस भौतिकता की भरमार वाले दौर में कविता की ताकत लगती है। वह कहते हैं—साहित्य, संस्कृति और कलाएँ अपना एक अलग इतिहास बनाती हैं—विजेताओं, सम्राटों और राजनीतिज्ञों से अलग। जिसे हम आज एलिजाबेथ का शासनकाल कहते हैं वह शेक्सपियर का रचनाकाल भी था। भले ही एलिजाबेथ के शासन काल में शेक्सपियर की हैसियत एक मामूली नाटककार से अधिक न रही हो। आज जब हम उस विडंबना को सोचते हैं तो एक कवि के अमर वैभव के सामने एक साम्राज्ञी के उद्धत

दर्प पर हंसी आती है।

कुंवर नारायण यह तो मानते हैं कि यह युग उस तरह कविता का नहीं जिस तरह उपभोक्तावाद, मीडिया, टेक्नालॉजी और मनोरंजन-व्यवसाय का है। लेकिन वह कविता की भूमिका से आश्वस्त हैं। कहते हैं—कविता की जिजीविषा का संदर्भ इनसे बिल्कुल भिन्न और कहीं अधिक गहरा है। इस विषमतम परिस्थिति और समय में यदि कविता मानवता में एक अडिग विश्वास बचाए रख सकी तो हमारा ध्यान उसके उन मूलाधारों की ओर जाना चाहिए जो केवल वस्तुबोध नहीं है।

तीसरे सप्तक में सम्मिलित कविताओं के अतिरिक्त कुंवर नारायण के पाँच कविता संग्रह प्रकाशित हुए हैं। 1956 में आए 'चक्रव्यूह' ने नई कविता के दौर में उन्हें अपने समकालीनों से हटकर खड़ा किया। 1959 में तीसरा सप्तक में शामिल होने के बाद उन्हें और साफ पहचान मिली। सन् 1961 में प्रकाशित 'परिवेश : हम-तुम' में वैयक्तिक संदर्भों और रोमांटिक भावबोध की चेतना है साथ ही बाहरी दुनिया की सहज जिज्ञासा भी। यहाँ उल्लेख करना जरूरी लग रहा है कि उनके पहले संग्रह में आत्ममंथन से उपजी कविताएँ हैं, रोमांटिक भावबोध की नहीं, जबकि 'परिवेश : हम-तुम' की कविताओं में यह भाव मौजूद है। 'अपने सामने' की कविताओं में मनुष्य के मूल और दैनंदिन सरोकार हैं और इतिहास-बोध का एक व्यापक फलक है। कुंवर नारायण ने इतिहास में घटित होने वाली किसी भी घटना को बादशाहों की नहीं करोड़ों लोगों की घटना माना। करोड़ों में से ही एक व्यक्ति की तरह इतिहास देखने की कोशिश हैं ये कविताएँ। वर्तमान और इतिहास में ये यकीन की गवाहियाँ ढूँढती हैं आदमी के विवेक और सदाशयता में, उसके साहित्य और कलाओं में, कि आदमी में फिर भी शायद उजाड़ने से ज्यादा ताकत रचने में है। 'परिवेश : हम तुम' के रोमांटिक भावबोध पर कुंवर नारायण कहते हैं—निराला और पंत दोनों भी तो रोमांटिक हैं पर उनकी संवेदनाओं में बुनियादी अंतर है। यह अपने समय की दुनिया से पलायन नहीं अपने समय में होने के अहसास को विस्तृत कर सकने की क्षमता भी है। रोमांटिक और केवल भावुक होने में फर्क है जो 'चक्रव्यूह' की कविताओं में देखा जा सकता है।

'आत्मजयी' में कुंवर नारायण एक परिपक्व कवि के रूप में मिलते हैं। आत्ममंथन, उससे उपजी प्रश्नाकुलता और उनके उत्तर एक विशाल रूपक के जरिये कविता के रूप में गढ़ना उनकी उपलब्धि रही। पौराणिक आख्यानों में से भाषा या शिल्प या पृष्ठभूमि में कहीं न कहीं से पिछला युग हावी हो ही जाता है लेकिन, कुंवर नारायण इससे बच पाए हैं। अपनी काव्य सर्जना के प्रारंभ से ही उनकी कोशिश रही है कि कविता की ज़मीन सीमित न हो। इस कोशिश में वह आदमी के आचरण पर उतनी ही सतर्क दृष्टि रखते हैं जितनी उसके बाहरी और भीतरी कारणों पर। इसी तरह उनके लिए 'मैं' का अर्थ होता है—'हम सब', यही कारण है उनकी कविताएँ अपने शब्दों से कई गुने बड़े अर्थ लिए होती हैं।

सन् 1993 में प्रकाशित उनके सबसे ताजा संग्रह में एक सर्वथा नए ढंग की आश्वस्ति है। कथ्य के धरातल पर उनके फलक का विस्तार हुआ है। निरर्थक से प्रसंग उनके कौशल से सार्थक कविता की शक्ल ले लेते हैं। भाषा, शिल्प, संवेदना और अनुभव की सूक्ष्मता तथा विविधता से उनकी यह कृति उनके शिखरस्थ होने का प्रामाणिक दस्तावेज बन गई है। वैचारिक उथल-पुथल और मूल्यों के विघटन के इस दौर में, मनुष्य के हित में सोच पाने वाली, कुंवर नारायण की कविताएँ नैतिकता की स्थापना करती चलती हैं। उनकी कविताओं में सीधे सरोकार हैं पर वह अपनी कविता को जटिल होने से नहीं बचाते। सरल शब्दों में भी स्थितियों की जटिलता गुंजलक बन जाती है। उनकी इन कविताओं में कठिन होते जीवन से उलझने जूझने का सीधा-सच्चा पुरुषार्थ है। इन कविताओं में उस आत्मीयता का घना विस्तार है जिसमें कोई भी गैर या दूसरा नहीं होता।

कविताएँ लिखने के करीब-करीब साथ ही से कुंवर नारायण गद्य भी लिखते रहे हैं। वैसे तो सन् 1971 में उनका कहानी संग्रह 'आकारों के आसपास' आया लेकिन कहानी के साथ समीक्षात्मक टिप्पणियाँ और चिंतनपरक निबंध वह हमेशा से लिखते रहे हैं। वह आधुनिक दौर के कवि-आलोचकों की उस परंपरा के रचनाकार हैं जिसमें अज्ञेय, मुक्तिबोध, विजयदेव

नारायण साही आदि रहे हैं। 'आत्मजयी' की भूमिका में कुंवर नारायण की विश्लेषण और चिन्तन क्षमता का अच्छा परिचय मिलता है।

अभी हाल ही में कुंवर नारायण की दो पुस्तकें आई हैं। ये पुस्तकें कुंवर नारायण की लेखकीय क्षमताओं के विस्तार की गवाह हैं। 'मेरे साक्षात्कार' में समय-समय पर लिए गए उनके साक्षात्कार हैं और खास-खास मौकों पर प्रस्तुत या प्रकाशित आलेख और टिप्पणियाँ। इनसे गुजरते हुए इस बात की जानकारी मिलती है कि कुंवर नारायण के अध्ययन का विस्तार कहाँ तक है। एक ओर भारतीय मनीषा है, तो दूसरी ओर मार्क्स और बौद्ध दर्शन। कविता का पूरा विश्व है और विश्वभर के उपन्यास, कहानी, नाटक और आलोचना का संसार है। राजाओं, सामंतों से लेकर तानाशाहों तक के साम्राज्य हैं और उनमें कुचली जाती फिर भी जिन्दा बचती कलाएँ और साहित्य है। कुंवर नारायण की पढ़ने, जानने और चिंतन मनन की दुनिया की यह अंतिम सीमा नहीं है। वह कई पत्रिकाओं के संपादक मंडल में रहे हैं, नाट्य अकादमियों में उपाध्यक्ष और अध्यक्ष रहे हैं, फिल्म और संगीत भी उनकी गहरी रुचि के विषय हैं। भारतीय राजनीति उन्होंने राजनीति का 'क ख ग' लिखने वालों की गोद में बैठकर देखी। कम लोगों को पता होगा कि उन्होंने दो नाटक भी लिखे हैं और उनके कई मंचन हुए हैं।

कुंवर नारायण की अभी आई आलोचना पुस्तक 'आज और आज से पहले' एक बड़ा काम है जिसे करने में उन्हें वर्षों लगे हैं और दशकों से उन्होंने इसकी तैयारी की होगी। आजादी के पचास वर्ष, साहित्य के भी अत्यंत सक्रिय पचास वर्ष रहे हैं। उथल-पुथल भरी दुनिया के साहित्य के भी। हिंदी की खड़ी बोली इसी दौर में विकसित होकर साहित्यिक भाषा की प्रौढ़ता को प्राप्त हुई है। हर क्षेत्र में न पहचानने की हद तक बदलाव आए हैं।

एक नजर में देखने पर तो यह पुस्तक इन वर्षों में दुनिया की रचनात्मक हलचल को समेटती-सी लगती है पर जैसा कि कुंवर नारायण स्पष्ट करते हैं यह चार-पाँच दशकों के हिंदी साहित्य का क्रमबद्ध इतिहास नहीं है : उस इतिहास में एक सजग मौजूदगी का अहसास है। इसमें सारे साहित्यकार नहीं हैं और यह आकलन एक रचनाकार की दृष्टि से ही किया गया है। इस कृति में वह अपने समय और समाज को, अपने साहित्य और समकालीनों को, अपनी उलझनों और सरोकारों को खंगालते हैं। संघर्ष और आनंद को समझने-बूझने और उनका जायजा लेने के नए आधार, नई अवधारणाएँ और साधन उन्हें इस आलोचना लेखन के निरंतर प्रयास से मिले हैं।

चार दशकों लंबी उनकी सजग साधना और सक्रियता का प्रमाण ये लेख उनकी दृष्टि की उदारता, रुचि की पारदर्शिता और उनके व्यापक फलक की भी गवाही देते हैं। कुंवर नारायण को वह सब छूता रहा है जो अपने समय में अलग खड़ा है या असाधारण है। प्रसाद, निराला, मुक्तिबोध और अज्ञेय हों या प्रेमचंद, यशपाल, भगवतीचरण वर्मा या अमृतलाल नागर, उनकी नज़र सब पर है। मलयज, शमशेर, हजारी प्रसाद द्विवेदी, श्रीलाल शुक्ल हों या सर्वेश्वर, रघुवीर सहाय और नेमिचन्द्र जैन, इन पर भी उन्होंने लिखा है।

हिंदी और साहित्य का आज और बीते कल को जानने की दृष्टि से यह एक जरूरी किताब है। इसलिए भी कि इसमें लेखक पर इतिहास लिखते हुए लीक न छोड़ने का बंधन नहीं है। वह जहाँ चाहते हैं संदर्भों को खुले आकाश में ले जाते हैं। चर्चा के लिए उनके पास भारतीय काव्यशास्त्र से लेकर विश्व की अन्य भाषाओं या साहित्य के सिद्धांत और मूल्य होते हैं। विचारधारा और चिंतन का खुलापन भी इन टिप्पणियों को व्यापकता देता है।

गिनती में कुंवर नारायण की पुस्तकें कम हैं। लेकिन जैसे कविता में 'चक्रव्यूह' से लेकर 'कोई दूसरा नहीं' तक पहुँचते-पहुँचते कुंवर नारायण के पास शीर्षस्थ कवियों जैसी प्रौढ़ और परिपक्वता मिलती है, भटकन को एक सार्थक राह मिलती है, उसके पीछे नेपथ्य में चलती रही एक लड़ाई मनुष्यता के लिए और एक साधना शब्द के लिए दिखाई पड़ती है। आलोचना के अलावा समाज, नैतिकता और मूल्यों की स्थापना तथा उनकी रक्षा के लिए चिंतित कुंवर नारायण के पास आने वाले समाज को देने के लिए बहुत कुछ है। इसके लिए वे कृतज्ञता पाने के अधिकारी हैं। उनका पूरा लेखन हिंदी के लिए संभालकर रखने वाली धरोहर है।

पुरस्कृत-कृति

'कोई दूसरा नहीं' की कविताएँ

प्रयाग शुक्ल

कोई भी अच्छी और महत्त्वपूर्ण कविता स्वयं जीवन और प्रकृति के अर्थ और आशयों की तलाश करती है, नैतिक प्रश्नों से उलझती है, और जिस समय में और जिस भाषा में वह अपने को 'व्यक्त' कर रही होती है, उसकी कई तरह से थाह लेती है। इसी के साथ, वह अपनी भूमिका की जाँच-परख करना भी नहीं भूलती, अपने को अपनी समकालीनता में (भी) 'पहचानती' है, और अपने को घटित (या उद्‌घाटित !) करने वाले कारकों की भी कुछ पहचान तो हमें करवाती ही है। ऐसा करना कविता (और कवि) के लिए जरूरी होता है तो इसीलिए कि माध्यम के रूप में उसकी शक्ति और सामर्थ्य को लेकर हम किसी 'भ्रम' में न रहें, उसके द्वारा दिये गये (और न दिये गये) 'आश्वासनों' को ठीक-ठीक रोशनी में देख और जान सकें, और पाठक-श्रोता के रूप में उससे एक वास्तविक संबंध बना सकें, यानी ऐसा संबंध जो भावुक और कुहरीला न हो, विवेकी और पारदर्शी ही हो, जिसमें एक-दूसरे के प्रति मान हो, और जिसके प्रतिमान और निकष हर अर्थ में माननीय हों, जहाँ 'इकाइयों' की भिन्नता स्वीकार की जाती हो, और जहाँ 'चाहे कविता बराबर ही' सबसे जुड़े रहने की इच्छा हो। इन सभी, और कई अन्य अर्थों में, कुंवर नारायण के कविता-संग्रह 'कोई दूसरा नहीं' की कविताएँ हमारी काव्य-संवेदना को ही नहीं, काव्य-विवेक (और विवेचन्) को सजग और प्रेरित करने वाली कविताएँ भी हैं। वे हमें समाज-सजग भी बनाती ही हैं। वे 'कविता' की तरफ से जीवन को देखे जाने का आग्रह करती हैं, और जीवन के उन सभी पतों-ठिकानों को खटखटाना चाहती हैं, जहाँ कविता हो सकतीं है। पर, ऐसा करते हुए वे जीवन की वास्तविकताओं की अनेदखी नहीं करती—वे उनसे 'मुठभेड़' या साक्षात्कार की ही कायल हैं। यह अकारण नहीं है कि इस संग्रह में स्वयं कई कविताएँ 'कविता' को लेकर हैं, जिनमें से एक, 'कविता की जरूरत' को मैं यहाँ समूची ही उद्धृत करना चाहता हूँ—

'बहुत कुछ दे सकती है कविता
क्योंकि बहुत कुछ हो सकती है कविता
जिंदगी में
अगर हम जगह दें उसे
जैसे फूलों को जगह देते हैं पेड़
जैसे तारों को जगह देती है रात
हम बचाये रख सकते हैं उसके लिए
अपने अंदर कहीं ऐसा एक कोना
जहाँ जमीन और आसमान
जहाँ आदमी और भगवान के बीच दूरी
कम से कम हो
वैसे कोई चाहे तो जी सकता है
एक नितान्त कवितारहित जिंदगी
कर सकता है
कवितारहित प्रेम।

'कवितारहित प्रेम!'..., अचानक मानों एक मर्मवेधी वाण आ चुभता है। और, बड़े विनम्र ढंग से कही गयी एक बात के आशय—कई गंभीर आशय—खुलते चले जाते हैं। हम चौंक कर महसूस करते हैं कि बिना कविता का जीवन तो वास्तव में कितना बंजर और अर्थहीन होगा। वे सब 'तथ्य' और विमर्श भी हमें याद आने लगते हैं जो 'कविता की जरूरत' या उसकी

भूमिका को लेकर, सुनने-पढ़ने को मिलते रहे हैं। कविता हाशिये पर चली गयी है, कविता का भविष्य खतरे में है, कविता आखिरकार कर ही क्या सकती है, कविता की कोई केंद्रीय भूमिका अब बची नहीं है, कविता अब गम्भीरतापूर्वक पढ़ी ही कहाँ जा रही है, कविता, कवियों का निजी मामला ही तो रह गयी है, ये और ऐसे ही दर्जनों वाक्य, याद आते हैं, और हम पाते हैं कि ऊपर उद्धृत कविता बिना किसी दावे के, इनकी धज्जियाँ उड़ाये दे रही है। हम एक गहरी आश्वस्ति के साथ कविता-मात्र की ओर मुड़ते हैं।

और 'चाहे कविता बराबर ही सबसे जुड़े रहने' का भी एक अर्थ यह नहीं है कि कवि के पास, संसार-मात्र से जुड़ने का और दूसरा माध्यम है भी क्या? संग्रह की आखिरी कविता की आखिरी पंक्तियों को थोड़ी देर के लिए सामने रख लें--

"चाहे कविता बराबर ही
जुड़े रहना है किसी तरह/सबसे।"

...यहाँ, कवि क्या उस आइरनी की ओर भी इंगित नहीं कर रहा, जहाँ समाज में कविता को एक तिल भर मान लिया गया है, बेहद मामूली चीज। और वह (यानी कवि) इस तिल को ताड़ की तरह प्रस्तुत न करके, फिर उस अचूक विनम्रता का ही सहारा ले रहा है, जो संवेदनशील पाठक को मर्माहत कर देती है। और वह अपने को कविता के पक्ष में खड़ा पाता है—कविता से जुड़ जाता है (या जुड़ जाना चाहता है) ठीक कवि की तरह ही!

कवि की ओर से, कविता की वकालत करने वाली ये पंक्तियाँ—ध्यान देने की बात है—जिरह वाली मुद्रा में नहीं हैं (और अगर हैं भी तो यह जिरह अत्यंत मौलिक ढंग की है।) वे गहरी पीड़ा से उपजी हुई लगती हैं, एक आत्म-संघर्ष से भी, और हमें यह जान और मान लेने में कोई कठिनाई नहीं होती कि कवि अपने विश्वासों को दुहरा भर नहीं रहा है—हर बार इन विश्वासों को—कविता पर अपने भरोसे को—अर्जित कर रहा है। वह जानता है कि कवि के लिए यह मान लेना पर्याप्त नहीं है कि वह तो मनुष्य के पक्ष में, अच्छी चीजों के पक्ष में, न्याय के पक्ष में खड़ा हुआ है ही। उसे हर बार किसी सकारात्मक मान्यता को भी, मूल्य-सिद्ध विचार को भी, संघर्ष करके प्राप्त करना पड़ता है। अगर, यह रचनात्मक संघर्ष हमें दिखाई न पड़े तो कवि का कोई बहुत अच्छा वक्तव्य भी हमें छूँछा मालूम पड़ेगा।

कुंवर नारायण की कविताओं की एक खूबी यह भी निश्चय ही है कि हम उनका सीधा शाब्दिक अर्थ करके भी उन्हें ग्रहण कर सकते हैं। पर, हमें इसकी प्रतीति भी बनी रहेगी कि यह पहला पाठ, शाब्दिक अर्थों वाला पाठ, कितना अधूरा भी है और उसको पूरी तरह ग्रहण करने के लिए उन आशयों, अभिप्रायों की ओर ही जाना पड़ेगा, जिनकी पंखुड़ियाँ शाब्दिक पाठ में पूरी खुली नहीं हैं।

कुंवर नारायण की कविता की, और उनके छठे और अत्यंत विशिष्ट संग्रह 'कोई दूसरा नहीं' की कविताओं की एक और प्रकृति रेखांकित की जानी चाहिए। उनकी कविता के स्वभाव में कोई हड़बड़ी या जल्दबाजी नहीं है, उसमें बेचैनी है, एक तीव्र खोजी वृत्ति भी है, और अनुभवों की उत्ताल तरंगों की चुनौती का सामना करने की इच्छा और कर्मशक्ति भी भरपूर मात्रा में है, पर एक गहरा धीरज भी है। इसे उनकी कविता की संरचना से लेकर, शब्द-व्यवहार, और चीजों को रखने-बयान करने के अंदाज तक में देखा-ढूँढ़ा जा सकता है। दरअसल उनकी कविता का 'सयानापन' उनकी इस धीर-दृष्टि से उपजा है। इस अर्थ में उसकी कविता से बहुत कुछ सीखा जा सकता है। कविता के पक्ष से ही लिखी गयी, एक कविता, 'यकीनों की जल्दबाजी से' की इन पंक्तियों पर गौर करें :

यकीन करने वालों ने यकीन कर लिया।
कि कविता मर गई
लेकिन शक करने वालों ने शक किया
कि ऐसा हो ही नहीं सकता
और इस तरह बच गई कविता की जान
ऐसा पहली बार नहीं हुआ
कि यकीनों की जल्दीबाजी से
महज एक शक ने बचा लिया हो
किसी बेगुनाह को

'और 'कविता' शीर्षक कविता में वे कहते हैं :
कविता वक्तव्य नहीं गवाह है :

कभी हमारे सामने
कभी हमसे पहले

कभी हमारे बाद
कोई चाहे भी तो रोक नहीं सकता
भाषा में उसका बयान
जिसका पूरा मतलब है सचाई
जिसकी पूरी कोशिश है बेहतर इन्सान
...उसे कोई हड़बड़ी नहीं
कि वह इश्तहारों की तरह चिपके
जुलूसों की तरह निकले
नारों की तरह लगे
और चुनावों की तरह जीते
...वह आदमी की भाषा में किसी तरह जिन्दा
रहे, बस।

'कोई दूसरा नहीं' संग्रह में (आदमी की) भाषा, बेहतर इंसान, और कविता की जरूरत को लेकर एक चिंता शुरू से आखिर तक व्याप्त है। यह संग्रह दरअसल उनके लगभग पचास वर्षों के काव्य अनुभवों और जीवन-अनुभवों को बड़ी सादगी, पर बड़ी गहराई के साथ व्यक्त करता है, एक बार फिर—उन्हें पुष्ट करता है, और एक नई तरह से चरितार्थ भी। 1961 में प्रकाशित उनके कविता-संग्रह 'परिवेश : हम तुम' पर लिखते हुए मुक्तिबोध ने उनके काव्य-स्वभाव पर जो सटीक और मर्मभरी टिप्पणियाँ की थीं, उनमें से कुछ की याद यहाँ करना चाहता हूँ। मुक्तिबोध ने लिखा था : "कवि कुंवर नारायण ने अपना एक शिल्प विकसित कर लिया है, जिसमें कहने की सादगी, संवेदना की तीव्रता, रंगों की गहराई और ख्यालों की लकीरें खो नहीं जातीं। एक भाव का दूसरे भाव से जो अंतरसंबंध है वह स्पष्ट प्रस्तुत होता है। फलतः पूरा भाव-चित्र, पूरा विचार-चित्र सामने आ जाता है, जिसमें आत्मपक्ष और वस्तुपक्ष दोनों का संतुलनपूर्ण योग रहता है।" आगे मुक्तिबोध ने कुंवर नारायण के शिल्प पर भी टिप्पणी की थी और उनके सुबोध और सहजतापूर्वक ग्राह्य हो जाने वाले इस शिल्प के संबंध में कहा था कि "कवि की पीड़ित अन्तरआत्मा और व्यथित विवेक चेतना की अभिव्यक्ति के लिए ऐसी ही शिल्प व्यवस्था की जरूरत थी। किंतु उनकी इस शिल्प-व्यवस्था से यह न समझा जाए कि कवि का अंतरजगत कम जटिल या ग्रंथिल है।" ऐसा कहकर मुक्तिबोध निश्चय ही कुंवर नारायण की आत्म-सजगता—अच्छे अर्थों में आत्म-सजगता—की ओर भी इंगित कर रहे थे। इसी समीक्षा में मुक्तिबोध ने कुंवर नारायण की कविता को 'जीवन की आलोचना' की कविता भी कहा था।

देखें तो कुंवर नारायण की कविता पर, उनके मूल सरोकारों पर, आज भी मुक्तिबोध की बातें ज्यों की त्यों घटित होती हैं। बस, एक फर्क के साथ कि कुंवर नारायण की कविता पिछले दशकों में कई पड़ावों को पार करती हुई, उस मुकाम पर पहुँची है, जहाँ उसके मूल सरोकार भले न बदले हों, पर, जिसका कुल स्वरूप, आज हमें कुछ और ज्यादा आकर्षित करता है—अपनी भाषा में, अपनी भंगिमा में, अपनी चिंताओं में, अपनी टिप्पणियों में, अपनी प्रतिश्रुतियों और अपनी जिरहों में। निजी, और सामाजिक-राजनीतिक प्रश्नों को, मुद्दों और मुकद्मों के रूप में पेश करती हुई, 'कोई दूसरा नहीं' की बहुतेरी कविताएँ विट और ह्यूमर का भी विलक्षण इस्तेमाल करती हैं तथा और भी सनक गयी, और जटिल हो गयी दुनिया की सनकी हुई चीजों पर मर्मभरी टिप्पणियाँ करती हैं, और जटिल हो गयी चीजों को मानवीय-पक्ष में सुलझाने का विनम्र यत्न करती हैं। ये सारी चीजें वे कविता की शर्तों पर ही करती हैं।

एक बात और। ये कविताएँ बार-बार स्वयं आत्म को भी सावधान करती हैं। पर, यहाँ आत्म को लेकर किसी गुफा में छिप जाने वाला भाव नहीं है, बल्कि खुली आँखों से दुनिया को देखना ही शामिल है। आत्म की जरूरी भूमिका यहाँ यही है कि वह अपना आपा न खोए। और कविता का—वृहत्तर अर्थों में कविता का साथ न छोड़े। 'कोई दूसरा नहीं' की अंतिम कविता किसी और ने नहीं...को यहाँ एक बार फिर याद करना चाहता हूँ—उसके समस्त संदर्भों में—

'नहीं, किसी और ने नहीं
मैंने ही तोड़ दिया है कभी-कभी
अपने को झूठे वादे की तरह
यह जानते हुए भी कि बार-बार
लौटना है मुझे
प्रेम की तरफ
विश्वास बनाए रखना है
मनुष्य में
सिद्ध करते रहना है

कि मैं टूटा नहीं
चाहे कविता बराबर ही
जुडे रहना है किसी तरह सबसे।'

अपने को ही कभी-कभी झूठे वादे की तरह तोड़ देने का अभिप्राय क्या है? क्या यही नहीं कि यह तोड़ देना भी अंततः सकारात्मक है। 'सिद्ध करते रहना है कि मैं टूटा नहीं' की व्यंजना भी देखिए। कवि अपने लिए यह छूट नहीं चाह रहा है कि उसे अपने को बार-बार सिद्ध करते रहने की जरूरत न पड़े। बार-बार उसे यह सिद्ध करते रहने की जरूरत है तो इसीलिए की अपने विश्वासों के, अपनी प्रतिश्रुतियों के सम्मुख, उसे स्वयं अपने को बार-बार जाँचते रहना है, यानी सबसे पहले तो वह अपने प्रति जवाबदेह है। और अपनी इसी जवाबदेही की गवाही, कवि इस कविता में दे रहा है।

संरचनात्मक स्तर पर, उनकी कविता की एक खूबी उसकी छंदमयता भी है। 'कोई दूसरा नहीं' की कुछ कविताएँ यों भी छंद में हैं, पर, जो नहीं भी हैं, और मुक्त छंद वाली हैं, उनकी भी एक विशिष्ट लय, और उनकी छंद-मुखी व्याप्ति हमें आकृष्ट करती है। अपने शब्द-व्यवहार में—खास तरह की ध्वनियाँ और अनुगूँजें पैदा करने के मामले में—वे हमें आकृष्ट करती रही हैं। संग्रह की तीसरी कविता 'अबकी अगर लौटा तो' की आखिरी पंक्तियाँ देखिए :

अबकी अगर लौटा तो
हताहत नहीं
सबके हिताहित की सोचता
पूर्णतर लौटूँगा।

हताहत और हिताहित की ध्वनियाँ और उनकी अर्थ-गूँजें देर तक कानों में बजती हैं। इसी तरह 'विघ्नहर विनायक छाया', 'पुरुषार्थी वृक्ष' और 'दीर्घायु वृक्ष' कहने से जो इमेजिज बनती हैं, वे अपने आप में आकर्षित करती हैं। और जब—

सरल और स्पष्ट
कुटिल और क्लिष्ट की विभाषाओं में टूटकर
अक्सर इतनी द्रुतगति से अपने रास्तों को बदलते
कि वहाँ विभाजित स्वार्थों के जाल बिछे दिखते
जहाँ अर्थपूर्ण संधियों को होना चाहिए।

—जैसी पंक्तियों से हमारा सामना होता है तो हम चौंककर यह भी पहचानते हैं कि कुंवर नारायण की कविता अपने लिखे जाने के दौरान, भाषा को किस तरह 'सोचती' भी रहती है।

कुंवर नारायण हिंदी के उन समकालीन कवियों में भी हैं, जिनमें पुराने पद्य रूपों की भी कई प्रतिध्वनियाँ मिलेंगी, और लोरियों तक से एक लेन-देन दिखाई पड़ेगा। 'पालकी' कविता की ये पंक्तियाँ—

काँधे धारी यह पालकी
है किस कन्हैयालाल की

पढ़ते ही हाथी घोड़ा पालकी, जय कन्हैयालाल की वाली लोरी मन में गूँज उठती है, पर, अंततः उसका इस्तेमाल एक सयानी अनुभूति के लिए ही, विलक्षण ढंग से हुआ है। इसी तरह 'रिक्शा पर कविता' की कुछ पंक्तियाँ देखिए :

रिक्शा पर ढोंढू भाई
रिक्शा और रिक्शा वाले के
कुल जोड़ वजन के ढाई
आगे भी कठिन चढ़ाई
देखा रिक्शा वाले ने तो ताकत भर एड़ लगाई
लेकिन गरीब की हिम्मत
हद पर मोटे के आगे कुछ ज्यादा काम न आई
लद कर वो बैठे रहे वहीं
कुछ करें मदद बेचारे की,
यह समझ न उनको आई

इन और ऐसी पंक्तियों में, बाल-गीतों की-सी एक तर्ज साफ झलक रही है। पर इस तर्ज का इस्तेमाल भी एक नई तरह से फिर किसी सयाने अनुभव के लिए कर लिया गया है।

कुंवर नारायण की कविता की तरकीबें भी ह कम आकर्षित नहीं करतीं, और इन तकरीबों के विविधता के कारण भी 'कोई दूसरा नहीं' एक विशिष्ट संग्रह है। अपने आप में वह विविध अनुभवों वाला है ही। हम जानते ही हैं कि विश्व-सिनेमा में, औ भारतीय सिनेमा के उत्कृष्ट रूप में, कुंवर नारायण गहरी दिलचस्पी है। न जाने कितनी फिल्में उन्हें प्रयत्नपूर्वक देखी हैं, और कई फिल्मों पर सटीक अ

सार्थक टिप्पणियाँ भी की हैं। यानी फिल्म-भाषा में भी उनकी रुचि लगभग वैसी ही है, जैसी कि शब्द भाषा में। फिल्मों के साथ ही संगीत, चित्रकला, थियेटर—सभी में न केवल उनकी पैठ है, इन सब माध्यमों के प्रसंग भी उनके लेखन—विशेष रूप से चिंतनपरक और आलोचनात्मक लेखन—में आते रहे हैं। और उनकी कविताएँ, और 'कोई दूसरा नहीं' संगह की कविताएँ भी, इनके कई तत्वों से अछूती कहाँ हैं।

संग्रह की 'सुनयना' कविता में, 'यात्रा' कविता में, और कई अन्य कविताओं में, कवि की दृष्टि किन्हीं कैमरा-कोणों की तरह भी सक्रिय है। और इन कविताओं की चित्रात्मकता और उनके कई नाटकीय मोड़ भी पाठक से अलक्षित नहीं रहते हैं।

दरअसल कुंवर नारायण की कई कविताएँ सिर्फ पढ़ी जा सकने वाली कविताएँ ही नहीं हैं, 'देखी' जा सकने वाली कविताएँ भी हैं—किसी चित्र की तरह ही नहीं, बल्कि इस तरह भी कि हम शब्दों या पंक्तियों के बीच के स्पेस को, किसी पूर्णविराम या अर्द्धविराम को, नजरअंदाज करते हुए न पढ़ें। उनका कुल विन्यास अत्यंत लाघव के साथ रचा गया है। शब्द-व्यवहार के प्रति ऐसी सावधानी बरती गई है कि उस व्यवहार को भी हमें देखना पड़ता है, सिर्फ पढ़ने से काम नहीं चलता। 'जन्म-कुंडली' कविता की आखिरी पंक्तियाँ अगर कोई आपको पढ़कर सुनाए तो एक और तरह की प्रतीति आपको होगी, पर आप स्वयं उन्हें 'देखते' हुए पढ़ें, तो संभवतः एक अन्य तरह की प्रतीति होगी। पंक्तियाँ इस प्रकार हैं—अपने मुद्रित रूप में ;

> कभी-कभी फैलाकर नया पृष्ठ, अन्तरिक्ष—
> गोदती चली जाती...वृक्ष...वृक्ष...वृक्ष...

कविता के मुद्रित रूप का भी अपना एक सौंदर्य और अर्थ है, मानो इसे भी वे बखूबी पहचानते हैं, शमशेर की तरह ही।

एक बार फिर कुंवर नारायण के आत्म पक्ष की ओर लौटना चाहता हूँ। लौटना चाहता हूँ तो इसीलिए कि पहले संग्रह से लेकर, उनके 'कोई दूसरा नहीं' संग्रह तक में, बहुत कुछ आत्म की ओर से, या उसके बारे में भी कहा गया है। स्वयं कविताओं में और कुंवर नारायण की निजी टिप्पणियों में भी। 'आत्मजयी' की भूमिका में वह लिखते हैं—''आत्मजयी में उठाई गई समस्या मुख्यतः एक विचारशील व्यक्ति की समस्या है। कथानक का नायक नचिकेता मात्र सुखों को अस्वीकार करता है : तात्कालिक आवश्यकताओं की पूर्तिभर ही उसके लिए पर्याप्त नहीं। उसके अंदर वह वृहत्तर जिज्ञासा है जिसके लिए केवल सुखी जीवन काफी नहीं है, सार्थक जीना जरूरी है।'' ...इसी में आगे वह कहते हैं—''नचिकेता अपना सारा जीवन यम, या काल, या समय को सौंप देता है। दूसरे शब्दों में वह अपनी चेतना को कार्य-सापेक्ष समय से मुक्त कर लेता है—वह विशुद्ध अस्तिबोध रह जाता है जिसे आत्मा कहा जा सकता है। आत्मा का अनुभव तथा इन्द्रियों द्वारा अनुभव, दो अलग बातें मानी गई हैं। भारत के प्राचीन चिंतकों ने यदि इंद्रियों को प्रधानता नहीं दी, तो इसका यह अर्थ नहीं कि उन्होंने शरीर या संसार को झूठ माना, बल्कि यह कि उन्होंने बुद्धि और बुद्धि से भी अधिक जो सूक्ष्म है उस आत्मा को अधिक महत्त्व दिया। वे कठिन आत्म-विग्रह द्वारा सिद्ध करते रहे कि विषयों के अधीन बुद्धि नहीं, बुद्धि के अधीन विषय हैं। शारीरिक जीवन जीते हुए भी शरीर के प्रति अनासक्त रहा जा सकता है। उनका अनुभव था कि बिना आत्म-बल के मनुष्य अपनी शक्तियों का उचित उपयोग नहीं कर सकता, चालक-विहीन रथ की तरह वह निरंकुश अश्वों द्वारा नष्ट-भ्रष्ट कर दिया जाएगा।...संपूर्ण बाह्य परिस्थिति या तो उसकी चेतना से विकीर्ण है—चेतना जो उसके वश में है, चीजों के वश में नहीं—या फिर अँधेरी है। वह चाहे तो सब कुछ अस्वीकार करके स्वयं काल को लौटा दे, चाहे तो उसे स्वीकार करके एक नया अर्थ दे।''

'आत्मजयी' की भूमिका के इन अंशों को हम कुंवर नारायण की शेष कविताओं में भी कहीं न कहीं घटित हुआ पाते हैं—केवल आत्मजयी ही में नहीं। इसीलिए मैंने इन्हें यहाँ उद्धृत किया है। आत्मजयी पर कोई टिप्पणी करना, या उसकी भूमिका पर टिप्पणी करना (जो दरअसल इन अंशों में पूरी तरह आती नहीं है) मेरा अभीष्ट नहीं है। अभीष्ट फिलहाल केवल इतना है कि आत्मा, बुद्धि और जीवन की सार्थकता की याद कवि जिन रूपों में करता रहा है, उसकी कुछ याद यहाँ मैं भी करूँ। 'कोई दूसरा नहीं' संग्रह की कविताओं में भी हम एक गहरी प्रश्नाकुलता और जीवन तथा मृत्यु

के सवालों के कई संदर्भ बनते हुए देखते हैं। मनुष्य की सामाजिक-राजनीतिक-जैविक- आध्यात्मिक स्थिति तो इनके केन्द्र में है ही। 'कोई दूसरा नहीं' की कुछ कविताओं में ऐतिहासिक-पौराणिक संदर्भ भी हैं, पर कुछ में ही। शेष कविताएँ वर्तमान से सीधी जुड़ी हुई लगती हैं। और जो ऐतिहासिक-पौराणिक संदर्भ की हैं भी उनमें भी वर्तमान ही अधिक सक्रिय है। 'गोलकुण्डा की एक शाम' कविता का आखिरी हिस्सा है :

> टैक्सी ड्राइवर रहमतअली शाह
> या गाइड मत्सराज के पूर्वजों के युद्धों से
> कहीं ज्यादा कठिन है
> वर्तमान से उन दोनों की लड़ाई
> उससे पराजित न होने के उनके मन्सूबे...
> बारूद में आग लगाने के इतिहासों से अलग
> एक तीसरा इतिहास भी है
> रहमत शाह की बीड़ियों और
> मत्सराज की माचिस के बीच सुलहों का।

यहाँ, आज और अभी जो घटित हो रहा है, और जो कुछ मानवीय है, उस पर कवि की नजर है। पर, यह बात भी भूलने की नहीं है कि जब कुंवर नारायण निरा वर्तमान का भी कोई प्रसंग-दृश्य-अनुभव, अपनी कविता में लेते हैं तो वहाँ सिर्फ वर्तमान नहीं होता। इस वर्तमान के सिरे आगे और पीछे की ओर भी होते हैं। क्योंकि किसी कालखण्ड की विशेष चिंता करते हुए भी उनके मन में समय की कोई एक ही परिभाषा नहीं होती। यह स्थिति उनकी कविता को न केवल बहुआयामी या बहुकालिक बनाती है, वह मनुष्य-बोध को और अधिक गहरा करती है। अनुभवों का एक फलक बनाती है और किसी आंतरिक ऊहापोह को सुलझाने या व्यक्त करने का रास्ता भी निकालती है। 'कोई दूसरा नहीं' की एक लंबी कविता 'एक यात्रा के दौरान' का एक अंश है :

> ''सुबह चार बजे मुझे ट्रेन पकड़ना है
> मुझे एक यात्रा पर जाना है
> मुझे काम पर जाना है
> मुझे कहाँ जाना है
> दशरथ की पत्नियों के प्रपंच से बचकर?
> मुझे तरह-तरह के कामों के पीछे
> कहाँ-कहाँ जाना है ?
> कहाँ नहीं जाना है ?

'दशरथ की पत्नियों के प्रपंच से बचकर' पंक्ति एकदम अनायास आती है और प्रायः पूरी कविता में और कोई दूसरा पौराणिक या आख्यानिक प्रसंग भी नहीं है, पर, यह पंक्ति न सिर्फ पूरी कविता में खप जाती है, बल्कि अपना एक वर्तमान-कालिक प्रसंग भी बना लेती है।

'कोई दूसरा नहीं' संग्रह की अपेक्षाकृत एक लंबी कविता, 'एक दिन जनम-स्थान पर...' अपनी संरचना, अपने विशिष्ट ढंग के नैरेटिव, अपनी भाव-संपदा, और अपनी शब्द-सामर्थ्य के कारण, बहुत गहरा असर डालती है। और इसकी गणना सहज ही समकालीन हिंदी कविता की कुछ विशिष्ट कविताओं के रूप में की जाएगी। यह कविता इस मिथ को भी तोड़ने में समर्थ है कि हिंदी के आधुनिक/समकालीन कवि गीति-तत्व से परहेज करते रहे हैं :

> घोड़ी बेच घिर्राऊ रिक्शा ले आये,
> इक्का-दिन बीते अब रिक्शा-दिन आये
> एक जून दाल भात, एक जून चना,
> भरते पेट घोड़ी का कि भरते पेट अपना
> जान लिए लेती है रिक्शा की खिंचाई
> बाकी कमर तोड़ रही बढ़ती महँगाई।

जैसी पंक्तियों में ही नहीं कुल कविता में, गीति-तत्व का बहुत सधा हुआ इस्तेमाल है। यह संग्रह, कुंवर नारायण की कविता की विविधवर्णी छवियों के कारण ही नहीं, उन छवियों में विन्यस्त विविध और प्रासंगिक जीवन अनुभवों के कारण भी बेहद उल्लेखनीय है। और इसकी एक बड़ी खूबी यह भी है कि इन कविताओं का पाठ हम कई तरह से कर सकते हैं, यानी अपने कसाव भरे गठन के बावजूद, वे एक ऐसा स्पेस भी सब समय रचती हैं, जहाँ किसी कविता को कई कोणों से देखा-परखा जा सके। हिंदी के एक अत्यंत समर्थ कवि का यह संग्रह, समकालीन हिंदी कविता के कुछ चुने हुए संग्रहों के रूप में ही बराबर याद किया जाएगा।

श्री कुंवर नारायण की कृतियाँ

काव्य-संग्रह

1. चक्रव्यूह 1956
2. परिवेश : हम तुम 1961
3. आत्मजयी 1965
4. अपने सामने 1979
5. कोई दूसरा नहीं 1993
6. तीसरा सप्तक (कविताएँ संकलित) 1959

कहानी-संग्रह

1. आकारों के आसपास 1971

समीक्षात्मक लेख

आज, और आज से पहले 1998

अनुवाद

1. खोखें-लुइस बोर्खेस की कुछ कविताओं का अँग्रेजी से हिंदी में अनुवाद (तनाव परिपत्र)
2. कवाफी की कुछ कविताओं का अँग्रेजी से हिंदी में अनुवाद (तनाव परिपत्र)

सरस्वती नः सुभगामयस्करत्

व्यास सम्मान 1996 और 1997

हिन्दी साहित्य और संवेदना का विकास

रामस्वरूप चतुर्वेदी

उत्तर कबीर तथा अन्य कविताएँ

केदारनाथ सिंह

व्यास सम्मान 1996 की घोषणा 24 दिसम्बर, 1996 को हुई। व्यास सम्मान 1997 की घोषणा 29 अक्तूबर, 1997 को हुई। दोनों के लिए सम्मान समारोह 5 दिसम्बर, 1997 को राष्ट्रीय संग्रहालय सभागार, नई दिल्ली में सम्पन्न हुआ।

रामस्वरूप चतुर्वेदी

प्रो. रामस्वरूप चतुर्वेदी को व्यास सम्मान भेंट करते हुए श्री अटल बिहारी वाजपेयी। बीच में हैं फाउंडेशन के प्रधान श्री कृष्ण कुमार बिरला।

केदारनाथ सिंह

प्रो. केदारनाथ सिंह को व्यास सम्मान भेंट करते हुए श्री अटल बिहारी वाजपेयी। साथ में हैं फाउंडेशन के प्रधान श्री कृष्ण कुमार बिरला (बाएं)।

सरस्वती नः
सुभगामयस्करत्.

प्रशस्ति

के.के. बिड़ला फाउंडेशन की ओर से, वर्ष 1996 का व्यास सम्मान, प्रो. रामस्वरूप चतुर्वेदी को उनकी पुस्तक 'हिंदी साहित्य और संवेदना का विकास' के लिए, भेंट किया जा रहा है।

1931 में कानपुर में जनमे प्रो. चतुर्वेदी, इलाहाबाद विश्वविद्यालय से एम.ए. और डी.फिल्. करने के बाद, वहीं हिंदी विभाग में अध्यापक हो गए और 1991 में आचार्य और विभागाध्यक्ष के पद से सेवानिवृत्त हुए। उनके समीक्षापरक निबंधों का लेखन 1951 से आरंभ हुआ। चार वर्ष में ही 'शरत् के नारी पात्र' के प्रकाशन से उनकी साहित्यिक परख की चर्चा होने लगी। कुछ वर्षों बाद 'भाषा और संवेदना' ने उन्हें शीर्षस्थ समीक्षकों की श्रेणी में ला बैठाया। हिंदी आलोचना के क्षेत्र में व्यापक ख्याति अर्जित करने वाले प्रो. चतुर्वेदी के अब तक 21 ग्रंथ प्रकाशित हो चुके हैं।

प्रो. चतुर्वेदी का यह सम्मान उनकी अत्यंत महत्त्वपूर्ण कृति 'हिंदी साहित्य और संवेदना का विकास' के लिए किया जा रहा है। हिंदी साहित्य के इतिहास पर, आचार्यद्वय रामचन्द्र शुक्ल और हजारी प्रसाद द्विवेदी के बाद, प्रो. चतुर्वेदी का यह इतिहास अत्यंत चर्चित और लोकप्रिय हुआ है। इसमें साहित्य की अनेक विधाओं के उद्भव और विकास की संक्षिप्त व प्रामाणिक जानकारी के साथ ही भाषा और संवेदना की दृष्टि से हुई उपलब्धियों का भी मूल्यांकन किया गया है। इतिहास और आलोचना की कालक्रमिकता और एककालिकता के इस रिश्ते के कारण ही इस पुस्तक में सूर, तुलसी, जायसी, कबीर, देव, केशव, श्रीधर पाठक, प्रसाद, निराला, रामनरेश त्रिपाठी, प्रेमचंद, मैथिलीशरण गुप्त का गहन मूल्यांकन संभव हो सका है, साथ ही यह पुस्तक इतिहास लिखने की पद्धति और मूल्यांकन की रीति को भी स्पष्ट करने में समर्थ हुई है। साहित्य का इतिहास मूलतः अपने समय को परिभाषित करने और अर्थ देने का प्रत्यन है। चतुर्वेदी जी ने यह कार्य बड़ी विद्वता से किया है। उनका साहित्यिक अध्ययन और मंथन निरंतर चल रहा है। हाल ही में उनकी एक और पुस्तक 'हिंदी गद्य विन्यास और विकास' प्रकाशित हुई है।

फाउंडेशन की मंगलकामना है कि प्रो. रामस्वरूप चतुर्वेदी दीर्घायु हों और उनकी साहित्य-साधना जनकल्याण को निरंतर बल देती रहे।

बिशन टंडन
सदस्य-सचिव

भोलाभाई पटेल
अध्यक्ष

चयन समिति

कृष्ण कुमार बिरला
प्रधान
के.के. बिड़ला फाउंडेशन

---

5 दिसम्बर, 1997, नई दिल्ली

सरस्वती नः
सुभगामयस्करत.

प्रशस्ति

के.के. बिड़ला फाउंडेशन की ओर से, वर्ष 1997 का व्यास सम्मान, प्रो. केदारनाथ सिंह को, उनके कविता-संग्रह 'उत्तर कबीर और अन्य कविताएँ' के लिए, भेंट किया जा रहा है।

1934 में बलिया के चकिया गाँव में जनमे केदारनाथ सिंह की आरंभिक शिक्षा गाँव में हुई और बाद की वाराणसी में। 1976 से वह जवाहरलाल नेहरू विश्वविद्यालय, नई दिल्ली में अध्यापन कर रहे हैं। केदारनाथ सिंह का काव्य-स्वर 1952-1953 के आसपास मुखरित हुआ। उस समय की कविता को व्यक्तिवादी और सामाजिक आग्रहों की भ्रमात्मक भूमिका से ऊपर उठाकर मानव की अपनी सार्थकता और दायित्व की खोज को स्थापित करने में एक प्रमुख स्वर उनका भी था। अपनी एक लोकप्रिय कविता में उन्होंने सुंदर प्रतीकात्मक ढंग से कहा था ''लहर को हक़ दो...वह कभी संग पुरवा के/कभी संग पछुआ के/इस तट पर भी आए...उस तट पर भी जाए/और किसी रेती पर सिर रखकर सो जाए।'' 'उत्तर कबीर और अन्य कविताएँ' कवि का पाँचवाँ काव्य-संग्रह है। इसके बाद पिछले वर्ष उनका एक और संग्रह 'बाघ' प्रकाशित हुआ है।

'उत्तर कबीर' की कविताओं में एक गहरी प्रश्नाकुलता है। कविता में कवि यह सवाल अपने आपसे करता है और कई बार तो अपने समय और समाज से। वस्तुतः 'जीने' की प्रक्रिया में मनुष्य जिस सामाजिक बदलाव का हिस्सा बनता है, वह उतना सरल तथा सपाट नहीं है। उसकी नियति को प्रभावित करने वाले कई कारक तत्त्व हैं जो अदृश्य हैं। एक चुप्पी है, चुप्पी की एक साजिश है जो मनुष्य विरोधी है। इस संग्रह की एक विशेषता इसकी स्मृतिगर्भी पारदर्शी भाषा की बनावट में निहित है। ये कविताएँ एक ऐसे स्मृतिलोक से छनकर बाहर आई हैं, जहाँ समय के कई सम-विषम धरातल एक साथ सक्रिय हैं।

फाउंडेशन की मंगलकामना है कि प्रो. केदारनाथ सिंह दीर्घायु हों और उनकी साहित्य-साधना जनकल्याण को निरंतर बल देती रहे।

बिशन टंडन	भोलाभाई पटेल	कृष्ण कुमार बिरला
सदस्य-सचिव	अध्यक्ष	प्रधान
चयन समिति		के.के. बिड़ला फाउंडेशन

5 दिसम्बर, 1997 : नई दिल्ली

सरस्वती नः
सुभगामयस्करत्

श्री कृष्ण कुमार बिरला का स्वागत भाषण

व्यास सम्मान समारोह में आप सबका हार्दिक स्वागत है। मुझे इस बात की विशेष प्रसन्नता है कि इस समारोह की अध्यक्षता इस देश के एक अग्रणी राजनेता कर रहे हैं। मैं आप सबकी और अपनी ओर से उनका हार्दिक स्वागत करता हूँ। यह स्वागत केवल एक राजनेता का ही नहीं है बल्कि एक ऐसे व्यक्ति का है जिसने राजनीति में अत्यंत व्यस्त होने पर भी अपने मानस की सांस्कृतिक और कलात्मक प्रवृत्तियों पर तनिक भी आँच नहीं आने दी है। आप सब जानते हैं कि हमारे मुख्य अतिथि साहित्य प्रेमी और कवि भी हैं। राजनीति और कवि हृदय की मानवीय संवेदना ने उनके व्यक्तित्व का निर्माण किया है। तभी वे प्रभु से प्रार्थना करते समय यही निवेदन करते हैं "मुझे इतनी ऊँचाई कभी मत देना/गैरों को गले न लगा सकूँ/इतनी रुखाई/कभी मत देना।" माननीय वाजपेयी जी, मैं आपका बहुत आभारी हूँ कि आपने हमारा निमंत्रण स्वीकार कर इस समारोह की अध्यक्षता करना स्वीकार किया।

आज के इस समारोह में दो साहित्यकारों को व्यास सम्मान भेंट किया जा रहा है। पिछले वर्ष के लिए यह सम्मान प्रो. रामस्वरूप चतुर्वेदी को उनके अत्यंत महत्त्वपूर्ण ग्रंथ 'हिंदी साहित्य और संवेदना का विकास' के लिए दिया गया था। कुछ कारणों से समारोह आयोजित करने में विलम्ब हुआ। जब आपने इसके लिए तिथि निश्चित कर दी उसके बाद इस वर्ष (1997) के व्यास सम्मान का निर्णय भी हो गया जो प्रसिद्ध कवि और लेखक प्रोफेसर केदारनाथ सिंह को उनके काव्य संकलन 'उत्तर कबीर और अन्य कविताएँ' के लिए दिया जा रहा है।

व्यास सम्मान हमारी एक महत्त्वपूर्ण योजना है। पिछले दस वर्षों में प्रकाशित हिंदी कृतियों पर विचार करके एक उत्कृष्ट कृति और उसके लेखक को सम्मानित किया जाता है। हिंदी के राष्ट्रीय महत्त्व को देखते हुए यह पुरस्कार स्थापित किया गया। लेकिन मैं यह स्पष्ट करना चाहूँगा कि हमारे कार्य-कलाप में किसी प्रकार की भाषाई संकीर्णता नहीं है। हमारी सबसे प्रतिष्ठित योजना सरस्वती सम्मान है जिसके अन्तर्गत हर वर्ष संविधान की आठवीं अनुसूची में सम्मिलित किसी भी भारतीय भाषा में प्रकाशित उत्कृष्ट कृति के लिए पाँच लाख रुपए का पुरस्कार दिया जाता है। यह देश का प्रमुख साहित्यिक पुरस्कार माना जाने लगा है। इसके अतिरिक्त हमारी अन्य सभी योजनाओं में भी भारतीय भाषाओं को महत्त्व दिया गया है। पत्रकारों के लिए शोधवृत्तियाँ हिंदी या अँग्रेजी तक सीमित नहीं हैं, हर वर्ष विभिन्न भारतीय भाषाओं के दो पत्रकारों को भी हम अध्ययन और शोध का अवसर देते हैं। इसी प्रकार तुलनात्मक भारतीय साहित्य की शोधवृत्ति के लिए भी किसी भारतीय भाषा में अध्ययन किया जा सकता है और अब तक हिंदी के अतिरिक्त मलयालम, बंगला, उड़िया और पंजाबी में कार्य करने के लिए ये शोधवृत्तियाँ दी गयी हैं। किसी भारतीय भाषा की उत्कृष्ट कृति को अन्य भारतीय भाषा में अनुवाद के लिए भी हम सहायता देते हैं। आपको यह जानकर प्रसन्नता होगी कि इस

कार्यक्रम के अन्तर्गत 'कामायनी' का अनुवाद मलयालम में और बालामणि अम्मा की काव्यकृति 'नैवेद्य' का हिंदी में अनुवाद प्रकाशित हुआ है, और भी कई भाषाओं में प्रकाशन हुए हैं। हमारा यह निश्चित मत है कि हिंदी का विस्तार और विकास इसी प्रेम और सौहार्द से संभव है।

साहित्य के प्रसार के लिए हमें अपनी मानसिकता में परिवर्तन लाना होगा। कुछ महीने पहले इसी सभागार में सरस्वती सम्मान समारोह के अवसर पर मैंने कहा था कि हमारा साहित्य भी इस दोष से नहीं बच सका है कि हम हर चीज को विदेशी दृष्टि से देखें। हमें विदेशी भाषाओं की अच्छी साहित्यिक कृतियों का सम्मान करना चाहिए लेकिन साथ ही अपने साहित्य को अपनी ही दृष्टि से देखना चाहिए न कि दूसरे देशों की दृष्टि से। बिना इस दोष से मुक्त हुए हम साहित्य को उचित सम्मान नहीं दे सकते।

साहित्यिक लेखन का तुलनात्मक आकलन सरल नहीं होता, विशेषकर जब आधार कृति-विशेष हो। फाउंडेशन का यह सौभाग्य है कि इस कठिन कार्य का उत्तरदायित्व एक अत्यंत योग्य और निष्पक्ष चयन समिति ने सँभाल रखा है। आरंभ में इसकी अध्यक्षता प्रख्यात समाजशास्त्री और साहित्यकार प्रोफेसर श्यामाचरण दुबे ने की। पिछले वर्ष उनका देहावसान हो गया, मैं उनकी स्मृति को श्रद्धांजलि अर्पित करता हूँ। उनके नेतृत्व में इस सम्मान के लिए जो उचित मानदंड बनाये गये उनको आगे बढ़ाने का कार्य अब प्रोफेसर भोलाभाई पटेल और उनके सहयोगी कर रहे हैं। उनकी सहायता साहित्यिक बिरादरी के विद्वान, आचार्य, लेखक और पाठक करते हैं। फाउंडेशन इन सबका बहुत ऋणी है और मैं उनके प्रति आभार प्रकट करना चाहता हूँ। इन लोगों के परिश्रम का ही यह फल है कि अब तक जो भी सात व्यास सम्मान दिये गये हैं उनका साहित्यिक और अकादमीय क्षेत्रों में अच्छा स्वागत हुआ है।

आज की संध्या के दो विशिष्ट अतिथि : प्रोफेसर रामस्वरूप चतुर्वेदी और प्रोफेसर केदारनाथ सिंह हैं। इनको किसी परिचय की आवश्यकता नहीं है और इनका औपचारिक परिचय चयन समिति के अध्यक्ष प्रोफेसर भोलाभाई पटेल कराएँगे। उनका स्वागत और अभिनंदन करते हुए मैं दो-चार शब्द ही कहूँगा।

प्रोफेसर रामस्वरूप चतुर्वेदी हिंदी के जाने-माने आचार्य और समीक्षक हैं। उनके साहित्य मंथन और चिंतन की लंबी यात्रा 40 वर्ष पहले 'शरत के नारी पात्र' के साथ आरंभ हुई। उसके बाद उनका अध्ययन साहित्य, भाषा और इतिहास को जोड़ता चला गया। 'हिंदी साहित्य और संवेदना का विकास' जिस पर उन्हें व्यास सम्मान दिया जा रहा है, एक अत्यंत महत्त्वपूर्ण ग्रन्थ है। 'भाषा और संवेदना', 'सर्जन और भाषिक संरचना', 'इतिहास और आलोचक दृष्टि', 'गद्य की सत्ता' आदि पुस्तकों की स्वाभाविक परिणति इस वृहद ग्रंथ में हुई है। अपने विद्यार्थी काल में हिंदी प्रभाकर की परीक्षा के लिए मैंने आचार्य रामचन्द्र शुक्ल का 'हिंदी साहित्य का इतिहास' पढ़ा था। वह ग्रंथ आज भी उतना ही मानक माना जाता है जितना 50 वर्ष पहले। आचार्य रामचन्द्र शुक्ल की परंपरा को आगे बढ़ाते हुए चतुर्वेदी जी ने साहित्य की अनेक विधाओं के उद्भव और विकास की प्रामाणिक जानकारी के साथ भाषा और संवेदना की दृष्टि से हुई उपलब्धियों का मूल्यांकन किया है। लेखक ने कृतियों और उनके माध्यम से कृतिकारों का मूल्यांकन नैतिक औचित्य से अधिक कलात्मक औचित्य के आधार पर किया है। हिंदी साहित्य के साथ-साथ हिंदी-भाषी विशाल समुदाय के बनने, विकसित होने, सोचने और समझने का इतिहास भी इस ग्रंथ में है।

प्रोफेसर केदारनाथ सिंह ने कई विधाओं को समृद्ध किया है पर मूलतः वे कवि हैं। सम्मान पाने वाले ये चौथे कवि हैं, इस प्रकार सात में से चार सम्मान कवियों को मिले हैं। इस पर आश्चर्य नहीं होना चाहिए, क्योंकि किसी भी संस्कृति में कविता मानवीय अभिव्यक्ति का सबसे अधिक गहन रूप होती है। केदार जी का काव्य क्षेत्र में पदार्पण 'तीसरा सप्तक' और 'अभी बिल्कुल अभी' से हुआ। बीस वर्षों के मौन के बाद उनका नया संग्रह 'जमीन पक रही है' आया। गीतात्मक रोमांटिक जमीन को छोड़कर इसमें और उसके बाद प्रकाशित होने वाले संकलन 'यहाँ से देखो' में उनकी कविता ने बिल्कुल नया तेवर अपनाया। इन कविताओं में काव्य का नया मुहावरा

अछूते व्यक्तित्व की खोज में गद्य की जमीन पर उतरता हुआ दिखाई दिया। 'अकाल में सारस' ने इस प्रवृत्ति को और प्रखर किया। 'उत्तर कबीर' की कविताओं ने इसी क्रम को वैचारिक और दार्शनिक पृष्ठभूमि देने का कठिन कार्य किया है। समय और इतिहास की भीतरी धड़कनों को कवि के शांत शिल्प ने बड़े सुंदर ढंग से पकड़ा है। 'उत्तर कबीर' की कविताओं में हमारी आज की टूट-फूट, विडम्बनाओं और संवेदनहीनता का वास्तविक चित्र है।

पुल—
पृथ्वी के सारे के सारे पुल
एक गहरा षड्यंत्र है नदियों के खिलाफ
और नदियाँ उन्हें इस तरह बर्दाश्त करती हैं
जैसे कैदी जंजीरों को

फाउंडेशन की और स्वयं मेरी मंगलकामना है कि चतुर्वेदी जी और केदार जी दीर्घायु हों और साहित्य और संस्कृति की श्रीवृद्धि में योगदान करते रहें।

सरस्वती नः सुभगामयस्करत्

चयन समिति के अध्यक्ष प्रो. भोलाभाई पटेल का अभिभाषण

चयन समिति का अध्यक्ष होने के नाते मेरा यह सुखद कर्तव्य है कि मैं आज के इस समारोह के विशिष्ट साहित्यकारों का आपसे औपचारिक परिचय कराऊँ।

पिछले एक दशक (दस वर्षों) में प्रकाशित हिंदी साहित्य की उत्कृष्ट कृतियों में से इन दो कृतियों— (1) 'हिंदी साहित्य और संवेदना का विकास' और (2) 'उत्तर कबीर और अन्य कविताएँ' को चुनकर इन्हें 'व्यास सम्मान' से विभूषित करने हेतु आयोजित इस सभारंभ का भारत की स्वाधीनता के स्वर्ण जयन्ती वर्ष में विशिष्ट महत्त्व है।

स्वतन्त्रता के इन 50 वर्षों में विविध क्षेत्रों की उपलब्धियों का लेखा-जोखा इस समय हम ले रहे हैं। इस परिप्रेक्ष्य में भारतीय साहित्य-क्षेत्र में पिछले पाँच दशकों में कौन-कौन सी कालजयी कृतियाँ निर्मित हुई हैं, इसका आकलन भी आवश्यक है। 'बिड़ला फाउंडेशन' द्वारा 'सरस्वती सम्मान' तथा 'व्यास सम्मान' के माध्यम से एक तरह से यह कार्य सम्पन्न हो रहा है। उत्तम कृति के चयन की प्रक्रिया में विस्तृत विचार-विमर्श के बाद जिन ग्रंथों को चुना जाता है, वे एक तरह से हमारे साहित्य की श्रेष्ठतम उपलब्धियों का प्रतिनिधित्व करते हैं।

औपनिवेशिक काल में भारत में रवीन्द्रनाथ जैसे कवि पैदा हुए थे, जिन्हें 'नोबल पुरस्कार' से सम्मानित किया गया था। क्या आजादी के बाद के इन पचास वर्षों में भारतीय साहित्य में ऐसा कोई रचनाकार पैदा नहीं हुआ, जिसकी कोई कृति वैश्विक स्तर पर सम्मान पाए? अभी हाल की बात करें तो अरुंधती राय के अंग्रेजी में लिखे गए उपन्यास 'द गाड ऑफ स्माल थिंग्ज' को प्रसिद्ध 'बुकर प्राइज़' मिला और आजकल वह चर्चा के केंद्र में है; किंतु प्रश्न यह है कि हमारी भारतीय भाषाओं में वैसी कोई रचना नहीं है? यह प्रश्न उस समय और भी प्रासंगिक हो उठता है, जब सलमान रशदी जैसे लेखक यह कह रहे हों—'उपनिवेशोत्तर काल की प्रथम अर्द्धशताब्दी के सच्चे भारतीय साहित्य का निर्माण अंग्रेज जिस भाषा को अपने पीछे छोड़ गए हैं उसमें अर्थात् अंग्रेजी में ही हुआ है।'

वास्तव में हम अभी भी औपनिवेशिक मानसिकता से किसी सीमा तक मुक्त नहीं हो पाए हैं। हमारा साहित्य-कला-विवेक अभी भी यूरोप केंद्रित दृष्टि से आबद्ध है। ऐसी परिस्थिति में हमें अपने एतद्देशीय मानदंडों के आधार पर अपनी उत्तम कृतियों को देखने-परखने की आवश्यकता है। सरस्वती सम्मान, व्यास सम्मान तथा इसी तरह के अन्य अखिल भारतीय स्तर के सम्मान इस दृष्टि से और अधिक महत्त्वपूर्ण बन जाते हैं। इस समय आवश्यकता इस बात की है कि ऐसी चुनी हुई श्रेष्ठ कृतियों के उत्तम अनुवाद विश्व की महत्त्वपूर्ण भाषाओं में हों। तभी हम भारतीय साहित्य को विश्व साहित्य के विशाल प्रांगण में प्रस्थापित कर सकेंगे और यह कह सकेंगे कि एक से बढ़कर एक श्रेष्ठ कृतियाँ इस देश की भाषाओं में हैं, जो विश्व की श्रेष्ठ रचनाओं से स्पर्द्धा कर सकती हैं।

यह सुयोग की बात है कि व्यास सम्मान से विभूषित हो रहे ये दोनों ही महानुभाव साहित्य के

अध्यापक रहे हैं। रामस्वरूप चतुर्वेदी जी समीक्षक हैं और केदारनाथ सिंह जी मुख्यतया कवि। इन्हें क्रमशः इनके ग्रंथ 'हिंदी साहित्य और संवेदना का विकास' तथा 'उत्तर कबीर' के लिए सम्मानित किया जा रहा है।

साहित्य पुरस्कार प्रायः सर्जनात्मक कृतियों को ही दिये जाते रहे हैं, किंतु बिड़ला फाउंडेशन ने पहले से ही इन सम्मानों के लिए साहित्य की समस्त विधाओं को समाविष्ट किया है। रामस्वरूप चतुर्वेदी की पुरस्कृत पुस्तक 'हिंदी साहित्य और संवेदना का विकास' आचार्य रामचन्द्र शुक्ल की परंपरा को बढ़ाने वाला साहित्येतिहास का मानक ग्रंथ है। इलाहाबाद विश्वविद्यालय में हिंदी के आचार्य एवं अध्यक्ष रहे रामस्वरूप चतुर्वेदी ने अपनी समीक्षायात्रा परंपरा से हटकर लिखे गये ग्रंथ 'शरद के नारी पात्र' से आरंभ की। तद्पश्चात् लिखित उनके समीक्षा ग्रंथों में 'भाषा और संवेदना', 'अज्ञेय और आधुनिक रचना की समस्या', 'कामायनी का पुनर्मूल्यांकन', 'नई कविता : एक साक्ष्य', 'सर्जक और भाषिक संरचना' इत्यादि ग्रंथ अत्यंत महत्त्वपूर्ण हैं, जिनके द्वारा आपने हिंदी-समीक्षा को समृद्ध किया है। एक आलोचक के रूप में वे कृति को केंद्र में रखते हैं और उसके भाषा कर्म पर अधिक बल देते हैं। इस इतिहास ग्रंथ में कवि और कृतिकार के संदर्भ में युगीन संवेदना को भी परिभाषित करने का उनका उद्यम रहा है।

साहित्य के इतिहास लेखन के अपने दृष्टिकोण को स्पष्ट करते हुए रामस्वरूप चतुर्वेदी ने ग्रंथ के आमुख में लिखा है : 'भाषा, साहित्य और संस्कृति के अंतरसंपर्क से वहाँ के हिंदी क्षेत्र और वहाँ के जनसमुदाय की संवेदना कैसे विकसित होती गई है, और साहित्य उसको किस रूप में प्रतिफलित करता है, यह इस समूचे अध्ययन की अंतर्वस्तु है।' आचार्य शुक्ल जिसे 'जनता की चित्तवृत्ति' कहते हैं चतुर्वेदी जी ने उसे 'जन समुदाय की संवेदना' कहा है। एक तरह से वे आचार्य शुक्ल की इतिहास दृष्टि को मान्य रखकर आगे बढ़ते हैं, फिर भी उनका पक्षपात कविता के प्रति विशेष है। चतुर्वेदी जी की आलोचना में एक संवादी दृष्टि और भारतीय आलोचना की अवधारणा के प्रति गहरा लगाव दिखलाई पड़ता है। छायावादोत्तर हिंदी साहित्य-विशेष रूप से काव्य साहित्य की आधुनिक दृष्टि से सघन समीक्षा करते हुए वे आचार्य शुक्ल के इतिहास को आगे बढ़ाते हैं।

केदारनाथ सिंह जवाहरलाल नेहरू विश्वविद्यालय में हिंदी विभाग के आचार्य एवं अध्यक्ष रहे हैं। कविता तथा आलोचना दोनों में उनका प्रदान महत्त्वपूर्ण है। उनकी अब तक की अंतिम प्रकाशित आलोचना पुस्तक 'मेरे समय के शब्द' एक कवि की गहरी अंतर्दृष्टि से संपृक्त सर्जनात्मक आलोचना का उत्तम उदाहरण है, आज के हिंदी कवियों में तो वे अग्रिम पंक्ति में हैं ही। भारतीय कविता के समकालीन परिदृश्य में भी उनका महत्त्वपूर्ण स्थान है। उनकी कविता हिंदी क्षेत्र के बाहर पहुँचकर राष्ट्रीय स्तर के सम्मानों से समादृत हुई है।

केदारजी ने अपनी काव्ययात्रा तीसरा सप्तक (1959) के एक कवि के रूप में आरंभ की थी, उसके दूसरे ही वर्ष वे 'अभी बिल्कुल अभी' काव्य संग्रह लेकर आये। उस समय की रचनाओं में अतीतराग होते हुए भी प्रगतिशील तत्त्वों के प्रति कवि की गहरी रुझान है। वे एक ही साथ प्रगतिशील माने जाते रहे और नई कविता के हस्ताक्षर भी।

उसके बाद 'जमीन पक रही है', 'यहाँ से देखो', 'अकाल में सारस' काव्य-संग्रहों में कवि-दृष्टि में एक बदलाव दिखलाई देता है। अपने हर संग्रह के साथ कवि एक नई ऊँचाई पर पहुँच रहा है। आरम्भिक कविताओं की भावुकता चिंतन प्रवण काव्य संवेदना में परिणत हुई है। एक छोटे से सुदूर गाँव से आने वाले इस कवि की संवेदना में वैसे तो गाँव से अधिक आधुनिक नगर व्याप्त है, जिसके केंद्र में है—'आस्थाप्रवण मानवीय दृष्टि।' यह दृष्टि अपनी जड़ों को पहचानने वाले और अपनी जमीन से जुड़े एक भारतीय कवि की दृष्टि है। इसका उत्तम परिचय 'उत्तर कबीर' की कविताओं में मिलता है।

'उत्तर कबीर' में कवि ने भी कबीर की भांति अपने समय का साक्ष्य प्रस्तुत किया है। यद्यपि कबीर की सी उग्रता उसमें नहीं है। किंतु एक सौम्य आक्रामकता अप्रकट नहीं रह पाती, विशेष रूप से शीर्षक कविता में। इस कविता को उचित रूप में ही

'शताब्दी के उत्तरार्द्ध की महत्त्वपूर्ण कविता' कहा गया है।

केदारजी का अब तक अंतिम प्रकाशित काव्य संग्रह है—बाघ'। यह बाघ न तो एकदम पंचतंत्र का है, न ही अँग्रेज कवि विलियम ब्लेक का 'टायगर'। उनका बाघ कभी आतंक का पर्याय है तो कभी सौंदर्य का। किसी नियत प्रतीकार्थ के घेरे से बाहर रहने वाले कवि केदारनाथ सिंह का 'बाघ' सभी दृष्टियों से एक महत्त्वपूर्ण रचना है।

केदारनाथ सिंह ऐसे कवि हैं जिन्होंने हिंदी भाषा की, शब्दों की नई शक्तियों की, संभावनाओं को आविष्कृत किया है, ऐसा कवि ही ऐसी मर्मगामी बात कर सकता है—

जब चुप रहते-रहते
अकड़ जाती है मेरी जीभ
दुःखने लगती है
मेरी आत्मा
ओ मेरी मातृभाषा
मैं लौटता हूँ तुम में।

पुरस्कृत-कृतिकार का आत्मवक्तव्य

प्रो. रामस्वरूप चतुर्वेदी

'हिंदी साहित्य और संवेदना का विकास'—जिस पुस्तक के निमित्त से यह समारोह आयोजित है—के अंतिम प्रकरण में समकालीन परिदृश्य पर क्या रचना-समस्याएँ हैं, इनका कुछ विवेचन किया था। इस प्रसंग में लेखकीय एकांत में विघ्न डालने वाले कुछ तत्त्वों का उल्लेख करते हुए लिखा था, "इनमें मुख्य दो हैं—एक तो संचार साधन और दूसरे पुरस्कार-सुविधाएँ। इनमें से स्पष्ट ही हटने वाला कोई नहीं। पुरस्कार तो आधुनिक युग की अप्सराएँ हैं, ऋषियों-मुनियों की तपस्या में विघ्न डालने वाली। पर ऋषि-मुनि कभी यह शिकायत नहीं कर सकते कि उनकी तपस्या जब कठोर होती है तो अप्सराएँ उनका ध्यान भंग करने के लिए चारों ओर नृत्य क्यों करती हैं? अप्सराएँ तो नृत्य करेंगी ही, परीक्षण ऋषि-मुनियों के संयम का है कि वे उनकी ओर दृष्टिपात करें या न करें। ऐसी ही स्थिति प्रोत्साहन-सुविधाओं की है, जो कभी राज्य की ओर से प्रवर्तित हैं कभी व्यक्तियों या कि न्यासों की ओर से। लेखक यह नहीं कर सकता कि ये न हों, पर उनका सामना करने की क्षमता उसे विकसित करनी होगी, मिलने की स्थिति में भी और न मिलने की स्थिति में भी।" जब यह प्रकरण लिखा तो नहीं सोचा था कि इस परिदृश्य से कभी स्वयं गुजरने की बात होगी, संग तो उठाया पर शायर की तरह सर याद नहीं आया। अब, सहृदय बंधुओं की शुभकामनाएँ प्रार्थित हैं कि बाहर नृत्य और भीतर तपस्या साथ-साथ चलते चलें।

प्रस्तुत सम्मान भारतीय प्रतिभा के सर्वोत्कृष्ट प्रतीक रूप व्यास के नाम से जुड़ा है। एक सामान्य-उपेक्षित कुल में जनमे, लगभग कुरूप व्यास—जो सब वृत्तांत अब प्रयत्न करने पर ही याद आता है उस ऋषि के महिमाभावलय की चकाचौंध में—हमारे देश की रचना, चिंतन और व्यवस्था क्षमता के अनुपम उदाहरण हैं, जो क्षमता अब यहाँ लुप्तप्राय हो गई है। वैसी सृजन शक्ति के पुनर्जागरण के लिए—विशेषतः स्वतंत्रता के स्वर्ण-जयंती वर्ष के ऐतिहासिक अवसर पर—मौलिक चिंतन सबसे पहले अपेक्षित है। रावण की शक्ति के आगे अपने को पराजित अनुभव करते और कहते हुए 'मित्रवर, विजय होगी न समर' राम को उनके मंत्री जाम्बवान् केवल एक पंक्ति का मंत्र देते हैं—'शक्ति की करो मौलिक कल्पना।' यही संदेश निराला का है थके और अपने से ही पराजित देश के लिए—'शक्ति की करो मौलिक कल्पना।' शक्ति अनुकरण से अर्जित नहीं होती, वह फूटती है मौलिक चिंतन और रचना-क्षमता में से।

तब, मौलिक चिंतन और रचना-क्षमता सिर्फ संभव है अपनी भाषा में, अनेक देशों और जातियों की प्रगति तथा अनेक शिक्षाशास्त्रियों-मनोविज्ञानवेत्ताओं के निर्भ्रांत मत जिसका प्रकट साक्ष्य हैं। दुर्भाग्य से हमारे यहाँ अपनी भाषा में चिंतन अवरुद्ध हो गया है, जिसे उन्मुक्त करना है। बरसों तक डब्बाबंद दूध का प्रयोग करते-करते अब संसार को, और हमारे देश को भी, ध्यान आया है कि माँ का दूध शिशु के लिए न केवल पौष्टिक आहार है बल्कि अनेक रोगों का निवारक भी। इसीलिए अब स्तनपान सप्ताह, मास

और वर्ष मनाने का कार्यक्रम चल रहा है। सारे संचार साधन मिलकर सुबह-शाम हमें इसकी याद दिलाते हैं। हो सकता है, आगे-पीछे माँ के दूध की तरह माँ की भाषा-मातृभाषा की महिमा भी लोगों के ध्यान में आये। हमारे अपने संदर्भ में अँग्रेजी डिब्बे का दूध है, भारतीय भाषाएँ माँ का स्तनपान। स्तनपान वर्ष तो चल ही रहा है, अब जरूरत है मातृभाषा जीवन चलाने की। लॉर्ड कीन्स की बात याद आती है कि मनुष्य अंततः सही काम करेगा, पर पहले अन्य सारे विकल्प आज़मा कर। यहाँ जोड़ना होगा, माँ के स्तनपान की अवधि बहुत सीमित होती है, मातृभाषा के उपयोग की अवधि जीवन-पर्यंत चलती है। मानसिक विकास का क्रम शारीरिक विकास के बाद आता है, और लंबे समय तक गतिशील रहता है। अँग्रेजी भाषा की शक्ति, उसकी भाषिक क्षमता और रचनात्मक उपलब्धियों में निहित है, इसमें दो राय नहीं। पर हमारे देश के संदर्भ में उसकी इससे बड़ी शक्ति है भारतीय भाषाओं में निरंतर वैमनस्य बनाये रखने, और उसे उद्दीप्त करने की कुशलता में। इस प्रसंग में हमारी पुरानी कमजोरी है, जिसे भारतेन्दु की 'अँधेर नगरी' के बाजार में खुले आम बेचा जा रहा है—ले हिंदुस्तान की मेवा फूट और बैर, टके सेर। तो फिर बहुराष्ट्रीय कंपनियाँ और भाषा इसे क्यों न खरीदें? जबकि दोनों का इसमें साझा हित है।

मौलिकता अपनी भाषा में ही संभव है, और बिना मौलिकता के शक्ति नहीं। तो फिर अपनी भाषाओं को कैसे परिस्कृत और संवर्द्धित करना है? बहुत पहले हमारे यहाँ त्रिभाषा सूत्र का प्रस्ताव रखा गया था, जो निश्चय ही स्तुत्य और करणीय था। पर यह सूत्र आगे बहुत कार्यान्वित नहीं हो सका, जिसके पीछे कई कारण थे, मुख्य था हिंदी क्षेत्र के राज्यों द्वारा उसका निष्ठापूर्वक पालन न किया जाना। उस सूत्र का अब फिर से कार्यान्वयन हो, इसके लिए एक विनम्र सुझाव रखना चाहता हूँ—इस सुझाव की तीन मुख्य विशेषताएँ हैं कि इसे चलाने के लिए कोई अतिरिक्त खर्च नहीं चाहिए, कोई नया कानून नहीं बनाना होगा, और किसी भाषा क्षेत्र पर कोई दबाव नहीं होगा।

भारतीय भाषाओं के साहचर्य-सौमनस्य के लिए यह भाषा सूत्र इस प्रकार है : संघ लोक सेवा आयोग की सबसे बड़ी और प्रतिष्ठित सेवा-प्रतियोगिता है भारतीय प्रशासनिक सेवा परीक्षा। इसमें भाषा के दो अनिवार्य प्रश्नपत्र हैं, लगाना है। पर जिनके परिणाम से प्रत्याशी की परस्पर योग्यता पर कोई प्रभाव नहीं आता, उनमें सिर्फ उत्तीर्ण होना जरूरी है। एक प्रश्नपत्र है अँग्रेजी का, एक आधुनिक भारतीय भाषा का। दोनों के लिए सामान्य स्तर हाईस्कूल तक का माना गया है। इनमें अँग्रेजी के प्रश्नपत्र के बारे में यहाँ कुछ नहीं कहना है, वह ज्यों-का-त्यों चल सकता है। सुझाव आधुनिक भारतीय भाषा के विकल्प को लेकर है। इस विकल्प के अंतर्गत स्पष्ट ही सभी आधुनिक भारतीय भाषाएँ सम्मिलित हैं, जिनमें से कोई एक प्रत्याशी को लेनी है। यह प्रश्नपत्र इस रूप में एक तरह से अकारथ जाता है क्योंकि ऐसा शायद ही कोई अभागा प्रत्याशी होगा जो, स्नातक होने पर या कि उसके बावजूद, अपनी मातृभाषा/प्रथम भाषा का हाईस्कूल स्तर तक का ज्ञान न रखता हो। ज्ञान-परीक्षा से अधिक इस प्रश्नपत्र में कुछ अपेक्षित नहीं। जैसा कहा गया, इसके परिणाम की प्रत्याशियों की सापेक्षिक योग्यता में कोई गणना नहीं होती।

आधुनिक भारतीय भाषा विषयक यह प्रश्नपत्र अब इस प्रकार व्यवस्थित किया जाए कि हिंदी भाषी प्रत्याशियों-अर्थात् जिनकी मातृभाषा/प्रथम भाषा हिंदी है—को किसी एक अन्य आधुनिक भारतीय भाषा के प्रश्नपत्र में उत्तीर्ण होना अनिवार्य हो, तथा जिनकी मातृभाषा/प्रथम भाषा हिंदी से इतर कोई अन्य आधुनिक भारतीय भाषा हो, उन्हें हिंदी भाषा का यह प्रश्नपत्र अनिवार्य रूप से उत्तीर्ण करना हो। इस संदर्भ में जैसा कि इस समय नियम है, संविधान की आठवीं अनुसूची में उल्लिखित भाषाओं के लिए परीक्षा ली जाए, पर इस उपबंध के साथ कि जिन प्रत्याशियों की मातृभाषा/प्रथम भाषा हिंदी है वे इस प्रश्नपत्र के लिए संस्कृत अथवा उर्दू को नहीं चुन सकते। इसके एवज में जिन प्रत्याशियों की मातृभाषा/प्रथम भाषा संस्कृत या उर्दू है उन्हें छूट होगी कि वे चाहें तो भारतीय भाषा के प्रश्नपत्र के अंतर्गत हिंदी के स्थान पर संस्कृत या कि उर्दू ले सकते हैं।

यों सिविल सेवा परीक्षा के प्रत्येक प्रत्याशी के लिए यह आवश्यक हो जाएगा कि वह अपनी

मातृभाषा/प्रथम भाषा के अतिरिक्त कम-से-कम एक और आधुनिक भारतीय भाषा का व्यावहारिक ज्ञान रखे। जो युवक किसी अखिल भारतीय सेवा में जाना चाहता है, उसके लिए यह प्राथमिक पात्रता होनी ही चाहिए, न केवल भावात्मक एकता को बढ़ाने की दृष्टि से बल्कि व्यावहारिक स्तर पर सार्वजनिक जीवन में काम करने की दृष्टि से भी। यहाँ दुहरा दिया जाए कि इस प्रश्नपत्र में सिर्फ आयोग द्वारा निर्धारित स्तर के अनुसार उत्तीर्ण होना भर जरूरी है, इसके परिणाम का प्रत्याशियों के योग्यता-क्रम पर कोई असर नहीं होगा। बल्कि चाहें तो यह भी व्यवस्था हो सकती है कि अन्यथा पात्रता प्राप्त कर लेने पर इस प्रश्नपत्र में अगले दो वर्षों में भी उत्तीर्ण हुआ जा सकता है, जबकि सेवा में वरिष्ठता का संबंध इस बाद में उत्तीर्ण होने के वर्ष से रहेगा। यों कुछ अग्रिम सूचना कम से कम दो वर्षों की—देते हुए संघ लोक सेवा आयोग इस संशोधित प्रणाली को आरंभ कर सकता है।

इस अवधि में सभी राज्य अपनी-अपनी शिक्षा-व्यवस्था को तदनुकूल संशोधित-परिवर्द्धित कर लेंगे, और प्रत्याशी इसी हिसाब से सिविल सेवा परीक्षा के लिए अपनी तैयारी कर सकेंगे। बाद में एक अतिरिक्त भारतीय भाषा ज्ञान संबंधी यह पात्रता अन्य अखिल भारतीय सेवाओं—प्रशासनिक, सैनिक, न्यायिक, वैज्ञानिक, आर्थिक आदि—में भी अनिवार्य की जा सकेगी।

तब भारतीय युवकों में भावना जागेगी कि अपनी मातृभाषा/प्रथम भाषा से इतर एक आधुनिक भारतीय भाषा का ज्ञान व्यावहारिक तौर पर कितना जरूरी है। कहना न होगा, इससे एक अन्य भाषा सीखने की प्रेरणा उन्हें आप-से-आप मिलेगी। इससे वे देश की संस्कृति को बेहतर जानेंगे, और व्यावहारिक रूप में अन्य भाषा क्षेत्रों में नियुक्ति/प्रतिनियुक्ति के समय इस भाषा ज्ञान का कार्मिक लाभ उठा सकेंगे। यों जो हमारे देश में स्थगित त्रिभाषा सूत्र है उसे एक नई गति और नई दिशा मिलेगी। प्रक्रिया में सभी आधुनिक भारतीय भाषाओं को वह महत्त्व मिल सकेगा, जिससे वे अभी तक वंचित हैं और अँग्रेजी (द्वितीय) के शासन से उन्हें मुक्ति मिल पाएगी, जो स्वतंत्रता के स्वर्ण जयंती वर्ष का वांछित लक्ष्य हो सकता है। तब किन्हीं योग्यतर हाथों से 'भारतीय साहित्य और संवेदना का विकास' लिखा जा सकेगा, जिसकी सब साहित्य प्रेमियों और अध्येताओं को प्रतीक्षा रहेगी।

भारतीय साहित्य के इस अभिज्ञान को बनाने का यत्न के.के. बिड़ला फाउंडेशन अपने ढंग से कर रहा है, जो निश्चय ही अभिनंदनीय है। उन के द्वारा प्रवर्ति व्यास सम्मान को, उसकी सारी गरिमा के साथ, अपनी विनम्रता में साभार स्वीकार करता हूँ।

प्रो. केदारनाथ सिंह

हमारा समय एक-एक विलक्षण सांस्कृतिक उथल-पुथल से भरा समय है, जहाँ एक ओर विश्वबाजार के बढ़ते दबाव और प्रभाव के चलते शब्द की वैधता बढ़ी है, दूसरी ओर सामान्य जन के क्रियात्मक जीवन में शब्द आज भी अपनी पूरी तकलीफ भरी ताकत के साथ जिंदा है। जो लोग यह कहते पाये जाते हैं कि शब्द खतरे में है, वे यह भूल जाते हैं कि इस खतरे की सूचना भी हमें शब्दों के माध्यम से ही मिलती है। शब्द की इसी ताकत की पहचान में रचना का उत्स छिपा होता है। हुआ सिर्फ इतना है कि हमारे समय में यह पहचान की प्रक्रिया थोड़ी धुँधली पड़ी है। इसलिए रचना-कर्म की जिम्मेवारियाँ बढ़ी हैं। और उसी अनुपात में सृजन के मार्ग का जोखिम भी। बीसवीं शताब्दी के इस अंतिम दौर की सृजन-चेतना इसी जोखिम भरे अनुभव के भीतर से पैदा हुई है। यह बाहर और भीतर के साथ एक दोहरे संघर्ष से उपजा अनुभव है—जहाँ हार और जीत की बनी-बनायी पूर्व मान्यताएँ अप्रासंगिक हो गयी हैं।

हिंदी समाज और एक प्रकार से पूरे भारतीय समाज में पिछले कुछ समय से पुरस्कारों और सम्मानों में जो अचानक वृद्धि हुई है, उसे मैं इसी व्यापक संदर्भ में रखकर देखना चाहता हूँ। एक जनतांत्रिक समाज में उनकी क्या सार्थकता या भूमिका हो सकती है, इस प्रश्न पर पिछले दिनों काफी कुछ लिखा-पढ़ा गया है। मेरी यह दृढ़ मान्यता है कि कोई भी पुरस्कार या सम्मान साहित्यिक निर्णय या मूल्यांकन नहीं हो सकता। उसकी अर्थसंगति केवल इतनी हो सकती है कि वह अपनी अनुशंसाओं और वैचारिक निष्कर्षों में किसी हद तक, अपने समय की लोकमान्यता के सामान्य धरातल को प्रतिबिम्बित करे। यह एहसास मुझे बल देता है कि व्यास सम्मान के साथ अनेक सर्जन व्यक्तित्वों के नाम जुड़े हैं—ऐसे नाम जो लगभग हिंदी-समाज की सामूहिक स्मृति का हिस्सा बन चुके हैं। मुझे प्रसन्नता है कि मेरी काव्यकृति 'उत्तर कबीर और अन्य कविताएँ' इस सम्मान की कड़ी में जुड़ने के योग्य समझी गयी। इसके लिए मैं संबद्ध संस्थान और चयन समिति के प्रति अपनी विनम्र कृतज्ञता ज्ञापित करता हूँ।

कविता मेरे लिए आज भी—यानी ज्ञान के इस निरंतर बढ़ते हुए विशेषीकरण के युग में भी—गहरे अर्थ में एक सामाजिक कर्म है—एक ऐसा कर्म जो अपनी प्रकृति में ही, जितना विशेष होता है, उतना ही सामान्य भी। विशेष और सामान्य को एक ही समय और एक ही स्थल पर साध सकने की क्षमता एक कृति उस जादुई चरित्र का निर्माण करती है, जिसे कला कहा जाता है। उसकी यही विलक्षण क्षमता अन्य बौद्धिक कर्मो से उसकी श्रेष्ठता को पुष्ट या प्रमाणित करती है। मैं इस कला की मुक्ति को उसके सामाजिक विलक्षण में देखना चाहता हूँ—क्योंकि उससे परे या उससे बाहर मुक्ति की न तो कोई दूसरी भूमि है, न दूसरा आकाश। मैं यह भी नहीं भूलना चाहता कि हमारे समाज के हाशिए पर अनेक ऐसी वंचित अस्मिताएँ हैं, जिन्हें अपने भावलोक में शामिल किए बिना, रचना का मानचित्र पूरा नहीं होता। पर यह

भी सच है कि एक कलाकार का अनुभव-संसार उन्हीं चेहरों, आकारों, परछाइयों और पेड़-पौधों से बनता है, जिन्हें वह अपने रोजमर्रा के जीवन में देखता और जीता है। यहीं एक रचनाकार को अपने आसन्न अनुभव और सुदूर लक्ष्य के बीच एक संतुलन की तलाश करनी होती है। अपने साहित्यिक अनुभवों के आलोक में मैंने यही सीखा है कि एक अच्छी रचना उसी अनुपात में अच्छी या श्रेष्ठ होती है, जिस अनुपात में वह इस कलात्मक संतुलन की तनी हुई रस्सी पर चलने में समर्थ होती है।

लम्बे समय तक हमारे सृजनात्मक मन पर वे दबाव काम करते रहे हैं, जिन्हें हमने बाहर से अर्जित किया था। वे दबाव थोड़े-बहुत आज भी बने हुए हैं। पर आज के भारतीय समाज में अपनी वैविध्यपूर्ण अस्मिता की पहचान और तलाश के लिए जो बेचैनी दिखाई पड़ती है, वह इस बात का संकेत है कि आने वाले समय में हमारी सृजनात्मक चेतना पर पड़ने वाले ये बाहरी दबाव निरंतर कम होते जाएंगे। मुझे लगता है कि आज की सृजनशीलता का एक महत्त्वपूर्ण हिस्सा एक नए उन्मुक्त पूर्वी मानस के साक्षात्कार की दिशा में क्रमशः बढ़ रहा है और मेरे निकट यह शताब्दी के अवसान की सबसे सुखद आहट है।

'उत्तर कबीर और अन्य कविताएँ' के बारे में कृति से अलग कुछ अधिक कहने के लिए मेरे पास नहीं है। केवल इतना कहना चाहूँगा कि इस काव्यकृति की ज्यादातर कविताएँ अपने परिवेश के साथ कभी रागपूर्ण और कभी तनाव भरे संबंध के दोहरे भावबोध के भीतर से पैदा हुई हैं। ये कविताएँ एक तरह से मेरी उस बद्धमूल धारणा को पुष्ट करती हैं कि अपने समय में प्रवेश करने का सिर्फ एक रास्ता है, जो अपने स्थान से होकर जाता है। इस पूरे संकलन के केन्द्र में जो कविता है वह है 'उत्तर कबीर'। असल में यह कविता आज की टूट-फूट और विडम्बनाओं से भरी वास्तविकता को कबीर की आँख से देखने की एक कोशिश है। यह एक ऐसी दुनिया की पड़ताल है, जहाँ :

पानी भूल गया है
आग से अपना रिश्ता
आग को याद नहीं
हवा का स्पर्श
हवा बहती है
गंध से कटी-कटी
गंध से टूट गयी है
पृथ्वी की लय।

पर इस सारी टूट-फूट के अंतरालों से होती हुई कविता अन्ततः मुक्ति के एक ऐसे एहसास तक पहुँचती है या फिर उसे पाने की कोशिश करती है, जहाँ :

जानता कोई नहीं
वैसे भी जो जानता है
उसकी एक गहरी साँठ-गाँठ है
न जानने के साथ

पर भरी सड़क पर
कभी ध्यान से सुनो
तो हर आदमी की जेब में
धीमे-धीमे बजती है
हर आदमी की मुक्ति की
एक छोटी-सी कुंजी।

सरस्वती नः
सुभगामयस्करत्

पुरस्कार समारोह के अध्यक्ष श्री अटल बिहारी वाजपेयी का भाषण

सबसे पहले मैं आदरणीय चतुर्वेदी जी और श्री केदारनाथ सिंह जी को व्यास सम्मान से सम्मानित होने के लिए बधाई देता हूँ, उनका अभिनन्दन करता हूँ। ये सम्मान बिड़ला फाउंडेशन ने शुरू किये हैं। स्पष्ट है कि लक्ष्मी और सरस्वती का कुछ संगम हो रहा है। लेकिन बिड़ला जी ने हमें एक कार्यक्रम से वंचित कर दिया—एक समारोह में दोनों सम्मान प्रदान कर दिए हैं।

आधुनिक साहित्यकारों को व्यास सम्मान से सम्मानित करना मेरी दृष्टि में बहुत अर्थ-गर्भित प्रतीत होता है। महर्षि वाल्मीकि और महर्षि व्यास भारतीय साहित्य के प्रणेताओं में अग्रगण्य हैं। इनमें वाल्मीकि की दृष्टि में समाज को कैसा होना चाहिए के प्रति समर्पित आदर्शवादी दृष्टि है। व्यास आदर्श को भी यथार्थ की भूमि पर प्रतिष्ठित करना चाहते हैं और इसलिए वह समाज कैसा है, इसके चित्रण को प्रधानता देते हैं। महाभारत में एक अद्‌भुत श्लोक लिखकर अपने इस महान भाव को उन्होंने संकेतित किया है। महाभारत की स्वीकृति काव्य के साथ-साथ इतिहास के रूप में भी है। व्यास ने लिखा है—

इतिहास प्रदीपेन मोहावरणघातिना,
लोकगर्भगृहं कृत्स्नं यथावत्सम्प्रकाशयेत्।

यानी मोह के आवरण को नष्ट करने वाले इतिहास के प्रदीप के द्वारा समस्त लोक को यथावत् ज्यों-का-त्यों प्रकाशित कर दिया जाना चाहिए।

आधुनिक साहित्य भी यथार्थ को प्रधानता देकर रचा जाता रहा है। अतः आधुनिक साहित्यकारों को व्यास के साथ अपना तादात्म्य करना अधिक सहज प्रतीत होता है। व्यास के साथ जुड़ने का अर्थ अपनी परंपरा के सम्यक रूप को भली-भाँति समझकर, उसके उदात्त अंश को ग्रहण करना और दुर्बल अंश को त्यागना भी है। इस ग्रहण और त्याग में परंपरा को युनानुकूल बनाकर स्वीकार करने की दृष्टि हमारे साहित्यकार व्यास के उत्तराधिकारी के रूप में प्राप्त करें—यही मेरी मंगलकामना है।

जिन दो विशिष्ट साहित्यकारों को आज व्यास सम्मान अर्पित किया जा रहा है, वे दोनों अपने-अपने क्षेत्र में दिग्गज हैं। मैं उनकी प्रशंसा में कुछ कहूँ तो शायद शब्द मेरे भावों को पूरी तरह से प्रकट नहीं कर सकेंगे। मैं सोचता रहा हूँ आखिर बिड़ला जी ने विद्वानों के इस कार्यक्रम में अध्यक्षता करने के लिए मुझे क्यों बुलाया—यह प्रश्न अभी भी हवा में लटका हुआ है। मैं उनका आभारी हूँ।

डॉ. रामस्वरूप चतुर्वेदी हिंदी साहित्य के प्राध्यापक और आलोचक के रूप में विशिष्ट गौरव के अधिकारी रहे हैं। इलाहाबाद विश्वविद्यालय के हिंदी विभाग के प्राध्यापक और अध्यक्ष के रूप में उन्होंने लम्बे समय तक सफलतापूर्वक हिंदी साहित्य के प्राध्यापन और अनुसंधान को बहुत ऊँचे स्तर की प्रतिष्ठा प्रदान की है। वह अपने समय के सृजनात्मक साहित्य से घनिष्ट रूप से जुड़े रहे हैं। हिंदी आलोचना के क्षेत्र में इस समय तीन-चार मूर्धन्य आलोचकों में से वे एक माने जाते हैं। उन्होंने अपनी सहृदय समालोचना के द्वारा हिंदी के नवलेखन को, विशेषतः

नई कविता को व्याख्यायित और प्रतिष्ठित करने में अद्भुत सफलता प्राप्त की है। इंग्लैंड और पश्चिमी देशों की न्यू राइटिंग के समानान्तर हिंदी नवलेखन को समादरणीय स्थान जिन आलोचकों की प्रतिभा के द्वारा प्राप्त हो सका, उनमें डॉ. रामस्वरूप चतुर्वेदी अग्रगण्य हैं। उनकी कृतियों में 'नवलेखन', 'भाषा और संवेदना', 'अज्ञेय और आधुनिक रचना की समस्या', 'कामायनी का पुनर्मूल्यांकन', 'इतिहास और आलोचक दृष्टि' आदि प्रमुख हैं। समकालीन साहित्य की आलोचना बहुत कठिन कार्य है, क्योंकि उसमें राग और द्वेष के कारण मूल्यांकन में विकृतियाँ आने की भी आशंका रहती है। उनके जिस ग्रंथ पर व्यास सम्मान अर्पित किया गया है, वह हिंदी साहित्य के विकास के संवेदनात्मक पहलुओं पर प्रकाश डालता है। आदिकाल, भूतकाल, रीतिकाल और वर्तमान युग की संवेदना का उसमें विषद विवेचन है।

डॉ. चतुर्वेदी इसलिए भी प्रशंसा के अधिकारी हैं क्योंकि एक आलोचक होते हुए भी उन्होंने विचारधारा के द्वन्द्व को अपने मूल्यांकन के बीच में नहीं आने दिया है, जो जिसको मिलना चाहिए, उन्होंने मुक्तहस्त से दिया है। आज के काल में पूर्वाग्रह से मुक्त होकर, खेमेबंदी से अलग होकर, आलोचना करना भी एक कठिन कर्मकांड हो गया है।

चतुर्वेदी जी ने आज अपने अभिभाषण में भारतीय भाषाओं के प्रयोग के संबंध में कुछ ठोस सुझाव रखे हैं। सचमुच जब हम आजादी की स्वर्ण जयंती मना रहे हैं, तब भी विश्वास के साथ यह नहीं कह सकते कि इस स्वतंत्र देश में भारतीय भाषाओं को उनका योग्य और उचित स्थान मिल गया है। यूनियन पब्लिक सर्विस कमीशन की परीक्षाओं में हिंदी तथा अन्य भारतीय भाषाओं के प्रयोग पर कोई प्रतिबंध नहीं होना चाहिए, उस पर कोई आपत्ति नहीं होनी चाहिए। लेकिन आपत्तियाँ हो रही हैं। व्यावहारिक कठिनाइयाँ बताई जा रही हैं लेकिन वे कठिनाइयाँ ऐसी नहीं हैं जिन्हें हल न किया जा सके।

चतुर्वेदी जी के सुझावों पर गहराई से और दूरगामी दृष्टि से विचार किया जाना चाहिए। भारत की आत्मा भारत की भाषाओं के माध्यम से ही व्यक्त होगी। बिड़ला फाउंडेशन अच्छे-अच्छे भारतीय भाषाओं में लिखे ग्रंथों के अनुवाद का भी प्रबंध कर रहा है—यह सराहनीय है। ऐसा नहीं है कि विश्वकोटि का साहित्य हमारी भाषाओं में नहीं लिखा जा रहा है—लिखा जा रहा है, लेकिन उसका सही मूल्यांकन नहीं हो रहा है। उसके लिए, भारतीय भाषाओं में लिखे साहित्य के तत्काल विदेशी भाषाओं में अनुवाद की व्य[illegible] होनी चाहिए। शासन भी उस संबंध में जितना जागरूक होना चाहिए, नहीं है। फाउंडेशन जैसी संस्थाओं को यह कार्य बड़े पैमाने पर अपने हाथ में लेना होगा। हमारे साहित्य से विदेशी परिचित हों—इस बात की आवश्यकता है।

डॉ. केदारनाथ सिंह कवि और प्राध्यापक दोनों रूप में समादृत हैं, किंतु उनकी उपलब्धियाँ कवि के रूप में असाधारण रही हैं। वे प्रगतिशील काव्यधारा और नई कविता के मध्यवर्ती रहे हैं। उनकी लोकधर्मी काव्य चेतना, छायावाद की कल्पना और बिम्बधर्मिता को, गीतात्मक संवेदनाओं को, उदात्त जीवन-मूल्यों को और नित नये प्रयोगों को अपने में समाहित कर अग्रसर होती रही है :

'रात पिया पिछवारे पहरू ठनका किया'

पता नहीं आप लोगों मे से कितनों ने इस कविता को पढ़ा है, जो एक बड़ा मर्मस्पर्शी गीत है, जिसमें ग्राम-वधू की पीड़ा व्यक्त की गई है। उसकी पीड़ा मानों मूर्तिमान की गई है। कवि ने ग्राम प्रकृति की सुंदरता पर रीझकर बहुत अच्छा कहा है :

यह कैसा वातास,
कि मन को नयन नयन कर दिया,
भर दिया, यह कैसा वातास
घर-थर-थर
वन थर-थर
सारा जीवन थर-थर
यह कैसा उल्लास!

अब एक कवि के सामने मैं उनकी कविता पढ़ूँ, यह असल के सामने नकल करने वाली बात है लेकिन मैंने केदारनाथ सिंह जी को बड़े प्रेम से पढ़ा है और कभी-कभी उनकी कविता मेरी समझ की सीमाओं को तोड़कर चली जाती है। बदलती हुई परिस्थिति, नए प्रतिमान, नए प्रतिबिम्ब और शब्दों का एक नया

प्रयोग—सचमुच में जीवन जिस तरह का है और जिस तरह की अवस्था में से हमारा देश निकल रहा है—वह एक कवि को प्रभावित करे, यह स्वाभाविक है, आवश्यक है। वे जमीन से जुड़े कवि हैं और उस जमीन की सारी संवेदनाओं को वे व्यक्त करते रहते हैं।

आज मानव जिस व्यवस्था में जी रहा है, उसमें किसी के साथ कुछ भी घट सकता है, मगर दूसरे को फर्क नहीं पड़ता है—की फर्क पैंदा ऐ। कवि ने लिखा है कि :

सच तो यह है कि यहाँ
या कहीं भी फर्क नहीं पड़ता।
तुमने जहाँ लिखा है प्यार
वहाँ लिख दो सड़क
फर्क नहीं पड़ता

(मुझे लगता है कि अगर प्यार का मामला है तो जरूर फर्क पड़ता है।) कुछ और पंक्तियाँ देखिए, कितनी सबल हैं :

एक फावड़े की तरह उससे पीठ टिकाकर
एक समूची उम्र काट देने के बाद
मैं इस नतीजे पर पहुँचा हूँ
कि लोहा नहीं
सिर्फ आदमी का सिर उसे तोड़ सकता है।

विषमता के इस वातावरण को शहरी हवा में श्वास प्रश्वास के रूप में वह जीता रहा है और अनुभव करता रहा है कि कितना कुछ सड़ गया है जिसे जीवन से छाँट दिया जाना चाहिए। वह कविता में इसका प्रतिवाद तो करता है, किंतु यह भी लक्ष्य करता है कि परिस्थितियाँ इतनी विकृत हो चुकी हैं कि कवि कर्म भी उसे विडम्बनापूर्ण लगने लगता है।

आदमी अपराजेय है, आदमी विजयी होगा और सिर का अर्थ यह है कि यह खोपड़ी सिर्फ़ एक खोपड़ी ही नहीं है। सिर के भीतर जो कुछ है, उससे दीवार फूटेगी, फावड़े की आवश्यकता नहीं पड़ेगी। कवि का यह आशावाद, मैं चाहता हूँ कि नई पीढ़ी स्वीकार करे।

जब कवि अपने गाँव वापस गया तो वह अपने ही गाँव में अपने को विस्थापित अनुभव करता है—उसके गाँव के घर के जिस छोटे से आँगन में उसकी माँ ने तुलसी के दो बिरवे लगाये थे, पिता ने एक छतनार बरगद उगाया था, जिसमें वह अपना नन्हा गुलाब रोपना चाहता था, आज वहीं जाकर उसे लगता है कि वह अपने गाँव वालों के लिए अजनबी बन चुका है। व्याकुल होकर वह अपने आप से पूछता है :

क्या करूँ मैं?
क्या करूँ, क्या करूँ कि लगे
कि मैं इन्हीं में से हूँ
इन्हीं का हूँ
कि यही हैं मेरे लोग
जिनका मैं दम भरता हूँ कविता में
और यही यही जो मुझे कभी नहीं पढ़ेंगे

छू लूँ किसी को?
लिपट जाऊँ किसी से?
मिलूँ
पर किस तरह मिलूँ
कि बस मैं ही मिलूँ
और दिल्ली न आए बीच में

यह दिल्ली सबके दिल में घुस गई है, इसलिए उन्होंने कहा कि 'दिल्ली न आए बीच में'। लेकिन दिल्ली तो आती है, दिल्ली तो आएगी, दिल्ली से बचकर जाने का कोई रास्ता नहीं है। दिल्ली को ठीक करना होगा। दिल्ली की किल्ली अगर ढिल्ली हो गई है, तो उसे मजबूत करना होगा। कवि पलायन कैसे करेगा? दिल्ली से आँखें मूँदकर कहाँ जाएगा, लौटकर दिल्ली आना पड़ेगा। दिल्ली को ठीक करना पड़ेगा।

कवि केदारनाथ सिंह के काव्य संग्रह 'अभी बिल्कुल अभी', 'जमीन पक रही है', 'यहाँ से देखो', 'अकाल में सारस' और 'उत्तर कबीर' इस काव्य यात्रा के महत्त्वपूर्ण पड़ाव हैं। 'उत्तर कबीर' की कविताएँ अपनी प्रौढ़ता में प्रश्नाकुलता को छिपाये हुए हैं। मानव जीवन की यह भी विडम्बना है कि वह शब्दों से निरंतर छला जाता रहा है। दिल्ली के नागरिक अपनी नागरिकता पर गुमान कर सकते हैं किंतु कवि को लगता है कि आधुनिक, उत्तर आधुनिक या आधुनिक के उत्तर जैसे शब्दों के द्वारा हम 'जो कि रहते हैं दिल्ली में और बिना किसी शर्म के सहते हैं अन्याय' अपनी अकर्मण्यता को छिपाते ही हैं। इसीलिए वह कहता

है कि मेरे कान इन शब्दों से पक गये हैं। इसी पीड़ा के साथ वह अनुभव करता है कि कबीर एक सूत की मिल के रूप में परजीवी है और वह सूत की मिल भी बंद है। क्या कबीर के प्रति हमारी यही श्रद्धांजलि है? क्या उस महान कवि के प्रति यही हमारा सम्मान है? क्या यही हमारा दृष्टिकोण है? मगर बात सभी को चुभ जाती है और चुभने लायक बात है। उन्होंने कहा है :

अपनी भाषा के छिद्रों से छनते छनते
लोगों की स्मृति में
एक कथा बन जाना

एक रूपक बन जाना
कितना भयावह है
और फिर एक दिन उस सबका
चुपके से बदल जाना कबीर सूत मिल में
कितना शानदार है
और कितना दयनीय!

गनीमत है कि कवि अब भी टूटा नहीं है और इसीलिए अपने से पूछ उठता है कि मैं क्या कर सकता हूँ?

अपने नरक की आँखों में
आँखें डालकर
अपलक-अटूट खड़े रहने के अलावा ?

मैं कवि महोदय से कहूँगा कि देश के भीतर अनास्था इतनी गहरी न हो जाए कि फिर भविष्य हमारे हाथों में से फिसलता हुआ दिखाई देने लगे।

हम अँधेरे से लड़ना जानते हैं। अमावस को जब अंधकार सारी मेदिनी को निगलने के लिए आगे बढ़ता है तो हम एक छोटा सा दीया जलाकर उस अंधकार को चुनौती देते हैं, अंधकार पर विजय प्राप्त करने की बात करते हैं।

तमसो मा ज्योतिर्गमय।

अंधकार से प्रकाश की ओर—यही प्रगति की हमारी परंपरागत दिशा है, यही हमारी संस्कृति का संदेश है। यह संदेश हमें अपने साहित्यकारों और कवियों से मिले—इस बात की आवश्यक्ता है। राजनीति से ऐसा संदेश मिलेगा—इसकी आशा कम दिखाई देती है।

हिन्दी बौद्धिक परम्परा और डॉ. रामस्वरूप चतुर्वेदी

रमेशचन्द्र शाह

भाषा का देश की चिंतन और भावात्मक वृत्ति से गहरा संबंध रहता है और इस दृष्टि से हिंदी भाषा प्रारंभ से ही हमारी राष्ट्रीयता के विभाजन (कॉन्सेप्ट) से मौलिक रूप से संबद्ध रही है...परंतु यह एक विडम्बना ही कही जाएगी कि स्वराज्य पा लेने के बाद से हिंदी और राष्ट्रीयता हमारे नेताओं को और फलतः किसी हद तक हमारी जनता को भी अनावश्यक सी दिखने लगी है...राष्ट्रीय संवेदना को गहरे प्रतिष्ठित किए बिना ही अंतर्राष्ट्रीय होने के यत्न ने आज देश में जातिवाद और भाषावाद जैसी प्रतिगामी शक्तियों को मजबूत बनाया है।

भाषा और संवेदना (पृष्ठ 112-116)

"...हमारी भाषा और संस्कृति ने जीवन के एक-एक संबंध को अलग-अलग संजोकर रखा है और यहीं से हमने विरुद्धों के सामंजस्य की सीख ली हैं, जिसकी एक दिशा रामायण की ओर जाती है और दूसरी 'महाभारत' की ओर...हिंदी भाषा और संवेदना का रूप इस आँच में तप गल कर बना है, जिसमें एक हजार वर्ष के साहित्य की स्वर्ण प्रतिमा ढली है।"

हिंदी साहित्य और संवेदना का विकास (पृष्ठ 18/322)

आज से कोई 30-32 वर्ष पूर्व अपने 'भाषा और संवेदना' नामक ग्रंथ के आरंभिक वक्तव्य में डॉ. रामस्वरूप चतुर्वेदी ने हिंदी साहित्य-चिंतन की तत्कालीन स्थिति से असंतोष प्रकट करते हुए उपयुक्त दिशा निर्देश के अभाव की और दायित्व-निर्वाह में भी शिथिलता बरते जाने की शिकायत की थी। उनका कहना था कि इसी ढुलमुलपन और अराजकता के चलते आचार्य रामचन्द्र के बाद हिंदी समीक्षा किसी दिशा या दिशाओं में अग्रसर नहीं हो सकी। अपने इस असंतोष को उन्होंने शुक्लजी के इतिहास का हवाला देकर अपनी तरफ से बड़े पैनेपन के साथ उभारा भी था। यह कहते हुए कि, "अपनी अनेक त्रुटियों के बावजूद वह आज तक हिंदी का एकमात्र श्रेष्ठ और मानक इतिहास बना हुआ है। वैसी तीव्र सम्पृक्त और संगत समीक्षा दृष्टि फिर हिंदी-जगत को देखने को नहीं मिली..." पूछने का मन होता है कि आज 1996 में वह इस बारे में क्या सोचते हैं ? किंतु यह उन्हीं से क्यों, इस कालावधि में सक्रिय अन्य आलोचकों से भी पूछा जा सकता है। जहाँ तक रामस्वरूप जी के खुद के आकलन का सवाल है, वह 1986 में प्रकाशित 'हिंदी साहित्य और संवेदना का विकास' में देखा जा सकता है, जहाँ उन्होंने आलोचना के नए क्रम का जायजा लेते हुए डॉ. नामवरसिंह, साही, रघुवंश और डॉ. रामविलास शर्मा के किए-धरे का यथोचित मूल्यांकन भी अपनी ओर से किया ही है। मुझे पता नहीं, स्वयं रामस्वरूप जी के भी किए-धरे का मूल्यांकन इसी तरह की उत्तरदायी गंभीरता और न्याय बुद्धि के साथ उनके समानधर्माओं में से किसी ने किया है कि

नहीं। आलोचक एफ.आर. लीविस की कैम्ब्रिज से विदाई के अवसर पर जॉर्ज स्टाइनर ने बड़े आलोचकत्व की दो कसौटियों पर लीविस के कृतित्व को कसते हुए बड़ा मार्मिक और सारगर्भित लेख लिखा था, जिसकी शुरुआत ही कुछ इस तरह की थी कि ''कैम्ब्रिज के उस व्याख्यान कक्ष को अलविदा कहने के साथ ही अँग्रेजी भाव-बोध के इतिहास का एक युग पूरा हो चुकेगा।'' (एन ऐरा विल हेव क्लोज्ड इन द हिस्ट्री आफ इंग्लिश सेंसिबिलिटी) इसे सुखद संयोग ही कहा जाएगा कि बीस बरस पहले मानो अपने ही द्वारा दी गई चुनौती का प्रत्युत्तर देते हुए रामस्वरूप जी ने जब यह किताब लिखने का बीड़ा उठाया तो उसका नामकरण 'हिंदी साहित्य और संवेदना का विकास' किया और उस नामकरण का औचित्य भी साबित किया।

रामस्वरूप जी के आलोचनात्मक विवेक के कई रंग हैं जिनमें से कुछ को झलका भर देना इस आलेख का उद्देश्य है। प्रारंभ में जो उद्धरण उनकी पुस्तकों से टांके गए हैं, वे इसी गरज से। निश्चय ही इनसे रामस्वरूप जी की सैद्धांतिक और व्यावहारिक समीक्षा-पटुता का अंदाज नहीं लगाया जा सकता। उनके लिए तो जिन पुस्तकों से ये अंश उद्धृत किए गए हैं, उन्हीं को पूरा पढ़ना पड़ेगा और अन्य पुस्तकों—मसलन नयी कविता : एक साक्ष्य—को भी जो रचनाओं का सीधा सामना करती है और आलोचक की रीझ-बूझ तथा सिद्धांत प्रयोग-विधि को भी जाँचने-परखने का पर्याप्त अवसर प्रदान करती है। यह सर्वविदित तथ्य है कि नयी कविता के आंतरिक संघटन को समझने-समझाने की दिशा में काव्यभाषा के विश्लेषण की प्रयोग-विधि रामस्वरूप जी ने ही सर्वप्रथम प्रस्तावित की थी। ''चीजें तो बहुत कुछ वही होती हैं''—उन्होंने 'भाषा और संवेदना' के आमुख में कहा था—''पर, उन्हें ठीक देखने के लिए दृष्टि की नवीनता अपेक्षित होती है। मात्र इसी भाव से मेरा सुझाव है कि रस-सिद्धांत के पक्ष-विपक्ष के विवेचनों से अब बात आगे नहीं बढ़ सकती। यदि हमें अपने साहित्य-चिंतन को गतिशील बनाना है तो विचार की नयी भूमिका का संधान आवश्य होगा।'' रामस्वरूप जी की वह पुस्तक वैसे ही संधान का उपक्रम थी और आगे भी उसका पल्लवन उनके यहाँ होता रहा है।

आखिर इसका क्या कारण है कि सचमुच के बड़े आलोचक सचमुच की बड़ी सृजनात्मक प्रतिभाओं की तुलना में विरल ही हुआ करते हैं—इस तथ्य के बावजूद कि सृजनात्मक साहित्य आलोचनात्मक साहित्य की अपेक्षा जीवन के उत्स के अधिक निकट होता है ? मुझे याद है जब स्टाइनर के उक्त लेख में इस आशय का वाक्य मेरे पढ़ने में आया तो मैं एकबारगी चौंक गया था : ऐसा कैसे हो सकता है। किंतु विचार कर देखने पर लगा, बात में दम तो है। खड़ी बोली हिंदी साहित्य के मात्र सौ बरसों के परिदृश्य पर आँख गड़ाई तो बड़े कवि-कथाकारों की गिनती तो बड़ी आसानी से दस के आगे बढ़ गई, मगर बड़े आलोचकों की सूची बहुत जल्दी सिकुड़ती जान पड़ी। आलोचना के क्षेत्र में बड़ी उपलब्धियों की समृद्धि, गहराई तथा उच्चकोटि की भाषिक संवेदना और सामर्थ्य होना पर्याप्त है, जबकि आलोचक के लिए जीवनानुभव और जगत्गति की पकड़ के साथ-साथ अपनी मातृभाषा में और उसके अलावा कम से कम एक और भाषा में जीवन की पुनर्रचना-स्वरूप साहित्य का भी प्रगाढ़ ज्ञान और संवेदना आवश्यक है। उसे दो-दो मोर्चे एक साथ सम्हालने होते हैं और शायद यही वजह है कि उसका कर्म अत्यधिक श्रमसाध्य होता है।

स्टाइनर ने लीविस को सेण्ट्रैलिटी (केन्द्रीयता, एकाग्रता) और ह्यूमैलिटी (सहानुभूति-क्षमता, उदार मानवीय दृष्टिकोण, व्यापक रीझबूझ) इन दो कसौटियों पर परखा था। जहाँ एक में उन्होंने लीविस को सौ प्रतिशत अंक दिए थे वहीं दूसरे में उसे उत्तीर्ण घोषित करने में खासी अटक महसूस की थी। इन पंक्तियों के लेखक को इतना तो साफ दीखता है कि लीविस वाली सीमा (कट्टरता, अनुदारता या कार्पण्यदोष वाली सीमा) रामस्वरूप जी के आलोचकीय कर्म की सीमा नहीं है। निश्चय ही, उनकी रीझ-बूझ की सीमा हो सकती है। उनकी अपनी रुचि के भीतरी वृत्त में भी विश्लेषण की एकाग्रता या मूल्यांकन की प्रक्रिया एक सरीखी सघन और आश्वस्तिदायी न हो, यह भी संभव है, और अपेक्षाकृत बाहरी वृत्त के लेखकों को परखते हुए वह सजगता कहीं-कहीं शिथिल भी हो जा सकती है, किंतु ये त्रुटियाँ किसी संकीर्णता या पक्षाग्रह

के फलस्वरूप नहीं उपजतीं। असहिष्णुता या असूया का लेश भी वहाँ नहीं है।

एक समर्थ आलोचक जहाँ सैद्धांतिक उद्भावनाओं में उर्वर होता है, वहीं साहित्यिक कृतियों का विवेचन करते हुए उनके एकाग्र विनियोग-प्रयोग में भी ऐसे कई तेज़ तर्रार लोग आलोचना के क्षेत्र में सक्रिय दिखाई देते हैं जो सैद्धांतिक चर्चा और वाद-विवाद में तो बड़े कुशल जान पड़ते हैं मगर कृति के आस्वादन-मूल्यांकन की नौबत आते ही उनकी असली कमजोरी उघड़ जाती है। अन्यथा समर्थ आलोचकों के साथ भी यह विसंगति अक्सर देखने में आती है। उनकी शोध, उनकी विद्वता का हम लोहा मानने को विवश होते हैं। विकास क्रम में अपनी ही पूर्व-मान्यताओं, या कि प्रचलित स्थापनाओं का अतिक्रमण करने का साहस भी वे प्रदर्शित करते हैं, किंतु जब भी किसी बड़ी कृति के बारे में आप उनकी पैठ से लाभान्वित होना चाहते हैं, तब आपको निराशा ही हाथ लगती है। वे आपको उसके विशिष्ट सौंदर्य या शक्ति का अनुभव नहीं करा पाते, न कोई नई अंतर्दृष्टि प्रदान कर पाते हैं। रामस्वरूप जी के लेखन में यह विसंगति नहीं झलकती। उन्होंने व्यावहारिक समीक्षा के धरातल पर भी अपनी अध्ययन-विधि की सफलता और प्रासंगिकता प्रमाणित की है। नई कविता के वे प्रमुख सिद्धांतकार ही नहीं, संवेदनशील भाष्यकार भी हैं। उनके मूल्यांकन भले एकसरीखी प्रभविष्णुता प्रदर्शित न कर पाएँ, किंतु अनेकानेक कवियों की रचनाओं का वे विश्वसनीय और मर्मोद्घाटक विवेचन प्रस्तुत कर सके हैं, इसमें संदेह नहीं। कुछ-एक उदाहरण ही पर्याप्त होंगे। 'कामायनी का पुनर्मूल्यांकन', 'नई कविताएँ : एक साक्ष्य' के अंतर्गत धर्मवीर भारती के 'अंधा-युग', अज्ञेय की 'असाध्यवीणा', रघुवीर सहाय की एकाधिक कविताओं के विश्लेषण, विपिन अग्रवाल के 'नंगे पैर' की समीक्षा तथा कुंवर नारायण के 'आत्मजयी' का मूल्यांकन। आधुनिक हिंदी आलोचना में कितने ऐसे लोग होंगे जिनकी दृष्टि इतनी लचीली और समावेशी हो, जिन्होंने अज्ञेय और मुक्तिबोध के कविकर्म को लेकर ही नहीं, यत्र-तत्र डॉ. रामविलास शर्मा और नामवरसिंह के आलोचनाकर्म को लेकर भी कुछ काम की बातें की हों? प्रसंगवशात् यह उल्लेख यहाँ आवश्यक है कि स्वयं आलोचना-प्रक्रिया पर तथा साहित्य-चिंतन के विकास पर भी किसी और ने मेरी जानकारी में इतना सार्थक विचार नहीं किया है। अभी हाल में ही प्रकाशित उनकी पुस्तक 'साहित्य के नए दायित्व' में 'आलोचना की मुक्ति' शीर्षक लेख इस दृष्टि से मननीय है। इसमें उनका कहना है कि "जीवन में अर्थ का संधान रचनाकार करता है और रचना के अर्थ का संधान आलोचक। कवि जीवन की पुनर्रचना करता है। और आलोचक उस पुनर्रचना का अर्थविस्तार करता है। दोनों प्रक्रियाएँ भाषिक होने के कारण एक दूसरे से सहज जुड़ जाती हैं।" अब, यदि रचना में अर्थ का संधान—यह आधुनिक आलोचक का काम हो गया है तो अतीत की आलोचना से उसका पार्थक्य स्पष्ट है। रामस्वरूप जी की अपनी अध्ययन-विधि का औचित्य और नयापन भी यहीं आकर खुलता है। जिस तरह निराला के आदर्श तुलसीदास हैं, उसी तरह रामस्वरूप जी के आदर्श आलोचक रामचन्द्र शुक्ल। शुक्ल जी का आलोचना-कर्म शास्त्र से साहित्य चिंतन तक के अंतराल को पाटने वाला अग्रगामी दिशा-निर्देशक आलोचना कर्म है। रामस्वरूप जी के शब्दों में—"काव्यशास्त्र और आलोचना के आगे साहित्य-चिंतन में प्रवेश आचार्य शुक्ल ने किया था। उनके मूल्य थे—लोकमंगल, विरुद्धों का सामंजस्य और संश्लिष्ट चित्रण। इन विचार-सूत्रों को उन्होंने प्रतिमान तो क्या पारिभाषिक शब्द भी नहीं बनने दिया।" सवाल यह है कि आखिर यह मूल्य विकसित कैसे होते हैं? रचना और इतिहास की अंतः क्रिया में से ही न ? यहीं उनकी जीवंतता और मूल्यवत्ता का रहस्य है। तब फिर उन्हें प्रतिमान या काव्य लक्षण में जड़ीभूत क्यों होने दिया जाए? इसीलिए रामस्वरूप जी कहते हैं और बिल्कुल ठीक कहते हैं कि "प्राचीन शास्त्रीय लक्षण तो फिर भी रचना से जुड़कर बने हैं, जबकि नए प्रतिमान बहुत बार रचना के बाहर के क्षेत्रों से आते हैं।" सही बात है : साहित्य का सर्जक क्या कोई अविकसित प्राणी है या कि साहित्य-कला दूसरे अनुशासनों की मोहताज या गरीब रिश्तेदार है कि वह इतिहास, दर्शन या राजनीति को अपना मानदंड बनाने को लाचार हो ? प्रतिमान के नाम पर इस तरह की स्थिति उत्पन्न होने देना क्या स्वयं साहित्य की ही विडम्बना नहीं है—उस

साहित्य की, जो स्वयं ज्ञान का एक प्रकार और स्रोत है—और जिसका ज्ञानात्मक संवेदन तथा संवेदनात्मक ज्ञान अपने आप में दूसरे तमाम ज्ञान विषयों की प्रेरणा और सम्बल दोनों बनता देखा गया है। निश्चय ही साहित्यकार अपने समय के ज्ञान-विज्ञान के प्रति संवेदनशील और सजग होता है, अपनी तरह का बौद्धिक भी वह निस्संदेह है, किंतु इस ज्ञान विज्ञान और बौद्धिकता के साथ जो रिश्ता वह बनाता है, वह अपने सर्जकत्व और अपनी रचना प्रक्रिया की ही शर्तों पर ही बनता है। लेखक का दिमाग, उसकी रचनाशील मनीषा एक रणक्षेत्र की तरह है, जहाँ अनेकानेक विचार आकर टकराते हैं। या, रूपक को बदलकर इसी बात को यूँ कहें कि वह एक भट्टी है, जहां अनेक अनुभवों-स्मृतियों-विचारों की टकराहट के बीच से रचना का आविष्कार होता है। रामस्वरूप जी ने आलोचना के उस पिछड़ेपन पर ठीक ही प्रहार किया है जो सूर, तुलसी, प्रसाद, निराला, प्रेमचन्द को वल्लभाचार्य, रामचंद्र, शैवागमदर्शन, गाँधी या मार्क्स का अनुयायी मानकर ही उन्हें पढ़ने और पकड़ने को प्रस्तुत हो पाती है; जो सही मानकर चलता है कि रचनाकार को विचारधारा के तौर पर कुछ पहले से दिया हुआ है, जिसको उसे रचना में बदलना है, जबकि रामस्वरूप जी के मतानुसार—"नए संदर्भों के अंतर्गत साहित्य में विचारतत्त्व को अधिकाधिक घुलाना जितना जरूरी हुआ है, उतना ही जरूरी हुआ है उसे विचारधारा के दबाव से मुक्त रखना।" यह भी कि "विचार से पोषित, पर विचारधारा के दबाव से मुक्त, यह रचना प्रक्रिया आधुनिक साहित्य चिंतन के केंद्र में है।"

रामस्वरूप जी के साहित्य-चिंतन में भी यह खुलापन परिलक्षित किया जा सकता है। तभी, जो बात वे कहते हैं, जो सामान्य स्थापनाएँ भी करते हैं, उनकी जड़ उनके भीतर ही है, ऐसा बराबर लगता है। रामचन्द्र शुक्ल के साहित्य-चिंतन के वे क्यों इतने कायल हैं, यह भी समझ में आता है और इस समझ से झगड़ने की गुंजाइश भी उस तरह नहीं दीखती। वास्तव में आलोचना में उनके प्रतिमान शुक्ल जी ही हैं : आलोचक का रचना और रचनाकार से, दर्शन और इतिहास और परंपरा से, संस्कृति और परिस्थिति से कैसा गतिशील संबंध होना चाहिए इसका ठोस और जीवंत निदर्शन उनकी दृष्टि में आचार्य शुक्ल में मिलता है। वे इसी आधार पर दृढ़तापूर्वक यह प्रतिपादन कर सकते हैं कि "बड़े आलोचक की एक पहचान यह होगी कि वह न तो पुरानी परिभाषाएँ दोहराएगा और न अपने द्वारा विकसित विचार-सूत्रों को पारिभाषिक शब्द बनने देगा।" यह प्रतिपादन इसलिए विश्वसनीय लगता है कि "ऐसे आलोचक की आलोचना भाषा का यह खुलापन रचनाकार से उसकी आत्मीयता का साधन बनता है।" यह देखने की बात है कि रामस्वरूप जी जहाँ यह खुलापन नहीं पाते, वहाँ उसके परिणामस्वरूप उपजने वाली दूरी या अनात्मीयता को भी लक्ष्य करने से नहीं चूकते। 'हिंदी साहित्य और संवेदना का विकास' में डॉ. नगेन्द्र पर उनकी टिप्पणी देखिए : "अपनी आलोचना प्रक्रिया में नगेन्द्र प्रारंभ से ही काव्य के प्रति शंकालु और शास्त्र को लेकर आश्वस्त रहे हैं। तभी तो छायावादी काव्य और रीतिकाव्य को लेकर डॉ. नगेन्द्र के वक्तव्यों में दोनों युगों की कविता के प्रति अन्याय हुआ है।"

रामस्वरूप जी विवादी सुरों से कतराते नहीं। ऐसे स्थलों पर उनकी दृढ़ता बरकरार रहती है, किंतु व्यंग्य और परिहास से परहेज़ करते हुए भी, वे प्रतिपक्षी के तर्कों को बिना किसी कर्कशता या अतिरिक्त उत्तेजना के बड़े मजे-मजे में काटते चलते हैं। अपने पूर्वोल्लिखित इतिहास-ग्रंथ में वे भक्तिकाल के उदय की व्याख्या के सिलसिले में जिस तरह पहले आचार्य द्विवेदी और तदुपरांत डॉ. नामवरसिंह के तर्कों की काट करते हैं, वह इसका अच्छा उदाहरण है। वहाँ वे बड़े सधे हुए और प्रभावशाली ढंग से दिखाते हैं कि किस तरह आचार्य शुक्ल के दृष्टिकोण की पुष्टि न केवल बल्लभाचार्य के प्रकरण-ग्रंथ से होती है, बल्कि वैसी ही मार्मिक सहमति उसे आधुनिक कवि निराला के 'तुलसीदास' से भी मिलती है। बड़ी खूबी से वे 'हेमल की विचारधारा में बल्लभाचार्य या आचार्य शुक्ल की दृष्टि को प्रक्षिप्त करने' की चूक को रेखांकित करते हैं। इसी तरह उसी सिलसिले में आगे वे डॉ. नामवरसिंह के तर्क को उन्हीं की शब्दावली में उद्धृत करते हुए कहते हैं—"दूसरी परंपरा की खोज पर लिखी यह पुस्तक इन अंशों में स्वयं यह स्पष्ट भी करती चलती है कि दूसरी परंपरा को पहली के पंडितों ने दबाया

कैसे होगा। गला दबाती सहानुभूति का यह रोचक उदाहरण है।'' आगे इसी तरह 'मलेच्छ' के अर्थ को लेकर अपने प्रतिपक्षी के 'काकुतर्क' का परिहासपूर्वक प्रत्याख्यान करते हुए वे एक जरूरी कड़वा सच भी सामने रखने से नहीं चूकते। उन्हीं के शब्दों में–

''यह सब आज अत्यंत अप्रिय प्रसंग लग सकता है, पर इतिहास हमारे प्रिय और अप्रिय लगने से नहीं बनता। इतिहास को दबाने और झुठलाने से वर्तमान अधिक अप्रिय हो सकता है जो हमारे लिए ज्यादा बड़ी समस्या है। मूल बात यह है कि आज इस्लाम के प्रति हमारा जो संतुलित ऐहिक दृष्टिकोण है, वह मध्यकालीन जनजीवन में संभव नहीं था। इन दो परिस्थितियों के बीच लंबा इतिहास है जिसे अनदेखा नहीं किया जा सकता। इस्लाम इस देश में जब आया तो आक्रामक होकर। आज वह हमारे राष्ट्रीय जीवन का अंग है। इन दोनों बिंदुओं को समझकर ही इतिहास को वर्तमान में समरस किया जा सकता है।''

रामस्वरूप जी की आलोचना-दृष्टि संस्कृति और परिस्थिति दोनों के भरपूर विवेक से परिपुष्ट होती है। वह ऐतिहासिक सच्चाई का यथावत् सामना करती है और असुविधाजनक प्रश्नों को मनमाने ढंग से नहीं निबटाती। साथ ही साहित्य के संश्लिष्ट चरित्र के प्रति अपनी निष्ठा को भी दृढ़तापूर्वक निभाती है। वे मानते हैं कि अंतर्विरोधों को साधना हिंदी भाषा की प्रकृति का अंग है और यूँ ही नहीं मानते : उनकी यह मान्यता साहित्य के अंतःसाक्ष्यों से ही निर्मित और पुष्ट हुई है। स्वभावतः यह उनकी इतिहास-दृष्टि का भी प्रेरक तत्त्व है। उन्हीं के शब्दों में–''यह हिंदी काव्यभाषा और साहित्य परंपरा की जीवंतता का सबसे बड़ा प्रमाण है कि जिसका जन्म हिंदू-मुस्लिम संघर्ष के साथ होता है और जो इस संघर्ष को अनेक रूपों में चित्रण करता है पर जिसकी रचना में साम्प्रदायिक-दृष्टि का संस्पर्श भी नहीं होने पाता।...हिंदू-मुस्लिम संघर्ष की वस्तु का हिंदी रचनाकार द्वारा सजग चुनाव इसके लिए एक और साक्ष्य प्रस्तुत करता है। पर नामवरसिंह इस परिदृश्य से मुँह मोड़कर रामविलास शर्मा और इरफान हबीब के विद्वतापूर्ण अध्ययनों के आधार पर सिद्ध करने को उत्सुक हैं कि ''मध्ययुग के भारतीय इतिहास का मुख्य अंतर्विरोध शास्त्र और लोक के बीच का द्वन्द्व है, न कि इस्लाम और हिंदू धर्म का संघर्ष।''

साहित्य के संशिलष्ट रूप की रक्षा के प्रति रामस्वरूप जी की आलोचना-दृष्टि कितनी सजग सावधान है, इसका नमूना भी इसी प्रकरण में दृष्टव्य है। वे नामवरसिंह की एक 'गहरी जिज्ञासा' को उद्धृत करते हैं : ''यह भी एक विरोधाभास ही है कि शास्त्र-संवलित होकर साहित्य जिस मात्रा में सामाजिक दृष्टि से लोक-विमुख तथा लोकविरोधी विचारों की ओर विचलित होता गया, काव्य-भाषा तथा काव्य कला की दृष्टि से उसी मात्रा में समृद्धतर होता गया।'' इस पर रामस्वरूप जी की टिप्पणी देखिए–

''नामवरसिंह यहाँ विचार, रचना, काव्यभाषा और काव्य-कला को टुकड़ों में बाँट लेते हैं। यानी साहित्य (सहित-भाव) को राहित्य कर लेते हैं। फिर विचारों की प्रगतिशीलता और कला की श्रेष्ठता के बीच उलटा अनुपात स्थापित होता है जो विचारों की दृष्टि से जितना प्रगतिशील है, कला की दृष्टि से उतना ही हीन...यदि ध्यान से देखें तो उपर्युक्त मान्यता के पीछे विवेचन नहीं, बल्कि एक सीधे सरलीकरण का मोह है जिसे चाहें तो यूँ भी कह सकते हैं कि जैसे जैसे कोई साहित्य युग समय की दृष्टि से आगे बढ़ता है, त्यों-त्यों उसमें कला-चेष्टा गहरी होती जाती है और वैचारिक क्षमता लोक विमुख होती जाती है। कबीर से लेकर जायसी, सूर, तुलसी तक के काल में आलोचक इस मान्यता को चरितार्थ देखना चाहता है।''

रामस्वरूप जी स्वभावतः इस सरलीकरण को नकार देते हैं। इसलिए कि ''इस मान्यता के पीछे साहित्य का संश्लिष्ट रूप आहत हुआ है।'' वे स्पष्ट कहते हैं कि ''कबीर और जायसी कला की दृष्टि से सूर और तुलसी से हीन हैं, ये कहना न इन रचनाओं के प्रति न्याय है, और न कला की धारणा के प्रति ही।''...कबीर का आधुनिक मूल्यांकन करने वाले को कहीं ये प्रतीत नहीं होता कि उनमें कला-तत्त्व क्षीण है...ठीक ऐसी ही स्थिति जायसी की है। यह अकारण नहीं है कि आचार्य शुक्ल तुलसी और जायसी का नाम साथ-साथ लेते हैं। तब आलोचक की उपर्युक्त मान्यता हमारे लिए बहुत संगत नहीं रह जाती, सिवाय इसके कि कुछ पहले से बने विचार के खानों में इन कवियों

को खेल के तौर पर बैठाया जाए।''

उपर्युक्त चर्चा से एक बात यह भी झलकती है कि सैद्धांतिक और व्यावहारिक समीक्षा के अलावा, इन दोनों के आर पार भी चतुर्वेदी जी के आलोचकत्व का एक तीसरा आयाम है जिसे पश्चिम में 'कल्चरल क्रिटिसिज्म' कहा जाता है। ध्यान देने की बात यह है कि चतुर्वेदी जी का यह संस्कृति चिंतन और परिस्थिति-चिंतन हिंदी की खास अपनी बौद्धिक परंपरा से उपजता है और इस माने में वह हमारे समय में सक्रिय कई सारे आलोचकों से अलग अपनी पहचान बनाता है। यहाँ हम चाहें तो याद कर सकते हैं कि कभी 'त्रिशंकु' के निबंध में अज्ञेय ने 'एक आलोचक राष्ट्र' के निर्माण की आवश्यकता को रेखांकित किया था। सर्जक की सर्जनशीलता जिस तरह उसकी रचना के केंद्र में ही वास करने वाली आलोचना की अपेक्षा रखती है, उसी तरह स्वाधीनता की देहरी पर खड़े सदियों की दासता और आत्मग्लानि से जूझते हुए सांस्कृतिक आत्म विश्वास पाने के लिए छटपटाते देश के सामने अपनी रचनात्मक शक्ति को जगाने हेतु न केवल अपनी राष्ट्रीयता का विभावन करने की बल्कि आत्म तुष्टि के दलदल से उबरने के लिए एक आलोचक राष्ट्र बनने की भी चुनौती आ खड़ी होती है, रामस्वरूप जी के अलोचनात्मक कृतित्व में इस चुनौती का अहसास प्रारंभ से ही है। और वह अपने विकास-क्रम में उत्तरोत्तर तीख्र होता गया है।

मनुष्य की सर्जनात्मक संभावना उनकी दृष्टि में नवलेखन की केंद्रीय चिंता है। नवलेखन के पूर्व 'कामायनी' भी देवसृष्टि की तुलना में मानवीय जीवन के इसी वैशिष्ट्य को रेखांकित करने वाली कृति है। प्रविधि के बढ़ते दबाब और राजनीति की जकड़न के युग में यह सृजनशीलता संकटापन्न है और रचनाकार तथा साहित्य-चिंतक आलोचक का दायित्व बनता है कि वह सर्वप्रथम इसकी चिंता करे। मनुष्य की यह सृजनशीलता निश्चय ही एक वैश्विक मूल्य है। किंतु रामस्वरूप जी के मतानुसार वैश्विक-अंतर्राष्ट्रीय भी वही हो सकता है जो राष्ट्रीय भावबोध को समग्रतः आत्मसात् कर चुका हो।

रामस्वरूप जी की हिंदी निष्ठा एक ओर डॉ. रामविलास शर्मा और दूसरी ओर अज्ञेय की हिंदी-निष्ठा का स्मरण दिलाती है। अत्यंत पुष्ट तर्कों पर आधारित उनके इस दृढ़ विश्वास का उल्लेख पहले ही किया जा चुका है कि ''हिंदी भाषा आरंभ से ही हमारी राष्ट्रीयता के विभावन से मौलिक रूप से संबद्ध है।'' अज्ञेय की तरह उनका भी मानना है कि मध्य देश में विकसित होने के कारण संस्कृत जैसी केंद्रीय स्थिति भारतीय भाषाओं में केवल हिंदी को प्राप्त है। संस्कृत का उत्तराधिकार भी भाषा और साहित्य दोनों क्षेत्रों में हिंदी को ही सबसे अधिक प्राप्त हुआ है। सन् 1965 में प्रकाशित 'भाषा और संवेदना' में ही लेखक ने यह चेतावनी दे दी थी कि ''हम अपनी राष्ट्रीय संवेदना को उपेक्षित और लांछित न करें और अपनी भाषा को अपने व्यक्तित्व तथा चिंतन का अनिवार्य अंग बनाएं। अन्यथा व्यक्ति, समाज और राष्ट्र के व्यक्तित्व के विघटित होते जाने की विषम संभावना को हम कभी समाप्त न कर पाएंगे।''

आज से तीस बरस पहले दी गई आलोचक की यह चेतावनी आज के जटिलतर होते जाते संदर्भ में भी कितनी सटीक है, कहने की जरूरत नहीं। 'साहित्य के नए दायित्व' नामक उनकी नई किताब इस जटिलतर संदर्भ को प्रतिध्वनित करती और प्रत्यासन्न नई समस्या का पर्याप्त प्रत्युत्तर खोजने की गंभीर आलोचकीय चेष्टा है।

इस पुस्तक की प्रमुख चिंता यह है कि अब हमें आगे की बात सोचनी है...''इसलिए कि आज मनोविकार पहले से अत्यधिक उग्र और उनका संक्रमण भी कई गुना त्वरित हो गया है। समस्या अब मनुष्य द्वारा प्राकृतिक पर्यावरण के ही घर्षण की नहीं रही, प्रत्युत मनुष्य द्वारा मनुष्य के घर्षण की हो गई है।'' अलावा इसके, संचार साधनों के दुष्प्रभावों से जूझने में स्वयं उनसे आक्रांत हो जाने का खतरा भी है ही। यही वह परिदृश्य है, जिसमें चतुर्वेदी जी के अनुसार अब आलोचक को साहित्य के नए दायित्व की बात सोचनी है। और वह भी अपने देश की वर्तमान परिस्थिति की दो भयावह विडंबनाओं के बीच, जिसमें पहली विडंबना तो यह है कि साहित्य की जरूरत जितनी बढ़ती जाती है, व्यापक समाज में वह उतना ही अप्रासंगिक होता दिखाई दे रहा है, और दूसरी विडंबना यह है, जिसे महात्मा गाँधी से लगाकर किशन

पटनायक तक हमारे सर्वाधिक संवेदनशील और अग्रगामी समाज दृष्टा-चिंतक बराबर रेखांकित करते रहे हैं, जनजीवन से असम्पृक्त, भोथरी संवेदना वाली नव-उपनिवेशवादी मानसिकता की, जिसे गाँधी जी ने 'अवर हार्ड हार्टेड इंटैलिजेन्सिया' का नाम दिया था। रामस्वरूप चतुर्वेदी इसे किस तरह देखते हैं? वे इस सदी की शुरुआत में लार्ड कर्जन को संबोधित बालमुकुन्द गुप्त के पत्र की याद करते हैं ''माई लार्ड ! आपने मातृभूमि को अपनी कर्तव्य भूमि कहा है। इस कर्तव्य भूमि को हम कर्मभूमि कहते हैं। आप कर्तव्य पालन करने आए हैं। और हम कर्मों का भोग भोगने। आपके कर्तव्य पालन की अवधि है, हमारे कर्मभोग की कोई अवधि नहीं।''

विडंबना यह है, कि 'हमारे कर्म भोग' का वह निरवधि विस्तार इस सदी के अंत तक फैला दिखता है। रामस्वरूप जी की शब्दावली में ''यों ध्यान से देखा जाए तो कुछ जाने कुछ अनजाने अब अपने देश को हम स्वयं ही उपनिवेश बनाकर रह रहे हैं। हमारा 'होम' अन्यत्र है जहाँ से हम आदर्श और प्रेरणा लेते हैं। अपना देश तो हमारे लिए कर्तव्य भूमि बन गया है। बालमुकुन्द गुप्त की सतर्क शब्दावली में।'' प्रश्न उठता है कि लेखक--नए युग का बालमुकुन्द गुप्त (यदि वह कहीं हो) इस नयी परिस्थिति का प्रत्युत्तर कैसे गढ़े? रामस्वरूप जी के कथनानुसार, ''बालमुकुन्द गुप्त के जमाने में वायसराय एक थे, जिन्हें वे बड़ा खतरा उठाकर भी सीधे संबोधित कर सकते थे, नए युग के लेखक की एक समस्या यह है कि वह इस अभिनव उपनिवेशवाद के संरक्षक अपने प्रकट-अप्रकट अनेक वायसरायों की ठीक-ठीक पहचान भी नहीं कर सकता। उसे शोषण का विरोध भी करना है और अपने शोषक की खोज भी करनी है।''

इस अंतर्विरोध का और उस पहले वाले अंतर्विरोध का (साहित्य की जरूरत बढ़ते जाने के साथ व्यापक समाज में उसके उतने ही अप्रासंगिक होते जाने का) शमन कोई लेखक क्या अकेले अपने बूते कर सकता है? रामस्वरूप जी स्वयं इस बारे में आश्वस्त नहीं। जहाँ तक गति की तुलना में अनुभव के पिछड़ जाने की, अनुभुति के सहवर्ती रूप पर यंत्र द्वारा उत्पन्न पूर्वापरता के छा जाने की समस्या का प्रश्न है, रामस्वरूप जी अनुभव करते हैं कि ''इस संदर्भ में साहित्य को अपने स्वरूप में बुनियादी परिवर्तन करने होंगे।'' इस सिलसिले में वे दो बातें हमारे सामने रखते हैं। एक तो यह कि ''साहित्य ने इस बीच एक महत्त्वपूर्ण नया दायित्व यह विकसित किया है कि वह विचार तथा चिंतन को अनुभूति के स्तर पर पकाए और उसमें संवेदनीयता जागृत करे।'' और दूसरा यह कि अब तक साहित्य-समीक्षा मात्र में अर्थ का द्वैत बना रहा है। आधुनिक साहित्य-चिंतन ने इस प्रसंग में नयी अवधारणा विकसित की है। 'अर्थ का अद्वैत', जहाँ रचना में अर्थ के अलग स्तर 'क्लिशे' की तरह असंबद्ध नहीं रह जाते, वरन एक दूसरे से टकराकर एक वृहत्तर अर्थ की सृष्टि करते हैं, और स्वयं विलीन हो जाते हैं।

कविता की तरह आलोचना की भी मुक्ति की बात रामस्वरूप जी के यहाँ इसी सिलसिले में की गई है। यह आकस्मिक नहीं, कि ''व्याकरण और आलोचना, जो अब तक भाषा और साहित्य के निर्णायक समझे जाते थे, आधुनिक काल में दोनों आदेशात्मक नहीं रह गए। व्याकरण की प्रकृति वर्णनात्मक है, आलोचना की सर्जनात्मक।'' साहित्य चिंतन की इस नई दिशा का विवेचन करते हुए रामस्वरूप जी मार्क्सवादी आलोचना का भी उल्लेख करते हैं और उससे अपने असंतोष को भी स्पष्ट रूप से सामने रखते हैं। उन्हीं के शब्दों में ''कुछ मार्क्सवादी आलोचक भी भाषिक प्रक्रिया को केंद्र में रखकर चलना चाहते हैं, पर उनका उद्देश्य रचना के अर्थ का संवर्धन नहीं, वरन् अपने अर्थ का साधन है।'' प्राचीन रचनाओं का मनमाना अर्थ लेकर मार्क्सवाद के हित में अतीत के साहित्य की सुरक्षा भी, कहना न होगा, इसी साधन-दृष्टि या रणनीति (स्ट्रेटजी) का अंग है। हम ऊपर पहले ही देख आए हैं कि किस प्रकार यह आलोचक न केवल इस साध्य-साधन के एकता के विवेक को धुँधलाने वाले अनिष्टकारी द्वैत को प्रश्रय देने वाली विचारधारा का, प्रत्युत उस समूची चिंतन-पद्धति का भी दृढ़तापूर्वक प्रत्याख्यान करता आया जो रचनाकार को खुद अपनी विश्वदृष्टि या जीवन-दर्शन को अपने सर्जन के भीतर से ही अर्जित करने के लिए अयोग्य मानती है।

हमने इस संक्षिप्त आलेख के आरंभ में आधुनिक अँग्रेजी आलोचना के एक यशस्वी आधार-स्तंभ एफ.आर. लीविस की अपनी कर्मभूमि कैंब्रिज से विदाई के प्रसंग का स्मरण किया था। रामस्वरूप जी की कर्मभूमि प्रयाग विश्वविद्यालय रही है। जहाँ से सेवा निवृत्त हुए भी उन्हें शायद कई वर्ष बीत चुके हैं। किंतु सेवा निवृत्ति ने उन्हें पहले से अधिक ही सक्रिय बनाया है। और इस बीच की उनकी कारगुजारियाँ देखते हुए ब्राउनिंग के रब्बाई बेन ऐज़रा की वह पंक्ति बरबस ही स्मृति में कौंध जाती रही है। ''ग्रो ओल्ड एलांग विद मी/दि बेस्ट इज़ यट टु बी।'' जार्ज स्टाइनी ने लीविस के कृतित्व का मूल्य आँकते हुए 'सैण्ट्रैलिटी' और 'ह्यूमैनिटी' की बात उठाई थी।

लीविस की, साहित्य चिंतन की अद्‌भुत केंद्रीयता और एकाग्रता का उन्होंने जी खोलकर स्तवन किया था, किंतु लीविस की दृष्टि और सूझबूझ भी उतनी ही व्यापक और मानवीय है, यह मानने में उन्हें काफी हिचक का अनुभव हुआ था और वह हिचक अकारण नहीं थी।

डॉ. रामस्वरूप चतुर्वेदी के कृतित्व के मर्मज्ञ संवेदनशील पाठकों के मन में ऐसी हिचक कदाचित् नहीं होगी या कम से कम होगी, ऐसा भरोसा इन पंक्तियों के लेखक के भीतर जगता है। इसलिए भी, कि यहाँ केंद्रीयता और मानवीयता दोनों एक दूसरे से अविच्छेद्‌य रूप में जुड़े जान पड़ते हैं। यह रामस्वरूप जी की आलोचना ही है जो हमें बताती है कि किस तरह ''माया के सत्य को समझने वाली दृष्टि अद्वैतपरक ही हो सकती है जो पाश्चात्य धर्मविज्ञान और संस्कृति में संभव नहीं।'' यह भी कि ''साहित्य के माध्यम से मनुष्य मानो एक ही जीवनावधि में अनेक जीवन जी लेता है। और यह अनेक जीवन जी सकना अंततः भाषिक सर्जन के बहुस्तरीय यथार्थबोध में संभव होता है।''

यह भी उन्हीं की आलोचना है जो सर्जनात्मक सामाजिकता और प्रचारमुखी सामाजिकता के बीच स्पष्ट विवेक करने में सक्षम है और स्वयं हिंदी साहित्य के इतिहास का ही आह्वान करते हुए यह प्रश्न उठाने में भी कि यदि आधुनिक संचार साधन विशेषतः दूरदर्शन, ''बुद्धि का सुखियापन बढ़ाने का बेजोड़ साधन है, तो एक नवविकसित प्रजातंत्र और उसकी वर्धनशील पर्युक्सुकता के साथ इस सुखियापन का मेल कैसे बैठेगा ?''

डॉ. रामस्वरूप चतुर्वेदी का आलोचक-कर्म। अपनी अन्य विशेषताओं के साथ बुद्धि के इस सुखियापन के विरुद्ध भी सदैव सक्रिय रहा है। इस सक्रियता का सबसे ताजा उदाहरण है 'हिंदी बौद्धिक परंपरा और पश्चिमीकरण की चुनौती : संदर्भ सेक्लुरिज्म' शीर्षक उनका निबंध, जिसे अभी हाल में प्रयाग संग्रहालय ने पुस्तिका के रूप में छापकर 'बौद्धिक संवाद' उकसाने की गरज से बुद्धिजीवियों के बीच वितरित किया था और जो अब उनकी अद्यतन पुस्तक 'भारत और पश्चिम : संस्कृति के अस्थिर संदर्भ' का अंग है। उस निबंध के समापन के निष्कर्ष रूप कुछ पंक्तियाँ उद्‌धृत करने का लोभ मैं यहाँ संवरण नहीं कर पा रहा हूँ। यही इस आलेख का सटीक समापन भी होगा :

''पश्चिमीकरण से बचाव, राष्ट्रीय अस्मिता का विकास, और विश्व प्रवाह से समरस होना ये तीनों प्रक्रियाएँ एक दूसरे से जुड़ी रहनी हैं। इसके लिए जरूरी है अवरुद्ध भारतीय पुनर्जागरण को उन्मुक्त करना—वापस 1948 के बिंदु पर से नहीं, अब सदी के अवसान की मनःस्थिति पर, जो हर तरह के बुद्धिजीवी के योग्य दायित्व है। राजनीतिकर्मी को इसके लिए अवकाश नहीं। यों भी राजनीति और संस्कृति एक दूसरे से बेमेल हो गई है। राजनीति बाँटती है, संस्कृति जोड़ती है। सभ्यता समरस करती है। इकबाल द्वारा कई दशक पूर्व प्रसन्न मुद्रा में संकलित सभ्यता की हमारी हस्ती को आगे मिटने से बचाए रखना शायद इसी तरह संभव होगा।''

पुरस्कृत-कृति

हिंदी साहित्य और संवेदना का विकास : एक नई इतिहास दृष्टि

रामकमल राय

डॉ. रामस्वरूप चतुर्वेदी की इस कृति को मात्र हिंदी साहित्य का इतिहास कहना उसके साथ न्याय नहीं होगा। इतिहास-ग्रंथ की सारी शर्तों को पूरा करते हुए, यह कृति पाठक को एक संपूर्ण रचना का सुख देती है। इतिहास लेखन कैसे अपना एक सर्जनात्मक आयाम विकसित कर सकता है इसका एक निदर्शन उपर्युक्त कृति है। इस पुस्तक में संवेदना के विकास की सरणियों को पहचानने और यथा संभव उस विकास के कारणों का अन्वेषण करने की एक निरंतर कोशिश है। सच तो यह है कि प्रो. चतुर्वेदी ने इस ग्रंथ के माध्यम से एक नयी इतिहास-दृष्टि का सूत्रपात किया है।

यह भी एक रोचक तथ्य है कि इस ग्रंथ के लिखने के लगभग दस वर्षों पहले से वे बराबर गोष्ठियों में यह प्रश्न छेड़ते रहते थे कि हिंदी में इतिहास पर बल देने वाले मार्क्सवादी आलोचकों को हिंदी साहित्य का एक नया और अद्यतन इतिहास लिखना चाहिए। जब उनकी इस बात पर कहीं से अमल होता नहीं दिखा तो उन्होंने इस चुनौती को स्वयं स्वीकार किया और 'हिंदी साहित्य और संवेदना का विकास' नामक इतिहास-ग्रंथ लिखा। निश्चय ही इस रचना को व्यापक स्वीकृति और प्रशंसा प्राप्त हुई।

हिंदी साहित्य का केवल एक सम्यक् इतिहास अब तक प्राप्त था—आचार्य रामचंद्र शुक्ल का इतिहास—जिसे हम सही अर्थों में साहित्य का इतिहास कह सकते हैं। उन्होंने साहित्य के इतिहास का एक सर्वथा नया अर्थ हमारे सामने रखा। डॉ. चतुर्वेदी आचार्य रामचंद्र शुक्ल की इतिहास-दृष्टि को समर्थन देते हुए अपनी एक नव्यतर इतिहास-दृष्टि विकसित करते हैं। जिसमें साहित्य की संवेदना पर अधिक बल है और कैसे वह संवेदना परिवर्तित होती है, उसके अन्वेषण की एक गहरी कोशिश। आचार्य शुक्ल को वे उद्धृत करते हैं :

"आदि से अंत तक इन्हीं चित्र वृत्तियों की परंपरा को परखते हुए साहित्य-परम्परा के साथ उनका सामंजस्य दिखाना ही साहित्य का इतिहास कहलाता है।"

डॉ. चतुर्वेदी ने आचार्य शुक्ल की इस इतिहास-दृष्टि को काफी दूर तक स्वीकार किया है। इतना ही नहीं, कई प्रसंगों में जहाँ आचार्य शुक्ल से महत्वपूर्ण मतभेद रखने वाली दृष्टियाँ सामने आती हैं, डॉ. चतुर्वेदी तर्क और तथ्य के साथ आचार्य शुक्ल का समर्थन करते हैं। भक्तिकाल के उदय को लेकर आचार्य हजारी प्रसाद द्विवेदी ने आचार्य शुक्ल से सर्वथा अलग दृष्टिकोण प्रस्तुत किया है।

आचार्य शुक्ल ने भक्तिकाल के उदय को लेकर स्पष्ट धारणा व्यक्त की है। इसके अनुसार इस्लाम का आक्रमण और भारतीय समाज पर मुसलमानों के आधिपत्य को ही कारण माना गया है, भक्ति की ओर भारतीय मानस को ले जाने का। आचार्य द्विवेदी ने 'हिंदी साहित्य की भूमिका' में इस मत से अपना

अलगाव व्यक्त किया है और माना है कि भारतीय चिंतनधारा जो वेदों और उपनिषदों से लगातार चलती आ रही है, उसी का स्वाभाविक विकास है हिंदी की भक्ति-संवेदना। उन्होंने अपनी विशिष्ट शैली में कहा है कि यदि भारत में मुसलमान न भी आते तो भक्तिकालीन संवेदना का बारह-आना ऐसा ही होता। इस मत-वैपरीत्य के संदर्भ में डॉ. चतुर्वेदी पूरी तौर पर आचार्य शुक्ल के साथ हैं। आचार्य शुक्ल ने जहाँ 'जनता' शब्द का उपयोग किया है, आचार्य द्विवेदी ने 'लोक' का, डॉ. चतुर्वेदी ने 'जनता' को व्यापक एवम् 'लोक' को पिछड़े वर्ग से जोड़कर सीमित दायरे वाला माना है।

''शुक्ल के लिए समाज अपने सभी वर्गों के साथ, जिसे वे समष्टि रूप से 'जनता' कहते हैं, साहित्यिक परिवर्तन और विकास के लिए जिम्मेदार है, द्विवेदी इसके लिए प्रमुखकारक 'लोक' को मानते हैं, जो समाज का अपेक्षया पिछड़ा वर्ग है।''

(हिंदी साहित्य और संवेदना का विकास)

अपने तर्कों की पुष्टि के लिए डॉ. चतुर्वेदी प्रो. नामवर सिंह को भी आड़े हाथों लेते हैं। डॉ. नामवर सिंह ने अपनी पुस्तक 'दूसरी परंपरा की खोज' में आचार्य शुक्ल की स्थापना का विरोध करते हुए आचार्य हजारी प्रसाद द्विवेदी की मान्यता का समर्थन किया है। डॉ. रामस्वरूप चतुर्वेदी ने प्रो. नामवर सिंह के तर्कों का बड़ा ही सटीक खण्डन किया है और आचार्य रामचंद्र शुक्ल की दृष्टि को ही स्वीकार किया है। डॉ. चतुर्वेदी के इतिहास का सबसे सशक्त पक्ष छायावाद एवं छायावादोत्तर साहित्य के संदर्भ में उभरता है। इस दृष्टि से हम कह सकते हैं कि डॉ. चतुर्वेदी का इतिहास आचार्य शुक्ल के इतिहास की धारावाहिकता को पूरी गहराई से आगे बढ़ाता है।

डॉ. चतुर्वेदी 'इतिहास और विकास' में अंतर करते हैं। 'इतिहास' में बल 'इतिवृत्त' पर होता है, 'विकास' में 'इतिवृत्त' के उस अंश पर जहाँ दिखाया जाता है कि एक युग अपने पिछले युग से, और एक रचनाकार कालक्रम में अपने पहले के रचनाकार से कहाँ और क्यों भिन्न तथा विशिष्ट है। उसी क्रम में वे आगे कहते हैं, ''संसार को समझना दर्शन का काम है, उसे बदलना राजनीति का और उसकी पुनर्रचना साहित्य का दायित्व है। इसी रूप में साहित्य का विकास समझने का यत्न यहाँ हुआ है।'' डॉ. चतुर्वेदी के इतिहास का अध्ययन करते समय इस मूल प्रतिज्ञा को बराबर दृष्टि में रखा जाना चाहिए। तभी हम समझ सकेंगे कि साहित्य की संवेदना के विकास में काव्य का अपेक्षाकृत अधिक अध्ययन क्यों किया गया है।

आधुनिक काल को शुक्ल जी ने गद्य काल कहा है। अधिकांश शुक्ल समर्थक इतिहासकार इसे उनकी गहरी अंतदृष्टि का परिचायक मानते हैं, क्योंकि उनकी मान्यता है कि आधुनिक काल की पहचान गद्य से ही बनती है। डॉ. चतुर्वेदी इस बिंदु पर अत्यंत सूक्ष्मता से आचार्य शुक्ल से भिन्न धरातल पर खड़े हैं। चतुर्वेदी जी के इतिहास में निश्चय ही अन्य विधाओं का यथास्थान समुचित विकास दिखलाया गया है, परंतु केंद्र में लगातार काव्य ही है। संभवतः डॉ. चतुर्वेदी यह मानते प्रतीत होते हैं कि साहित्य की केंद्रीय संवेदना काव्य के ही माध्यम से व्यक्त होती है।

प्रस्तुत इतिहास की दूसरी महत्वपूर्ण विशेषता यह है कि कृति में कृतिकार की एक दृष्टि प्रारंभ से अंत तक अनुस्यूत होते हुए भी कहीं वह बाँधने की कोशिश नहीं करती। एक प्रीतिकर और विचित्र खुलापन प्रारंभ से अंत तक हमें पूरी उत्सुकता के साथ रचना से जोड़े रखता है। चतुर्वेदी जी जिससे भी, जहाँ भी मतभेद रखते हैं, बड़ी शालीनता एवम् आंतरिक निष्ठा से उसे व्यक्त करते हैं। 'कविता के नये प्रतिमान' में जिस प्रकार डॉ. नामवर सिंह ने नयी कविता के केंद्र से अज्ञेय को विस्थापित करके मुक्तिबोध को प्रतिष्ठित करने का प्रयास किया है, डॉ. चतुर्वेदी ने मुक्तिबोध की काव्यात्मकता पर बिना कोई प्रतिकूल टिप्पणी किए ही परिप्रेक्ष्य को फिर से संतुलित कर दिया है। दूसरे शब्दों में उन्होंने अज्ञेय एवम् मुक्तिबोध का समुचित मूल्याँकन करते हुए उनके सापेक्षिक महत्व को सही धरातल प्रदान किया है।

डॉ. नामवर सिंह ने 'कविता के नये प्रतिमान' में प्रगतिशील कवि केदारनाथ अग्रवाल को उचित महत्व नहीं दिया है। परंतु रामस्वरूप चतुर्वेदी की दृष्टि में प्रगतिशील कवियों में सबसे अधिक सर्जनात्मक क्षमता के कवि केदारनाथ अग्रवाल ही हैं। परिणामतः

प्रसाद, निराला, अज्ञेय, केदारनाथ अग्रवाल और बच्चन सभी से उनका सेतु बहुत गहरी नींव पर निर्मित होता है। नये कवियों में उन्होंने उन सभी को समुचित रूप से समझने का प्रयास किया है, जिनकी वैचारिक स्थितियाँ परस्पर काफी भिन्न हैं। जैसे अज्ञेय, मुक्तिबोध, रघुवीर सहाय, शमशेर बहादुर सिंह आदि। डॉ. रामस्वरूप चतुर्वेदी ने अपनी पुस्तक में उपर्युक्त कवियों का उचित मूल्याँकन किया है। रघुवीर सहाय को चतुर्वेदी जी ने स्वातंत्र्योत्तर कवियों में विशेष महत्व का कवि माना है। उनके काव्य संकलन 'आत्महत्या के विरुद्ध' की कविताओं में से उद्धरण देते हुए उनहोंने रघुवीर सहाय को स्वतंत्रता से मोहभंग की स्थितियों का सटीक चित्रण करने वाला कवि माना है। शमशेर बहादुर सिंह का मूल्याँकन भी काफी गहराई से किया गया है।

डॉ. चतुर्वेदी ने आधुनिक हिंदी साहित्य के विकास को अपेक्षाकृत अधिक विस्तार एवम् गहराई से परखा है। 'कामायनी', 'राम की शक्ति पूजा', 'अंधेरे में' जैसी विशिष्ट रचनाओं पर उन्होंने अलग से विवेचनात्मक अध्ययन प्रस्तुत किया है। 'कामायनी' के संदर्भ में डॉ. चतुर्वेदी का यह कथन मननीय है :

"प्रसाद ने बड़ी निष्ठा के साथ प्रदर्शित किया है कि मानवीय संस्कृति देव-संस्कृति की तुलना में किसी तरह हीन नहीं है, वरन् वह देव संस्कृति जो भौतिकवादी है, उसमें भोग ही भोग है, प्रेम नहीं है। उसमें संवेदना नहीं है। वह 'सुख केवल सुख' की संस्कृति है। मानव संस्कृति उससे आगे का विकसित और सूक्ष्म रूप है। इस माने में कवि ने मध्यकालीन हीन-भावना से ग्रस्त देवता-प्रधान समाज को नये और आधुनिक मानवीय आत्मविश्वास से संपन्न किया है। रचना की यह विराट् दृष्टि संसार के प्रख्यात महाकाव्यों में कहीं नहीं मिलेगी। अद्वैतवाद का चरमरूप आत्माद्वैत है। एक मन के दो हिस्से हो जाते हैं—आत्मा और परमात्मा। एक मन से व्यक्ति आराधक होता है, दूसरे से आराध्य ! इन दोनों की फिर एकात्मता चरम अद्वैत की अनुभूति है, जिसे प्रसाद 'कामायनी' में व्यंजित करते हैं।"

इसी प्रकार निराला की 'राम की शक्ति पूजा' का भी एक अत्यंत प्रेरणादायक विवेचन डॉ. चतुर्वेदी की लेखनी द्वारा हुआ। संभवतः 'राम की शक्ति पूजा' के आधार पर ही छायावाद को चतुर्वेदी जी शक्तिकाव्य कहते हैं। 'राम की शक्ति पूजा' के संदर्भ में चतुर्वेदी जी का यह कथन अत्यंत समीचीन है :

"परिकल्पना की विराटता और चित्रण की सूक्ष्मता का संयोजन 'कामायनी' की ही तरह 'राम की शक्ति पूजा' के विधान की विशेषता है। राम का अंकन युगीनसंवेदना के अनुकूल यहाँ पूरी तरह मानवीय धरातल पर हुआ। सामान्य मनुष्य की तरह वे भी विषम परिस्थिति में दुखी और निराश होते हैं और उनकी आंखों से आँसू गिर पड़ते हैं। वही राम अंततः शक्ति की मौलिक आराधना करते हैं और रावण पर विजय प्राप्त करते हैं।"

डॉ. चतुर्वेदी के इस इतिहास ग्रंथ में अज्ञेय, मुक्तिबोध, रघुवीर सहाय, शमशेर बहादुर सिंह की काव्य संवेदनाओं का भी अत्यंत गहराई से अध्ययन किया गया है। उनके मूल्याँकन में एक सापेक्षिक दृष्टि है।

समकालीनता से उलझना इतिहासकार के लिए एक जोखिम भरा दायित्व होता है। चतुर्वेदी जी पूरी रचनात्मक शक्ति के साथ इस जोखिम से उलझते हैं। इस प्रक्रिया में, जाहिर है, उन्हें सर्वसम्मत समर्थन नहीं मिलेगा। वे विवादों से ऊपर उठने की कोशिश नहीं करते किंतु विवादों के कीचड़ में भी नहीं उतरते। उनके समकालीनों में एक ओर डॉ. नामवर सिंह और डॉ. रामविलास शर्मा हैं तो दूसरी ओर डॉ. देवराज और विजयदेव नारायण साही हैं। सभी से उनके व्यक्तिगत संबंध भी रहे हैं। परंतु अपने इतिहास में वे यथासंभव संतुलित ढंग से इन सभी का मूल्याँकन करते हैं। जिनसे उनके मतभेद हैं, उन्हें और भी विस्तार से समझने की कोशिश करते हैं जैसे डॉ. नामवर सिंह को।

डॉ. नामवर सिंह की मूल्याँकन दृष्टि से चतुर्वेदी जी विशेषकर वहाँ अपने को सर्वथा अलग कर लेते हैं, जहाँ डॉ. सिंह प्रगतिवादी काव्य का मूल्याँकन करते हैं। 'कविता के नये प्रतिमान' में डॉ. नामवर सिंह ने बाबू केदारनाथ अग्रवाल की कविता को कोई विशेष महत्व नहीं दिया है। डॉ. रामस्वरूप चतुर्वेदी ने विशेषकर केदारनाथ अग्रवाल की कविता को प्रगतिवादी चेतना का सबसे सर्जनात्मक रूप माना है। उनकी

कविताओं से उद्धरण देकर डॉ. चतुर्वेदी ने अपने मत की पुष्टि की है।

डॉ. नामवर सिंह द्वारा अज्ञेय के अवमूल्यन पर भी डॉ. रामस्वरूप चतुर्वेदी ने अच्छी तरह ध्यान केंद्रित किया है और यह ध्वनित करने में संकोच नहीं किया है कि स्वातंत्र्योत्तर हिंदी कविता के शलाका पुरुष अज्ञेय ही हैं। बाद में तो डॉ. चतुर्वेदी ने प्रसाद, निराला, अज्ञेय की त्रयी को बीसवीं सदी की सबसे प्रमुख कवित्रयी घोषित किया है।

'नयी कविता' से डॉ. चतुर्वेदी का रिश्ता बहुत गहरा रहा है। ये 'नयी कविता' के महत्वपूर्ण आलोचकों में हैं। इस दृष्टि से यहाँ प्रयोगवाद एवम् नयी कविता के विकास का एक प्रामाणिक एवम् गहरा परिचय मिलता है। यहाँ वे बहुत दूर तक अज्ञेय की काव्य-संवेदना एवम् कवि व्यक्तित्व से प्रभावित नजर आते हैं। अज्ञेय की विराट् सर्जनात्मकता उन्हें प्रभावित करती है। काव्य, उपन्यास, कहानी, चिंतन, समीक्षा सभी विधाओं में अज्ञेय ने महत्वपूर्ण योगदान किया है। डॉ. चतुर्वेदी उसका मूल्याँकन उचित परिप्रेक्ष्य में प्रस्तुत करते हैं। फिर भी उनमें कहीं भी पक्षपात नहीं दिखता। अपनी मान्यताओं को वे सदा अपने तर्कों से प्रतिपादित करते हैं।

डॉ. चतुर्वेदी की यह कृति सर्वाधिक महत्वपूर्ण उनके भाषा-चिंतन के कारण बनती है। प्रस्तुत इतिहास में भी वे रचनाकारों का महत्व उनकी भाषिक क्षमता को दृष्टि में रखकर ही स्वीकार करते हैं। इसीलिए रघुवीर सहाय उनके लिए एक अत्यंत महत्वपूर्ण रचनाकार हैं, जिन्होंने अपनी एक अलग काव्य-भाषा ही विकसित की है। काव्य में बिंब, प्रतीक एवम् मिथक के उपयोग की भी गहरी पहचान चतुर्वेदी जी के इतिहास में देखने को मिलती है।

चतुर्वेदी जी की यह मान्यता भी कम महत्वपूर्ण नहीं है कि सर्जनात्मक व्यक्तित्व मूलतः स्वाधीन होता है। और जो स्वाधीन होता है वही दायित्व का भी अनुभव करता है। अज्ञेय के कृतित्व के मूल्याँकन में चतुर्वेदी जी ने इस दृष्टि का ही उपयोग किया है। ''अज्ञेय ने अपने कृतित्व में बुनियादी तौर पर मानव-व्यक्तित्व की इसी स्वाधीनता, सर्जनात्मकता और दायित्व को सूक्ष्म और प्रभावी रूप में अंकित किया है।'' इस प्रकार हम देखते हैं कि आधुनिक सर्जना में अज्ञेय की सर्जनात्मक स्वाधीन दृष्टि के महत्व को चतुर्वेदी जी ने खुले मन से स्वीकार किया है।

इस इतिहास-ग्रंथ का महत्व इस दृष्टि से भी पर्याप्त माना जाना चाहिए कि यह इतिहास के प्रति एक विकसित होती हुई खण्ड दृष्टि को पुनः एक समग्र दृष्टि की ओर मोड़ता है। डॉ. नगेंद्र द्वारा संपादित हिंदी साहित्य का इतिहास इस दृष्टि से कमजोर माना जाएगा कि उसमें अलग-अलग पक्षों पर अलग-अलग लेखकों की सामग्री है। अतः पूरी कृति में एक संगति का गहरा अभाव है। कहीं-कहीं परस्पर विरोध के स्वर भी हैं। इतिहास की अनेक दृष्टियाँ हो सकती हैं। होनी ही चाहिए, परंतु एक ही कृति के भीतर परस्पर विरोधी स्वरों से जो एक भगदड़ की स्थिति बनती है, वह सर्वथा अवांछित है।

ऊपर कहा गया है कि डॉ. चतुर्वेदी जी के इस इतिहास की आधार संवेदना काव्य-संवेदना है। इसका यह अर्थ कदापि नहीं है कि गद्य के विकास की सरणियों के अंकन में डॉ. चतुर्वेदी ने कोई कमी बरती है। नहीं, उन्होंने गद्य की सभी विधाओं का पूरे विस्तार एवम् गहराई से अध्ययन प्रस्तुत किया है। आलोचना, निबंध, उपन्यास, कहानी, नाटक सभी विधाओं का सविस्तार एवम् समुचित आकलन इस ग्रंथ में मौजूद है।

अंत में एक बात और। जैसा प्रारंभ में ही कहा गया—यह पुस्तक मात्र इतिहास की पुस्तक नहीं है। इसका एक रचनात्मक स्वर है जो पाठक को एक सर्जनात्मक कृति पढ़ने का आनंद देता है। इस इतिहास-लेखन की तैयारी डॉ. चतुर्वेदी की अपनी पूर्ववर्ती पुस्तकों में चुपचाप होती रही है। 'भाषा और संवेदना', 'सर्जन और भाषिक संरचना' और 'इतिहास और आलोचक दृष्टि'।

भाषा की जो संस्कारिता चतुर्वेदी जी के पास है, उसकी जरूरत यह हो जाती है कि उन्हें पढ़ने के लिए एक भाषिक धरातल अर्जित किया जाए। अन्यथा बहुत से वाक्य पाठक की चेतना के ऊपर ही ऊपर निकल जाएंगे। उदाहरण के लिए—

''अज्ञेय के संदर्भ में यह 'मौन' मितकथन है,

कहने और कहने के बीच अनकहना है, मौन ही अपने को दे देना है।''

''मुक्तिबोध के यहाँ टुकड़ों के बीच में बड़ी सघन कविता है पर कवि के पसारे में उसका प्रभाव कम हो जाता है।''

''हिंदी साहित्य के प्रसंग में एक रोचक अंतर्विरोध यह है कि मध्य कालीन साहित्य जहाँ अपने से उत्कृष्ट माना जाता है, वहाँ मध्यकालीन साहित्य-दृष्टि पिछड़ी हुई और प्रतिक्रियावादी समझी जाती है।''

ऐसे सैकड़ों वाक्य पूरी पुस्तक में बिखरे पड़े हैं। इस बिंदु पर दो बातों की ओर संकेत जरूरी है।

आचार्य रामचंद्र शुक्ल ने 'तुलसी की भावुकता' शीर्षक निबंध में लिखा है कि गोस्वामी तुलसीदास को रामकथा के किस प्रसंग में मार्मिकता है, इसकी अचूक पहचान थी। उन प्रसंगों में वे रमते थे। विस्तार और गहराई दोनों का अप्रतिम दर्शन उन स्थलों पर होता है।

मुझे लगता है डॉ. चतुर्वेदी भी वही दृष्टि अपनाते हैं। और वही दृष्टि आचार्य शुक्ल की भी थी। अंतर यह है कि डॉ. चतुर्वेदी पर मितकथन अधिक हावी है। सामान्य पाठक को इससे थोड़ी असुविधा हो सकती है। प्रसाद, निराला, प्रेमचंद्र, अज्ञेय पर उन्हें थोड़ा और थमना चाहिए था।

डॉ. चतुर्वेदी का यह इतिहास-ग्रंथ निश्चय ही हिंदी साहित्य के इतिहास को एक महत्वपूर्ण संपन्नता देता है। आचार्य शुक्ल के पश्चात् कोई भी प्रामाणिक इतिहास आया ही नहीं। डॉ. चतुर्वेदी ने अपने इस ग्रंथ के द्वारा इतिहासलेखन की एक बड़ी कमी को पूरा किया है।

इस ग्रंथ को जो व्यापक स्वीकृति पूरे हिंदी पाठक समाज द्वारा मिली है उसका प्रमाण तो उसके सात-सात संस्करणों से ही मिल जाता है। डॉ. रामचंद्र तिवारी जैसे प्रख्यात् समालोचक एवम् विद्वान् ने इस इतिहास ग्रंथ की भूरि-भूरि प्रशंसा की है।

बहुत से मार्क्सवादी आलोचकों ने इस ग्रंथ से असुविधा अनुभव की है, क्योंकि यह एक समग्र दृष्टि संपन्न रचना है। किसी-किसी ने तो अपनी बौखलाहट में यहाँ तक कह दिया कि यह इतिहास ही नहीं है। विडंबना यह है, इतिहास का इतना बखान करने वाले मार्क्सवादी आलोचक स्वयं कोई हिंदी साहित्य का इतिहास नहीं लिख सके।

डॉ. रामस्वरूप चतुर्वेदी की कृतियाँ

1. शरत् के नारी पात्र 1955
2. हिंदी साहित्य कोश (सह-सम्पादन) प्रथम और द्वितीय भाग 1958
3. हिंदी-नवलेखन 1960
4. आगरा जिले की बोली 1961
5. भाषा और संवेदना 1964
6. अज्ञेय और आधुनिक रचना की समस्या 1968
7. हिंदी साहित्य की अधुनातन प्रवृत्तियाँ 1969
8. कामायनी का पुनर्मूल्यांकन 1970
9. मध्यकालीन हिंदी-काव्यभाषा 1974
10. नयी कविताएँ : एक साक्ष्य 1976
11. कविता यात्रा : रत्नाकर से रघुवीर सहाय तक 1976
12. गद्य की सत्ता 1977
13. सर्जन और भाषिक संरचना 1980
14. इतिहास और आलोचक दृष्टि 1982
15. हिंदी साहित्य और संवेदना का विकास 1986
16. प्रसाद, निराला और अज्ञेय 1989
17. साहित्य के नये दायित्व 1991
18. कविता का पक्ष 1994
19. समकालीन हिंदी साहित्य : विविध परिदृश्य 1995
22. हिंदी गद्य : विन्यास और विकास 1996
21. तार सप्तक से गद्यकविता 1997
22. भारत और पश्चिम : संस्कृति के अस्थिर संदर्भ 1999
23. भाषा-संवेदना और सर्जन 1996
24. आधुनिक कविता-यात्रा 1998

जीवन राग और आस्था के कवि : केदारनाथ सिंह

अरविन्द त्रिपाठी

केदारनाथ सिंह उन थोड़े से कवियों में एक हैं जिन्होंने नयी कविता के दौर से अब तक अपनी काव्यात्मक ऊर्जा और अपनी एक निजी पहचान कायम रखी है। यह बात उनके समूचे कविकर्म के दौर में देखी जा सकती है। उनके अब तक प्रकाशित छः काव्य-संग्रहों 'अभी बिल्कुल अभी' (1959), 'जमीन पक रही है' (1980), 'यहाँ से देखो' (1984), 'अकाल में सारस' (1988), 'उत्तर कबीर और अन्य कविताएँ' (1995) और बाघ (1996) के आलोक में इस तथ्य की पड़ताल की जा सकती है कि कवि की काव्यात्मक ऊर्जा क्या है? आखिर केदारनाथ सिंह के भीतर वह कौन सी ताकत है जो उन्हें अपनी पीढ़ी के साथ कविता की कई पीढ़ियों के कवियों का सहचर और समकालीन बनाती है। इस तथ्य की गहराई से पड़ताल करने पर पता चलता है कि वे न केवल मातृभाषा के सच्चे कवि हैं बल्कि वे मातृजीवन के अद्भुत कवि हैं। अगर तुलना बहुत जरूरी हो तो जो काम रेणु अपने कथालेखन से करते हैं हूबहू वही काम केदार अपनी कविता में करते हैं। नयी कहानी की आँधी में जिस व्यक्तिवाद और कलावाद से रेणु अपने को बचाकर भारतीय ठेठ समाज और जीवन की सजल मन से खोज करते हैं, लगभग उसी अंदाज में केदारनाथ सिंह कहीं ज्यादा आत्मसंघर्ष झेलकर नयी कविता में अज्ञेय की आँधी के बीच अपना रास्ता खोजते हैं। इसीलिए केदार अपने आरंभ 'अभी बिल्कुल अभी' में ही अपनी अनंत संभावनाएँ प्रकट करते हैं। वे अपनी आरंभिक कविता में एक प्रश्न रखते हैं। यह प्रश्न सिर्फ युवा पीढ़ी का सवाल नहीं है कि वह अपना नन्हा गुलाब कहाँ रोपे। बल्कि उस दौर के युवा कवि का भी प्रश्न था वह अपना रास्ता कैसे अख्तियार करें–

छोटे से आँगन में
माँ ने लगाए हैं
तुलसी के बिरवे दो
पिता ने उगाया है
बरगद छतनार
मैं अपना नन्हा गुलाब
कहाँ रोप दूँ!
मुट्ठी में प्रश्न लिए
दौड़ रहा हूँ वन-वन
पर्वत-पर्वत
रेती रेती...
बेकार

(एक पारिवारिक प्रश्न)

व्यक्तिवाद के दलदल से निकलकर कविता के लिए आस्था कैसे तलाश की जाए यह केदारनाथ सिंह के कवि के सामने बुनियादी सवाल था। तीसरा सप्तक के वक्तव्य में भी इस चुनौती को वे स्वीकार करते हैं : "समाज के प्रगतिशील तत्वों और मानव के उच्चतर मूल्यों की परख मेरी रचनाओं में आ सकी

है या नहीं मैं नहीं जानता। पर उसके प्रति मेरे भीतर एक विश्वास, एक लालसा, एक लपट जरूर है जिसे मैं हर प्रतिकूल झोंके से बचाने की कोशिश करता हूँ करता रहूँगा।''

कहना न होगा लगभग आधी शताब्दी तक कविकर्म में शरीक होकर केदारनाथ सिंह ने अपनी कविता के जरिए समाज के 'प्रगतिशील तत्वों' और 'मानव के उच्चतर मूल्यों' की रक्षा के लिए निरंतर प्रयत्न किया है। उनकी कविता के बुनियादी सरोकारों में दो चीजें खास तौर से ध्यान देने की हैं; एक तो सबसे बड़ी चीज है जीवन में आस्था, अर्थात्—समाज में आस्था जो साधारण मनुष्य के समाज से निर्मित होती है। दूसरी चीज जो इस जीवन के लिए बहुत महत्त्वपूर्ण है वह है—जीवन राग। यह जीवन राग निराला जैसे महाकवि में विशाल है। केदार इस जीवन राग को निराला की परंपरा से अर्जित करते हैं। इस लिहाज से वे अपनी पीढ़ी के दुर्लभ और अकेले कवि हैं जो जीवन के राग को कविता में कभी बुझने नहीं देते बल्कि इसको बचाए रखने के लिए उन्होंने नयीकविता और उसके बाद की कविता में अकेले संघर्ष किया है। रघुवीर सहाय, श्रीकांत वर्मा, सर्वेश्वर यहाँ तक कि कुंवर नारायण तक अस्तित्ववाद की चपेट से अपने को बचा नहीं पाए। इन सबके यहाँ अस्तित्ववादी अकेलापन और व्यक्तिगत 'सिनिसिज्म' की आहटें मिलेंगी। पर केदार के पूरे काव्यलोक की पैमाइश कर डालिए आपको अस्तित्ववादी 'गुहा अंधकार' व्यक्तिगत 'सिनिसिज्म' कहीं नहीं मिलेगा। यहाँ तक कि 'कमरे का दानव' जैसी कविता में वह व्यक्तिवादी 'सिनिसिज्म' नहीं मिलेगा जो श्रीकांत वर्मा की अंतिम शरण स्थली थी।

केदारनाथ सिंह हमेशा अपने कवि के सामने जीवन की आस्था की सर्चलाइट फेकते हैं। इसके अलावा उनके कवि की मुक्ति नहीं। उनके भीतर आस्था की यह डोर इतनी मजबूत है कि वे कविता आंदोलनों की बाढ़ में कभी बहे नहीं। पानी चला गया पर वे अपनी जमीन पकड़े सीधे पैर खड़े रहे। अकविता ने साठोत्तरी पीढ़ी के अनेक प्रतिभाशाली कवियों को नष्ट किया। यहाँ तक कि मेरा मानना है कि सन् 67 के नक्सलवाद ने भी अनेक प्रतिभाशाली कवियों की ऊर्जा को अकारण स्खलित किया। आप गौर करिए केदारनाथ सिंह इस पूरे दौर में चुपचाप अपना रास्ता तय करते रहे। जो लोग उनके कविकर्म के दूसरे दौर को बंजरपन के रूप में आंकते हैं (क्योंकि 1959 के बाद उनका दूसरा संग्रह 'जमीन पक रही है' कोई बीस वर्षों बाद 1980 में प्रकाशित हुआ था) उन्हें कवि के आत्मसंघर्ष को समझना चाहिए। केदारनाथ सिंह सातवें दशक की कविता में जो अकेले संघर्ष कर रहे थे वह स्थिति नयी कविता के भीतर मुक्तिबोध जैसी ही है। और पीछे जाएँ तो छायावाद के भीतर निराला याद आते हैं। जैसे मुक्तिबोध नयी कविता के भीतर 'जड़ीभूत सौंदर्याभिरुचि' और व्यक्तिवाद के 'क्लोज-सिस्टम' से लड़ रहे थे उसी तरह केदारनाथ सिंह एक ओर अकविता जनित अराजकता और दूसरी तरफ़ नक्सलवाद प्रेरित गुरिल्ला छाप कविताओं की अतिक्रांतिकारिता से। इन क्रांतिकारी कवियों को इलहाम था कि क्रांति बस दरवाजे तक आ चुकी है लिहाजा कविता के दरवाजे खोल दो।

केदारनाथ सिंह की कविता ने सामाजिक परिवर्तन के लिए ऐसी हड़वड़ी नहीं दिखाई। एक लम्बे अंतराल के बाद 'जमीन पक रही है' संग्रह की कविताओं ने जैसे इशारा किया कविता यहाँ है। गहराई से विचार किया जाए तो कहा जा सकता है कि सन् 80 से हिंदी की कविता में जो मूलभूत बदलाव आया उसके केंद्र में केदारनाथ सिंह की कविता के दूसरे दौर का संघर्ष बहुत महत्त्वपूर्ण है। हिंदी कविता की जो जमीन बाँट-बटवारे से उजड़ गई थी उसे केदारनाथ सिंह की कविताओं ने जैसे फिर जोत बोकर हरा भरा किया और कहा जमीन पक रही है। 'जमीन पक रही है' की कविताएँ न केवल हिंदी कविता की वास्तविक जमीन की ओर इशारा हैं बल्कि केदारनाथ सिंह के कविकर्म का वास्तविक सरोकार भी। यह सरोकार कविता और मनुष्य के रिश्ते की खोज के साथ, कविता और प्रकृति और प्रकृति और प्रकृति तथा मनुष्य के अन्योन्याश्रित संबंध की भी खोज का है। सन् 80 के आसपास जड़ों की ओर लौटती कविता की बात कही गई। पर कविता में जड़ की खोज कोई हवाई सर्वेक्षण नहीं है। वही कविता जड़ की खोज कर सकती है जो भारतीय समाज, मनुष्य, प्रकृति के लोक को

अपने भीतर समाहित करने की ताकत रखती हो। केदारनाथ सिंह की कविता के आरंभ में ही लोक जीवन की गूँज भरी हुई है। जिस रागतत्व की मैंने चर्चा की है वह उन्होंने भारतीय लोक परंपरा से अर्जित किया है। पर परंपरा का अर्जन उन्होंने आधुनिक और प्रगतिशील जीवनानुभवों के पुनरीक्षण से अर्जित किया है। इस लिहाज से देखा जाए तो उनकी कविता प्रगतिशील धारा के महत्त्वपूर्ण स्तंभ निराला, नागार्जुन, त्रिलोचन, केदारनाथ अग्रवाल के बाद की कविता का एक सार्थक मोड़ है, बल्कि एक समर्थ आवाज है। वे अपनी कविता में निराला की तरह गहरी जीवनासक्ति, नागार्जुन और त्रिलोचन की तरह ठेठ देसी मिजाज और जीवंत स्थानीयता, केदारनाथ अग्रवाल की तरह लोक जीवन के उल्लास के कवि हैं। इस दृष्टि से उनकी कविता में प्रगतिशील धारा की संपूर्ण आवाजें बहुत भद्र स्वर में सुनाई पड़ती हैं। हाँ, प्रगतिशील कवियों का क्राँतिकारी तेवर उनमें नहीं है। उनकी परिवर्तन कामी कविताओं का तेवर बहुत 'वोकल' नहीं है।

केदारनाथ सिंह की काव्य संवेदना को समझने के लिए त्रिलोचन की कविता कुंजी की तरह है। आकस्मिक नहीं कि त्रिलोचन केदारनाथ सिंह के प्रिय कवि हैं। केदारनाथ सिंह उन्हें अपना काव्य गुरु मानते हैं। वह त्रिलोचन को अपना काव्यगुरु क्यों मानते हैं यह तथ्य सिर्फ आस्था का नहीं बल्कि केदारनाथ सिंह के काव्य सरोकार और उनके कवि के स्वभाव का भी है। जिस तरह त्रिलोचन की कविता लोक जीवन के गहरे स्वाद से फली-फूली है उसी तरह केदार का समूचा काव्य भूगोल, स्वाह रूप, रस, गंध यहाँ तक कि हवा और पानी भी भोजपुरी समाज के पिछड़े मनुष्य की धड़कन से निर्मित हुआ है। त्रिलोचन के नगई महरा, फेरू कहार और केदारनाथ सिंह के हल जोतने वाले लाल मोहर, झपसी के स्वभाव में बुनियादी फर्क नहीं है। इसलिए केदार उसी जमीन की उपज हैं जिस जमीन की उपज त्रिलोचन हैं। अगर त्रिलोचन और केदार में फर्क ही ढूढ़ना हो तो कहा जा सकता है त्रिलोचन पश्चिम की ओर हमेशा पीठ किए कविता लिखते हैं अपनी अनुभूति और अभिव्यक्ति में पूरे ठेठ देशज, पारंपरिक भारतीय कवि, जबकि केदार अनुभूति के स्तर पर ठेठ देसी मिजाज के होने के बावजूद पश्चिम की ओर अपनी कविता की खिड़कियाँ खुली रखते हैं। वे निराला, नागार्जुन, त्रिलोचन को बहुत चाहते हुए भी ब्रेख्त, रिल्के से भी अपनी काव्यात्मक हिकमतें सीख सकते हैं। पर अपनी काव्य संवेदना में वे सच्चे खरे देसी मिजाज के ही कवि ठहरते हैं।

परमानंद श्रीवास्तव ने हालाँकि केदारनाथ सिंह की काव्य संवेदना की शिनाख्त करते हुए कहा है : ''केदारनाथ सिंह शायद हिंदी के समकालीन काव्य परिदृश्य में अकेले ऐसे कवि हैं जो एक ही साथ गाँव के भी हैं और शहर के भी।'' पर सच्चाई यह है कि केदार बुनियादी तौर पर आरंभ से अंत तक गाँव के कवि हैं। कम से कम 'उत्तर कबीर और अन्य कविताएँ' संग्रह की कविताएँ यह सिद्ध करती हैं कि केदार की कविता का मूल और बुनियादी स्वभाव और संस्कार ग्रामीण है। उनकी कविता में शहर की उपस्थिति रेलवे स्टेशनों पर ट्रेन-हाल्ट की तरह है। उनकी काव्य संवेदना शहर में ठहर नहीं पाती बस ट्रेन की तरह गुजर भर जाती है। किसी का गुजरना उस जगह को जानना नहीं होता। वे 'गाँव आने पर' कविता में जो तकलीफ़ बयान करते हैं उसके पीछे गाँव से न छूट पाने की पीड़ा ही है जो एक बूढ़े पक्षी की तरह बार-बार उन्हें मातृहार की ओर उड़ाती है—

अब आ तो गया हूँ
पर क्या करूँ मैं?
एक बूढ़े पक्षी की तरह लौट लौटकर
मैं क्यों यहाँ चला आता हूँ बार-बार?
पृथ्वी पर ऊब क्या उतनी ही पुरानी है जितनी
दूब?

× × ×

जो मेरे नहीं हैं
आख़िर वे भी तो मेरे ही हैं
चाहे जहाँ भी रहते हों
फिर क्यों यह ज़िद
कि यही यही
सिर्फ़ यही मेरा घर है?

× × ×

अपनी सारी गर्द
और थकान के साथ
अब आ तो गया हूँ

पर यह कैसे साबित हो कि उनकी आँखों में
मैं कोई तौलिया या सूटकेस नहीं
मैं ही हूँ

× × ×

छू लूँ किसी को?
लिपट जाऊँ किसी से?
मिलूँ
पर किस तरह मिलूँ
कि बस मैं ही मिलूँ
और दिल्ली न आए बीच में

उनकी इधर की कविताओं को देखकर लगता है कि वे ग्रामीण जीवन की स्थितियों, चीजों की पुनर्व्याख्या भी लगातार कर रहे हैं। उनकी कविता का बहुल क्षेत्र गाँव आज उसी तरह का गाँव नहीं रह गया है जो साठ के दशक में और अस्सी के दशक में उनकी कविता में उपस्थित था। माँझी का पुल, बैल, बढ़ई और चिड़िया, सूर्य, जमीन, बोझे, दाने से मिला जुला गाँव और 'उत्तर कबीर और अन्य कविताएँ' संग्रह के गाँव में खासा फर्क है। धर का विचार, गूंज, कुदाल, कुँए, विकास कथा, खुलेपन में पहिया जैसी कविताओं में यह बदलाव देखा जा सकता है। पहले गाँव को लेकर कवि में अतीत राग था लेकिन अब वह वर्तमान समय, समाज, राजनीति और अर्थव्यवस्था से नंगी भिड़ंत के बाद यथार्थ बोध में बदल गया है। केदार के गाँव बोध में यह परिवर्तन उनमें यथार्थवादी चेतना के विकास से संभव हुआ है। जो लोग केदारनाथ सिंह को ग्रामीण संवेदना के तहत महज स्मृति राग और नॉस्टेल्जिया का कवि मानते आ रहे हैं उन्हें 'माँझी का पुल', 'बढ़ई और चिड़िया' के बरक्स कुदाल और कुँए जैसी कविताएँ पढ़नी चाहिए। मेरा ख्याल है कि ग्रामीण जीवन के यथार्थ पर 'कुदाल' और 'कुँए' जैसी कविता लिखी नहीं गई है—

और सोचकर काँपने लगता हूँ
उन्हें कैसा लगेगा एक दिन अचानक पता चले
वहाँ नहीं है माँझी का पुल!
मैं खुद से पूछता हूँ
कौन बड़ा है
वह जो नदी पर खड़ा है माँझी का पुल
या वह जो टंगा है लोगों के अंदर?

(मांझी का पुल : 1979)

मेरे लिए मेरी सदी का सबसे कठिन सवाल
कि क्या हो - अब क्या हो कुदाल का
क्योंकि अँधेरा बढ़ता जा रहा है
और अंधेरे में धीरे-धीरे बढ़ता जा रहा था
कुदाल का कद
और उसे दरवाजे पर छोड़ना खतरनाक था
सड़क पर रख देना असंभव
मेरे घर में कुदाल के लिए भीतर जगह नहीं

(कुदाल : 1995)

कुँए क्या हुए?
उस बस्ती में जहाँ कुँओं को लेकर
एक भयानक चुप्पी थी
मैंने लोगों से पूछा
कुँओं को ढँक लिया घास ने
किसी एक ने उतर दिया
जिसने उत्तर दिया उसका चेहरा
लगभग अदृश्य था
क्यों, कुँओं ने क्या बिगाड़ा घास का?
मैंने पूछा
बिगाड़ा कुछ नहीं
बस घास का फैसला
कि अब कुँए नहीं रहेंगे

(कुँए : 1995)

गौर किया जाए तो कुदाल और कुँए भारतीय ग्रामीण जीवन में किसान और खेतिहर मजदूर के जीवन और उनकी संस्कृति पर बढ़ते संकट की अत्यंत प्रश्नोत्तेजक कविताएँ हैं। इन कविताओं के बहाने जैसे कवि पूरी व्यवस्था को पलट कर नई उपभोक्ता संस्कृति से सवाल पूछ रहा है कि इस देश के किसानों, मजदूरों का क्या हो? उनके कुदाल, कुँए का क्या किया जाए? कभी यह प्रश्न अपनी कविता के जरिए निराला ने छायावाद के दौर में उठाया था और बादल राग जैसी अनेक कविताएँ लिखकर इस देश में किसान संगठन की बात की थी।

जाहिर है इन दोनों कविताओं के प्रश्न लगभग

एक हैं। स्थिति यह है कि नयी आर्थिक नीति के चलते देश में पूंजीवाद और उपभोक्तावाद की जो हवा चली है वहाँ कुदाल यानी देसी श्रम की कोई अहमियत नहीं। एक तरह से देखा जाए तो कुदाल न केवल औसत श्रमजीवी का प्रतीक है बल्कि श्रमजीवन से उपजी श्रम संस्कृति का भी प्रतीक है, जिसके लिए घर में ही नहीं इस देश की श्रम व्यवस्था में भी अब कोई जगह नहीं है। दूसरी ओर कुँए यानी हमारी किसान जीवन की लोक संस्कृतियाँ, जो हमारे जीवन की रसवाहिनियाँ भी हैं उनके स्रोतों को आधुनिक सभ्यता की फैलती घास ने न केवल ढक लिया है बल्कि जगह-जगह उनकी धाराओं को अवरुद्ध करके पाट भी दिया है। दरअसल आप जिन कुँओं को लेकर चिंतित हैं उनकी जगह आज हैण्ड पम्प और वोरिंग ने ले ली है पर कवि की निगाह में ये विलुप्त होते कुँए संस्कृति के विलुप्त होते कूप हैं। मेरा ख्याल है कि इस लिहाज से उपभोक्तावादी समाज के दौर में फैली अपसंस्कृति के अपसरण के विरुद्ध तीव्र हस्तक्षेप की ये दोनों कविताएँ बेमिशाल हैं। खासतौर से इन दोनों कविताओं की प्रतीक योजना जिसके लिए केदारनाथ सिंह सिद्धहस्त हैं, अद्भुत है।

इन दोनों कविताओं की व्याख्या इसलिए जरूरी थी कि पाठक यह समझ सके कि केदारनाथ सिंह सिर्फ अतीत राग, स्मृति और सीन क्लोजप के कवि नहीं हैं, उनकी कविता में गाँव सिर्फ बाइस्कोप नहीं है बल्कि उसकी जगह ग्रामीण जीवन के भीतर आए तीव्र बदलाव और आसन्न संकटों के विरुद्ध भी कवि की आवाज सतर्क है। इसलिए मैं कहना चाहूँगा कि केदारनाथ सिंह का लोक जीवन के प्रति दृष्टिकोण अन्वेषण का है महज अतीत राग का आलाप या लोक जीवन के बखान का नहीं है।

केदार बुनियादी तौर पर किसान जीवन और संवेदना के कवि हैं इसीलिए उनकी कविताओं का पूरा मिजाज, परिवेश, किसान संस्कृति की उपज लगता है। उनकी ज्यादातर काव्य चिंताएँ किसान चिंताएँ हैं। खेतीबारी से लेकर माल-असबाब घर-दुआर तक। चूँकि भारतीय किसान का औसत चेहरा होरी का ही है जो कड़ियल जुझारू तो है पर क्रांतिकारी नहीं, केदार किसान के इस स्वभाव से परिचित हैं इसलिए उनकी ज्यादातर किसान जीवन की कविताओं में किसान चेतना या किसान विद्रोह की आहटें नहीं हैं। वे भारतीय किसान की नियति प्रेमचंद की तरह बखूबी जानते हैं इसलिए दुख, यातना, अवसाद को ज्यादातर शब्द देते हैं। केदारनाथ सिंह इस प्रसंग में खुद स्वीकार करते हैं : "दरअसल मुझे लगता है कि मेरे भीतर एक सहज किसान के लगाव काम करते हैं और यह अकारण नहीं कि उससे जुड़े हुए अनेक संकेत शायद मेरी रचना में ढूँढ़े जा सकते हैं।" (केदारनाथ सिंह से बातचीत : मेरे समय के शब्द)

केदारनाथ सिंह की कविता का दूसरा रिश्ता प्रकृति और मनुष्य के अंतःसंबंधों का है। इस लिहाज से केदार विरल कवि हैं। पर प्रकृति का चित्रण करते हुए वे विशुद्ध प्रकृति के चितेरे कवि नहीं हैं, बल्कि हर बार वे प्रकृति को मनुष्य के साथ जोड़ते हैं। कई बार वे प्रकृति का निराला की तरह वस्तुवादी इस्तेमाल भी करते हैं। यह प्रकृति उनकी कविता में शुरू से लेकर आज तक समान धारा के रूप में प्रवाहित है। बारिश के दो दृश्य देखिए :

जब वर्षा शुरू होती है
कबूतर उड़ना बंद कर देते हैं
गली कुछ दूर तक भागती हुई जाती है
और फिर लौट आती है
मवेशी भूल जाते हैं चरने की दिशा
और सिर्फ रक्षा करते हैं उस धीमी गुनगुनाहट
की
जो पत्तियों से गिरती है
सिप् सिप् सिप् सिफ्

(जब वर्षा शुरू होती है)

गधा अभी भी उसी तरह खड़ा था
सिर्फ उसके जबड़े
कुछ और सख्त हो गए थे
कुछ और मोटे
कुछ और बेडौल
गधा इतना भीग चुका था
कि अब यह
उस पूरे दृश्य के
नायक की तरह लग रहा था

(बारिश)

अब इस पूरे दृश्य पर गौर करें। पूरी कविता में बारिश

के भीतर एक गधा भीग रहा है। साधारण तौर पर बारिश का यह एक दृश्य-चित्र है, जिसमें बारिश का आनंद लिया जा सकता है। पर गधे की बारिश में उपस्थिति एक-दूसरे कोण से समय में लगातार भीगते, प्रतिरोध करते एक साधारण आदमी की यातना का भी मार्मिक वृतांत है। कवि यहाँ प्रकृति से मनुष्य के रिश्ते को जोड़कर यातना का वृतांत दर्ज कर रहा है। प्रकृति और मनुष्य का सघन रूप 'अकाल में सारस' संग्रह में उपस्थित है। केदार प्रकृति के विराट संसार को गाँव की संस्कृति में चित्रित करते हैं। बाढ़, अकाल, सूखा, बारिश, नदी, नाले, सीवान, लहलहाती फसलें, कटे उजाड़ खेत, बाग-बगीचे, अकाल में दूब, अकाल में सारस। खेत की मेड़ पर हल को अपनी नन्हीं चोच से उठाने का प्रयास करती चिड़िया, काठ में छेद करता कठ फोड़वा, बिलों में झुण्ड के साथ लौटती चींटियाँ, धान की मंजरिया, सीवान पर स्यारों के फेकरने की समवेत आवाजें, भयानक सूखे से घिरे उदास खड़े एक-दूसरे को ताकते मवेशी, परती पड़े खेत, अकाल में चीखते सारसों की केक्रार ध्वनियाँ, ज्वार की लटकी हुई थैलियों को चीरती दौड़ती गाय, आम के पेड़ में न लगते आम के बौर, बनारस में गंगा नदी के तट, जहाँ खरबूजों की खुशबू के बीच रखी लाश, लम्बी जटाओं वाला दढ़ियल प्रेमी बूढ़ा बरगद, खेतों में कटती फसलें हैं, बंधते हुए बोझे हैं, खेतों में चरते मेमने हैं, खलिहान में पड़े अनाज के दाने हैं जो मंडी न जाने की जिद में अड़े हुए हैं, ऐसे सैकड़ों प्राकृतिक रूप-विधान हैं जहाँ पूरब की मिट्टी के साथ पूरब की प्रकृति भी बोलती है।

केदारनाथ सिंह की खूबी यह है कि वे प्राकृतिक उपादान सायास नहीं लाते बल्कि किसान जीवन की उमंग, हर्ष विषाद के बीच इन्हें सलीके से धर देते हैं। इसीलिए उनकी प्रकृति दृष्टि सजीव लगती है जो मनुष्य की जीवन दृष्टि से विकसित हुई है। 'सूर्यास्त के बाद एक अँधेरी बस्ती से गुजरते हुए' कविता में प्रकृति और मनुष्य को इन पंक्तियों में देखिए :

भर लो
दूध की धार की
धीमी-धीमी चोटें
दिये की लौ की पहली कँपकँपी
आत्मा में भर लो

अकाल के बाद के दृश्य पर नागार्जुन ने एक अत्यंत प्रभावशाली कविता लिखी है। इस कविता के बरक्स केदार का यह अकाल दृश्य कम वेहाक नहीं है—

भयानक सूखा है
पक्षी छोड़कर चले गए हैं
पेड़ों को
बिलों को छोड़कर चले गए हैं चींटे
चींटियाँ
देहरी और चौखट
पता नहीं कहाँ-किधर चले गए हैं
घरों को छोड़कर
भयानक सूखा है
मवेशी खड़े हैं
एक दूसरे का मुँह ताकते हुए

(अकाल में दूब)

केदार केवल उल्लास और सुबह की उजली धूप के ही कवि नहीं हैं, वे प्रकृति और मनुष्य को एक दूसरे का सहचर बनाते हुए अक्सर प्रकृति के भीतर मानवीय करुणा की गहरी आवाज पैदा करते हैं। इसीलिए उनकी कविता में जितना उदास किसान है उतनी ही उदास प्रकृति भी है—

रात-भर बहती रही यमुना
चमकते रहे तारे रात-भर
और रोता रहा वह
जो कई बार एक कुत्ता था
कई बार एक आदमी
और मेरे अंदर बजती रही
सरपत के सूखे पत्तों की तरह
मेरी बची हुई करुणा
झन्...झन्...झन्...झन्

(बची हुई करुणा)

यहाँ सूखे सरपत के बजने की आवाज के साथ मनुष्य के भीतर बची हुई करुणा का विन्यास प्रकृति और मनुष्य के भीतर एक साथ बह रही उदास लय को पकड़ने की दुर्लभ कोशिश है। केदार प्रकृति की हर लय को मानवीय धड़कन से जोड़ने की कोशिश करते हैं। यह कोशिश समकालीन कविता के भीतर प्रकृति और मनुष्य के बीच अनुपस्थित संवाद को फिर

से जोड़ने की है।

केदार प्रकृति और मनुष्य के रिश्ते के साथ ही साथ प्रेम और सौंदर्य बोध के भी अप्रतिम कवि हैं। प्रेम और सौंदर्य का जितना रुपहला चेहरा वे प्रस्तुत कर पाते हैं वैसा चेहरा उनके समकालीन कवियों में दुर्लभ है। उनकी सौंदर्य की सूक्ष्म अन्वेषण दृष्टि का उदाहरण सिर्फ शमशेर से दिया जा सकता है। शमशेर के यहाँ विशुद्ध सौंदर्य की जो अक्षय छवि मौजूद है लगभग उसी अंदाज में सौंदर्य को विशुद्धता के आलोक में केदार पकड़ने की क्षमता रखते हैं। उनकी इस असाधारण क्षमता को देखकर कई प्रगतिशील आलोचक आशंका कर बैठते हैं कि केदार रूपवादी और कलावादी हैं। जबकि सच्चाई यह है केदार के सौंदर्य बोध में रूप और कला के मानदण्ड मनुष्य जीवन से तय होते हैं। वे सौंदर्य को जिस कदर मानवीय रूपाकार देते हैं वह दरअसल साधारण जीवन के मनुष्य में छिपे सौंदर्य को उद्घाटित करने का प्रयत्न है। टमाटर बेचने वाली बुढ़िया, नदी, वसंत, चट्टान को तोड़ो वह सुंदर हो जाएगी जैसी कविताएँ इस सौंदर्य दृष्टि के नायाब उदाहरण हैं।

वह टमाटर बेच रही थी
मुझे टमाटरों की रोशनी में
उसका लहकता हुआ चेहरा दिखाई पड़ता है
वह माँ का चेहरा है—मैं खुद से कहता हूँ
मुझे गोर्की की माँ बेतरह याद आ रही है
गहरे सुर्ख टमाटर/उसकी टोकरी में भरे हैं
धूप टमाटरों को चाकू की तरह चीर रही है
टमाटरों के अंदर बहुत सी नदियाँ हैं
और अनेक शहर जिन्हें बुढ़िया के अलावा
कोई नहीं जानता

(टमाटर बेचने वाली बुढ़िया)

चट्टान को तोड़ो
वह सुंदर हो जाएगी
उसे और तोड़ो सुंदर हो जाएगी
× × ×
अब उसे फिर से उठाओ
अब की ले जाओ किसी नदी या
समुद्र के किनारे
छोड़ दो पानी में
उस पर लिख दो अपना नाम
जो तुम्हारे अंदर गूँज रहा है
वह नाव बन जाएगी

(चट्टान को तोड़ो वह सुंदर हो जाएगी)

केदार सौंदर्य प्रिय कवि क्यों हैं? क्या उनकी सौंदर्य दृष्टि यथार्थ बोध में आड़े आती है? वे यथार्थ को किस आँख से देखते हैं? ये सारे सवाल उनकी सौंदर्य सृष्टि पर टिक जाते हैं। कई आलोचकों का मानना है कि सौंदर्य की दृष्टि के लिए केदार कविताओं को बराबर गढ़ते हैं। उस सुनार की तरह जो जेवर बनाते समय बहुत महीन चोट के साथ गहने को सुंदर शक्ल देता है। केदार में अनगढ़ सौंदर्य नहीं है। जैसा नागार्जुन में है। इसलिए सौंदर्य के आलोक में यथार्थ छिप जाता है। इस परिप्रेक्ष्य में विचार किया जाए तो कविता में वही यथार्थ कारगर साबित होता है जो छिपा हुआ होता है। जो यथार्थ ऊपर-ऊपर दिखाई देता है वह बाह्य यथार्थ हो सकता है। वस्तु का आंतरिक यथार्थ तो कविता के आंतरिक संधि स्थलों में समाहित होता है। यथार्थ के सबसे सधे कवि मुक्तिबोध की कविताओं में यथार्थ बाहर से नहीं झलकता वह अंदर कविताओं की काली चट्टान के भीतर छिपा होता है। केदार अपनी हिकमत के यथार्थ को ऊपर आने नहीं देते पर कविताओं के भीतर यथार्थ जगह-जगह उठा होता है। उनकी प्रसिद्ध कविता 'रोटी' को लेकर काफी बहस हुई। कुछेक लोगों ने कहा रोटी को केदार जी ने इतना सुंदर बना दिया है कि उसे देखा भर जा सकता है खाया नहीं जा सकता। पर विचार करने की बात है कि रोटी का यथार्थ दरअसल जीवन के रस से निर्मित है। इसलिए मेरी दृष्टि में रोटी से जीवन रस गायब नहीं किया जा सकता। अगर कवि जीवन यथार्थ को जीवन का सौंदर्य बनाकर पेश करता है तो इसमें कलावाद कहाँ है—

आप विश्वास करें
मैं कविता नहीं कर रहा
सिर्फ आग की ओर इशारा कर रहा हूँ
वह पक रही है
और आप देखेंगे—यह भूख के बारे में
आग का बयान है
जो दीवारों पर लिखा जा रहा है

सौंदर्य के बरक्स प्रेम की अनुभूति केदार के कविकर्म का प्रिय विषय रही है। जिस तरह गाँव उनकी कविता में शुरू से आखिर तक मौजूद है उसी तरह प्रेम की उपस्थिति भी। केदार की कविताओं में गीतिधर्मी संवेदना का प्रस्फुटन प्रेम की अनुभूतियों के कारण संभव हुआ। शुरू में उनके पास प्रेम की अनुभूतियों को व्यक्त करने के लिए पूर्वी समाज की देसी लय थी। यह लय उनके गीतों में देखी जा सकती है। केदार ने शुरू में गीत लिखे बाद में गीतों से मुँह मोड़ लिया। क्यों? इसके बारे में वे बार-बार दुहराते हैं कि गीतों में अनुशासन की बड़ी सख्त पहरेदारी है। कविता फार्म की पहरेदारी स्वीकार नहीं करती। पर यह तथ्य इतिहास में दर्ज करना पड़ेगा कि केदार की आरंभिक पहचान एक गीतकार के रूप में प्रकट हुई। साठ के दशक में लिखे गए उनके गीत जनकंठ में अमर हैं। उनको भूल कर केदार की छवि बनाना मुश्किल काम है। दरअसल वे ज्यादातर प्रेमगीत हैं। कैशोर्य आवेग से जनित प्रेम के सरल सहज रूप। उन गीतों के टटके बिम्ब और प्रतीक आज भी ताजे लगते हैं—धारोष्ण की तरह उनकी आरंभिक प्रेम कविताओं में लोक जीवन की प्रेम संवेदना की इतनी सरल, निश्चल आहट है कि पाठक इन कविताओं को भूल नहीं पाता। उस दौर की सिर्फ 'तुम आयीं' कविता का उदाहरण पर्याप्त होगा। इस कविता में जितनी सहजता है उतना ही प्रेम का आवेग भी—

> तुम आयीं/जैसे छीमियों में धीरे-धीरे
> आता है रस
> जैसे चलते-चलते एड़ी में
> कांदा जाए धंस
> तुम दिखीं
> जैसे कोई बच्चा सुन रहा हो कहानी
> तुम हँसी
> जैसे तट पर बजता है पानी
> तुम हिलीं
> जैसे हिलती है पत्ती
> जैसे लालटेन के शीशे में/काँपती हो बत्ती
>
> (तुम आयीं : 1967)

कालान्तर में केदारनाथ सिंह की प्रेम कविताओं का भूगोल बदल गया। गाँव के परिवेश से निकलकर उनकी प्रेमानुभूति शहर का हवा पानी लेने लगी। फलतः अनुभूतियों में सहजता गायब होने लगी। भाषा का लोकल कलर शहरी जीवन के अभिजात्य में तिरोहित हो गया। ऐसा नहीं कि शहरी मनोलोक की उनकी प्रेम कविताएँ विशिष्ट नहीं हैं, पर उनमें सहजता नहीं है। कालान्तर में लिखी हाथ, जाना, जो एक स्त्री को जानता है, उस शहर में जो मौलसिरी का पेड़ है जैसी प्रेम कविताओं में उनकी बदली प्रेम संवेदना का जायजा लिया जा सकता है। पहले की प्रेम संवेदना में भावुकता और सहजता थी बाद की प्रेम कविताओं में वाक् चातुर्य और नफासत है—केदार श्रीकांत की तरह प्रेम विफलता के कवि नहीं हैं। इसलिए वे प्रेम के पॉजीटिव रूप को अभिव्यक्त करते हैं। श्रीकांत प्रेम की विफलता से खीझ कर स्त्री से बदला लेते हैं पर केदार स्त्री को हमेशा वह जगह देते हैं जिसकी वह हकदार है। वे अपनी एक प्रेम कविता में सच कहते हैं--

> मैं इस दुनिया को
> एक पुरुष की सारी वासना के साथ
> इसलिए प्यार करता हूँ
> कि मैं प्यार करता हूँ
> एक स्त्री को
>
> (उस शहर में जो एक मौलसिरी का पेड़ है)

कविता के एक ऐसे दौर में जब यथार्थ की झोंक में प्रेम और सौंदर्य को लगभग काव्य से बहिष्कृत कर दिया गया हो केदार की सौंदर्य और प्रेम की कविताएँ पढ़ते हुए लगता है कविता से प्रेम का निष्कासन संभव नहीं। केदार के काव्य का एक प्रिय शब्द है 'मुलायम', कविता में यह मुलायमियत केदार ने प्रेम और सौंदर्य की सघन अनुभूति से अर्जित की है। अगर उनकी कविता में सूक्ष्म संकेत, सघन एन्द्रिक बिम्ब, ताजे उपमान भरे पड़े हैं तो इसीलिए कि उन्होंने कविता को बहुत इत्मीनान का काम माना है। उनमें अभिव्यक्ति की हड़बड़ी नहीं है बल्कि अभिव्यक्ति का अद्‌भुत संयम है। यह संयम किसी भी पीढ़ी के कवि के लिए आदर्श है।

अंत में केदार की काव्य तकनीक के बारे में इशारा करना चाहूँगा। उन्होंने अपनी सुदीर्घ काव्य यात्रा में कविता के लिए हमेशा नयी से नयी भाषा

गढ़ी है। भाषा की चमक उनके यहाँ सबसे ज्यादा है। खड़ी बोली में ठेठ जीवन के शब्दों, खासतौर पर भोजपुरी इलाकों में बोली जाने वाली लोकभाषा, मुहावरों का जितना सहज और प्रभावशाली चेहरा उजागर किया है वह दरअसल, उनका मातृभाषा प्रेम है। चूंकि उनकी कविता लोक का प्रतिबिम्ब है इसलिए उनकी काव्य तकनीक में प्रगति और कथात्मकता का गहरा समिश्रण है। इसीलिए उनकी ज्यादातर कविताएँ कथात्मक हैं। प्रायः उनकी कविताएँ जीवन के किसी अनुभव, कोई बात, कोई घटना से आरंभ होकर धीरे-धीरे बढ़ती हैं। बीच-बीच में प्रतीक और सघन बिम्बों की मालाएँ उन्हें वर्णनात्मकता से बचाती हैं पर उनका सम्बोधन शुरू से अंत तक 'डायलाग' करता है। इस काव्य तकनीक को केदार ने बहुत कौशल से विकसित किया है। यह तकनीक उनकी कविता का अब प्रिय मुहावरा बन चुका है। समकालीन कविता के भीतर यह मुहावरा अनेक युवा कवियों का कंठहार भी है। पर केदारनाथ सिंह जैसे समर्थ-टेकनीक प्रिय कवि के लिए यह मुहावरा अब तक रूढ़ि बन गया है। जब मुहावरा रूढ़ि बनने लगे तो कवि को अपनी मूर्ति ढहाकर एक नयी मूर्ति गढ़नी चाहिए। उम्मीद है उनकी आगामी कविता उन्हें इस शैली से निजात पाने के लिए बेचैन करेगी।

अंत में केदारनाथ सिंह सिर्फ अपनी पीढ़ी के बीच नहीं बल्कि इधर की कविता की अनेक नयी पीढ़ियों के बीच अकेले सेतु कवि हैं जिनकी वाजिब चिंता है—

जो सड़ांध है
और जाहिर है कि बहुत कुछ है
जो सड़ रहा है
क्या मैं उसे बचा सकता हूँ
कविता लिखकर?

पुरस्कृत-कृति

सृजन की आग में लोक वेदना की लपट

कृष्णदत्त पालीवाल

लगभग चार दशकों से केदारनाथ सिंह का काव्य कबीराई सहजता, काव्य व्यक्तित्व में खुलेपन तथा समकालीन सर्जनात्मकता में नए काव्य मुहावरे के बारे में पाठकों को आकर्षित करता रहा है। बहुत कम कवि व्यक्तित्व ऐसे होते हैं जो अपने से बाद की नई पीढ़ी पर अपनी सृजन छाप छोड़ते हैं। केदारनाथ सिंह ऐसे ही महत्त्वपूर्ण कवियों में से हैं जिनकी सृजन प्रेरणा की शक्ति से धूमिल से लेकर राजेश जोशी तक की पीढ़ी ने नया सृजनप्रकाश पाया है। प्रश्न उठता है कि इस काव्यानुभूति और काव्यानुभव में ऐसा निज का मौलिक-विशेष क्या है जिसे मूल्यवान कहा जा सके? केदारनाथ सिंह के काव्य व्यक्तित्व के संबंध में यह प्रश्न धार-दार इसलिए भी है कि वे गीतों के सृजन से शुरू हुए थे और आज गद्य कविता के विधान को परिष्कृत करने में योग दे रहे हैं। कहना न होगा कि इस यात्रा की विकास गतियों, संभावनाओं, प्रश्नाकुलताओं और चुनौतियों का एक गौरवशाली सृजन इतिहास है। एक ऐसा सृजन इतिहास जिससे बहुत कुछ सीखा और समझा जा सकता है।

केदारनाथ सिंह की कविताओं की मूल संवेदना भूमि में गाँव-कस्बों से लेकर महानगर तक के व्यापक अनुभव हैं, काव्य भूमि के इन ठोस संदर्भों पर कवि केदार ने कहा है कि नगर केंद्रित आधुनिक सृजनशीलता और ग्रामोन्मुख जातीय चेतना के बीच जब तब मैंने एक खास किस्म के तनाव का भी अनुभव किया है। तनाव हमारे दैनिक सामाजिक जीवन की एक ऐसी जानी पहचानी वास्तविकता है जिसकी ओर अलग से हमारा ध्यान कम ही जाता है। मेरे लिए वह अनुभव एक 'एस्थेटिक' बोध भी है और एक गहरे अर्थ में मेरी नैतिक चेतना का एक अविच्छिन्न हिस्सा भी। अपने रचना कर्म में मेरी एक कोशिश यह भी होती है कि उसमें अनुभव के इन दोनों स्तरों की अंतःक्रिया किसी हद तक समाहित हो सके। वह किस हद तक संभव हो पाती है, यह बताना मेरे लिए कठिन है पर वह मेरी रचना प्रक्रिया का एक जरूरी हिस्सा है इसे मैं भूलना नहीं चाहता। (मैं बोलता हूँ इसलिए लिखता हूँ...कवि...वक्तव्य...साहित्य अकादेमी पुरस्कार अर्पण समारोह के अवसर पर) हमारी जातीय चेतना में गाँव और शहर इस ढंग से घुलमिल गए हैं कि दोनों को अलगाया नहीं जा सकता। इसी कवि ने 'तीसरा सप्तक' (1959) में कवि वक्तव्य देते हुए भी कहा था—"कविता में मैं सबसे अधिक ध्यान देता हूँ बिंब विधान पर। बिंब विधान का जितना संबंध काव्य की विषय-वस्तु से होता है उतना ही उसके रूप से भी। विषय को वह मूर्त्त और ग्राह्य बनाता है, रूप को संक्षिप्त और दीप्त। चित्रों के प्रति मेरे मन में जो आकर्षण है उसके कुछ कारण हैं। प्रकृति बहुत शुरू से मेरे भावों का आलम्बन रही है। मेरा घर गंगा और घाघरा के बीच में है। घर के ठीक सामने एक छोटा सा नाला है जो दोनों को मिलाता है। मेरे भीतर भी कहीं गंगा और घाघरा की लहरें टकराती रहती हैं। खुले कछार मक्का के खेत और दूर-दूर तक फैली पगडंडियों की छाप आज भी मेरे मन पर उतनी ही स्पष्ट है जितनी उस दिन थी जब मैं पहली बार देहात

के ठेठ वातावरण से शहर के घुपैले शतशः खण्डित आकाश के नीचे आया।'' कवि व्यक्तित्व की बनावट के इतिहास भूगोल में ग्रामीण किसान संवेदना की मात्रा ज्यादा और गहरी है तथा शहरी वेदना के कसकते करकते इतिहास की चेतना दुर्बल। बिंब प्रतीक लय और भाषा की बार-बार चर्चा करने के कारण ही बहुत से पाठकों को यह भ्रम हो गया है कि केदार जी रूपवादी कलावादी हैं। जबकि इस बात का उनकी कविताएँ साक्ष्य प्रस्तुत नहीं करतीं। ऐसे ही मार्क्सवाद में आस्था होने पर भी केदार जी कठमुल्लावादी मार्क्सवादी कभी नहीं रहे। जीवन जगत में कर्मरत श्रमरत मानव के सौंदर्य में आस्था का पर्याय ही उनका मार्क्सवाद है। दलों की दलगत टुच्ची और मानव द्रोही राजनीति से उनके कवि का रिश्ता कभी नहीं रहा। आम आदमी या मामूली आदमी में गहन आस्था के कारण ही उनका कवि अनास्थावादी अस्तित्ववाद से दूर रहा। आधुनिक जीवन की जटिलताओं और अन्तर्विरोधों को व्यक्त करने के लिए इस कवि ने प्रकृति पुराण धर्म इतिहास लोक साहित्य की सृजन संभावनाओं का पूरे विश्वास से कवि कर्म में उपयोग किया और इस कार्य से उतकी कविता की अर्थ भूमि का विस्तार हुआ, प्रकृत भावों को विभावों के साथ सर्जनात्मकता में इस सहजता से ढाला कि काव्य की संपूर्ण उर्बरता में दीप्ति फूट-फूट पड़ी।

उत्तर कबीर तथा अन्य कविताएँ (1995) जैसे उनके काव्य-संग्रह के भीतर से गुजरते हुए बराबर यह अहसास होता है कि क्लासिकल और रोमांटिक का अद्भुत योग केदारजी के कवि-कर्म की एक ऐसी मोहक विशेषता है जो उन्हें कबीर तुलसी से जोड़ते हुए श्रीधर पाठक रामनरेश त्रिपाठी से तो जोड़ती ही है—निराला और भवानी प्रसाद मिश्र के निकट ला देती है। ग़ालिब, रवीन्द्रनाथ, त्रिलोचन और जीवनानंददास का चतुर्भुज-दर्शन भी कवि को सिद्ध है—त्रिलोचन को वे अपना काव्य गुरु मानते हैं। वैसे वे डिलेन टायस, वैलेस स्टीवेन्स, ब्रेख्त, टी.एस. एलिएट नाम कहाँ तक लें। दुनिया भर के कवि पढ़ते रहते हैं और अच्छी कविताओं के अनुवाद में वे रमते हैं। उनका कवि स्वभाव इतना परिवर्तनशील है कि कोई एक कवि उनका प्रिय कवि नहीं है। इसलिए केदार जी अनुकरण के नहीं, मौलिक विशेष की लोक-संवेदना से निर्मित कवि हैं।

केदारजी के काव्य स्रोतों का ठीक-ठीक अनुसंधान कार्य बहुत चुनौती भरा है, कारण, अनेक विचार प्रवाहों को आत्मसात् करना उनका कवि स्वभाव है—एक खुला-मुक्त कवि स्वभाव। अपने कवि दायित्व के प्रति वे इतने सजग और सक्रिय हैं कि आचार्य रामचन्द्र शुक्ल उन्हें काव्य प्रतिमानों से परखकर काव्य की साधनावस्था या प्रयत्न पक्ष का कवि कहते। जीवन जगत की विषमताओं, यातनाओं, विद्रूपताओं और मानवीय समस्याओं पर उनके कवि का ध्यान एकाग्र रहता है। वे कहते भी हैं : ''मेरे लिए लिखना लगभग उसी तरह एक जिम्मेदारी से भरा हुआ काम है जैसे एक मिस्त्री के लिए एक ढीले नट की चूल कसना या एक गड़रिए के लिए अपनी खोई भेड़ की तलाश करना। हम तीनों इस तरह अपनी अपनी नागरिकता का शुक्ल अदा करते हैं। कविता से मैं इतनी ही माँग करता हूँ जितना वह दे सकती है। कविता सिर्फ इस कारण कि वह कविता है, दुनिया को बदल देगी, ऐसी खुशफहमी मैंने कभी नहीं पाली।''

अपने समय समाज शब्द के प्रति गहरे लगाव को केदार का कवि वैचारिक स्तर पर तो झेलता ही है उस ललकार का सामना भी करता है जिसने बौद्धिक मुक्तावस्था की ओर सर्जनात्मकता को प्रवृत्त किया है। इस शताब्दी की शुरुआत में कविता के अस्तित्व को लेकर अनेक तरह की शंकाएँ और चिंताएँ व्यक्त की गई थीं। इन स्थितियों से जूझकर कविता ने सिर्फ अपना जीवित होना सिद्ध किया है बल्कि संघर्ष को मानव अस्तित्व के मूलभूत संघर्ष के साथ एकाकार करते हुए अपनी ताकत का अहसास कराया है। कवि संघर्ष की यह परंपरा केदार जी में धड़की है और इसी परंपरा के भीतर से वह धार फूटती है जो आज के राजनीतिक सांस्कृतिक माहौल में अपने समय के मनुष्य को जिंदा रखने का संकल्प दुहराती है। यह कवि संकल्प ही केदार के सृजन में नैतिक संबल है। इस कवि ने कष्टों-अभावों-अकेलेपन को कम नहीं झेला है पर एक ठेठ गाँव के आदमी की तरह उससे टूटना नहीं सीखा। अपने मित्र परमानंद श्रीवास्तव को 12.1.81 में दिल्ली से केदार जी पत्र लिखकर कहते

हैं ''तुम जानते हो, मैं बेतरह अकेला हो गया हूँ—सिर्फ उसको बाहर प्रकट नहीं होने देता। पर अपने सारे कष्टों के बीच से जो नई दृष्टि मैंने पाई है उसने एक बात मेरे सामने साफ कर दी है कि जिस 'अकेलेपन' की बात अस्तित्ववादी लोग करते हैं वह महज एक तरह का खोखला रूमानी कंसेप्ट है जिसका भारतीय जन के अकेलेपन से कोई संबंध नहीं है। मेरे और इस देश के मेरे जैसे असंख्य अनाम लोगों के अकेलेपन के बीच जाने-अनजाने एक गहरा इंटरएक्शन है।'' एक अटूट जीवट वाला गाँव का आदमी जीवन की आंतरिक लय को गाता हुआ मिलता है तो इसे केदार के कवि कर्म में पाना भी कठिन नहीं है, संघर्षों अभावों से इस आदमी ने शक्ति पाई है और इसी आदमी के प्रति यह कवि कर्म प्रतिबद्ध है। ऐसी स्थिति के कारण गाँव की स्मृति इस कवि कर्म में 'नास्टेलिज्या' नहीं है जिसका दोष भोले आलोचक केदार जी पर लगाते रहे हैं।

'उत्तर कबीर' के बाद केदार जी ने 'बाघ' शीर्षक से एक लम्बी कविता का संग्रह छपवाया है। लेकिन इसके कुछ अंश पहले आलोचना पत्रिका में निकले थे। उस समय पाठक चौंक पड़े थे।

'बाघ' की गुर्राहट और अर्थ स्फोट की नुकीली काव्य संवेदना से गुजरता हुआ पाठक यह प्रश्न सहज-भाव से पूछने को अधीर हो जाता है कि क्या ये वे ही केदार जी हैं जिन्हें हम सभी ने पचास-साठ के 'नयी कविता' के दौर में पाया था? नयी कविता से जिसका परिचय 'तारसप्तक' 1943 के माध्यम से हुआ था। जिसके मन में बनारस की कवि गोष्ठियों में शम्भुनाथ सिंह के गीतों की गूंज-अनुगूंज थी, त्रिलोचन शास्त्री की रचनाओं का आकर्षण था और जो अज्ञेय के 'इत्यलम्' और गिरिजाकुमार माथुर का 'नाश और निर्माण' पढ़ कर नयी कविता समझ रहा था, जिसकी रुझान रवीन्द्रनाथ के गीतों की ओर हुई थी और जो आधुनिक अँग्रेजी कविता और भारतीय कविता की ओर उदग्न दृष्टि के साथ बढ़ा था। जिसने कहा था—''आज वहाँ आकर मन टिक गया है जहाँ से कालिदास, सूर, बोदलेयर, ऑडेन, डायलन, टॉमस और जीवनानंददास समान रूप से प्रिय लगते हैं।'' जीवनानंद की 'बनलता' से नयी इमेजरी, एक दृश्यमय 'निर्जनकान्तार' (यह विशेषण बुद्वदेव बसु का है) की तरह लगती है जिसकी विराटता की छाप मेरे मन पर बहुत गहरी है।' (तीसरा सप्तक-कवि-वक्तव्य) यह समझ कि कला का संघर्ष एक तरह का आत्म-संघर्ष होता है, विशेषकर एक नए कवि के लिए और इसी आत्म-संघर्ष को उसने अपनी कविता की आधार भूमि बनाया। इसी में अवध की मिट्टी और बनारस का गंगाजल रंग-गंध लाया। पंत, निराला, त्रिलोचन इसी में एक रूप हुए और भारतीय जीवन की कालिदासीय लय का जीवन संगीत बजने लगा।

'तीसरा सप्तक' की कविताओं से केदार चर्चित हुए। अज्ञेय ने 'प्रतीक' में बार-बार उनकी कविताएँ प्रकाशित कीं। सन् 1960 ई. में उनका पहला कविता संग्रह 'अभी बिल्कुल अभी' सामने आया तथा बीस वर्ष बाद 1980 में दूसरा काव्य-संग्रह 'जमीन पक रही है।' एक लंबा अंतराल और दोनों काव्य-संग्रहों की काव्य-टोन, काव्यानुभूति और रचना-तंत्र में परिवर्तन की गहरी धमक। आरंभ में केदार जी 'एक पारिवारिक प्रश्न' कविता में प्रश्नाकुलता के साथ दिखाई दिए :

छोटे से आँगन में
माँ ने लगाए हैं
तुलसी के बिरवे दो
पिता ने उगाया है
बरगद छतनार
मैं अपना नन्हा गुलाब
कहाँ रोप दूँ।

जीवन की अदम्य प्रश्नाकुलताओं और चिंताओं-समस्याओं ने ही काव्यात्मकता में आत्म-संघर्ष की मुद्रा में कहा :

मुट्ठी में प्रश्न लिए
दौड़ रहा हूँ वन वन
पर्वत पर्वत
लाचार।

भारतीय युवकों की अन्तर्मानसिकता का साक्षात्कार और घर-परिवार में रोजी-रोटी से जुड़ा संघर्ष, 'अभी बिल्कुल अभी' की ज्यादातर कविताओं में विद्यमान है। 'पपीहा' 'दिन-दुपहरिया' जैसी कविताओं की उदासी और प्रतीक्षा में युवा-मन की व्यथा का सामाजिक इतिहास है। 'हम जो सोचते हैं' कविता

में 'हम' कहता है :

हर जेब के भीतर
कुछ दबे-दबे फूल हैं
और हर फूल के नीचे
एक मरी हुई भाषा
जिसे सूरज समझता है।

कवि का 'मैं' 'हम' में विलीन होकर ज्ञानात्मक संवेदना का विस्तार करता है और यह संवेदनात्मक ज्ञान सर्जनात्मकता में उतरकर नयी काव्य-वस्तु को रचने की तैयारी का संघर्ष झेलता है। इस संघर्ष को रचने के लिए केदार जी अभिव्यक्ति-सम्पदा को प्राप्त करने का संघर्ष उसमें और जोड़ देते हैं। फिर इन दोनों संघर्षों को एक करते हुए मानव-वास्तविकता की ओर प्रवृत्त होते हैं, कवि-दृष्टि का विकास करते हैं। कल्पना-शक्ति सक्रिय होकर नए शब्द-संयोग रचती है और नवीन भंगिमाओं-लयों-ध्वनियों-वक्रोक्तियों से कवि नयी अर्थोत्पत्ति करने लगता है। केदार की कल्पना-शक्ति नवीन जीवन-बिंबों का विधान करती है, जिसमें पूरा परिवेश मौलिक रूपों में प्रकट होने लगता है। सघन-सबल-भाव विचारों के पुंज केदार जी में पहले-पहल गीत बनकर फूटते हैं। गीतों में 'प्रकृति' का राग या 'आदिम-राग' सौंदर्य बन जाता है। 'फागुन का गीत' 'वसंत का गीत' 'धानों का गीत' वाचिक परंपरा से प्राप्त लोक-संवेदना और लोक लयों को तराशकर शब्दों में समाते हैं। ग्राम्य-प्रकृति कविता के पूरे विभावन-व्यापार में नदी-नाले-फल-वन-धूप-कोयल की कूक, पुरवा-हवा, चिड़िया, घास न जाने कितने रूपों में हंसने-हेरने लगती है। नया कवि-मानस इस प्रकृति-प्रेम में तदाकार होकर विस्मय-विमुग्ध भाव-सौंदर्य की छबियों से व्याकुल होकर कहता है :

यह कैसा वातास
कि मन को नयन-नयन कर दिया,
भर दिया, यह कैसा वातास
घर थर-थर
वन थर-थर
सारा जीवन थर-थर
यह कैसा उल्लास!

जीवन में वसंत और गुलाब की गंध का अहसास नए कवि-अरमानों की अदा और संपदा को सम्पन्न और समर्थ बनाता है। 'आज का दिन', 'नए वर्ष के प्रति', 'नए दिन के साथ', 'रचना की आधीरात', 'सुबह' जैसी कविताएँ इसी मनो-भूमिका को व्यक्त करती हैं—युवाकाल का मोहक रंग 'खोल दूँ यह आज का दिन' बनने को उमड़ रहा है

खोल दूँ यह आज का दिन
जिसे
मेरी देहरी के पास कोई रख गया है
एक हल्दी रंगे
ताजे
दूर देशी पत्र-सा

हाथ
जिसने द्वार खोला
क्षितिज खोले
दिशाएँ खोलीं
न जाने क्यों इस महकते
मूक हल्दी रंगे, ताजे
किरण मुद्रित संदेशे को
खोलने में काँपता है।

रोमांटिक कवियों की भांति आवेशयुक्त होकर केदारजी स्वच्छन्द-अप्रतिहत प्रवाह में नहीं उतरते। इसके विपरीत वे विशिष्ट बिंबों-प्रतीकों से अनुभूत मानसिक क्रियाओं-प्रतिक्रियाओं को ही शब्द-मूर्त्त करते हैं। कोमलता और सौंदर्य के प्रति उनमें अपार आदर और लगाव है और उसके प्रति वे आवेश का अनुभव भी करते हैं। पर वे आवेश को नियंत्रित कर, ठंडेपन के साथ, संयम बरतते हुए सृजन में थम-थम कर चलते हैं। कृत्रिम ललित काव्य-भाषा के बाँध से दूर होकर संवेदनात्मक ज्ञान गद्य-भाषा-विन्यास के निकट आ जाता है और कवि बोली-बानी से कविता को नया रूप रंग देता है। अस्पष्टता का बोध इन कविताओं में होता है—पर ये कविताएँ अस्पष्ट नहीं हैं। अस्पष्ट को स्पष्ट करने के प्रयास में उलझती मिलती हैं। अस्पष्टता का कारण जटिलताओं-उलझनों से निबटने की तैयारी में तनाव-संघर्ष के दिमागी अंधड़ हैं। यह कबीराई ढंग की अस्पष्टता है, जिससे काव्य बोध शक्ति प्राप्त करता है। केदार नए कवि हैं, इसलिए उनका काव्य-बोध वर्तमान के नए भाव-बोध का पर्याय

है, जिसमें यह अर्थ ध्वनित है कि वर्तमान परिवेश में अपनी पीड़ा को व्यक्त करना आसान नहीं है। परिवेश की सजगता के साथ कवि-कर्म की चुनौती भी बढ़ती जाती है। नयी-नयी स्थितियों के साक्षात्कार के नए अनुभव नए आत्म-संघर्ष में गुंथते रहते हैं। इस स्थिति से अनुभूति के दायरे बनते हैं—टूटते हैं—बदलते हैं—रूपांतरित होते रहते हैं। यह एकाकी कवि 'कमरे के दानव' से जूझता है फिर 'अन्धड़ की प्रतीक्षा' करता है, यह पूरी मनोभूमिका बाहरी वास्तविकता से मुठभेड़ की है। केदार के चित्र पीड़ा का 'भाव' नहीं बुनते, एक पूरा विभावन व्यापार खड़ा करते हैं। टी.एस. एलिएट का 'आब्जेक्टिव कोरिलेटिव' या विभाजन-व्यापार यही है। घबराहट, छटपटाहट, बेचैनी के चित्रों से केदार का कवि-कर्म भरा पड़ा है। मूलतः यह मानसिक बेचैनी युग-मानव की मनोदशा का पर्याय है। 'यहाँ से देखो' 'जमीन पक रही है' 'अकाल में सारस' 'उत्तर कबीर तथा अन्य कविताएँ' इन सभी काव्य-संग्रहों की अनगिनत कविताएँ इसी युग-मानव की बेचैनी का चित्र सामने लाती हैं।

केदार जैसी अदम्य रचनात्मक जिजीविषा बहुत कम नए कवियों में नसीब होती है। फलतः उनका सौंदर्य-बोध उत्साह-उमंग से भरा हुआ है। इसी जीवन-लय की तरंग और उमंग ने कविता को इतने ताजे सौंदर्य चित्र दिए हैं—गिरिजाकुमार माथुर, अज्ञेय, भवानीप्रसाद मिश्र की तरह। 'पहले बौर की गंध' क्या है—प्राकृतिक सौंदर्य की टटकी लय। यहाँ 'चिड़ियों के धूपगंधी पंख हैं' 'अभी-अभी धुले नए चावल का गंध भरा पानी' है। सौंदर्य-बोध और प्रकृति—लय का बदलाव समय के बदलाव से 'उत्तर कबीर और अन्य कविताएँ' में एक दम एक नई शक्ल अपना लेता है। सामाजिक, राजनीतिक विसंगतियों-विद्रूपताओं ने केदार को एक नई 'काल चेतना' दी है। ''काल-चेतना' की आहट 'उत्तर कबीर' की कविताओं में 'पोस्टकार्ड' 'गाँव आने पर' 'नदियां' 'कुदाल' 'नमक' 'पंचनामा' तथा लम्बी कविता 'उत्तर कबीर' में प्रबल हो जाती है :

पोस्टकार्ड का नारा है
लिखना
असल में दिखना है
समूची दुनिया को
जिसमें अंधे भी शामिल हैं
एक कोरा पोस्टकार्ड
खुद एक संदेश है
मेरे समय का सबसे रोमांचक संदेश।

अपने समय और समाज की पूरी मरोड़ को कहने और रचने की सामर्थ्य उसी कवि में हो सकती है, जो सभी पोस्टकार्डों पर लिखी भाषा का अर्थ समझता है। 'गाँव आने पर' कविता में कवि पुराने-नए राग से जूझता है। अलगाव की राजनीति का अनकहा दर्द है :

अब आ तो गया हूँ
पर क्या करूँ मैं?
एक बूढ़े पक्षी की तरह लौट-लौटकर
मैं क्यों यहाँ चला आता हूँ बार-बार?
पृथ्वी पर ऊब
क्या उतनी ही पुरानी है
जितनी दूब?
यह हवा मुझे घेरती क्यों है?

गाँव में मौजूद बेचैनी ने गाँव की प्राकृत लय को खण्डित कर दिया है। गाँव के केदार में जो पहले के चित्र हैं, स्मृतियां हैं—उन सबसे अलग यह गाँव का अनुभव है। गाँव और घर केदार की पूरी मानसिकता में कौंधते रहते हैं, लेकिन अब गाँव बेहाल हैं। शहरों ने इन गाँवों को लूटकर बर्बाद कर दिया है। शहरी बेगानापन गाँव के अपनेपन को निगल गया है। 'विकास' और 'प्रगति' का जो पश्चिमी मॉडल हमने अपनाया है, वह पूरी तरह गाँव की संस्कृति के विरोध में खड़ा किया गया। शहरीकरण का दुर्दान्त दानव 'विकास' की पूरी परिकल्पना पर बैठ गया है, जिसने संबंधों की गरमाहट छीन ली है और 'व्यावसायिकता' में मानव के 'भीतरी संसार' को उजाड़ दिया है।

केदार की इन गाँव से जुड़ी चिंताओं प्रश्नाकुलताओं-यातनाओं का भाष्य बड़ा कठिन काम है। इनका 'पोस्ट माडर्निज्म' से भाष्य करना होगा—एक ऐसा भाष्य जिसमें आदमी का अंत हो गया है, केवल उपभोक्ता समाज बचा है। इस उपभोक्तावादी संस्कृति में 'बाजारवाद' बचा है। इसी ने नदियों-पर्वों के प्रति दूधिया भावों को नष्ट कर जहर घोल दिया है, पूरी

प्रकृति को भोगकर उसे विकृत करने का अरमान बढ़ा दिया है। 'नदियाँ' कविता में कवि इनसे जुड़े जीवन की याद करता है पर उपभोक्तावादी संस्कृति अपने पागलपन में पूरी स्मृति को मिटाने पर आमादा है—पर्यावरण प्रदूषण किसने फैलाया है? बाँधों से किसने नदियों का प्रवाह तोड़ा है। नदियाँ सड़ रही हैं, तो हमारा मन सड़ रहा है। नदियाँ पुराण पुरुष की, विराट पुरुष की नाड़ियाँ हैं, जिनका रक्त खींचा जा रहा है :

पुल...
पृथ्वी के सारे पुल
एक गहरा षड्यंत्र हैं नदियों के खिलाफ
और नदियाँ उन्हें इस तरह बर्दाश्त करती हैं
जैसे कैदी जंजीरों को

प्रकृति के खिलाफ पूरे मानवीय षड्यंत्र की चिंता केदारजी की आज बुनियादी चिंता है। यह चिंता पूरे मनुष्य को बचा लेने की चिंता है क्योंकि वही आज की 'प्रगति' और 'विकास' की योजनाओं से सर्वाधिक असुरक्षित हो गया है। हमें जीना है तो 'प्रकृति' को बचाना होगा। नदियों से अपने आदिम संबंध का अर्थ समझना होगा। प्रकृति के इस उजाड़वाद की चिंता रामचंद्र शुक्ल ने 'मधुस्रोत' की कविताओं में, अज्ञेय ने 'सदानीरा' की कविताओं में और भवानी प्रसाद मिश्र ने 'फूस की आग' में व्यक्त की है। चिंताओं के उन्हीं सरोकारों को नए ढंग से केदारजी पुनः उठाते हैं। अज्ञेय जी की 'नन्दादेवी' के वन-संहार से जुड़ी कविताएँ और 'उत्तर कबीर' की कविताओं में भाव-बोध के स्तर पर काफी निकटता और समानता है। अज्ञेय में जिस समस्या का संकेत है केदारजी में उसका गहन विस्तार, जैसे नदी की लय का टूटना आदमी का टूटना है-संहार है।

केदार के पिछले तीन काव्य-संग्रह 'जमीन पक रही है' 'यहाँ से देखो' और 'अकाल में सारस' अपनी अंतर्यात्रा में 'उत्तर कबीर' की कविताओं में एक चिंतन क्रम स्थापित करते हैं। प्रकृति और मानव-संबंधों की रागात्मक प्रणालियों में फर्क आ जाता है। कवि 'सूर्यास्त के बाद' 'अंधी बस्ती से गुजरते हुए' नया आत्मदर्शन पाता है। यह गाँव की रात है—गाँव की इस रात में अनेक अँधेरों का सघन अंधकार है। गाँव सिर्फ गाँव नहीं है पूरा जीवन है। जिसे अंधकार ने दबोच लिया है। अंधकारमय भारतीय जीवन वर्तमान कविता का ध्वन्यर्थ है।

'उत्तर कबीर तथा अन्य कविताएँ' काव्य-संग्रह की कविताओं में कवि केदारनाथ अपने को दुहराते नहीं, फिर से परती काव्य जमीन तोड़कर नए बीज डालते हैं—प्रवीण किसान की तरह। चतुर माली की तरह 'कुदाल' पर भरोसा रखते हैं—जिसकी जगह आधुनिक शहरी जीवन में नहीं है।

मगहर के पास से गुजरती ट्रेन—एक बड़ी इमारत पर कबीरदास का नाम टंगा है। पूछने पर पता चला, वह उनके नाम पर सरकार द्वारा स्थापित और लगभग बंद पड़ी एक कताई मिल है—ताकि उस बुनकर बहुल क्षेत्र में करघों को सूत की आपूर्ति होती रहे। सुनकर सोचा—कबीरदास को कैसा लगता यह उत्तर, जो वहाँ से थोड़ी ही दूर पर, आमी के तट पर अपनी गहरी समाधि में सदियों से सोए हैं? कबीर की स्मृति-प्रेरणा से कविता फूट पड़ी और आज के जीवन का नरक टीस मारने लगा। फिर जीवन की आदिमता में फूटा हरापन, यह हरापन हम सभी हैं—कबीर ने इस जीवन और जीव को विकृतियों-क्षुद्रताओं-विक्षोभों से मुक्त जीवन का मार्ग सुझाया—ससीम को असीम बनाने की तमन्ना धरती से आसमान तक फैलाई, वह 'उदात्तता से भरा कबीर सच' याद आया :

बस, मुझे इतना ही याद है
सिर मेरा आमी के जंघे पर था
और पाँव छू रहे थे
डूबते अस्ताचल की हलकी लाली को
और कौए चीलों से पूछ रहे थे
घर जाने का रास्ता
बस मुझे इतना ही याद है
और ब्रह्मांड के धुर उत्तर में
यह आमी का वही तट है
जहाँ अनंत को एक गठरी की तरह
पीठ पर लटकाए हुए
मैं फिर खड़ा हूँ।

अतीत की वर्तमानता का अर्थ परंपरा में निर्मित होता है—कहना चाहिए परंपरा ही 'स्मृति' है और स्मृति

में अतीत, मृत नहीं है—व्यतीत है और जो व्यतीत है उसे 'स्मृति' के द्वारा विस्मृति के गर्त से साफ किया जा सकता है। अपनी संवेदना का जीवंत धड़कता अंग-अंश बनाया जा सकता है। यह काम सिर्फ कविता ही कुशलता से कर सकती है, इतिहास या राजनीति-शास्त्र नहीं कर सकता। आचार्य हजारी प्रसाद द्विवेदी ने 'शवसाधना' की सिद्धि की बात की है, तो उनके शिष्य केदारनाथ जी क्यों न करें। गुरु जी भी कबीरदास में क्या कम रमे थे जो केदारजी न रमते। कबीर का पूरा काव्य-संसार केदारजी में नए भाव-बोध के साथ खुलता है, जिसमें आधुनिक आदमी की यातना का अर्थ-संदर्भ उस आम आदमी या मामूली आदमी की यातना से जुड़कर बृहत्तर संदर्भ प्राप्त कर लेता है। इसलिए 'उत्तर कबीर' की अंतर्योजना में व्याप्त वैचारिक सरोकार आज के आदमी के वे सरोकार हैं, जिनमें दुखते कसकते, श्रम में खपते, पिछड़ेपन का जाति-धर्म के नाम पर अन्याय सहते मानव की वह कथाव्यथा है, जो न जाने कब से शुरू हुई है और खत्म होने का नाम नहीं लेती। कठिन समय की विकराल यातनाओं का सिलसिला अटूट है—इसलिए सही राह नहीं सूझती। भटकन-भय और भ्रांति बनी हुई है। पूरा का पूरा समाज पथ भूल गया है।

आज यदि शिल्पकारों की कला का कोई अर्थ होता तो श्रम जीता-बोलता वह अर्थ खोल जाता। मिट्टी के ढेले में गुम हो गया है कुम्हार, और बढ़ई चिरती लकड़ी की गंध में लोप हो गया है—पथेरा सांचे में गायब हो गया है—साधक शवों की तलाश में चले गए हैं तथा कवि अपने शब्दों की फांक में लापता है और स्वाद गुठली में लौट गया है। समग्र रूप में, अखंड रूप में कोई नहीं बचा है और जो बचा है उसका हिसाब कहाँ है? जीवन महाकाव्य का छन्द टूट गया है—लय कहाँ है? प्रकृति लय से मानव-लय का संवाद विच्छिन्न हो गया है, रह गया है—होड़, लूट, चरित्रहीनता और अवमानवीकरण की यातना का ढेर—'पानी भूल गया है आग से अपना रिश्ता', पृथ्वी की लय को 'विकास' और 'प्रगति' के पश्चिमी मॉडलों ने ध्वस्त कर दिया है। इस स्थिति की त्रासदी ने केदार के कवि को 'यातना-मंथन' में डुबा देने के बाद भी एक नई आस्था दी—कवि की आस्था। इस कबीराई-आस्था से विजयदेव नारायण साही ने 'साखी' काव्य संग्रह की अंतिम कविता 'प्रार्थना गुरु कबीरदास के लिए' से दहाड़ते आतंक के बीच सच बोलने की ताकत माँगी थी। इसी कबीराई आस्था से 'उत्तर कबीर' की अंतिम लंबी कविता में कवि ने अंधेरे से जूझकर जीवन-प्रकाश की आस्था माँगी है। मानव-मुक्ति के लिए कवि का आत्म-संघर्ष हमारी मूल्यवान धरोहर है :

अपने नरक की आँखों में
आँखें डालकर
अपलक अटूट खड़े रहने का अलावा?

आज के समय में अपने नरक की आँखों में आँखें डालकर अपलक अटूट भाव से उसे घूरना और जीतना, हमारी अपराजेय संस्कृति की शक्ति पर भरोसा है। कहना न होगा कि 'उत्तर आनुनिकतावादी' नरक के सामने केदार का कवि सामना करने को डटा है—उसमें पराजय, हताशा-अनास्था का भाव नहीं है। हमारे जीवन की कालिदासीय लय को हर कीमत पर यह कवि बचाना चाहता है। मानव और प्रकृति के बीच के संबंध को केदारजी ने विभिन्न आयामों से देखा है—शायद इस तरह से नए कवियों में किसी ने नहीं देखा है। इस संबंध को ठीक से न पहचानने के कारण ही हम 'नरक' की ओर बढ़ रहे हैं। इसे पहचाने बिना जीवन की आंतरिक लय वापिस नहीं आ सकती। इस लय में ही मानव-मुक्ति का राग-सौंदर्य निहित है। लोक-वेदना से जुड़ना ही कवि-कर्म की सार्थकता है। केदार का कवि-कर्म जीवन-जगत् की इसी चेतना का पर्याय है। बोली-बानी की देशीयता से कविता को निचोड़कर अपने समय-परिवेश को सर्जनात्मकता में अर्थ देना केदारजी के कवि कर्म की बड़ी उपलब्धि है—परंपरा के भीतर से फूटती मौलिकता के अर्थ-संदर्भ में इस कवि-कर्म पर हिंदी कविता ही नहीं भारतीय कविता भी गर्व कर सकती है।

प्रो. केदारनाथ सिंह की कृतियाँ

काव्य कृतियाँ

अभी बिल्कुल अभी	1960
जमीन पक रही है	1980
यहाँ से देखो	1983
अकाल में सारस	1988
उत्तर कबीर और अन्य कविताएँ	1995
बाघ	1996
प्रतिनिधि कविताएँ	1985

गद्य कृतियाँ

कल्पना और छायावाद	1957
आधुनिक हिंदी कविता में बिंबविधान	1972
मेरे समय के शब्द	1994

संपादन

संकल्प 'कविता दशक'	1992
तनी हुई प्रत्यंचा (बीसवीं शताब्दी की रूसी कविता)	1995
ताना-बाना (स्वाधीनता के बाद की भारतीय कविताओं का संकलन)	2000

पत्रिका

साखी (अनियतकालिक पत्रिका)

सरस्वती नः सुभगामयस्करत्

व्यास सम्मान 1998

पाँच आँगनों वाला घर

गोविन्द मिश्र

व्यास सम्मान 1998 की घोषणा 7 दिसम्बर, 1998 को हुई। सम्मान समारोह 20 दिसम्बर, 1998 को राष्ट्रीय संग्रहालय सभागार, नई दिल्ली में सम्पन्न हुआ।

श्री गोविन्द मिश्र

श्री गोविन्द मिश्र को व्यास सम्मान भेंट करते हुए श्री लालकृष्ण आडवाणी। मंच पर बाईं ओर हैं फाउंडेशन के प्रधान श्री कृष्ण कुमार बिरला, दाईं ओर हैं चयन समिति के अध्यक्ष प्रो. भोलाभाई पटेल और फाउंडेशन की ट्रस्टी सुश्री शोभना भरतिया।

सरस्वती नः
सुभगामयस्करत्

प्रशस्ति

के.के बिड़ला फाउंडेशन का, वर्ष 1998 का व्यास सम्मान, श्री गोविंद मिश्र को, उनके उपन्यास 'पाँच आँगनों वाला घर' के लिए, भेंट किया जा रहा है।

1939 में जनमे गोविंद मिश्र की सृजन यात्रा 1965 से शुरू हुई। तब से उनके सात उपन्यासों के अतिरिक्त 10 कहानी संग्रह, देश-विदेश की चार यात्रा पुस्तकें, तीन साहित्यिक निबंध संकलन, एक लेखक के साक्षात्कारों का संग्रह और एक कविता संग्रह प्रकाशित हो चुके हैं। कई विधाओं में लिखने वाले गोविंद मिश्र मूलतः कथाकार हैं। उनकी कहानियों और उपन्यासों में एक ओर बुंदेलखंड के धान, धूल, धौंस-धक्का वाली अक्खड़ता का खुरदरापन है तो दूसरी ओर वहीं के सौंदर्यबोध के प्रतीक खजुराहो की कला और साहित्य की अनवरत परंपरा की कोमलता भी है। उनमें आज के क्रूर सामाजिक यथार्थ को चित्रित करने के आग्रह के साथ ही जीवन में सुंदर की खोज और शाश्वत मूल्यों को सजाने-संवारने की ललक है।

'पाँच आँगनों वाला घर' गोविंद मिश्र का नवीनतम उपन्यास है। पचास वर्षों (1940-1990) के भारत की पृष्ठभूमि में रचा गया यह उपन्यास एक परिवार की तीन पीढ़ियों की कथा के माध्यम से हमारे समाज में मूल्यों के विघटन का सजीव चित्र है। यह कृति भारतीय समाज के केंद्र बिंदु 'परिवार' की विच्युति का आख्यान मात्र न होकर उन मानवीय संवेदनाओं के क्रमशः ह्रास की त्रासद कथा है जिसे कोई भी संस्कृति, किसी देश की मज्जा में रूपांतरित करती है। सन्नी के कमरे में सारंगी पर अहीर भैरव के उठते सुरों से शुरू होकर बाहर सूखे दरख्त पर बैठे एक कौवे की दोपहर वाली कांव-कांव से समाप्त होने वाले उपन्यास में कथाकार ने अपने सधे हुए शिल्प-कौशल से जीवन के पवित्र उल्लास और प्रकाश का आने वाले भविष्य की अंधकार ही अंधकार से भरी अंधी गली तक की यात्रा का मार्मिक और लाक्षणिक संकेत किया है। यही मार्मिकता बड़े रचनाकार की शर्त है। गोविंद मिश्र के अन्य उपन्यासों में भी ये गुण हैं, 'पाँच आँगनों' में तो है ही।

फाउंडेशन की मंगलकामना है कि श्री गोविंद मिश्र दीघार्यु हों और उनकी साहित्य साधना जन-कल्याण की भावना को सदा सुदृढ़ करती रहे।

बिशन टंडन	भोलाभाई पटेल	कृष्ण कुमार बिरला
सदस्य-सचिव	अध्यक्ष	प्रधान
	चयन समिति	के.के. बिड़ला फाउंडेशन

20 दिसम्बर, 1998 : नई दिल्ली।

सरस्वती नः
सुभगामयस्करत्

श्री कृष्ण कुमार बिरला का स्वागत भाषण

मुझे व्यास सम्मान समारोह में आप सबका हार्दिक स्वागत करते हुए अत्यंत प्रसन्नता हो रही है। इस समारोह की अध्यक्षता हमारे देश के एक विशिष्ट राजनेता और भारत सरकार के गृहमंत्री श्री लालकृष्ण आडवाणी कर रहे हैं। मैं आप सबकी और अपनी ओर से उनका हार्दिक स्वागत करता हूँ। मानवीय आडवाणी जी, हम आपके अत्यंत आभारी हैं कि आपने अत्यंत व्यस्त होते हुए भी हमारे इस समारोह के लिए समय निकाला। यह आपके साहित्य और विशेषकर हिंदी के प्रति प्रेम का परिचायक है।

फाउंडेशन ने हिंदी के राष्ट्रीय महत्त्व को देखते हुए विशेष रूप से व्यास सम्मान को स्थापित किया है। हिंदी में कई राज्य सरकारों और संस्थानों द्वारा उच्चस्तरीय पुरस्कार दिए जा रहे हैं पर मेरी जानकारी में किसी कृति विशेष के माध्यम से उसके लेखक को सम्मानित करने के लिए व्यास सम्मान ही अकेली योजना है। इस दृष्टि से व्यास सम्मान वास्तव में विशिष्ट है।

साहित्य और मूल्यांकन के क्षेत्र में आलोचनाएँ होना स्वाभाविक है। बड़ी राशि वाले सम्मान/पुरस्कार भी इससे बचे नहीं हैं। मेरे पास इस प्रकार के सुझाव आते रहते हैं कि बड़े पुरस्कारों की जगह नई प्रतिभाओं को प्रोत्साहन देना अधिक उपयोगी होगा। इसके लिए यह तर्क दिया जाता है कि यह सम्मान अधिकतर उन वरिष्ठ लेखकों को दिया जाता है जिनकी सृजन-क्षमता लगभग समाप्त हो चुकी होती है। नयी प्रतिभाओं को प्रोत्साहन देने पर कोई विवाद नहीं हो सकता, लेकिन मैं समझता हूँ कि कोई भी समाज अपने प्रतिष्ठित लेखकों की लंबी साधना की उपेक्षा नहीं कर सकता। साहित्यिक बिरादरी यह बात भलीभाँति जानती है कि फाउंडेशन द्वारा सम्मानित अधिकतर साहित्यकार पुरस्कार पाने के बाद भी सक्रिय रहे हैं। इनके उदाहरण देना यहाँ आवश्यक नहीं। यह इसलिए संभव हो सका कि हमारे पुरस्कारों का आधार साहित्यकारों का पूरा योगदान न होकर पिछले दस वर्षों में प्रकाशित उनकी उत्कृष्ट कृति होती है। ऐसी रचनाओं का सम्मान अपने आप में अच्छे लेखन और नयी प्रतिभाओं के लिए प्रेरणा का स्रोत है।

मुझे यह कहने में तनिक भी संकोच नहीं है कि चयन प्रक्रिया और चयनकर्त्ताओं के संबंध में फाउंडेशन बहुत भाग्यशाली रहा है। मैं जानता हूँ कि साहित्यिक लेखन का तुलनात्मक आकलन कोई सरल काम नहीं है। यह अत्यंत कठिन है विशेषतः जब इसका आधार, जैसा मैंने पहले कहा, किसी लेखक का सम्पूर्ण कृतित्व न होकर केवल एक कृति ही हो। चयन का उत्तदायित्व दो स्तर वाली प्रक्रिया के अंतर्गत विद्वानों की एक चयन समिति का है। शुरू में ही हमें स्व. प्रो. श्यामाचरण दुबे जैसे प्रख्यात समाजशास्त्री और साहित्यकार का सहयोग मिला जिनकी अध्यक्षता में चयन समिति ने ऊँचे मानदण्ड स्थापित किये। उनके दुःखद निधन के बाद यह कार्य प्रो. भोलाभाई पटेल बहुत योग्यता से कर रहे हैं। उनके सभी सहयोगी हिंदी के जाने-माने विद्वान हैं। इन सबके प्रति मैं अपना आभार व्यक्त करता हूँ। साथ ही हिंदी की विशाल

बिरादरी का भी अनुगृहीत हूँ क्योंकि बिना उनकी सहायता के यह कठिन कार्य सम्पन्न नहीं हो सकता। यही कारण है कि हमारी चयन समिति के निर्णयों के प्रति कोई असंतोष का स्वर कभी नहीं सुनाई पड़ा।

आज की संध्या के विशिष्ट अतिथि श्री गोविंद मिश्र हैं। साहित्य जगत में इनको किसी परिचय की आवश्यकता नहीं है। समारोह की औपचारिकता के लिए चयन समिति के अध्यक्ष प्रो. भोलाभाई पटेल इनका परिचय कराएंगे। उनका स्वागत और अभिनन्दन करते हुए मैं कुछ शब्द अवश्य कहना चाहूँगा। मुझे इस बात ने बहुत प्रभावित किया है कि आयकर विभाग के दिनभर के जोड़-बाकी-गुणा-भाग के काम में उलझे रहने पर भी श्री गोविंद मिश्र की सृजनात्मक ऊर्जा पर आँच नहीं आई। एक के बाद एक उनकी कृतियाँ पाठकों को मिलती रहीं। बाईस वर्ष पहले प्रकाशित उनके उपन्यास 'लाल पीली जमीन' ने उनको एक सफल और सार्थक लेखक के रूप में प्रतिष्ठित किया। इसके बाद की लम्बी सृजन-यात्रा में उन्हें कभी पीछे मुड़कर नहीं देखना पड़ा। बुंदेलखण्ड के परिवेश में लिखा गया यह उपन्यास वास्तव में हमारे समय की एक सार्वदेशिक प्रवृत्ति को उजागर करता है। यह चेतनाहीन भयानक अंधस्थिति व उससे पीड़ित असहाय मनुष्यों की बेबसी की करुण गाथा है। 'हुजूर दरबार' में सत्ता के क्रूर खेल में पिसते मनुष्य की वेदना का वैसा ही करुण चित्रण है। 'धीर समीरे' में गोविंद मिश्र ने एक नया धरातल अपनाया। भारतीय आध्यात्मिक अनुभव के मध्यवर्गीय मन पर जो भावनात्मक संस्कार पड़े हैं वे इस उपन्यास की अंतरधारा है।

'पाँच आँगनों वाला घर' जिस पर आज व्यास सम्मान दिया जाएगा, श्री गोविंद मिश्र का नवीनतम उपन्यास है। यह उनके सृजन कौशल के चरम परिपाक को प्रस्तुत करता है। सन् 1940 में 1990 तक के कालखंड में फैली यह कथा हमारे स्वतंत्रता संग्राम की मूल्यधर्मी राष्ट्रनिष्ठा से लेकर आज की मूल्यविहीन व्यवस्था को व्यवस्था से मोहभंग तक के ह्रास का एक कलात्मक संयम के साथ प्रस्तुत किया गया प्रामाणिक दस्तावेज है। 'पाँच आँगनों वाला घर' पुरानेपन या संयुक्त परिवारों को पुनर्जीवित करने की लालसा का उपन्यास नहीं है बल्कि उन मूल्यों के नष्ट होने चिंता का उपन्यास है जिनकी रिक्तता भरी नहीं जा सकती है।

फाउंडेशन की और स्वयं डेरी मंगलाचरण है कि गोविंद मिश्र दीर्घायु हों और माँ सरस्वती की सेवा करते रहें।

चयन समिति के अध्यक्ष
प्रो. भोलाभाई पटेल का अभिभाषण

पिछले दस वर्षों में प्रकाशित हिंदी साहित्य की उत्कृष्ट कृतियों में से इस वर्ष प्रसिद्ध साहित्यकार गोविंद मिश्र के उपन्यास 'पाँच आँगनों वाला घर' को चयन समिति द्वारा 'व्यास सम्मान' के लिए चुना गया है।

गोविंद मिश्र को 'व्यास सम्मान' से विभूषित करने के लिए आयोजित इस समारोह में चयन समिति के अध्यक्ष होने के नाते उनका परिचय देना मेरे लिए एक सुखद कर्तव्य है।

गोविंद मिश्र (1939) अपनी उच्च शिक्षा के बाद भारतीय राजस्व सेवा में चुन लिए गये थे। अपनी सर्विस के सर्वोच्च पद—अध्यक्ष केंद्रीय प्रत्यक्ष कर बोर्ड पर पहुँच कर वे पिछले वर्ष ही सेवा निवृत्त हुए। इस दौरान उन्होंने देश-विदेश की अनेक यात्राएँ की हैं, किंतु विशेष रूप से वे साहित्य सेवा में प्रवृत्त रहे हैं।

गोविंद मिश्र बहुमुखी प्रतिभा के साहित्यकार हैं। जिस उपन्यास के लिए उनको व्यास सम्मान से अलंकृत किया जा रहा है वह 'पाँच आँगनों वाला घर' उनका सातवाँ उपन्यास है।

इसके पहले उन्होंने 'वह अपना चेहरा', 'उतरती हुई धूप', 'लाल पीली जमीन', 'हुजूर दरबार', 'तुम्हारी रोशनी में' और 'धीर समीरे' जैसे विशिष्ट उपन्यास लिखे हैं। अपने प्रत्येक उपन्यास में मिश्र जी नये नये धरातल ढूँढ़ते रहे हैं।

उपन्यास के अतिरिक्त गोविंद मिश्र का महत्त्वपूर्ण प्रदान हिंदी कहानी के क्षेत्र में है। अब तक वे दस कहानी संग्रह दे चुके हैं, जिनमें 'रगड़खाती आत्महत्याएँ', 'नये-पुराने माँ-बाप', 'अंतःपुर', 'खुद के खिलाफ', 'धाँसू', 'पगला बाबा' आदि मुख्य हैं।

इस कथाकार ने हिंदी साहित्य की एक उपेक्षित-सी विधा भ्रमणवृत्त को अपने सौंदर्यप्रवण प्रवास वर्णनों के द्वारा एक नया आयाम दिया है। 'धुंध भरी सुर्खी', 'दरख्तों के पार शाम', 'झूलती जड़ें' और 'पर्तों के बीच' उनके हृदयंगम यात्रावृत्त' हैं।

'ओ प्रकृति माँ' और 'मुझे घर ले चलो' जैसे काव्य-संग्रह देकर गोविंद मिश्र ने अपनी कवि प्रतिभा का भी परिचय दिया है। वास्तव में उपन्यासकार, कहानीकार या भ्रमणवृत्त के लेखक गोविंद मिश्र भीतर से एक संवेदनप्रवण कवि ही हैं। आश्चर्य नहीं, कि यथार्थ जिसका अन्विष्ट है, ऐसा उनका कथासाहित्य मार्मिक सर्जनात्मकता के साथ एक प्रकार की काव्यधर्मिता से संपृक्त है।

अपने प्रथम उपन्यास 'वह अपना चेहरा' में एक निर्दोष, सहज सामान्य व्यक्ति, एक आत्मकेन्द्रित भ्रष्टाचारी अफसर के रूप में कैसे परिवर्तित होता है, उसकी कथा लिखी गई है। यह उपन्यासकार अपने प्रत्येक उपन्यास में नया विषय लेते हैं। दूसरे उपन्यास 'उतरती हुई धूप' में प्रेम के मांसल और आत्मिक रूप को मर्मस्पर्शी कथा के द्वारा व्यक्त किया गया है। 'लाल पीली जमीन' एक कस्बे को केन्द्र में रखकर लिखा गया उपन्यास है, जिसमें पिछले दो उपन्यासों की तुलना में यथार्थ का व्यापक और विविध स्तरीय चित्रण है, इसके साथ उपन्यासकार की चिंतक मुद्रा का भी परिचय मिलता है।

'हुजूर दरबार' लगता है, जैसे गोविंद मित्र का

उपन्यास ही न हो। इसमें एक राज दरबार के वातावरण का वास्तविक चित्रण है। 'धीर समीरे' मिश्र जी का ही नहीं, हिंदी भाषा का एक अनन्य उपन्यास है। यात्रावृत्त की रीति में लिखे गये इस उपन्यास में बाह्ययात्रा से अधिक एक अंतर्यात्रा है। यहाँ लेखक ने भारतीय संस्कृति के अपने निविड़ स्पर्श का परिचय ऊर्ध्वोन्मुखी पात्रचेतना के आलेखन द्वारा दिया है। एक तरह से लेखक यहाँ सच्ची भारतीयता की खोज में दिखाई पड़ते हैं।

भारतीयता की यह खोज गोविंद मिश्र 'पाँच आँगनों वाला घर' में एक गहराई में जाकर करते हैं। यह उपन्यास 1940 से 1990 तक के हमारे देश के इतिहास के अत्यंत महत्त्वपूर्ण समयपट पर लिखा गया है। उसमें एक परिवार की तीन पीढ़ी की कथा है, जो बिखरते जाते भारतीय संयुक्त परिवारों की प्रतिनिधि कथा बन जाती है। यह है तो एक घर की कथा, लेकिन देखने पर वह विखंडित भारतवर्ष का सूक्ष्म रूप है। भारतवर्ष ही वह पाँच आँगनों वाला घर है, जो पिछले पचास वर्षों में हुए मूल्यह्रास के साथ अपनी निजी पहचान खोकर बिखरता गया है, तथापि कुछ ऐसा है, जो बच जाता है।

इसलिए चलते-चलते यह 'घर' प्रतीक बन जाता है, किंतु जैसे कोई कथा प्रतीक बनती है, तो उसका समीकरणात्मक बन जाने का एक डर बना रहता है, उसके चरित्र किसी-न-किसी इक्वेशन में बँध जाते हैं और कथा पूर्वनिर्णित निष्कर्षों की दिशा में गति करने लगती है। लेकिन गोविंद मिश्र की रुचि एक रचनाकार के रूप में मुख्यतः मनुष्य में है, मनुष्य-मनुष्य के बीच के संबंधों में है। अतः उनके चरित्र अपनी अलग और विशिष्ट पहचान लेकर आते हैं और टाइप बनने से बच जाते हैं। यह जो प्रतीकार्थ उभरता है, यह तो पूरी रचना पढ़ने के बाद संवेदनशील पाठक की चेतना से निष्पन्न होता है, कलाकार की कोशिश से नहीं। तीन खंडों में विभाजित इस उपन्यास में 1940 से 1990 तक का जीवंत इतिहास है, लेकिन इससे अधिक जीवंत हैं, उपन्यासकार के चरित्र, जो पाठक की चेतना को झकझोरते हैं। जोगेश्वरी, मुंशी, राधेलाल या सभी चरित्र जैसे हिंदी साहित्य के अमर चरित्रों की श्रेणी में दर्ज होते हैं। वैसे इस उपन्यास का कोई नायक है, तो वह है पाँच आँगनों वाला घर।

टी.एस.इलियट की घर के बारे में एक मार्मिक उक्ति है : Home is where one starts from. जो इस उपन्यास के संदर्भ में सटीक है। इस घर में रहने वाली एक पीढ़ी पुराने बरगद की तरह घर के साथ जुड़ी रहती है, अपने परंपरागत मानवीय मूल्यों के साथ, लेकिन फिर समय बदलता है, वह बाध्य करता है दूसरी पीढ़ी को अन्य दिशाओं में बिखरने के लिए। तीसरी पीढ़ी आते-आते एक बार के संयुक्त परिवार के सदस्य अलग-अलग बिखर जाते हैं और कुछ तो हैं, जो अपने व्यक्तित्व से भी विच्छिन्न होते हैं। लेकिन फिर भी अर्धशती-व्याप्त अनेक घटनाओं और बहुसंख्य चरित्रों की इस कथा को घर ही एकान्विति प्रदान करता है।

पाँच आँगनों वाला घर तीन खंडों में विभक्त है, कॉम्पैक्ट है। घटना प्रचुर पचास वर्ष के समयान्तराल में तीन पीढ़ियों की कथा का अंकन किसी सिद्धहस्त कलाकार को भी एक बहुपरिमाणी बृहद् कथा की आयोजना करने के लालच से शायद ही रोक सकता था। लेकिन गोविंद मिश्र ने छोटे कद के सिर्फ 281 पृष्ठों में सारी बात अत्यंत प्रभावपूर्ण ढंग से समेट ली है।

पाँच आँगनों वाला घर पिछले दशक के हिंदी उपन्यास साहित्य की एक विशिष्ट उपलब्धि है। यह कृति जस प्रतिष्ठित व्यास सम्मान से समाहत हो रही है, तस उसके लेखक गोविंद मिश्र को हृदय से अभिनंदन देता हूँ।

श्री गोविंद मिश्र

यह अच्छा है कि यह सम्मान रचना का है, रचनाकार का नहीं। मैं सिर्फ माध्यम हूँ। मुझे यह ज्यादा सही लगता है। जो सम्मान मेरे हुए—कुछ उन लोगों द्वारा जो साहित्य के लोग नहीं थे, साधारण जन और नागरिक थे...वहाँ मैंने बराबर याद रखा कि वे सम्मान समारोह नहीं, स्नेह समारोह थे। उन लोगों का स्नेह उनकी आँखों में, उनके उत्साह में देखते ही बनता था। ताज्जुब कि आज के ज़माने में भी लोग साहित्यकार नाम के प्राणी के लिए गद्गद् हैं...वह जिसके पास कुछ नहीं, जिससे उन्हें ठोस कुछ मिलना नहीं, जो एक उपेक्षित, अव्यावहारिक, असफल व्यक्ति की तस्वीर ज्यादा दिखता है। इन समारोह के मार्फत लोग शायद कुछ उन मूल्यों के प्रति अपनी निष्ठा, उन मूल्यों की रोशनी में आचरण करने वाले लोगों के प्रति अपना प्रेम प्रकट करते हैं....जो मूल्य चाहे जितने धूमिल हो जाएं एक समाज में बराबर रहते हैं, वे न हों तो वह समाज, वह सभ्यता ही खत्म हो जाएंगे। लोग सम्मान समारोह करते हैं, क्योंकि कभी-कभी भीतर की भावनाओं को प्रकट करने के लिए एक मंच और औपचारिकता की भाषा की जरूरत पड़ती है। फिर भी आदमी का सम्मान, नश्वर का सम्मान मुझे हमेशा ही अस्वाभाविक लगता है क्योंकि अगर आप मेरे गुणों का सम्मान कर रहे हैं तो मुझमें अवगुण भी तो हैं ढेर सारे। मुझसे ज्यादा गुणों वाला, ज्यादा मानवीय...एक साधारण आदमी मिल जाएगा। ऐसे कितने ही लोगों से मैं मिला हूँ, उनके सामने मैंने खुद को बौना पाया है...पर उनके लिए कोई सम्मान समारोह नहीं आयोजित किए जाते, शायद उन्हें जरूरत ही नहीं। दूसरे मैं तो गुज़र जाने वाला हूँ....मेरा क्या सम्मान। रचना का सम्मान ठीक है, वह रहने वाली है।

भले ही अपनी रचनाओं के संसार में आने का माध्यम मैं रहा होऊँ, उनका अपना अस्तित्व है, मुझसे अलग। उनका अलग व्यक्तित्व है जो प्रत्येक पाठक द्वारा हर पाठ के बाद विकसित होता चला जाता है। मैं तो सिर्फ दीप प्रवाहित करता हूँ। कौन कितनी दूर तक जाएगा, कहाँ तक रोशनी फेंकेगा...यह उस रचना का अपना करिश्मा, अपना भाग्य। लिखते समय यह आकांक्षा मेरी ज़रूर होती है कि जो रचना आ रही है, उसमें मेरा श्रेष्ठ उतरे, वह हर मायने में मुझसे बड़ी हो। मैं यह भी चाहता हूँ कि मेरी रचनाओं का कद क्रमशः बड़ा होता चला जाए, उनके सामने मैं छोटा पड़ता जाऊँ। मेरे अंतिम दिनों तक मेरी रचनाओं का संसार इतना बड़ा हो जाए कि वही वह हो, मैं कहीं न होऊँ। एक रचना को आज जो आप आदर दे रहे हैं...मुझे लगता है मेरे एक घनिष्ठ मित्र का सम्मान हो रहा है। अपने इस घनिष्ठ मित्र और स्वयं अपनी ओर से मैं के.के. बिड़ला फाउंडेशन और चयन समिति के प्रति कृतज्ञता प्रकट करता हूँ। भारतीय साहित्य के सर्वांगीण विकास के लिए फाउंडेशन जो महत्त्वपूर्ण कार्य कर रहा है वह अत्यंत अभिनन्दनीय है।

हमारे समय की यह एक दुःखद बात है कि गंभीर साहित्य के पाठक कम हैं। जहाँ तक मेरा अपना सवाल है यह मुझे हतोत्साहित नहीं करता। मैं उन

कुछ भाग्यवान लेखकों में से हूँ जिनके अपने पाठक हैं। जो आज हैं सिर्फ वे ही मेरे पाठक नहीं हैं, वे भी हैं जो मेरे संसार में न होने के पचास-सौ वर्षों बाद भी मेरी सब नहीं तो कुछ रचनाएँ जरूर पढ़ेंगे, शायद उन कुछ रचनाओं के रास्ते मेरे इतर लेखन को भी ढूँढ़ेंगे। अगर ऐसा नहीं होता तो भी मुझे हतोत्साहित होने की कोई वजह नज़र नहीं आती क्योंकि मेरा मानना है कि अगर मेरी एक रचना को एक भी ऐसा पाठक मिल गया जिसे उसने भीतर तक हिलाकर रख दिया तो उस रचना का संसार में आना सार्थक हो गया। अगर आज का समाज साहित्य से दूर है तो यह साहित्यकार को नहीं उस समाज को छोटा बनाता है। यह समाज के लिए नुकसानदेह है और इस बात को लेकर मैं चिंतित हूँ, जैसे अपने समाज की दूसरी चीज़ों को लेकर चिंतित होता हूँ।

जब मैं छोटा था तो किसी पेड़ पर चढ़ने के पहले, नदी-तालाब में घुसने के पहले उन्हें आदतन प्रणाम करता था। याद नहीं कि यह मुझे किसने सिखाया। किसी पेड़ की डाल तोड़ते वक्त यह भाव कहाँ से आ जाता था कि पेड़ को तकलीफ हो रही है, उसकी आह चरमराहट में बोलती भी है। लगे हुए किसी पेड़ पौधे को उखाड़ना हत्या लगती थी। मेरे उपन्यासों के पाठकों/आलोचकों ने यह बात रेखांकित की है कि हर उपन्यास में कोई पीपल का पेड़ या बरगद का पेड़ या इनसे ढका कोई झुरमुट ज़रूर होता है जिसकी उपस्थिति आदमियों की उपस्थिति से बड़ी होती है। 'पाँच आँगनों वाला घर' में तो पुराना बरगद का पेड़...बड़ बाबा हैं जो इस परिवार के सबसे पुराने बुजुर्ग हैं, जो कब से वह देखते चले आए हैं जो उस परिवार में होता आया है...वे हमेशा हैं। मृत्यु के बाद राजन के पिता उसको बड़ के पेड़ पर ही बैठे दिखते हैं। यह सब मेरे अवचेतन में उन सैकड़ों कहानियों/कविताओं से आया जिनमें पेड़ की डाल छूते ही उसमें से कोई बोलता था, नदियाँ, पहाड़ सहसा प्रकट होकर सामने आ जाते थे और बातें करने लगते थे...ये कहानियाँ मैंने पढ़ी या मुझे सुनायी गयी थीं। आज जब मैं पेड़ों, नदी, तालाबों के हाल देखता हूँ तो अक्सर सोचता हूँ कि जो उनका यह हाल करता है उन्हें वे संस्कार नहीं मिले जो मुझे मिले थे... सरकारें झीलों की सफाई कहाँ तक करायेंगी, कहाँ तक वृक्षारोपण होगा, कहाँ तक पशुओं की खोती नस्लों को बचाये रखने के लिए अरण्य वन बनाये जायेंगे ...अगर लोग बराबर नदी, तालाबों को गंदा करेंगे, पेड़ों को काटेंगे, चोरी से शिकार करेंगे, ज़हर देकर शेर को मारेंगे। उत्तरोत्तर जो कड़ुवाहट, क्रूरता हमारे व्यवहार में आती जा रही है...वह कहाँ से आ रही है। मुझे लगता है—पठित या सुने हुए साहित्य के माध्यम से करुणा की जो छुअन हममें पहले विकसित होती थी, वह अब नहीं होती। साहित्य से हम दूर हो गये हैं। हमें किताब पढ़ने की फुर्सत नहीं है। जितनी फुर्सत है उसमें हम बिस्तरों पर पड़ कर टी.वी. के रिमोट के बटन दबाकर वह देखते रहते हैं जो टी.वी. हमें दिखाता है—ज्यादातर विज्ञापन और कचरा, थोड़ा सा कुछ अच्छा। साहित्य की जगह टी.वी. या मीडिया का कोई यंत्र-तंत्र नहीं ले सकता... क्योंकि पुस्तक पढ़ने में ही यह चमत्कार निहित है कि लिखे हुए की गूँज, अनुगूँज हमारे एकांत में हो, उसका साक्षात्कार हमारी अन्तरात्मा से हो...पढ़ते-पढ़ते हम आँखें मूँद लें, थम जायें, पढ़े हुए को भीतर उतारें, हमारी कल्पनाशीलता विकसित हो, हम सोचने लगें ...पढ़ें और सोचें, सोचें फिर पढ़ें। इसलिए अगर समाज में हमें सही संस्कार डालने हैं तो साहित्य को घरों में पहुँचाने की व्यवस्था करनी होगी। टी.वी. से लोग अभी ही उकता आये हैं, वे किताबों की तरफ लौटना चाहते हैं। जरूरत है तो सिर्फ इतनी कि अच्छी पत्रिकाएँ घर-घर जायें और कुछ ऐसे कदम उठाये जायें जिससे गम्भीर, जीवन से जूझने वाले साहित्य की पुस्तकें लोगों को रास्ते में मिल सकें। जो समाज में अच्छाई लाने के लिए सचमुच चिंतित हैं उन्हें इस दिशा में सोचना होगा। संसार में अच्छाई जो अब तक चली आई, जो आज भी है, जो भले ही बहुत थोड़ी मात्रा में हो पर उसकी उपस्थिति इतनी वजनी होती है कि वह समाज को बचाये रखती है...उस अच्छाई को वहन करने वाली, उसे एक पीढ़ी से दूसरी पीढ़ी तक पहुँचाने वाली जो दो-चार चीज़ें हैं उनमें साहित्य सबसे पहले आता है। साहित्य तो लिखा जाता रहेगा, हम कुछ न करेंगे तब भी...लेकिन साहित्य को घर-घर पहुँचाने के लिए हमें कुछ व्यावहारिक कदम उठाने होंगे जैसे गंभीर साहित्य के

लिए सस्ता कागज उपलब्ध कराना या न केवल बड़ी संख्या और सस्ते दामों में पत्रिकाएँ निकालना, यह देखना भी कि वहाँ निष्ठावान और निष्पक्ष लोग ही संपादक बनकर बैठें। सरकार तो यह सोचे ही, बड़े, व्यावहारिक संस्थान भी। पत्रिकाएँ नफा-नुकसान के लिए नहीं, अपना या कि किसी विचारधारा या किसी पार्टी विशेष के प्रचार प्रसार के लिए नहीं, समाज सेवा की भावना से, मनुष्य को उदात्त और संस्कारित करने की भावना से निकाली जानी चाहिए। बड़े पुरस्कार देने के साथ-साथ बड़े प्रसार वाली ऐसी अच्छी पत्रिकाएँ निकालने से समाज का ज्यादा भला होगा। जो मेरे सामने बैठे हैं उनसे भी मैं कहूँगा कि अपने बच्चों को अच्छे संस्कार तो आप भी देना चाहते हैं तो उनमें यह प्रवृत्ति विकसित कीजिये कि वे अच्छे साहित्य को अपना जीवन साथी बनाना सीखें। जाहिर है यह वे तभी करेंगे जब आपको ऐसा करते हुए देखेंगे।

एक चीज़ अक्सर मुझे अचरज में डालती है। हम कहते हैं कि हम निरंतर प्रगति कर रहे हैं तो वे अध्यापक, वे समाज सेवी, वे राजनेता, वे स्कूल-कालेज, वे विश्वविद्यालय जो मेरे बचपन में थे...वैसे आज क्यों नहीं हैं ? मेरे देखते देखते गंगा-जमुना का क्या हाल हो गया ! जो जनता के प्रतिनिधि हैं, उन्हें जनता से दूर कमांडो के घेरे में क्यों रहना पड़ता है ? हमारा स्वभाव यह नहीं जो हर व्यक्ति का अलग, प्रकृतिदत्त होता है, उसकी बजाय एक ही स्वभाव है जो आज का शिक्षित, सभ्य और सफल व्यक्ति पालता है—अपने किए की बढ़-बढ़कर तारीफ़ करना, अपनी 'मार्किटिंग' करना, समाज सेवा भी करने निकलना तो समाज के लिए सचमुच कुछ करने के लिए नहीं बल्कि खुद को इस प्रतीति का सुख देने के लिए कि हम समाज सेवा कर रहे हैं। वह पवित्र भावना जो देश सेवा के पीछे होती थी, मातृभूमि से वह रिश्ता कि लोग फाँसी पर झूल जाते थे... वह देश सेवा आज धंधा हो गयी। और मैं साहित्यकार एक पुलिया पर बैठा सब देख रहा हूँ, दुःखी हो रहा हूँ। मैं और मेरे साहित्यकार साथी इस पतन को देखते रहे, कुछ न कर सके। मैं मनुष्य की सफलता की कहानी नहीं कह सकता। सभ्यताओं के उत्थान-पतन के अध्येता को भी यह साफ दिखाई दे रहा होगा कि हमारी आधुनिक सभ्यता पतन के रास्ते जा रही है, प्रगति उसका आडम्बर मात्र है। कभी-कभी तो लगता है कि मानव जाति ही तेजी से सुख को खत्म करने की ओर अग्रसर है। हम किसी क्षेत्र में देखें... तेजी से चीज़ें आदमी के इख़्तियार से बाहर होती चली जा रही हैं। सबसे ज्यादा निराशा की बात यह है कि अपना देश जिसका इतिहास ही आत्मिकता और आत्म-मंथन का था, वह भी आज की तथाकथित प्रगति और स्थूलता की चपेट में आया दीखता है, नारों में जीने लगा है। जो लोग साहित्यकार से बड़ी-बड़ी अपेक्षाएँ पालते हैं, उनसे पूछा जाना चाहिए कि यह कौन सा न्याय है कि बरबादी सारी आप करें और समाज को बचाने की सारी जिम्मेदारी साहित्यकार पर थोप दें...वह भी तब जब कि आप साहित्य के लिए कुछ नहीं करते। अगर मनुष्य आज सचमुच अपनी नस्ल को खत्म करने पर आमादा है तो उसे कैसे बचाया जा सकता है। अपनी जाति, यादवों का आत्मसंहार रोकने की शक्ति तो स्वयं कृष्ण में भी नहीं थी।

ऐसे में मैं, एक छोटा सा आदमी, साहित्य का दीप जलाये बैठा हूँ... खुद को और दूसरों को इसकी छोटी सी सेंक देता हुआ। प्रेम, करुणा, मानवीयता की बातें करता हूँ कि शोर के बीच इनके मद्धिम स्वर आदमी को इस कठिन समय को झेलने की शक्ति देंगे। जैसे साहित्य ने मुझे जिंदा रखा है, वह उसके पाठकों को भी जिंदा रखेगा...और कौन जाने यह काला समय समाप्त हो, मनुष्य का आभ्यन्तर इतना संस्कारित हो जाये कि चीज़ें सचमुच धीरे-धीरे बदलने की ओर चल पड़ें।

सरस्वती नः
सुभगामयस्करत्

पुरस्कार समारोह के अध्यक्ष श्री लालकृष्ण आडवाणी का भाषण

सबसे पहले मैं इस बात के बारे में जरूर कहना चाहूँगा कि आज के इस समारोह की अध्यक्षता करने का मैं अधिकारी नहीं हूँ। जिस बात का उल्लेख करके मुझे आमंत्रित किया गया कि पिछले वर्ष वाजपेयी जी आए थे, इस वर्ष आप आइए, अब मुझे कार्यक्रम के शुरू का भी पता नहीं था क्योंकि हम दोनों ही राजनीति में हैं, दोनों ही मंत्रिमंडल के सदस्य हैं लेकिन वे केवल राजनैतिक व्यक्ति ही नहीं हैं—वे कवि हैं, लेखक हैं, साहित्यकार हैं, इसलिए वे तो इसके अधिकारी हैं, उन्हें अगर इस प्रकार के समारोह के लिए आमंत्रित किया जाए, अध्यक्षता के लिए कहा जाए तो वे इसके अधिकारी हैं—मैं नहीं हूँ। मैं एक राजनीतिक कार्यकर्ता हूँ।

ऐसे समारोहों में पहले नाटकों के या इसी तरह के व्यक्ति आया करते थे, लेकिन उसे बहुत वर्ष हो गए, बहुत पुरानी बात हो गई और आज जिस कृति के लिए मिश्र जी को सम्मानित किया जा रहा है, उस कृति को पढ़े बिना मैं यहाँ अध्यक्षता करूँ, उसके लिए मैं अपने को सर्वथा अनधिकारी मानता हूँ। वैसे इसका वर्णन पटेलजी ने किया जिससे अंदाजा लगता था कि उनका चिंतन क्या था और उससे भी अधिक स्पष्ट अंदाजा अभी उनके व्याख्यान से मिला—छोटा सा व्याख्यान था, कोई लम्बा-चौड़ा नहीं था लेकिन कितनी मार्मिक बातें उन्होंने बहुत छोटे से समय में कह दीं। फिर आजकल वैसे भी राजनीति और सरस्वती का संबंध है ही नहीं। आज सब जगह सरस्वती का बहिष्कार हो रहा है—यह बात अलग है कि सरस्वती वंदना करके, निराला जी का गीत सुनाकर, बिरला जी उसे फिर से वापस लाने की कोशिश करें।

हाँ, यह मैं जरूर मानता हूँ कि मूलतः हिंदी भाषी न होते हुए भी, मूलतः सिंधी भाषी होते हुए भी, मैं हमेशा यह मानता हूँ कि इस देश की एकता के लिए जो महत्त्वपूर्ण कड़ी हो सकती है, उसके प्रति इस देश को जितना समर्पित होना चाहिए, वैसा इन 50 सालों में नहीं हुआ। भाषा का हर देश में अनोखा स्थान होता है। आज अमेरिका इतना सशक्त देश नहीं होता अगर उन्होंने अँग्रेजी को एक भाषा करके स्वीकार न किया होता। आखिर वहाँ जो यूरोपियन लोग गये थे, वे अलग-अलग भाषाएँ बोलने वाले थे, आज भी उनमें से कोई न कोई अपने घर में इटालियन बोलता है, कोई फ्रेंच बोलता है लेकिन भाषा ने उनको यह ताकत दी।

यह एक बड़ी विडम्बना है कि 1947 से पहले हिंदी सहज रूप से राष्ट्रभाषा बनी, कोई उस पर विवाद नहीं था लेकिन जब 1947 के बाद यह देश स्वतंत्र हुआ तो हिंदी के बारे में विवाद खड़ा हो गया। मेरे कर्नाटक के साथी जगन्नाथ जोशी हुआ करते थे, अब उनका देहांत हो गया, वे बड़े चकित होते थे और कहते थे कि यह क्या हो रहा है। जब हम 1942 के आंदोलन में सुबह-सुबह प्रभात फेरी पर जाते थे तो कन्नड गीत भी बोलते थे लेकिन उसके साथ-साथ विजयी विश्व तिरंगा प्यारा, झंडा ऊँचा रहे हमारा—भी बोलते थे। कभी किसी ने कोई आपत्ति नहीं की कि आप हिंदी भाषा क्यों बोल रहे हैं, हिंदी गीत क्यों गा रहे हैं, कन्नड़

गीत भी हमारे पास हैं—लेकिन ऐसा नहीं हुआ।

इसी संदर्भ में मैंने एक बार, इंगलैंड में अँग्रेजी अधिकृत भाषा, राज भाषा कैसे बनी इसका कुछ अध्ययन किया तो मुझे आश्चर्य हुआ कि इंगलैंड में अँग्रेजी को राजभाषा बनाने का कितना विरोध हुआ था। अठारहवीं शताब्दी तक हाउस आफ कामन्स में भाषण अँग्रेजी में होते थे लेकिन जब कानून पारित होते थे तो वे कानून लेटिन में पारित होते थे, जिस प्रकार से भारत की संसद में हिंदी में भाषण होते हैं, थोड़े बहुत अँग्रेजी में भी होते हैं, लेकिन अधिकांश हिंदी में होते हैं और जिस समय विधेयक बनता है, कानून पारित होता है तो वह अँग्रेजी में होता है।

मैंने साहित्य को पढ़ते-पढ़ते एक बड़ी विचित्र बात पढ़ी कि उन्नीसवीं शताब्दी में पहले बायोलोजी की पुस्तकों का जब अँग्रेजी में भाषान्तर हुआ, लेटिन से अँग्रेजी में भाषान्तर हुआ तो वहाँ के प्रमुख अखबारों ने अग्रलेख लिखे कि अब तो इंगलैंड का सत्यानाश होगा क्योंकि ऐरा गैरा नत्थू खैरा हर कोई डाक्टर बनेगा, फिर पेशैन्ट्स का क्या होगा, अँग्रेजी में बायोलोजी कैसे पढ़ी जाएगी, अँग्रेजी में कैसे मैडिसिन पढ़ाई जाएगी, अँग्रेजी में कैसे इंजीनियरिंग होगी—ऐसी कल्पना वहाँ पैदा हुई थी। तब वहाँ एक आंदोलन चला था जिसे चार्टिस्ट मूवमेंट कहते हैं। उस समय वहाँ के एक कवि ने अँग्रेजी में एक कविता लिखी थी जिसका सार था कि मैं उस दिन का स्वप्न देखता हूँ जब अँग्रेजी को इंग्लैंड स्वीकार कर ले और जिस दिन अँग्रेजी को इंग्लैंड स्वीकार कर लेगा, अँग्रेजी की पताका विश्व भर में फहराएगी।

मैं इस बात का जिक्र यहाँ इसलिए कर रहा हूँ कि बिरला जी ने यह व्यवस्था करके कि हिंदी में उत्कृष्ट साहित्य की रचना करने वाले को और उसकी पिछले 10 सालों की जो उत्कृष्टतम कृति है, उसे इस प्रकार से सम्मानित किया जाए—ऐसा करके उन्होंने देश की एकता के लिए एक समर्थ साधन पैदा किया है। मिश्र जी देश के साथ जुड़े हुए हैं, यहाँ के मूल्यों के साथ जुड़े हुए हैं, जिसका वर्णन वे अभी-अभी कर रहे थे तो कितनी उत्तम रीति से कर रहे थे कि भाई, सबसे ज्यादा निराशा की बात यह है कि अपना देश, जिसका इतिहास ही आत्मीयता और आत्म-मंथन का था, वह भी आज तथाकथित प्रगति और स्थूलता की चपेट में आया दिखता है, नारों में जीने लगा है। उन्होंने यह आशा जरूर प्रकट की है कि कौन जाने कब यह काला समय समाप्त हो। मनुष्य का अभ्यंतर इतना संस्कारित हो जाए कि चीजें सचमुच धीरे-धीरे करके बदलने की ओर चल पड़ें—लेकिन मुझे इसमें कहीं निराशा का भाव ज्यादा दिखाई दिया। मैं मानता हूँ कि वह नहीं बदलेगा, कठिनाइयों के होते हुए भी, अवश्य बदलेगा और उस बदलने में यह जरूरी है कि साहित्यकार को उसका योग्य स्थान प्राप्त हो, कोई साहित्यकार इस प्रकार की भाषा न बोले कि ताज्जुब है कि आज के जमाने में लोग साहित्यकार नाम के प्राणी के प्रति गदगद हैं—ऐसा किसी को न कहना पड़े।

मैं यह हिंदुस्तान की बात कह रहा हूँ, ऐसा दुनिया के बाकी देशों में नहीं है। बाकी देशों में वहाँ का गृह मंत्री कौन है, इसे शायद कोई नहीं जानेगा। यदि अमेरिका है तो वहाँ क्लिंटन का नाम हर कोई जानता है और शायद गलत कारणों से जानता है लेकिन उनके मंत्रिमंडल में कौन-कौन हैं और उनमें से गृह विभाग का कार्य किसके पास है, उसे बहुत कम लोग जानते हैं—कितने लोग जानते हैं—बहुत लोग नहीं जानते। लेकिन वहाँ के जो साहित्यकार हैं, उन्हें लोग जानते हैं। यह भारत है कि जहाँ स्वतंत्रता के आंदोलन के कारण, किसी और कारण से नहीं, स्वतंत्रता के आंदोलन के कारण, और स्वतंत्रता के आंदोलन के जो नेता थे, वे क्योंकि राजनीति में आये, जैसे गाँधी जी, नेहरू जी, सरदार बल्लभ भाई पटेल, राजा जी—ऐसे लोग आये, जिनके कारण राजनीति को ऊँचा स्थान मिला, और इतना उन्नत स्थान मिला कि धीरे-धीरे करके, जैसे हमारे यहाँ अबुल कलाम जैसे लोग हैं, यह ठीक है कि अभी-अभी यहाँ अणु विस्फोट हो गया, जिसके कारण उनका नाम लाइमलाइट में आ गया, अन्यथा पोखरण की घटना से पहले अगर आप किसी से पूछते कि डॉ. अबुल कलाम कौन हैं तो वह यही कहता कि आप कहीं डॉ. अब्दुल कलाम आजाद की बात तो नहीं कर रहे हैं—यानी कोई नहीं जानता—इतने असाधारण वैज्ञानिक होते हुए भी, उनके बारे में कोई नहीं जानेगा—और दूसरी तरफ साधारण से साधारण अगर कोई एम.एल.ए. है, कोई

दूसरा अपने यहाँ का राजनीतिज्ञ है, उसके बारे में बहुत सी बातें जान जाएगा।

हमारे यहाँ जो यह एक टोटल विकृति सी हो गई है, उस विकृति को ठीक करने की दिशा में भी, मैं मानता हूँ कि फाउंडेशन की ओर से एक महत्त्वपूर्ण भूमिका निभाई जा रही है, जिसमें साहित्यकारों का सम्मान किया जाएगा। ये तो हिंदी के साहित्यकार हैं, वैसे आपके दूसरे जो सम्मान हैं, जिनके माध्यम से आप जो बाकी भारतीय भाषाओं के साहित्यकार हैं, उन भाषाओं में जो साहित्यिक रचनाएँ हैं, आप उनका सम्मान करते हैं, मैं समझता हूँ कि आप यह बहुत ही श्रेष्ठ कार्य कर रहे हैं, बहुत बढ़िया कार्य कर रहे हैं और आपने मुझे इसके साथ जोड़कर, मेरा बहुत सम्मान किया है।

मैंने पहले ही कहा कि मैं इसके योग्य नहीं हूँ, मैं हिंदी का प्रेमी जरूर हूँ, मेरा मूल शिक्षण अँग्रेजी में हुआ, हिंदी मैं प्रयत्नपूर्वक सीखा हूँ। विभाजन के बाद जब इस तरफ आया तो मैं राष्ट्रीय स्वयंसेवक संघ में काम करता था लेकिन मुझे हिंदी नहीं आती थी—बहुत संकोच होता था कि मुझे हिंदी नहीं आती। जब मैं अपनी डायरी में नोट्स लिखता था तो अँग्रेजी में लिखता था। उसके बाद मैं बैठकर हिंदी पढ़ने लगा और धीरे-धीरे करके, पढ़ते-पढ़ते आज उस स्थान पर जरूर हूँ कि अगर कोई मुझसे पूछे कि आप किस भाषा में बोलना पसंद करेंगे तो मैं कहूँगा कि हिंदी में बोलना पसंद करूँगा, मुझे उसमें ज्यादा सुविधा है। इसलिए मैं हिंदी प्रेमी हूँ, लेकिन इस बहाने मैं मिश्रजी से मिल सका, मिश्रजी के परिवार के सभी लोगों से मिल सका, मिश्रजी की बात सुन सका, उनकी बड़ी गम्भीर और पैनी बातें सुन सका, उनसे कुछ सीख सका और सबसे बढ़कर जो श्रेष्ठ कार्य आप कर रहे हैं, उसके साथ मैं अपने आपको संबद्ध कर सका, इसके लिए मैं बहुत आभारी हूँ। मैं एक बार फिर से मिश्रजी का अभिनन्दन करता हूँ। आप जिस ढंग से सेवा कर रहे हैं, कैसी-कैसी बातें आपने कहीं, मैंने आपकी कृति थोड़ी-बहुत पढ़ी है पाँच आँगनों का घर वह पूरी नहीं पढ़ी, थोड़ी जरूर पढ़ी है, जिससे मुझे वह आभास मिलता है, जिसका अभी-अभी उन्होंने जिक्र किया। हिंदुस्तान में संस्कार ऐसे हैं कि जिनके कारण एक पेड़ के प्रति भी आत्मीयता पैदा होती है और जिसके लिए विदेशों में लोगों को, पश्चिम के लोगों को यह सिखाने में काफी मेहनत करनी पड़ती है कि इकोलौजी का कितना महत्त्व है।

जैसा उन्होंने कहा कि अगर कोई पेड़ को काटे तो उसे दर्द होता है, कष्ट होता है। पिछले दिनों में एक लेख पढ़ रहा था, जिसमें क्लैरियन फोटोग्राफी का वर्णन था। क्लैरियन फोटोग्राफी का मतलब है कि उन्होंने एक ऐसा कैमरा डैवलप किया है, जिससे मानो कोई पेड़ है या किसी बगीचे में गुलाब के फूल हैं, उनका कोई फोटो लेना चाहे तो उसका बहुत बढ़िया और अच्छा फोटो आएगा लेकिन उस पेड़ के चारों ओर एक रंगीन औरा भी दिखेगा। यदि वहाँ कोई एक व्यक्ति फूल तोड़ता है, जैसे ही वह फूल तोड़ता है तो उस औरा के रंग बदलते हैं और उन रंगों में कष्ट का अनुभव होता है। उन रंगों का जो चिह्न है, उससे अंदाजा होता है कि इससे फूल को कष्ट हो रहा है। उसके बाद दूसरे दिन उसी स्थान से अगर वही व्यक्ति गुजरता है तो उसके केवलमात्र गुजरने से वह औरा बदलती है और उसी भाव का रंग उसमें बदलने लगता है कि यह मुझे फिर से तोड़ेगा, फिर से कष्ट देगा।

मुझे लगा कि हमारे यहाँ पर तो उस चीज को संस्कार में ही ग्रहण किया गया है कि आप किसी पेड़ को व्यर्थ मत छुओ, किसी पेड़ को मत काटो, फूल को मत तोड़ो—ऐसा करना ठीक नहीं है क्योंकि उसमें भी प्राण है, फूलों में भी प्राण हैं। इसका जिस प्रकार से मिश्रजी अभी वर्णन कर रहे थे, वह मुझे बहुत ही अच्छा लगा और लगा कि वास्तव में धरती से जुड़े हुए एक साहित्यकार को, एक लेखक को, मैं सुन रहा हूँ और उनका धरती से जो जुड़ाव है, वह निश्चित रूप से उनकी रचनाओं में व्यक्त हुआ होगा—मैं इतना ही कह सकता हूँ। आज के इस समारोह में आने के बाद मुझे लगा कि अगर मैं उनकी पुस्तक पूरी नहीं पढ़ूँगा तो आज के इस कार्यक्रम में आने और सम्मानित होने के प्रति न्याय नहीं करूँगा।

कथाकार गोविंद मिश्र : एक मूल्यांकन

चंद्रकांत बांदिवडेकर

किसी समकालीन लेखक का मूल्यांकन करना जिसका लेखन कार्य अविराम चल रहा हो, जोखिम भरा काम है। गोविंद मिश्र जो अपनी हर रचना में पहली रचनाओं की चौखट को लाँघ कर सफलतापूर्वक ऊँची छलाँगें लगाते हुए सक्रिय हैं, उनके संदर्भ में यह प्रयास आधा-अधूरा रहने को बाध्य है। मैं चाहता भी हूँ कि गोविंद मिश्र की हर रचनात्मक छलाँग के बाद यह स्थिति आए कि यह मूल्यांकन दयनीय लगे। अब तक के कृतित्व के बल पर गोविंद मिश्र की कुछ ऐसी विशेषताओं को अवश्य संकेतित किया जा सकता है जिनके अभाव में कोई लेखक महत्ता प्राप्त नहीं कर सकता।

किसी भी साहित्यकार के पास महत्ता की सीढ़ियाँ चढ़ने के लिए जो आवश्यक प्राकृतिक अवदान ज़रूरी है वह है उसकी जन्मजात प्रतिभा। यह कहना कोई बड़ी बात नहीं है। सैकड़ों लेखकों के बीच और पुस्तकों की संख्यात्मक प्रचुरता के बावजूद कुछ इनेगिने ही लेखक होते हैं जो उन भाग्यवानों की श्रेणी में आते हैं जिन्हें महत्त्वपूर्ण लेखक कहा जा सकता है। इस प्राकृतिक प्रतिभा को थोड़ा सा परिभाषित करना जरूरी है।

साहित्य के क्षेत्र में प्रतिभा का प्रथम उन्मेष जो दिखता है वह लेखक की भाविक सामर्थ्य में या भाषा क्रीड़ा में। विलक्षण अनोखे, शक्तिपूर्ण अनुभवों के बावजूद लेखक को वृत्तांत कथन या नैरेशन के स्तर से ऊपर उठाकर अनुभव को सर्जनशील स्वरूप देने का पहला करिश्मा भाषा ही करती है। सूक्ष्म से सूक्ष्म निरीक्षण, बोध, चिंतन, कल्पनात्मक अनुभूति से लेकर भव्य जीवनानुभवों को अभिव्यक्ति देते समय भाषा ही है जो कथ्य को नाट्यात्मक, चित्रात्मक, बिंबधर्मी, प्रतीकात्मक स्तर पर ले जाती है, अभिधा में लक्षणा और ध्वनि का सन्निवेश कर समृद्ध करती है, ऊपर से सरल, ठेठ लगने वाले आशय को भी अंदर से वक्रता, कथन भंगिम की विशिष्टता, नाद से संपृक्त कर पठनीयता में रुचि उत्पन्न करती है, भावानुभव की आवश्यकता के अनुसार रूप ग्रहण करती है और रूप से भावानुभव को समृद्धि भी देती है। भाषा और भाव के बीच संवादपूर्ण स्पर्धा (जुगलबंदी) प्रकृतिदत्त भाषिक सामर्थ्य से ही संभव है। भाषा ही है जो सृजनशील साहित्यकार को अन्य भाषिक व्यवहार के उपयोजकों से अलग करती है।

गोविंद मिश्र को सृजनशील साहित्यकार की भाषा प्राप्त है—बहुत ही समृद्ध रूप में गोविंद मिश्र हिंदी के लब्धप्रतिष्ठित उपन्यासकार और कहानीकार हैं और उन्होंने यात्रा वृतान्त तथा साहित्यिक निबंध भी लिखे हैं। लेकिन उनका रचनात्मक रूप कथाकार के रूप में ही जाना जाता है।

गोविंद मिश्र ने प्रायः हर उपन्यास के लिए नया परिवेश चुना है, नयी प्रकृति और स्वभाव के लोगों को चरित्रों के रूप में चुना है, नए समूह-मानस को अभिव्यक्त किया है। स्वाभाविकतः अलग-अलग किस्म का भाषिक मुहावरा, चित्रकार की भाषा का प्रयोग, खास परिवेश की खास शब्द संपदा और लहजा उन्हें इस्तेमाल करना पड़ा है। 'वह अपना चेहरा' और

'उतरती धूप' जैसे आरंभिक उपन्यासों में भी विभिन्न मानसिक अवस्थाओं के चरित्रों के अनुसार भाषा प्रयोग की विशिष्टता परिलक्षित होती है। 'लाल पीली ज़मीन' के कस्बाई परिवेश की हिंस्र, निर्मम, गुंडई भाषा 'हुज़ूर दरबार' के अभिजात परिवेश से एकदम अलग है तो 'तुम्हारी रोशनी में' की कुछ सेक्स की ऊष्मा से गर्माई भाषा 'धीर समीरे' की धार्मिक परिवेश से उपजी समृद्ध भाषा से नितांत अलग है और 'पाँच आँगनों वाला घर' की भाषा से ये दोनों भाषाएँ विशेष अलग हैं।

यही स्थिति चरित्रों के स्वभावगत, अवस्थागत भिन्नता के साथ है। इसीलिए स्थितियों, प्रसंगों, घटनाओं, चरित्रों, परिवेशों के प्रभावपूर्ण संप्रेषण में कहीं भी भाषा के स्तर पर व्यवधान या अवरोध नहीं दिखता। इन निरीक्षणों को गोविंद के विभिन्न उपन्यासों के भाषिक विश्लेषण से पुष्ट किया जा सकता है।

मुझे लगता है भाषा का यह अद्‌भुत सामर्थ्य हिंदी के विरल लेखकों में ही पाया जा सकता है। कठोर वास्तविकता को व्यक्त करने वाली पत्थरमार भाषा, अकेलेपन से लहुलुहान दमघोंट भाषा, सेक्स की गर्माहट से उत्तेजित मांसल भाषा और प्रणय की अनुभूतियों से सिक्त काव्यात्मक तरल भाषा के ये अलग-अलग तेवर गोविंद मिश्र में जितनी विलक्षण मूर्तता में दिखते हैं उतनी मात्रा में अन्यत्र कहाँ ? मनुष्य के लंबे इतिहास के अनुभवों का निचोड़ एक दो वाक्यों में समेटने की कला के साथ विभिन्न अनुभवों से उत्पन्न स्थायी मानसिकता का तथा जीवन-स्थितियों का कसावपूर्ण भाषा में संकेत जैसा शक्तिशाली रूप में गोविंद मिश्र की भाषा में प्रचुर रूप में मिलता है वैसा बहुत कम उपन्यासकारों में मिलता है। भाषा की वह निसर्गदत्त क्षमता गोविंद मिश्र के लेखन की इयत्ता को बहुत ऊपर उठाता है।

भाषा केवल शब्द संपदा नहीं, वहाँ अनुभव भी है। भाषा की ताज़गी, मूर्तता, बहुस्तरीयता, असंख्य-अवतारी क्षमता अनुभव की विविध आयामी क्रीड़ा ही तो है। इसीलिए डॉ. धर्मवीर भारती 'लाल पीली ज़मीन' को विलक्षता तल्लीनता और आवेश में पढ़ गए। अज्ञेय को भी इस उपन्यास की भाषा ने 'बहुत आकृष्ट किया'। अमृत राय ने 'तुम्हारी रोशनी में' की भाषा की सराहना करते हुए कहा कि "मन के सूक्ष्म तंतुओं को टटोलने और उकेरने में आपकी संवेदन संपन्न भाषा का भी विशेष योग है।" रवींद्रनाथ त्यागी ने 'बेहद ताजी' भाषा के लिए गोविंद मिश्र की बहुत सराहना की।

गोविंद मिश्र की दूसरी महत्त्वपूर्ण विशेषता, जो किसी भी महानता की ओर उन्मुख लेखक के लिए आवश्यक शर्त है, वह है उनकी अनुभव के संबंध में प्रयोगधर्मिता। कविता में प्रयोगधर्मिता अधिकांश रूप में भाषिक क्रीड़ा के रूप में या भाषा के प्रयोगों के रूप में पहचानी जाती है। उपन्यासकार की प्रयोगधर्मिता का क्षेत्र उसके जीवन के नए अनुभवों की खोज में होता है। सामान्यतः लेखक जिस परिवेश से उभरा है, जिन व्यक्तियों का संस्कारक्षम उम्र में मानस पर प्रभाव पड़ता है, जिन पारिवारिक स्थितियों में पलता बढ़ता है, आर्थिक हालात में जीता है उसका प्रभाव लेखक के लिए उपयोगी भी होता है और वह उसे बाँधता भी है—जड़वत बना देता है। प्रयोगधर्मी साहित्यकार की पहली लड़ाई मन को जड़ीभूत करने वाले इन अनुभवों के साँचों से होती है। वह लड़ाई कभी निरंतर समकालीन प्रभावों से अर्थात राजनैतिक विचारधाराओं, जिंदगी के हालात, सामाजिक समस्याओं, आंदोलनों से परिचित/प्रभावित होते हुए और उस सब का साहित्य में समावेश करके लड़ी जाती है। परंतु यह बाह्‌य संघर्ष है। साहित्यकार का असली संघर्ष इससे अधिक अपने व्यक्तित्व के साँचों को तोड़ने, उन्हें अतिक्रमित करने में निहित रहता है अर्थात अनुभव ग्रहण करने के तौर तरीकों को भी बदलते रहना पड़ता है। उसी तरह साहित्यिक परिपाटियों से भी कभी झगड़ना पड़ता है—रेणु ने आंचलित साहित्य की तमाम रूढ़ियों से अलग हट कर 'मैला आँचल' का लेखन किया था।

गोविंद मिश्र ने अपने को दोहराया नहीं है यह एक प्राथमिक वैशिष्ट्य है। 'वह अपना चेहरा' से लेकर 'पाँच आँगनों वाला घर' तक गोविंद मिश्र निरंतर नए अनुभव संसार की ओर अभिमुख हो कर डग भर रहे हैं और आश्चर्यजनक विविधता जीवनानुभव के स्तर पर भी है और शिल्प को लेकर भी है। 'वह अपना

चेहरा' में अपने ही चेहरे की बदलती हुई अवस्था का बड़ा प्रभावपूर्ण चित्र पहले ही उपन्यास में गोविंद मिश्र उकेरते हैं। एक मासूम-सा व्यक्ति अफसरशाही के आत्मकेंद्रित, घिनौने, भ्रष्टाचारी विद्रूप में धीरे-धीरे कैसे ढल जाता है, इसका बड़ा प्रभावशाली चित्र गोविंद मिश्र ने दिया है।

इस क्रमशः बदलाव में लेखक को अपने से अलग, तटस्थ होकर बहिर्मुख कटु अनुभव की पीड़ा झेलते हुए अपने ही हारने का, अपने ही चेहरे के विद्रूप होते जाने का प्रतिबिंब देखना पड़ा। यहीं पर अपने से अलग हटकर देखने की प्रवृत्ति लेखकीय व्यक्तित्व का भाग बन गई दिखती है।

'उतरती हुई धूप' में गोविंद मिश्र दो रूपों को सामने रखते हैं—दस साल के अंतराल को मद्देनजर रखते हुए। प्रणय के दो रूप, मांसल शारीरिक-आत्मिक, उत्कट प्रणय की यथार्थ की धूप में हुई सर्वभक्षी वीरानी का यह विलक्षण उदास बनाने वाला चित्र जीवन का एक महत्त्वपूर्ण अनुभव है—वैयक्तिक भी और सामूहिक भी।

यहाँ से गोविंद मिश्र 'लाल पीली ज़मीन' में लगभग अपने को पूर्णतः अतिक्रांत करते हुए एक कस्बाई सामूहिक जीवन का भयावह हिंस्र विराट चित्र प्रस्तुत करते हैं। स्व. सर्वेश्वर दयाल ने 'लाल पीली ज़मीन' के व्यापक और विविध स्तरीय यथार्थ का विश्लेषण करते हुए टिप्पणी की थी—''इसका (यथार्थ का) जितना गहरा, मार्मिक और कुशल चित्रण इस उपन्यास में हुआ है वैसा हिंदी के किसी और उपन्यास में नहीं है...सारा उपन्यास बड़ी कलात्मक दक्षता से लिखा गया है और एक बहुत बड़े पैमाने पर विचारों को झकझोरता और ललकारता है। भाषा की नई सुघराई, बुनावट की सहज चतुराई, चरित्रों के मार्मिक गुंफन और समसामयिक यथार्थ के सबसे महत्त्वपूर्ण पहलू की वैचारिक पकड़ के कारण हिंदी उपन्यास-प्रेमियों को यह उपन्यास अवश्य पढ़ना चाहिए।''

कस्बाई जीवन के भयावह हिंस्र होते जाने वाले परिवेश और समाज का बहुमुखी, समग्रता की ओर उन्मुख चित्रण करने के बाद गोविंद मिश्र 'हुजूर दरबार' के रियासती माहौल में विचरते हैं जो भाषा संवाद, रीति-रिवाज, सामाजिक, राजनैतिक वातावरण, नारी चरित्र की समस्याएँ इत्यादि दृष्टि से 'लाल पीली ज़मीन' के एकदम विपरीत है। राजदरबार के वातावरण का मूर्त और मांसल चित्रण, हिज हाइनेस रूद्रप्रताप सिंह जैसे संवेदनशील, विवेक संपृक्त और मानवीय मूल्यों की कदर करने वाले राजा का उसके सद्गुणों सहित राजसी दुर्गुणों का सम्यक चित्रण, सिर्री राजा जैसे चालबाज, दुष्ट और तिकड़मी विकृत मनुष्य का चित्रण, नेपाली रानी के व्यामिश्र स्वभाव का अंकन, दीवान की कुटिलता और राधा के नादान, कोमल स्वभाव के विरोधी रंगों का चित्र, कुर्सी के लिए और कुर्सी के आसपास रहने के लिए चल रही भयावह हिंसक और धूर्त दौड़ के साथ खरे जैसे महान व्यक्ति की दुखद हार, हरीश का निरंतर एक वेदनामय ट्रैजिक अंत की ओर अधोगमन—यह समूचा चित्र सामाजिक, सांस्कृतिक और राजनैतिक परिवेश के साथ गहन रूप से जुड़ा हुआ और समग्र है। राजी सेठ ने बहुत मार्मिक टिप्पणी की है—''कथात्मकता गोविंद मिश्र के लेखन का गुण है। उस स्थूलता पर आ जाने पर उनके हथियार पैने हो जाते हैं और भाषा उनकी गुलाम हो जाती है। उनकी भाषा में एक अनगढ़ जीवन्तता और भोलापन है। हिंसा और आतंक का सूक्ष्म प्रभाव उत्पन्न करते समय भी उनके शब्द कठोर और आक्रामक न होकर भोले और कोमल हैं परंतु प्रभाव में अचूक। रोचकता, रवानी और ताज़गी पूर्वार्ध के विवरणों में बहुत है और डिटेल्स के रचाव में एक इन्वाल्वमेंट। पात्रों की नियति में कथाकार की लेखनी एक संवेदनशील आँख की तरह काम करती स्थितियों की विवेचक हो गई लगती है।'' तीन पीढ़ियों के काल एवं जीवनानुभव को मानवीय मन के सूक्ष्म स्पंदनों के साथ मूर्त करना कलाकार की व्यापकता और गहनता के आयामों से जूझने का सफल प्रमाण है।

'लाल पीली ज़मीन' और 'हुजूर दरबार' की सड़ाँध भरी, बदबूदार, विकृत वास्तविकता के बाद गोविंद मिश्र 'तुम्हारी रोशनी में' में बिल्कुल अलग भावभूमि पर पाठक को ले आते हैं। मनुष्य जीवन की व्यथा वेदना और मनुष्य का दर्द गोविंद मिश्र का एक केन्द्रीय अनुभवपुंज है, वह इसमें भी है। परंतु वातावरण, वर्ग चरित्र, जीवन की समस्याएँ, बौद्धिक परिवेश, स्त्री-पुरुष संबंधों की सांस्कृतिकता और

सभ्यता सभी दृष्टियों से यह अलग किस्म का उपन्यास है। श्री विष्णु प्रभाकर ने 'तुम्हारी रोशनी में' की सुवर्णा की मुक्ति की तलाश को रेखांकित करते हुए लिखा "मैं नर-नारी के संबंधों के सही आकार की तलाश में भटक रहा हूँ। आपके उपन्यास ने निदान तो नहीं सुझाया पर समस्या को और स्पष्ट और सघन रूप में प्रस्तुत कर दिया है।"

'धीरे समीरे' शिल्प एवं अनुभव की दृष्टि से बिल्कुल अलग ज़मीन तोड़ती और तय करती हिंदी की एक श्रेष्ठ रचना है। 'धीर समीरे' में गोविंद मिश्र एक सर्वथा नए धरातल पर डग भर रहे हैं। यह भारतीय मानस की टटोल है, पर भारतीय आध्यात्मिक अनुभव के संबंध में जिज्ञासा है जो आधुनिकता की चकाचौंध में धूमिल पड़ गई है लेकिन भारतीय मानस में इतने गहरे धँस गई है कि उससे निस्संग होना असंभव है। बाह्य यात्रा और अंतर्यात्रा का यह संयोजन शिल्प की दृष्टि से भी बेजोड़ है। 'लाल पीली ज़मीन' का विद्रुप हिंस्र यथार्थ, 'हुजूर दरबार' का शोकांत, सत्तापिपासु संसार और 'तुम्हारी रोशनी में' की नारी की वेदना और भटकन की तुलना में 'धीर समीरे' का यथार्थ अलग किस्म का है और मनुष्य की ऊर्ध्वमुखी चेतना का सशक्त अंकन करता है। इसके एक महत्त्वपूर्ण वैशिष्ट्य पर राजी सेठ मार्मिक टिप्पणी करती हैं। "इस उपन्यास में पात्रों से अधिक यात्रा ने छुआ है। वही एक अस्तित्व बनकर मन में उतरी है। जिस रूप में वह लेखक के मन में उतरी होगी, उसी रूप में पाठक के मन में भी सीधी संचरित हुई है—अनंत यह यात्रा।" निर्मल वर्मा का मंतव्य. .."मुझे तुम्हारा यह उपन्यास जगह-जगह पर उद्वेलित करता रहा। एक तरह से यात्रा का चिरंतन प्रवाह उपन्यास की कथाधारा का प्लाट तैयार करता जाता है जिसमें हर पात्र का अतीत धीरे-धीरे हर पड़ाव पर उद्घाटित होता है। तुमने बड़ी सूक्ष्म दृष्टि से विभिन्न नियतियों के जीवन-सूत्र संयोजित किए हैं, जिसमें भारतीय संस्कृति के बिंब, स्मृति-संकेत और पौराणिक गाथाएँ सहज रूप से अंतर्गुंफित हो जाते हैं। उनके प्रति तुम्हारा लगाव यदि इतनी गहन संवेदना के साथ न अंतर्निहित होता तो सारी चीज काफी अमूर्त और वायवी-सी जान पड़ती। लेकिन तुम इस छद्म बौद्धिक भारतीयता से बच कर सहज रूप से 'भारतीय मन' (यदि ऐसी कोई चीज है) के टेक्सचर के ताने बाने को रेखांकित करने में सफल हुए हो। पूरा उपन्यास पढ़ कर लगा कि 'लाल पीली ज़मीन' के बाद तुमने एक बिल्कुल नयी जमीन की यात्रा की है—और उसकी रिपोर्ट अपने उपन्यास में हमें दी है।"

निर्मल वर्मा ने भारतीय मानस का संकेत किया है और गोविंद मिश्र का महत्त्वपूर्ण वैशिष्ट्य यह भी है कि आधुनिकता का अपने देश और काल के अनुकूल संस्कार ग्रहण करते हुए भी वे भारतीय मिट्टी के प्रति संपूर्णतः निष्ठावान हैं। जातिवाद का जहर, वर्ण विषमता, नारी की अवहेलना, नियतिवाद के प्रति जरूरत से अधिक झुकाव इत्यादि दोषों पर गोविंद मिश्र भी टीका टिप्पणी करते हैं, परंतु भारतीय मानस की मूलभूत ऊर्ध्वमुखी चेतना, जो आध्यात्मिक पृष्ठभूमि के कारण बरकरार है और उपभोक्तावाद से बहुजन समाज को बचा रही है, उसको गोविंद मिश्र स्वीकार करते हैं। उसी तरह अतिव्यक्तिवाद, जो घर गृहणी को उजाड़ने में प्रेरक हो रहा है, का भी विरोध करते हैं। घर के रिश्तों की आर्द्रता, पवित्रता और मानवीय जीवन के विकास में उसकी अनिवार्यता को वे मन की गहराई से स्वीकार करते हैं। 'त्येन त्यक्तेन भुंजीथा' जैसे मूलभूत भारतीय संस्कार पर उनकी आंतरिक निष्ठा है। इस भारतीयता की मूल खोज में वे 'पाँच आँगनों वाला घर' में अधिक गहराई में जाते हैं और भारतीय 'घर' के इतिहास को भी इस संदर्भ में देखते हैं।

'पाँच आँगनों वाला घर' में यह घर केंद्र में है। गोविंद मिश्र का एक महत्त्वपूर्ण वैशिष्ट्य है कि वे घटनाओं और चरित्रों की व्यक्तिपरकता सुरक्षित रखते हुए उन्हें प्रतीकों का रूप देते हैं। इस उपन्यास में भी विशिष्ट पाँच आँगनों वाले भरेपूरे घर की तीन पीढ़ियों के इतिहास का चित्रण करते हुए उन्होंने संयुक्त परिवार, विभाजित एकल परिवार और अंत में व्यक्ति और उसका मानसिक विघटन दर्शाया है। संस्कृति, रिश्तों के माध्यम से पनपने वाली सामाजिकता और पारस्परिक संबंधों के ताने-बाने क्रमशः किस प्रकार बिखरते जाते हैं, आदमी घर से दूर जाते समय कैसे विवाह को एक वैयक्तिक सुख-सुविधा का साधन

मानकर चलता है, इसका बड़ा प्रभावपूर्ण चित्र अंकित किया है और यह विघटन और बिखराव घर के टुकड़ों के साथ, मानसिक लगाव के सूख जाने की प्रक्रिया में आदमी कैसे एक शरीर की सुख संवेदना के भोग तक सीमित हो जाता है, इसको बहुत ही शक्तिपूर्ण ढंग से चित्रांकित किया है। पश्चिमी प्रभाव के सम्मोहन में भारतीय मध्यवर्ग का गाँव से नगर की ओर आगमन अंततोगत्वा उसको सभी दृष्टियों से अकेला बना देता है।

एक तरह से यह समस्त मध्यवर्गीय परिवारों का सांस्कृतिक, सामाजिक और मानसिक विघटन है, बिखराव है—अकेलेपन के ऊँट का तंबू में प्रवेश है। राजनैतिक और सांस्कृतिक परिवर्तनों के कलात्मक संकेत कथ्य को समग्रता की ओर उन्मुख करते हैं। जो बाह्य यथार्थ है उसको दर्पण में कैद कर प्रतिबिंब दिखाने में अब विशेष नवीनता नहीं रही इसलिए उसके केवल झलकों के माध्यम से संकेत-चित्र हैं। इस रचना में गोविंद मिश्र ने कुछ विशिष्ट व्यक्तिचित्र निर्मित किए हैं जिनको हिंदी के श्रेष्ठ औपन्यासिक चरित्रों में गिनाया जा सकता है—जोगेश्वरी, राजन, राजन की पत्नी रम्मो, राधेलाल, राजन की माँ, कमलाबाई, सन्नीभाई। इसीलिए यह रचना आकार में वृहत् न होकर भी महाकाव्यीय सारतत्व को प्रतिभासित करती है।

गोविंद मिश्र के सातों उपन्यासों में अनुभवों का वैविध्य है, अनुभव व्यक्ति केंद्रित न रहकर यथार्थ के व्यापक रूपों को समेटने का प्रयास करता है और यह प्रयास सफल रहता है। चरित्रों और घटनाओं का नितांत वैयक्तिक रूप प्रायः उनके उपन्यासों में नहीं रहता, वे अधिक व्यापक समाज का प्रतिनिधित्व करते हैं परंतु अपनी वैयक्तिक पहचान को कभी नहीं खोते। उम्र, स्वभाव, वृत्ति-प्रवृत्तियों का स्वतंत्र रूप, रुचि वैशिष्ट्य एवं रुचि वैभिन्य, विचार, अवधारणाएँ, परिवेशगत भिन्नता से उत्पन्न गुणदोष इत्यादि दृष्टियों से गोविंद मिश्र के चरित्रों में विविधता है और एक चरित्र दूसरे चरित्र की पुनरुक्ति है, ऐसा नहीं दिखाया जा सकता।

'लाल पीली ज़मीन' और 'हुजूर दरबार' जैसे उपन्यासों में भी जहाँ सामूहिक मानसिकता के दर्शन कराए गए हैं, वहाँ भी चरित्रगत विशिष्टता बरकरार है। किसी भी लेखक की महत्ता के लिए यह वैशिष्ट्य पर्याप्त है। घटनाओं में भी विविधता का ध्यान रखा गया है क्योंकि कथ्य भी अलग हैं, चरित्र भी विविध हैं। गोविंद मिश्र उन इनेगिने लेखकों में से हैं जो समावेशक लेखक हैं और किसी भी महत्त्वपूर्ण उपन्यास के लिए यह एक आवश्यक शर्त है। वे अपने अनुभव के कैनवस को विशद करते हैं।

गोविंद मिश्र में काव्यात्मकता है, भाषिक विन्यास में कल्पना की क्रीड़ा के दर्शन भी होते हैं, प्रसंग विशेष में वे प्रणय चित्रों में या आध्यात्मिक अनुभवों के प्रकाशन में क्रमशः आवश्यक रोमांटिकता या उदात्तता की प्रतीति भी देते हैं परंतु कुल मिलाकर वे रोमांटिक मिजाज़ के लेखक नहीं हैं। 'वह अपना चेहरा', 'उतरती हुई धूप', 'तुम्हारी रोशनी में', 'धीर समीरे' के रोमानी प्रसंगों को यथार्थ ने मानसिक भी और बाह्य भी लहुलुहान ही किया है। यथार्थ के उग्र, कठोर, खुरदरे, विद्रूप, भयावह, हिंस्र दर्शन में यह कलाकार कमजोरी नहीं दिखाता। आदर्शवाद, समस्या का निदान या हल सुझाना, यथार्थ से समझौता या पलायन इस लेखक ने कहीं नहीं किया। उसके पात्र विघटित होते हैं, बिखर जाते हैं, पागलपन के बिंदु तक पहुँचते हैं, संवेदनहीनता की अवस्था में पहुँच जाते हैं परंतु काल्पनिक समाधान में आश्वस्त होते नहीं दिखते।

'लाल पीली ज़मीन' और 'हुजूर दरबार' के बाद मानवीय जीवन की उध्वस्तता और शोकांत अवस्था के बारे में कहने को क्या रह जाता है। लेकिन यहाँ चोर दरवाज़े से किसी आस्था का, सुखद भविष्य के आश्वासन का, मार्क्सवादी यूटोपिया जैसे आदर्शवाद का प्रवेश नहीं होता, क्योंकि लेखक के यथार्थ आकलन में उनका स्थान नहीं है। सामाजिकता की खोखली पक्षधरता भी नहीं है (जो रोमांटिक है) और आदर्शवादी रुझान भी नहीं है। गोविंद मिश्र व्यक्तिगत रूप में आस्थावान हैं, हो सकते हैं परंतु आध्यात्म में शरण लेते समय भी विपरीत दिशाओं में गतिमान होने वाले चरित्रों के निर्माण से अपनी एकांगिता का निराकरण करते हैं।

'धीर समीरे' के अनेक पात्र जो आध्यात्मिक

रास्ते से नहीं जा पाते, गोविंद मिश्र की लेखकीय सहानुभूति के हकदार बने हैं। इसी कारण से गोविंद मिश्र में एक किस्म की अनाग्रही वृत्ति पैदा हुई जो चीजों को सभी कोणों से देखती है और अपनी वैयक्तिक राय नहीं थोपती। इससे जीवनानुभव के चित्रण में संतुलन और सामंजस्यता पैदा होती है। यही वृत्ति पाठक को अपने आग्रहों-विश्वासों के घेरे में न रखकर चिंतन के लिए मुक्त करती है। अच्छे लेखक का यह एक महत्त्वपूर्ण वैशिष्ट्य है।

जहाँ तक शिल्प का सवाल है गोविंद मिश्र ने उन तमाम कलात्मक युक्तियों का उपयोजन किया है जो साहित्यिक व्यापार में व्यवहृत हैं। मसलन स्मृत्यावलोकन, काल के साथ क्रीड़ा, अतीत को वर्तमान में लाना, विभिन्न पात्रों की मानसिकता के बिंदुओं से अनुभव का कथन, नाट्यात्मक निवेदन, कभी चरित्र के बाहर से वर्णन तो कभी दूसरे चरित्रों की दृष्टि से घटना, प्रसंग, व्यक्ति का बयान, कभी प्रसंग को चित्रपट की तरह दृक-प्रतीति देते हुए प्रस्तुत करना तो कभी अपनी ओर से नेरेशन करना, कभी आत्मगत अनुभव का कथन तो कभी दूसरों के द्वारा निवेदन, कहीं मानसिक विघटन के बिंदु पर वाक्यों में बिखराव, व्याकरण की दृष्टि से कहीं स्खलन भी परंतु कलात्मक दृष्टि से सोद्देश्यता—ये सारे शिल्पगत कौशल हिंदी उपन्यास विधा में रूढ़ हो गए हैं। गोविंद मिश्र उनका उपयोग अनुभव की शक्तिशाली अभिव्यक्ति के कोण से करते हैं। समन्वय के समर्थक हैं, अतिरेक, अविवेक और प्रदर्शनी के खिलाफ हैं तो वे शिल्प को कथ्य पर हावी नहीं होने देते। आत्मपरक लेखन में भी एक तरह की कलात्मक तटस्थता वे बरतते हैं।

समन्वयशील व्यक्ति या लेखक स्मार्ट लेखकों की तरह तुरंत ध्यान आकर्षित नहीं करता, अभिजात कलाकार की तरह ऊपरी तामझाम से अधिक भीतरी अनुभव की ऊर्जा से प्रभावित करता है। इसीलिए गोविंद मिश्र नवीनता के लिए कहीं भड़कीली युक्तियों का सहारा नहीं लेते। परंपरा के पूर्णतः समर्थक वे नहीं हैं लेकिन उत्साही विरोधक भी नहीं। परंपरा, फिर वह वैचारिक हो, सांस्कृतिक हो, धार्मिक हो या साहित्यिक हो, के प्रति उनका नज़रिया विवेकपूर्ण स्वीकार का है और आधुनिकता के प्रति भी आवेष्टित, उत्साही स्वीकार का नहीं, समंजस स्वागत का है। परंपरा और आधुनिकता के विरोधों का निराकरण वे देशिक परिवेश की चुनौतियों और जन-जीवन की सांस्कृतिक ज़रूरतों के संदर्भ में करते हैं और मानवीय मूल्यों को विशेषतः पारस्परिक निष्कलुष प्रेम और करुणा को सर्वोपरि मानते हैं। इसीलिए उनका चिंतन सकारात्मक, स्वागतशील, गत्यात्मक और स्वास्थ्यकर होता है। वे परंपरा में निहित दोषों—जातिवाद वर्णाभिमान, दलितों और स्त्रियों के प्रति अमानुषिक आचरण, कर्म को निस्तेज करने वाला नियतिवाद इत्यादि के विरोधी हैं। भारतीय परंपराओं में प्रतिष्ठित गृहस्थधर्म और घर, बच्चों और बूढ़ों के प्रति आदर, संवेदना, भावना और तर्क में समन्वय, भारतीय कलाओं की श्रेष्ठता, प्रेम और विवेक संपृक्त त्याग पर आधारित साहचर्य संबंध, अपनी आस्थाओं, विश्वासों की स्वतंत्रता इत्यादि के समर्थक हैं।

गोविंद मिश्र की खासियत यह है कि अपनी रचनाओं में वे चिंतन को स्वतंत्र रूप से हावी नहीं होने देते, जीवनानुभव में घुलकर, संवेदना और भावना का सहचर बनकर उनका चिंतन प्रकट होता है—साहित्य कला की भी यही शर्त है। गोविंद मिश्र की रचनाओं को पढ़ते समय लगता है इस लेखक के पास किसी विशिष्ट विचार का, आस्था एवं विश्वास का ऐसा आग्रह नहीं है कि पाठक को घुटन पैदा हो, एक खुलेपन में, लेनदेन में विश्वास करने वाले व्यक्तित्व की उपस्थिति में पाठक रहता है। यही कारण है कि गोविंद मिश्र की रचनाओं में घुला बौद्धिक तत्व अलग से ध्यान आकृष्ट नहीं करता। एकांगी मतवाद फिर वह राजनैतिक हो, सांस्कृतिक/धार्मिक हो, सामाजिक हो या मनोवैज्ञानिक, गोविंद मिश्र की रचना को अनावश्यक धार नहीं देता। अपनी एतद्विषयक जानकारी को वे अलग से प्रदर्शित नहीं करते। उसका एक अंतःप्रवाह जरूर रहता है जो रचना में फैला हुआ होता है। इसीलिए 'पाँच आँगनों वाला घर' जैसी रचना में राजनैतिक इतिहास या सांस्कृतिक परिवर्तन अलग से व्याख्यायित नहीं होते—चरित्रों और घटनाओं में घुलकर प्रकट होते हैं परंतु वे होते ज़रूर हैं। कभी लगता है यह बोध अन्य लेखकों को होता तो व्यर्थ की राजनैतिक चर्चा को छुट्टी देकर वे अपनी रचनाओं का आकार

कम करते। ऐसी रचनाएँ दस्तावेज़ नहीं होतीं परंतु दस्तावेज की चौखट में बुनी विशाल सर्जनशील रचनाएँ अवश्य होती हैं।

हाल ही में उनका एक नवीन उपन्यास प्रकाशित हुआ है। 'लालपीली जमीन', 'हुजूर दरबार', 'पाँच आँगनों वाला घर' जैसे उपन्यासों की यथार्थवादी परंपरा में, लेकिन उनसे अधिक प्रखरता लिए हुए है गोविंद मिश्र का नया और आठवाँ उपन्यास—'फूल ...इमारतें और बंदर'—आखिर क्या है कि हमारे देश में सिर्फ सरकारें बदलती हैं और कुछ नहीं बदलता। कारण है प्रशासन का ऊपरी तंत्र जो एक तिलिस्म है—बाहर से साफ-सुथरा और अभेद्य, भीतर से गिजगिजा और भ्रष्ट। यह तंत्र ही इस उपन्यास का मुख्य पात्र है। उपन्यास के विभिन्न चरित्र उन अवयवों का प्रतिनिधित्व करते हैं जिनसे इस तंत्र का जाल बनता है—राजनेता, अधिकारी, उद्योगपति, पत्रकार आदि जो मोहन्ती की केंद्रीय कथा से जुड़े हुए हैं। एक तुच्छ प्राप्य के लिए मोहन्ती नीचे गिरता चला जाता है... अपने पतन को लगातार देखते, महसूस करते हुए भी वह उसे रोकने में अक्षम है। मोहन्ती के माध्यम से आज के यथार्थ को जीवन के वृहत्तर प्रश्नों से जोड़ा गया है, नियति न्याय के परिप्रेक्ष्य में रखकर यथार्थ को लांघा गया है और इस तरह उपन्यासकार अनायास ही एक बड़ी रचना की सृष्टि कर गया है।

सर्जनात्मक पैनेपन के उदाहरण-स्वरूप उपन्यास का एक छोटा सा उद्धरण ही काफी है—

''सचिवालय में घूमते बंदरों की आँखें जो सामने पड़ गया जैसे उनसे कहती होती हैं—तुम क्या करोगे जो हमने पिछले जन्म में इन कुर्सियों पर बैठकर किया ...हम बंदर हो गये, तुम पता नहीं क्या बनोगे।''

गोविंद मिश्र न यथार्थवाद के अकलात्मक आग्रह में बाह्य परिवेश की तफसीलों, इतिहास को प्रस्तुत करते हैं न मनोवैज्ञानिक या दार्शनिक उपन्यासकार के ठाठ में अंतर्मुखी होने का आभास पैदा करते हुए विचारों, तर्कों की जलेबियों को परोसने में अनुभव की माँसलता-शरीरता ख़त्म कर देते हैं। दोनों का समन्वय गोविंद मिश्र के लेखन को संप्रेषण की शक्ति भी देता है और अनुभव को चिंतन की मजबूत नींव भी। गोविंद मिश्र ने पूर्ववर्ती लेखकों को पढ़ा है, गुना है परंतु किसी की छाप उन पर नहीं है—उनका लेखकीय व्यक्तित्व उतना ही विशिष्ट है, खास उनका अपना।

आज के मूल्यों की आपाधापी में, परंपरा, भौतिकता और अध्यात्म के तथाकथित द्वन्द्व में, व्यक्तिवादी एकांतिकता और सामाजिक संपृक्ति में पारिवारिक विघटन और बिखराव में एक लेखक अपनी पूरी संवेदन क्षमता के साथ खड़ा है और उसके पीछे उदात्त गाँधीवादी मूल्यों का बल है (पता नहीं गोविंद मिश्र इस प्रकार नामांकित करना कितना स्वीकार करेंगे) तो वह पाठक को अंतर्मुख होकर विचार करने में और प्रवाह में शक्ति अर्जित करने के लिए मानसिक ऊर्जा देता है। सत्य, शिव, सौंदर्य का यह त्रिवेणी संगम निश्चय ही लेखक को ऊँचे स्थान पर बिठा देता है।

गोविंद मिश्र ने कहानी लेखन में भी विशेष रुचि ली है। ऊपर उपन्यास की चर्चा करते समय भाषा, शिल्प, मनोवैज्ञानिक पैठ, भारतीय मानसिकता इत्यादि के संदर्भ में जो बातें कहीं गई हैं वे गोविंद मिश्र की कहानी के संदर्भ में भी संगत हैं। वस्तुतः जीवन के वे उत्कट, तीव्र अनुभूति क्षणों, जो व्यापक अवकाश नहीं ग्रहण करते लेकिन ऐसे उपेक्षणीय भी नहीं होते बल्कि महत्त्वपूर्ण ही होते हैं, कुछ घटनाओं, प्रसंगों, व्यक्तियों के विशिष्ट चारित्रिक आयामों के माध्यम से भोगे जाते हैं, को गोविंद मिश्र ने कहानियों के द्वारा अभिव्यक्त किया है। ये अनुभूति के क्षण प्रायः गहरी व्यथा के होते हैं, टीस और वेदना-कंपन के होते हैं। इन कहानियों के परिवेश में भिन्नता होती है, चारित्रिक कोणों में भिन्नता होती है लेकिन दर्द का एक मजबूत धागा इनको पिरोए हुए होता है।

गोविंद मिश्र मनुष्य के कितने विविध रूपों को उनके 'दर्द' के माध्यम से पकड़ते हैं इस पर एक लंबा लेख लिखा जा सकता है। इनमें बालक हैं, किशोरवयीन लड़के हैं, लड़कियाँ हैं, युवक-युवतियाँ हैं, मध्यवयस्क व्यक्ति हैं और बूढ़े भी हैं—बूढ़े व्यक्ति और उनकी कचकौंध गोविंद मिश्र बार-बार व्यक्त करते हैं। मनुष्य की निरीहता में उसे कचोटने वाले छोटे-छोटे दुख गोविंद मिश्र का खास इलाका है।

गोविंद मिश्र की ऐसी कहानियाँ लगभग नहीं

ही मिलेंगी जिनकी भूमि हास्य की है और वैसे ऐसी अवस्थाएँ, घटनाएँ भी विरल होंगी जिनमें पाठक एक मुस्कुराहट या पतली हँसी से कुछ ढीलापन अनुभव कर सकता हो। क्योंकि गोविंद मिश्र लेखन में तभी प्रेरित होते हैं जब जीवन का गंभीर पक्ष दुख के रूप में उनको बेचैन किए रहता है। समकालीन जीवन में मूल्यों का क्षरण और मनुष्य की अपने परिवार में, अपने से बड़ों में सहज आस्था का विघटन, हर नयी पीढ़ी का अपनी पुरानी पीढ़ी के प्रति उपेक्षा भाव, मनुष्यों के बीच की प्रेम पर आधारित स्थितियों का क्रमशः होता जाने वाला विलोपन, अपने पशु-बल पर निर्बल व्यक्तियों का शोषण और उन पर अन्याय, संबंधों में आई दरारें, दरकनें, निरीह और निर्बल व्यक्तियों की दयनीयता, रिटायर बुजुर्गों का 'मिसफिट' होने का दुखद एहसास, कामकाजी महिलाओं की अनेकस्तरीय मजबूरियाँ, गोविंद मिश्र की कहानियों का कथ्य है। परिवार के वैविध्यपूर्ण तफसील देते हुए उसका कलात्मक चित्रण गोविंद मिश्र करते हैं। इसी के साथ दफ्तरी जिंदगी के मामूली आदमी के और अफसरशाही के संबंधों, तनावों का वैविध्यपूर्ण चित्रण भी गोविंद मिश्र की कहानी का उपजीव्य है। उपभोक्ता संस्कृति के बढ़ते दबावों के तहत पिसती जा रही जिंदगी की यातना का चित्रण भी गोविंद मिश्र ने किया है। खास कर प्रशासन तंत्र की भ्रष्टता का निर्मम पर्दाफाश उन्होंने किया।

गोविंद मिश्र की कहानियों का दुख, शोक, विनाश सब कहीं उनके भीतरी मनुष्य के मूल्यविषयक सरोकार पर टिका होने के कारण कहानियों में सर्वत्र उच्च नैतिक बोध कथ्य को वज़नदार बनाता है। लेकिन कहीं भी वह अकलात्मक स्तर पर व्यक्त नहीं होता। वे पूर्णतः भारतीय मानस के लेखक होने के कारण भारतीय सांस्कृतिक परंपरा के उज्ज्वल और मानवीय पक्ष का भान उनकी कहानी को गंभीरता का स्तर देता है। खासकर 'पगला बाबा' की उनकी कहानियाँ एक महत्त्वपूर्ण मोड़ दर्शाती हैं। लगता है गोविंद मिश्र जीवन की नरक यातना को भोग चुकने के बाद चोला त्याग कर जीवन की आलोकमयी मर्मस्पर्शी संवेदना को, प्रसंगों और व्यक्तित्वों को भी देखने के लिए कटिबद्ध हुए हैं—जीवन में दुख है, पीड़ा है, त्रास है, यह तो सब बहुत बार कहा जा चुका है। इस संत्रास भरी जिंदगी में भी अभी मानवीयता शेष है, छोटे मनुष्य में भी जिजीविषा है, आदर्श का उफान है, मूल्यों की चेतना है। अँधेरी सुरंग में भी किरण की तलाश में वह उन्मुख जीव है, यह कहने वाली कहानियाँ भी गोविंद मिश्र ने लिखी हैं जो उनके संग्रह 'पगला बाबा' में संकलित हैं।

उनके उपन्यासों के विकास क्रम में भी रोशनी की खोज है, कहीं न कहीं मूल्यों से जुड़ने की बात गहराती जाती है। अनेक कहानियों में गोविंद मिश्र ने छोटे मनुष्यों के अंतस्थल में छिपी अच्छाइयों का चित्रण किया है। 'मायकल लोबो' पतन की चरम सीमा पर पहुँच कर अपनी लड़की के व्यथाभरे उद्गारों से पुनः नयी जिंदगी जीने का संकल्प करता है। व्यक्ति की भीतरी ताकत का यह ऊर्ध्वगामी रूप बहुत प्रभावपूर्ण है। धार्मिक रिच्युअल की ओर कलाकार की निस्संगता से देखकर उनके भीतर की तहें टटोलना और उनमें आवृत्त सत्य को ऊपर लाना गोविंद मिश्र का एक महत्त्वपूर्ण कार्य है—'पगला बाबा' में इसी के दर्शन होते हैं। मनुष्य के भीतर छिपे देवत्व की तलाश और टटोल गोविंद मिश्र का एक प्रिय सरोकार है। 'अर्थ ओझल' में यही जीवंत रूप में दर्शाया गया है। 'सुनंदो की खोली' कहानी में वे बंबई जैसी महानगरी में निम्न मध्यवर्गीय व्यक्ति के जीवन की घुटन का चित्रण करते हुए अपनत्व के पतले धागों की खोज करते हैं। गोविंद मिश्र की कहानी का चिंतन, विचार, जीवनदृष्टि, मूल्य-सरोकार सब कहानी-रस में घुलकर प्रकट होता है क्योंकि कहानी का प्रेरक तत्व उनका प्रखर संवेदनात्मक स्पंदन रहता है। इसीलिए उनकी अनेक कहानियाँ स्थल और काल को अतिक्रमित कर जाती हैं।

गोविंद मिश्र के कहानी संसार में किसी भी अच्छे कहानीकार के टक्कर की कुछ कहानियाँ निर्दिष्ट की जा सकती हैं—'कचकौंध', 'अंतःपुरः', 'माइकेल लोबो', 'पगला बाबा', 'वरणांजलि', 'सुनंदा की खोली', 'युद्ध', 'धाँसू', 'हवाबाजा', 'पगडंडी', 'खुद के खिलाफ', 'कैंपस', 'अर्थ ओझल' प्रकाशित दस कहानी संग्रहों में 12/15 अच्छी कहानियाँ प्रकाशित हुई हों तो निश्चय ही इस कहानीकार को वरिष्ठ

कहानीकार मानना चाहिए और गोविंद मिश्र निःसंदिग्ध हिंदी के वरिष्ठ लेखक हैं।

यद्यपि आरंभ में गोविंद मिश्र ने कुछ कविताएँ भी लिखीं (उनका कविता संग्रह 'ओ प्रकृति माँ' प्रकाशित हुआ है) परंतु उन्होंने अच्छी तरह जल्दी समझ लिया कि कविता उनका अपना प्रदेश नहीं है। उन्होंने कविता लिखना लगभग बंद कर दिया परंतु उनका रचनाधर्मी साहित्यकार उपन्यास और कहानी के अतिरिक्त 'यात्रा वृतांत' लिखने में अधिक रमा। गोविंद मिश्र जितना मनुष्य में रस लेते हैं उतना ही प्रकृति दर्शन में भी। उनके यात्रा विवरणों में यह लक्षित किया जा सकता है कि वे प्रकृति के रम्य और रुद्र दोनों रूपों से आकर्षित होते हैं। उनके चार यात्रा वृतांत 'धुंध भरी सुर्खी', 'दरख्तों के पार...शाम', 'झूलती लड़ें', 'परतों के बीच' प्रकाशित हुए हैं। चारों के यात्रा वृतांतों में गोविंद मिश्र की दो विशेषताएँ प्रभावपूर्ण ढंग से मन पर छा जाती हैं। एक जंगलों, पहाड़ों, नदियों, पगडंडियों, छोटे बड़े झरनों, वृक्षों, फूलपत्तियों, सागर के विविध रूपों को देखने की उनकी ललक और उनका चित्रात्मक दर्शन पाठक तक संप्रेषित करने की क्षमता। दूसरे विदेशी स्त्रियों, पुरुषों को देखते समय भारतीय दृष्टि से उनको देखने की वृत्ति। गोविंद मिश्र के यात्राओं के वृतांत पढ़ते समय लगता है यह व्यक्ति गहरे स्तर पर भारतीय समाज और परंपराओं से जुड़ा हुआ है इसलिए पश्चिमी जगमगाहट को बहुत दक्षता से देखता है, सभ्यता की चकाचौंध से कम प्रभावित होता है।

गोविंद मिश्र विभिन्न स्थलों, संग्रहालयों, टॉलस्टाय जैसे महान लेखकों की जन्मस्मृतियों को देखते समय अभिभूत होते हैं परंतु अपनी संस्कृति, अपनी शिल्प कला, वास्तु कला का भान उन्हें विदेश में एक सीमा तक ही प्रमुदित करता है। 'परतों के बीच' और 'दरख्तों के पार...शाम' को इस परिप्रेक्ष्य में अधिक वस्तुनिष्ठ रूप में देखा जा सकता है। उन्हें पर्यावरण के दूषित होने का तीखा एहसास होता है और ऊँची इमारतों, बड़ी मशीनों के जमघटों को वे बहुत पीड़ित नज़रिए से देखते हैं। असल में सारा जीवन नगरों में बिताने को बाध्य इस लेखक की आत्मा रमती है गाँव में—प्रकृति में भी और सादी जीवनप्रणाली में भी। इसीलिए गोविंद मिश्र जितने तन्मय केरल, अंडमान निकोबार, मध्य प्रदेश के बस्तर, पचमढ़ी में तथा मॉरिशस में होते हैं उतने जर्मन देश में नहीं। लगता है यह लेखक अपने देश में रस लेकर रमते हुए सब देख रहा है जबकि विदेशों में खूब भटकता हुआ भी लगता है घर वा़पस आने को व्याकुल है।

गोविंद मिश्र ने साक्षात्कार दिए हैं, साक्षात्कार लिए भी हैं, साहित्य के संबंध में व्याख्यान दिए हैं, लेख लिखे हैं। उस सबको पुस्तकाकार रूप देने में भी वे सफल हुए हैं। परंतु हिंदी साहित्य में वे एक प्रथम श्रेणी के महत्त्वपूर्ण कथाकार के रूप में ही जाने जाएँगे।

पुरस्कृत-कृति

पाँच आँगनों वाला घर

चंद्रकांत बांदिवडेकर

गोविंद मिश्र के सातवें उपन्यास 'पाँच आँगनों वाला घर' का केंद्रबिंदु भारतीय मध्यवित्त (1940-1990) वर्ग का घर है जिसका पिछले पचास वर्षों में विघटन हुआ है। यह विघटन अपने समग्र परिवेश और संदर्भ के साथ चित्रमय रूप में प्रस्तुत किया गया है। गोविंद मिश्र का लेखकीय वैशिष्ट्य यह है कि वे मुख्यतः किसी भी स्थिति के भावनात्मक-संवेदनात्मक पक्ष को मद्देनजर रखते हैं और उस संवेदनात्मक अनुभव को कलात्मक संप्रेषणीयता देते समय जितना आवश्यक और अनिवार्य है उतना ही संदर्भ देते हैं। संदर्भ से अभिप्राय प्रसंग विशेष या व्यक्ति विशेष की सांस्कृतिक, राजनतिक, सामाजिक स्थिति से है। इसका परिणाम यह होता है कि गोविंद मिश्र का उपन्यास जीवनानुभव की दृष्टि से रसवत्ता से संपृक्त रहकर पाठक की बौद्धिक जिज्ञासा को भी परितृप्त करता है और परिवेश की सुदृढ़ नींव पर उपस्थापित जीवनानुभव गहनता के साथ व्यापकता का भी आयाम उपलब्ध करता है। गोविंद मिश्र के उपन्यास में ऐसी जटिलता नहीं होती कि पाठक की बौद्धिकता को चुनौतियाँ मिलती रहें और अनेकार्थों की गुंजाइश रहे। जो व्यामिश्रता में कमी है उसकी पूर्ति अनुभव की सघनता और व्यापकता से होती है। जीवनानुभव को वजन देने लायक भरपूर पृष्ठभूमि के बावजूद दर्शन की अमूर्तता को गोविंद मिश्र कभी नहीं छूते। इस दृष्टि से स्पष्टता, सहज सम्प्रेषणीयता ही कलात्मक ढंग से प्रस्तुत करते हैं, अर्थात कहीं भी अकलात्मक की रेखा को छूने नीचे नहीं उतरते।

तीन भागों में विभाजित इस उपन्यास के प्रथम भाग क्षेत्र में 1940 से 1950 के काल में एक परंपरागत बरगद जैसा फैला हुआ और जमीन में गहरे धंसा हुआ 'पाँच आँगनों वाला घर' चित्रांकित होता है। परंतु यह घर तेजी से खंडित होता अपनी क्षयावस्था में सामने आता है। इसमें ढहते बड़े घर को संभालने की कोशिश में लगे व्यक्तियों की व्यथा और सक्रियता का चित्रण है।

दूसरे भाग दीवारें में 1960 से 1975 के बीच पाँच आँगनों वाले घर की पूरी विघटन कथा अपनी समग्र परिवेशीय पृष्ठभूमि के साथ उपस्थित है। बड़े घर के बंटवारे से घर ही विघटित नहीं हुआ है, मनुष्य का मन भी सिमटकर छोटा होता दिखाया गया है।

तीसरे भाग में 1980 से 1990 का समय है जिसमें उस बड़े का एक छोटा परिवार भी खंड-खंड हो रहा है। घर एक व्यक्ति तक सिमट आया है। इसमें अपनी पाँच आँगनों वाले घर की सांस्कृतिक धरोहर से पूर्णतः अनजान व्यक्तियों की जीवन दशा का कारुणिक बोध कराया गया है। यह तीसरी पीढ़ी है जिसमें अत्यधिक आत्मकेंद्रित व्यक्ति समूची भारतीय आध्यात्मिक परंपरा से वंचित होकर, उपभोक्ता संस्कृति के बहकावे में अपनी अस्मिता खो रहे हैं, केवल अपने भौतिक और ऐंद्रिय सुखों की तलाश में धुरीहीन और दिशाहीन बनकर भटकने को बाध्य हैं। इस दिशाहीन दौड़ में वे ही लोग कुछ सार्थकता अनुभव करते दिखते हैं, जो पाँच आँगनों वाले घर के मूल्यवान संस्कार आंशिक रूप में ही सही स्वीकार कर जी रहे

हैं। इस सार्थकता के संकेतों का कलात्मक रेखांकन उपन्यास के मूल आशय को वजन देता है।

चूंकि यह मुख्यतः मध्यवर्गीय जीवनदशा का चित्रण है, चरित्र उसी मात्रा में हैं जितनी में वे जीवनदशा को स्पष्टता दे सकते हैं, दूसरे शब्दों में 'पाँच आँगनों वाला घर' यही यहाँ नायक है और मनुष्य-चरित्र उस घर की स्थिति-गति या अवस्था को रेखांकित करने में सहायक हैं। लेकिन दूसरी ओर इस पूरी घर की कथा में मनुष्य जीवन के स्थायी और बदलते जीवन मूल्यों की स्थिति के सशक्त संकेत आद्योपान्त पिरोये हुए हैं।

यह कथा पूरे भारतीय मध्य वर्ग के समाज का भी एक गझिन स्पर्श लेकर पाठक के मानसिक क्षितिज को विस्तार देती है। लेखक की प्रतिबद्धता निरी बौद्धिक नहीं है, वह अपनी समूची अंतरंगता से मूल्यों की स्थिति गति से जुड़ा हुआ है। जोगेश्वरी, शांतिदेवी, नइकीचाची, तवायफ कमलाबाई, राधेलाल, सन्नी, मोहन, भारतीय सांस्कृतिक परंपरा के स्वस्थ परिवाहक हैं तो बांके, रम्मो, बंटू, बिट्टो, छोटू नयी उभरती व्यक्ति केंद्रित, स्वार्थी, भौतिक सुख सुविधा में ही जीने की आकांक्षी संस्कृति के शिकार हैं। राजन और भाभी ओमी मानसिक दृष्टि में पहले पक्ष के और परिस्थितिजन्य विवशता से दूसरे पक्ष की ओर खिंचें जा रहे ऊबडूब करने वाले व्यक्तित्व हैं। सभी के वैशिष्टयों की . अलग-अलग पड़चान को कलात्मक ढंग से रेखांकित करते हुए लेखक ने औपन्यासिक जीवनानुभव को विलक्षण संतुलित ढंग से आकार दिया।

जीवनानुभव के विविध अंगों को समन्वित करते समय सामान्यतः लेखक कहीं भी भावुकता, भड़कीलापन और अतिरेक को प्रश्रय नहीं देता। हो सकता है आक्रोश, तेजतर्रार विद्रोही स्वर और चमक दमक को सही प्रतिभा का लक्षण मानने वाले पाठक को यह धीमी गति, संयत अभिव्यक्ति और आत्मानुशासित स्वरावली रास न आए लेकिन परिपक्व मन को यह रचना निश्चय ही प्रभावित करेगी।

'पाँच आँगनों वाला घर' भारतीय संस्कृति और परम्परा को निभाता है और काल के अनुसार मिलने वाले थपेड़ों, आघातों को सहता हुआ खड़ा है। कैसा है यह घर? प्राचीन, विशालकाय मोटे तने और दूर तक फैली हुई जड़ों पर खड़ा, असंख्य डगालों का भार धारण किए दूर तक छाया देने वाले बरगद के सान्निध्य में स्थित है पाँच आँगनों वाला घर। अपने पुराचीन गौरव के अनुकूल सभी का आदर समेटे हुए इस बरगद से बच्चे भय भी खाते थे और इसकी छाया में आश्वस्त भाव से खेलते भी थे। भारतीय संस्कृति की छाया में पलने वाले समाज की तरह भय और आश्वस्ति को लेकर जीने वाले को बरगद छाया देता है।

लम्बे चौड़े पाँच आँगन वाले घर में अनगिनत कमरे हैं, यहाँ हर दिन चालीस लोगों का खाना बनता है, परिवार के सदस्य परंपराओं के अनुशासन में सुख से जी रहे हैं। इसमें रहने वाले लोग अपनी प्रवृत्ति और शक्ति के अनुसार काम कर रहे हैं, कुछ निकम्मे भी रह रहे हैं। संगीत की मजलिसें होती हैं, मुशायरे होते हैं, मुजरे होते हैं, संक्रांति, होली जैसे त्योहार एवं उत्सव आह्लादपूर्वक मनाए जाते हैं।

यहाँ सब बच्चे सबके बच्चे बन कर जी रहे हैं, प्यार और सुरक्षा पा रहे हैं। पिता को भले ही मालूम हो कि उनके बच्चे कौन से हैं, बच्चों को मालूम नहीं रहता उनके पिता कौन हैं। बड़ों का लिहाज है तो छोटों को प्यार भी मिलता है। स्त्रियों के पुरुषों के साथ, स्त्रियों के स्त्रियों के साथ संबंध पारंपरिक नियमों के अनुसार बिना किसी चुभन के निभ रहे हैं।

सबका एक साझा मंदिर है, सौरी घर है, चूल्हा एक है, खोमचे वाले से सभी बच्चों को सुबह एक ही प्रकार का नाश्ता मिलता है। हिंदू मुसलमानों के संबंध हार्दिक हैं और त्योहारों पर खाना भी साथ बैठ कर खाने में कोई कठिनाई नहीं है। भाईचारे की भावना को व्यक्तिकता की अस्मिता के काँटों ने बिद्ध नहीं किया था, जीने और जीने देने की, दूसरे के साथ बांट कर भोगने की, दूसरे के दुख में मनपूर्वक भागीदारी करने की, स्वार्थत्याग करते समय सहज स्वभाव से अंकुठित भाव से सक्रिय होने की शिक्षा 'पाँच आँगनों वाले घर' में सहज विरासत में मिलती थी। इस घर की सांस्कृतिक विरासत ने आगे चलकर ढहती और लड़खड़ाती संस्कृति की दशा को विरोध-संबंध से पार्श्वभूमि देकर प्रभावशाली कर दिया है।

लेकिन इस घर को बाहर और भीतर से आघात सहन करने पड़ते ही हैं। भले घर की बेटी जोगेश्वरी

ने अपने संपन्न मायके से आकर भी अपने ढहते ससुराल को अपनी प्रबंध कुशलता और स्नेह से संपन्न स्थिति में ला दिया। अपने गंजेड़ी और निष्क्रिय पति के बावजूद घर के सभी सदस्यों को जोड़ा ताकि सब थोड़ा-थोड़ा कमायें और साथ रहें। जोगेश्वरी ने पति की मृत्यु के बाद विधवापन को सहज रूप में ढोते हुए घर को अपने कौशल से संभाला। अपने बड़े पुत्र राधेलाल की वकालत पर अधिकांश रूप में निर्भर परिवार को बिखर जाने से बचाया, बाहर परिवार की प्रतिष्ठा को सुरक्षित रखा। लेकिन स्वतंत्रता संग्राम और महात्मा गाँधी की काँग्रेस ने राधेलाल को अपने पास खींच लिया। राधेलाल नेकदिल, कलाप्रिय, भावुक व्यक्ति थे। वे देश की पुकार को अनसुना कर आत्मकेंद्रित नहीं रह सके। आत्मकेंद्रित होना संयुक्त परिवार की संस्कृति ने उन्हें सिखाया ही नहीं था। राधेलाल को जोगेश्वरी अपने घर को ध्यान देने के लिए कहती है तो राधेलाल जवाब देते हैं...'' देश भी तो हमारा ही घर है, हमारा बड़ा घर। वहाँ जो हो रहा है, उसे अनदेखा हम नहीं कर सकते, उससे जुड़कर ही हम इस छोटे घर के हो सकते हैं। सच्ची तृप्ति हमें देश प्रेम से ही मिल सकती है, जैसे तुम्हें भगवान से जुड़कर मिलती है।''

एक प्रश्न मन में पैदा होता है। क्या स्वाधीनता के बाद मनुष्यों की पौध जो आत्मकेंद्रिता की ओर तेजी से जाने लगी तो उसका संबंध कहीं बड़े घर के टूटने से तो नहीं है? संभवतः गोविंद मिश्र का इशारा इसी ओर है और अगर वह है तो वे एक गहरी समाजशास्त्रीय बात प्रस्तुत कर रहे हैं। जमीन से जुड़ते, वक्त की धरा से जुड़ने के प्रयास में राधेलाल स्वाधीनता संघर्ष में अपने को झोंक देते हैं जिससे घर के मजबूत आर्थिक आधार कमजोर होने लगते हैं। आंतरिक आघात अन्य सदस्यों का कुछ कमजोर होना अपने से अधिक कमजोर से गुस्सा करना इत्यादि कारण भी थे। जोगेश्वरी ने कुछ दिन काम चलाया परंतु उसके गिरते स्वास्थ्य और पोतों की पढ़ाई और नौकरी के लिए बाहर जाने से घर बिखर ही गया। बांके जैसे खुदगर्ज लड़के ने तो बंटवारे के लिए जोरदार प्रयास किए। बड़ा घर बंट गया।

दूसरा भाग ''दीवारें'' 1960-1975 बड़े घर के बंटवारे के बाद सदस्यों में उग आई दीवारों की करुण कथा है। स्वाधीनता के आस पास पैदा हुए राजन के विवाह के प्रसंग से दूसरा भाग प्रारंभ होता है क्योंकि बँटवारे के पहले संयुक्त परिवार में मनाया गया यह अंतिम उत्सव है फिर...''बँटवारे में जहाँ-तहाँ छोटी-बड़ी दीवारें उग आई थीं'' ये दीवारें घर की थीं उसी तरह मन की भी थीं क्योंकि जो राजन के साथ खेले थे उनके और राजन के बीच एक दूरी उग आई थी। मृत राधेलाल की दुखद स्मृतियों को ढोते हुए और उससे भी अधिक निकम्मा होने के कारण और छोटी-छोटी चोरियाँ करने की आदत के कारण लताड़े गए, उपेक्षित, घर से भागे सन्नी की याद को मन में संजोए जोगेश्वरी उसकी प्रतीक्षा में दिन गुजार रही थी।

मोहन का नागपुर नौकरी के लिए जाना उस बड़े घर के लिए एक दुःस्वप्न था जिसको बहुत विवशता में जोगेश्वरी और शांतिदेवी ढो रही थी। मोहन की नौकरी लगने पर राजन और श्याम का शिक्षा के लिए वहाँ जाना परिवार का और विखंडन था। राजन बड़े घर को अंतिम बार देख कर चला तो उसे लगा, फिर क्यों ऐसा लगता है कि कुछ बड़ा था जो पीछे छूट गया था।

राजन का बड़ा भाई मोहन राजन और श्याम की पढ़ाई का बोझ उठाता है। उसकी पत्नी ओमी माँ की तरह राजन को प्यार करती है परंतु पत्नी रम्मो के प्रभाव में राजन इनसे भी दूर होता हुआ केवल रम्मो की इच्छाएँ पूरी करने के लक्ष्य में अपना सारा आत्मिक सुख गंवा बैठता है। रम्मो के विशिष्ट स्वभाव के मूल में रही कुंठाओं का तथा अपने स्वभाव और विचारों के विरोध में रम्मो के आकर्षण में बंधे राजन के बेतहाशा आत्मकेंद्रित सुखवादी रास्ते पर दौड़ने के मूल में अवस्थित रम्मो की शक्ति का बड़ा सजीव चित्रण गोविंद मिश्र ने किया है। ओमी और उसकी बहन स्नेह से आंतरिक लगाव के रहते हुए भी रम्मो के आकर्षण में दौड़ने की राजन की विवशता का चित्रण एक अच्छे कलाकार के लिए चुनौती भरा विषय था और लेखक ने बड़ी शिद्दत से उसका चित्रण किया है। ओमी और रम्मो के बीच भयंकर विरोध भाव है। भाई और भाभी ओमी के प्रति राजन के प्यार और

कृतज्ञता को रम्मो बड़ी चालाकी से काट देती है। बड़े घर के प्रति आकर्षण को अपनी जहर भरी नागर संस्कृति के रंगों से रम्मो पोंछ देती है। रम्मो राजन को अपने पीछे-पीछे ऐसे खींचे ले आती है कि कानपुर में वर्षों बाद मिले लापता सन्नी चाचा को भावुकता में अपने साथ रहने का अनुरोध करने वाले राजन को भी तब छुटकारा सा मिला जब सन्नी चाचा खुद पहले ही दिन उनका घर छोड़ कर चले जाते हैं।

राजन और सन्नी चाचा के बीच सम्मिलित परिवार और एकल परिवार के स्वरूप, मूल्यों और संस्कारों पर जो बातें होती हैं वे समूचे औपन्यासिक अनुभव के मूल में विद्यमान होने से सहज स्वाभाविक लगती हैं। सम्मिलित परिवार का एक अपना खास संस्कार था--हर व्यक्ति निःस्वार्थ बलिदान की भावना को खून में पालता था और वह भावना किसी भी बड़े स्वप्न के लिए खाद जैसी थी। वह संस्कार ही हमारी मानसिकता से गायब हो गया। उपन्यास में इस बात को रेखांकित कर यहाँ एक बहुत महत्त्वपूर्ण तथ्य पर, कह सकते हैं कि भारतीय मानसिकता के मर्म स्थल पर, उँगली रखी गई है। इसीलिए यह उपन्यास मूल्य-दृष्टि की सम्पन्नता की ऊँची सीढ़ी पर विद्यमान है।

उपर्युक्त संस्कार के विपरीत रम्मो के व्यक्तित्व में जो जीवितेष्णा है, वह जीवन को भरपूर जीने, बूँद-बूँद उसका रस निचोड़ने की बेचैनी में व्यक्त होती है। यही अकेले भोग की, न बाँटते हुए भोग की जीवितेष्णा रम्मो के तीनों बच्चों में बहती है, राजन को अपनी मूलधारा से काट कर अपने साथ बहा ले जाती है।

राजन भीतर से कैसे धीरे-धीरे बदलता जा रहा था अपनी अंतरात्मा की कचोट के बावजूद इसका बड़ा ही प्रभावपूर्ण चित्रण गोविन्द मिश्र ने किया है जो एक तरह से प्रतीकात्मक भी है क्योंकि मध्यवर्ग की मानसिकता को शक्तिशाली ढंग से वह प्रतिबिम्बित करता है। खतरनाक बात यह है कि यह मध्यवर्ग भारतीय मानस को बुरी तरह से प्रभावित कर रहा है। अपनी राह साफ करते हुए, जीवन मूल्यों की बलि देते हुए निर्मम दौड़ और होड़ आज भारतीय मध्यवर्ग के संस्कारों का एक सड़ियल हिस्सा बनता जा रहा है। इसीलिए यह उपन्यास न केवल मौजूदा मध्यवर्ग का बल्कि आज के समूचे समाज की मानसिकता का दस्तावेज बन गया है।

राजन और रम्मो की भ्रष्टाचार के रास्ते, आर्थिक सम्पन्नता की ओर दौड़ और मोहन और ओमी का निष्कलुष मूल्यधर्मी रास्ते पर चलना...इस अंतर के चलते दोनों के बीच मानसिक दरार पड़ जाती है। साथ ही साथ आज की होड़भरी जिंदगी में मोहन जैसे सदाचारी व्यक्ति को अंत में किस कठिनाई का सामना करना पड़ता है, इसका भी उपन्यास में संकेत है। मनुष्य केवल भोजन पर नहीं जीता उसे सिर पर एक छप्पर भी चाहिए और यह छप्परविहीन होने का भय मोहन जैसे दृढ़ चरित्र व्यक्ति को भी कुछ-कुछ विचलित करता है। समाज के चिंतकों को इस पर भी विचार करने की जरूरत है।

मोहन और राजन के बीच की दूरी मूक किंतु सशक्त अभिव्यक्ति के साथ-साथ रम्मो और ओमी के बीच की ईर्ष्या, मान-अपमान की प्रचन्ड मुखर अभिव्यक्ति, इस तरह गोविंद मिश्र ने मनुष्य को अलगाने वाली दीवारों का बड़ा शक्तिपूर्ण ढंग से संकेत किया है। जीवन में बहुत कुछ है जो तर्क और विचार के परे होता है। आत्मकेंद्रित रम्मो बीमार शांतिदेवी (राजन की माँ) को भी अपने घर लाना नहीं चाहती। "मैं अपने घर में मनहूसियत नहीं चाहती...चार दिन ज़िंदगी के हैं और उसे आहें कराहें सुनने में काट दो। ऊंह।"

राजन हक्का बक्का रह गया। रम्मो के धकियाने पर ही, सक्रियता अनुभव करने वाला राजन पूर्णतः एकल परिवार केंद्रित व्यक्ति बन जाता है। फिर भी बटवारे में उसके हिस्से आए एक कमरे को नइकी चाची के लड़के को दे डालता है, रम्मो से छिपा कर। यही एक बड़े घर का स्मृति चिह्न राजन में शेष है। अपनी माँ के प्रति औपचारिकता निभाने का काम भी राजन से नहीं हो पाता और बहाने भी बनाने लगता है। राजन के साथ सिर्फ पत्नी रम्मो है जो उसे उसके सारे कारनामों को जानने की और जरूरत पड़ने पर उसे जेल में डलवाने की धमकी भी देती है। राजन की उस परिणति को कुछ विशेष भाव से कलात्मक संतुलन दिया है सन्नी और मोहन के सान्निध्य ने,

मोहन की सुदृढ़ सदाचार निष्ठा ने क्योंकि दोनों में उस परिवार के संस्कार जीवित रहे हैं।

तीसरे खंड का शीर्षक है 'अंधी गली' (1980-1990) जो मुख्यतः राजन के एकल परिवार के संपूर्णतः टूटने बिखरने की कथा है। राजन और मोहन के बीच ऐसी दरार पैदा हुई है कि मोहन ओमी बंबई आकर भी राजन के घर नहीं होटल में ठहरते हैं। राजन की व्यथा के प्रति उसके तीनों बच्चे पूर्णतः उदासीन हैं। उनके लिए चाचा और चाची महज अभिप्राय शून्य नाम मात्र हैं, अंकल आंटी उनके लिए मम्मी पापा का मसला हैं—'दैयर प्रौब्लम।' वैयक्तिक्ता की यह हद दर्जे की परिणति है जहाँ परिवार के समस्त सूत्र ही समाप्त हुए लगते हैं। राजन को लगता है—"कहाँ क्या गड़बड़ी हो गई परवरिश में कि इन्हें संस्कार देना तो दूर, उन संस्कारों की बुनियादी दिमागी जानकारी भी नहीं दी जा सकी।" और यह भी "यह बहुत है कि वे मम्मी पापा की थोड़ी बहुत इज्जत करते हैं—तो वह शायद इसलिए कि पापा खर्च चलाते हैं और मम्मी घर चलाती है।"

कभी रम्मो ने गुस्से में ओमी से पूछा था कि राजन की शिक्षा के लिए उन्होंने कितना खर्च किया। करो हिसाब, रम्मो एक-एक पाई चुका देगी। जीवन के ऋण को पैसे के बल पर चुकाने का रम्मो का यह अहंकार उसके अपने बच्चों में भी व्याप्त हो गया है, और अब रम्मो को भी इस विष वृक्ष की जहरीली हवाएँ झेलनी पड़ती हैं। औपचारिकता निबाहने मोहन और ओमी राजन के घर आते हैं तो रम्मो बहन की बीमारी का बहाना बनाकर पुणे चली जाती है और बच्चे पॉप म्यूजिक में या दूरदर्शन के कार्यक्रम में मस्त, चाचा-चाची की ओर से पूर्णतः उदासीन हैं।

मोहन और राजन भी घर परिवार की बातों को टालकर देश विदेश की बातों में अपनी आंतरिक असलियत को एक दूसरे के प्रति ठूंठ भाव-संसार को छिपाना चाहते हैं। सिकुड़ी हुई दुनिया का सूखापन, अजनबीपन राजन और भैया भाभी के बीच उग आया है। जिस रम्मो के लिए राजन ने सारी जिंदगी झोंक दी और गलत तरीकों से धन अर्जित किया वही औरत उसे जेल भिजवाने की धमकी देने से भी बाज नहीं आई। आश्चर्य नहीं कि राजन को आने वाले हार्ट अटैक की ये पूर्व सूचना थी।

राजन का बेटा बंटू इंजिनियरिंग पढ़ता था। वह अमेरिका का सपना संजोए हुए था और भारत आई एलिस के साथ अमेरिका चला जाता है। फिर वह अमेरिकन संस्कृति से ऐसा एकरूप होता है कि अवसरवाद के तहत एलिस से शादी करता है। बेरहमी से पुत्र को उसको सौंपकर ही वह न बहिन की शादी में आता है न राजन के हार्ट अटैक के बाद खतरनाक सर्जरी पर ही। परिवार यहां पूर्णतः खत्म होता है और वह व्यक्ति, आत्मकेन्द्रित व्यक्ति भर रह जाता है—सुख सुविधाओं में जीने वाला संस्कृतिहीन, संवेदनाहीन मनुष्य। बिट्टो शादी करती है तो उसका एकमात्र लक्ष्य है सुखमय जिंदगी जीने के लिए एक स्थायी साधन की प्राप्ति। उसकी सोच है—अगर शादी ही अंत है तो कैरियर, उसके लिए हाड़तोड़ मेहनतवाली पढ़ाई, पर्सेन्टेज, कम्पटीशन यह सब क्यों करना। क्यों नहीं किसी ऐसे से शादी कर ली जाए जिसके पास पैसा हो, जो चीजें दे सकता हो, जिन्हें आखिर में कड़ी पढ़ाई कम्पटीशन और कैरियर से हासिल करने की बात है। एक अच्छे स्तर का जीवन, ऐशोआराम। बिट्टो वही करती है। सुख सुविधाएँ, जो चीजें ससुराल में नहीं मिलतीं उन्हें पिता के घर से उठा-उठाकर ले आती है।

उसकी दुनियादारी इस हद तक बढ़ जाती है कि पापा के हार्ट अटैक की खबर मिलते ही उसने रम्मो को लिखा कि पापा को अपनी विल कर देनी चाहिए ताकि उनके बच्चों में झगड़ा न हो, वे वैसे ही रहें जैसे एक छत के नीचे रहते थे। चलते-चलते उसने इशारा दे दिया कि 'विल' में उसे इसलिए न उपेक्षित किया जाए कि वह लड़की है, विवाहिता है या कि पराई है। लड़की की खुदगर्जी का यह रूप रम्मो के पारिवारिक संस्कारों का अधिकांश रूप में और बाहरी दुनिया की गति का आंशिक रूप में परिणाम था।

'इंडिया' में रहने को बाध्य छोटू जिन लड़कों में रहता है वे रेस्तरांबाजी, रॉक म्यूजिक, शराब को आधुनिकता, परिपक्वता और स्वावलम्बी हो जाने की निशानी मानने वाले हैं, भविष्य के बारे में उदासीन हैं, वर्तमान को ऐंद्रिय सुख के प्राचुर्य से जीने के इच्छुक,

समाज के प्रति पूर्णतः सरोकारहीन, अत्यधिक आत्मकेंद्रित। माँ और बाप को केवल सुविधाओं का साधन मानने वाले युवाओं की पीढ़ी का प्रतिनिधित्व करता है यह छोटू। उसके विवाह की स्थिति को देखकर पता चलता है कि यह युवक कितना मानवीय मूल्यों से अदीक्षित रह गया है। तर्क और विचार उसके लिए केवल अपनी वैयक्तिक स्वार्थपूर्ति के औजार हो गए हैं। राजन के सुख-दुख से मोहन और ओमी भी इतने उदासीन नहीं हुए हैं जितने उसके तीनों बच्चे।

पाँच आँगनों वाले घर के संस्कारों में पले राजन को एक भयावह यथार्थ का सामना करना पड़ता है। 'पाँच आँगनों वाले घर' में आज जो घर का स्वरूप है उसका क्रमशः पतनशील प्रारूप गोविंद मिश्र ने बहुत ही शक्तिपूर्ण ढंग से प्रस्तुत किया है जिसमें समाज-विज्ञान, मनोविज्ञान, संस्कृति और मूल्य चिंतन कलात्मक रसायन में एक रूप होकर एक महत्त्वपूर्ण जीवनानुभव से गहन साक्षात्कार कराता है। भारतीय घर की यह स्थिति सर्वथा प्रातिनिधिक भले न हो, लेकिन जो वर्ग मूल्यों को प्रभावित करता है और सामाजिक जीवन की हलचल में केंद्रीय स्थान में रहता है उस मध्यवर्ग की स्थिति-गति का शक्तिपूर्ण संकेत यह परिवार—चित्र अवश्य करता है। इसमें लेखक का दृष्टिकोण कहाँ व्यक्त होता है?

यद्यपि यह बहुत जरूरी नहीं है कि वह स्पष्ट रूप में व्यक्त ही हो फिर भी यहाँ लेखक ने अपने को बचाया नहीं है। वह अपनी जीवन-दृष्टि को आरोपित नहीं करता न ही उसका एकांगी रूप प्रस्तुत करता है, पर लेखक की दृष्टि आद्योपान्त कुछ पात्रों के माध्यम से व्यक्त हुई है।

जोगेश्वरी, शांतिदेवी, ओमी (आंशिक रूप में) जिनमें आत्मकेंद्रितता से अलग हटकर ममेतर से प्रेम, करुणा और स्वार्थ त्याग के आधारमूल्यों पर जुड़ने की बात है। फिर विलक्षण कलात्मक ढंग से वह कमलाबाई के माध्यम से भी व्यक्त हुई है, गाँधी युग में गोवर्धन नाना के माध्यम से व्यक्त हुई है।

राधेलाल जो अपनी ऐशोआराम की जिंदगी देश के लिए समर्पित कर असमय मृत्यु का वरण करते हैं, सन्नी जो संगीत और अध्यात्म के रास्ते लोकसेवा की ओर आते हैं, ऐंद्रिय भोगवाद, अकेलापन, आत्मकेंद्रितता, उपभोक्तावादी जीवन दृष्टि, स्पर्धा पर आधारित जीवन व्यवहार, हिंसा और असत्य से भरा आचरण, अन्याय, शोषण इन सबके खिलाफ राधेलाल, गोवर्धन, सन्नी, मोहन अपने-अपने ढंग से आवाज उठाते हैं और अपनी सार्थकता की तलाश करते हैं। राजन को न माया मिली न राम क्योंकि उसने अपनी आत्मा के खिलाफ अपनी पत्नी की 'माया' में अपने छोटे परिवार के लिए ही सब कुछ किया।

उपन्यासकार की बड़ी शक्ति जीवनानुभव और जीवन दृष्टि के अनुसार चरित्रों के निर्माण में होती है। गोविंद मिश्र इसमें माहिर कलाकार हैं।

गोविंद मिश्र के चरित्र चित्रण की कला का एक शक्तिशाली पहलू कमलाबाई के विलक्षण चरित्र के रेखांकन में प्रकट होता है। कमलाबाई पहली बार राधेलाल के घर में आती है तो पहले मिलती है उसकी पत्नी शांति देवी से—इसमें अनावश्यक भय और शंका को दूर करने की युक्ति भी है और मानवीय सहज प्रेरणा भी है।

कमलाबाई ने शांति देवी को ऐसे जीत लिया कि बाद में शांति देवी चाहती रही कि राधेलाल उसके पास जाए। कमलाबाई में मनुष्य के मन को जानने की अद्‌भुत क्षमता है, वह खानदानी गाने वाली है। इसलिए अपनी शिष्या रति की ओर आकर्षित राधेलाल के जमाई को वह अपना दामाद कह कर उसको उसका पैसा लौटाती है। कमला बाई के वैयक्तिक जीवन के अंश को भी गोविंद मिश्र ने बड़ी नजाकत और हार्दिकता के साथ उभारा है। ''दर्द की एक छोटी सी चकरी भीतर घूमने लगी...बेआवाज।'' कमला बाई के जीवन की रसमय परिपुष्टि एक इस वाक्य में ही कैसे उभर आती है।

बाजारू गायिका के जैसे निकृष्ट परिवेश में रहते हुए भी आभिजात्य और संयम के साथ खुशी से जिंदगी एक ऊँचे स्तर पर कैसे जी जा सकती है इसका आदर्श कमला बाई है। उसकी मानवीयता की गरमाहट का सशक्त स्पर्श पाठक को तब होता है जब राधेलाल के लापता होने के बाद बड़े घर की प्रतिष्ठा खत्म होने के अवसर पर कमला बाई कुछ रुपए चुपके से शांति देवी को दे आती है। कमला बाई अंत तक शांति देवी से मिलती रही और अपने अनुभव की एक बहुत बड़ी

बात उसने उससे कही, "भौजी—इस उमर में बस एक ही धर्म या ऋण रह जाता है—लंजर-पंजर होते शरीर का ऋण। बस, खोखले शरीर में सिमटता जाता है। जीवन जब तक इसे भी छोड़ निकल नहीं जाता। अच्छे साथी पति पत्नी भी उस उमर में पहुँच कर अपनी अलग-अलग देह को ही जीते हैं, चाह कर भी कोई दूसरा दखल नहीं दे सकता—सो जाओ भौजी...मोह माया त्यागो। तुम भाग्यवान हो कि तुम्हारे ऐसे लड़के हैं जो तुम्हें रखने को तैयार हैं।" गोविंद मिश्र प्रसंगवश अनेक स्थानों पर जीवन विषयक कुछ भाष्य पात्रों के मुख से कराते रहते हैं—यह जीवन का सामंजस्य पूर्ण भाष्य (Wisdom) एक तरह से जीवन निरीक्षण और चिंतन का फल होता है। विशेषता यह है कि ये भाष्य इतनी सहज और सुगम भाषा में व्यक्त होते हैं कि असली हीरे की तरह कांतिमय रहते हैं।

उपन्यास का एक दिलचस्प चरित्र राजन की पत्नी रम्मो का है। लेखक ने रम्मो के बचपन और विवाह पूर्व युवावस्था का चित्रण करते हुए उसकी कुंठाओं, घुटन और क्लेश का संकेत किया है। रम्मो सदैव असुरक्षित महसूस करती रही और अधिकार करने की आकांक्षा से आवेष्टित है। उसने किस तरह राजन को उसके परिवार वालों से अलग किया, सम्पन्नता के लिए गलत काम करवाए, कैसे अपने सम्मोहक माया जाल से उसे अपना लगभग गुलाम सा बना लिया—इसका बड़ा संश्लिष्ट चित्र गोविंद मिश्र ने उपस्थित किया है।

रम्मो के दो चेहरे हैं—एक परिवार वालों के लिए निमर्म क्रूर, मुंहफट, और दूसरा राजन के संगी साथियों के लिए—सदय, सहायक, सम्मोहक। रम्मो की मूलभूत वृत्ति जीवितेष्णा है। जीवन का रस सब प्रकार से भरपूर भोगने की इच्छा, अपना स्तर ऊँचा करने के लिए किए गए कारनामों का सजीव चित्रण उपन्यासकार ने किया है। एक समय अपने परिवार में उन्मत्त साम्राज्ञी की भांति विचरने वाली रम्मो को अपने बच्चों के कारनामों के कारण आई गहरी उदासी झेलनी पड़ती है। अंतिम दिनों बाजी हार चुकी रम्मो को अधिक अंतर्मुखी बनाया जाता तो चित्रण में और शक्ति पैदा होती। लेकिन रम्मो मूलतः बहिर्मुखी व्यक्तित्व है, संभवतः इसलिए लेखक ने इसे टाल दिया।

'पाँच आँगनों वाला घर' के बाद नायक के रूप में राजन को स्थान दिया जा सकता है, क्योंकि वह बड़े घर का साक्षी है, एकल परिवार का भोक्ता है और एकल परिवार के व्यक्ति के दिल टूटने के दर्द का सहभागी है। वह सम्मिलित परिवार के अच्छे संस्कार पा चुका है परंतु उसके विभाजित होने की विवशता का भी शिकार है। उसने मोहन ओमी के माध्यम से बड़े घर के बेटे और बेटी का सहयोग, सहायता और प्यार भी पाया है और रम्मो के वर्चस्व के कारण इनसे टूटने का गहरा दुख भी झेला है। वह सम्मिलित परिवार की आदर्श मूल्य श्रेणी का समर्थक है परंतु आचरण में आधुनिक, आत्म केंद्रित हो जाता है। इस द्वन्द्व की भयंकर यातना से वह गुजरता है। नयी पौध की सुविधाभोगी आत्मकेंद्रियता का भरपूर प्रहार वह झेलता है।

बड़े घर के श्रद्धालु सदस्य की तरह प्रेत योनि में उसका विश्वास है। क्योंकि मृत्यु के बाद अपने पिता को देखने, सुनने और उनके बताए गोपनीय कथ्य का साक्षी वह है। मायावती रम्मो के जाल में भी कभी छटपटाता हुआ, कभी उसमें सुख अनुभव करता हुआ राजन धीरे-धीरे बदलता जाता है। आदर्शों, रिश्तों के प्रति उसकी सक्रियता खत्म हो जाती है और वह केवल अपने एकल परिवार की सुख सुविधा तक सिमट आता है। इच्छा होते हुए भी बीमार माँ को वह अपने घर ला नहीं सकता, सन्नी चाचा को साथ नहीं रख सकता। नइकी चाची के लड़के को अपने हिस्से के कमरे का दान करने के अतिरिक्त (वह भी रम्मो से छिपा कर) वह कुछ भी अपने लोगों के लिए नहीं कर सकता।

उसे कभी भावुकता के दौरे आते हैं परंतु उन स्थितियों से निपटने पर वह मुक्ति की सांस लेता है, बड़े भाई मोहन और मार्तृवत भाभी ओमी और उसके बीच दीवार उग आती है। रम्मो और ओमी के संघर्ष और कटु वाक्-युद्ध में वह विवश दर्शक मात्र रह जाने को बाध्य है। अपने बच्चों से भी वह पूरी तरह से कट जाता है, बार-बार उनकी परवरिश में गलती होने का इजहार करता है। अपने खुद के बच्चों से इतना दूर हो जाता है कि खतरनाक हार्ट सर्जरी के अवसर पर भी उसके दोनों बेटे उसके पास नहीं आते।

उसके जीवन के निरर्थक अस्तित्व का लेखकीय

संकेत देखिए : ''सांरगी के वे स्वर उकसाते थे, निर्वास में डूबे राजन को कुनमुनाते हुए जैसे वे कहते–'आओ यहाँ, खोलो हममें छिपे अर्थों को।' वे अर्थ आज भी ओझल हैं। राजन ही भटक गया। क्या किया उसने अपनी जिंदगी का। फक्कड़ सधुक्कड़ मिजाज वाला आदमी बनिया बन गया। जिसे संसार भर में अपने को फैला देना था, ब्रह्मांड से भी स्वयं को जोड़ देना था, उसने स्वयं को कैद कर दिया एक छोटे परिवार में--रम्मो, बंटू, बिट्टो, छोटू। और आखिर में वे भी उसके न हुए।''

राजन के माध्यम से लेखक ने तीन पीढ़ियों के मूल्यों, संस्कारों, जीवन विधियों, आचरण सरणियों को देखा और उनके बीच फंसे राजन जैसे व्यक्ति की विडम्बना और दुख को गहन स्तर पर प्रकट किया है। राजन का चरित्र तीन पीढ़ियों का अक्स अपने में अंकित करता है और एक तरह से आज के समय की कराह है वह। अच्छी रचना में चरित्र व्यक्ति के रूप में सशक्त रूप से रूपायित होकर भी प्रतीकात्मक अर्थवत्ता को समेटते चलते हैं–राजन ऐसा ही एक सशक्त चरित्र है।

पुरानी पीढ़ी के कई चरित्र हैं लेकिन लेखक रमा है सन्नी चाचा के चित्रण में। सन्नी चाचा का अनेक आयामी शक्तिशाली चित्र इस उपन्यास का एक कलात्मक ऊर्जा-केंद्र भी बन गया है। दिखने या वैयक्तिक गुणों में साधारण सा वह व्यक्ति अपने जीवन की सार्थकता की तलाश में निकल पड़ता है और भटकता है। खोज के बीच भटकते हुए भी वह लगभग महान व्यक्तित्व बन जाता है।

प्रेमचन्द की रंगभूमि का अंधा, वयस्क, सब प्रकार से दीन और अत्यंत मामूली आदमी उपन्यास के अंत में गाँधीवादी जीवन दृष्टि का महान प्रतीक बन जाता है।

इसी तरह सन्नी है। सम्मिलित परिवार में रहकर और उसके समूचे मूल्यों और संस्कारों को अपने में सहज रूप से अर्जित कर भी यह व्यक्ति जीवन भर अकेला रहा परंतु उसका यह अकेलापन समृद्ध अर्थ से भरा हुआ था। कमाने, संचय करने से दूर रहे इस व्यक्ति ने जीवन का अर्थ पा लिया और अकिंचन अवस्था में भी उस अर्थ का रस पीकर अपनी फक्कड़ाना आनंद वृत्ति में रमता रहा।

छुटपन में सन्नी बड़ों से तिरस्कृत पर बच्चों के प्यारे थे। उन्हें घर की छोटी-छोटी चीज चुराकर गायब कर देने और बेचने की आदत थी। वे धुन के पक्के थे। शुरू में सादगी में जीने का आनंद और अर्थ खोजा। कहाँ जाएँ, क्या करें, कौन सा काम हाथ में लें ?–यह भड़भड़ाहट अंत तक रही लेकिन इस चिंता ने उन्हें कभी हताश और निष्क्रिय नहीं किया।

संगीत से उचटे सन्नी तो गंगा और विश्वनाथ की तरफ बह गए। फिर पुस्तकालय में जाने लगे और पता नहीं क्या-क्या पढ़ गए। घर से भागे और कुंभ की टोली में शामिल हो गए। वहाँ खट्टे मीठे अनुभव मिले, असुविधाओं से भरा जीवन जिया। लेकिन सन्नी को इस नए जीवन में शारीरिक तकलीफ रत्ती भर भी नहीं हुई। मन का संसार जगमग था। फिर टोली छोड़ कर अकेले हुए और एक सेठ के यहाँ नौकरी की। लेकिन मन में जो तलाश थी उसने उन्हें कभी एक खूंटे से बंधने नहीं दिया। वे सार्थक जीवन की तलाश में रहे।

गाँधीजी के समग्रता वाले दृष्टिकोण को उन्होंने समझा–सन्नी और राजन के बीच जो संवाद है वह लेखक की विचारधारा को पकड़ने में मदद करता है। सन्नी को लगता है जीवन की गर्माहट वही है–आदमी आदमी के आंतरिक संबंधों में, संबंधों की प्रगाढ़ता में, इसके बाहर जो है वह सूखा है। शांति, तटस्थता ...एक तरह का भागना है। बड़ी-बड़ी बातें छलना है, भ्रम है। उपाध्याय जी के साथ उन्होंने भक्ति में अवगाहन को परखा, फिर राजनीति में सक्रिय हुए। प्रेरणा बाहर की नहीं भीतर की थी। गाँधी जी का प्रभाव। सन्नी को लगा कि वे इस कार्य में देर से उतरे। इसलिए उदास भी हुए। आपातकाल में विरोधी आवाज उठायी। भूमिगत हुए। मोहन से उनकी भेंट हुई। फिर पत्रकारिता में आए, मोहन ने सन्नी चाचा का साथ देना शुरू किया और अवकाश प्राप्ति के बाद ओमी के आग्रह और अनुरोध पर उत्पन्न होने वाली मोहांधता से उबर गए।

मोहन को दिलासा देते हुए सन्नी ने कहा था ''तुम्हारे माध्यम से, चाहे जितने कमजोर ढंग से सही, प्रकृति का एक अभिप्राय पूरा हो रहा था। और यही

एक बात तुम्हारे छोटे से जीवन को बड़ा बना देती है। अगर तुम इस तरह सोचो तो आज के माहौल में अगर एक व्यक्ति भी मूल्यों को जीवन में उतार कर जीता है तो उस जैसे दस बारह के द्वारा यह तो होता ही है कि मूल्य रहते हैं नष्ट नहीं किए जा सकते।''

आज के माहौल में जहाँ व्यक्ति सोचता है कि बाहर सड़ांध है, षडयंत्र है, भ्रष्टाचार है, अतः वह अकेला क्या कर सकता है वहाँ यह सत्य जीवन में आत्मिक ऊर्जा पैदा करता है।

सन्नी अंतर्मुखी भी हैं। वे मोहन से कहते हैं, ''मैंने कोशिश की...अब भी कर रहा हूँ लेकिन मेरे साथ दूसरी कमजोरी थी, मैं तपकर नहीं निकला जैसे तुम निकले थे। मेरी तरह अकेले रह कर प्रलोभनों से दूर रह लेना आसान है। बाबा हो जाना। गृहस्थ होकर, समाज में रहते हुए, पड़ोसियों, मित्रों, बीबी बच्चों के प्रभावों से बचते हुए प्रलोभनों से दूर रह लेना मुश्किल है। और प्रलोभनों से जीवन प्रभावित कर बैठने के बाद फिर उबर आना यह और भी मुश्किल है जैसे राजन के लिए, वह तो बह जाने के बाद धारा के खिलाफ तैरते हुए वापस आना है। मेरे कहने का अगर बहुत प्रभाव नहीं होता है तो इसलिए कि मेरा अपना जीवन सपाट रहा है।''

सन्नी का यह चिंतन समूचे उपन्यास की वैचारिकता और सकारात्मक दृष्टिकोण का संश्लिष्ट प्रकटीकरण है, इसलिए उसका स्वरूप उन्हीं के शब्दों में देखा जा सकता है—''पूर्वार्द्ध में तो उखड़ा-उखड़ा रहा लेकिन उत्तरार्द्ध में तालमेल कुल मिलाकर ठीक ही रहा, क्योंकि तब मैंने अपने से बाहर जुड़ना सीख लिया था। जीवन का यह अजीब रहस्य है कि खुशी-खुशी अपनी खुशी, अपना सुख इस चक्कर में हम सभी होते हैं पर खुशी सिर्फ अपने लिए करने से कभी हासिल नहीं होती। दूसरे के लिए करने से ही मिलती है। मैंने जब से यह अभ्यास डाला कि अपने नहीं किसी और के लिए यह करना है—और उसमें उत्साह उतना ही बनाए रखना है जैसे अपने लिए कर रहे हों—तब से सुख शांति जैसे अपने सिरहाने ही बैठे रहे।''

'यह पाँच आँगनों वाला घर' के जीवित संस्कार हैं और भारतीय संस्कृति के प्रगतिशील मानवीय पहलू के उत्पाद हुए हैं।

मोहन अवाक हो जाता है जब सन्नी चाचा नितांत बुनियादी जरूरतों की पूर्ति को भी आराम तलबी मानते हैं, अपने सगे भतीजे द्वारा उस पूर्ति की आशा का लालच। मोहन को अपनी तुलना में सन्नी का जीवन भव्य और उदात्त लगा—''तप कर निकला जीवन उनका नहीं सन्नी का है कि उन्हें वह नैतिक शक्ति प्राप्त है कि वे दैनंदिन जीवन की बुनियादी जरूरतों की पूर्ति को भी धता बता सकते हैं....और वह भी उस उमर में जब उन्हें सचमुच किसी सहारे की जरूरत है।'' सन्नी चाचा का यह भव्य रूप रंगभूमि के सूरदास की याद दिलाता है।

इस उपन्यास में कई अच्छे प्रसंग, अच्छे व्यक्ति, अच्छी बातें, अच्छी चीजें आई हैं। आज के समय की नजर से देखें तो वे आदर्शवादिता के अलग-अलग उदाहरण लगेंगे—हमारी नयी पीढ़ी यह जाने कि ऐसे भी लोग थे ऐसी भी बातें थीं—एक उसी के लिए यह उपन्यास पढ़ा जा सकता है। इन सभी प्रसंगों, व्यक्तियों और बातों के पार सन्नी है जो एक तरह से उपन्यास—समाज की आत्मा है। यह महज संयोग नहीं है कि जोगेश्वरी, जिसके लिए—'पाँच आँगनों वाला घर' की सुरक्षा सबसे पहले है—मृत्युपर्यन्त सन्नी की प्रतीक्षा करती रहती हैं, उसका बिस्तर लगाए रहती हैं, उसकी सारंगी पोंछती रहती हैं।

गोविन्द मिश्र संवेदनशील लेखक हैं और यह स्वाभाविक है कि उनके यहाँ घटनाओं और प्रसंगों की चित्रवत प्रस्तुति के साथ उनमें निहित रसात्मक बीजों का प्रस्फुटन उपन्यास की शक्ति का एक महत्त्वपूर्ण आयाम हो। रसवन्तता कलाकृति का एकमात्र मानदण्ड नहीं है परंतु कलाकृति को कालजयी बनाने की दिशा में लेखक द्वारा प्रयोग में लाया जाने वाला एक महत्त्वपूर्ण साधन अवश्य है। लेखक की परमानस प्रवेश की सिद्धि की क्षमता की पहचान भी वहाँ होती है और उपन्यास में तीव्रता का महत्त्वपूर्ण तत्व भी रसात्मक स्थल उत्पन्न करते हैं।

उदाहरण के लिए मिस्टर स्मिथ का राजन को सजा देने का प्रसंग और उसके बाद राधेलाल की उग्र प्रतिक्रिया, कमला बाई का (पाँच आँगनों वाला घर)

में प्रथम प्रवेश और भौजी शांति देवी को जीत कर अपना बनाने का प्रसंग। वैसे कमला बाई से संबंधित सारे प्रसंग सशक्त रसवन्तता की दृष्टि से प्रस्तुत उपन्यास की शक्ति का प्रमाण देते हैं।

हेड मास्टर स्मिथ का वकील राधेलाल को उनके पकड़े जाने की संभावना की खबर देना, राधेलाल की मृत्यु पर जोगेश्वरी का अपने दुख को दबोचकर सक्रिय होना और फिर रात को राधेलाल की याद में बिलख बिलख कर रोना, रम्मो ओमी का झगड़ा और राजन की मानसिक पीड़ा, छोटे द्वारा राजन का कमरा कब्जे में करना और राजन का कोर्ट में केस करना और फिर कमरा उसे दे देना, राजन और छोटू—बाप बेटे का युद्ध—अनेक ऐसे प्रसंग हैं जहाँ तनाव पूरी नाटकीय शक्ति के साथ उभरा है—रसक्तता के ये प्रसंग परंपरागत पारिभाषिक संकल्पनाओं में व्यवस्थापित करने की जरूरत नहीं है।

सुधी पाठक को वे संवेदनात्मक धरातल पर बाँधे रखते हैं और पुनः पुनः उनका आस्वादन करने को मन चाहता है इतना काफी है।

परिवार भारतीय समाज की धुरी है। उसे केंद्र बिंदु बनाकर चलने वाला यह उपन्यास परोक्ष रूप से पूरे भारतीय समाज का आलोचनात्मक आंकलन करता है। उपन्यास में 1940 से 1990 तक की राजनैतिक परिस्थिति को आवश्यक संदर्भ के रूप में प्रस्तुत किया गया है। लेखक इसके ब्यौरों में नहीं गया है। इसलिए कहीं भी यह उपन्यास ऐतिहासिक दस्तावेज का रूप धारण नहीं करता, कलात्मक कृति ही रहता है। भारतीय परंपराओं, संस्कारों, मूल्यों के सशक्त और कालजयी तत्व को स्पर्श करता हुआ वह मध्यम वर्गीय समाज की पचास वर्षों की बदलती मानसिकता का प्रभावपूर्ण चित्र प्रस्तुत करता है और पाठक में मूल्यों, आचरण-धर्मों और जीवनविषयक अर्थों को तलाशने, परखने और स्वीकार करने की मानसिक ऊर्जा उत्पन्न करता है, उसे संवेदनात्मक चिंतन की भूमिका में ले जाता है। यही उपन्यास की उत्कृष्टता है और सफलता भी।

गोविंद मिश्र की कृतियाँ

उपन्यास

1. वह-अपना चेहरा 1969
2. उतरती हुई धूप 1971
3. लाल पीली जमीन 1976
4. हुज़ूर दरबार 1981
5. तुम्हारी रोशनी में 1985
6. धीर समीरे 1988
7. पाँच आँगनों वाला घर 1995

कहानी संग्रह

8. नए पुराने माँ-बाप 1973
9. अंतःपुर 1976
10. धांसू 1978
11. रगड़ खाती आत्महत्यायें 1979
12. मेरी प्रिय कहानियाँ 1980
13. अपाहिज 1981
14. खुद के खिलाफ 1982
15. खाक इतिहास 1986
16. पगला बाबा 1988
17. आसमान कितना नीला 1992
18. हवाबाज़ 1998
19. स्थितियाँ रेखांकित 1992
    (साठ के बाद की हिंदी कहानी का संकलन : सम्पादित)

यात्रा-वृत्तांत

20. धुंध भरी सुर्खी 1976
21. दरख्तों के पार...शाम 1982
22. झूलती लड़ें 1990
23. परतों के बीच 1997

साहित्यिक निबंध

24. साहित्य का संदर्भ
25. कथा भूमि
26. संवाद अनायास

बाल साहित्य

27. कवि के घर में चोर

कविता

28. ओ प्रकृति माँ

विविधा

29. मुझे घर ले चलो
    (सभी विधाओं का प्रतिनिधि संकलन)
30. लेखक की ज़मीन
    (अलग-अलग समय पर दिये गये साक्षात्कारों का संकलन)
31. अर्थ ओझल
    (भारतीय ज्ञानपीठ द्वारा प्रकाशित प्रमुख बीस कहानियों का संग्रह)
32. 'निर्झरिणी'
    (दो खण्डों में संपूर्ण कहानियाँ)

अनुवाद

उपन्यास 'तुम्हारी रोशनी में', 'धीर समीरे' गुजराती में अनूदित और प्रकाशित। विभिन्न कहानियाँ अँग्रेजी, बंगाली, गुजराती और कन्नड़ में अनूदित।

सरस्वती नः सुभगामयस्करत्

व्यास सम्मान 1999

बिस्रामपुर का संत

श्री श्रीलाल शुक्ल

व्यास सम्मान 1999 की घोषणा 14 दिसम्बर, 1999 को हुई। सम्मान समारोह 3 मार्च, 2000 को राष्ट्रीय संग्रहालय सभागार, नई दिल्ली में सम्पन्न हुआ।

श्री श्रीलाल शुक्ल

श्री श्रीलाल शुक्ल को व्यास सम्मान भेंट करते हुए डॉ. मुरली मनोहर जोशी। बाईं ओर हैं फाउंडेशन की ट्रस्टी सुश्री शोभना भरतिया और दाईं ओर हैं फाउंडेशन के प्रधान श्री कृष्ण कुमार बिरला।

सरस्वती नः
सुभगामयस्करत्

प्रशस्ति

के.के. बिड़ला फाउंडेशन का, वर्ष 1999 का व्यास सम्मान, श्री श्रीलाल शुक्ल को, उनके उपन्यास 'बिस्रामपुर का संत' के लिए, भेंट किया जा रहा है।

31 दिसम्बर, 1925 को जनमे, श्रीलाल शुक्ल का नियमित लेखन 1956 में आरंभ हुआ। तब से उनके सात उपन्यास, तीन कहानी-संग्रह, एक अपराध-कथा, एक बाल उपन्यास, छः हास्य व्यंग्य और निबंध, दो जीवनियाँ और एक आलोचना ग्रंथ प्रकाशित हो चुके हैं, पर मूलतः वे कथाकार हैं और उनका उद्देश्य है अपने समय में समाज को खोजना और उसकी पहचान कर उसके पुनर्सृजन की पृष्ठभूमि को उजागर करना। आज से 32 वर्ष पहले प्रकाशित यथार्थ और व्यंग्य के ताने-बाने से बुना हुआ उनका बहुचर्चित उपन्यास 'राग दरबारी' समकालीन जीवन पर एक बेबाक टिप्पणी है।

उनका नवीनतम उपन्यास 'बिस्रामपुर का संत' इस निर्मम यथार्थ की अभिव्यक्ति का अगला कदम है, जिसमें व्यंग्य का केवल जगह-जगह पर अत्यंत कलात्मक प्रयोग हुआ है। श्रीलाल शुक्ल की एक बड़ी विशेषता यह है कि कथ्य, भाषा और शिल्प कहीं भी उन्होंने अपने आपको दोहराया नहीं है। राजभवन के शयनकक्ष में राज्यपाल के एक सपना देखने से आरंभ होकर मनुष्य की पशुता से उपजी ट्रैजेडी की सार्वभौमिक व्याख्या से समाप्त होने वाले इस उपन्यास में श्रीलाल शुक्ल ने एक बिल्कुल नया शिल्प गढ़ा है। यह उनकी सामर्थ्य है कि 'राग दरबारी' जैसे व्यंग्य उपन्यास के सर्वोच्च शिखर से वे शिल्प की एक नई जमीन तलाशने में हर प्रकार से सफल हुए हैं। श्रीलाल ने भाषा का भी अद्भुत रचनात्मक प्रयोग किया है जैसे वह कथ्य के साथ-साथ खिलवाड़ करती हुई, उसे गढ़ने में परंपरित ढांचे को रगड़ती, तोड़ती एवं झकझोरती हुई प्रवाह से बहती जा रही हो। यही शिल्प-कौशल व भाषिक रचाव सृजनात्मकता को ऊर्जा देकर रचना को बड़ा बनाता है।

फाउंडेशन की मंगलकामना है कि श्रीलाल शुक्ल दीर्घायु हों और उनकी साहित्य साधना जन-कल्याण को बल देती रहे।

बिशन टंडन	भोलाभाई पटेल	कृष्ण कुमार बिरला
सदस्य-सचिव	अध्यक्ष	प्रधान
चयन समिति		के.के. बिड़ला फाउंडेशन

3 मार्च, 2000 : नई दिल्ली।

सरस्वती नः
सुभगामयस्करत्

श्री कृष्ण कुमार बिरला का स्वागत भाषण

आज के इस व्यास सम्मान समारोह में आप सबका हार्दिक स्वागत है। इसकी अध्यक्षता हमारे देश के एक जाने-माने राजनेता और भारत सरकार के मानव संसाधन विकास मंत्री डॉ. मुरली मनोहर जोशी कर रहे हैं। आप सबकी और अपनी ओर से मैं उनका हार्दिक स्वागत करता हूँ। माननीय जोशी जी, हम आपके कृतज्ञ हैं कि अत्यंत व्यस्त होने पर भी आपने हमारे इस समारोह के लिए समय निकाला। इस फाउंडेशन के कार्यकलाप से आप परिचित ही हैं। नवम्बर, 1998 में आपने हमारे खेलकूद पुरस्कार समारोह की अध्यक्षता की थी। कुछ महीने पहले जब हमने साहित्य अकादमी और इलाहाबाद संग्रहालय के साथ मिलकर इलाहाबाद में सुमित्रानंदन पंत जन्मशती के अवसर पर राष्ट्रीय परिसंवाद आयोजित किया था उसका उद्घाटन भी आप ही के द्वारा हुआ था।

फाउंडेशन को कार्य करते अब लगभग नौ वर्ष हो गए हैं। आप वैज्ञानिक हैं, शिक्षाविद् हैं और साहित्यिक संवेदनशीलता के धनी हैं, अतएंव आपको यह जानकर अच्छा लगेगा कि हमारा मुख्य उद्देश्य भारतीय साहित्य, दर्शन, संस्कृति, विज्ञान व शिक्षा के प्रसार के लिए कार्यक्रम-संचालन करना है। साहित्यिक सम्मान/पुरस्कारों के साथ-साथ हम एक महत्वपूर्ण राष्ट्रीय आवश्यकता को ध्यान में रखकर, विभिन्न भारतीय भाषाओं को एक-दूसरे के समीप लाने के लिए अनुवाद, अध्ययन और प्रकाशन को भी प्रोत्साहित कर रहे हैं। हमारी एक महत्वपूर्ण योजना शिक्षा के क्षेत्र में जनकल्याण की भावना से ही कार्यान्वित की जा रही है। हम साक्षरता प्रसार के लिए नेशनल बुक ट्रस्ट के माध्यम से पुस्तकें तैयार कराते हैं। आरम्भ में ये पुस्तकें केवल हिन्दी में थीं पर अब देश की अन्य भाषाओं को भी इस कार्यक्रम में सम्मिलित कर लिया गया है। अब तक हिंदी में बाईस तथा अन्य भारतीय भाषाओं में इक्यावन पुस्तकें प्रकाशित हो चुकीं हैं। इस कार्यक्रम को सुचारु रूप से चलाने के लिए हम नेशनल बुक ट्रस्ट के आभारी हैं।

मेरी बात से यह स्पष्ट होगा कि फाउंडेशन के कार्यकलाप में भाषायी संकीर्णता बिल्कुल नहीं है। सरस्वती सम्मान के द्वारा हम भारतीय भाषाओं में प्रकाशित किसी एक उत्कृष्ट साहित्यिक कृति को हर वर्ष पाँच लाख रुपए का पुरस्कार देते हैं। पिछले माह ही नवाँ सरस्वती सम्मान एक तमिल साहित्यकार डॉ. पार्थसारथी के नाटक 'रामानुजर' को देने की घोषणा की गई है। हमारी अन्य योजनाओं में भी सभी भाषाओं को महत्व दिया जाता है। हिंदी और अंग्रेजी के अतिरिक्त अन्य भाषाओं में भी पत्रकारों को शोधवृत्ति दी जाती है। तुलनात्मक भारतीय साहित्य की शोधवृत्ति के अन्तर्गत अध्ययन किसी भी भारतीय भाषा में किया जा सकता है। अब तक हिंदी के अतिरिक्त मलयालम, बांग्ला, उड़िया, पंजाबी, कन्नड़ और तमिल में ये शोधवृत्तियाँ दी गई हैं। साथ ही विभिन्न भाषाओं की उत्कृष्ट कृतियों को अन्य भारतीय भाषाओं में अनुवाद के लिए भी हम वित्तीय अनुदान देते हैं। आपको यह जानकर प्रसन्नता होगी कि इस अनुवाद कार्यक्रम के अन्तर्गत गोस्वामी तुलसीदास जी की 'विनयपत्रिका'

का कन्नड़ में, कामायनी और निराला के गीतों का मलयालम में, बालामणि अम्मा और अय्यप्प पणिक्कर की काव्य कृतियों का हिन्दी में अनुवाद प्रकाशित हुआ है। हमारा यह विश्वास है कि हिंदी के विस्तार और विकास में भाषायी संकीर्णता कदापि सहायक नहीं हो सकती।

व्यास सम्मान हमारे साहित्यिक कार्यक्रम की एक महत्वपूर्ण योजना है। हिंदी के राष्ट्रीय और देशव्यापी महत्व को देखते हुए यह पुरस्कार स्थापित किया गया है। इसके अन्तर्गत पिछले वर्ष 10 वर्षों में प्रकाशित कृतियों पर विचार करके एक उत्कृष्ट कृति के माध्यम से उसके लेखक को सम्मानित किया जाता है। साहित्यिक लेखन का तुलनात्मक आकलन कठिन कार्य है। इस क्षेत्र में आलोचनाएँ होना अस्वाभाविक नहीं है। लेकिन हमें इस बात का संतोष है कि साहित्य जगत में इस सम्मान के लिए अब तक के सभी निर्णयों का अच्छा स्वागत हुआ है। इसका श्रेय हमारी योग्य और निष्पक्ष चयन समिति को है। चयन का उत्तरदायित्व इस समिति का है। पिछले नौ वर्षों में उसने इस सम्मान के लिए ऊँचे मानदण्ड बनाये हैं। इसके अध्यक्ष गुजराती के प्रसिद्ध लेखक और हिंदी के आचार्य प्रो. भोलाभाई पटेल हैं। उनके अन्य सहयोगी भी हिंदी के जाने-माने विद्वान हैं। साहित्यिक बिरादरी के अन्य विद्वान, आचार्य, लेखक और पाठक सब उनकी इस कार्य में सहायता करते हैं। फाउंडेशन इन सबका ऋणी है और मैं उनके प्रति अपना व्यक्तिगत आभार प्रकट करना चाहता हूँ।

आज का समारोह, जैसा आप सब जानते हैं, श्री श्रीलाल शुक्ल को सम्मानित करने के लिए आयोजित किया गया है। अक्षर जगत के वे जाने-माने व्यक्ति हैं। समारोह की औपचारिकता के लिए चयन समिति के अध्यक्ष प्रो. भोलाभाई पटेल इनका परिचय देंगे। लेकिन मैं आज इनका स्वागत और अभिनंदन केवल औपचारिकता के लिए नहीं कर रहा हूँ। मैं उनके व्यक्तित्व से विशेष रूप से प्रभावित हूँ क्योंकि प्रशासनिक कार्यों की उधेड़-बुन और उलझनों से उन्होंने अपनी सृजनात्मक ऊर्जा को पूरी तरह बचाए रखा। मुझे तो यह भी लगता है कि उस सेवा के मीठे, कड़वे और कसैले अनुभवों ने उनकी रचनात्मकता को प्रखर पैनापन भी दिया है। उनका पहला उपन्यास 'सूनी घाटी का सूरज' राजकीय सेवा में प्रवेश करने के सात वर्ष बाद 1957 में प्रकाशित हुआ था। उसके बाद ये निरंतर विभिन्न विधाओं में अपनी कृतियाँ पाठकों को सौंपते रहे हैं। आज से लगभग 32 वर्ष पहले प्रकाशित 'राग दरबारी' ने उनकी एक अलग पहचान बनाई। गंभीर स्थितियों को व्यंगात्मक ढांचे में बाँधकर उपन्यासकार ने पाठकों को हँसाया और गुदगुदाया ही नहीं, बेचैन भी किया। यही उस उपन्यास की सबसे बड़ी खूबी है। और अब श्रीलाल जी का नवीनतम उपन्यास 'बिस्रामपुर का संत' जिसके माध्यम से उन्हें 1999 के व्यास सम्मान से सम्मानित किया जा रहा है, हमारी इस बेचैनी को और बढ़ा देता है। 'राग दरबारी' के शिल्प से भिन्न नयी जमीन तलाश कर इस उपन्यास में भूदान आंदोलन और कुंवर जयन्ती प्रसाद सिंह के बहाने समकालीन जीवन का नंगा सच अपनी पूरी बेबाकी से प्रकट हुआ है। कुंवर साहब एक ऐसे वर्ग के प्रतीक हैं जो जीवन के अंतिम चरण में भी पद-प्रतिष्ठा के लिए शर्म-लिहाज छोड़कर, हर तरह की जोड़-तोड़ करते हुए मौकापरस्ती से समझौता करते रहते हैं। यह उपन्यास उस वर्ग की त्रासदी की कथा है। राजनीति और प्रशासन तंत्र में आज जो अवसरवाद और भ्रष्टाचार स्वीकृत जीवन शैली का हिस्सा बनता जा रहा है, उस पर श्रीलाल शुक्ल की पैनी टिप्पणी बड़ी मार्मिक है। मैं उसे उद्धृत कर रहा हूँ :

"हर जटिल मानवीय त्रासदी को सुलभ मुहावरों और सैद्धांतिक शब्दजाल में डुबो देने की जो सहज क्षमता हमारे सत्तारूढ़ राजनीतिज्ञों में आ जाती है...यह वही क्षमता है जिसके सहारे हम आदिवासियों को सिर्फ लोककला के साथ, खेतिहर मजदूरों को प्रजातंत्र के सतर्क प्रहरी के रूप में या शोषित महिला वर्ग को भविष्य की क्रांतदर्शी चेतना बनाकर देखने लगते हैं और उनकी समस्याओं से निगाह फेर लेते हैं।"
आज के जन-जीवन पर ऐसी बात किसी साहित्यकार की अन्तर्दृष्टि ही कह सकती है।

फाउंडेशन की और स्वयं मेरी मंगलकामना है कि शुक्ल जी दीर्घायु हों और उनकी लेखनी माँ सरस्वती की सेवा में निरंतर सक्रिय रहे।

चयन समिति के अध्यक्ष प्रो. भोलाभाई पटेल का अभिभाषण

सर्वप्रथम में चयन समिति और आप सबकी ओर से प्रसिद्ध साहित्यकार श्री श्रीलाल शुक्लजी का अभिवादन करता हूँ, जिन्हें आज उनके उपन्यास 'बिस्रामपुर का संत' के लिए के. के. बिड़ला फाउंडेशन के 'व्यास सम्मान' से अलंकृत किया जा रहा है। व्यास सम्मान के लिए गठित चयन समिति ने विस्तृत विचार-विमर्श के बाद पिछले एक दशक में प्रकाशित हिंदी की उत्तम कृतियों में से 'बिस्रामपुर का संत' को व्यास सम्मान के लिए पसंद किया है।

वैसे भी श्रीलाल शुक्ल हिंदी के प्रथितयश साहित्यकार हैं, जिन्होंने पिछले चार दशकों से अपने उपन्यास, कहानियाँ और व्यंग्य रचनाओं से हमारे साहित्य को समृद्धतर किया है।

1925 में ग्राम अंतरौली (लखनऊ) में जनमे श्रीलाल शुक्लजी की प्रारम्भिक शिक्षा लखनऊ और कानपुर में हुई। इलाहाबाद यूनिवर्सिटी से इन्होंने स्नातक की उपाधि प्राप्त की। 1949 में उत्तर प्रदेश सिविल सर्विस के लिए चुन लिये जाने के बाद सरकार में विभिन्न पदों पर काम किया और बाद में आई. ए.एस. में प्रोन्नति पाकर 1983 में सेवानिवृत्त हुए। लेकिन जिस लेखक जीवन का आरंभ छात्रकाल से ही हुआ था, वह अब भी जारी है।

उनका प्रथम उपन्यास 'सूनी घाटी का सूरज' 1957 में प्रकाशित हुआ था, उसके दूसरे ही वर्ष उनकी व्यंग्य रचनाओं का प्रथम संग्रह 'अंगद का पाँव' प्रकाशित हुआ। इसके साथ ही हिंदी के रचनाकारों में अपना विशिष्ट स्थान स्थापित कर लिया। अब तक श्रीलाल शुक्ल ने सात उपन्यास, तीन कहानी संग्रह और व्यंग्य रचनाओं के पाँच संग्रह हमें दिये हैं। श्रीलाल शुक्ल की प्रत्येक रचना, चाहे उपन्यास हो, चाहे कहानी, चाहे व्यंग्य निबंध, उनकी अपनी निजी मुद्रा से अंकित होती है और विशिष्ट भी। लेकिन कई बार एक लेखक के जीवन में ऐसा भी देखा गया है कि उसकी कोई एक रचना स्वयं रचयिता को अतिक्रांत कर जाती है। उस रचना के आधार पर रचनाकार पहचाना जाता है। श्रीलाल शुक्ल की 'राग दरबारी' ऐसी एक रचना है, जो 1968 में प्रकाशित हुई थी। एक व्यंग्य उपन्यास के रूप में इस रचना का सामान्य पाठकों से लेकर समालोचकों तक ऐसा स्वागत हुआ कि श्रीलाल शुक्ल हिंदी और हिंदी के बाहर भी 'राग दरबारी के लेखक' के रूप में जाने जाते रहे। इस उपन्यास का अँग्रेजी भाषा सहित अनेक भाषाओं में अनुवाद हुआ और इसके आधार पर टी.वी. सीरियल भी बना। राजनीतिक चेतना के साथ नग्न यथार्थ की भूमिका पर व्यंग्य-कटाक्ष कला का चरम निदर्शन हम 'राग दरबारी' में पाते हैं। इसके पूर्व उपन्यास में कटाक्ष का उपयोग रेणु ने अपने 'मैला आँचल' में ऐसी सफलता के साथ किया है कि उमाशंकर जोशी जैसे मर्मज्ञ साहित्यकार ने इसकी आलोचना लिखते समय कटाक्ष को 'मैला आँचल' का संघटन सूत्र कहा है। 'रेणु' ने यह विद्या इस क्षेत्र में अपने गुरुजैसे बांग्ला उपन्यासकार सतीनाथ भादुड़ी से, विशेषतः उनके प्रसिद्ध उपन्यास 'ढोड़ाय चरित मानस' से प्राप्त की थी। एक तरह से 'ढोड़ाय चरित मानस', 'मैला आँचल'

और 'राग दरबारी' एक गोत्र के उपन्यास हैं। लेकिन राग दरबारी में व्यंग्य अधिक तीक्ष्ण और मुखरित है, कहीं-कहीं 'क्रूड' भी।

'राग दरबारी' में स्वतंत्रता के बाद हमारे लोकतंत्र की जिस तरह से विकृति होती गई, जिस तरह से मूल्यों का अपक्षय होता गया, उसका निर्मम चित्रण है। यहाँ एक ऐसा पूरा खल समाज है, जिसका किसी भी प्रकार की मूल्य व्यवस्था में विश्वास ही नहीं है। कवि जीवनानंद दास की पंक्तियों का स्मरण होता है 'राग दरबारी' की दुनिया को देखकर :

अद्भुत आंधार एक एसेछे ए पृथिवीते आज,
या अंध सब चेये बेशि आज चोखे देखे तारा;
यादेर हृदय कोनो प्रेम नेइ, प्रीति नेइ, करुणार आलोड़न नेइ
पृथिवी अचल आज तादेर सुपरामर्श छाडा...

(एक अद्भुत अँधेरा उतर आया है, आज इस धरती पर। जो लोग अंध हैं, वे ही आँखों से ज्यादा देखते हैं। जिनके हृदय में प्रेम या प्रीति नहीं है, करुणा का उद्रेक नहीं है, ऐसे लोगों के सलाह मशविरा के बिना धरती जैसे अचल है।)

राग दरबारी के बाद श्रीलाल शुक्ल के तीन उपन्यास 'सीमाएँ टूटती हैं', 'मकान' और 'पहला पड़ाव' प्रकाशित हुए। इसके बाद 1998 में 'बिस्रामपुर का संत' प्रकाशित हुआ।

शीर्षक में और पूरी रचना में यहाँ भी व्यंग्य है, लेकिन प्रच्छन्न। 'विश्रामपुर' नहीं लेकिन बिस्रामपुर और फिर 'बिस्रामपुर का संत' शीर्षक का सटीक तात्पर्य रचना से गुजरने के बाद समझ में आ जाता है, इतना ही नहीं हमारे होठों पर हल्की-सी मुस्कान भी ला देता है। इस उपन्यास में हमारी पतनशील राजनीतिक संस्कृति का आलेखन है, जिसके लिए लेखक ने एक नई अहल्या कथाभूमि पसंद की है और वह है विनोबाजी का भूदान आंदोलन। कितना बड़ा आंदोलन था उस समय जब विनोबा सारे देश में दौरा कर रहे थे भूदान के लिए। नोबेल पुरस्कार विजेता सॉल बैलो ने अपने प्रसिद्ध उपन्यास 'हरज़ोग' में भी इसकी चर्चा की है। भूदान एक यज्ञ के रूप में कल्पित था, किंतु उसकी जो विडम्बना हुई, उसका मार्मिक चित्रण करते हुए, बात की है हमारे भ्रष्टाचारी दंभी राजनेताओं की। जिनको बिस्रामपुर का संत कहा गया है, वह एक ऐसे ही राजनेता महामहिम राज्यपाल कुंवर जयंती प्रसाद सिंह हैं, जो राज्यपाल पद से निवृत्ति के बाद जब और कोई पद नहीं मिलता तब ब्रिस्रामपुर के आश्रम में जाकर शेष जीवन 'सेवा' के नाम पर बिताना चाहते हैं। तत्काल कारण तो है उस आश्रम में काम करने वाली युवती सुंदरी की मृत्यु का समाचार। आज अस्सी साल के कुंवर जयंती प्रसाद ने सुंदरी को पहली बार देखा था, तब उनको जयश्री की याद आ गई थी, जिसके साथ अवैध देहसुख प्राप्त किया था। कुंवर साहब यौन फैंटेसी में सुंदरी की बाँहों में होना चाहते हैं, बल्कि ऐसा सपना भी देखते हैं। कुंवर जयंती प्रसाद सिंह ने विनोबा की उपस्थिति में ही दो गाँव भूदान यज्ञ में अर्पित किए थे, और वहाँ से भूदान के साथ 'ग्रामदान' का भी आंदोलन चला था।

वास्तव में उपन्यासकार यहाँ भूदान आंदोलन की शव परीक्षा करते हैं, जयंती प्रसाद सिंह के चरित्र के द्वारा। इतना ही नहीं उनके माध्यम से सर्वभोगी, पाखंडी और विलास की दलदल में आकंठ डूबे समकालीन अवसरवादी राजनेताओं के भ्रष्टाचारी चरित्र को हमारे सामने कलात्मक ढंग से खोल दिया है। यहाँ भी उनकी कलात्मक अभिव्यक्ति का औजार है—व्यंग्य और कटाक्ष। इसके द्वारा बिस्रामपुर के इस तथाकथित संत, जो अपने को युवावस्था के भूदानी कहलाते थे, लेकिन जो असल में हैं असीम भोगेच्छा से अवलिप्त व्यक्ति, हमारी आज की पत्रकारिता इस पाखण्डी राजनेता को रातों-रात 'बिस्रामपुर के संत' के रूप में घोषित भी कर देती है।

ऐसे अँधेरे में प्रकाश की मद्धिम किंतु स्थिर द्युति जैसे चरित्र विवेक और सुंदरी के हैं। कथा के आरंभ से सुंदरी तो नहीं रही, किंतु फ्लैश बैक से लेखक ने विवेक और सुंदरी के संयत रागात्मक मैत्री संबंधों का आलेखन किया है। एक भावनात्मक ज्वार में भूदान आंदोलन से जुड़े निर्मल भाई और सुशीला देवी जैसे चरित्र मोहभंग होने पर अंततोगत्वा भ्रष्ट या कुंठित होते हैं, किंतु सुंदरी ने अपना विश्वास बनाये रखा है, जो बिस्रामपुर के आश्रम की प्रवृत्तियों में व्यक्त होता है। विवेक अर्थशास्त्र का युवा अध्यापक है,

मार्क्सवादी है और वह है तो जयंती प्रसाद का ही पुत्र किंतु ठीक अपने सामंती पिता के विपरीत प्रकृति का। विवेक द्वारा भूदान आंदोलन की ही नहीं गाँधी विचार की भी चिकित्सा की गई है।

विवेक सुंदरी से विवाह के लिए उत्सुक है और सुंदरी भी, किंतु इसी बीच सुंदरी में जयश्री की झाँकी पाकर न जाने कैसे बूढ़े जयंती प्रसाद सुंदरी से विवाह का प्रस्ताव कर बैठे थे। (इसी जयंती प्रसाद ने निद्राधीन सुंदरी के स्तनों को छू तक लिया था) अब सुंदरी कैसे विवेक के विवाह प्रस्ताव को स्वीकार करे? सुंदरी की मृत्यु के बाद उसकी स्मृति लेकर और कोई पद जब मिलने वाला नहीं है, तब सुंदरी के संकल्पों को पूरा करने के निमित्त बिस्रामपुर के आश्रम में 'संत' बने जयंती प्रसाद को सुशीला देवी के पत्र के द्वारा जब विवेक-सुंदरी की मैत्री का पता चलता है, तब उनका मन आत्मग्लानि और अपराध भाव से भर जाता है और बेतवा के पानी में डूबकर आत्महत्या करते हैं। अंत में वे पाठकों की थोड़ी सहानुभूति पा लेते हैं—किंतु कृति का समग्रतया प्रभाव एक ट्रैजेडी का है, बिस्रामपुर के संत के करुण अंत की ट्रैजेडी का ही नहीं, एक युवा युगल के कोमल प्रणय संबंधों के अंत की ट्रैजेडी का भी। कुंवर जयंती प्रसाद के लिए उनका अंत एक तरह से 'नेमेसिस' है, किंतु सुंदरी और विवेक के लिए? लेखक ने विवेक को भावुक 'सेंटिमेंटल' कतई चित्रित नहीं किया। उसके लिए वैयक्तिक ट्रैजेडी कोई बड़ी चीज़ नहीं है। वह कहता है—

'ट्रैजेडी क्या होती है, जानना हो तो इतिहास में बहुत पीछे जाने की भी जरूरत नहीं है। यहूदियों पर हिटलर के अत्याचारों का इतिहास पढ़ो, भारत-पाक बँटवारे के समय भयानक नरसंहार और दूसरे अपराधों की याद करो या उससे कुछ ही साल पहले का बंगाल का अकाल या वियतनाम का युद्ध। यह ट्रैजेडी है। भूकम्प या ज्वालामुखी के उत्पात की तरह हम इन्हें भगवान के मत्थे नहीं मढ़ सकते। इन्हें हमारी पशुता ने रचा है।'

विवेक अब सुंदरी के रिसर्च पेपर्स पर काम करेगा।

किसी भी सफल उपन्यास की एक प्रधान कसौटी उसकी रंजकता है। बिस्रामपुर का संत सोद्देश्य राजनीतिक उपन्यास है, किंतु व्यंग्यात्मक भाषा के संतुलित और सर्जनात्मक प्रयोग से और सुकल्पित वस्तुसंयोजन से 'बिस्रामपुर का संत' कलादृष्टि से भी एक संतर्पक उपन्यास है।

मैं फिर एक बार ऐसा उत्तम उपन्यास रचने के लिए श्रीलाल शुक्लजी को प्रणामसह बधाई देता हूँ।

श्री श्रीलाल शुक्ल

मैं आरंभ में के.के. बिड़ला फाउंडेशन के संस्थापक, चयन समिति के अध्यक्ष और उसके सदस्यों के प्रति हार्दिक धन्यवाद व्यक्त करना चाहता हूँ जिनके कारण मेरे लिए आज यह सुखद अवसर उपस्थित हुआ है। व्यास-सम्मान के लिए 'बिस्रामपुर का संत' का चयन मेरे लिए कुछ हद तक विस्मयजनक घटना है। यह उपन्यास बड़ी ऊहापोह के बीच लिखा गया और लगभग नौ वर्षों के बाद अपना वर्तमान स्वरूप पा सका। वह मेरे लिए अनेक व्यक्तिगत और पारिवारिक दुश्चिंताओं का समय था। उपन्यास लिखते हुए बार-बार मुझे ऐसी आत्मविश्वासहीनता और शंकालुता के दौर से गुजरना पड़ा जिसका मैंने अपने दीर्घकालीन लेखन में पहले कभी अनुभव नहीं किया था। पूरा हो जाने पर प्रकाशन के लिए इसे देने में मैं कुछ समय तक हिचकता रहा। वास्तव में जब हिंदी के दो प्रतिष्ठित युवा कथाकारों ने इसे पढ़कर मेरी हिचक को निर्मूल बताया तभी मैं इसे छपाने की मनःस्थिति में आ सका। इस पृष्ठभूमि में, उपन्यास के छपने पर जब अधिकांश समीक्षाओं में इसके लिए उत्साहवर्धक शब्द मिलने लगे और जब इसे व्यास सम्मान से समादृत किया गया तो निश्चय ही, एक विशेष परिस्थिति में, यह मेरे लिए अतिरिक्त आश्वस्ति का कारण है।

पर यह इस प्रसंग का एक पक्ष भर है। दूसरा पक्ष इस प्रकार के सम्मानों और पुरस्कारों में अंतर्निहित उन प्रत्याशाओं का है जो अप्रत्यक्ष रूप से लेखक से भविष्य में उत्कृष्टतर रचनाशीलता की अपेक्षा करती हैं। प्रत्येक पुरस्कार जहाँ एक ओर रचनाकार को यह सुखद अनुभूति देता है कि विज्ञजनों और पाठकों का एक ऐसा भी समुदाय है जो उसकी किसी कृति को सार्थक समझ रहा है, वहीं उसे एक चुनौती का भी एहसास होता है कि यदि अब उसने अपनी रचनात्मक ऊर्जा का सर्वोत्तम परिणाम नहीं प्रस्तुत किया तो वह अपने लेखन-कर्म के प्रति प्रवंचना जैसी होगी। युवा और प्रौढ़ रचनाकारों के लिए ऐसी चुनौती का सामना करना शायद उतना कठिन न हो क्योंकि अपने सरोकारों से उनकी संलग्नता ज्यादा घनी होती है और उसी के साथ देशकाल से निकलने वाली अनेक प्रकार की विद्युत तरंतों को संवेदना के स्तर पर वे ज्यादा सजगता से महसूस कर सकते हैं। पर, मुझे लगता है, अधिक उम्र हो जाने पर कोई लेखक भले ही विचारात्मक साहित्य की रचना में अधिक परिपक्वता दिखा ले, रचनात्मक साहित्य में उसकी संवेदना के भोथरी हो जाने का डर हमेशा बना रहता है। शंका होती है कि जीवन के विभिन्न स्वरूपों और आयामों को लेकर उसकी ग्रहणशीलता बाधित तो नहीं हो रही है? अपने ही शिल्प और अंतर्वस्तु में वह रूढ़िग्रस्त और पूर्वाग्रही तो नहीं होता जा रहा है? रचना के सहज भाव और अभिव्यक्ति पर सिद्धांत और व्याकरण तो हावी नहीं हो रहे हैं? या ऐसा कुछ भी नहीं है तो एक विशेष प्रकार की आस्था-विमुखता और सिनिसिज्म के कारण उसके रचना-कर्म का विरूपीकरण तो नहीं होने लगा है? वृद्धावस्था की संतुष्ट, सुशांत छवि के साथ ये खतरे भी जुड़े हैं। तभी मैं एक बड़े गुरुत्व-बोध और उससे जुड़े हुए लघुत्व-बोध की द्विधावृत्ति के

अंतर्गत ही यह सम्मान ग्रहण कर रहा हूँ।

व्यास-सम्मान से समादृत होने वाला यह तीसरा उपन्यास है। इसके पहले दो विचारात्मक ग्रंथ और चार काव्य-कृतियाँ समादृत हो चुकी हैं। निश्चय की कविता एक काल-परीक्षित, कालोत्तीर्ण विधा है। हमारे प्राचीन साहित्य में पहले साहित्य के लिए 'काव्य' का ही प्रयोग होता रहा है। सामान्य शब्दों में भी जादुई दीप्ति उत्पन्न करने और उसके सहारे जटिलतम संवेदन को शब्दाकार देने की जो विलक्षण क्षमता कविता में है, वह संभवतः कथा-साहित्य के, विशेषतया उपन्यास के वर्तमान ढाँचे में संभव नहीं। यह भी है कि पाश्चात्य देशों में विद्वानों का एक वर्ग इसे एक संदिग्ध विधा मान रहा है। कई चिंतक उपन्यास की मृत्यु की घोषणा कर चुके हैं। इसका शायद एक कारण यह भी है कि पश्चिम में उपन्यास का जो व्यावसायीकरण हुआ है, बाजार के स्पर्धापूर्ण वातावरण में जिस तरह उसे माल की तरह पेश किया जा रहा है, वह साहित्य की गरिमा से मेल नहीं खाता। फिर भी तर्क के रूप में कहा यही जा रहा है कि उन्नीसवीं सदी और बीसवीं के आरंभिक वर्षों के टालस्टाय और दोस्ताव्स्की, डिकेंस या हार्डी, फ्रांसीसी यथार्थवादी रचनाकार या दूसरी कोटि के प्रूस्त, हेनरी जेम्स, टामस मान आदि लेखकों की कृतियों के बाद उपन्यास के लिए करने को कुछ बचा ही क्या है?

इस बहस में पाश्चात्य पंडितों को खपने दें; भारतीय उपन्यास और विशेषतः हिंदी उपन्यास पर पश्चिम के ये फतवे लागू नहीं होते। इस भाषा में उपन्यास का इतिहास लगभग सौ वर्ष का ही है और उम्र के हिसाब से कविता के मुकाबले वह शैशवावस्था में है। पर उसका विकास आश्चर्यजनक तीव्रता से हुआ है। आज का हमारा उपन्यास उन्नीसवीं शताब्दी के पश्चिमी प्रकृतिवादी उपन्यास के ढाँचे से बहुत आगे जा चुका है। उसका संपूर्ण स्वरूप बदला है; उसका अनुभूति संसार ही विस्तीर्ण नहीं हुआ है, उसने शिल्प की अनेक अभूतपूर्व भंगिमाएँ भी ग्रहण की हैं। आज हिंदी उपन्यास तीव्र गति से विकसित होने वाली एक बहुमुखी प्रक्रिया का नाम है। सामाजिक और सांस्कृतिक जगत् में अभी भी उसे बड़े महत्त्व की भूमिका निभानी है। भारत जैसे विराट् मानवीय क्षेत्र के अनुभवों, भावनाओं, आकांक्षाओं और यातनाओं आदि को हमारा उपन्यास अभी अंशतः ही समेट पाया है और वहाँ प्रतिभा और कौशल के कुछ दुर्लभ उदाहरणों को छोड़कर, अभी बहुत कुछ होना बाकी है। उपन्यास की अमित संभावनाओं का हमारे यहाँ समुचित दोहन अभी शुरू भर हुआ है।

यह सबसे अधिक लोकप्रिय विधा है। समाज में विभिन्न माध्यमों द्वारा फैलायी जाने वाली अपसंस्कृति को देखते हुए एक सुसंस्कृत समाज की रचना और हमारे कलात्मक रुझानों के परिष्कार में उपन्यास का प्रमुख स्थान हो सकता है। तभी पश्चिम में जो भी सोचा जा रहा हो, हमारे यहाँ यह आज भी एक अत्यंत आकर्षक और परिष्कारक विधा है। इसलिए जब एक उपन्यास को व्यास सम्मान से समादृत किया जाता है तो मैं यह समझता हूँ कि प्रकारांतर से कविता और विचारपरक लेखन के साथ ही साथ एक अत्यंत संभावनाशील विधा के महत्त्व को भी रेखांकित किया गया है और इस प्रकार साहित्य के प्रति एक सामयिक दृष्टि को अभिव्यक्ति दी गयी है।

अब मैं अपनी बात साहित्य और जीवन के प्रति अपनी एक सहज धारणा का उल्लेख करके समाप्त करना चाहूँगा।

कथालेखन में मैं जीवन के कुछ मूलभूत नैतिक मूल्यों से प्रतिबद्ध होते हुए भी यथार्थ के प्रति ज्यादा आकृष्ट हूँ। पर यथार्थ की यह धारणा इकहरी नहीं है, वह बहुस्तरीय है और उसके सभी स्तर—आध्यात्मिक, आभ्यंतरिक, भौतिक आदि—जटिल रूप से अन्तर्गुम्फित हैं। उनकी समग्र रूप में पहचान और अनुभूति कहीं-कहीं रचना को जटिल भले ही बनाए, पर उस समग्रता की पकड़ ही रचना को श्रेष्ठता देती है। जैसे मनुष्य एक साथ कई स्तरों पर जीता है, वैसे ही इस समग्रता की पहचान रचना को भी बहुस्तरीयता देती है।

स्पष्ट है कि इस प्रकार की रचनाकर्मिता के केंद्र में मनुष्य है—उसका उल्लास, उसकी यातनाएँ, संघर्ष, कुंठाएँ, उत्कृष्टता के चमकीले सपने, अधमता की फिसलनभरी सीढ़ियाँ, आदर्श कल्पनाओं और यथार्थ कर्मों का द्वन्द्व, उत्थान, पतन और मूलतः और अंततः ऐसी जटिलता जिसे जीवन संबंधी किसी फार्मूले

से या तर्क से नहीं समझा जा सकता। ऐसे जीवन की कुछ छायाएँ 'बिस्रामपुर का संत' में भी देखी जा सकती हैं। मेरे सामने यही जटिल, क्षत-विक्षत, कभी उन्नतशिर, कभी अधोगत, कभी उल्लसित, कभी विखंडित मनुष्य है—यही मनुष्य, जो सब कुछ के बावजूद मेरे लिए सृष्टि का केंद्र बिंदु है, जिससे श्रेष्ठतर कोई नहीं है। पृथिवी की समस्त मंगलमय संभावनाएँ इसी में समाहित हैं। जिन महर्षि व्यास के नाम से इस सम्मान को जोड़ा गया है वे इसकी सारी विकृतियों को पहचान कर भी उत्कृष्ट के प्रति उसकी असीम संभावनाओं को देखते हुए पहले ही घोषित कर गये हैं :

गुह्यं ब्रह्म तदिदं ब्रवीमि
न मानुषात्छ्रेष्ठतरं हि किंचित्।

''मैं यह परम रहस्य बताता हूँ, इस लोक में मनुष्य से बढ़कर श्रेष्ठ कुछ नहीं है।''

मैं—महर्षि व्यास से असंख्य सीढ़ियों नीचे खड़ा हुआ, पर अपने को उन्हीं के कुल का एक क्षुद्रतम संज्ञक मानता हुआ—इस कल्पना से उल्लसित हूँ कि मैं मानव के अधःपतन में भी उसकी उत्कृष्ट संभावनाओं और उपलब्धि की दीप्तियों से आँख नहीं चुराता और जो धरती उसकी कर्मस्थली है उसके साथ, दूसरे सामान्य मानुषों की तरह, चरम आसक्तिपूर्वक जुड़ना चाहता हूँ। यह वह धरती है जो मेरे लिए संपूर्ण मानवीयता का प्रतीक है, जिससे भागा नहीं जा सकता; मैं भागना चाहता भी नहीं; मैं इसका आदर करता हूँ, इससे स्नेह करता हूँ। सारी कुरूपताओं को भूलकर मैं विश्वास करता हूँ कि यह आज और भी आदर, और भी स्नेह चाहती है। कविगुरु रवीन्द्रनाथ ठाकुर के शब्दों में मैं एक लेखक की यही अभिलाषा व्यक्त करना चाहूँगा :

तुम बहुत वर्षों से मेरी पृथ्वी हो;
तुमने मुझे मृत्तिका आसन पर बैठाकर
अश्रांतचरण असंख्य रात्रि दिवस अनंत गगन में
सौरमंडल की प्रदक्षिणा की है—युग युगान्तर तक
मुझ पर तुम्हारे तृण उगे हैं
राशि राशि फूल खिले हैं—

× × ×

मैं तुम्हें घेर कर विचरूँगा
तुम्हारे आत्मीयों के बीच निवास करूँगा
कीट पशु-पक्षी तक, गुल्म लता बनकर
बार बार तुम्हें पुकारूँगा;
वसुन्धरा,
मुझे अपने से दूर मत करो।

सरस्वती नः
सुभगामयस्करत्

पुरस्कार समारोह के अध्यक्ष डॉ. मुरली मनोहर जोशी का भाषण

आज का यह आयोजन अनूठा है जिसमें श्री श्रीलाल शुक्ल को व्यास सम्मान से अलंकृत किया जा रहा है। शुक्लजी विशिष्ट प्रकार के हास्य व्यंग्य के लेखक के रूप में जाने जाते हैं। हमारे देश में यद्यपि, साहित्य में हास्य व्यंग्य का निर्वाह किया गया है, तथापि, हमारा विपुल साहित्य अध्यात्म प्रधान होने के कारण गंभीर है। हमारा पूरा प्राचीन संस्कृत वांग्मय तत्व-विवेचनपरक है और कभी-कभी तो संदेह ही होने लगता है कि हास्य का हमारे यहाँ कोई स्थान है भी या नहीं।

हमारे बचपन में जहाँ तक ध्यान पड़ता है श्री घनश्याम दास जी का एक निबंध हमने पढ़ा था, जिसमें उन्होंने चुटकी ली थी कि हमारे संत कहते हैं 'बालापन हँस खेल गँवाया।' बालपन तो हँसने-खेलने के लिए ही होता है, उसे गँवाने का प्रश्न ही कहाँ है? तथापि, संत लोग यह चाहते थे कि बच्चे भी गाएँ 'जिवड़ा दो दिन का मेहमान।' यह हमारे विचार करने के तरीके पर एक बड़ी नुकीली चुटकी है।

सच तो यह है कि यदि इंसान हँस न सके तो जीवन नीरस रह जाता है। हजारों लोग सुबह उठकर सबसे पहले समाचार पत्र में कार्टून देखना पसंद करते हैं। कार्टून के माध्यम से जानना चाहते हैं कि एक आम भारतीय का क्या हाल है। बहुत से समुदाय ऐसे हैं जो आपस में ही अपनी कीमत पर हँसी मजाक करते हैं। पश्चिम में एक समुदाय विशेष को व्यंग्य का लक्ष्य बनाया जाता रहा है। तीन मित्र अपने एक स्वर्गवासी दोस्त की कब्र पर जाते हैं। बातों-बातों में तय होता है कि कब्र पर कुछ दानराशि रख दी जाए। अँग्रेज ने पाँच पाउंड कब्र पर रख दिये। ऐसा ही अमरीकन मित्र ने भी किया। तीसरे मित्र ने पंद्रह पाउंड का चेक लिखकर कब्र पर रखा और दस पाउंड उठा लिये। हमारे देश में भी इसी प्रकार वर्ग विशेष को लक्ष्य करके लोग मीठी चुटकियां ले लिया करते हैं।

किसी स्थान पर हमारे प्रधान मंत्री श्री अटल बिहारी वाजपेयी जी ने कहा है : "व्यंग्य लेखन एक कठिन विधा है, उसे फूहड़पन से दूर रहना चाहिए क्योंकि वास्तविक व्यंग्य वही है जो मन की कली खिला दे मगर काँटों से बचाता रहे। कोई काँटा अगर लग भी जाए तो कोई बात नहीं मगर यदि हमेशा काँटा लगे तो फिर उसमें व्यंग्य का रंग नहीं रह जाता। व्यंग्य को पाठक ग्रहण करना चाहता है क्योंकि हँसना भी एक बहुत बड़ी आवश्यकता है।

"व्यंग्य लेखन एक कठिन विधा है, जिसे फूहड़पन से दूर रहना चाहिए। व्यंग्य ऐसा होना चाहिए जो फूलों की तरह गुदगुदाए, काँटों सा चुभे नहीं। एक-आध काँटा चुभ भी जाए तो कोई हर्ज नहीं। हमेशा काँटे ही चुभते रहें तो व्यंग्य का रंग नहीं जमता। हंसना जीने के लिए आवश्यक है। हम दूसरों पर हँसते हैं, लेकिन हमें अपने पर भी हँसने को तैयार रहना चाहिए।"

हास्य मानव की मनोरंजनात्मक वृत्ति है। जीवन की जटिलताओं में उलझे मानव मस्तिष्क को हास्य ही शांति और शीतलता प्रदान करता है। हास्य व्यंग्य से सामाजिक सद्‌गुणों और सामाजिक सुधारों में वृद्धि होती है।

वस्तुतः हास्य का उद्देश्य विकृतियों पर हँसना, व्यंग्य का लक्ष्य उन पर चोट करना है। व्यंग्यकार वर्तमान व्यवस्था में व्याप्त अराजकता, धर्मान्धता एवं स्वार्थलिप्सा पर तीखा प्रहार करता है। इस प्रकार हास्य-व्यंग्य से समाज सुधार होता है।

सदा प्रसन्न रहने वाले मनुष्य विपत्तियों से नहीं घबराते और जिंदादिली से उनका मुकाबला करते हैं। ऐसे लोगों की जीवनयात्रा बहुत सुगम और सुखपूर्ण हुआ करती है। अतः हास्य-व्यंस्य का मानव-जीवन में अत्यंत महत्त्व है।

हास यों केवल मन का एक वेगमात्र है, पर भावों में जिस हास को स्थान दिया है, वह ऐसा है जिसके आश्रयगत होने पर श्रोता या दर्शक को भी रस रूप में हास की अनुभूति होती है। वह आलम्बन प्रधान होता है। यों ही प्रसन्नता के कारण जो हँसी आती है, वह भाव की कोटि में नहीं, वह मन की उमंग या शरीर का व्यापार मात्र है। उसके प्रदर्शन से श्रोता या दर्शक के हृदय में हास की अनुभूति नहीं हो सकती।

हास्य की विशिष्ट आत्मा का विचरण क्षेत्र मानवी विचार क्षेत्र रहा है और इसी क्षेत्र में वह फलने-फूलने लगेगी। इस आत्मा से प्रेम करने तथा उसे रुचिकर बनाने के लिए हमें जीवन से प्रेम करना पड़ेगा। हास्य इसी मानवीय अनुसंधान का सहायक है।

हास्य उल्लासमय एवं सुखमय जीवन की सहज अभिव्यक्ति है। स्वस्थ हृदय का स्वाभाविक उच्छलन, स्वच्छ एवं निर्मल, किसी भी प्रकार की कटुता एवं दंश से सर्वथा रहित।

मुझे एक लेखक का ध्यान आ रहा है। वह अमरीका के प्रसिद्ध व्यंग्यकार हुए हैं, नाम है जेम्स थर्बर। उन्होंने बच्चों के लिए कुछ चित्र बनाये थे, जिसमें युद्ध की विभीषिका के प्रति बच्चों का ध्यान आकर्षित किया गया है। 15-20 चित्रों के माध्यम से उन्होंने बच्चों की कहानी लिखी : एक सभ्यता थी, जो बहुत समृद्ध थी, लेकिन कुछ लोग आपस में झगड़ पड़े और युद्ध हुआ। युद्ध में बहुत लोग मारे गये और विनाश हुआ तथापि, कुछ समय बाद सभ्यता फिर पनपी। जो लोग घाटी में रहते थे, वह पहाड़ पर जाने लगे और जो पहाड़ पर रहते थे, उन्होंने घाटी में आने का संकल्प किया और फिर युद्ध हुआ। इस बार पहले से भी ज्यादा विनाश हुआ। बच्चों को समझाने के लिए उन्होंने चित्रों में दिखाया कि इस विनाश के बाद मनुष्य का सबसे विश्वासपात्र जीव कुत्ता भी मनुष्य से विमुख हो गया। लेकिन फिर एक और सभ्यता पनपी। इस सभ्यता के पास विनाश के अनेक साधन थे और जब युद्ध हुआ तो सब कुछ नष्ट हो गया। अंतिम चित्र एक सरल रेखा मात्र है, जिसके नीचे लिखा हुआ है, इस बार सभ्यता पूरी तरह से विनष्ट हो गई। कुछ ही चित्रों के माध्यम से जो संदेश बच्चों को पहुँचाया गया था वह बहुत ही प्रभावकारी था और वर्षों तक उसकी चर्चा हुई।

आध्यात्मिक शास्त्र को थोड़ा छोड़ दें तो मध्यकालीन सांस्कृतिक रचनाओं में हास-परिहास के अच्छे संकेत मिलते हैं। एक श्लोक है :

यदि विनोद रसे सरसं मनः
यदि च काव्यकलासु कुतूहलम्
विविधशास्त्रपुराण कथादिकम्
श्रुणु तथा परिहास विजल्पितम्।।

विदुर नीति में संकेत आता है कि छः प्रकार के लोग दूसरों के बल पर समृद्धि को प्राप्त करते हैं। समृद्धों के बल पर चोर मजा लेते हैं, रुग्णों से वैद्य समृद्धि पाते हैं, यजमानों से पुरोहित समृद्ध होते हैं, वादी-प्रतिवादियों से राजा राजस्व प्राप्त करते हैं और मूर्खों के बल पर बुद्धिमान ख्याति प्राप्त करते हैं। संस्कृत नाटकों में विदूषकों की परंपरा सर्वविदित है। अभिज्ञान शाकुन्तलम् में हास-परिहास के अनेक उदाहरण देखने को मिलते हैं। रामचरित मानस में भी शिवजी की बारात का प्रसंग बड़ा चुटीला है। ब्रह्मा और विष्णु बारात से हँसी के डर से अलग होकर चलते हैं। इन सब प्रसंगों के बावजूद मुझे लगता है कि हमारे समाज में व्यंग्य की कमी है। प्रायः नाटकों में और टी.वी. सीरियलों में नौकर को ही हास्य का पात्र बनाया जाता है। राजनेता भी हास्य-व्यंग्य का निशाना हैं। होना भी चाहिए, पर कुल मिलाकर नयापन लिए हास्य व्यंग्य की कमी हमको खलती है। व्यंग्य सतसइया के दोहों की तरह होना चाहिए, जो छोटा हो, पर प्रभावकारी हो—'घाव करे गंभीर'।

श्रीलाल शुक्ल जी ने हमारे साहित्य की इस विधा को पुष्ट किया है। राग दरबारी ने उनको साहित्य में एक महत्त्वपूर्ण स्थान दिलाया और बिस्रामपुर का संत उस कड़ी की दूसरी महत्त्वपूर्ण रचना है, जिस पर उन्हें व्यास सम्मान से पुरस्कृत किया जा रहा है। मैं उनको बधाई देता हूँ और कामना करता हूँ कि वह दीर्घायु हों और अनवरत लिखते रहें।

श्री कृष्ण कुमार बिड़ला जी तथा श्रीमती शोभना भरतिया जी अनिभनन्दनीय हैं। के.के. बिड़ला फाउंडेशन के कार्य में निरंतर प्रगति हो रही है और दस वर्षों के कार्य में कई पुरस्कारों का समायोजन किया है, जिनमें सरस्वती सम्मान, व्यास सम्मान, बिहारी पुरस्कार और वाचस्पति पुरस्कार तो हैं ही, आदि शंकराचार्य जी के नाम पर शंकर पुरस्कार तथा आदरणीय घनश्यामदास जी बिड़ला की स्मृति में वैज्ञानिक शोध से संबद्ध पुरस्कार की स्थापना भी मेरे विचार से प्रशंसनीय है। इसके अतिरिक्त के.के. बिड़ला फाउंडेशन द्वारा खेल-कूद पुरस्कारों के माध्यम से खेल-कूद और पर्वतारोहण जैसे साहसिक अभियानों को पुरस्कृत किया जाता है। इसके अलावा पिछले छः वर्षों से तुलनात्मक भारतीय साहित्य के क्षेत्र में महत्त्वपूर्ण विषयों पर गहन अध्ययन के लिए दो शोधवृत्तियाँ भी दी जा रही हैं। इसके अतिरिक्त वार्षिक व्याख्यानमालाएँ भी चलती हैं। इन सबसे सर्जनात्मक प्रतिभाओं को प्रोत्साहन मिलता है और मेरे विचार से धन का सदुपयोग साहित्य सेवा से ज्यादा क्या हो सकता है। मैं आप लोगों का आभारी हूँ कि आपने मुझे आज यहाँ उपस्थित होने का अवसर प्रदान किया।

श्रीलाल शुक्ल : व्यक्तित्व और कृतित्व

कृष्णचन्द्र लाल

आज़ादी के बाद सर्जनात्मक ऊर्जा-सम्पन्न हिंदी साहित्यकारों की जो नई पीढ़ी तैयार हुई, उसमें अपनी विशिष्ट रचनाशैली, नवीन जीवनबोध, प्रगाढ़ लोक-सम्पृक्ति, मर्मभेदी व्यंग्य-विनोद-वृत्ति, धारदार व्यंजनापूर्ण चुटीली गद्य भाषा आदि की दृष्टि से पृथक् पहचान बनाने वाले लेखक के रूप में श्रीलाल शुक्ल का नाम विशेष रूप से उल्लेखनीय है। श्रीलाल शुक्ल किसी परंपरा में खप जाने वाले साहित्यकार नहीं हैं। उनका व्यक्तित्व और कृतित्व कई दृष्टियों से ध्यान देने योग्य है। उनकी रचनाओं का अनूठापन चौंकानेवाला न होकर नयी सृजनशीलता का परिचायक और नये जीवन-बोध से सम्पन्न करने वाला है, इसी तरह उनके व्यक्तित्व का अनूठापन भी अजूबा जैसा न होकर सहज आत्मीयता जगानेवाला और अपरिचय की दीवार को बड़ी मधुरता के साथ ढहाने वाला है। एक प्रशासनिक अधिकारी के रूप में दीर्घकाल तक कार्य करते हुए भी उन्होंने छोटे-बड़े लोगों के साथ जिस तरह के आत्मीय रिश्ते बना रखे हैं, उससे लोगों को यह सीख मिल सकती है कि मनुष्य की गरिमा मनुष्यता में है अधिकार-मद में नहीं। उनके इस वैशिष्ट्य को याद करते हुए रवीन्द्र वर्मा लिखते हैं—''शायद एक नौकरशाह और लेखक के द्वन्द्व का भी नाम श्रीलाल शुक्ल है। लेकिन दृष्टा रचनाकार की तरह उनकी संवेदना व्यापक है। जब आप एक वरिष्ठ नौकरशाह पर ताज्जुब कर रहे हैं, तभी वे आपसे कह सकते हैं 'चलें दूसरे कमरे में चलें। यहाँ साबू (उनका नौकर) टी.वी. देख रहा है।' उनका अपने नौकर से व्यवहार साहबी बिल्कुल नहीं होता। श्रीलाल जी बैठक से नौकर को बाहर जाने के लिए नहीं कहते जो सपरिवार टी.वी. देख रहा है। वे खुद मेहमान के साथ बैठक के बाहर चले जाते हैं। वे नौकर-परिवार के टी.वी. सुख में कोई व्यवधान नहीं डालना चाहते।'' (तद्भव, मार्च 1999) इसी नाते वे सामान्य जन की पीड़ा को समझने और अपनी रचनाओं में उसका संवेदनात्मक चित्र प्रस्तुत करने में भी सफल रहे हैं।

श्रीलाल शुक्ल फक्कड़, मस्त, सरस और रंगीन मिज़ाज के व्यक्ति हैं। उनके बाहर और भीतर के व्यक्तित्व में कोई द्वैत नहीं है। उनका व्यक्तित्व पारदर्शी है। वे किसी प्रकार के दिखावे और अहंकार में विश्वास नहीं करते। उन्हें न तो कभी बड़ा अफसर होने का अभिमान रहा न महत्त्वपूर्ण लेखक होने का गर्व, बल्कि उन्होंने सर्वदा एक विनयशील व्यक्ति का ही परिचय दिया। उनके अफसर ने लेखक को या लेखक ने उनके अफसर को कभी असहज स्थिति में नहीं डाला। वास्तविकता यह है कि श्रीलाल जी का लेखक और अफसर एक मकान की दो मंजिलों में रहने वाले अलग-अलग व्यक्तियों की तरह हैं। शायद ही कभी उन्होंने लेखक की चर्चा करते हुए यह आभास दिया हो कि वे कुछ अलग-अलग, कुछ विशिष्ट, कुछ निराले किस्म के इंसान हैं। इसीलिए उनमें अपने लेखक के प्रति निर्मम रूप से तटस्थ हो जाने की क्षमता है। वे स्थितियों, व्यक्तियों यहाँ तक कि अपने आपको भी एक बाहरी व्यक्ति की तरह खड़े होकर देख सकते हैं। अपने लेखन का मूल्य आंक सकते हैं। अपने लेखन

के साथ उनका रिश्ता इसी तटस्थता की मजबूत नींव पर बना है। (श्रीमती शीला संधू तद्‌भव) श्रीलाल जी विनोदी स्वभाव के व्यक्ति हैं। वे जितना दूसरों पर हँस सकते हैं, उतनी ही अपनी भी हँसी उड़ा सकते हैं। उनका हृदय इतना निर्मल है कि वे कभी किसी छद्‌म का सहारा नहीं लेते, जो बात हृदय में घुमड़ती है, उसे बड़ी साफगोई से कह देते हैं। मित्रों के बीच अंतरंग क्षणों में तो वे और उन्मुक्त और बेतकल्लुफ होते हैं।

श्रीलाल जी बड़े ही जिज्ञासु लेखक हैं। वे चीज़ों को उनके पूरे विस्तार में जानने समझने के लिए उत्सुक रहते हैं। उनके उपन्यासों में जो तमाम ब्यौरे मिलते हैं और एक के बाद एक प्रसंग की जो मनोरंजक शृंखला बनती चलती है वह उनकी इसी जिज्ञासा-वृत्ति की ही देन है। वे गप्प मारने में, बातों को कुतूहल के साथ प्रस्तुत करने में बड़े माहिर हैं। उनकी जानकारी विशद एवं गहरी है जिसके बलबूते पर वे किसी भी वृत्तान्त को रोचक बना लेते हैं और किसी भी महफिल में निरंतर मस्ती के साथ सरस बतकही का माहौल तैयार कर लेते हैं। उनकी विशेषता यह है कि वे किसी भी विषय पर देर तक सरस बातचीत कर सकते हैं। उनकी थोड़ी बहुत दिलचस्पी हर विषय में, हर क्षेत्र में है। लोक जीवन और समसामयिक सामाजिक राजनीतिक यथार्थ को पूरी व्यापकता एवं गहराई के साथ देखना-समझना और उसे आलोचनात्मक विवेक के साथ ग्रहण करना श्रीलाल शुक्ल का सहज स्वभाव है, इसीलिए वे किस्से-दर-किस्से गढ़ते और कहते चले जाते हैं और कथारस बराबर बनाए रखते हैं। जिसका भी जीवनानुभव विस्तृत वैविध्यपूर्ण और गहन होगा तथा अपेक्षित वाक् कौशल होगा, वह बात में से बात निकालने में अवश्य सक्षम होगा। श्रीलाल जी के इस गुण की चर्चा करते हुए गोविन्द मिश्र ने लिखा है—'जिन्होंने श्री लालजी के साथ छोटी बैठकें की हैं, उन्हें मस्ती में गपियाते देखा है...सुनाते चले जाएंगे एक के बाद दूसरा किस्सा, किस्से से फूटते दूसरे किस्से...क्या याद्‌दाश्त है। जैसे किस्सों का अथाह कुंड हो भीतर जिससे भलभल झरनों की तरह बहते चले आते हैं किस्से...किस्से पर किस्से...तब वे किसी दूसरे को आसानी से बोलने भी नहीं देते...उनके किस्से चुकते ही नहीं, किस्से बेताब होते हैं बाहर आने को, कभी-कभी तो साफ-साफ शब्द भी नहीं निकलते, पत्तियों से होठ फड़फड़ाते चले जाते हैं।' (तद्‌भव वही पृ. 97) श्रीलाल शुक्ल की किस्सागोई की इस प्रकृति ने उनकी रचना में किस्सों को स्वाभाविक ढंग से बुनने में बड़ी मदद की है। 'रागदरबारी' में भी जगह-जगह किस्सों के जो सोते फूटते हुए दिखाई पड़ते हैं या व्यंग्य-लेखों में यथार्थ को पर्त-दर-पर्त उघाड़ देने वाले जो सरस प्रसंग दिखाई पड़ते हैं, वे सब उनकी किस्सागोई की ही देन हैं।

श्रीलाल शुक्ल का रचनात्मक लेखन उनके छात्र-जीवन से ही आरंभ हो गया था। 1945 में जब वे प्रयाग विश्वविद्यालय में पढ़ रहे थे तब हास्टल में पानी की किल्लत होने पर उन्होंने उस समय के प्रसिद्ध प्रयाण-गीत के आधार पर एक पैरोडी की रचना की थी। प्रयाण-गीत की आरंभिक पंक्तियाँ इर प्रकार हैं—

खिदमते हिन्द में जो कि मर जाएँगे।
नाम दुनिया में अपना भी कर जाएंगे।।

हास्टल में पानी की किल्लत को रेखांकित करते हुए उन्होंने इस गीत की पैरोड़ी लिखी—

'हम बिना बाथरूम के मर जाएँगे।
नाम दुनिया में अपना भी कर जाएँगे।।
यह न पूछो कि मरकर किधर जाएंगे।
होगा पानी जिधर, बस उधर जाएंगे।।
जून में हम नहाकर थे घर से चले,
अब नहाएंगे फिर जब घर जाएंगे।
यह हमारा वतन भी अरब हो गया,
आज हम भी खलीफा के घर जाएंगे।।

रचना के इस ऐतिहासिक क्षण को याद करते हुए उन्होंने लिखा—'यह मेरी पहली व्यंग्य-रचना थी। पता नहीं, उस 'करुण-करुण', मसृण-मसृण वाले ज़माने में—जबकि ज्यादातर मैं खुद उसी वृत्ति का शिकार था—मैं यह प्रयाण-गीत कैसे लिख गया। जो भी हो, इसका यह नतीज़ा जरूर निकला कि लगभग दस साल बाद मैंने जब व्यंग्य लिखना शुरू किया तो मुझमें यह आत्म-विश्वास था कि मैं दस साल की सीनियरिटी का व्यंग्य लेखक हूँ और दूसरों की तरह किसी भी पोच बात को सीनियरिटी के सहारे चला सकता हूँ।

उपर्युक्त उद्धरण से यह तो समझा जा सकता

है कि श्रीलाल शुक्ल की व्यंग्य लेखन की क्षमता छात्र जीवन में ही प्रस्फुटित हो गई थी, उसका विकास लगभग दस साल बाद 1953-54 में हुआ जब उन्होंने आकाशवाणी से प्रसारित 'वर्षामंगल' नामक कार्यक्रम को सुना। उस समय वे बुंदेलखण्ड के एक पिछड़े इलाके राठ में सरकारी पद पर कार्यरत थे। आकाशवाणी से प्रसारित 'वर्षामंगल' नामक कार्यक्रम सुनने के बाद प्रतिक्रिया स्वरूप उन्होंने 'स्वर्गग्राम और वर्षा' नामक एक व्यंग्य-कथा लिखी। उस कार्यक्रम के बारे में उन्होंने लिखा है—'गाँव का दृश्य था, गाँव में हरियाली थी, पवन पुरवाई थी, ऊदे-ऊदे बादल थे, हिंडोले थे, खिलखिलाती युवतियाँ थीं, बाँके रँगीले, पर निहायत शरीफ छैले थे, ग्रामगीत थे, घूँघरू ौर कंगनों की खनक थी, देश और मल्हार के अलाप थे। गाँव था पर वहाँ गरीबी नहीं थी, अभाव नहीं थे, अत्याचार और शोषण नहीं था, गंदगी, बीमारी, कुरूपता, हताशा, उदासी कुछ नहीं थी। इस इकतरफा तस्वीर ने मुझे उकसाया और मैंने बरसात में गाँव की दुर्दशा पर 'स्वर्गग्राम और वर्षा' नामक एक व्यंग्य कथा लिख डाली। उसी से मैं लेखक बन गया।'

श्रीलाल शुक्ल की रचना-यात्रा की शुरुआत व्यंग्य लेखन से हुई और बहुत जल्द वे हिंदी के श्रेष्ठ व्यंग्य लेखक के रूप में प्रतिष्ठित हो गए। व्यंग्य लेखन के साथ-साथ उपन्यास रचना में भी वे लगे रहे और 1957 में उनका पहला उपन्यास छपा 'सूनी घाटी का सूरज' और 1958 में उनके हास्य-व्यंग्य प्रधान लेखों का संग्रह प्रकाशित हुआ—'अंगद का पाँव।' इसके बाद 1962 में उनका दूसरा उपन्यास छपा—अज्ञातवास। दो उपन्यासों के प्रकाशित होने के बाद भी श्रीलाल शुक्ल को उस समय उपन्यासकार के रूप में ख्याति नहीं मिली। उस समय वे श्रेष्ठ व्यंग्य लेखक के रूप में ही पहचाने गए, यही नहीं, उन्हें हिंदी गद्यसाहित्य में व्यंग्य-विधा को प्रतिष्ठित करने का भी गौरव प्राप्त हुआ। 1968 में उनका 'राग दरबारी' उपन्यास प्रकाशित हुआ। इस उपन्यास से उन्हें अपार ख्याति मिली। 'राग दरबारी' के साथ श्रीलाल शुक्ल का नाम इस तरह जुड़ गया कि दोनों एक-दूसरे के पर्याय-से हो गए। एक तरह से 'राग दरबारी' उनकी रचनाशीलता का ट्रेडमार्क-सा बन गया। 'राग दरबारी' के बाद श्रीलाल शुक्ल की पहचान एक सशक्त उपन्यासकार के रूप में तो बन ही गई, एक नए उपन्यास-शिल्प के आविष्कारक के रूप में भी वे समाहृत हो गए। उसके बाद से श्रीलाल शुक्ल की रचनात्मक प्रतिभा व्यंग्य लेखन और उपन्यास रचना में बराबर सक्रिय रही और एक के बाद एक उनके श्रेष्ठ उपन्यास और व्यंग्य रचनाएँ प्रकाशित होती रहीं। 1998 में प्रकाशित उनके 'बिस्रामपुर का संत' नामक उपन्यास में उनकी रचनात्मक प्रतिभा एक बार फिर इस रूप में प्रकट हुई कि हिंदी जगत् ने उसका सोत्साह स्वागत किया और श्रीलाल शुक्ल को उस पर 'व्यास-सम्मान' मिला। 1955 से अब तक श्रीलाल शुक्ल की बाइस रचनाएँ प्रकाशित हुई हैं।

श्रीलाल शुक्ल ने प्रशासकीय जिम्मेदारियों और व्यस्तताओं के बीच जिस तरह का सर्जनात्मक लेखन किया है वह कई दृष्टियों से गौरतलब और उल्लेखनीय है। एक तो उनके लेखन में सरलीकरण और सतहीपन नहीं है, दूसरे प्रशासनिक अहंकार नहीं है और न ही लेखन पर प्रशासकीय जीवन का कोई दबाव या आतंक है। महत्त्वपूर्ण बात यह है कि उनकी भाषा इतनी सर्जनात्मक और अनुभव संपन्न है कि आश्चर्य करना पड़ता है कि उन्होंने उसे कैसे उपलब्ध किया लेकिन यदि हम उनके आत्म वक्तव्यों को पढ़ें, लेखन के प्रति उनकी निष्ठा को समझें तो यह बात आसानी से समझी जा सकती है कि श्रीलाल जी ने जो कुछ लिखा है वह उनकी अथक और सतत् साधना का फल है। 'राग दरबारी' की रचना-प्रक्रिया के बारे में जो बातें बतायी हैं, उनसे उनके श्रम और साहित्य-सृजन के प्रति उनकी गंभीरता को भली-भाँति समझा जा सकता है—

"किताब लिखना दिमाग के लिए कठोर और शरीर के लिए कष्टप्रद कार्य है। इससे तम्बाकू की लत पड़ जाती है। काफीन और डेक्सेड्रीन का जरूरत से ज्यादा सहारा लेना पड़ता है। बवासीर, बदहजमी, दुश्चिन्ता और नामर्दी पैदा होती है। फिर 'राग दरबारी', इसने मुझे छह साल बीमारी की हालत में रखा। उन गंवार चरित्रों के साथ दिन-रात रहते हुए मेरी जबान खराब हो गई। भद्र महिलाएँ खाने की मेज पर कभी-कभी भौंहें उठाकर देखने लगीं, मैं परिवार

से, परिवार मुझसे कतराने लगा। मेरी मुसीबत यह है कि किताब लिखने के लिए कोई जगह वाजिब ही नहीं जान पड़ती। अतः अपना मकान, बीवी, बच्चों, रिश्तेदारों, कृपाकांक्षियों आदि के लिए छोड़कर अलग से दूसरा फ्लैट लिया। वीराने में मोटर खड़ी करके उसकी सीट का महीनों इस्तेमाल किया, दूर के डाकबंगलों के चक्कर काटे (यानी वह सब किया जो जिम्मेदार गृहस्थ कोई प्रेमिका रखकर उसके लिए करता है)।'' रचना के साथ प्रेमिका जैसा भाव रखकर ही श्रीलाल शुक्ल श्रेष्ठ कृतियों की रचना कर सके हैं। यहाँ केवल उनकी उल्लेखनीय कृतियों की विशेषताओं को ही रेखांकित किया जा रहा है।

कहा जा चुका है कि श्रीलाल शुक्ल की रचना-यात्रा की शुरुआत व्यंग्य-लेखन से हुई। उनके व्यंग्य लेखों, कथाओं और टिप्पणियों को पढ़कर यह आसानी से समझा जा सकता है कि श्रीलाल जी का व्यंग्य लेखन उस आलोचनात्मक विवेक से पैदा हुआ है जो तथ्य की तह में जाकर सत्य का अन्वेषण करता है और लोकहित को ध्यान में रखकर उस सत्य की मीमांसा और समीक्षा करने के बाद यथावश्यक उस पर प्रहार करता है। इस प्रहार में व्यंग्य, हास्य और उपहास का तत्व कुछ इस तरह घुला-मिला होता है कि उससे पाठक का मनोरंजन भी होता है और उसके भीतर चीजों को सही परिप्रेक्ष्य में समझने की तमीज़ भी विकसित होती है। श्रीलाल शुक्ल के व्यंग्य लेखन में स्वस्थ आलोचना दृष्टि विद्यमान रहती है और उसके केन्द्र में रहती है गहरी सामाजिक हित-चिंता। वे स्वयं यह मानते हैं कि अच्छा व्यंग्य लेखन तभी संभव हो सकता है जब व्यंग्यकार में आदर्श समाज की अवधारणा हो और समाज-हित के प्रति स्वस्थ प्रतिबद्धता हो—

'व्यंग्य मूलतः निन्दात्मक और आक्रामक लेखन है। पर इसी से इसे अधम कोटि का लेखन नहीं मान लेना चाहिए। इसका एक उज्ज्वल पक्ष भी है। व्यंग्य लेखक के मन में एक आदर्श सामाजिक व्यवस्था की निजी अवधारणा होती है, जिसे अपना आधार बनाकर वह अपने दूषित और दुर्वृत्त समाज के प्रति आक्रोश व्यक्त करता है। यह अवधारणा यूटोपिया का यह आग्रह ही उसके लेखन के सकारात्मक पक्ष को लोक-स्वीकृति देता है और उसकी भर्त्सनापूर्ण आक्रामकता को न्यायोचित ठहराता है।'

व्यंग्य लेखन को निन्दात्मक और आक्रामक मानते हुए भी शुक्लजी यह भी रेखांकित करते हैं कि 'व्यंग्य लेखन गाली-गलौज भर नहीं है' बल्कि वह 'सुशिक्षित मस्तिष्क की देन है।' व्यंग्यलेखन की विशेषताओं और व्यंग्य लेखक की योग्यताओं की चर्चा करते हुए वे लिखते हैं—'जहाँ (व्यंग्यलेखन में) पुराने साहित्य और इतिहास तथा सामान्य ज्ञान के क्षेत्र से ली गई संदर्भ-बहुलता सूक्ष्म संकेतों को विशेष धार देती है। भाषा-प्रयोगों की उच्छलता, विडम्बना और पैरोडी का प्रयोग, लोकमानस में व्याप्त कथाओं, गीतों और रीति-रिवाजों के इशारे इन सबको लेकर एक समर्थ लेखक ऐसी कलाकृति का निर्माण करता है जो चोट करती है—और चोट के दायरे से दूर रहने वालों का मनोरंजन भी। ऐसा लेखन आदर्शों के ह्रास पर मानसिक तिलमिलाहट की ही नहीं, अच्छी बौद्धिक तैयारी की भी अपेक्षा करता है।'

श्रीलाल शुक्ल व्यंग्य लेखन को एक गंभीर एवं दायित्वपूर्ण लेखन मानते हैं और उसके लिए 'अच्छी बौद्धिक तैयारी' की आवश्यकता पर पूरा जोर देते हैं। यदि किसी के पास जीवन जगत का विस्तृत अनुभव नहीं है, इतिहास, संस्कृति, धर्म, दर्शन की गहरी समझ नहीं है, एक आदर्श समाज-व्यवस्था की परिकल्पना नहीं है और समृद्ध भाषा-स्रोत नहीं हैं, तो वह अच्छा व्यंग्यकार नहीं हो सकता है और उसके व्यंग्य लेखन में वह मार्मिकता, धार और गंभीरता नहीं आ सकती है जो पाठक को हठात् अपनी ओर आकृष्ट करने की क्षमता रखती है। श्रीलाल शुक्ल के व्यंग्य-लेखन में ये विशेषताएँ मौजूद हैं। वे व्यंग्य के लिए व्यंग्य नहीं लिखते हैं बल्कि आलोच्य की आलोचना के लिए उसे एक ऐसे धारदार हथियार के रूप में इस्तेमाल करते हैं जो उसे छील-छालकर उसके आन्तरिक सच को पाठक के सामने प्रस्तुत कर देता है। वे चुटकी भी लेते हैं, हँसी उड़ाते हैं और अचानक गंभीर होकर व्यंग्य-विषय की गहरी समीक्षा भी करने लगते हैं। दरअसल श्रीलाल शुक्ल यह मानते हैं कि व्यंग्य का रास्ता बड़ा पेंचदार होता है, वह सरल कृत्य न होकर जटिल एवं दुरूह कर्म है। वे लिखते हैं—'व्यंग्य सत्य

की खोज नहीं, झूठ की खोज है। यही उसका पेंचदार रास्ता है। झूठ की खोज के सहारे या उसके बहाने ही यहाँ सत्य को पहचानने की प्रक्रिया चलती है।' श्रीलाल शुक्ल के व्यंग्य-लेखन के मर्म को इस प्रक्रिया को जाने-समझे बगैर सही ढंग से नहीं समझा जा सकता।

श्रीलाल शुक्ल ने अपने व्यंग्य-लेखन में विषय-क्षेत्र की कोई सीमा नहीं बाँधी है। वे उन्मुक्त रूप से घटित होते हुए यथार्थ पर पैनी और आलोचनात्मक दृष्टि गड़ाए रखते हैं और जो भी उन्हें आलोचनीय प्रतीत होता है, उसे पर्त-दर-पर्त उघाड़ कर उसके सच को सबके सामने रख देते हैं। ऐसा करते समय वे व्यक्तिगत राग-द्वेष और अपनी पसंद-नापसंद को भी आड़े नहीं आने देते हैं बल्कि वे बराबर यह घोषणा करते दिखाई पड़ते हैं कि 'जो कहूँगा, खरा-खरा ही कहूँगा।' उनके व्यंग्य से कौन तिलमिला जाएगा, कितना बेनकाब हो जाएगा, कितना छिल जाएगा, इसकी वे परवाह नहीं करते हैं। सरकारी नौकरी में रहते हुए भी सरकारी कार्यालयों, कार्यों और नीतियों की भी आलोचना करने में उन्होंने कोई हिचक नहीं दिखाई है। संभवतः ऐसा करने के लिए ही उन्हें व्यंग्य का हथियार ज्यादा कारगर और उपयुक्त प्रतीत हुआ है। सामाजिक असंगतियों और जीवन की विकृतियों की बिना लागलपेट के शल्य क्रिया करना उन्हें ज्यादा पसंद रहा है, इसलिए उन्होंने व्यंग्य विधा को अपनाया और इसी से अपने देश और समाज की विसंगतियों, विडम्बनाओं की आलोचना करते हुए राष्ट्रीय अंतरराष्ट्रीय समस्याओं पर भी आलोचनात्मक ढंग से प्रकाश डाला। 'अंगद का पाँव', 'यहाँ से वहाँ', 'कुछ जमीन पर कुछ हवा में', 'आओ बैठ लें कुछ देर' आदि उनके व्यंग्य-संग्रह हैं जिनमें विभिन्न विषयों पर रोचक, तथ्यपूर्ण, प्रहारात्मक और समीक्षात्मक व्यंग्य लिखे गए हैं जो पाठक को गुदगुदाते हैं, उत्सुक करते हैं, ज्ञान संपन्न बनाते हैं और देश-दुनिया को आलोचनात्मक विवेक के साथ देखने-समझने की दृष्टि देते हैं। 'होरी और उन्नीस सौ चौरासी', 'धुंधलके में समाज सेवा', 'जीती-जागती सरकार का एक हसीन सपना', 'फावड़ा बनाम हवाई जहाज', 'दूरदर्शन का जीवन दर्शन', 'पंडित, ठाकुर, लाला, बाबू मुंशी आदि', 'दुराचार बनाम भ्रष्टाचार', 'जनवाणी बनान महाजनवाणी', 'तलाश जारी है आदमी की', 'कुत्ते और कुत्ते', 'राजनीतिज्ञों की पंचायत', जैसे कुछ शीर्षकों से यह जाना जा सकता है कि श्रीलाल शुक्ल अपने व्यंग्य-लेखों के शीर्षक कुछ इस तरह चुनते हैं कि पाठक उन्हें पढ़ने के लिए बेचैन हो जाता है और जब तक वह उसे पूरा पढ़ नहीं लेता है तब तक उसे चैन नहीं मिलता है। उनके व्यंग्य लेखन की यह भी एक बड़ी विशेषता है कि वे व्यंग्य-विषय के इर्द-गिर्द ही चक्कर नहीं काटते हैं बल्कि वे अपनी चिंतन-डोर को इतना विस्तृत कर देते हैं कि वह एकदम निजी विषय से राष्ट्रीय या अन्तर्राष्ट्रीय छोर तक पहुँच जाती है। इसी विशेषता के कारण उनके व्यंग्य लेख अनुभव-सम्पन्न करने वाले और ज्ञान-वृद्धि करने वाले बन जाते हैं।

व्यंग्य लेखन में प्रतिष्ठा और लोकप्रियता प्राप्त करने के साथ-साथ श्रीलाल शुक्ल ने 'सूनी घाटी का सूरज' लिखकर जब उपन्यास क्षेत्र में कदम रखा, तब लोगों ने उसकी बहुत नोटिस नहीं ली किंतु जब 'रागदरबारी' प्रकाशित हुआ, तब हिंदी उपन्यास जगत में एक धमाका-सा महसूस हुआ। इसका एक बड़ा कारण यह था कि इस उपन्यास में श्रीलाल शुक्ल ने अपनी व्यंग्य लेखन क्षमता का भरपूर उपयोग इस रूप में किया कि उनकी व्यंग्य धर्मिता को औपन्यासिक गरिमा प्राप्त हो गई और पारम्परिक उपन्यास कला की अभ्यस्त पाठकीय रुचि को इस उपन्यास के मूल्यांकन के लिए नयी चुनौतियों से टकराने के लिए मजबूर होना पड़ा। उस समय श्रीपतराय जैसे लेखक ने अपनी पारंपरिक औपन्यासिक दृष्टि के कारण इसे 'बहुत बड़ी ऊब का महाग्रंथ' और 'अतिशय उबाने वाली, कुरुचिपूर्ण और कुरचित कृति' बताते हुए यह घोषणा की थी कि 'यह अपठित रह जाएगी।' सुधी समीक्षक नेमिचंद्र जैन ने भी इसे 'असंतुष्ट, क्षुब्ध व्यक्ति की बेशुमार शिकायतों और खीझ भरे आक्षेपों का अंतहीन सिलसिला' बताया था, लेकिन कालान्तर में श्रीलाल शुक्ल को 'रागदरबारी' पर न केवल साहित्य अकादेमी का एवार्ड मिला बल्कि वह उनकी एक पहचान बन गया। पारम्परिक उपन्यास शिल्प का परित्याग करके नितान्त भिन्न शैली में 'रागदरबारी' को प्रस्तुत करके श्रीलाल शुक्ल ने अपनी सृजन-क्षमता

का तो परिचय दिया ही, यह भी स्पष्ट किया कि 'भिन्न वस्तु' 'भिन्न रूप' की माँग करती है और उसे पूरा करके ही कोई रचनाकार अपने अभीष्ट मंतव्य को तो सफलतापूर्वक प्रस्तुत कर सकता ही है, पाठक समाज में भी नयी सौंदर्याभिरुचि जगा सकता है। 'रागदरबारी' में श्रीलाल शुक्ल ने नेहरूयुग के राजनैतिक मोहभंग, व्यक्तिगत कुंठा, संत्रास और हताशा से उपजे तत्कालीन सामाजिक-राजनीतिक विद्रूपताओं और कुरूपताओं को व्यंग्य विद्रूप की शैली में प्रस्तुत किया है। उन्होंने 'रागदरबारी' में स्वतंत्रता, जनतंत्र, न्यायपालिका, विकास, पंचायत एवं सहकारिता आदि के साथ खिलवाड़ करने वाले दुष्ट समाज के चरित्र को बेनकाब किया है। भारत जैसे विकासशील देश में जनतंत्र कैसे स्वार्थी लोगों के द्वारा लूटतंत्र में बदल दिया गया है, इसको दर्शाने के लिए लेखक ने शिवपालगंज को चुना है। शिवपालगंज की पंचायत, कालेज का प्रबंधतंत्र, को-आपरेटिव सोसायटी में गबन भ्रष्टाचार और प्रबंध, वैद्यजी का चरित्र आदि वह यथार्थ है जो भारत के विकृत लोकतंत्र के घिनौने चेहरे को विडम्बनापूर्ण विद्रूपता के साथ दिखाता है। यह यथार्थ इतना भयानक और विद्रूप है कि उसे देखना हास्यास्पद और त्रासद अनुभव से गुजरना है। कहना न होगा कि इस उपन्यास के वैद्यजी का उत्तरोत्तर प्रसार हुआ है, उनसे भी टिपिकल, कांइयां और धंधेबाज प्रबंधक पैदा हो गए हैं। 'रागदरबारी' को पढ़ते समय बराबर यह महसूस होता रहता है कि यदि देश ऐसे ही चलता रहा तो इस समाज में 'वैद्यजी हैं और रहेंगे' चूँकि परवर्तीकाल में हमारे देश का लोकतंत्र बिगड़ता ही गया इसलिए वैद्यजी और ताकतवर होकर सामने आ गए हैं। देखना यह है कि अब किस लेखक की कलम से 'दूसरा रागदरबारी' प्रकाश में आएगा जो आज के 'वैद्यजी' को बेरहमी से छीलकर जनता के सामने उनका घिनौना सच प्रस्तुत कर देगा।

'रागदरबारी' के पहले श्रीलाल शुक्ल के दो उपन्यास प्रकाशित हो चुके थे—सूनी घाटी का सूरज और अज्ञातवास। 'सूनी घाटी का सूरज' सीदी-सादी आदर्शवादी प्रेमकथा जरूर है किंतु उसके कथा-विन्यास में गाँव की मुक्ति की समस्या और कथनी-करनी के बीच के फासले को पाटने की समस्या को वृहत् परिप्रेक्ष्य में उठाया गया है। इस उपन्यास में रामदास के जीवन-संघर्ष के माध्यम से सामाजिक विषमता, शोषण और अत्याचार को इस रूप में प्रस्तुत किया गया है कि उससे भारतीय समाज के शोषण-तंत्र को बड़ी सूक्ष्मता के साथ देखा-समझा जा सकता है। रामदास का प्रश्न है कि इस समाज में सदैव शिकार क्यों वही रहता है जबकि शिकारी हमेशा बदलते रहते हैं। इसका उत्तर उसे यह मिलता है कि वह गरीब है इसलिए सब उसका शोषण करते हैं। दूसरी तरफ इस देश की एक सचाई यह भी है कि समर्थ लोग अपने वंश की प्रतिभा और क्षमता के सहारे बहुत कुछ बनते जाते हैं और गरीब रामदास अपनी प्रतिभा, क्षमता और कर्मनिष्ठता के बावजूद गरीब और सबके शोषण का शिकार बना रहता है।

'सूनी घाटी का सूरज' एक चरित्र प्रधान उपन्यास है। रामदास उसका नायक है। रामदास को केंद्र में रखकर श्रीलाल शुक्ल ने यह प्रमाणित किया है कि प्रतिभा, योग्यता, कार्यक्षमता और नियम के बावजूद वह रद्दी की टोकरी में पड़ा रहता है और जो रद्दी की टोकरी में पड़े रहने के लायक हैं वे वंश, परंपरा, तिकड़म आदि के बलबूते सत्तासीन और उच्च पदों पर आसीन हो जाते हैं। इन विरोधात्मक एवं विडम्बनापूर्ण स्थितियों के बीच से गुजरते हुए रामदास अंत में एक आदर्श की खोल में चला जाता है—'समझ लो रामदास, इस रोग-शोक जर्जर प्रांतर में 135 रुपए की मास्टरी करने के लिए तुम्हीं जैसों को आना पड़ता है। आरंभ से ही जो व्यवस्था तुम्हारे मार्ग में बाधाओं को खींच कर लाती रही, वही अब तुम्हें इन बाधाओं के देश में खींचे लिए जा रही है।'' और वह मानता है—''यहाँ मैं न आऊंगा तो और कौन आएगा?'' अपने सारे संघर्ष, हताशा, निराशा के बावजूद वह आदर्श की एक कमजोर डोर पकड़े रहता है। 'सूनी घाटी का सूरज' में श्रीलाल शुक्ल ने विन्ध्य प्रदेश के वनांतों में फैली चैतुआ मजदूरों की अमानवीय प्रथा, उन मजदूरों के ठेकेदारों द्वारा शोषण, पुलिस से मिलीभगत के कारण मजदूरों को जानवरों की तरह हड़काना और उनकी हड्डी तोड़ मेहनत का फल दूसरों के द्वारा प्राप्त किया जाना आदि जिस यथार्थ के साथ अंकित किया है वह वास्तव में 'अभिशप्त देश' का यथार्थ और

भयावह चित्र है जहाँ 'एक ओर आठ आने के पीछे कोई स्त्री साँप और बिच्छुओं को रौंदती हुई दो रोगी बच्चों के भविष्य की आशंका से काँपते हुए प्राणों के साथ, मन-मन भर के पत्थर सिर पर लादकर, पहाड़ियों की ऊँची-नीची पगडंडियों पर टकराती चलती है। यहाँ अशिक्षा और दरिद्रता के क्रूर आतंक में मानव शरीर का अब भी दासों जैसा व्यापार होता है। रोगों के संक्रामक आघातों और प्राकृतिक विपत्तियों के झेलने की, सिवाय भाग्य के और कोई औषधि नहीं है। दरअसल 'सूनी घाटी का सूरज' में ग्रामीण एवं शहरी यथार्थ का इस तरह चित्रण हुआ है कि पाठक आजादी के पहले के पिछड़े हुए समाज को बखूबी समझ सके।

'सूनी घाटी का सूरज' और 'रागदरबारी' से भिन्न ढंग की रचनाएँ हैं–'सीमाएँ टूटती हैं', 'आदमी का ज़हर', और 'मकान'। 'सीमाएँ टूटती हैं' उपन्यास एक अपराध कथा है जिसमें दुर्गादास नामक व्यक्ति को एक हत्या के जुर्म में उम्रकैद हो जाती है। इस हत्या के रहस्य को खोलने से शुरू हुई कथा धर्म, प्रेम तथा अपराध के क्रूर यथार्थों को उद्घाटित करती है और हत्या से उत्पन्न स्थितियों के बीच मानवीय संबंधों की हत्या के प्रयासों और उन संबंधों को बचाने की कोशिश के बीच की तनावपूर्ण स्थितियों को बड़ी संजीदगी के साथ उभारती है। यह उपन्यास यह प्रमाणित करता है कि अपराध कथाएँ भी साहित्यिक कृतियाँ हो सकती हैं यदि वे मानवीय नियति का गहरा साक्षात्कार करा सकें। इसी तरह 'आदमी का ज़हर' भी एक अपराध रहस्य कथा है जो प्रचलित जासूसी उपन्यासों से भिन्न भद्र समाज की नंगी सच्चाइयों को इस तरह सामने लाता है कि पाठक अपराध की भयानकता से तो परिचित होता ही है, कथा को साँस रोककर एक सनसनी के साथ पढ़ता भी है। श्रीलाल शुक्ल इस उपन्यास से यह प्रमाणित करने की कोशिश करते हैं कि वे अपराध और जासूसी की कथाएँ भी साहित्यिकता की क्षति किए बगैर लिख सकते हैं और उन्हें इन क्षेत्रों के रहस्य-रोमांचों की भी अच्छी जानकारी है। उनका 'मकान' उपन्यास अन्य उपन्यासों की तुलना में थोड़ा जटिल उपन्यास है जिसमें एक मध्यवर्गीय नौकरीपेशा आदमी के लिए मकान का मिलना बहुत बड़ी समस्या है। इसके विचित्र, हास्यास्पद और कठोर अनुभव इस उपन्यास में भरे पड़े हैं। उसके बहाने गलियों, मुहल्लों, कीड़े-मकोड़ों की तरह बसी हुई बस्तियों के भीतरी यथार्थ का चित्रण किया गया है। इस उपन्यास की कथा के केंद्र में हैं संगीत साधक नारायण बनर्जी। उन्हें मकान के लिए बहुत भटकना पड़ता है, विडम्बना यह कि जब मकान मिलता है तो वे इस दुनिया से चले जाते हैं। उनकी हत्या हो जाती है। शोक-सभाएँ होती हैं, उनकी संगीत साधना की प्रशंसा होती है। पुलिस-व्यवस्था चुस्त हो जाती है, अपराधी गुंडे पकड़ लिए जाते हैं। इस तरह श्रीलाल शुक्ल ने इस उपन्यास में 'मकान' की समस्या के बहाने हमारे सामाजिक यथार्थ का ऐसा चित्र प्रस्तुत किया है जो त्रासद विडम्बनाओं से परिपूर्ण है। उपन्यास की कथा समाज की जटिलता को अच्छी तरह उद्घाटित करती है। इसी के बीच कलाकार की जिंदगी के वे व्यक्तिगत संदर्भ भी हैं जिनमें कामुकता, विलासिता और लम्पटता के भी मनोरम दृश्य सजीवता के साथ अंकित हैं। इस उपन्यास में नगर-निगम के भ्रष्टाचार और कर्मचारियों के आंदोलनों को चित्रित करके लेखक ने इसे नितान्त व्यक्तिगत होने से बचा लिया है।

'राग दरबारी' जैसा कालजयी उपन्यास लिखने के बाद श्रीलाल शुक्ल कुछ समय के लिए भिन्न दिशा में मुड़कर अपराध और जासूसी की कथाएँ लिखने लगे किंतु 'पहला पड़ाव' (1987) में वे पुनः अपने उसी रूप में और व्यंग्य की उसी धार के साथ उपस्थित हुए। 'राग दरबारी' में उन्होंने बड़ी निर्ममता के साथ व्यवस्था के शोषण-तंत्र पर प्रहार किया था और अमानवीयता की अनेक पर्तो को निस्संगता के साथ उद्घाटित किया था। उन्होंने 'पहला पड़ाव' में उससे आगे की यात्रा तय की है। उपन्यास के ब्लर्ब में 'पहला पड़ाव' के बारे में कहा गया है–'यह कथा कृति बीसवीं सदी के इन अंतिम दशकों में ईंट पत्थर होते जा रहे आदमी की त्रासदी को अत्यंत मानवीय और यथार्थवादी फलक पर उभारती है।' तीन भागों में विभक्त इस उपन्यास की कथा विलासपुर के मज़दूरों, ठेकेदार, इंजीनीयर और शिक्षित बेरोजगारों पर केंद्रित है। लेखक ने विलासपुर के मजदूरों को केंद्र में रखकर समाज के उस वर्ग के चरित्र को उभारा है जो किसी

न किसी रूप में इनसे जुड़ा हुआ है। इन मजदूरों का मुंशी है सत्ते अर्थात् संतोषकुमार। यह मुंशी भारतीय समाज के उस वर्ग का प्रतिनिधित्व करता है जो युवा है, लाचार है, बेकार है और जैसे-तैसे जीविका के साधन तलाशता-भटकता रहता है। सत्ते को मजदूरों से सहानुभूति है, वह उनको शोषण के जाल से मुक्त कराना चाहता है किंतु वह जिस व्यवस्था में रहकर काम कर रहा है वह उसे वैसा करने की इजाज़त नहीं देती। दूसरी तरफ वकील ठेकेदार और राजनेता हैं जो आम आदमी (मजदूरों) की नियति के मालिक हैं। 'नेता' नाम के मजदूर की रहस्यमय मृत्यु के बाद सत्ते मजदूरों के हितों की रक्षा के लिए 'उत्तर प्रदेश दैनिक मजदूर संघ' का गठन करता है किंतु सत्ताधीशों की चालों से वह असफल हो जाता है। मिस्त्री उससे कहता है—"काम तुम अच्छा कर रहे हो मुंशी, पर तुम्हारे उखाड़ने से कुछ उखड़ने वाला नहीं है। पहले भी कई बार युनियन यूनियन बनाने वाले आए थे, पर सरदारों, ठेकेदारों और भट्ठे वालों के मुकाबले कुछ दिन बाद झोला झंगड़ लेकर भाग खड़े हुए...सच पूछो तो यूनियन शुनियन की जरूरत नहीं है।" इस तरह यह उपन्यास यह भी रेखांकित करता है कि प्रभुत्वशाली वर्ग इतना ताकतवर हो गया है कि मजदूरों की संगठन शक्ति भी कमजोर पड़ गई है। वैसे लेखक अपने पात्रों की संघर्ष शक्ति को कम नहीं होने देता है। जैसे ही वह टूटती-बिखरती है, वह एक नए संघर्ष का वातावरण बना देता है किंतु सभी संघर्ष परिणाम शून्यता में समाप्त हो जाते हैं। मजदूरों की दुर्दशा का यह आख्यान रोमांचक है। पूँजीवादी विकास में संवेदनशून्य शोषणतंत्र कितना भयावह और दानवी होता है, इसका भी खुलासा इसमें किया गया है। इस सबके बावजूद यह उपन्यास 'रागदरबारी' की तरह निराशा और पराजय में नहीं समाप्त होता है बल्कि सत्ते अंत में तय करता है कि वह कानून की पढ़ाई करेगा और इसी से वह व्यवस्था के लौह जाल को तोड़ेगा—'कानून की पढ़ाई ...पेट पालने की मजबूरी नहीं, एक लौह जाल तोड़ने की तैयारी होगी।' संभवतः लेखक की दृष्टि में सत्ते की जिंदगी का यही पहला और सार्थक पड़ाव है।

'पहला पड़ाव' के ग्यारह वर्षों के बाद श्रीलाल शुक्ल का बहुचर्चित, प्रशंसित और व्यास सम्मान से पुरस्कृत उपन्यास 'बिस्रामपुर का संत' प्रकाशित हुआ। उल्लेखनीय है कि 'रागदरबारी' और 'पहला पड़ाव' से श्रीलाल शुक्ल की जो अपनी औपन्यासिक धारा बनती है, 'बिस्रामपुर का संत' उससे भिन्न है। यह श्रीलाल शुक्ल की बदली हुई सौंदर्य दृष्टि का उपन्यास है जिसमें व्यंग्य-विद्रूप की जगह यथार्थ को सघन रचाव के साथ प्रस्तुत किया गया है।

इस उपन्यास की बुनावट सघन और संश्लिष्ट है। वास्तव में यह श्रीलाल शुक्ल के अन्य उपन्यासों की तुलना में अधिक संयत और संतुलित है। इसमें 'रागदरबारी' की तरह न तो पात्रों का जमघट है और न भाषा का खुरदुरापन। व्यंग्य-शक्ति के अपेक्षित प्रयोग के बावजूद इस उपन्यास की भाषा काफी परिमार्जित एवं परिनिष्ठित है। कथ्य, शिल्प और नयी भाषा-संवेदना की दृष्टि से 'बिस्रामपुर का संत' 'रागदरबारी' के आगे की रचना प्रतीत होती है।

व्यंग्यकार और उपन्यासकार के रूप में चर्चित-प्रतिष्ठित श्रीलाल शुक्ल की हाल ही में एक पुस्तक प्रकाशित हुई है—'अज्ञेय' जिसमें अज्ञेय स्मृति व्याख्यान माला के अंतर्गत श्रीलाल शुक्ल द्वारा दिए गए चार व्याख्यान संकलित हैं—1. कहानी आंदोलन और अज्ञेय की कहानियाँ 2. आधुनिक हिंदी उपन्यास और अज्ञेय 3. आधुनिक उपन्यास और अज्ञेय 4. आधुनिक हिंदी व्यंग्य : अज्ञेय के संदर्भ के साथ। ये व्याख्यान श्रीलाल शुक्ल के आलोचना विवेक और साहित्य-दृष्टि के परिचायक हैं। श्रीलाल जी मूलतः रचनाकार हैं किंतु इस पुस्तक को पढ़कर यह अनुभव होता है कि उनके भीतर एक विदग्ध आलोचक भी विद्यमान है। उपर्युक्त व्याख्यानों के संदर्भ में अपनी स्थिति का उल्लेख करते हुए उन्होंने लिखा है—'साहित्यिक प्रश्नों पर अकादमीय और अध्ययन धर्मी रीति से विचार करने की मुझमें योग्यता नहीं है। यह जानते हुए भी श्रद्धानिधि ट्रस्ट के न्यासियों ने जब मुझे इन विषयों पर बोलने के लिए आमंत्रित किया तो मुझे यही लगा कि संबंधित विषयों पर किसी अध्येता के चिंतन के बजाय वे संभवतः उन पर सर्जनात्मक लेखक की प्रतिक्रिया जानने को ज्यादा उत्सुक होंगे। यह प्रत्याशा मेरी सीमित क्षमता के अनुरूप भी थी। अतः यदि पाठकों को यहाँ कहीं से ऐसे निष्कर्षों से भी

रू-ब-रू होना पड़े, जो व्यवस्थित तर्क-शृंखला द्वारा प्रतिपादित नहीं हैं, तो मुझे विश्वास है कि वे मुझे क्षमा करेंगे और प्रचलित धारणाओं एवं आग्रहों से हटकर उन पर पुनर्विचार के लिए प्रवृत्त होंगे।' निःसंदेह श्रीलाल शुक्ल अकादमिक आलोचना लिखने वाले लेखक नहीं हैं किंतु वे साहित्य के सजग और गंभीर पाठक हैं और जिस विषय पर वे चिंतन-मनन करते हैं, उसकी पूरी व्यापकता और गहराई को नापने की पूरी कोशिश करते हैं, ये बातें उनके व्याख्यानों से स्वतः प्रमाणित हैं। उनकी आलोचना रचना-केंद्रित है। रचना से रचना के मूल्यों को उद्घाटित करने के कारण उसमें रचनात्मकता है और अकादमिक आलोचना के अभ्यस्त लोगों के लिए उसमें बहुत कुछ इतना नया है कि वे भी अपनी जानकारी में कुछ नया जोड़ सकते हैं। श्रीलाल शुक्ल की आलोचना रचना को समझने की दृष्टि देती है। वह किसी बने-बनाए फार्मूले पर नहीं चलती है बल्कि रचना के भीतर पैठकर उसके अंतःसौंदर्य को, मर्म को उद्घाटित करती है। प्रेमचंद के उपन्यास 'गोदान' की श्रेष्ठता को स्वीकार करते हुए भी वे यह मानते हैं कि उनका 'रंगभूमि' उपन्यास अधिक महत्त्वपूर्ण है क्योंकि इसमें "बड़े आकार की कृति के बावजूद अनेक उपकथाओं की जटिलता से उभरने वाले कथानक में एक सहज संश्लिष्टता है। इसका फलक बहुत विस्तीर्ण है। समाज के लगभग सभी प्रमुख धार्मिक समुदाय और शहरी जीवन के लगभग सभी वर्ग इसमें मौजूद हैं। यह ऐसा उपन्यास है जो घटनाओं के ही नहीं, विचारों के द्वन्द्व को प्रमुखता देता है।" समझा जा सकता है कि श्रीलाल शुक्ल उपन्यास की महत्ता को किन संदर्भों में रेखांकित करते हैं, इसी से उनकी उपन्यास दृष्टि को भी जाना जा सकता है। यहाँ उनके सभी व्याख्यानों की स्थापनाओं और विशेषताओं को उद्घाटित करने के लिए अवकाश नहीं है। संक्षेप में, यही कहा जा सकता है कि श्रीलाल जी रसज्ञ, भावग्राही और सामाजिक राजनीतिक जीवन की सूक्ष्मताओं से परिचित एक ऐसे आलोचक हैं जो रचना को उसकी पूरी व्यापकता में देखने की कोशिश करता है।

श्रीलाल शुक्ल की रचनाओं के इस संक्षिप्त विवेचन के बाद शायद अलग से यह कहने की जरूरत नहीं रह जाती कि वे हमारे समय के एक बड़े लेखक हैं। उनकी रचनाएँ स्वातंत्र्योत्तर भारत की सामाजिक-राजनीतिक ज़िंदगी को समझने के लिए बहुत उपयोगी हैं। वे स्थितियों और जीवन दशाओं के चित्रण-कर्ता ही नहीं हैं। प्रत्युत उन पर व्यंग्य-प्रहार करने वाले और उनके अंतःसत्यों को उघाड़कर सबके सामने रख देने वाले एक निर्भीक साहित्यकार भी हैं—एक ऐसा साहित्यकार जिसकी निष्ठा अपने देश की जनता के हित और संघर्ष में है और गलत का विरोध करना जिसका मूल स्वभाव है।

पुरस्कृत-कृति

बिस्रामपुर का संत

सुरेन्द्र दुबे

विगत चालीस-पैंतालीस वर्षों से अपनी रचनात्मकता द्वारा साहित्य को समृद्ध कर रहे श्रीलाल जी का नवीनतम उपन्यास 'बिस्रामपुर का संत' पिछली आधी शताब्दी के दौर में भारतीय लोकतंत्र में उभरती प्रवृत्तियों और शक्तियों का एक रचनात्मक दस्तावेज है। यहाँ भूदान आंदोलन और कुंवर जयन्ती प्रसाद सिंह के बहाने समकालीन जीवन का सच अपनी पूरी प्रखरता के साथ प्रकट हुआ है।

'बिस्रामपुर का संत' में जीवन यथार्थ की अभिव्यक्ति में व्यंग्य का वह रूप नहीं है, जो 'रागदरबारी' में है, किंतु स्थान-स्थान पर व्यंग्य का कलात्मक प्रयोग रेखांकित करने योग्य है।

उपन्यास की कथा एक तालुकेदार घराने के विलायत पलट बैरिस्टर कुंवर जयंती प्रसाद सिंह के इर्द-गिर्द बुनी गई है। जयंती प्रसाद सिंह के भाई गाँधीवादी स्वाधीनता सेनानी हैं। आजादी की लड़ाई के दौरान अँग्रेजी सरकार और आजाद भारत में काँग्रेसी सरकार उन्हें जेल में डालकर शांति का अनुभव करती है। (आजादी के बाद अपने कुछ वरिष्ठ साथियों के साथ वे काँग्रेस से निकल कर समाजवादी आंदोलन में सक्रिय रूप से भाग लेते हैं) इसी परिवार के कुंवर जयंती प्रसाद सिंह को संयुक्त राष्ट्र संघ में भारतीय प्रतिनिधि मंडल का सदस्य और फिर अंत में राज्यपाल बनाकर सत्ता ने साधने का प्रयत्न किया है। जयंती प्रसाद सिंह सामंती व्यवस्था के ध्वंसावशेष हैं।

कुंवर जयंती प्रसाद सिंह अपने विद्यार्थी जीवन में हॉस्टल की असुविधाओं से बचने के लिए अपने पिता के एक जमींदार मित्र के बंगले पर रहने लगते हैं। उस बंगले में जमींदार साहब, उनकी पत्नी और युवा पुत्र वधू के अतिरिक्त नौकर-चाकर रहते हैं। धीरे-धीरे किशोर जीवन से यौवन की ओर गतिशील उनके पाँव जयश्री (जमींदार साहब की पुत्र वधू, जिसका पति विदेश गया है) की ओर मुड़ जाते हैं। वे रात के अँधेरे में यार्ड में ट्रेन की खटर-पटर या किसी लंबी ट्रेन की आवाज के बीच देह-भोग की यात्रा आरंभ करते हैं। इस भोग से मिलने वाली अतृप्ति उन्हें कुण्ठित कर देती है। विलायत से 'बार ऐट लॉ' की उपाधि लेकर कुंवर साहब बैरिस्टर बन जाते हैं। उनका विवाहित जीवन भी लंबा नहीं चल पाता और वे शीघ्र ही विधुर हो जाते हैं।

इसी बीच भूदान आंदोलन के सिलसिले में आचार्य विनोबा भावे के साथ अन्य कार्यकर्ता भी कुंवर जयंती प्रसाद सिंह की रियासत में आते हैं। उन्हीं कार्यकर्ताओं में निर्मल भाई, सुशीला और सुंदरी भी हैं। सुंदरी को देखते ही जयंती प्रसाद सिंह को अपनी पूर्व प्रेमिका जयश्री की याद आती है। सुंदरी के सौंदर्य में जयश्री की छवि का दर्शन महज संयोग हो सकता है या उनकी काम कुण्ठा की अभिव्यक्ति भी। धीरे-धीरे उनका मन आवेग के साथ सुंदरी की ओर खिंचता चला जाता है।

कुंवर जयंती प्रसाद का बेटा विवेक दिल्ली से एम.ए. की उपाधि लेकर रियासत के निकट के कस्बे में महाविद्यालय में अर्थशास्त्र का प्राध्यापक हो जाता है। वह युवा वामपंथी है। सर्वहारा वर्ग के लोगों की

तरह वह मितव्ययिता के साथ जीवनयापन करता है। बाद में उसकी नियुक्ति दिल्ली विश्वविद्यालय में अर्थशास्त्र के प्रोफेसर के रूप में हो जाती है। वह सुंदरी के साथ भूदान, विनोबा भावे, गाँधी और गाँधीवाद पर लंबी-लंबी बहसें करता है। धीरे-धीरे वे दोनों निकटता का अनुभव करते हैं। एक दिन वह सुंदरी के समक्ष नितांत गैर-रोमेण्टिक ढंग से विवाह का प्रस्ताव कर देता है। सुंदरी विवेक के प्रस्ताव को स्वीकारने का मन बना ही रही होती है कि एक अप्रत्याशित घटना (दुर्घटना) घट जाती है। अमेरिका से वापस लौटने के बाद कुंवर जयंती प्रसाद सिंह सुंदरी को अकेला पाकर बलात् उसे बाँहों में बाँधते हुए विवाह का प्रस्ताव करते हैं। यह प्रस्ताव सुंदरी को एक क्रूर विडम्बना के साथ ढकेल कर उस रास्ते पर पहुँचाता है, जहाँ सुंदरी के निर्मम भविष्य का फैसला सुंदरी के हाथ में न रहकर इस संयोग के हाथ में चला जाता है।

समय-चक्र आगे बढ़ता है। कुंवर जयंती प्रसाद सिंह गवर्नर हो जाते हैं। सुंदरी रियासत छोड़कर बिस्रामपुर में भूदान में मिले गाँवों की व्यवस्था चलाने आ जाती है। विवेक दिल्ली में रहने लगता है। निर्मल भाई और सुशीला विवाह कर लेते हैं। निर्मल भाई पहले भूदान आंदोलन के सैद्धांतिक प्रवक्ता बनकर विदेशों में आने-जाने लगते हैं। वे धीरे-धीरे तस्करी के आरोप में गिरफ्तार होकर तिहाड़ जेल भेज दिए जाते हैं। सुशीला अलग रहने लगती है।

कुंवर जयंती प्रसाद सिंह को अपनी गवर्नरी के अंतिम दिनों सुंदरी के मरने की खबर मिलती है। वे बिस्रामपुर जाते हैं। वे गवर्नरी से रिटायर होने के बाद कुछ दिन दिल्ली में रहकर अगली किसी नई नियुक्ति की संभावना टटोलते हैं, किंतु निराश होकर बिस्रामपुर में रहने के लिए आ जाते हैं। सुंदरी के निधन का समाचार सुनकर सुशीला भी बिस्रामपुर आती है। वह सुंदरी और विवेक के संबंधों की साक्षी है तथा बड़ी ही निर्ममता से सुंदरी के उस पत्र को उनके पास भेज देती है, जिसमें सुंदरी ने विवेक के प्रस्ताव स्वीकारने की मनः स्थिति तथा इसी बीच कुंवर साहब द्वारा की गई जबरदस्ती आदि की विस्तार से चर्चा की थी। सामंती मनोवृत्ति के प्रतिनिधि चिरविलासी जयंती प्रसाद अपने प्रौढ़ अविवाहित लड़के की त्रासदी और उसके मूल में अपने को पाकर टूट जाते हैं और प्रायश्चित स्वरूप नदी में डूबकर आत्महत्या कर लेते हैं। इस घटना को बाद में दुर्घटना के रूप में प्रचारित कर दिया जाता है।

श्रीलाल शुक्ल ने भारतीय समाज के सामंती अवशेष और भूदान आंदोलन के आधार पर रची गई इस कथा को एक नई दृष्टि से सर्जनात्मक रूप दिया है। यह कथा जहाँ एक ओर व्यापक सामाजिक-राजनैतिक सरोकार लिए हुए है, वहीं दूसरी ओर जीवन के व्यक्तिगत आंतरिक संदर्भों से भी सम्पृक्त है। भूदान आंदोलन को आधार बनाकर लिखी गई पहली महत्त्वपूर्ण कृति की कथा उन दोनों स्तरों पर समान गति से चलती है। कथा वर्णन प्रधान या घटना प्रधान नहीं है। शुक्ल जी ने अपनी अभिव्यक्ति की खोज के लिए स्वतंत्रता के बाद पैदा हुए मोहभंग और जीवन यथार्थ के प्रत्यक्षीकरण के लिए भूदान की कथा चुनी है। इस अपेक्षाकृत छोटी किंतु प्रभावशाली कथा-वस्तु के भीतर से उन्होंने अपनी सर्जनात्मक कल्पना को पूरी आत्म सजगता के साथ अभिव्यक्ति दी है। वस्तु वर्णन में कोई सरलीकृत प्रविधि नहीं अपनाई गई है, उसे अत्यंत अवधानता और विवेक के साथ रचा गया है।

प्रस्तुत उपन्यास की मुख्य विशेषता उसकी चरित्र रचना है। उपन्यासकार चरित्रों से पाठक का साक्षात्कार कराते समय स्वयं अनुपस्थित है। वह साक्षी भाव से पात्रों में प्रवेश करता है और उससे अलग हो जाता है। यद्यपि चरित्रों की वैयक्तिक-आंतरिक दुनिया को लेखक की पूरी-पूरी सहानुभूति प्राप्त है, किंतु उनके स्थान में एक विलक्षण निस्संगता का परिचय दिया गया है। चरित्र स्वयं ही पाठक के समक्ष अपना बाह्य और अंतर उद्‌घाटित करते चलते हैं। विगत पचास वर्षों में सामाजिक-राजनैतिक जीवन में जो नए-नए चरित्र उभरे हैं, उनके प्रतिनिधि रूप पूरी कथा में बिना किसी उथल-पुथल या भाग-दौड़ के धीरे-धीरे विकासमान होते हैं।

उपन्यास की चरित्र सृष्टि में लेखक को अद्‌भुत सफलता मिली है। कथा के मुख्य पात्र कुंवर जयंती प्रसाद सिंह के चरित्र की सर्जना में श्रीलाल जी जितनी

तन्मयता के साथ डूबे हैं, वह अन्यतम है।

जयंती प्रसाद सिंह जीते जागते ऐसे प्रतीक पुरुष हैं जो युवावस्था में भूदान आंदोलन में कुछ कर आजादी के बाद सत्ता की राजनीति के भोगी पुरुष बनते हैं। वे उन प्रतिष्ठानवादी, राजनीति करने वालों का प्रतिनिधित्व करते हैं, जो सेवा का अभिनय कर बड़ी कुशलता के साथ सत्ता की सीढ़ियाँ चढ़ना अपना लक्ष्य निर्धारित करते हैं।

पाठक का प्रथम परिचय ही इस चरित्र के व्यंग्य से होता है। महामहिम की बीमारी (या बीमारी का नाटक), मुख्यमंत्री का आना, डाक्टर, ए.डी.सी. या सचिव से बातचीत की भूमिका में उस अस्सीवर्षीय बूढ़े का स्वप्न है, ''आज के सपने में वह उनकी बाँहों में नहीं थी, वे खुद उसकी बाँहों में थे...वह शायद सुंदरी थी, पर जयश्री भी हो सकती थी...उसकी सुडौल चिकनी देह सिर से पाँव तक उनके अंग-अंग पिघला रही थी, उसके पथरीले वर्तुल स्तन उनकी छाती में विस्फोटक ऊष्मा के साथ गड़ रहे थे।'' उम्र के इस पड़ाव पर स्त्री देह भोगने की यह लिप्सा चाहे वह सुंदरी हो या जयश्री, कुंवर जयंती प्रसाद सिंह के संपूर्ण व्यक्तित्व को एक साथ प्रकट कर देती है। एक ताल्लुकेदार परिवार के सामंती सोच वाले कुंवर साहब भूदान आंदोलन में अचानक सम्मिलित होकर राजनीतिक खेल में 'एक शानदार छक्का' मारते हैं। प्रत्येक राजनैतिक घटना चक्र को अपने हित में इस्तेमाल करने में माहिर वर्ग के ये प्रतिनिधि भूदान के लिए ग्रामदान की घोषणा करते हैं। इन गाँवों की कुल मिल्कियत का पैंतालिस प्रतिशत हिस्सा ही कुंवर साहब का है। शेष किसानों की सम्पत्ति है। ''इस गाँव में धरा क्या है? आधे से ऊपर तो ऊसर, बंजर, बीहड़ है।'' एक सिरफिरे किसान का यह कथन पूरे भूदान आंदोलन पर एक सटीक टिप्पणी है। कुंवर साहब पहले भूदान आंदोलन और फिर प्रतिष्ठानवादी राजनीति की दुनिया में इस पूँजी को भुनाने लगते हैं। यही 'दानवीरता' उन्हें उपलब्धि की सीढ़ियों पर ऊपर ले जाती है। पहले प्रतिनिधि मण्डल के सदस्य और फिर गवर्नर का पद पा जाते हैं। अंत में पी.एम. के इस 'ट्रबिल शूटर' को कोई नया पद नहीं मिलता तो वह सर्वोदयी आश्रय में रहने का ढोंग करता है। सर्वोदयी संत बनने के इस नाटक के मूल में उनकी कामकुण्ठा का वह प्रायश्चित भी है, जो उनके और सुंदरी के बीच घटित हुआ था।

उपन्यास में प्रारंभ से लेकर अंत तक जयंती प्रसाद को काम-कुण्ठित और विलासी दिखाया गया है। उनके चरित्र का सामंती रूप गवर्नर के रूप में दिखाई देता है। राजभवन की आंतरिक सज्जा उनकी भतीजी जिसे अमेरिका से सरकारी खर्चे पर बुलाया जाता है, करती है। उनके पहले उस भवन में एक पुराने गाँधीवादी नेता राज्यपाल के रूप में रहते थे। वे हरिजन थे और ''पिछड़े वर्गों के विकास में उनकी रुचि बेहिचक प्रकट होती थी।'' उनके संत जीवन में राजभवन के ऐश्वर्य का कोई अस्तित्व नहीं था। इसके विपरीत कुंवरसाहब का सारा ध्यान राजभवन की सज्जा और विलासितापूर्ण व्यवस्था में था। उन्हें ऐसी हर चीज छूने से नफरत है, जिसे कल तक ''वह चमार'' छूता रहा था। उनकी जीवन शैली के आदर्श अँग्रेजी हुकूमत के गवर्नर हैं। जनता की गाढ़ी कमाई पर ऐश करने वाले राजनेताओं की ऐसी एक पूरी शृंखला नेहरूयुग के साथ ही तैयार होने लगी थी, जिनकी सोच औपनिवेशिक और जीवन पद्धति सामंती थी। उपन्यासकार ने कुंवर जयंती प्रसाद सिंह को इसी श्रेणी के प्रतिनिधि के रूप में चित्रित किया है। राजभवन का सारा वर्णन अत्यंत प्रामाणिक है। राजनीति और व्यवस्थातंत्र के छद्म के उद्घाटन में लेखक की सफलता उल्लेखनीय है।

श्रीलाल जी ने आजीवन नाटकीय और कुत्सित जीवन जीने वाले कुंवर जयंती प्रसाद सिंह के चरित्र में थोड़ी लोक-लज्जा भी भर दी है। अखबार जिनके चित्रों के नीचे 'अपरिग्रह', 'बानप्रस्थ,' 'संन्यास' 'सर्वोदयी आस्था' आदि लिखकर जिन्हें 'बिस्रामपुर का संत' घोषित कर रहे हैं, उस चिर विलासी, टुच्चे बूढ़े में अभी उतनी बेशर्मी और नंगई नहीं आई है। वह समाज से डरता है। अन्यथा आज की राजनीति में तो ऐसे तत्त्व उभर आए हैं, जिनके लिए 'सुंदरी को पाना' या 'सुशीला को समाप्त करा देना' बाएँ हाथ का खेल है। लेखक ने कुंवर साहब को थोड़ा शालीन, समाज से डरने वाला, लोकलाजी दिखलाया है। वे देहभोग के लिए नाटक कर सकते हैं, विवाह का झूठा

प्रस्ताव कर सकते हैं, जयश्री से दुबारा मिलने पर उसके 'गुड नाइट' कहने के बाद संबंधों पर पूर्ण विराम मान सकते हैं, किंतु राजनीति की आसुरी शक्तियों के इस्तेमाल द्वारा अपनी भोग की इच्छा पूरी नहीं करते। सुंदरी के पत्र को पढ़कर वे विचलित हो जाते हैं। अपनी एकमात्र संतान के अविवाहित रह जाने के मूल में स्वयं को कारण रूप में पाकर ग्लानि से भर जाते हैं। एक 'सनकी बूढ़ा घाघ' जिसने अपने बेटे की जिंदगी को त्रासदी में बदल डाला था, देह विसर्जन का निर्णय ले लेता है। इस घटना के विषय में श्रीलाल शुक्ल ने एक साक्षात्कार में स्वयं कहा है—"वहाँ जो व्यर्थता का बोध है वह बोध कम आवेग ज्यादा है।"

श्रीलाल जी ने भूदान आंदोलन पर टिप्पणी के लिए एक नए चरित्र की परिकल्पना की है। वह है कुंवर साहब का एकलौता वामपंथी बेटा--विवेक। दिल्ली से एम.ए. की उपाधि लेने के बाद वह रियासत के निकट के कस्बे में प्राध्यापक हो जाता है। वह अपनी कोठी में न रहकर नौकरों के लिए बने दो कमरों के 'कॉटेज' में रहता है। विवेक के ताऊ जी उससे कहते हैं—"दुनिया में यह अपने ढंग का अनोखा आंदोलन है। तुमको इसका बहुत नजदीक से अध्ययन करना चाहिए। देखना होगा कि इसके अल्पकालीन और दीर्घकालीन परिणाम क्या हैं? या क्या होंगे?" विवेक कहता है—"इसकी जरूरत नहीं है। परिणामों की घोषणा मैं पहले ही कर सकता हूँ।" वह आगे कहता है—"इसलिए इस आंदोलन पर ज्यादा दिमाग़ खर्च करने की जरूरत नहीं। आप तुरंत देख सकते हैं : पंद्रह-बीस साल में यह आंदोलन कुछ व्यक्तिगत 'सक्सेस स्टोरीज' का, सफल उपलब्धियों का संकलन मात्र होकर रह जाएगा। भावुकतापूर्ण आदर्श कल्पनाओं से इतिहास में कुछ पन्ने जुड़ते हैं, इतिहास नहीं बदलता। इतिहास बदलता है, सिर्फ सुस्पष्ट सुचिंतित वैज्ञानिक विचारधारा से... ।" भूदान आंदोलन के बारे में यह लेखकीय टिप्पणी भी है, क्योंकि उपन्यास के प्रमुख चरित्र की 'सक्सेस स्टोरी' इस आंदोलन द्वारा ही लिखी जाती है। विनोबा भावे के विषय में विवेक कहता है—"आचार्य विनोबा भावे मामूली संत नहीं हैं। उन्होंने भूदान के हथियार की ईजाद की है। उसके पहले ही वार में एक तरफ तेलंगाना में साम्यवाद अधमरा होकर रह गया, दूसरी तरफ बिहार और उत्तर प्रदेश में गाँधी-वाद के हाथ-पाँव टूटे गए।" शुक्ल जी ने विवेक के माध्यम से बड़ी ही स्पष्टता के साथ इस पाखण्ड का पर्दाफाश किया है। एक साक्षात्कार में उन्होंने कहा था कि मैं सड़क के बीचोंबीच में कुछ बाईं ओर खड़ा हूँ। उनके इस 'स्टैण्ड प्वाइंण्ट' से निर्धारित होनेवाला 'न्यू प्वाइंट' भी जगह-जगह इस उपन्यास में विवेक के बहाने अपनी झलक दिखाता है। उन्होंने भूदान आंदोलन के पोस्टमार्टम के लिए विवेक को ही अपना माध्यम चुना है।

निर्मल भाई, सुशीला और सुंदरी जैसे अनेक युवाओं ने इस आंदोलन से प्रभावित होकर जीवनदानी होना स्वीकार किया था। सुंदरी जब कुंवर साहब के महल में रहकर भूदान की व्यवस्था देख रही थी, उसी समय वह विवेक के निकट आती है। धीरे-धीरे वैचारिक मतभेद के बावजूद वे दोनों एक-दूसरे से निकटता का अनुभव करने लगते हैं। एक दिन विवेक उसके सामने बड़े ही नाटकीय ढंग से प्रस्ताव रखता है—"मेरा विचार है मार्क्सवाद और गाँधीवाद साथ-साथ रह सकते हैं। वे एक हो सकते हैं। उसका तरीका यही है कि हम दोनों साथ-साथ रहने लगें, हमेशा के लिए एक हो जाएँ।" सुंदरी का उत्तर है—"विवेक तुम जानते हो मेरे सामने एक मिशन है। कोर्टशिप, विवाह, यह सब मेरे एजेण्डे में नहीं है।" जबकि विवेक के विषय में कुंवर साहब ने हिदायत दी थी—"उससे होशियार रहना। मेरा बेटा वामपंथी है। उसकी जगह वाममार्गी होता तो मुझे उतनी उलझन नहीं होती।"

सुंदरी ने बिस्रामपुर में रहकर ग्रामोद्योग, माध्यमिक विद्यालय, नारी कल्याण शिल्प प्रशिक्षण केंद्र, एक बाल-विहार आदि की योजना शुरू की थी। अंत तक केवल विद्यालय और बाल विहार बचे थे। उसने विवेक की प्रेरणा से बुंदेलखण्ड के किसानों के जीवन, देसी रियासतों की भूमिका-उत्पीड़न और संघर्ष, स्थानीय नेतृत्व की सक्रियता या अकर्मण्यता आदि पर बड़ा ही खोजपूर्ण कार्य किया था। विवेक उसकी मृत्यु के बाद अपनी प्रस्तावना के साथ उसे प्रकाशित करवाना चाहता है। सुंदरी के माध्यम से लेखक ने ऐसे युवक-युवतियों की स्थिति का वर्णन किया है, जो किसी न किसी आदर्श को, मिशन को ध्यान में

रखकर अपना सर्वोत्तम लगा देते हैं, किंतु व्यवस्था उनकी भावुकता का भरपूर दोहन कर उनके त्याग और समर्पण को निरर्थक बना देती है।

निर्मल भाई और सुशीला का स्खलन भी भूदान के प्रति लेखकीय दृष्टिकोण को उजागर करता है। सुशीला को प्रारंभ से ही निर्भीक और स्पष्टवादी दिखाया गया है। जयंती प्रसाद के अंत का कारण भी उसका यह स्वभाव ही बनता है। बिस्रामपुर में संत बनकर छल कर रहे कुंवर साहब को देखकर उसका मन घृणा से भर जाता है। वह अहमदाबाद लौटकर वहाँ से 'गीता-प्रवचन' की एक प्रति जिस पर विनोबा भावे ने 'नित्य पठनीय' लिखकर अपना हस्ताक्षर किया था, के साथ सुंदरी का चौदह वर्ष पूर्व लिखा वह पत्र भी भेज देती है। इस पत्र में सुंदरी ने लिखा था—''माना कि विवेक मेरे लिए सोलह साल से इंतजार कर रहा है और हम दोनों प्रौढ़ता के कगार पर पहुँच गए हैं। पर वह समझदार है, रोमियो, महिवाल या मजनूँ की जाति का नहीं है।...वह घटना इतनी छोटी भी नहीं है। यह एक पुरुष की बेजा हरक़त भर नहीं है। पर कुंवर साहब ने कुचेष्टा भर नहीं की थी, उन्होंने बाकायदा विवाह का प्रस्ताव रखा। भले ही वह प्रस्ताव आवेग में किया गया हो या जैसा कि तू कहती है, अपने अपराध को ढँकने के लिए।...उसके तीन दिन पहले विवेक ने अपने मन की बात खोली थी। मेरा मन, मेरा रोम-रोम 'हाँ' कहने के लिए उतावला था ...तभी कुंवर साहब का आक्रमण हुआ...इसी से तय हो गया कि मैं उनके पुत्र की पत्नी नहीं बन सकती, उनके महल में पुत्रवधू की तरह रहते हुए हर सबेरे उनसे आशीर्वाद पाने का अभिनय नहीं कर सकती।'' सुशीला द्वारा जयंती प्रसाद को भेजा गया यह 'घातक जहर' उनके अंत का कारण बना है।

बिस्रामपुर के आश्रम की कथा गाँधीवादी आदर्शों से प्रेरित होकर चलनेवाले ऐसे ही जाने कितने ही आश्रमों की पाखण्ड कथा है। भूदान, सरकारी अनुदान, ब्यूरोक्रेसी, ग्रामीण राजनीति का वर्तमान घिनौना रूप और इन सबके बीच मंत्री जी प्रभास भाई जैसे कतिपय निष्ठावान कार्यकर्ताओं की विवश स्थिति का चित्रण बड़ी ही स्पष्टता और प्रामाणिकता के साथ किया गया है। इन योजनाओं के पाखण्ड को उद्घादित करता हुआ लेखक कहता है—''होने को तो बहुत कुछ है पर होता हुआ कुछ नहीं दिख पड़ता। और चूँकि इन परियोजनाओं के साथ विनोबा भावे का नाम जुड़ा है, इसलिए उस प्रयोग को पूरी तौर से असफल मानकर भी कोई उस पर पर्दा गिराने को तैयार नहीं है।'' पूरे भूदान आंदोलन और उससे जुड़ी परियोजनाओं पर यह टिप्पणी उपन्यास का एक प्रमुख कथ्य है। लेखक कुंवर साहब के माध्यम के दिखा रहा है कि इतिहास की यह कैसी विडम्बना है कि भूदान आंदोलन के 32 वर्ष के पूरे वृत्त का चक्कर काट कर किसान फिर उसी बिंदु पर आ गया है यानी—''बिस्रामपुर के किसान फिर अपनी जोत के लिए हथियार तानकर खड़े हो गए हैं।''

वर्तमान प्रतिष्ठानवादी राजनीति में कुंवर साहब के बड़े भाई 'राजा साहब' या 'राव साहब' जैसे सच्चे निर्भीक स्वतंत्रता सेनानियों के लिए अब कोई जगह नहीं रह गई है। ''नया सत्तातंत्र नए खून की माँग कर रहा है। अब चुस्त पोशाक पहनने वाले नए प्रबंध विशेषज्ञ आ गए हैं। वे बम्बई कलकत्ता के सेठों तक ही चुनाव चंदे को सीमित नहीं रखते, वे विदेशी वाणिज्य-व्यापार में लूट की संभावनाओं का अनुसंधान कर रहे हैं। वे स्मार्ट हैं।'' तत्कालीन राजनीतिक परिदृश्य का यह व्यंग्यात्मक वर्णन एक तीखे सच से हमारी भेंट कराता है। दूसरी ओर विवेक जैसे लोग भी इसी पीढ़ी में हैं जो प्रेम की व्यक्तिगत असफलता को कोई ट्रैजेडी नहीं मानते—''किसी से प्रेम हो और उससे शादी न हो और उससे शादी न हो पाए—यह ट्रैजेडी नहीं है। आज की सामाजिक व्यवस्था में जिंदगी के हजार क्लेशों में यह एक क्लेश भर है। ज्यादा से ज्यादा कुछ लम्बे दौर का न्यूसेंस है।...ट्रैजेडी क्या होती है, जानना हो तो इतिहास में बहुत पीछे जाने की भी जरूरत नहीं है। यहूदियों पर हिटलर के अत्याचारों का इतिहास पढ़ो...और तुम्हें व्यक्तिगत ट्रैजेडी चाहिए? तो सुनो, इस वक्त जब आराम से इस वातानुकूलित कमरे में हम गपशप कर रहे हैं, ठीक इसी वक्त इसी देश में न जाने कितनों की हत्या हो रही होगी, कितनी मासूम बच्चियों को कोड़े मारकर वेश्या बनाया जा रहा होगा, जाने कितने बलात्कार हो रहे होंगे।... ट्रैजेडी को लेकर अब मुझे कभी ऐसी हल्की बात मत करना।''

'बिस्रामपुर का संत' में 'रागदरबारी' के शिल्प को छोड़कर एक सर्वथा नए शिल्प को गढ़ने का सफल प्रयत्न हुआ है। यह उपन्यासकार की सामर्थ्य है कि वह 'रागदरबारी' जैसे व्यंग्य उपन्यास के सर्वोच्च शिखर से अपने लिए पुनः शिल्प की नई जमीन तलाशता है। इस उपन्यास का शिल्प अत्यंत उत्कृष्ट, मँजा और निखरा हुआ है। श्रीलाल शुक्ल की चित्रण-विधि दुहराव से मुक्त एक नई ताजगी का अनुभव कराती है। यह उनकी अपनी ही शिल्प रूढ़ि से मुक्ति का भी अन्यतम उदाहरण है। प्रायः यह देखने में आता है कि एक रचनाकार अपना सर्वोत्तम दे देने के बाद पुनरावृत्ति का शिकार हो जाता है। 'बिस्रामपुर का संत' इस स्थिति का अस्वीकार है। अभिव्यक्ति का असाधारण कौशल, जटिल जीवन-यथार्थ की तीखी पकड़ और कथा मुहावरे के जीवंत और विस्मयकारी इस्तेमाल द्वारा इस कृति को कलात्मकता की ऊँचाइयों तक पहुँचाया गया है। 'फ्लैशबैक' के माध्यम से कथा को जिस अनूठे ढंग से गूँथा गया है, वह शुरू से अंत तक पाठक को बाँधे रहता है।

कुंवर जयंती प्रसाद सिंह जैसी मूर्ति गढ़ने के लिए जिस कौशल की आवश्यकता थी, उपन्यासकार में वह भरपूर मात्रा में मौजूद है। नेहरूयुगीन पश्चिमवादी नेतृवर्ग के अत्यंत विकृत रूप कुंवर साहब की विडम्बना और उनके पाखण्ड की अभिव्यक्ति के लिए इस उपन्यास में जिस शैली का प्रयोग किया गया है वह निश्चित ही अत्यंत महत्त्वपूर्ण और रेखांकित करने योग्य है।

''उस दिन राजभवन के कई पर्दों, सोफों और गलीचों की शामत आई। उन पर निगाह डालते ही उन्होंने नाक सिकोड़ी और उनके सचिव और ए.डी. सी. आँख चुराकर भाँपने की कोशिश करने लगे कि कहीं से बदबू तो नहीं आ रही है।'' या ''और मान लो इस अफवाह में कुछ सच्चाई है तब भी उसकी उम्र का ख्याल करो। जवाहरलाल का सहयोगी रह चुका है। उसे सठियाए हुए भी बीस साल हो रहे हैं। गवर्नरी के काम में भी नौसिखिया नहीं है। दूसरी बार गवर्नर बना है।''—राजभवन और उसके बीच कुंवर जयंती प्रसाद सिंह का पूरा वर्णन इसी शैली में किया गया है।

'बिस्रामपुर का संत' में भाषा का रचनात्मक इस्तेमाल अत्यंत सुघड़ता से किया गया है। पूरे उपन्यास की भाषिक बुनावट कथ्य के अनुकूल, प्रवहमान, स्निग्ध किंतु प्रखर है। भाषा जैसे कथ्य के साथ-साथ खिलवाड़ करती हुई उसे गढ़ने में परम्परित ढाँचे को रगड़ती, तोड़ती एवं झकझोरती हुई आगे बढ़ती है। यह भाषिक रचाव लेखक की एक महत्त्वपूर्ण उपलब्धि है। उपन्यास की कथा वर्तमान और अतीत के बीच आँखमिचौली करती हुई गतिमान होती है और इसलिए बिना इतनी समर्थ भाषा के इस आँखमिचौली से उपजे तनाव को साध पाना अत्यंत कठिन होता। जैसे—''हुआ यह कि बिस्रामपुर पहुँचने पर उनका पहला साक्षात्कार या उनके नितम्बों का साक्षात्कार कमोड से ही हुआ।...बाथरूम में बैठे हुए उन्होंने सोचा था कमोड ही ठीक है। अब उन्हें लगा कि कमोड को छोड़कर सब कुछ गलत है। उन्हें एक झटका सा लगा : यह उनकी दुनिया नहीं है, यहाँ सब कुछ अबूझ है।''

श्रीलाल शुक्ल ने भाषा के कलात्मक उत्कर्ष और शिल्प की उत्कृष्ट भंगिमा का जिस विलक्षण कौशल के साथ प्रयोग किया है, वह किसी को भी चकित कर देने वाला है। ''यह एक सर्वथा भूली हुई बोली थी जो उनकी जबान पर उन्हें बिल्कुल नयी जान पड़ी, उन्हें लगा कि यह उनकी मूल भाषा है। यह उनकी आदिम बोली है जो शताब्दियों बाद उनके मुँह से निकली है, जबान की नोक पर उन्होंने उसकी उत्तेजक मिठास का अनुभव किया...उन्हें लगा शताब्दियों के अकेलेपन के बाद उन्होंने मानवीय स्पर्श पाया है।''

उपन्यास में संवादों का जीवंत प्रयोग किया गया है। सहज और सटीक संवाद चरित्रों के रेखांकन के साथ-साथ दृश्यांकन का विलक्षण संयोजन करते हैं। सूक्ष्म और कलात्मक अभिव्यक्ति में भी इन संवादों की भूमिका अभूतपूर्व है। राजभवन में डाक्टर, सचिव और ए.डी.सी. की बातचीत, सुंदरी और विवेक का संवाद, कुंवर जयंती प्रसाद सिंह और राव साहब का संवाद आदि इस दृष्टि से रेखांकित करने योग्य है। लेखक के हास्यबोध को भी इन संवादों की रचना से सहज अभिव्यक्ति मिली है। 'ब्रिसामपुर का संत' की भाषिक प्रविधि अत्यंत सहज किंतु कलात्मक है। 'विज़न' की स्पष्टता के कारण कथ्य को भाषा और

शिल्प ने अद्भुत ढंग से सँभाला है।

इस प्रकार 'बिस्रामपुर का संत' दुर्लभ सर्जनात्मकता से युक्त ऐसा उपन्यास है, जो एक ओर स्वतंत्रता-प्राप्ति के बाद की राजनीतिक एवं सामाजिक व्यवस्था में आयी मूल्यहीनता का जीवंत चित्र प्रस्तुत करता है साथ ही यथार्थवादी दृष्टिकोण से च्युत सुधारवादी आंदोलनों की विफलता में परिणति का उद्घाटन भी करता है। यह उपन्यास वस्तुतः मूल्यहीनता के ठहराव की कथा है। आज जहाँ एक ओर [नर-नारी, चाक एवं मुझे चाँद चाहिए जैसे] क्षणिक गुदगुदाहट के भौंडे प्रयोगों से भरे अथवा दलित और स्त्री विमर्श के फार्मूले से युक्त उपन्यास लिखे जा रहे हैं और उनकी चर्चा आलोचना जगत् में हो रही है, श्रीलाल शुक्ल का यह उपन्यास उन सबसे हटकर स्वातंत्र्योत्तर भारत के सामाजिक एवं राजनीतिक जीवन के यथार्थ का प्रामाणिक दस्तावेज़ उपस्थित करता है। लगता है श्रीलाल जी कह रहे हैं देखो सशक्त उपन्यास इसे कहते हैं। उपन्यास की विशेषता इस बात में निहित है कि यह यथास्थितिवाद का समर्थन नहीं करता, अपितु भविष्य की संभावना की ओर संकेत करता है। श्रीलाल शुक्ल अपने दृष्टिकोण के अनुसार ही सही यह संभावना जगाने में सफल रहे हैं।

श्रीलाल शुक्ल का कृतित्व की कृतियाँ

उपन्यास

1. सूनी घाटी का सूरज
2. अज्ञातवास 1962
3. राग दरबारी 1968
4. सीमाएँ टूटती हैं 1973
5. मकान 1976
6. पहला पड़ाव 1987
7. बिस्रामपुर का संत 1998

हास्य-व्यंग्य और निबंध

1. अंगद का पाँव 1958
2. यहाँ से वहाँ 1970
3. मेरी श्रेष्ठ व्यंग्य रचनाएँ 1979
4. कुछ जमीन पर कुछ हवा में 1993
5. आओ बैठ लें कुछ देर 1995
6. अगली शताब्दी का शहर

अपराध कथा

1. आदमी का जहर 1972

कहानियाँ

1. यह मेरा घर नहीं 1979
2. सुरक्षा तथा अन्य कहानियाँ 1991
3. उमरावनगर में कुछ दिन 1987

जीवनी

1. भगवतीचरण वर्मा 1989
2. अमृतलाल नागर 1994

सम्पादन

1. हिंदी हास्य-व्यंग्य संकलन 1997

आलोचना

1. अज्ञेय : कुछ राग और कुछ रंग 1999

बाल उपन्यास

1. बब्बर सिंह और उसके साथी 1999

अनुवाद

'राग दरबारी' का सभी प्रमुख भारतीय भाषाओं में अनुवाद।
पेंगुइन बुक्स, इण्डिया द्वारा 'राग दरबारी' और 'पहला पड़ाव' के अँग्रेजी अनुवाद प्रकाशित।
अनेक कहानियाँ और व्यंग्य रचनाएँ भारतीय भाषाओं में अनूदित।

सरस्वती नः सुभगामयस्करत्

व्यास सम्मान

चयन प्रक्रिया समितियाँ

सरस्वती नः
सुभगामयस्करत्

चयन समिति

(वर्ष 1991 से 1999 तक)

अध्यक्ष

(1991-1995)

प्रो. श्यामचरण दुबे
प्रसिद्ध समाजशास्त्री व साहित्यकार
भूतपूर्व कुलपति, आचार्य व निदेशक
इंडियन इंस्टीच्यूट आफ एडवांस स्टडीज़,
शिमला
दिल्ली

(1996-)

प्रो. भोलाभाई पटेल
प्रख्यात गुजराती लेखक
अध्यक्ष, हिंदी विभाग (सेवानिवृत्त)
गुजरात विश्वविद्यालय
अहमदाबाद

सदस्य

1. प्रो. विष्णुकांत शास्त्री
   अध्यक्ष, हिंदी विभाग
   कलकत्ता विश्वविद्यालय, कलकत्ता

2. प्रो. मीरा श्रीवास्तव
   अध्यक्ष, हिंदी विभाग
   इलाहाबाद विश्वविद्यालय, इलाहाबाद

3. प्रो. केदारनाथ सिंह
   अध्यक्ष
   आधुनिक भारतीय भाषाओं का केंद्र
   जवाहरलाल नेहरू विश्वविद्यालय,
   नई दिल्ली

4. प्रो. तारकनाथ बाली
   हिंदी विभाग
   दिल्ली विश्वविद्यालय, दिल्ली

5. प्रो. भोलाभाई पटेल
   प्रख्यात गुजराती लेखक
   अध्यक्ष, हिंदी विभाग
   गुजरात विश्वविद्यालय, अहमदाबाद

6. प्रो. शिवप्रसाद सिंह
   अध्यक्ष, हिंदी विभाग (सेवानिवृत्त)
   काशी हिंदू विश्वविद्यालय, वाराणसी

7. प्रो. प्रेमशंकर
   आचार्य, हिंदी विभाग
   सागर विश्वविद्यायल, सागर

8. डॉ. कृष्णदत्त पालीवाल
   रीडर, हिंदी विभाग
   दिल्ली विश्वविद्यालय, दिल्ली

9. प्रो. दुर्गा दीक्षित
हिंदी विभाग
पुणे विश्वविद्यालय, पुणे

10. प्रो. कुमार कृष्ण
अध्यक्ष, हिंदी विभाग
हिमाचल प्रदेश विश्वविद्यालय, शिमला

11. प्रो. सत्य प्रकाश मिश्र
हिंदी विभाग
इलाहाबाद विश्वविद्यालय, इलाहाबाद

12. श्री अजित कुमार
किरोड़ीमल कालेज
दिल्ली विश्वविद्यालय, दिल्ली

13. डॉ. सदानंद प्रसाद गुप्त
रीडर, हिंदी विभाग
दीनदयाल उपाध्याय गोरखपुर विश्वविद्यालय
गोरखपुर

14. श्री सूरजमल अग्रवाल
हिंदुस्तान टाइम्स हाउस
नई दिल्ली

15. श्री बिशन टंडन
निदेशक
के.के. बिड़ला फाउंडेशन
नई दिल्ली

सरस्वती नः
सुभगामयस्करत्

चयन समिति

(2000)

अध्यक्ष

प्रो. भोलाभाई पटेल
प्रख्यात गुजराती साहित्यकार
अध्यक्ष, हिंदी विभाग (सेवानिवृत्त)
गुजरात विश्वविद्यालय
अहमदाबाद

सदस्य

1. प्रो. मीरा श्रीवास्तव
अध्यक्ष, हिंदी विभाग (सेवा निवृत्त)
इलाहाबाद विश्वविद्यालय
इलाहाबाद

2. प्रो. सत्य प्रकाश मिश्र
हिंदी विभाग
इलाहाबाद विश्वविद्यालय
इलाहाबाद

3. डॉ. मिताली भट्टाचार्जी
अध्यक्ष, हिंदी विभाग
बंगलौर विश्वविद्यालय
बंगलौर

4. डा. सदानंद प्रसाद गुप्त
संयोजक, हिंदी विभाग समिति (पदेन)
रीडर, हिंदी विभाग
दीनदयाल उपाध्याय गोरखपुर विश्वविद्यालय
गोरखपुर

5. श्री सूरजमल अग्रवाल
(फाउंडेशन के प्रधान के प्रतिनिधि)
हिंदुस्तान टाइम्स हाउस
नई दिल्ली

6. श्री बिशन टंडन
(सदस्य-सचिव)
निदेशक, के.के. बिड़ला फाउंडेशन
नई दिल्ली

सरस्वती नः
सुभगामयस्करत्

भाषा समिति

(वर्ष 1991 से 1999 तक)

संयोजक

(1991-1992)
श्री अजित कुमार
किरोड़ीमल कालेज
दिल्ली विश्वविद्यालय
दिल्ली

(1993-1994)
डॉ. कृष्णदत्त पालीवाल
रीडर, हिंदी विभाग
दिल्ली विश्वविद्यालय
दिल्ली

(1995-1998)
प्रो. सत्य प्रकाश मिश्र
हिंदी विभाग
इलाहाबाद विश्वविद्यालय
इलाहाबाद

(1999—)
डॉ. सदानंद प्रसाद गुप्त
रीडर, हिंदी विभाग
दीनदयाल उपाध्याय गोरखपुर विश्वविद्यालय
गोरखपुर

सदस्य

1. प्रो. तारकनाथ बाली
अध्यक्ष, हिंदी विभाग
दिल्ली विश्वविद्यालय
दिल्ली

2. प्रो. चन्द्रकांत बांदिवडेकर
अध्यक्ष, हिंदी विभाग
और टैगोर प्रोफेसर, तुलनात्मक साहित्य विभाग
मुंबई विश्वविद्यालय
मुंबई

3. प्रो. भोलाभाई पटेल
अध्यक्ष, हिंदी विभाग
गुजरात विश्वविद्यालय
अहमदाबाद

4. डॉ. कृष्णदत्त पालीवाल
रीडर, हिंदी विभाग
दिल्ली विश्वविद्यालय
दिल्ली

5. डॉ. सूर्यप्रसाद दीक्षित
अध्यक्ष, हिंदी और आधुनिक भारतीय
भाषाएं विभाग
लखनऊ विश्वविद्यालय
लखनऊ

6. श्री श्रीलाल शुक्ल
प्रसिद्ध हिंदी साहित्यकार
लखनऊ

7. डॉ. शशि मुदीराज
हिंदी विभाग
हैदराबाद विश्वविद्यालय
हैदराबाद

8. डॉ. लल्लन राय
अध्यक्ष, हिंदी विभाग
हिमाचल प्रदेश विश्वविद्यालय
शिमला

9. प्रो. पी. वी. कृष्णन् नायर
हिंदी विभाग
श्री शंकराचार्य संस्कृत विश्वविद्यालय
कलाडी (केरल)

10. डॉ. राकेश गुप्त
अध्यक्ष, हिंदी विभाग व
डीन आर्ट संकाय (सेवानिवृत)
कुमाऊँ विश्वविद्यालय, नैनीताल
अलीगढ़

11. डॉ. वी.आर. जगन्नाथन
प्रोफेसर एवं अध्यक्ष (हिंदी विभाग)
इंदिरा गाँधी राष्ट्रीय मुक्त विश्वविद्यालय
मैदान गढ़ी, नई दिल्ली

12. डॉ. हरिश्चन्द्र मिश्र
अध्यक्ष, हिंदी विभाग
विश्वभारती
शांतिनिकेतन

13. डॉ. सदानन्द प्रसाद गुप्त
हिंदी विभाग
दीनदयाल उपाध्याय गोरखपुर विश्वविद्यालय
गोरखपुर

14. डॉ. अजय कुमार पटनायक
अध्यक्ष, स्नातकोत्तर हिंदी विभाग
रेवेंशॉ कालेज
कटक (उड़ीसा)

सरस्वती नः
सुभगामयस्करत्

भाषा समिति
(2000)

संयोजक

डा. सदानंद प्रसाद गुप्त
रीडर, हिंदी विभाग
दीनदयाल उपाध्याय गोरखपुर विश्वविद्यालय

सदस्य

1. डा. अजय कुमार पट्टनायक
   अध्यक्ष, स्नातकोत्तर हिंदी विभाग
   रेवेंशा कालिज
   कटक

2. प्रो. मालती तिवारी
   अध्यक्ष, हिंदी विभाग
   इलाहाबाद विश्वविद्यालय
   इलाहाबाद

सरस्वती नः
सुभगामयस्करत्

सहयोगी लेखकों का परिचय

1. सत्य प्रकाश मिश्र — हिन्दी विभाग, इलाहाबाद विश्वविद्यालय में प्रोफेसर
2. सुरेन्द्र दुबे — हिन्दी विभाग, गोरखपुर विश्वविद्यालय में रीडर
3. सदानंद प्रसाद गुप्त — हिन्दी विभाग, गोरखपुर विश्वविद्यालय में रीडर
4. सत्यदेव त्रिपाठी — हिन्दी विभाग, एस.एन.डी.टी. महिला विश्वविद्यालय मुंबई में रीडर
5. चंद्रकांत बांदिबडेकर — हिन्दी विभाग, मुंबई विश्वविद्यालय के अध्यक्ष और तुलनात्मक भारतीय साहित्य विभाग के टैगोर प्रोफेसर (सेवानिवृत)
6. अरविन्द त्रिपाठी — वरिष्ठ कार्यक्रम अधिशासी, आकाशवाणी, नई दिल्ली
7. प्रभाकर श्रोत्रिय — निदेशक, भारतीय भाषा परिषद, कलकत्ता
8. कृष्ण चन्द्र लाल — हिन्दी विभाग, गोरखपुर विश्वविद्यालय में प्रोफेसर
9. कृष्णदत्त पालीवाल — हिन्दी विभाग, दिल्ली विश्वविद्यालय में रीडर एवं प्रख्यात समालोचक आजकल एक्सचेंज कार्यक्रम के अंतर्गत टोकियो विश्वविद्यालय में कार्यरत
10. रमेशचन्द्र शाह — निदेशक, निराला सृजन पीठ भोपाल
11. रामकमल राय — हिन्दी विभाग, इलाहाबाद विश्वविद्यालय में प्रोफेसर (सेवानिवृत) पूर्व अध्यक्ष, हिन्दुस्तानी अकादमी इलाहाबाद, संप्रति फैलो उच्च अध्ययन संस्थान, शिमला
12. प्रयाग शुक्ल — संपादक रंगप्रसंग, प्रख्यात साहित्यकार एवं पत्रकार
13. विजय किशोर मानव — सहायक संपादक, हिन्दुस्तान, नई दिल्ली